刑事案件侦查实务

(第2版)

主　编／杨宗辉
副主编／刘为军　张敬

中国检察出版社

刑事案件侦查实务（第2版）编委会

主　编　杨宗辉

副主编　刘为军　张　敬

撰稿人（以姓氏笔画为序）：

丁小巍　付　凤　史贵帅　刘　品　刘　燕

刘为军　杜春鹏　杨宗辉　张　敬　郭　冰

郭　辉　赵孟韬　禄　源　廖　明　栾兴良

目　　录

第一章　案件侦查概述 （1）
第一节　案件的构成 （1）
　　一、案件构成理论述评 （1）
　　二、静态的案件构成 （4）
　　三、动态的案件构成 （7）
第二节　案件侦查的一般方法 （9）
　　一、立案 （9）
　　二、侦查决策 （10）
　　三、侦查取证 （14）
　　四、排查重点嫌疑人 （16）
　　五、破案 （18）
　　六、侦查终结 （20）
　　七、补充侦查 （23）

第二章　杀人案件侦查 （24）
第一节　杀人案件概述 （24）
　　一、杀人案件的概念 （24）
　　二、杀人案件的特点 （25）
　　三、杀人案件的分类 （26）
第二节　杀人案件的一般侦查方法 （27）
　　一、现场勘验 （28）
　　二、法医检验 （30）
　　三、现场调查 （32）
　　四、案情分析 （33）
　　五、摸底排队 （38）
　　六、讯问犯罪嫌疑人 （39）
　　七、其他侦查措施的运用 （40）

第三节　几种特殊杀人案件的侦查方法 …………………………（41）
　　　一、无名尸体案件的侦查 …………………………………………（41）
　　　二、疑似被侵害失踪人员案件的侦查 ……………………………（48）
　　　三、雇佣杀人案件的侦查 …………………………………………（50）

第三章　强奸案件侦查 ……………………………………………………（57）
　　第一节　强奸案件概述 ……………………………………………（57）
　　　一、强奸案件的概念 ………………………………………………（57）
　　　二、强奸案件的特点 ………………………………………………（58）
　　　三、强奸案件的类型 ………………………………………………（60）
　　第二节　强奸案件的侦查方法 ……………………………………（62）
　　　一、线索的收集与甄别 ……………………………………………（62）
　　　二、现场勘验 ………………………………………………………（63）
　　　三、侦查途径的选择 ………………………………………………（71）
　　　四、侦查措施的运用 ………………………………………………（76）

第四章　盗窃案件侦查 ……………………………………………………（80）
　　第一节　盗窃案件概述 ……………………………………………（81）
　　　一、盗窃案件的概念 ………………………………………………（81）
　　　二、盗窃案件的特点 ………………………………………………（82）
　　　三、盗窃案件的分类 ………………………………………………（83）
　　　四、盗窃物品价值的计算 …………………………………………（84）
　　第二节　盗窃机关、团体、企事业单位案件的侦查 ……………（86）
　　　一、内盗案件的侦查 ………………………………………………（87）
　　　二、外盗案件的侦查 ………………………………………………（90）
　　　三、内外勾结盗窃案件的侦查 ……………………………………（91）
　　第三节　侵入民宅盗窃案件的侦查 ………………………………（93）
　　　一、侵入民宅盗窃案件的特点 ……………………………………（93）
　　　二、侵入民宅盗窃案件的侦查方法 ………………………………（95）
　　第四节　公共复杂场所盗窃案件的侦查 …………………………（97）
　　　一、扒窃案件的侦查 ………………………………………………（97）
　　　二、盗窃机动车案件的侦查 ………………………………………（101）
　　第五节　农村地区盗窃案件的侦查 ………………………………（105）
　　　一、农村地区盗窃案件的特点 ……………………………………（106）
　　　二、农村地区盗窃案件的侦查方法 ………………………………（106）

第六节　网络盗窃案件的侦查 …………………………………（108）
　　　一、网络盗窃案件的特点 ……………………………………（108）
　　　二、网络盗窃案件的侦查方法 ………………………………（111）

第五章　抢劫案件侦查 ……………………………………………（115）
　　第一节　抢劫案件概述 …………………………………………（115）
　　　一、抢劫案件的概念 …………………………………………（115）
　　　二、抢劫案件的分类 …………………………………………（116）
　　　三、抢劫案件的特点 …………………………………………（118）
　　第二节　抢劫案件的一般侦查方法 ……………………………（119）
　　　一、分析案件 …………………………………………………（119）
　　　二、快速反应抓现行 …………………………………………（120）
　　　三、调查询问和现场勘查 ……………………………………（121）
　　　四、利用通讯监控工具调阅相关信息 ………………………（122）
　　　五、串并案侦查 ………………………………………………（123）
　　　六、研判作案特征及规律 ……………………………………（123）
　　第三节　几种特殊抢劫案件的侦查方法 ………………………（124）
　　　一、街面抢劫案件的侦查 ……………………………………（124）
　　　二、拉人上车抢劫案件的侦查 ………………………………（131）

第六章　毒品案件侦查 ……………………………………………（136）
　　第一节　毒品案件概述 …………………………………………（136）
　　　一、毒品案件的概念 …………………………………………（137）
　　　二、毒品案件的特点 …………………………………………（138）
　　第二节　毒品案件的一般侦查方法 ……………………………（141）
　　　一、充分运用秘密侦查手段取证 ……………………………（142）
　　　二、利用技术鉴定，扩大取证范围 …………………………（142）
　　　三、建立毒品犯罪情报信息网 ………………………………（143）
　　　四、加强禁毒合作 ……………………………………………（144）
　　第三节　娱乐场所毒品案件的侦查 ……………………………（149）
　　　一、娱乐场所毒品案件的特点 ………………………………（149）
　　　二、娱乐场所毒品案件的侦查方法 …………………………（150）

第七章　诈骗案件侦查 ……………………………………………（155）
　　第一节　诈骗案件概述 …………………………………………（155）
　　　一、诈骗案件的概念 …………………………………………（155）

二、诈骗案件的特点 …………………………………………（156）
　　三、诈骗案件数额的认定 ……………………………………（156）
　第二节　诈骗案件侦查的一般方法 ………………………………（158）
　　一、详细询问被害人及知情人 ………………………………（158）
　　二、并案侦查与侦查协作 ……………………………………（159）
　　三、严密查控赃物 ……………………………………………（159）
　　四、信息研判与高危人群分析 ………………………………（159）
　　五、及时讯问并扩大战果 ……………………………………（160）
　第三节　手机短信诈骗案件的侦查 ………………………………（160）
　　一、手机短信诈骗案件的特点 ………………………………（160）
　　二、手机短信诈骗案件的侦查方法 …………………………（164）

第八章　爆炸案件侦查 …………………………………………（167）
　第一节　爆炸案件概述 ……………………………………………（170）
　　一、爆炸案件的概念 …………………………………………（170）
　　二、爆炸案件的特点 …………………………………………（171）
　　三、爆炸案件的分类 …………………………………………（176）
　第二节　爆炸案件的一般侦查方法 ………………………………（178）
　　一、现场勘验前的紧急措施 …………………………………（178）
　　二、现场勘验 …………………………………………………（181）
　　三、现场访问 …………………………………………………（184）
　　四、案情分析 …………………………………………………（186）
　　五、明确侦查方向并确认犯罪嫌疑人 ………………………（190）

第九章　有组织犯罪案件侦查 …………………………………（192）
　第一节　有组织犯罪案件概述 ……………………………………（193）
　　一、有组织犯罪案件的概念与认定 …………………………（193）
　　二、有组织犯罪案件的特点 …………………………………（195）
　第二节　有组织犯罪案件的一般侦查方法 ………………………（198）
　　一、建立专门的组织机构 ……………………………………（198）
　　二、加强情报系统建设 ………………………………………（198）
　　三、打击有组织犯罪"保护伞" ………………………………（199）
　　四、特殊侦查措施的采用 ……………………………………（199）
　　五、加强侦查协作 ……………………………………………（200）

第三节　黑社会性质组织犯罪案件侦查 …………………………（202）
　　一、黑社会性质组织犯罪案件的概念及特点 ………………（202）
　　二、黑社会性质组织犯罪案件的侦查方法 …………………（205）

第十章　走私案件侦查 ………………………………………（211）
第一节　走私案件概述 ……………………………………………（211）
　　一、走私案件的概念 …………………………………………（211）
　　二、走私案件的分类 …………………………………………（212）
　　三、走私案件的特点 …………………………………………（216）
第二节　走私案件的一般侦查方法 ………………………………（217）
　　一、走私案件侦查的主体 ……………………………………（217）
　　二、走私案件侦查的特点 ……………………………………（218）
　　三、走私案件的一般侦查方法 ………………………………（219）
第三节　两种典型走私案件的侦查方法 …………………………（221）
　　一、一般贸易走私案件的侦查 ………………………………（221）
　　二、加工贸易走私案件的侦查 ………………………………（225）

第十一章　计算机犯罪案件侦查 ……………………………（230）
第一节　网络犯罪案件概述 ………………………………………（231）
　　一、网络犯罪案件的概念与分类 ……………………………（231）
　　二、网络犯罪案件的特点 ……………………………………（232）
第二节　计算机犯罪案件的一般侦查方法 ………………………（234）
　　一、线索的收集 ………………………………………………（234）
　　二、案情分析 …………………………………………………（237）
　　三、现场勘验、检查和提取 …………………………………（243）
　　四、电子证据的检验鉴定 ……………………………………（255）

第十二章　金融犯罪案件侦查 ………………………………（257）
第一节　金融犯罪案件概述 ………………………………………（257）
　　一、金融相关概念简介 ………………………………………（257）
　　二、金融犯罪的分类 …………………………………………（258）
　　三、金融犯罪案件的特点 ……………………………………（259）
第二节　金融犯罪案件侦查概述 …………………………………（262）
　　一、金融犯罪案件侦查的特点 ………………………………（262）
　　二、金融犯罪的案件来源 ……………………………………（263）
　　三、金融犯罪证据的特点 ……………………………………（265）

四、金融犯罪案件的侦查途径 ………………………………… (266)
　　五、金融犯罪案件的取证措施 ………………………………… (267)
第三节　信用卡诈骗案件的侦查 …………………………………… (269)
　　一、信用卡诈骗案件的特点 …………………………………… (269)
　　二、信用卡诈骗案件的侦查方法 ……………………………… (272)
第四节　合同诈骗案件的侦查 ……………………………………… (274)
　　一、合同诈骗案件的特点 ……………………………………… (274)
　　二、合同诈骗案件的立案 ……………………………………… (276)
　　三、合同诈骗案件的取证措施 ………………………………… (277)
第五节　保险诈骗案件的侦查 ……………………………………… (278)
　　一、保险诈骗案件的特点 ……………………………………… (278)
　　二、保险诈骗案件的侦查方法 ………………………………… (279)
第六节　非法集资案件的侦查 ……………………………………… (282)
　　一、非法集资案件的概念 ……………………………………… (282)
　　二、非法吸收公众存款案件的侦查 …………………………… (283)
　　三、集资诈骗案件的侦查 ……………………………………… (285)
第七节　票据诈骗案件的侦查 ……………………………………… (288)
　　一、票据诈骗案件的概念 ……………………………………… (288)
　　二、票据诈骗案件的侦查方法 ………………………………… (288)
第八节　洗钱案件的侦查 …………………………………………… (292)
　　一、洗钱的概念 ………………………………………………… (292)
　　二、常见的洗钱方法 …………………………………………… (294)
　　三、洗钱案件的侦查 …………………………………………… (298)

第十三章　知识产权犯罪案件侦查 ……………………………… (301)
　第一节　知识产权犯罪案件概述 ………………………………… (301)
　　一、知识产权犯罪案件的概念 ………………………………… (302)
　　二、知识产权犯罪案件的特点 ………………………………… (302)
　第二节　知识产权犯罪案件的一般侦查方法 …………………… (304)
　　一、知识产权犯罪案件的侦查难点 …………………………… (305)
　　二、知识产权犯罪案件的侦查方法 …………………………… (306)
　第三节　几种常见知识产权犯罪案件的侦查方法 ……………… (315)
　　一、侵犯商标权案件的侦查 …………………………………… (315)
　　二、侵犯商业秘密权案件的侦查 ……………………………… (318)

第十四章 涉外犯罪案件侦查 (323)
第一节 涉外犯罪案件侦查概述 (323)
一、涉外犯罪案件侦查的概念和分类 (324)
二、涉外犯罪案件侦查的特点 (326)
第二节 狭义涉外犯罪案件侦查 (327)
一、狭义涉外犯罪案件侦查的原则 (327)
二、狭义涉外犯罪案件侦查的内容 (328)
第三节 刑事司法协助和警务合作 (335)
一、刑事司法协助和警务合作的概念 (335)
二、刑事司法协助和警务合作的基本形式 (336)
三、刑事司法协助和警务合作的法律渊源 (340)
四、刑事司法协助和警务合作的原则 (342)
五、刑事司法协助和警务合作的程序 (344)
六、刑事司法协助和警务合作的内容 (347)

第十五章 未成年人犯罪案件侦查 (354)
第一节 未成年人犯罪案件侦查方针与原则 (355)
一、教育、感化、挽救方针 (356)
二、教育为主、惩罚为辅原则 (356)
三、侦教结合、寓教于侦原则 (358)
四、分案侦查原则 (360)
五、全面调查原则 (361)
六、法律帮助原则 (365)
七、迅速及时原则 (366)
第二节 未成年人犯罪案件侦查机构和人员的专门化 (367)
一、未成年人犯罪案件侦查机构和人员专门化的可行性 (368)
二、未成年人犯罪案件侦查机构的专门化建设 (370)
三、未成年人犯罪案件侦查人员的专业化建设 (372)
第三节 未成年犯罪嫌疑人的讯问 (374)
一、未成年犯罪嫌疑人的传唤 (374)
二、合适成年人参与 (375)
三、未成年犯罪嫌疑人的讯问时间 (378)
四、未成年犯罪嫌疑人的讯问地点 (380)
五、未成年犯罪嫌疑人的讯问方式 (380)
六、未成年犯罪嫌疑人的讯问内容 (382)

七、关于未成年犯罪嫌疑人沉默权的讨论 …………………… （383）
　　八、关于讯问未成年犯罪嫌疑人时律师在场权的讨论 ……… （385）
 第四节　未成年人犯罪案件强制措施的适用 ………………………… （387）
　　一、严格适用羁押性强制措施 …………………………………… （387）
　　二、羁押的分押分管 ……………………………………………… （389）
　　三、取保候审的适用 ……………………………………………… （390）
 第五节　未成年人犯罪案件侦查的其他制度与程序 ………………… （391）
　　一、社会调查 ……………………………………………………… （391）
　　二、律师辩护 ……………………………………………………… （394）
　　三、隐私保护与犯罪记录封存 …………………………………… （396）

第十六章　投放危险物质案件侦查 ……………………………………… （399）
 第一节　投放危险物质案件概述 ……………………………………… （400）
　　一、投放危险物质案件的界定 …………………………………… （400）
　　二、投放危险物质案件的分类 …………………………………… （401）
　　三、投放危险物质案件的特点 …………………………………… （402）
 第二节　投放危险物质案件的侦查方法 ……………………………… （403）
　　一、甄别和发现投放危险物质案件 ……………………………… （404）
　　二、扎实做好投放危险物质案件的前期处置 …………………… （404）
　　三、及时开展细致的现场勘验工作 ……………………………… （405）
　　四、认真组织现场访问 …………………………………………… （407）
　　五、细化矛盾排查 ………………………………………………… （407）
　　六、强化危险物质来源调查和物证检验 ………………………… （409）
　　七、重视对重点嫌疑人的调查和讯问 …………………………… （409）

第十七章　恐怖犯罪案件侦查 …………………………………………… （413）
 第一节　恐怖犯罪案件概述 …………………………………………… （413）
　　一、恐怖 …………………………………………………………… （413）
　　二、恐怖主义 ……………………………………………………… （414）
　　三、暴力恐怖犯罪 ………………………………………………… （414）
　　四、网络恐怖主义犯罪 …………………………………………… （415）
 第二节　恐怖犯罪案件的本质与特征 ………………………………… （416）
　　一、恐怖主义的本质 ……………………………………………… （416）
　　二、恐怖主义犯罪的特征 ………………………………………… （417）
　　三、标本兼治全面防范打击恐怖主义 …………………………… （420）

第三节 恐怖犯罪案件侦查方法 …………………………（421）
  一、反恐专门侦查机构 ……………………………………（421）
  二、反恐侦查人员基本素质要求 …………………………（424）
  三、反恐情报工作 …………………………………………（424）
  四、恐怖预谋犯罪案件侦查要点 …………………………（429）

第十八章 文物犯罪案件侦查 …………………………（432）
第一节 文物犯罪案件概述 ………………………………（432）
  一、文物 ……………………………………………………（432）
  二、文物犯罪 ………………………………………………（434）
  三、文物犯罪案件的特点 …………………………………（436）
第二节 文物犯罪案件侦查 ………………………………（437）
  一、文物犯罪案件侦查的基本原则 ………………………（437）
  二、文物犯罪案件的侦查思路 ……………………………（438）

后 记 ……………………………………………………………（442）

修订版后记 ……………………………………………………（444）

第一章 案件侦查概述

案件侦查，是指侦查权在具体案件中的实际运行，是各类侦查方法的综合实施过程。没有任何两起案件是完全一样的，因此从方法论意义上讲，侦查方法的应用应当因案而异，不存在适用于所有案件的精确方法。然而，侦查因应犯罪而生，同类案件呈现出来的规律性，致使所适用的具体侦查方法也会呈现一定的规律或者模式，从而使侦查经验的归纳和传承成为可能。与刑法学主要依据犯罪客体对犯罪进行分类不同的是，侦查学上对犯罪或案件的分类并不严格遵循逻辑上子项不周延的法则，而更多地从侦查方法的相似性出发对案件进行类别归纳。正因为如此，本书在选择若干类型案件进行阐述时，并不严格遵循刑法分则的分类标准，并且限于篇幅，本书也不可能对所有案件类型的侦查方法进行详尽无遗地说明。

第一节 案件的构成

案件是侦查的逻辑起点。侦查人员首先面对的是已经或者即将发生的案件，并以此作为侦查的事实根据。然而，案件侦查的意义并不仅限于是侦查程序启动的事实判断依据，在整个案件侦查中，对案件事实的查找及证明贯穿始终。而在查找及证明案件事实的过程中，对案件构成要素的分解、组合以及要素相互之间的推导和证明，是我们分析案情和厘清侦查思路的重要手段。因此，掌握案件的结构及基本的要素分析手段，是我们实施案件侦查工作的重要基础。

一、案件构成理论述评

所谓案件构成，即运用结构理论对案件的结构要素以及要素之间的关系进行的解析。侦查学上对案件构成的研究，其理论依据可能是来源于皮亚杰的结构主义理论。目前关于案件构成的理论主要形成了以下几种具有代表性的

观点:①

第一种观点以案件的客观性为出发点,把已经发生的客观存在作为案件的本体,案件的构成基本上遵循着刑法上的犯罪构成。例如,有学者指出,"一起犯罪案件的结构,是由基本要件结构、类型结构和个案结构三种层次结构,犯罪意向结构、犯罪条件结构、犯罪行为结构和罪犯特征四个组合要件所组成。每个层次结构和每个性质组合结构又都由若干要件和要素组成,从而组成千差万别的个案",其中,基本要件结构包括犯罪意向、时间、空间、人物、物品和行为六大要素。② 有学者持相近的观点,认为案件要素主要有作案时间、犯罪空间、行为人、犯罪对象和犯罪的手段、方法等五个方面。③ 有的学者认为,不同诉讼阶段会有不同内涵的刑事案件,侦查阶段的刑事案件是由犯罪行为主体、犯罪行为对象、犯罪行为形式、犯罪行为时空、犯罪行为结果、犯罪行为原因构成的。④

第二种观点认为,刑事案件包含"七何"要素,分别是:何时——作案时间、何地——犯罪空间、何事——犯罪案件的性质、何人——作案人与犯罪被害人、如何——作案过程、何为——作案目的、为何——作案动机。⑤

第三种观点主张,对案件的认识和剖析,应从动态和静态两个角度进行:案件从动态上包括从作案动机形成,到犯罪预备活动,再到犯罪实施,一直到犯罪之后的活动整个过程;从静态上,则包括行为人、犯罪对象、作案时间、现场(空间)、作案工具、作案手段、犯罪痕迹、犯罪遗留物、犯罪带离物等要素。案件构成要素的复杂性是由案件的属性决定的,因为案件是一种违反刑法的行为或活动,上述内容是其构成要素不可缺少的基本方面。⑥ 这一观点将案件结构分成了静态和动态两种。与第一种观点相比,虽然存在一定的承继性,但在理论性和实用性上都具有相当的创新和突破,对案件本质的刻画更为深刻。

需要说明的是,以上几种观点所说的案件,大致等同于刑法意义上的犯罪案件,是"公安机关或其他司法部门立案侦查处理的,触犯刑律需要追究刑事责任的犯罪案件","构成刑事案件应当具备两个条件:一是发生事件的主

---

① 杨宗辉主编:《侦查学总论》,中国检察出版社2009年版。本书所涉及的侦查基础理论等问题,均以该书为基础。
② 武汉:《刑事侦察原理》,上海人民出版社1987年版,第110—114页。
③ 任惠华主编:《侦查学原理》,法律出版社2004年版,第157页。
④ 韩德明:《侦查原理论》,中国人民公安大学出版社2005年版,第92页。
⑤ 曲玉斌:《刑侦方略新探》,警官教育出版社1998年版,第239页。
⑥ 郝宏奎:《论现场的构成》,载《中国人民公安大学学报》2002年第4期。

体内容必须是案件事实,这种案件事实已经触犯我国刑律,需要追究刑事责任;二是这种行为事实必须经过公安机关或其他司法部门的审查,是决定侦查处理的案件事实"①。

第四种观点所主张的案件结构与前三种相比,在案件的构成要素上有所扩大。有的学者也持"七何"要素说,但是对"七何"的解释已经突破了"犯罪案件"的限制:何事是指案件的性质;何时包括时间的顺序性、连续性和关联性;何地包括自然形态的空间和社会形态的空间;何故包括主观原因和客观原因;何情包括案件发生的过程和形式;何物包括案件中的标的物、使用物、关联物;何人包括案件的当事人、关系人和知情人。②

我们认为,案件以及案件事实不同于通常所说的纯粹客观的事实,它渗透了案件认识者的主观认知,并且随着诉讼的进展发生变化,所以特定的案件结构也不会是静止的。根据侦查主体所处的角度和立场,可以对案件结构作出两种理解:(1) 如果认为侦查人员是处于与案件毫无关联的第三者的立场看待案件结构,则归纳案件结构时可以考虑把案件进程中的影响因素包容在内,其中包括侦查人员及其行为;(2) 如果仅把侦查人员作为"案件事实"的调查者的身份来看待,则案件结构中可以不包含侦查人员及其行为的成分。但是这两种认识立场都不能不考虑认识论上的主体的意义,因为"结构的研究,并不是不要人的主体活动。在把主体的'我'和'生活经验'分开之后,剩下的就是主体运算,这是从主体的动作的普遍协调里经过反映抽象得来的。这些运算就是主体用以造成结构的成分"。根据这一观点主张以一种类似于刑法上犯罪构成的结构来划分案件结构要素:客体要素(即案件性质);客观方面要素,包括涉案行为(犯罪嫌疑人的预谋行为、预备行为、实行行为、反侦查行为,侦查行为,知情人提供线索的行为,潜在诉讼参与人的涉案行为)、行为附属情况(主要是指前述行为发生的时空和行为程式)、行为对象和其他涉案物(作案工具、现场遗留物等);主体要素(即作为案件信息流动的载体的所有人及其身份、地位、体貌特征、知识结构、职业素养等人身附属状况);主观方面要素(包含行为的目的、动机、行为过错和主体个性心理)。③ 这种意义上的案件构成,充分考虑到了"案件事实"认知上的主观性以及对事实

---

① 彭文主编:《刑事案件侦查》,警官教育出版社1999年版,第1页。
② 何家弘主编:《证据调查实用教程》,中国人民大学出版社2000版,第112—117页。
③ 刘为军:《案件结构理论初探》,载赵永琛、何家弘主编:《侦查论丛》(第1卷),法律出版社2003年版,第402—404页。

认知的变动性,与侦查情势的内容大致相同。①

需要说明的是,尽管案件构成对侦查具有重大意义,但是案件并非侦查行为对象的全部。侦查行为对象(侦查对象)为中性概念,在外延上包括了所有被侦查行为主体纳入侦查视野或者应当被纳入侦查视野的人,他们在案前、案中的行为及其他相关状况②等。③

二、静态的案件构成

前述第三种观点将案件构成分为静态和动态两种,这种分析具有合理性,即从横向和纵向分析案件的构成。为了表述的方便,同时兼顾教科书所要求的严谨,我们以前述第四种观点为基础,对案件的静态构成要素作如下分析:

(一)何事

任何案件都是一种事件,"何事"就是指事件的性质,而事件的性质往往有多个层次。例如,对有人死亡的事件,首先要判明是自杀还是他杀,如果是他杀,还需根据作案手段、作案目的、作案人与被害人之间的关系等作进一步的案件性质判断。案件发生后,有的层次上的事件性质是不查自明的,有的则需要去推断和查明。准确判断案件的性质,对于提高侦查活动的效率以及最终侦破案件,具有重要意义。

(二)何时

任何案件都是在一定的时间内发生的,因此时间是案件的重要特征和构成要素之一。它有三层含义:其一是某案件在时间的自然进程中的顺序性或起点。例如,某杀人案件发生于1996年4月24日22点31分等。其二是某案件

---

① 关于侦查情势,参见杨宗辉主编:《侦查学总论》,中国检察出版社2009年版,第214—243页。

② 对于"其他相关状况",可以做相当宽泛的理解,可以指与案件、侦查中主体存在普遍联系,能够相互说明、解释和印证的一切事物的现象。以犯罪情势为例,作案时空内的地形、地貌、山川排列、河流走向、城市乡村及居民分布;犯罪地的气候状况、犯罪前后的天气变化;犯罪地社会群落的历史文化传统、价值观念、宗教习俗、生活习惯、当前的政治经济形势;作案时空内其他人员以及动物的活动,人能操控的装置的运动、自然界的运动变化及其表现出来的现象和景观;不拘泥犯罪的时空而与犯罪存在联系的各种事物和现象;犯罪嫌疑人的姓名、性别、年龄、籍贯、民族、职业、住址、工作生活习惯、体貌特征、人生经历等个人特征等等。参见任克勤:《论刑事案件(一)——刑事案件的概念、构成与形成》,载《中国人民公安大学学报》1999年第3期。

③ 关于侦查行为对象的阐述,参见刘为军:《刑事证据调查行为研究》,中国政法大学出版社2007年版,第46—47页。

在时间上的连续性，或者说该案件持续了多长时间。例如，某盗窃案件持续了40分钟。需要注意的是，时间上的连续性并不仅限于作案人实行行为的考察，还应关注预备行为以及实行后行为。其三是某案件在时间上的关联性，也即该案件与其他事件的时间关系。例如，某盗窃案件发生在失主刚从银行取回巨款之后。一般而言，要对案件有较深刻的把握，必须对时间的三个层次作出准确的判断。不过，在侦查开始时，有些案件发案时间已知，有些案件可推知，有些案件时间则需要查知，而且有些案件是只知时间点不知时间段，有些案件虽不知准确时间却知其与其他事件的先后关系。无论在何种情况下，案件发生时间都对查明和证明案件事实具有重要意义，它或者是查证的重要内容，或者是查证的重要依据。

（三）何地

任何案件都是在一定空间内发生的，因此空间也是案件的重要特征之一。空间表示物体在宇宙中的位置及其与其他物体的相互关系。它具有广延性、三维性、排列性等特征。除此之外，案件的空间特征还应包括自然形态特征和社会形态特征。案件空间的自然形态特征主要指案件发生场所的地形、地物、地貌等自然环境和自然因素特征，通常就是案件现场的特征。案件的空间蕴涵着与案件有关的信息，对侦查具有重要意义。案件空间的社会形态特征一般指案件发生场所的社会属性及其周围环境的政治、经济、文化、宗教等社会背景特征。它对侦查也具有重要意义。一般来说，案件发生的地点或场所在侦查开始时不难确定，因此，侦查的主要任务不是去查找该地点或场所，而是发掘该地点或场所上与案件有关的各种信息。不过，在有些案件中，查明案件发生在"何地"也会成为侦查（或立案前的初查）的首要任务，尤其是伪装案件与存在多个关联现场的案件（如杀人抛尸案件），"何地"的寻找和认定对于侦破案件至关重要。

（四）何情

"何情"指的是案件发生时的情况，或者说案件是在何种情况下发生的、是如何发生的，因此又可称为"如何"。它包括案件发生的方式和过程。首先，任何案件都是以一定方式表现出来的，而不同案件的表现方式又有所不同。目前，刑事案件的划分标准较为混乱，但不管怎样，不同案件在表现形式上都有一定特性。例如杀人案件与伤害案件、强奸案件与抢劫案件、盗窃案件与诈骗案件、纵火案件与爆炸案件、贪污案件与贿赂案件的表现形式各有不同。严格地说，每一起案件都有不完全等同于其他案件的表现方式。例如，同为盗窃案件，其表现方式又有内盗、外盗、内外勾结盗与监守自盗等。因此，侦查（或初查）的任务之一就是查明具体案件的表现方式。不过，强调案件之间表现方式的差异，并不否认案件之间的共同点。正因为共同点的存在，才使案件的一般侦查方法有存在的余地。其次，每个案件的发生都有其相对独立且完整的过程，因为每个案件都是由案件参与人的一系列行为或活动所组成。查明案件发生的过程是侦查活动的重要任务，因为只有查明案件过程才能对案件有完整的认识，才能保证侦查结论的准确性与说服力。例如入户抢劫案件，侦查人员就应当从作案人预谋、入室、行抢取财、逃离现场等整个过程中去发掘案件信息和收集证据，并从整体上把握信息之间的相互关系，从而对案件事实做出完整判断。

（五）何故

"何故"指的是案件发生的原因，又称"为何"。它包括案件发生的主观原因和客观原因。前者指案件当事人或行为人的动机和目的，如某人实施贿赂的目的等。后者指促使或导致案件当事人或行为人做出某种决定或实施某种行为的外界因素，如促使某人实施贿赂的外界诱因等。此外，"何故"还可以指造成案件后果的原因。在侦查中查明案件发生的原因或造成案件损害后果的原因，其实质就是要查明案件中的因果关系。案件中的因果关系具有单向性、复杂性和多态性等特点。首先，因果关系的形式是多种多样的，既有一因一果、一因多果，也有多因一果、多因多果，但不管怎样，因和果都保持着由因及果的顺序性。其次，因果关系的性质是多种多样的，既有直接联系，也有间接联系，既有必然联系，也有偶然联系。最后，因果关系的组合也是多种多样的，既有直链式，也有网络式；既有并联式，也有交叉式。在侦查活动中认真查明案件因果关系也具有非常重要的意义。一方面，查清案件中的因果关系往往是正确认定案件事实的关键。另一方面，案件中的因果关系还可以为查明未知事实提供线索乃至桥梁。例如，在杀人案件中，根据现场情况和证人陈述确定杀人动机为报复、图财或奸情，往往可以明确查找作案人的范围和收集证据的方向。

（六）何物

任何案件都发生在客观物质世界之中，因此都会涉及一定物体。所谓"何物"，即与案件有关的是什么物体。根据物与案件的关系，可将其分为三类：第一类是案件中的标的物，也即涉嫌犯罪行为所指向的对象，如诈骗案件中骗取的财物等；第二类是案件中的使用物，既包括有利于行为人行为实现的使用物，如杀人案件中使用的凶器等，也包括不利于行为人行为实现的物，如被害人遭遇侵害时使用的防卫工具；第三类是案件中的关联物，如盗窃现场遗留的作案人衣物及有关痕迹等。由于这些物体都以不同方式记载着与案件有关的信息,所以查找这些物体,正确解读蕴含的信息,对于查明案件事实、重现作案过程,具有重要意义。多数情况下,案件中的物都能转化为案件中的证据,因此查明"何物"就是侦查的基本任务之一。

(七)何人

离开了人,案件就失去了其存在的基础和意义。所谓"何人",即与案件有关的是什么人。根据这些人在案件中的地位,可以将其分为三类:第一类是案件的实施者;第二类是案件中的关系人,如刑事案件中的被害人及其亲友;第三类是案件中的知情人,他们虽然与案件无直接利害关系,但是了解与案件有关的情况,如交通事故的目击人、发现无名尸体的报案人等,他们一般都可以成为案件中的证人。实际上,案件中的关系人也可能是案件中的知情人,而这种分类是基于他们与案件的关系。如果关系人了解案件中的某些情况,他们也可以成为案件中的证人。查明"何人",可以向他们收集与案件有关的信息或证据,这是不言而喻的。在有些案件中,查明"何人"还是侦查活动的中心任务。例如在刑事案件中,侦查工作往往就是围绕着查明作案人来展开的。由此可见,查明"何人"具有特别重要的意义。值得一提的是,从侦查的认识过程来看,自侦查初期就被纳入侦查视野的人(如没有确证为作案人的犯罪嫌疑人)也应被视为案件中的人。换言之,就对侦查的意义而言,"何人"亦可指案件参与人,即除侦查主体外一切与案件有涉之人。

要构成一个完整的案件,上述各要素不可或缺。不过,上述要素本身也符合系统的特征,具有自己的结构。尽管任何案件都要具备上述要素,但是构成案件的要素的内容具有选择性,例如行为对象的选择、行为主体的选择以及行为时空的选择等,选择不同的要素内容将构成不同的案件,从而也使侦查行为具有了选择性。

上述各要素在侦查中的价值是不同的,何时、何地、何物、何情等要素通常是作为何事与何人之间的连接中介要素。由何人经由各中介要素获得对何事的认知,即通常所说的"由人到事"的侦查途径,由何事经由各中介要素获得对何人的认知,即通常所说的"由事到人"的侦查途径。

三、动态的案件构成

仅就要素而论结构,则结构只是静态的。然而,根据皮亚杰的观点,结构具有整体性、转换性和自调性。所谓整体性,是指结构是内部融贯的、有机联系的,而不是各种独立成分的混合;转换性是指在一个作为结构来看的系统里,空间的、时间的、持续的和瞬间的秩序现象经常互相转换;自调性是指结构由自身规律调整,不需要借助外来因素,是自给自足的和封闭的。也就是说,结构是具有整体性的若干转换规律组成的一个有自身调整性质的图式体系。[①] 从整体性和转换性可知,案件系统结构不只是静态结构,若只单独解析上述要素,则只是展现案件运行过程中的某一特定时间空间条件下的案件剖面图,只能描述特定时空点的要素样态,不足以反映各要素之间的关系以及它们在具体案件发展过程中的实际地位和作用。

每个刑事案件的形成、发生和发展过程不同,与案件相关的基本结构要素的特征和时空的延续也各不相同,这就构成了形形色色的刑事案件的动态发展。尽管案件各不相同,但行为人作案过程的结构基本相同。按照作案的时间顺序,一般可将案件过程分为以下三个阶段:

(一) 行为的预备阶段

这是案件的第一阶段,也是案件的前期。行为人的预备行为主要表现是周密策划、预谋准备。比如,纠合共同作案人员、策划作案方法、准备作案工具、确定作案时间、观察作案现场、寻找作案时机等。在预备阶段,预备行为的时间有长有短,密谋的内容因案件不同而不同。预谋线索的发现,主要靠群众的揭发检举和必要的秘密侦查手段来获得。

(二) 行为的实施阶段

这是案件的第二阶段,也是案件的中期,由预备阶段发展而来。作案人的行为直接侵害了客体,其行为轨迹主要表现在现场上或映射为被害人、目睹人的心理痕迹。现场的事态因案而异,有繁有简,千姿百态,各种各样,被害人的身体损伤特征、部位、程度等也各不相同;知情人在年龄、文化、经历、职务和对案件所持的态度等方面也有很大差异。只有通过现场勘查、尸体检验和调查访问等一系列调查手段,才能掌握案件的基本结构要素,以达到最后破案的目的。

(三) 作案后的掩盖阶段

这一阶段是实施阶段的延续。作案后,行为人对自己的行为大多要进行伪装、掩盖和处理,以逃避打击。掩盖行为多数是在离开现场时或逃离现场后表现出来的。主要表现形式有:伪装、破坏现场、销赃毁证、处理尸体、出示伪证、制造谣言、订立攻守同盟、杀害目击证人等。他们对行为的掩盖处理行为大多比较隐蔽,随着时间的推移,被感知的可能性相对减少。要想获取这方面的线索,必须抓紧时间,及时、广泛地发动群众,加强社会面控制,加强治安

---

① [瑞士]皮亚杰:《结构主义》,倪连生译,商务印书馆1984年版,译者前言。

行政管理,加强秘密侦查手段的运用等。

需要说明的是,有些案件如激情犯作案或者某些过失犯等情形,可能没有预备或行为后的掩盖阶段。实务中应根据案件具体情况,准确分析判断案件的结构形式和基本要素。

第二节 案件侦查的一般方法

案件侦查的一般方法,是指侦查刑事案件普遍采用的带有共性的侦查方法。一般方法是相对于特殊方法而言的。刑事案件种类繁多,每类案件都有其不同的表现形式和特点,在侦查方法上应有所区别,决不能千篇一律,这使得特殊方法具有不稳定性,随案件的不同而有所变化。一般方法则呈现出稳定性特征,并且与侦查程序制度联系紧密,常可在相关法律法规中找到依据。从这个意义上讲,案件侦查的一般方法,也就是侦查的基本程式或一般步骤,是侦查机关侦办刑事案件时应当经历的步骤和环节。根据《刑事诉讼法》《公安机关办理刑事案件程序规定》《人民检察院刑事诉讼规则(试行)》和《公安机关执法细则》,并结合学理,我们对案件侦查的一般方法作如下归纳:[①]

一、立案

立案,是指公安机关在接到报案材料后,通过审查,认为有案件事实,需要追究刑事责任,符合刑事案件立案标准,并且属于其管辖范围时,将其确立为刑事案件的诉讼阶段。立案并非侦查的组成部分,但立案决定是侦查的起点,立案阶段的初查措施也是侦查取证的重要前置程序。

立案的一般过程如下:

(一) 对立案材料的受理

侦查机关对于各种立案材料应依照如下规定予以受理:

1. 对于各种报案、控告、举报、犯罪嫌疑人自首等材料以及由公民扭送的现行犯或者重大犯罪嫌疑人,均应予以受理。

2. 对于不属于自己管辖而又必须采取紧急措施的,应当先采取相应的紧急措施,然后按照管辖范围的规定,移送主管机关进行处理,并且通知报案人、控告人、举报人。

---

① 何家弘教授曾经对证据调查的基本步骤进行了深刻阐述,这对侦查一般方法的研究极富启发意义。参见何家弘主编:《证据调查实用教程》,中国人民大学出版社2000年版,第二编。

3. 对于被公民扭送来或者前来投案自首的犯罪嫌疑人，或者口头提出报案、控告、举报的人，刑事侦查部门应当场问明情况，制作笔录。

4. 对于应当受理的案件，填写《受理案件登记表》。

（二）对立案材料的审查

1. 立案材料的主要来源。通常侦查机关受理的立案材料主要来源于以下几个途径：其一，单位、个人的举报或报案；其二，被害人的报案或者控告；其三，犯罪嫌疑人的自首；其四，侦查机关在日常工作中发现的线索；其五，其他机关移送或交办的案件。

2. 对于受理的上述各种立案材料，通过如下三种方式进行审查：

（1）对报案材料所涉及的事件现场实施勘查（包括对事主、被害人、事件发现人、报案人、知情人的调查询问和现场实地勘验）。

（2）对检举人、报案人、控告人及其他有关人员的调查询问。

（3）对投案自首或者检举揭发他人现行犯罪行为的犯罪嫌疑人的讯问。

需要注意的是，在立案阶段，侦查机关不能采取严重限制或剥夺被调查者人身权利或财产权利的措施。

（三）履行立案手续

1. 对于应予立案的，应填写《刑事案件立案报告表》，报请县级以上侦查机关负责人批准立案。立案后，案件进入侦查阶段。

2. 对于不予立案的事件，应将不立案的原因通知控告人。控告人如果不服，可以向上一级侦查机关申请复议，或者向人民检察院提出申诉。

3. 对于来不及履行立案手续的重大案件，允许立即采取紧急措施，开展侦查，但必须尽快补办立案手续。

二、侦查决策

侦查决策是指侦查人员为完成案件侦查任务，对案件的侦查方向、目标、原则、方法作出决定的活动，侦查决策实际上就是制定侦查计划的过程，它是侦查活动的开端，其正确与否，关系到整个侦查的进程和结局。其主要内容包括：

（一）分析案情

分析案情大体上可分为三个阶段：第一个阶段是现场勘查中的案情分析，即现场分析；第二个阶段是侦查开始阶段对案情的分析；第三个阶段是侦查过程中的案情复析。侦查决策中对案情的分析是指第二个阶段的案情分析，它与现场分析（现场分析依据现场勘查所处诉讼阶段不同，可能出现在立案、侦查乃至审查起诉或审判阶段）虽处于不同阶段，但联系紧密，存在一种承继关系。这是因为侦查决策阶段的案情分析与立案审查阶段的现场分析所面对的几乎是同样的案情材料，只不过这时现场分析主要为立案服务，其重点在于对案情是否符合立案条件进行分析判断，侦查决策的案情分析则重在为选择侦查途径、制定侦查计划服务。

1. 案情分析的内容

（1）侦查开始阶段案情分析的内容。对已经发生的案件，分析案情应在认定案件性质的基础上，按照现场勘查阶段现场分析的内容进行分析。对于预谋案件，着重分析侦查对象的特点和作案意图，预谋活动的性质、过程、内容以及发展趋势。这一阶段案情分析的主要目的是通过对一系列孤立、分散、零碎的材料进行分析、判断、推理，形成对案情的初步认识，再现已经发生的案件情况。

（2）案情复析。侦查开始阶段的案情分析并不意味着一劳永逸。随着侦查工作的深入，要根据所发现的新情况、新问题、新线索，对以前所作的案情分析进行检讨，重新作出分析判断。案情复析贯穿于侦查的全过程，每一次复析都是立足于对前次案情分析的评判，看其是否正确、全面，从而弥补、修正前次分析的不足，修正或维持原定侦查计划。案情复析主要从以下四个方面进行：①判断案件的主要情节与已获材料是否一致；②侦查中发现的作案过程与已获材料是否一致。如不一致，一般是出于勘查或摸排中的失误或判断上的错误，必须复查现场、重新排查，并重新作出推断。另外，与作案过程相矛盾的环节、现象、痕迹甚至整个判断，都应重新认定；③某些表面反常现象与案件有无内在联系；④对遗漏、疑点以及异常现象的反复分析。

（3）侦查缉捕之前的模拟画像分析。查明案情和确定犯罪嫌疑人同为侦查的两大任务，对于"从事到人"的侦查，在分析案情时必须根据案件材料反映的犯罪嫌疑人的人身特征，将作案人的体貌特征形象地描绘出来。

2. 分析案情的方法

（1）辩证分析法。侦查具有对抗性，作案人为了逃避侦查，会想方设法为侦查设置重重障碍，再加上作案形式本身的多样化，常使本来就很复杂的案情变得更为扑朔迷离。只有辩证地分析案情，一切从实际出发，才能对案件材料及其反映的案情精心筛选，抽丝剥茧，去伪存真，使分析结果更贴近已经发生的案件的真实情况。

（2）心理分析法。任何涉嫌犯罪行为都可能受行为人主观心理活动驱使，因此，可以运用心理学的方法，透过作案人留下的各种痕迹、物品、知情人描述的作案过程以及以往犯罪研究的成果，分析作案人的心理活动，从而为判断作案经过和犯罪嫌疑人的个人条件提供重要依据。

（3）逻辑推理法。运用逻辑方法从已知案情推出未知案情，这是分析案情经常运用的思维形式。尤其是在侦查伊始，占有材料不多，对案情所知甚少，往往只能借助严密的逻辑推理提出侦查假说，并依据假说进行演绎，再通过侦查措施去验证。

（4）直觉判断和灵感推理。直觉判断不是逻辑思维，而是经验对思维对象的直接反映。这种判断遵循经验法则而行，不是判断者的幻想但也不一定是事实。灵感推理则是在侦查人员的责任和素质基础上对思维对象的突然感觉，是在对案件苦思之下，由某一物、某一人、某一事、某句话或某个动作感触而生的案情推理。直觉判断和灵感思维对于拓宽侦查思路，分析案件情况，有时能起到关键作用。

（二）选择侦查途径

选择侦查途径就是要在案情分析的基础上，选择从何处用何种方法开展侦查工作，以便及时部署侦查。通常选用的侦查途径主要有以下几种：

1. "由事到人"的侦查途径

对已发案件，往往从涉嫌案件事实出发，以事立案排查犯罪嫌疑人。具体可以从以下几个方面开展工作：

（1）从现场可疑痕迹、可疑物品入手。已发案件的侦查多以现场勘查为基础，现场获取的可疑痕迹、可疑物品，如作案人遗留的工具痕迹、指印或其他特征明显的物品，可以作为查找犯罪嫌疑人的依据。

（2）从控制赃物入手。即从遗失物品的特征入手，寻找发现犯罪嫌疑人。一是通过控制赃款的使用、存储等渠道发现线索；二是控制证券兑换，根据证券号码、特征，从支取、兑换两个环节进行控制；三是通过控制销赃渠道发现犯罪嫌疑人。控制赃物是一个长期运用又行之有效的发现侦查线索的渠道，凡是有赃物的案件均可考虑采用此种方法。

（3）从作案手段、方式以及惯用手法特征入手。作案手段是犯罪嫌疑人作案时使用的具体方法，选择某一种方式作案则称为作案方式。作案人得逞后，在以后的作案中经常会保留某一具体方法特征，这在现场经常会有所反映，所以也是发现侦查线索的重要途径。

（4）从作案规律入手。研究犯罪的规律及特点，可以给个案侦查提供重要参考，尤其是对系列案件规律的研究，可以为判断是否再次作案和下一次作案的目标等情况提供依据。

此外，从因果关系、并案侦查、被害人背景调查等入手，也是由事到人的侦查的重要途径，应根据案件实际情况进行选择。

2. "由人到事"的侦查途径

在预谋案件中,由于首先反映出案件的犯罪嫌疑人,所以,一般以犯罪嫌疑人为对象,以预谋的事实为根据开展侦查。当然,由人到事的途径不限于预谋案件,对于犯罪嫌疑人明显的已发案件,也可以采取这一途径。随着侦查信息化推进和情报主导侦查理念的提倡,我们有理由相信采取由人到事开展侦查的案件会越来越多。由人到事的侦查途径主要从以下几个方面着手:

(1) 从特定的犯罪嫌疑人入手,即以刑嫌调查、基础工作中发现的犯罪嫌疑人的嫌疑根据为依据,从调查嫌疑根据入手,发现其实施涉嫌犯罪行为的情况。

(2) 从案件的实际受益者入手。这是提供侦查线索的重要方面,尤其是在侦查杀人(仇杀)、纵火、投毒、保险诈骗等类型的案件时,更要从谁是实际受益者的角度去发现侦查线索。

(3) 从人身特征入手。即以事先掌握的犯罪嫌疑人的体貌特征,通过情报中心检索或在划定范围内排查。

(4) 从控制身体负伤的人入手。根据作案人被抓伤、打伤、咬伤、击伤的部位和伤势程度,布置医疗卫生部门,从控制医疗不明伤害的人员入手,发现带伤的犯罪嫌疑人的行踪。

3. "人事同步"进行的侦查途径

这主要是针对突发性案件而言的。突发案件是指在极短时间内发生的危害严重或构成重大危险的刑事案件。一般而言,这类案件作案手段凶狠残忍,但又由于作案时间极短并且报案及时,因此在侦查中必须突出一个"快"字。为了避免出现新的危害,将查人查事工作同步进行,这样才能达到及时捕获犯罪嫌疑人的目的。需要注意的是,突发性刑事案件极易成为引发群体性事件的导火线,越快查明真相,就越有助于群体性事件的妥善处置。

总之,侦查要从多方面入手。由于事物在不同环境和条件下存在着向不同方向发展的可能性,因此,还要善于根据情况的变化,灵活转换侦查途径。在侦查资源允许的情况下,应不拘泥于侦查途径的类型,尽早开展全面调查。

(三) 制定侦查计划

侦查计划是案件侦查过程中制定的指导侦查工作的具体规划。根据侦查所处的阶段不同,侦查计划可分为全案侦查计划和分段侦查计划,又可根据计划的内容和涉及范围分为个案侦查计划、并案侦查计划、专项侦查计划和补充侦查计划等。

1. 侦查计划的内容

根据不同的侦查需要,应制定不同的侦查计划,内容上也应有所区别。就全案侦查计划而言,对于疑难、复杂、重大、特别重大案件的侦查计划主要应当包括以下内容:(1)对案情的初步分析和判断,包括对线索来源可靠程度和涉嫌范围的测定;(2)侦查方向和侦查范围;(3)为查明案情需要采取的措施;(4)侦查力量的组织和分工;(5)需要有关方面配合的各个环节如何紧密衔接;(6)侦查所必须遵循的制度和规定;(7)如属预谋犯罪案件,还应当提出制止现行破坏和防止造成损失的措施。

对于一般案件,通常也应具备以下几项基本内容:立案的根据;对案情的分析判断;侦查的任务和措施;侦查力量的分配;有关工作制度;分段侦查计划。

2. 制定侦查计划的步骤和应注意的问题

制定侦查计划应当始终贯彻"最优化"的思想。可以从各种不同角度和多种途径尽可能想出多种方案,每种方案都要精心设计出方案的细节并对方案实施结果进行估测,最后由负责人对比各方案,从多种方案中择其最优者予以实施。

制定侦查计划要注意做到以下几点:全面细致研究案件材料;集思广益,发扬民主;科学设计,内容上有机结合;全面安排,点面结合。

3. 侦查计划的调整

侦查决策阶段拟定的侦查计划受很多主、客观条件的限制,往往会出现同一起案件确有多种大小不同的可能性。这就要从案件的整体结构出发,确定主要的侦查方向,并写入侦查计划。但随着侦查工作的深入,针对出现的新情况、新信息、新问题,应注意对原定侦查计划及时调整纠正和补充。一般有以下几种情况:

(1)原先对案情的分析判断发生变化,案情复析后,侦查方向与途径也应随之改变,需要重新安排,从部署上对侦查计划进行局部或全面调整。

(2)原定重点嫌疑对象被否定,需要寻找新的嫌疑对象的,应修改侦查计划,重新确定摸底排查对象。

(3)确定的重点嫌疑对象并没有被否定,但措施不力,侦查力量使用不当,侦查工作停滞不前,因而需要在方法和侦查力量的使用上做相应的调整。

总之,必须根据侦查实践的反馈,不断调整补充侦查计划。这种调整可能是侦查对象和侦查方法的转换,也可能是侦查力量的变动。

三、侦查取证

多数时候刑事案件的侦查是以现场勘查为基础,但是现场勘查的时间性很强,证据材料的收集、鉴别难以完全彻底。例如,对被害人及知情者的调查访问因种种原因难以一次性完成;已取得的痕迹可能还来不及检验、鉴别;现场分析的认定尚未得到实践的检验。为全面、准确掌握案情，必须不失时机地核实已获证据材料并加以补充，通过广泛而深入的调查取证，为刑事诉讼的顺利进行创造条件。

（一）调查核实案情，补充证据材料，寻找新的侦查线索

对现场访问和现场勘验所获信息，要进一步调查核实，判断其侦查价值，以发现新的线索，拓宽侦查渠道。

1. 调查犯罪嫌疑人的全貌特征。发案初期，有些被害人精神上还处于惊恐或愤怒状态，陈述中难免会有前后矛盾、夸张之处；现场周围群众发现的可疑情况，经过他们的回忆、联想，可能会有偏差，有时还需要通过别人提示才能与案件相联系；对案件其他知情人的寻找也需要一个时间进程。所以进一步深入调查犯罪嫌疑人体貌特征，其调查的主要对象是被害人、现场周围群众及有关场所群众。调查内容包括嫌疑人的生理特征、病理特征、衣着特征、交通工具特征等。

2. 调查赃物、赃款情况。在盗窃既遂、抢劫既遂等涉及赃款赃物的案件中，必须尽快把赃物的来源、特征、用途等情况调查清楚，并注意了解赃物赃款的去向。

3. 调查被害人情况。被害人往往是案件的核心人物，许多难解之谜都与他们有着密切联系，因此应深入调查被害人情况。尤其是在侦查启动阶段，现场勘查所获得材料不足以对案情作出准确的判断，或者现场现象明显反映出案件与被害人有内在联系时，通过这种调查，有助于发现新的线索。调查的主要对象是被害人的家庭成员及其他家属、单位负责人和同事、被害人的个人经历、品德、工作表现、经济状况、经济来源、同事关系、邻里关系、家庭成员情况、工作生活规律及嗜好等。

（二）甄别、鉴定现场痕迹、物证

在这一环节，主要通过对现场遗留手印、足印、血痕、文书资料、工具痕迹、体液等进行甄别和鉴定，必要时可以主动邀请侦查机关以外的其他专家帮助解决技术难题。在侦查中，侦查人员对案件的认识出现迷惑不解或矛盾是正常现象，这时可以及时进行现场复查，重新认识现场，收取新的痕迹、物品。现场复查既可在原定范围内复查，也可扩大复查范围，或者只能对现场重点部位复查。必要时，还可以进行侦查实验。

（三）查证侦查线索

1. 搜集侦查线索

侦查线索是指与案件有关联的人、事、物以及时间和地点等情况。搜集线

索是侦查中的一项重要任务，是寻找确定案件事实及重点嫌疑对象的基础工作。初期侦查阶段应广泛开辟侦查线索来源，使线索源源不断地反映上来。常见的搜集渠道有：（1）被害人、知情人的陈述；（2）基层组织提供的情况；（3）对已抓获犯罪嫌疑人或在押犯的审查；（4）阵地控制、打击现行犯所获线索；（5）查对有关数据库；（6）加强特种行业和市场管理控制；（7）巡查辨认，摸底排队，进行技术侦查乃至使用秘密侦查力量等手段。

2. 查证侦查线索

对于搜集来的线索，要运用公开或秘密调查的方法，逐个进行调查核实，以便从中查清案件事实，发现、确定重点犯罪嫌疑人，并获取新的证据材料。未经查证核实的线索，只是进一步调查和侦查的对象，不能作为侦查的直接依据。查证侦查线索，要从提出线索的根据入手，调查核实该根据是否属实。只有提出的侦查线索的根据属实，才有可能依据该线索进行深入调查。当确定线索的根据属实后，应循着该线索从以下几个方面进行查证：

（1）查证案件事实的构成要素。首先要审查犯罪嫌疑人有无作案时间。时间要素是构成犯罪必不可少的条件。审查有无作案时间主要采用定时、定人、定位的方法，通过侧面调查或正面谈话，并与有关证明时间的记录或物品相互验证，以查明某人在发案时的活动情况和当时所在位置。其次要从作案动机、目的出发，深入调查犯罪嫌疑人的政治思想、道德品质、生活作风、经济状况、工作表现等情况，判断其有无作案的主、客观动因。

（2）审查收集证明犯罪嫌疑人有罪、无罪、罪轻或罪重的证据材料。侦查取证阶段，最重要的任务是收集与案件有关的证据材料。犯罪嫌疑人作案总会留下一定证据，侦查人员应综合运用辨认、搜查、跟踪监视、审讯、特情等多种手段，全面收集证据材料。由于直接证据往往难以获取，因而要特别注意获取间接证据。

四、排查重点嫌疑人

（一）确定重点嫌疑人

寻找和确定嫌疑对象是整个侦查活动的核心目标。案件发生后，侦查人员可以通过各种途径和渠道将收集到的有关案件材料，经过调查研究、排队分析和甄别核实，从一批具有作案条件和作案可能的对象中逐个筛选，逐步缩小到有重大作案嫌疑的人身上。因此，确定重点嫌疑人的过程，也是由一般到重点的缩小侦查范围的过程。具体来讲，确定重点嫌疑人应当具备以下几个条件：

1. 确定特定的作案动机。在侦查过程中，可能会遇到许多有作案动机的人，但未必都是本案作案人，必须进行筛选，将范围缩小至具备具体作案动机的嫌疑人。

2. 确定嫌疑人的个人人身特征。要从一般的按照性别、年龄、身高、体态、四肢、五官、衣着等排列次序，逐步找出具有嫌疑人个人特有的形态，如人的血液、生理病理变化、动作习惯等，使重点嫌疑人更加突出。

3. 确定作案时间条件。作案需要时间条件，一般来讲，排查嫌疑人是否具有作案时间时，首先需要将与本案时间存在的差异排除，确定本案的确切发案时间，再查嫌疑人是否在这一时间到过现场。但是，特别需要注意的是，有的作案人通过雇用他人作案或者遥控他人作案，故案发时并不接触现场，不能以案发时其不在现场就轻易否定其作案嫌疑。有的人有作案动机，虽与现场相距遥远，亦不能轻易否定作案嫌疑，而应综合考察两地之间的交通状况、嫌疑人自身的交通工具条件等进行分析，最终做出嫌疑人有无可能在短时间内来往两地作案的可能。

4. 对某些痕迹、物品作出同一认定。案发后，往往会留下各种痕迹、物品。如作案工具、指印、足印、血迹、精斑、毛发等，其中有些属于同种类物，对确定嫌疑人价值不大。因此，必须通过刑事技术的检验鉴定，排除那些与嫌疑人特征不吻合或不一致的现象，以准确认定本案重点嫌疑人。

5. 查获赃物实证。侦破有赃物的案件，如发现有的嫌疑人的经济状况反常，有来路不明的财物或不明经济来源，则应查明其真实来源，并想方设法获取实物，突出重点嫌疑人。

此外，嫌疑人的知情条件、技能条件、案后表现等均是确定重点嫌疑人的重要因素。对这些因素要综合分析，准确认定重点嫌疑人。

（二）突破重点嫌疑人

确定重点嫌疑人后，要根据具体情况，综合运用各种侦查技术和侦查措施，获取证据材料，突破嫌疑人。

1. 突破前的准备工作。要想使重点嫌疑人如实供述，就必须选择好突破口。选择突破口，首先应全面了解重点嫌疑人的情况，掌握其个人特点、在案件中所处的地位和所起作用，找到容易突破的薄弱环节；其次侦查人员要熟悉自己所获取的证据材料，哪些已经查清，哪些尚未查清，哪些证据材料可以用于突破嫌疑人，哪些不可以使用，都要有所准备；最后要选择好突破嫌疑人的最佳时机，分析组织突破最为有利的时间、地点和条件。

2. 重点嫌疑人的突破。做好准备工作后，应及时组织突破重点嫌疑人。实践中，应注意以下几点：

（1）严密监控侦查对象，为进一步取证创造条件。随着侦查的深入，明确了重点对象后，应充分考虑其逃避侦查的可能性。因此，为防止其逃跑，毁灭、转移和伪造证据材料，铤而走险继续作案或者自杀，必须严密监控嫌疑人。要紧紧依靠基层组织的作用，把重点嫌疑人严密控制起来。在符合法定条件的情况下，可采取拘留、逮捕、取保候审、监视居住等强制措施直接限制其人身自由，以配合侦查取证，保证侦查活动顺利进行。

（2）选择突破口，运用各种侦查方法。实践中，选择突破口的方法很多，主要视案情和嫌疑人的具体情况而定，通常选择那些易于打开局面和取证的环节，如可以将现场遗留物的归属、现场痕迹的同一认定、赃物的持有、攻守同盟中的动摇分子以及嫌疑人陈述中的矛盾、诱敌暴露等方面作为突破口。突破口确定后，应适时采取相应手段进行突破。常用手段有：秘捕突审、外线监视、秘密辨认、秘搜秘取以及技术侦查等。

（3）打破侦查僵局，推进侦查。在侦查实践中，由于种种原因导致侦查工作暂时性地陷入僵局的现象并不罕见，侦查人员应当正视现实，认真分析造成僵局的症结所在；在以往侦查工作的基础上，重新、反复地勘查案件现场，进一步深入分析、判断案情，调整乃至重新制定侦查计划；全方位地复查已采取的侦查方法，实施补充决策和追踪决策，以及重新采取更具有针对性的侦查措施等，目的在于寻求根本性的突破。①

五、破案

破案是侦查机关经过侦查，查清已立案的案件事实，获取确凿证据之后采取的一系列侦查措施的活动的总称。破案是侦查过程的重要环节。

（一）破案的条件和时机

破案应具备以下条件：

1. 涉嫌案件事实已有证据证明。就某一具体案件而言，影响对被告人定罪量刑的因素很多，但破案阶段不需要查清全部案情。

2. 有证据证明涉嫌案件事实是犯罪嫌疑人实施的，即侦查过程中所获取的证据材料能证明是作为侦查对象的犯罪嫌疑人作案。

3. 犯罪嫌疑人已经归案。具体而言，一人作案的，嫌疑人必须归案；共同作案的，主要嫌疑人必须归案；涉嫌集团犯罪的，首要分子和其他主要嫌疑人必须归案。如果前两个条件具备，但嫌疑人仍然在逃的，不能认为是破案。所谓归案，通常认为是对嫌疑人采取一定的强制措施，有的学者甚至将强制措

---

① 关于侦查僵局的突破，参见杨宗辉等：《侦查学》，群众出版社2001年版，第631页。

施限定为拘留或逮捕。笔者认为，尽管使嫌疑人归案通常要使用强制措施，但强制措施的适用有其法定条件，对于许多轻微的刑事案件，并无适用的必要。换言之，许多案件中未采取强制措施，仍可以认为嫌疑人已经归案，侦查机关已经破案。因此，归案就是指侦查机关通过强制措施或非强制措施，使嫌疑人能够随时到案接受讯问，或者说嫌疑人已被侦查机关控制。将归案等同于拘留或逮捕的做法不利于鼓励侦查机关尽可能采取更轻微的控制措施。

具备上述三个条件，还要考虑破案时机问题。对于现实危害性不大，又有条件控制侦查对象活动的，要尽可能查清案件事实，收集足够证据后再破案；对于重大预谋案件，在查清预谋活动后，应当在涉嫌犯罪实行之前，及时破案；对于集团案件，在查清主要案件事实和主要嫌疑人后，即可破案；对于有长期经营价值的案件，为扩大战果，可决定缓破，继续侦查。

（二）破案的基本程序

1. 破案前的准备

（1）制定破案计划。为了保证破案工作，尤其是重大、特大案件破案工作的顺利进行，必须制定周密的破案计划，并报请负责人批准。破案计划内容主要包括以下八项：①案件的侦查结果，破案的理由和根据；②破案力量的组织和交通工具、械具等物资的准备；③需要予以拘留、逮捕的犯罪嫌疑人的姓名、住址，拘捕方法和时机的选择，执行人员及其分工；④需要进行搜查的对象的姓名、住址，搜查的目的，执行人员及其分工；⑤对拘捕的犯罪嫌疑人所在场所周围采用的监控方案和对于可能突然发生的危险情况的处置预案；⑥对拘捕的犯罪嫌疑人的讯问提纲；⑦对秘密探查力量的保护方法；⑧"留根"的理由及具体安排。

（2）撤离秘密力量。对于使用了秘密侦查力量进行内线侦查的，侦查指挥人员必须研究秘密力量的撤离问题。撤离秘密力量的方法应视具体案件具体分析。可以先撤离而后破案，也可以将嫌疑人与秘密力量同时拘捕，而后设法密放秘密力量，或者破案拘捕嫌疑人时，指挥侦查力量逃离。总之，既要保护秘密力量的人身安全，也要保护秘密侦查手段的运用。

（3）办理必要的法律手续，进行必要的物质准备。如执行逮捕的，必须办理《逮捕证》。物质准备主要包括车辆、武器、戒具、人员等资源的配备。

2. 破案的实施

破案的实施即采取各种措施使嫌疑人归案。具体包括：

（1）强制措施的适用。在侦查中，当嫌疑人已经具备强制措施的适用条件时，应适时采取强制措施。嫌疑人符合拘留或逮捕条件的，要对其执行拘留或逮捕。拘捕的方式主要有：对于案情重大、影响坏，经侦查已取得确凿证据的案件，可以适用公开拘捕；对涉嫌重大集团犯罪或预谋犯罪的嫌疑人，为避免惊动其他尚未查清的嫌疑人，可以适用秘密拘捕；对某些案情复杂、侦查仅获取部分证据的，可以适用传唤或拘传方式使其归案；抓获现行，例如毒品案件侦查中的"控制下交付"。最后一种方式仅在其他方式无法破案时才能予以考虑。对于不需要拘留或逮捕，但可以适用取保候审、监视居住等强制措施的，也应依法办理。

（2）非强制措施的适用。有些轻微案件，嫌疑人对涉嫌罪行供认不讳并有悔罪表现，不采取强制措施也能保证嫌疑人随时到案接受讯问的，可以视为嫌疑人已经归案。

3. 破案后的处理

破案后，侦查人员应抓紧时间做好后续工作。主要有以下几项内容：

（1）制作破案报告，报负责人批准。破案报告应包括以下内容：案件侦查结果；破案的理由和根据；破案的组织分工和方法步骤；其他破案措施和下一步的工作意见。

（2）追缴和发还赃物。对嫌疑人因涉嫌犯罪而获得的赃款、赃物，要全部追缴。追赃工作是获取、揭露和证实涉嫌犯罪的重要内容，往往还可以发现新的涉嫌案件事实或新的犯罪嫌疑人。追缴的赃物，除作为实物证据需随案移送外，能查清合法所有者或持有者的，应如数归还，已过法定期限无人认领的，上缴国库。

（3）整理材料档案。破案后，应把破案前的各种材料，按照其内容和作用整理装订成档案，全面记载涉嫌案件事实和获取的证据材料，如实反映侦查的全过程。

（4）总结经验教训，做好善后工作。

六、侦查终结

侦查终结是指侦查机关经过侦查，认为案件事实已经查清，证据确实充分，足以认定犯罪嫌疑人是否犯罪和应否对其追究刑事责任，而决定结束侦查，依法对案件作出处理或提出处理意见的一项诉讼活动。侦查终结是侦查程序的最后阶段，对于准确及时实现国家刑罚权、有效保障无罪的人不受追诉，起到了重要的程序审查作用。我国刑事诉讼法第二编第二章第十节对侦查终结作出了专门规定。

（一）侦查终结的条件

根据刑事诉讼法的规定，侦查终结的案件必须具备以下四个条件：

1. 案件事实清楚。案件事实包括犯罪嫌疑人有罪、无罪、罪重或罪轻的事实和情节。如果认为嫌疑人构成犯罪，则应查清的案件事实应当包括：嫌疑人的身份，包括嫌疑人的基本情况以及简历、家庭情况、前科情况等；涉嫌行为是否存在；涉嫌行为是否为犯罪嫌疑人所为；嫌疑人行为的动机、目的；实施行为的时间、地点、手段、后果以及其他情节；如果是共同犯罪的案件，还应分清嫌疑人的责任以及与其他同案人的关系；嫌疑人有无法定从重、从轻、减轻处罚以及免除处罚的情节；其他与案件有关的事实。

2. 证据确实、充分。案件事实的查清必须建立在已经取得确实、充分的证据基础之上。证据确实、充分，是指经过反复核对属实的证据材料之间相互印证，形成完整的证明体系，足以排除各种矛盾和疑点，确认嫌疑人是有罪还是无罪，罪重还是罪轻。

3. 法律手续完备。侦查终结的案件，法律规定的办案程序和应履行的法律手续必需完备。衡量法律手续是否完备的标准就是看在办案活动中所形成的法律文书是否符合要求，应履行的法律手续是否都履行了。公安机关在办理刑事案件的过程中，所形成的各种法律文书是检验案件是否符合法律要求的文字依据，只有法律手续完备的文书，才具有诉讼意义。这些法律文书应当包括：案件的法律手续；证明案件的证据材料，其中包括证人的名单；其他案件所需要的材料。在侦查终结时，侦查人员要认真、严肃地检查执法情况，检查各方面的手续是否完备，如有手续不全的情况，应及时补充。

值得一提的是，刑事诉讼法没有对久侦不决或虽经反复侦查但仍无法确认嫌疑人的案件的处理作出规定。① 可以看出，我国刑事诉讼法的这种做法还是立足于一切案件皆可侦破的基础上的，这种想法在理论上可行，但不符合大量案件无法查明的现实。本书认为，对于受条件限制，经反复侦查仍无法查清的案件，应当适用侦查中止或侦查终止，以节约侦查资源，保障相关人的合法权益。

（二）侦查终结的程序

1. 全面审查案件事实和证据。侦查终结，首先要求办案人员全面系统地审查案件事实和证据，经审查认为符合侦查终结的全部条件的，提出侦查终结的意见和建议。

2. 制作侦查终结报告并呈批。决定侦查终结的案件，侦查人员应制作结

---

① 例外的规定是《公安机关办理经济犯罪案件的若干规定》第14条和《公安机关执法细则》第26-05条第1款第（5）项规定，"经济犯罪案件，经立案侦查，对犯罪嫌疑人解除强制措施后十二个月，仍不能移送审查起诉或依法作其他处理的"，应当撤销案件。

案报告。结案报告应包括以下内容：犯罪嫌疑人的基本情况；是否采取了强制措施及其理由；案件的事实和证据；法律依据和处理意见。结案报告应经办案部门负责人审核同意后，报侦查机关的主管负责人。一般案件经侦查机关负责人批准即可侦查终结，重大、复杂、疑难的案件应当经过侦查机关领导成员的集体讨论决定。

3. 装订立卷。侦查终结后，应当将全部案卷材料加以整理，并按要求装订为诉讼卷（正卷）、秘密侦查卷（绝密卷）和侦查工作卷（副卷），诉讼卷用于移送审查起诉，秘密侦查卷和侦查工作卷由公安机关存档，用于内部审查和总结经验之用，需要作为证据公开使用时，应按照有关规定作相应处理。

（三）侦查终结对案件的处理

根据《刑事诉讼法》第160条、第161条的规定，侦查终结时对案件有两种处理意见：

1. 移送审查起诉

对案件事实清楚，证据确实、充分，依法应追究刑事责任的犯罪嫌疑人，侦查终结时，应提出起诉的意见，并制作《起诉意见书》，经县级以上公安机关负责人批准后，连同案卷材料以及证据一并移送同级人民检察院审查起诉。

2. 撤销案件

在侦查过程中，发现不应对犯罪嫌疑人追究刑事责任的，应当撤销案件。结合《刑事诉讼法》第15条、《公安机关办理经济犯罪案件的若干规定》第14条和《公安机关执法细则》第26-05条第1款第（5）项规定，应当撤销案件的情形主要有：没有案件事实；情节显著轻微、危害不大，不认为是犯罪的；犯罪已过追诉时效期限的；经特赦令免除刑罚的；犯罪嫌疑人死亡的；经济案件，经立案侦查，对犯罪嫌疑人解除强制措施后十二个月，仍不能移送审查起诉或者依法作其他处理的；其他依法不追究刑事责任的。

3. 根据《刑事诉讼法》第160条、第161条之规定，人民检察院侦查终结的案件，应按刑事诉讼程序决定提起公诉、不公诉或撤销案件。

4. 根据刑事诉讼法及其他相关法律法规的规定，国家安全机关、军队保卫部门、监狱、海关缉私局侦查终结的案件，适用与公安机关相同的程序。

根据《公安机关执法细则》第26-05条第2款第（6）项的规定，撤销案件的所有材料应当立卷保存，以便将来继续立案侦查、追究法律责任、进行考查考核等。

需要注意的是，对于共同犯罪的案件，某个或某些犯罪嫌疑人符合撤销案件条件的，不能撤销整个案件，只能撤销对该犯罪嫌疑人的侦查。

撤销案件的决定应当分别送达犯罪嫌疑人所在单位和犯罪嫌疑人本人。犯罪嫌疑人死亡的，应当送达犯罪嫌疑人所在单位或者家属。如果犯罪嫌疑人在押，应当制作《释放通知书》，立即释放；对被逮捕的，应当制作《撤销案件通知书》，通知原批捕的人民检察院。如果犯罪嫌疑人被取保候审或监视居住的，也应当立即撤销。对需要依法予以行政处理或转交其他部门处理的，应当提出处理意见。对符合国家赔偿条件的，应当提出赔偿建议。

七、补充侦查

补充侦查是指侦查机关或检察机关对已侦查终结的案件，依法定程序在原有侦查工作基础上，就案件中的部分事实、情况重新进行侦查的诉讼活动。补充侦查可能出现在审查起诉阶段或法庭审理阶段。补充侦查有两种形式：一是退回补充侦查，即决定补充侦查的人民检察院将案件退回原侦查机关或侦查部门，要求其补充侦查；二是人民检察院自行补充侦查。在审查起诉阶段，人民检察院可以决定退回补充侦查或自行补充侦查，而法庭审理阶段只能由人民检察院自行补充侦查，但可以要求公安机关提供协助。

补充侦查与起诉后的侦查不同。起诉后的侦查，顾名思义就是公诉机关起诉之后仍可以进行的侦查。典型的规定见于《日本刑事诉讼法》第266条。该条规定，在第一次审判日之前，可以实施强制侦查询问证人。并且通常认为，起诉后进行不采用任何强制性措施的任意侦查是没有任何问题的。不过，起诉后至第一次审判前，收集证据的活动属于法院的强制措施。可见，起诉后的侦查与我国法庭审理阶段的补充侦查有着明显区别：受国家审判中心主义影响，起诉后的强制侦查只能在第一次审判日之前实施，在具体内容和对象上也受到种种限制，法院的干预不可避免。虽然任意侦查可以延伸到庭审期间，但类似措施在我国被认为是公诉行为的一部分，而补充侦查基本上适用有关侦查的规定，所受限制较小。不过，对辩护一方来说，补充侦查意味着辩护工作量加大，对被告人来说，则又要增加被定罪的风险。

第二章 杀人案件侦查

马某与刘某的丈夫蒋某系情人关系,二人关系被刘某发现后,刘某多次找到马某对其打骂,马某为此怀恨在心,并从网上购买单刃尖刀一把,伺机对付刘某。某年11月10日13时许,刘某乘出租车至马某母亲住处,欲让其家人劝说马某断绝与蒋某的关系。马某母亲张某在刘某离开后,随即给马某打电话告知刘某到其家中的情况,马某闻讯驾车回家。当其行至某村某街十字路口处时,见到刘某站在路口,马某遂持单刃尖刀捅刺刘某左胸部、左面部、左上臂各一刀,致刘某死亡。马某潜逃后于当日被公安机关抓获归案。①

第一节 杀人案件概述

一、杀人案件的概念

侦查中的杀人案件是指使用枪械器物等工具,采取暴力或其他方法非法剥夺他人生命的刑事案件。从刑法学角度看,杀人行为分为故意杀人和过失致人死亡。一般来说,侦查部门研究的案件主要指故意剥夺他人生命的行为,但是在案件侦查初期,在难以确认行为人的主观态度和客观原因的情况下,对于不明原因的他杀案件,侦查部门同样有可能将其视为故意杀人案件而展开调查。从罪名上看,杀人案件主要是涉嫌我国《刑法》第232条规定的故意杀人罪的案件,同时,其他暴力犯罪中致人死亡的案件也属于此类案件的侦查范围,如故意伤害致死案件,以爆炸、投放危险物质、放火为手段致人死亡的案件,以及以抢劫、强奸、绑架为目的致人死亡的案件等。

杀人是侵犯人身权利最为严重的犯罪,其社会危害性极大,不仅直接导致被害人本人的死亡或伤残,还会给被害人的家庭带来极大的痛苦,同时,它对社会心理也会造成严重威胁,极大降低人民群众的安全感。公安部在《关于刑事侦察部门分管的刑事案件及其立案标准和管理制度的规定》中明确规定:

---

① 案例来源:人民检察院案件信息公开网 http://www.ajxxgk.jcy.cn,详见《马某故意杀人案起诉书》。

杀人致死或致重伤的,应列为重大案件;一次杀死杀伤数人或持枪杀人、杀人碎尸的应列为特别重大案件。因此,对于杀人案件,侦查部门必须遵循"优先侦办、最高标准、确保质量"的原则,将其纳入工作重点,投入优势侦查资源进行侦查。

二、杀人案件的特点

(一) 实施杀人行为之前多有预谋准备过程

杀人行为是刑法规定应予严惩的犯罪之一,实施杀人行为的作案人可能会被处以重刑甚至死刑。而且,在实施杀人的过程中,被害人往往会进行强烈反抗。因此,除突发性的激情杀人外,迫于重刑的威慑,同时为了顺利实现作案目的,作案人在实施杀人行为之前一般都有一段时间的策划和准备,考虑用什么方法杀死对方,而又不会暴露自己。一般而言,作案人的预谋活动主要表现为以下几个方面:

1. 选择作案目标

在侵害不特定对象的杀人案件中,如绑架杀人、抢劫杀人等图财类或暴恐类案件,作案人存在选择作案目标的问题。在这些案件中,作案人往往根据其所要达到的犯罪效果,如作案后取得的经济利益或要达到报复社会的威吓效果等,有针对性地选取作案目标。

2. 了解被害人的生活习惯等背景材料

多数作案人在杀人前要对被害人的居住环境、生活规律、行踪、工作情况、社会交往等进行充分的探听、窥视和了解,以选择易于作案而又隐蔽的时间、空间作案。

3. 准备作案工具

作案人决定实施杀人行为后,往往会最先考虑用什么工具能顺利杀害被害人而被害人又不易反抗。确定某种杀人手段后,作案人通常还会暗中准备所需要的工具。如有的事先自制枪弹,有的事先购买毒药、毒蛇或借用他人刀斧等。

4. 选择作案时机和场所

作案人在作案时机的选择上往往颇费心机,是黑暗中尾随袭击,还是事先潜入被害人住宅;是隐蔽预定地点,还是诱骗被害人到某地趁其不备下手等。时机和场所的选择既要确保顺利实现作案目的,又要防止惊动他人、暴露自己。因此,作案人往往策划侵入和接近目标的方式,选择易于接近被害人,又利于隐匿藏身,便于毁证灭迹和逃离的时间地点实施杀人行为。

5. 策划杀人后的反侦查手段

作案人为了逃避法律的追究，往往在实施杀人行为之前就反复思考如何毁灭证据、伪装现场以及潜逃隐匿等方案。

作案人的杀人预谋活动必然会与有关的人、事、物发生联系，在群众中留下一定印象或在物品中反映出明显的预谋活动特征，这些内容都可能为分析案情和采取侦查措施提供依据，为查找犯罪嫌疑人提供线索。

（二）一般有被害人的尸体或伤痕可供检验

杀人现场大多是在发现被害人尸体或伤残者之后才被发现的。因此，在侦查的最初阶段一般都有尸体或伤痕可供检验。尸体对侦破杀人案件具有重要意义，通过法医鉴定可以判明致死、致伤的原因，确定案件性质和侦查方向。特别是侦查初期，对杀人的时间、地点、凶器、手段和杀人的动机、目的的分析判断，都离不开尸体、伤痕的解剖或检验。

（三）现场一般留有较多的痕迹物品

作案人与被害人发生搏斗、撕扯时，可能会留下血迹、凶器、血衣、血指纹、血足迹等；同时也可能会留下毛发、皮肉、纽扣、衣片或散落的物品等；此外，多数杀人案件现场除了杀人犯罪外，常伴有盗窃、抢劫、强奸、放火或爆炸等多种行为，情况比较复杂，如图财杀人案件，现场往往留下盗窃物品时的撬压痕迹、翻动痕迹，并在衣柜、抽屉上留下指纹和工具痕迹等；强奸杀人案件除留下被奸杀的尸体外，现场常留有精斑、毛发、衣物、纸张、布块、手帕等。因此，对于杀人案件的现场必须细致勘查、全面提取证据。

（四）作案人与被害人之间一般有明显的因果关系

多数杀人案件作案人与被害人之间事前就存在某种利害关系或矛盾冲突。作案人采取杀人这种极端行为，大多是因为与被害人之间的利益矛盾激化到了一定程度。这种因果关系反映到杀人动机上表现为：报复杀人、图财害命、杀人灭口、婚姻家庭纠纷杀人等。作案人与被害人之间的因果关系是排查犯罪嫌疑人的重要依据。因此在侦查中一定要通过对杀人原因的分析，抓住因果关系，从分析动机、目的入手，结合尸体情况及其他条件，将具备因果关系的人纳入侦查视线，由此确定侦查线索和侦查突破口等。

三、杀人案件的分类

（一）根据杀人动机分类

1. 财杀案件。包括抢劫杀人、绑架勒索杀人和由于盗窃、诈骗、走私、贪污、受贿等行为而引起的杀人。

2. 仇杀案件。包括朋友、邻里、同学、同事之间由于各种纠纷、仇恨、怨恨而引起的杀人。

3. 奸情杀人案件。主要是指基于两性关系产生矛盾冲突而引发的杀人，如婚外两性关系中，双方由于矛盾激化或者惧怕真相败露或为扫除婚外两性行为的障碍而实施的杀人；卖淫嫖娼活动中的嫖客与嫖客、嫖客与卖淫者、卖淫者与卖淫者之间的种种矛盾引起的杀人等。

4. 恋爱婚姻家庭纠纷杀人案件。即恋爱双方之间、夫妻双方之间或者家庭成员之间不和睦引起的杀人。

5. 强奸杀人案件。主要指作案人在强奸妇女之前或强奸过程中故意使用暴力或因自己的性行为直接导致被害人重伤、当场死亡或经治疗无效死亡；出于杀人故意而采用暴力将被害人杀死后再进行奸尸；在强奸妇女后，出于报复、灭口等又将妇女杀害或伤害的案件。

6. 杀人灭口案件。是指惧怕他人控告、举报导致罪行败露而杀害知情人的案件。

7. 其他动机引起的杀人案件。如寻衅滋事引起的杀人，流氓团伙间的敲诈勒索、争抢地盘引发的杀人以及迷信杀人、变态杀人等。

（二）根据杀人方法及所用凶器分类

依据杀人方法及所用凶器，杀人案件可分为持枪杀人案件、爆炸杀人案件、纵火杀人案件、投毒杀人案件、驾车杀人案件、毒气煤气杀人案件、刀斧棍棒绳索杀人案件等。

（三）根据死者身源状况和尸体状态分类

1. 一般杀人案件。这里的一般杀人案件是指尸体身份明确的杀人案件，其中又包括作案人自首与畏罪潜逃两种情况。

2. 无名尸体案件。无名尸体案件由于不能确认被害人的身份，因此案件侦破难度较一般杀人案件更大。根据尸体的具体状态，无名尸体案件又可分为无名完尸案件、碎尸案件和白骨案件。

3. 疑似被侵害失踪人员案件。即未发现尸体的杀人案件，实践中也称为"无尸体杀人案件"，是指公安机关根据举报或直接获知的失踪事件，通过调查有充分的理由或证据怀疑某个失踪者已经被人杀害，而又未发现尸体的案件。

第二节 杀人案件的一般侦查方法

杀人案件种类繁多，每起案件都错综复杂，不存在各种案件因素完全相同的杀人案件。但排除独特的个案特点,基于杀人案件的共同规律,一般杀人案件有着一套基本的侦查方法,为杀人案件的侦查提供了基本思路。①

一、现场勘验

杀人案件现场应当按照《公安机关刑事案件现场勘验检查规则》(公通字〔2015〕31号)及时进行勘查、检验、鉴定,由现场勘验、检查负责人进行组织分工,影像、痕检、法医、理化、DNA等专业技术人员有序进入现场。发现、固定、提取与犯罪有关的痕迹、物证和其他信息,开展尸体检验,分析犯罪过程,判断案件性质,刻画犯罪嫌疑人,为侦查破案、刑事诉讼提供技术支撑。其中,既遂的杀人案件应该以尸体为中心,围绕发现尸体的地点、血迹分布、遗留的痕迹、物品和环境等进行勘验。

(一) 尸表检查

在侦查初期,法医来到现场之前由侦查员对现场尸体进行外表检验。对于新鲜尸体,应当在现场测量尸温和环境温度。移动尸体前,对犯罪嫌疑人可能接触的尸体部位及其附属物品要采取必要的防污染措施。对已被发现人或急救人员变动的尸体,应详细询问尸体的原始状态。尸表检查一般遵循以下顺序:

1. 静观尸体的整体状况及其与周围环境的关系

(1) 注意发现现场的挣扎、搏斗痕迹,用以判断是否与尸伤相符。

(2) 观察是否有反常现象。常见的反常现象如:尸体被烧焦,尸体死者呼吸道内无异物;从尸伤看应有激烈搏斗,但现场完好无损;尸体上有开放性损伤但现场无喷溅、流淌的血迹;尸体俯卧,但尸斑在背部等。

2. 对尸体外表进行检验

尸表检验采取由外及里、从上而下的顺序进行。主要是对于尸体的姿势、着装、头部、颈部、胸部等的检验。

(1) 观察尸体的外表形态。是仰卧、俯卧,还是侧卧,呈什么姿势,外表表情、发型如何等。

(2) 观察伤口形态。伤口有多少,伤口位置在身体的什么位置,伤口的深度和大小,伤口的种类,伤口与伤口之间的相互关系,是否有特别的伤口等。

(3) 观察尸体的外部衣着。如衣服的数量、颜色、式样、新旧、产地、

---

① 杀人案件种类繁多、因案而异,个案的情况也比较复杂。本章主要讨论一般杀人案件中畏罪潜逃的杀人案件侦查方法,对自首的杀人案件不再做冗述。

有无撕裂损伤，衣着是否合身，衣服的破损与尸体的损伤是否一致，衣服上的附着物（如血迹、斑痕等）或随身物品等。①

3. 检验尸体现象

如尸温、尸斑、尸僵、腐败、角膜混浊程度等，同时还要注意观察尸体各部位的特殊标志。

4. 发现与提取尸体上的附着物

要注意发现和提取尸体上的血迹、毛发、体液（斑迹）、接触DNA等生物检材和其他微量物证，尤其要注意尸体的隐蔽位置，如头发内、口鼻腔、耳道、腋下等有无异物附着，死者手掌中或指甲缝是否留有衣片、纽扣、皮肉组织、血迹、毛发等异物，以及有无注射药物等方法致死的可能。对女尸还应检验有无被奸迹象。

发现与提取尸体上的附着物一定要细致、认真，例如瑞士曾发生一起凶杀案，死者为年轻女性，全身赤裸仰卧在血泊之中。死因为颈部锐器的切割伤，身体正面没有明显伤痕，但其大腿上却留有三滴滴落血迹。根据死者伤口的部位，其大腿上发现的血迹，很有可能是作案人留下的。经过提取检验，证实不是被害人的血，后来证明是作案人在与被害人扭打过程中受伤所留下的。这三滴血成为该案侦破的重要线索。②

（二）血迹检验

多数存在尸体的现场都遗留有被害人或者作案人的血迹。通过对现场血迹的检验分析，结合现场血迹分布的特点、形状、数量、大小、距离尸体的远近及所呈现的各种形状，可以判断死者与作案人当时所处的位置、动作，作案人行凶的过程，以及作案人有无受伤和移尸等情况，还可以判断现场有无伪装或破坏，是否杀人的原始现场等。

1. 血迹的发现

对于室内现场，一般在墙壁、地板、被褥、凶器等明显部位容易发现血迹。对于室外现场，血迹常附在树枝、草屑、砖石、泥土等物体上。

作案人为了掩盖案件事实，往往会对现场的血迹进行冲刷、洗涤、焚烧、掩埋等。经过这些处理的血迹一般难以发现。然而血液具有流动性、凝固性和渗透性等特征，即使经过作案人的处理，仍有可能被侦查人员发现和提取。因此，侦查中要注意在现场的隐蔽部位、缝隙部位，如地板缝、砖缝、门栓、锁

---

① 任惠华主编：《刑事案件侦查》，法律出版社2006年版，第76页。
② 李富成、郭冰：《李昌钰博士讲座——现场重建与调查》，载东方法眼http：//www.dffy.com/faxuejieti/ss/200411/20041128192449.htm，2017年4月18日浏览。

扣等细小、隐蔽、不易被人发觉的部位，认真寻找作案人无法处理干净的少量血迹。

2. 血迹颜色与形状的分析判断

随着时间的延长，并伴着日晒、风雨等环境因素的影响，血迹会由于血红蛋白逐渐分解而呈现出暗褐色、褐色、绿褐色、黄褐色至灰褐色等颜色。根据血迹的干燥程度和颜色，可以推断血迹形成的时间。

血迹形状也是多种多样，人体受到损伤后，由于出血部位、出血量和作用力、承受客体及距离等因素相互作用，会形成各种各样的血迹形状。血迹的形态能反映作案人和被害人在现场的行为迹象。根据滴状血迹、喷溅状血迹、流柱状血迹、接触状血迹、擦拭状血迹和血泊等不同形态的血迹可以推断犯罪行为的过程和方式。

（三）遗留痕迹物品的勘查

杀人现场的痕迹和物品，不仅可以直接反映作案人在现场的活动情况，同时也是证实犯罪的重要证据之一，具有十分重要的意义。现场勘验时要重点发现、固定、记录、提取作案人进出现场，现场触动、翻动，现场物品变动或丢失等与犯罪行为有关的痕迹、物证，注意发现被害人在现场活动的相关痕迹、物证。有条件的案件可以使用警犬、无人机等开展搜索。对于现场物品变动明显的，应向熟悉现场环境的有关人员询问物品原始摆放位置，必要时对现场物品进行复原。

1. 作案人的手印、脚印、破坏工具痕迹、交通工具痕迹以及抵抗搏斗痕迹等。要从作案人作案过程中可能接触过的客体和部位发现并提取手印、足迹、枪弹痕迹、交通工具的痕迹，分析这些痕迹形成的原因、时间，判明其与事件的关系。要注意在现场内部以及现场周围仔细寻找，发现后不要随意触摸。涉枪案件，还必须设法找到弹头和弹壳。

2. 凶器。要根据伤痕特征判断凶器种类，并注意在现场环境中尽可能寻找凶器。同时，仔细搜寻破坏工具、刀枪棍棒、砖石绳索等致伤工具。

3. 作案人的衣着和用品。包括作案人在作案过程中遗留在现场的手套、烟头、背包、包装物、捆绑物、纽扣等日用物品，以及手机和其他电子数据载体，要认真审查其与案件的关系，判断并验证其是否属于现场。在收集现场涉案电子信息时，要注意保全电子物证数据，完成电子数据的初步勘验。

二、法医检验

被害人尸体是确认案件事实存在的重要依据，通过对尸体及其伤痕的法医检验有助于判断事件性质和死亡原因，确定是自然死亡还是他杀、自杀或意外事故，为是否立案侦查提供客观依据。其次，尸体和伤痕还是案情分析的重要资料，可帮助侦查人员判明杀人时间、杀人目的、杀人的工具、杀人的手段和方法、作案人数和作案过程等，为侦查提供线索，为破案提供依据。除此之外，尸体勘验的情况可以用于甄别犯罪嫌疑人口供的真伪。特殊情况下，还可以通过法医检验了解作案人的一定特征，进行个人识别。

（一）检验尸体现象

在法医学上，尸体现象是指人死后，身体各器官、组织和细胞的生命活动停止，并受到内外环境各种因素的作用，发生一系列特殊征象的死后变化。

法医在检验尸体时，可以根据尸体现象，推测死后经过的时间以及某些死因。如通过测量尸体的温度，检查尸斑出现的部位、颜色和浓度，指压后看是否褪色；尸僵出现的部位和强度，破坏尸僵后能否再形成；有无局部干燥的现象；是否发生腐败及腐败的程度等推断死亡时间。

尸体腐败后仍可以为侦查提供有意义的线索和信息。法医在尸体腐败以后，亦应进行尸检和剖验，以发现有鉴定价值的材料，如尸体腐败可以使沉入水中的尸体浮起而有利于揭露犯罪；在高度腐败，只剩下骨骼、毛发、指（趾）甲以及牙齿的尸体，仍然可以检验出金属毒物、血型、骨损伤、骨髓内的硅类、DNA等。但是尸体腐败也会破坏生前的损伤和病变，给法医学鉴定工作带来难以克服的困难。为了争取尽量获取证据，应当争取尽早进行尸检或将尸体冷藏保存，切不可等到尸体腐败破坏以后才进行检验。

（二）尸体各部检验

主要研究头面部、颈部、胸部、腹部、背臀部、四肢部、会阴、外生殖器及肛门部位的病理改变、生理特征、死后改变以及损伤情况等。如进行头面部的检验，看头颅整体有无变形；头发型式、色泽、长度、缺损、人工处理及附着物情况；检查头皮，如发现损伤及异常应剃光全部或局部头发充分暴露该部位进行检验；检查颜面部皮肤颜色，看有无损伤、出血、变形等改变及疤痕、色素斑、痣、疣等个人特征；检查口腔，查看唇、齿、齿龈、舌的病理改变、生理特点（如齿咬合面的磨耗程度）、死后改变及损伤情况等。[①]

（三）尸体解剖检验

通过尸体外表检验，难以确定死因，不易判明案件性质时，需要进行尸体解剖检验。解剖尸体应当在尸体解剖室进行。确因条件限制，需要在现场附近解剖的，应当采取隔离、遮挡措施，严禁在公众视野下裸露尸体。

---

① 参照公安部《法医学尸表检验》。

尸体解剖检验主要是对人体胸腔、腹腔、颅腔和颈内的解剖，检验内脏器官、神经的损伤及病变的情况。目的是确定死因和时间、方法和致伤工具等，确定死者的特征，为侦查提供线索和依据。

例如在一起案件中，一名男子死在自己家中，浑身是血，而且身体有128处淤血的痕迹，只有一处外伤，即死者的鼻子被划破。侦查人员发现，男子在死前三天曾与女友吵架，其女友身上有多处抓痕，于是初步怀疑其女友为凶手。但经过尸体检验发现，死者身体上的128处淤血伤痕的颜色并不相同。人体的淤血伤痕变化规律一般为红色—紫色—棕色—黄色—没有颜色，而这些恰恰反映在死者的身体上，这说明不是凶手所为。而且地面上的血迹是鲜血和气泡掺杂在一起形成的，说明死者的身体有内伤。经过查询死者病历发现，死者患有肝硬化，而且经常酗酒，喝醉后撞到桌子或其他硬家具上会出现淤痕，久而久之，身体上的淤痕就会呈现不同颜色。最终，通过尸体解剖证实，该男子是酗酒后引起病变而死，并不是其女友行凶所致。①

三、现场调查

杀人案件现场调查活动应与现场勘验同时进行，调查的重点对象主要有报案人员、现场幸存人员、被害人的家属和亲友、现场保护人员、现场勘查之前进入现场的人员以及现场周围的知情人等。杀人案件现场访问的主要内容有以下三个方面：

（一）现场情况的调查

1. 通过报案经过，了解发现案件的具体时间、地点和条件；通过现场保护人员了解当时现场的原始情况，之后现场是否发生过变动，以及变动的情况和原因；在发案时间内，是否有人听到撕打、呼救的声音；发案后，有哪些人到过现场，他们的言行表现如何等。

2. 弄清凶器和其他现场遗留物的用途及来源，即查询这些物品是否属于死者本人，是现场原来就有的，还是作案人作案时带到现场的，还应进一步查明该凶器或遗留物生产制作的地区、单位和销售使用的范围。

3. 对于图财杀人案件，应详细了解损失财物的名称、种类、数量、体积、重量、价值、新旧程度、特征，以及这些财物原来存放和保管的情况等。

（二）被害人或死者情况的调查

1. 如果被害人受重伤，应首先立即进行抢救，同时设法询问其姓名、住

---

① 《李昌钰断案传奇：认真成就"华裔神探"》，载北方网——天津日报 http://news.enorth.com.cn/system/2005/04/29/001015214.shtml，2017年4月18日浏览。

址、遇害经过，作案人的姓名、住址、面貌特征、使用的交通工具，以及在搏斗过程中作案人是否受伤等情况。

2. 了解被害人（死者）的自然情况、平时表现、死前表现等，包括被害人（死者）的姓名、年龄、职业、住址、经济状况、家庭成员和社会关系；死者的性格特点和思想作风，是否与人有私仇或者婚姻、恋爱纠纷，有无奸情关系，家庭成员之间是否和睦，有无自杀因素，以及平时生活起居规律等。特别是死者在发案前的活动情况，当时的行动去向，是否有人搭伴，携带何种财物，有无反常表现等。这些对于确定侦查范围、确定犯罪嫌疑人等都有着重要的意义。

3. 若系无名尸体，应组织现场周围和有关地区的群众对尸体进行辨认，及时查明死者身份。

（三）作案人情况的调查

1. 掌握作案人的体貌特征、衣着打扮、携带的物品、口音等，便于及时采取措施查获作案人。

2. 了解案发前后有关可疑的人或事。有无人员到过被害人家中，周围有无异常现象，发案后是否有可疑人员进出过现场或在现场周围观望、打探消息。

3. 了解被害人（死者）家属、亲友和群众对案件的议论和看法，诸如死者是自杀还是他杀或病死，哪些人有行凶杀人的嫌疑及其根据等。

四、案情分析

杀人案件的案情分析，应建立在对现场勘验、尸体或伤痕检验、调查访问所获得的材料进行全面、客观、综合分析和研究的基础之上，切忌主观臆断。

（一）判断致死原因，查明事件性质

1. 自杀、他杀或意外事故的判断方法

作案人杀人后，为了掩盖罪行、逃避惩罚，往往会伪造现场、制造假象。所以，侦破凶杀案件，首先必须查明死亡原因，判明事件性质。主要是根据尸体损伤的特征判断，特别是依靠法医进行尸体解剖、检验和科学分析、鉴定，结合现场的勘查信息和调查访问进行判断。

（1）根据现场特征状态判断。自杀现场一般比较整齐，无抵抗搏斗痕迹。室内自杀现场，大多门窗紧闭、反锁；尸体附近有自杀工具、物品或者遗书；所有痕迹物品为死者一人所留。而他杀现场一般比较凌乱，多会出现抵抗和搏斗的痕迹，或室内翻箱倒柜、财物失落。

通过现场的反常状态也可进行案件性质的分析，如出现死者死后穿上衣裤、盖上棉被等死者本人无法完成的动作，应为他人所为。如果自杀者使用锐器自杀，手背部位却未留有血迹，或自杀者使用短枪自杀，持枪手却无血迹或烟晕，都属于反常现象，可推断为他杀。

（2）根据伤痕特征判断。自杀者，致命伤一般只有一处，伤痕排列整齐且较集中，常常出现试探伤，且损伤多分布在死者行为能力能够达到的部位。而他杀案件，死者多衣着不整，衣着相应部位会留有对应的伤痕，身上往往有两处以上致命伤，伤痕凌乱、不规则，并可出现于身体的任何部位，且伤痕较重，无试探性伤痕，并在相应部位常出现抵抗伤。

通过伤痕的反常状态同样也可进行案件性质的分析，如自缢的索沟多呈马蹄形，而勒死后又悬吊起来的尸体，索沟呈环状或两种以上的索沟。

（3）根据杀人凶器和方法判断。自杀与他杀在致死工具（凶器）的种类和性状上也存在区别。自杀者多选择较为轻便、体积较小的工具，如水果刀、剃刀、剪刀、锥子、绳索、刀片、毒物、药物等；而他杀案件，除可使用上述凶器外，作案人多选择质量较重、威力较大、效率较高或刃部较为锋利的凶器，如刀斧、棍棒、砖石类等。

从致死方式上看，一般缢死者多为自杀，勒死、扼死者多为他杀，溺死者多为意外事故。

（4）根据尸体生理病理现象判断。有些案件如中毒、溺水、火烧致死的，往往会在脏器中出现致死物质或损伤，可以通过解剖尸体、化验脏器内的某些成分确定自杀或他杀。

（5）根据死者生前表现判断。自杀者往往具有各种各样并且能够被其亲友及周围群众所觉察的自杀原因，如家庭关系恶化，同事之间矛盾激化，久病不愈、失恋离婚、失业下岗，遭到歧视、虐待、污辱、打击、陷害，或者所犯罪行或错误被揭露等。因此，自杀致死者生前的情绪和行为都会呈现出不同程度的反常，会表现出不同程度的自杀念头或者迹象，如悲观厌世、终日忧郁苦闷，事发前向有关人员嘱托事宜、处理相关债务，换上自己特别喜爱的衣着、服饰等。他杀致死者常常是在正常的生活、工作或者学习中突然遭到杀害的，无上述种种自杀因素。

2. 案件性质的判断

杀人的原因不同，在案件中表现出来的杀人方法和手段也各不相同。在确定是他杀案件以后，要注意调查被害人的生活作风、社会交往、经济状况等方面的情况，结合现场尸体状态和现场特征进一步判断作案人的作案动机，确定案件的性质。

（1）图财杀人案件。现场财物多有短少，有明显的撬压、翻动迹象等。

（2）私仇报复杀人案件。作案人多为熟人作案，因果关系明显，杀人手段凶狠残忍，伤痕多而集中，具有明显的泄愤迹象，有时杀死杀伤数人，多无财物短少。

（3）奸情杀人案件。被害人与他人有恋爱关系或不正当男女关系，或者婚姻受阻，伤痕的形成具有私仇报复的特点。

（4）政治性谋杀案件。被害人多为党政干部和从事某些特定职业的人，如党政领导、公安干警等。

（5）强奸杀人案件。被害人多为中青年妇女或少女，死者衣着不整、下体裸露，多有被奸污或猥亵的迹象。

（二）判断作案时间

由于时间具有一维性和不可逆转性，在认定涉案行为时，时间被认为是不可毁灭的罪证。准确地判明作案人作案的时间，有助于正确判定、逐步缩小侦查范围、肯定或否定嫌疑对象，印证口供的真伪。所以，在分析判断杀人案件的案情时，需要将作案人实施杀人行为的时间范围压缩到最短、最狭小的限度，以便最大限度地减少工作量，提高侦查工作的效率。

杀人案件的作案时间既是指作案人侵入现场实施杀人犯罪至逃离现场之间的时间段①，也是指杀人过程中的某个时间点；既包括作案人行凶杀人的时间，也包括被害人死亡的时间和杀人后作案人在现场逗留的时间等。

作案人的作案时间与被害人的死亡时间紧密相关。一般情况下，被害人的死亡时间与作案人的作案时间相差不大。对作案时间和死亡时间的分析，通常依据下列条件：

1. 根据尸体状况及变化规律推定死亡时间。

2. 根据现场和尸体上遗留的手印、足迹、血迹、精斑、粪便、尿液等物质的干湿程度，并结合气候条件等分析判断死亡时间。

3. 根据尸体现象和尸体的胃内容物的消化程度判断死亡时间及杀人时间。

4. 根据现场物品状态以及当事人的生活规律判断死亡时间。如被褥、餐具等生活用品的使用和陈列物品情况，结合被害人的生活习惯分析判断。

5. 根据现场能够表明时间的物品来判断作案时间。如日历、钟表、日记、车船票等。

6. 根据知情人所提供的记忆痕迹来推断作案时间，如从周围群众提供的

---

① 如果作案人还实施了碎尸、抛尸等其他行为，则要分析出多个作案时间段。

材料中发现，看到某种可疑现象、听到某种异常声响等，尤其是案发时听到的叫喊声、搏斗声是确定作案时间的直接参照条件。

7. 根据尸体的掩盖物、滋生物情况、植物变化的规律等推断作案时间。

（三）判断杀人地点

作案人杀人后，为了逃脱罪责，常常采用移尸、匿尸或毁尸灭迹等手法，伪造现场、掩人耳目。实践中，杀人案件往往有多个相关现场，发现尸体的地点不一定是杀人犯罪的主体现场。只有正确地确定了杀人地点，才能顺利地发现犯罪痕迹物品，进而对作案人作案的方法、手段和活动情况等作出正确的推断。

在分析发现尸体的地点是否杀人的主体现场时，应重点考察是否存在如下问题：

1. 现场血迹的分布、状态和数量，与尸体的位置、姿态和损伤的位置、程度是否相吻合。

2. 尸体上损伤的性状、程度与现场上所遗留的疑为致伤工具的物品特点是否相吻合。

3. 尸体上具有明显的抵抗伤痕，现场是否有搏斗痕迹。

4. 现场和尸体上是否存在拖擦或移尸工具所形成的痕迹。

5. 尸体上沾附物质与现场存在的物质种类是否一致。

6. 尸僵、尸斑是否呈现特殊变化。如尸斑的部位与尸体的姿态是否相吻合等。

在侦查实践中，如果在发现尸体的地点或者尸体上存在上述问题之一，则可以考虑该地点不是作案人实施杀人行为的主体现场，而应将被害人及作案人的家作为重点调查的场所，同时也可以从现场痕迹、遗留物、现场尸体、尸块的附着物、尸块的分布情况或包尸物提供的信息以及警犬追踪来寻找和发现案件的主体现场。

（四）判断杀人凶器和方法

在解读现场时，要弄清楚作案人是使用何种凶器、怎样实施杀人行为的。正确分析判断杀人手段，不仅有助于判断作案人的年龄、职业、身份以及具备的特殊技能条件，而且还可以分析判断凶手与被害人的关系、杀人动机、在现场的活动情况等。

具体而言，分析作案的手段和工具可通过被害人尸体的姿态、损伤的部位、形态、大小、深浅及严重程度；现场血迹、脚印、交通工具痕迹及其他痕迹物品的分布，与工具相关的遗留物等进行分析。特别要注意对尸体上工具残留物的提取检验，为直接确定凶器类型提供依据。

（五）判断杀人动机及作案人和被害人的关系

作案人一般不可能无原因地实施杀人行为，只有作案人与被害人之间的利益矛盾激化到一定程度才可能实现。作案人的杀人动机，正是导致其铤而走险、实施杀人行为的内心起因。这种心理活动是客观存在的，会不同程度地外化为情绪或者行为的表现，这是作案人无法掩饰的。

作案人的杀人动机，可以通过尸体、损伤情况，现场财物损失、作案人在现场活动过程、现场所处的地理环境和被害人生前的有关情况进行分析、研究。判断作案人与被害人之间的关系，主要是研究作案人与被害人之间是否熟识，是否有奸情、私仇及其他特殊关系等。

（六）刻画作案人

1. 作案人的人身特征

主要是对作案人自然特征的分析，如案件发生时被害人或者其他目击者提供的作案人的身高、相貌、衣着等方面的信息；通过现场遗留的痕迹、作案人使用的物品和作案时使用的工具推断作案人的性别、年龄、身高等。

如对一起系列抢劫杀人案件的侦查，从一幸存的被害人处得知作案人中有一个"小个子"，结合串并案中其他现场发现的一件小号男士夹克，侦查人员实行"以衣找人"，让多人试穿这件夹克，最终确定这件衣服的主人在158cm左右，从而确定了主犯的重要特征。

2. 作案人数

作案人数通常是根据杀人的手段和尸体上有几种凶器造成的伤痕，以及移尸的路线和距离，现场遗留的足迹、伤痕等痕迹物品的数量和种类，被抢或被盗财物的数量、体积、重量等情况来判断。

3. 作案人具备的知情条件

依据作案人对出入现场线路、现场人员活动规律和对贵重财物及现金存放处所的熟悉程度等判断作案人对杀人现场是否熟悉，是熟人作案还是陌生人作案。其次，从现场的坐卧攀谈痕迹，抽烟、喝茶、饮酒痕迹，被褥铺设痕迹也可以推断作案人与被害人是否熟悉。

4. 作案人的技能条件

依据作案人的作案工具、方法以及现场或伤痕上遗留的物质可以分析作案人是否具有特殊技能，从而推断作案人的职业特征。每一起杀人案件的作案人特点都有所不同，分析时不仅要找准规律性特点，更要注意分析作案人独有的作案条件，这往往是案件侦查的突破点。

例如碎尸案件，如果肢解尸体的刀法熟练、下刀部位准确（在死者四肢关节处、颈关节处）则反映出行为人可能从事医生或屠宰职业，或掌握相关的屠宰技能。

（七）判断犯罪行为的过程

通过分析现场痕迹、物品与犯罪行为的相互关系，血迹及其分布，血迹与尸体伤痕的关系，在综合各种情况、因素的基础上可复原案件实施过程，判断杀人的主要情节。如作案人怎样接近被害人，使用何种工具或凶器杀死被害人，在行凶的过程中作案人先做什么、后做什么等。

五、摸底排队

从因果关系入手，开展摸底排队①，通过结果追查原因，是侦破杀人案件的一条重要途径。这是由杀人案件中作案人与被害人之间具有特定的因果关系的特点决定的。以下是几种特殊因果关系案件的排查要点：

（一）不同类型杀人案件的因果关系排查

1. 图财害命案件。应首先控制赃款赃物，以物找人，同时联系被害人的经济状况及财物的知情范围，排查嫌疑线索。

2. 私仇报复杀人案件。一般从与被害人有私怨、矛盾和利害冲突的人中开展摸排工作，特别是对存在新仇旧恨，又有诱发犯罪的现实原因的，排查嫌疑线索。

3. 奸情或婚恋纠纷引发的杀人案件。应从被害人的夫妻关系、婚恋关系、奸情关系及其他有流氓行为的人中排查。

4. 强奸杀人案件。应在分析判断是否熟人作案的基础上，重点从日常生活中有流氓习气、奸淫行为等因素入手，结合被害人提供的作案人的口音、衣着、行为方式等言行特征，准确确定摸底排队的范围。若案件发生在野外，要判断作案人与被害人是否认识，是预谋作案还是路上偶遇，结合交通条件和地理环境，在周围地区开展排查工作。

5. 卸包袱杀人、迷信杀人、灭口杀人和其他原因导致的凶杀案件，要针对杀人犯罪的具体原因，从被害人的家属、同伴及往来关系不同范围的人中发

---

① 传统的摸底排队侦查措施表现出一定的局限性，现代的摸底排队侦查措施应当从"点"的时空定位排查法扩展到"面"的时空定位排查法；从有形痕迹物证摸排法扩展到无形电子痕迹摸排法；从关注事前的因果关系摸排法扩展到关注事后的赃物控制摸排法；从社会面的普遍摸排法发展到高危群体的重点摸排法；从依靠群众摸排法发展到依靠技术设施的摸排法；从手工摸排法发展到计算机网上摸排法。

现线索。

6. 政治性谋杀案件。一般从那些与死者存在历史仇恨或政治冲突，或经常流露对现实社会的不满情绪，以及受过各种打击处理的人员中深入调查，发现排查线索。①

（二）排查犯罪嫌疑人的条件

从被害人的因果关系入手，排查犯罪嫌疑人，还要结合以下几个方面考虑确定：

1. 是否具备作案时间条件，这是排查犯罪嫌疑人的先决条件。
2. 是否具备证据条件，比如犯罪嫌疑人是否具备现场遗留物品、是否有杀人凶器。
3. 具备其他特征条件，比如犯罪嫌疑人是否有前科、是否有反常表现等。

（三）摸底排队的方法

摸底排队可以通过普遍排查、内部排查和检索犯罪情报资料三种方法来进行：

1. 普遍排查。在确定的摸排范围内，发动群众，广泛提供线索，提供摸排条件。
2. 内部排查。根据案情、摸排条件以及当时的社情、敌情，在内部掌握的刑嫌人员中排出嫌疑对象，然后围绕这些嫌疑人寻找证据。
3. 检索犯罪情报资料。对于连续杀人，作案时间、地点、侵犯对象、活动方式和作案手段等方面有一定的习惯性或现场留下相同痕迹的案件，可以在犯罪信息资料、档案中进行检索，获取相关的有益信息。

六、讯问犯罪嫌疑人

讯问杀人案件的犯罪嫌疑人，旨在获取犯罪嫌疑人的口供，查清事实，核实、补充证据，同时查清有没有其他同案犯，是否遗漏事实。应主要查清下列事实：

1. 杀人的时间、地点，杀人的手段和方法。
2. 被害人被致伤、致死的情况和原因。
3. 杀人凶器、毒物的种类、名称、来源及下落。
4. 与被害人之间的私仇、积怨及利害关系。
5. 杀人的详细过程，以及实施杀人的动机和目的。

---

① 高春兴主编：《侦查学通论》，警官教育出版社2000年版，第103页。

6. 一人作案还是多人作案，各犯在实施杀人过程中的地位和作用①。

同时还要注意深挖余罪，扩大侦查战果，以及查明犯罪嫌疑人罪轻罪重的情节等。

七、其他侦查措施的运用

针对杀人案件的特殊性和严重性，除可采用追缉堵截、通缉通报、巡逻盘查、控制销赃、公开搜查、对嫌疑人和尸体、物品、地点的辨认以及并案侦查等侦查措施外，在一般的侦查手段和措施仍然难以获取证据的时候，可以采取一些特殊侦查手段，如特情、外线侦查、秘密搜取、拍录、监听等，以及利用现代信息化手段，保证案件侦查工作的顺利进行。

（一）内线侦查

对于一些因果关系明显、犯罪嫌疑重大、证据不足、久攻不破的嫌疑对象，根据案情和侦查对象的不同特点，可在其周围物色能够取得其信任的人建立秘密力量，开展内线侦查，及时取证破案。

（二）密搜密取

为获取重大犯罪嫌疑人的毛发、血迹、指纹、鞋印等检验样本，或获取某些物品的鉴定样本，可以设计方案，寻找借口，采取密搜密取的方法密取检验。

（三）秘密辨认

为了证实犯罪嫌疑人是否就是作案人或查明现场的遗留凶器、物品为谁所有，可以组织秘密辨认。

（四）跟踪守候

为了查明杀人事实，对重大犯罪嫌疑人可采取外线跟踪、守候监视和其他技术侦控措施，从其活动、接触和交往的人当中发现同伙，获取证据。

（五）视频侦查

及时调取、审看和研判各种途径获取的监控录像、网络视频图像，发现破案线索，固定犯罪证据。在传统侦查方法的基础上，利用现代信息技术，与刑事案件侦查有效结合，辅助案件侦破、获取关键线索、精确锁定犯罪嫌疑人。

（六）网络侦查

及时了解基本案情，收集相关人员基本信息、虚拟身份、电子轨迹数据，

---

① 高春兴主编：《侦查学通论》，警官教育出版社2000年版，第121页。

调查发案地相关网络、网站、网吧，查找嫌疑人、受害人、关系人上网方式、设备、地点等，第一时间查询布控。

（七）大数据分析

对信息进行综合查询、串并案，运用大数据技术，加强对各类关联数据的整合，围绕人、案、车、物等要素开展深度挖掘和动态研判，建立数据到人、数据到案的侦查模型，为侦破案件提供支撑。

（八）犯罪心理画像

犯罪心理画像是在侦查阶段根据已掌握的情况对未知名的犯罪嫌疑人进行相关的行为、动机、心理过程以及人员心理特点等分析，进而通过文字形成对犯罪嫌疑人的人物形象及心理特征群的描述。[1] 应该说犯罪心理画像与前述的案情分析有一定的相似性，其主要功用包括：一是有助于缩小侦查范围；二是有助于并案侦查；三是有助于形成有效的讯问策略。[2] 随着该理论的发展，其在实践中的应用也逐渐增多，已成为侦破案件新的助力措施。对于那些嫌疑重大，而又有逃跑、自杀或者继续作案可能的人要采取有力措施加强控制，在控制过程中发现、收集证据。对掌握了一定证据的重大嫌疑人员可以依照有关法律的规定，对其采取一定的强制措施。

以上便是杀人案件的一般侦查方法。但个案千差万别，新的作案手法也不断产生、发展、变化。因此，在杀人案件中，侦查人员要根据实际情况，灵活掌握、运用侦查方法与措施，具体案件具体分析，才能尽快侦破案件，为人民群众创造安全和平的生活环境。

第三节　几种特殊杀人案件的侦查方法

一、无名尸体案件的侦查

（一）无名尸体案件的概念和特征

无名尸体案件是指经过现场调查、尸体检验和群众辨认后仍不知死者身份的他杀案件。无名尸体案件一般具有如下特点：

1. 发现尸体的地点往往较为僻静、人迹罕至。被害人被害后尸体经过较

---

[1] 李玫瑾：《侦查中犯罪心理画像的实质与价值》，载《中国人民公安大学学报》2007年第4期。

[2] 张凯、马红平：《犯罪心理画像在杀人案件侦查中的运用》，载《湖北警官学院学报》2015年第1期。

长时间,加之存在被野兽啃食的可能,尸体被发现时,会出现不同程度的尸体腐败或破坏,往往会面目全非,失去辨认条件。

2. 尸体身上没有证明其身份的证件或物品。即被害人身上或案发现场没有如身份证、户口本等能够直接证明死者身份的证据材料,也没有指向确定死者身份的各类信息、线索。

3. 作案人多为异地作案或作案后异地抛尸。无名尸体案件,特别是碎尸案件,作案人与被害人之间多为熟人关系,如果查出死者身份,作案人就很容易暴露出来。因此,作案人往往想尽办法切断与被害人之间的联系。另外,死者也很有可能是路经此地、寻亲觅友、做工经商或被诱骗到此地的外地人。

无名尸体案件根据尸体的完损状态又可分为无名完尸案件、碎尸案件和白骨案件等三种类型。

(二) 无名完尸案件的侦查要点

无名完尸案件,是指虽然存在完整全尸,但因为尸体腐败、变形或其他原因,经现场勘查、尸体检验和周围群众辨认后仍不能确定被害人身份的案件。

该类案件的侦查重点在于查找死者身源、确定死者身份。只有准确认定死者是谁,才能通过对死者的调查发现嫌疑线索,进而确定侦查方向和侦查途径。

1. 无名完尸案件的尸体检验要点

在无名尸体案件中,死者是谁,其身份怎样,是因病死亡还是被害死亡,死亡的原因是什么,死亡的情节又如何等,都不清楚。法医检验无名尸体时,应以发现和确定死者的个人特征为重点,尽量为侦查部门查找和认定死者提供线索和依据。一般说来,对于无名尸体,除按前述一般杀人案件的尸体检验程序进行检验外,还应注意做好以下工作:

(1) 整理死者容貌,拍摄尸体辨认照片。要详细记载死者的相貌特征,例如发型、头发的颜色、面貌形状、眼、鼻、口、耳的特点,面部的斑记、肿瘤、伤疤、痣、牙齿的数目、排列、脱落、磨损程度、龅牙、假牙等情况。

(2) 检查死者衣着和尸体上的附着物。包括衣物的件数、颜色、质料、式样、缝纫的状况和特别标记,死者随身携带物品的特征,以及附着于尸体上的东西,如索绳等。

(3) 详细记录死者的生理、病理特征,如身高、发育状况、手掌茧疤情况,脚趾分布情况、缺指(趾)或多指(趾)、纹身、鸡胸、驼背、瘸腿、外科手术痕,以及胃内食物的种类和消化程度等。

法医检验无名尸体,能根据检验推断死者的年龄、职业、居住地区和生活习惯，为查找死者提供线索。例如依据死者的身高、发育状况、外貌衰老程度①，牙齿和骨骼的发育状况，牙齿的磨损程度，以及衣着的颜色、式样等情况来鉴别无名尸体死者的年龄；死者的手脚茧皮厚度和分布情况，脚趾的形状和排列，肌肉发达情况，衣裤的质料、式样、缝纫技术、磨损的部位和程度、头发、衣着上的粘附物，死者随身携带的证件、票证、单据，以及有无职业病等情况和特征，往往与一定的职业有联系，可以作为推断死者职业范围的依据；死者衣服的式样，颜色搭配、缝纫技术、补丁的质地和技术特点，头发的式样，胃内食物的种类和成分，衣服或创口内的粘附物，随身携带物品的出售地区等情况，又可以作为判断无名尸体的居住地区的依据。这些依据结合调查获得的情况，往往能为确定查找死者的侦查范围提供科学依据。

（4）取十指指纹、掌纹，以便与指纹档案或者现场取下的指纹、掌纹进行对比，认定死者。

（5）采集死者的生物检材，提取 DNA。

2. 无名完尸案件的侦查措施要点

（1）在对死者整容、拍照的基础上，组织现场附近群众直接辨认尸体和现场遗留物品或辨认照片。

（2）将提取到的死者 DNA 及时录入公安部未知名尸体数据库及失踪人员信息库，进行比对，确认身源。

（3）通过查对犯罪情报资料检索和查对指纹档案以及失踪人员登记，从中发现死者身源。

（4）利用新闻媒体发布认尸布告，或向周边地区公安机关发送协查通报请求协查。

（5）充分利用死者特征，包括各种生理、病理特征和死者随身携带物品、衣着打扮，从中判断死者身份或居住地区、职业范围。

如果通过辨认等侦查措施确定了死者身份，应进一步进行指纹、血型、DNA 鉴定等加以证实。如果不具备鉴定条件，而只能凭借辨认来确定身源，则必须开展深入细致的核对工作，如邀请死者的家属、亲人、朋友、邻居或同事等进行反复辨认，不仅要对死者的性别、年龄、体态、身高等一般特征认真核对，更要对疤痕、畸形、痣等特定特征仔细核对；不仅要对现场遗留物品、死者衣着、包尸物品等进行核对，还要对失踪的时间、地点等加以核对。最终，只有在根据充分、确凿无疑的情况下，才能认定死者身份，并据此开展侦查。一旦查清死者身源，即可按照一般杀人案件的侦破方法组织侦查。

---

① 主要是根据皮肤的弹性、面部皱纹的出现、头发及阴毛的颜色等来判定。

(三) 碎尸案件的侦查要点

碎尸案件是指作案人在杀人之后，为了逃避打击、毁灭证据而将被害人的尸体加以肢解，或者由于火车、矿车等铁轮或钢轮车碾过，以及爆炸伤害、飞机失事、高空坠落等原因造成肢体离断的案件。

碎尸案件的侦查，除参照杀人案件侦查的基本方法和不知名尸案件的侦查要点外，在侦查中还要注意抓好以下几个环节：

1. 全力搜寻其余尸块

碎尸案件的侦查工作往往以寻找尸块开始。全面搜索找全尸块，进而确定死者身源，是侦破杀人碎尸案件的重要方法。

（1）深入调查访问，详细询问捡到尸块的人员；

（2）充分发动群众，以案发地点为中心向周围地区进行搜索，搜寻重点包括：河塘、沟渠、下水道、山洞等隐蔽不易被人发现的部位；

（3）利用警犬搜索。

在找全尸块的基础上，进行全面检验，以尽快确定死者身源。对于尸块应当使用防腐剂妥善保管，防止其腐烂、变形或变色。

2. 碎尸案件的法医检验要点

在杀人碎尸以及其他原因所致尸体离断的案件中，除按照一般检验程序和无名尸体的检验方法进行尸体检验外，还应特别注意解决以下几个问题：

（1）将尸体按照人体解剖位置排列，观察相同部位有无重复，两侧是否对称；断离部位是否连续，断离能否吻合；各个尸块的新鲜程度或腐败程度是否一致；皮肤的色泽、弹性及皮下脂肪的丰满程度是否一致；其血型、性别是否相同等。进行种属鉴定以及个人识别鉴定，认定各个尸块是否为同一具尸体。

（2）在个人识别上，要检验记录尸体的生理、病理特征，从尸块推断死者的性别、年龄、身高、血型、皮肤纹理（尤其是指纹）、容貌及其他个人特征以及职业等。

（3）根据尸体伤痕情况，判明死因和作案人的杀人手段；同时详细检验尸块断离的位置和特征，判明作案人碎尸的方法和碎尸工具的种类，作案人是否熟悉人体解剖结构，了解肢解尸体的简便方法，从而推断作案人的职业特点。

（4）仔细检验尸块包装物、粘附物的性状、类别、特殊记号和其他特征，推断碎尸现场应该具备的条件和地区范围。

北京石景山区曾经发生的一起碎尸案，如何确定主体现场就成为侦查该案的首要问题。犯罪嫌疑人在现场没有留下任何个人痕迹，但现场勘查人员在尸包里提取到泥土、树根和一条活的潮虫。侦查人员利用科技手段对土样的检测，发现这种土的酸碱度和微量元素与石景山鲁谷地区的土样基本一致，从而大致确定案发现场。对树根鉴定后发现这是加拿大的杨树根，而且是两年的萌生枝，这样进一步缩小了侦查范围。通过拜访动物所的专家，了解到潮虫昼伏夜出觅食的习性，判定尸体被埋应是凌晨时分。根据潮虫生存环境，判断死者被分尸之处应是在有人居住的地区。这些信息综合表明，原始现场应在石景山鲁谷地区的平房或独院里，院内肯定有加拿大白杨，而且位置比较潮湿。侦查人员借助科技手段，把主体现场圈定在一个很小的范围内，使此案得以迅速侦破。

（5）推测死亡时间。法医学推测死亡时间主要是依据尸体现象的变化来进行的。碎尸案件中由于尸体各部位所处的条件未必相同，发现时间亦常有先后之别，因此尸体各部位的变化常不一致，检验时应当加以注意。

（6）推断死因。碎尸案件的死因判定往往是一件十分棘手的事情，但只要认真细致地检查，也是可能查明的，如颅骨骨折、颅内出血、脏器损伤、索沟、扼痕及毒物等。尤其是安眠药和重金属中毒，即使尸体已高度腐败，仍有可能查出。

在碾压等原因所致的碎尸案件中，法医还应当特别注意鉴别是碾压致死还是死后移至铁轨碾压所致，并配合有关部门查明死亡的性质。

某年9月8日下午6时，在北京市颐和圆昆明湖划船的肖某等人在玉带桥东北芦苇丛中发现两个塑料包裹，用船桨拨动，见一包内有一颗人头，便立即报告了公安机关。侦查人员将两个包裹打捞上岸，解开检查，发现一个包的是人头，另一个包的是下躯干部分。在芦苇中继续打捞，又捞到了尸体的前胸部分。

经检验，人头是用藕荷色白花女式短裤包的，装在一个塑料食品袋内，是个女人头，留有两个小辫，左眼球突出，右眼紧闭，面部紫红，口唇严重肿胀，牙齿完整，共有28颗。头顶左侧有钝器伤一处，皮下血肿，颈部有索沟和掐痕。下躯干从腹部到盆腔一段，用浅蓝色白花桌布包着，里面还有蜡光纸、牛皮纸和旧报纸，已与尸体粘连，腐烂发黑，字迹模糊，躯干上部断面有一纵形切口，切口两侧皮肤有钝器划痕，下端的断离边缘参差不齐，阴部已高度腐败。

从尸体的伤痕可以推断，死者是被用钝器打晕后，勒、掐致死的，作案工具有钝器、刀、剪等。从尸体现象以及当时当地的气候、环境等分析，死亡时间大约在1周左右。从死者的容貌、牙齿推断，年龄在20岁左右。从尸体的受伤状况和包装情况分析，作案人具有充裕的作案时间和条件。因此，杀人现场可能在某处室内，昆明湖是肢解尸体后的移尸现场。

侦查人员对包装物蜡光纸、牛皮纸和旧报纸进行认真细致的检查。经过小心谨慎的拼对、烘干工作，终于拼出了旧报纸是某年5月10日北京出版的《参考消息》。在报纸的左上角有三个竖写的模糊不清的字迹，经过仔细辨认，认出第一个字是"蒋"，第三个字是"芬"，第二个字有些像"吉"或"杏"，也可能是"秀"。据此分析，这个"蒋某芬"很可能是被害者，也可能是作案人或者是与作案人有关的人。至此，侦查工作的焦点就集中到了查清这份报纸的主人"蒋某芬"上。经过户籍处的配合，查出了与蒋秀芬、蒋杏芬、蒋吉芬等近似名字的有100多人。于是以年龄在20岁左右、住城近郊，有一定文化，又有可能订阅《参考消息》等符合死者条件的为重点，逐人进行查对。发现住在白纸场邮票厂宿舍的蒋杏芬（141中学教师）的身材、面貌特征等与死者近似。经查对，证实蒋杏芬还活着，且订有一份《参考消息》。经了解，在移尸现场发现的那份报纸上的字迹，与该校传达室一位老人的笔迹相同。通过其他途径，确认那份报纸上的"蒋杏芬"三字确系该校传达室工人所写。至此，已可以确认现场那份《参考消息》的主人就是蒋杏芬。

经过进一步了解，发现该校初三（二班）女学生米某某（16岁）于9月3日下午5时走失，至今下落不明。这个班的班主任是蒋杏芬的丈夫王某某。王某某在米某某走失后，表现反常，每天都向学校请假去查米某某的下落，还每天汇报寻找情况。

经米某某的父亲对现场照片辨认，初步确认死者确系米某某。后来米某某的母亲也认出包人头的短裤是米某某的，家里还有一条用同一块布料做的短裤。至此，死者无疑就是米某某。死者确定之后，查找作案人的问题就成了侦查工作的主要任务。

通过调查了解到，9月3日下午，学生孟某某与米某某一道回家，行到牛街南口遇到王某某。王某某骑着自行车，说是到学校开会。在枣林前街，孟某某与米某某分手，各自回家，孟某某到家时看表是5点整。此后米某某失踪。米某某走失的那天晚上（9月3日），学校共青团过组织生活，王某某迟到19分钟，进门后脸色通红，神情紧张，会上一言不发，大家都以为他喝多了酒，蒋杏芬也向其他老师说过，丢了个学生，王某某吃不下饭，喝不进水，睡不着觉，早晨很早就起来，到处寻找，晚上有时11点多才回来，性情也变得烦躁了。有的老师还谈到，过去学校组织团员到颐和园过团日时，王某某在玉带桥附近还给大家照了不少照片等。

根据调查到的各种情况，可以认定王某某有作案的重大嫌疑。第一，他有使用蒋杏芬的《参考消息》的便利条件。第二，他是米某某的班主任，有借口把米某某骗走。第三，他在牛街商口邮票厂有宿舍。因当时"避震"，无人居住，具备作案条件。第四，他熟悉颐和园玉带桥附近的情况。第五，由牛街南口到学校，骑车只需五六分钟，可9月3日下午他与学生孟某某、米某某分手时，不到5点钟，而到校时却已6点多了，中间有70多分钟去向不明。第六，米某某失踪后，他的行动和情绪均反常。

为了找到杀人现场，尽快破案，侦查人员一方面对王某某的住宅采取侦查措施，另一方面以询问米某某走失情况为由，对王某某进行正面审查。

与蒋杏芬一同到王某某家的侦查人员，一进门就闻到一股强烈的腥气味，发现屋内墙壁上、地板上和厕所内的地上都有血迹，并在厕所的水箱内发现一双带血的女人鞋，经蒋杏芬辨认，不是她家的。又在床上找到米某某的上肢。屋内的立柜锁着，据蒋杏芬讲，钥匙在王某某手里，经取钥匙打开立柜，查出两条大腿、上衣、腰带以及带有血迹的菜刀、剪刀、教练手榴弹等凶器。

王某某在大量证据面前，供述了奸杀被害人，继而分尸、抛尸的全部事实。[①]

(四) 白骨案件的侦查要点

白骨案件是指死者被害后，由于长期未被发现，导致尸体软组织腐败消失而形成白骨的杀人案件。这类案件的现场多在森林、河沟、洞穴等野外处所，也有的在庭院、巷内、室内，因不能及时被发现，而常常遭到各种自然或人为的破坏，因此，获取证据和破案的难度较大，是无名尸案件中侦查难度较大的一种。针对白骨案件的特点，侦查中应注意抓住以下两个环节：

1. 尽力搜寻尸骨和衣物、随身携带物品，利用可能条件，查明死者身源

只有找全尸骨，才能为准确判断被害人的有关情况提供依据，对埋在地下的尸骨，一旦找到了尸骨存在的处所，找全尸骨较为容易，若尸骨不全，应考虑是否还有其他地方掩埋或遗弃的可能。对于在荒野、山林的尸骨，常因野生动物的啃食而残缺不全，在寻找时，一定要花大力气。通过检验尸骨，确定死者的性别、年龄、死因及致死方法，为查找死者身源提供依据。

2. 广泛获取信息，查明死者身源

由于白骨案件具有时过境迁的特殊性，又没有可供辨认的尸体和更多的现场遗留物，要查明死者身源是较为困难的。因此，在查明死者身源工作中，要充分依托公安机关相关业务数据库，结合走失人口的调查，有效运用人像识别技术，借助新闻传媒等查找被害人身源。

---

① 青宝、未闻、赖善明编著：《法医与侦破》，四川科学技术出版社1988年版。

美国曾发生过一起案件，一具女尸的白骨裸露在岩石的夹缝中，经过一系列的鉴定，确认案件发生在一年多以前，死者为年轻女性。因为案发时间很长，现场已经失去了很多有价值的线索。在束手无策的情况下，美国当局请来了纽黑文大学首席教授、康州警政厅荣誉厅长李昌钰博士。经过细致的观察，李昌钰在尸骨旁边发现了两根狗毛，又发现女尸少了3根骨头。据此，警察立即向周边警局通报，协查一年以来的报案情况。果然不出所料，一位中年女士曾经报案称，她家的小狗叼回来一根尸骨，但是警察没有在意。后来，小狗连续叼回来两根，当她要再次报案时被丈夫拦下。随后，她家的小狗也不见了。据此，警察立即传唤该女士的丈夫，不久，其丈夫便供认了强奸死者的案件事实，并交代为"灭口"将小狗杀掉并掩埋的经过。①

二、疑似被侵害失踪人员案件的侦查

疑似被侵害失踪人员案件或称无尸体杀人案件，是指公安机关根据举报或直接获知的失踪事件，通过调查，有充分的理由或证据怀疑某个失踪者已经被人杀害，而又未发现尸体的案件。

（一）疑似被侵害失踪人员的主要情形

疑似被侵害失踪人员案件在侦查之初，没有现场可供勘查，没有尸体可供勘验。对失踪人可能被害的怀疑，往往是根据其亲友或者他人所陈述的理由及证据，结合失踪人员从事的特定行业等信息而综合分析推测出来的。当失踪人员具有以下情形之一，即有可能遭到不法侵害，应及时开展立线侦查：

1. 失踪现场有明显侵害迹象或失踪前有重大可疑情况的。
2. 有证人证明失踪人员遭到侵害的。
3. 人与机动车一起失踪或携带大量财物失踪的。
4. 未成年人在正常上学、放学、游玩等过程中突然失踪，并有证据证明其失踪时有异常情况的。
5. 失踪人员在失踪前与他人有重大矛盾纠纷或失踪前受到威胁、恐吓的。
6. 从事（过）特定职业（如博彩、娱乐、家政等）、处于特定状态（如赴约、应聘、交易等）、具有特定癖好（如上网、吸毒、淫乱、赌博等）的人员。
7. 具有特殊身份人员（公众人物、社会名流、党政国家机关工作人员和

---

① 李富成、郭冰：《李昌钰博士讲座——现场重建与调查》，载东方法眼 http://www.dffy.com/faxuejieti/ss/200411/20041128192449.htm，2015 年 4 月 18 日浏览。

军警、外交人员、华侨、港澳台同胞以及外国人等），突然失踪且原因不明的。

8. 失踪原因不明，失踪时间超过3个月的。

9. 刑侦部门研判认为构成疑似被侵害的。

（二）疑似被侵害失踪人员案件的侦查要点

接到有关失踪的报警后，在登记受理、制作询问笔录、录入失踪人员管理系统、开展相应查找工作的基础上，经初查发现符合上述九种可能被侵害情形的，接报单位应及时将询问材料和其他工作移交刑侦部门开展立线侦查。工作中应抓住以下要点：

1. 通报协查或公开寻查失踪人

一方面根据失踪者日常活动范围和可能的去向，及时向有关地区发出协查通报，也可采取公开登报、广播寻人启事等方法查找尸体。另一方面，在立线侦查的同时要及时将疑似被侵害失踪人员信息录入《全国重大刑事案件信息系统》中，并及时补充、变更、撤销。

2. 全力搜查失踪者的尸体或遗物

以失踪地为中心，发动群众在周围地区搜寻失踪者的尸体、尸骨及遗物等。对可能抛尸、匿尸、埋尸的可疑场所，进行重点搜索，并对疑似被侵害失踪人员住所及相关处所开展现场勘查。一旦发现尸体或死者遗物，将会使侦查工作取得突破性进展。

3. 围绕失踪者全面展开侦查

（1）详细询问失踪者的亲友或其他了解失踪者的人，如单位同事、邻居等；特别要围绕失踪者失踪前后的情况进行调查。

（2）认真查明失踪者的自然情况。了解其年龄、性别、文化程度、职业特长以及失踪时携带或存留的有关物品的情况，以及失踪者个人的兴趣爱好、性格心理和体貌特征等。

（3）深入调查失踪者的家庭关系、社会交往、经济状况和有无积怨、奸情、债务等方面的情况。注意在失踪者相识或者交往及各种矛盾、利害关系人中，从内在的因果联系入手，发现重点嫌疑人，一旦发现嫌疑，即可采取公开与秘密相结合的措施，调查取证，发现尸体、血迹及各种赃物。对有些作案人模仿失踪人员笔迹伪造家书，制造被害人健在的假象，需从笔迹、邮戳、发信地点的对比鉴定中发现线索。

（4）采取必要的技术侦查和网络侦查手段，搜集寻找案件线索。

（5）及时采集疑似被侵害失踪人员直系亲属DNA样本或疑似被侵害失踪人员指纹、DNA样本，并利用相关信息系统及时进行DNA和指纹信息比对。

针对疑似被侵害失踪人员的立线侦查工作，实质上属于立案前的甄别工作，但是由于此类事件涉及的失踪人员极有可能已被侵害，为避免时过境迁给后续取证工作带来困难，需要刑侦部门动用一切措施，参照命案标准立即开展侦办工作，因此对于甄别后符合立案标准的，要及时立案；不符合立案标准的，要及时转入其他工作流程。此类案件是根据失踪人员的亲友或者他人所陈述的理由或提供的证据而分析推测出来的，因此，一定要有充分的、合理的证据加以支撑，否则如果尸源确认有误，则整个侦查工作必然误入歧途。

例如轰动一时的佘祥林案件。佘祥林是湖北京山县雁门口镇何场村人，原系京山县公安局马店派出所治安联防员。1998年6月，京山县人民法院以故意杀人罪判处佘祥林有期徒刑15年。2005年3月28日，被佘祥林"杀害"达11年之久的妻子张在玉突然现身，之后佘祥林被无罪释放。佘祥林一案的侦查错误，就是从确认尸源开始的。案件中，"被害人"张在玉于1994年1月20日失踪，此后不久，于4月11日在当地发现一具女尸。此种情景下，侦查人员把这两件事联系起来，推测死者可能是张在玉，应当说，是一种完全正常的侦查思维。但这种推测必须进行严格的验证。侦查人员可以发布认尸布告、排查失踪人员、组织群众辨认、进行医学鉴定等。此案中，由于女尸高度腐败、面目全非，辨认的条件非常不好，因而更要求侦查人员必须慎之又慎，注意通过尸体的细微特征来确认死者，必要时必须进行科学鉴定。但佘祥林一案中，侦查人员在确认尸源方面，却表现得十分粗疏和草率。出现的无名女尸，所着衣物与张在玉并不相符；且因尸体高度腐败，张在玉家人并不能确信死者就是张在玉。上述疑点的存在，本该引起侦查人员的重视，并进一步采取核查措施。但侦查人员不仅未对尸源问题继续深追细查，而且，还进一步以尸源的错误认定为起点，将侦查继续向前推进，造成了佘祥林的冤案。

三、雇佣杀人案件的侦查

雇佣杀人是指行为人为达到某种目的，以钱财或其他利益为交换条件，雇请他人杀害与其存在某种特殊关系的人的犯罪行为。

（一）雇佣杀人案件的特点

与一般的杀人案件相比，雇凶杀人案件具有自身的特点：

1. 雇主不具备作案时间，能够有效规避犯罪嫌疑

侦查人员一般通过时空定位法来排查犯罪嫌疑人。但是在雇佣杀人案件中，具有作案动机的雇主没有作案时间，而具备作案时间的受雇人却没有作案动机。作案人正是利用了雇佣杀人的时空错位这一特性来逃避侦查。据统计，"自上世纪90年代以来，全国发生的一百多起雇佣杀人案件中，有90%以上

的案件，杀手与被害人素昧平生，从无往来，而且两者在居住区域上往往存在一定的距离，有的案件中，被害人与杀手之间甚至相隔千里。"①这些因素使侦查机关很难在短期内将受雇人纳入侦查视线。因此，雇凶杀人案件的隐蔽性决定了对于此类案件，侦查人员不能像侦查一般杀人案件那样，通过确定作案时间点、时间段来排除作案人的犯罪嫌疑。

2. 雇主与杀手的犯罪动机不同，相互分离

在雇佣杀人案件中，雇主与受雇人各自的犯罪动机是不同的，即具有分离性。通俗来说就是"雇主求索命，杀手图钱财"。② 一方面，雇主一般均与被害人熟识，具有极强的犯罪动机欲致被害人于死地，但又因为自身与被害人之间具有千丝万缕的联系，为了有效控制违法成本，逃避打击，从而雇佣他人实施加害行为。另一方面，虽然可能有诸如"杀人练胆""从小就有成为杀手的愿望"等不可思议的因素考量，但一般来说，经济酬劳才是受雇人实施犯罪的第一目的，其与被害人一般素不相识，又无冤无仇，而能够引发其杀害"陌生人"动机的，就只有金钱了。

3. 雇佣关系的证据形式较为单一，仅以口供为主

雇佣杀人犯罪是通过买卖双方间的交易实现的。雇主与受雇人的雇佣过程就像是雇主在商场里寻找商品那样，雇主相当于买方，受雇人相当于卖方，雇主看中商品后经过讨价还价，或是以金钱、或是以其他利益关系为纽带与受雇人达成协议，建立相互间的交易关系。与正常的商品交易所不同的是雇佣杀人犯罪中的买卖双方将合同标的从合法商品转换成特定人的生命。一旦受雇人完成对具体目标的杀害行为，就标志着卖方"货已送到"，雇佣关系终止，使雇佣关系的发现成为难点。

即使侦查人员通过寻找收集线索发现雇主与受雇人之间的雇佣关系，但是如何证明两者的雇佣关系却又是一个重要并且困难的问题。因为从共同犯罪关系上看，雇佣杀人犯罪属于任意共同犯罪，这与组织性严密的犯罪集团不同，雇主与受雇人只是临时纠集在一起，雇佣关系大都是依靠口头协议建立的，很少出现签立"合同"或保留存根的做法，作案后雇主与受雇人互不相干。雇佣杀人犯罪中雇主和受雇人之间的证明关系缺乏实物证据，因此只能依靠雇佣双方的口供证实雇佣关系的存在，而其他诸如书证、物证等证据没有使用的客

---

① 马晨刚：《简论雇佣杀人案件侦查》，载《江西公安专科学校学报》2000年第4期。

② 冯昕：《雇佣杀人案件与一般杀人案件构成要素异同比较——从案件构成要素决定侦查方法谈起》，载《上海公安高等专科学校学报》2011年第5期。

观条件。这无疑增加了案件侦查的难度。

4. 现场遗留的痕迹物证及案件线索较为充足

一般来说，雇佣杀人案件现场条件较好，存在大量证据。受雇人的隐蔽性，尤其是没有直接的犯罪因果关系，导致受雇人在作案行为时肆无忌惮，不怕留痕、不怕留物。因此，在雇佣杀人现场往往表现出侵害目标明确、作案目的明显等特点。雇佣杀人案件现场遗留有大量的犯罪信息，正是揭露、证实这类案件的基础。

5. 受雇人在作案现场较少使用反侦查等伪装手段

由于受雇人心态的因素，大多数雇佣杀人现场较少存在伪装痕迹，但也有部分例外，亦应注意。在这些案件，受雇人为了隐蔽案情，把雇佣杀人掩饰成其他行为，其中最常见的是掩饰成抢劫或绑架撕票。

如某年9月广东发生的莫某故意杀人案，其由于夫妻感情不和，遂雇佣刘某和外号"银行"的人杀害其夫，杀人后刘某和"银行"从被害人王某身上搜去人民币300多元、手机1台等财物，再返回三楼屋内，到洗手间冲洗干净身上和两把尖刀上的血迹，将两把尖刀放在洗手盘下面的地面，又将被告人莫某卧室内的衣物翻乱，逃离现场。当天下午，刘某打电话给莫某告知已成事，就离开了。莫某于10月1日下午回家，发现王某的尸体后即报案。显然这一案件也被犯罪嫌疑人伪装成抢劫犯罪，如果侦查人员不够细心很可能沿着抢劫案件的思路侦查下去，而忽略莫某的嫌疑。因此侦查人员在犯罪侦查中一定要认真仔细，发现疑点立即调查，不让犯罪嫌疑人有逃之夭夭的可能。

（二）雇佣杀人犯罪的行为特征

雇佣杀人案件在作案手段、过程、内容上与一般杀人行为存在以下区别：

1. 从手段上看，雇佣杀人案件因有较为充足的准备时间，作案人或直接破门而入或在被害人习惯的活动路线上伺机等候，多使用凶器，乘被害人不备，突然袭击完成侵害行为。

2. 从行为过程上看，雇佣杀人直截了当，行为干净利落。在大多数熟人杀人的案件现场，常可见茶几上有供客人饮用的水、烟等待客物品，同时，熟人常在被害人家中停留一段时间，寻找作案时机。而在雇佣杀人案件中，受雇人往往直接下手，不需瞻前顾后。

3. 从行为内容上看，受雇人的主要目的就是要取被害人的性命，虽然可能产生一些用以伪装的附加行为，但可以发现雇佣杀人的杀害行为非常致命，几乎招招不离要害。被害人往往在没有准备、毫无察觉的情况下，被直接杀害，而很少有搏斗伤。

4. 受雇人的行为时间点、时间段掌握得准确，很少出现落空的现象。尽管雇佣杀人和一般杀人（如抢劫杀人）相同，为了了解被害人日常作息规律以及等待作案时机也需要蹲坑踩点，但是与一般杀人案件不同的是，其蹲坑踩点的时间明显少于后者且成功率较高。雇佣杀人的目标特定，同时受雇人通常是接收到雇主指令才开始行动的，如雇主与受雇人联系说，晚上九点雇主回家，可以在他回家途中下手。因此其时间点准、时间段短，一般不会扑空。

以上四点是雇佣杀人的行为特征，尽管单从上述任意一点看，一般杀人也可能具有相应特点，但是如果我们将这四点联系起来，以系统论的观点加以分析，就会发现其行为特征较一般杀人存在较大区别，可以为侦查破案提供线索指向。

（三）雇佣杀人案件的侦查要点

1. 雇佣杀人案件的侦查假定

通过前期侦查，侦查人员查获了大量的侦查信息，但是由于现场的因果关系不明确，难以认定案件性质，似乎侦查变得毫无头绪。这时侦查人员必须保持冷静，根据案情，通过逆向思维对案件性质进行假定。尽管证据可能不够充分，但可以将案件假定为雇佣杀人，并在后续的侦查中予以检验。因为雇佣杀人是最为复杂的杀人行为，因此即使假定错误，侦查人员收集的案件信息也可以继续使用，不会导致侦查走弯路。对于下列现场，侦查人员应考虑其是否具有雇用性质：

（1）原始现场无人为破坏特征，侵害目标特定，作案目的单一，手段残忍，现场无抢劫财物或其他附加行为。作案迅速，直接利害关系人不具备作案时间的杀人案件。

（2）有矛盾关系的犯罪嫌疑人不具备作案能力，如女性嫌疑人、残疾人等，同时这些嫌疑对象具有一定的经济基础。

（3）犯罪嫌疑人有明显的作案动机，虽不具备作案时间，但案发前后有反常举动的。

（4）作案过程表现出显著的预谋犯特征，如守候杀人、绑架杀人等。

（5）直接杀人作案的犯罪嫌疑人与死者素无往来、毫不相干，不存在作案动机和因果关系。

（6）作案时间、作案地点以及作案时机选择十分准确，表现出一定的熟人作案可能，无强行进入的痕迹、往往是趁人不备突然袭击的杀人案件。

2. 侦查模式的选择

在雇佣杀人案件中，受雇人与被害人之间没有必然联系，没有可见性因果关系。受雇人在雇主与被害人之间是中介。这样，可以说受雇人与案件之间存在直接联系，即他是涉案行为的实行者；雇主与案件之间存在间接联系，即他是案件的策划者。由于受雇人作案往往"两不怕":不怕留痕、不怕留物,显然其与案件的直接联系容易被外界发现。而雇主往往因远离现场致使其与涉案行为的间接联系难以被察觉。

因此,侦查雇佣杀人案件,可以将"从案到人"的传统侦查模式①,拓展到"从案到人再到人"的模式。该模式的主旨是从现场提取的信息出发,寻找受雇人;通过受雇人挖掘雇主情况,进而将其抓获,侦破案件。这种侦查模式下,受雇人是案件突破的关键,侦查人员要因受雇人的不同,采取相应策略:对于那些有前科的受雇人,侦查机关已经掌握其相关信息,可以通过比对现场中提取到的痕迹物证或组织证人进行辨认,确定其人身特征;对于那些没有前科的受雇人,侦查人员在收集证据的同时,需要通过模拟画像等方式,确定受雇人的人身特征,寻找受雇人。但是在采取这一模式的同时,侦查人员不应放弃使用传统的侦查模式,调查被害人的社会关系。两种模式应取长补短,协调配合。

3. 针对雇主与受雇人双管齐下地收集线索和证据

在确定侦查模式以后,侦查人员应通过与被害人家属、朋友、亲戚等交谈,询问被害人的社会关系,与哪些人存在利益关系、不正当关系等以排查这些人是否具有作案动机,围绕被害人的社会关系,寻找可能是雇主的嫌疑范围。雇主既出于侥幸又不希望因逃脱而暴露自己,故大多会按习惯正常生活,很少藏匿或逃往外地。因此围绕被害人社会关系的侦查工作相对容易进行。

其次,要注意收集受雇人的相关情报。雇主、中间人、中介人寻找受雇人不是在地下黑市进行,就是在酒店、包房等秘密场所单独进行。这样形成的信息虽已暴露,但却难以被平常百姓所知。因此除了进行常规的访问工作收集情报以外,还必须使用特殊手段收集犯罪信息。如通过秘密力量、阵地控制、技术侦查等措施获取信息。

如安徽某县的"1·5"雇佣杀人案,在侦查人员使用常规手段无法有效打开突破口的情况下,特情于元月19日在饭店吃饭时,听到邻座人员吹牛说前两天曾"受人之托杀了一口",遂将这一信息及时汇报相关人员。通过这一重要线索,侦查机关一举侦破此案。②

又如某年2月下旬,深圳警方成功破获了全国罕见的"1·27"多层转手、重金雇凶杀人案,5名犯罪嫌疑人全部落网。经过前期侦查,将侦查范围缩小到与死者做邮票生意的关系人方面,同时在调查中发现死者当天晚上11

---

① 即从现场出发寻找受雇人的侦查模式。
② 公安部编:《系列杀人案例选编》。

时许因接到一个神秘电话而踏上了不归路。通过使用技侦手段很快排查出这一神秘电话,并查明与该电话有间接关系的有十多个号码。在这一线索的指引下,经过侦查人员的艰苦努力,最终突破全案。① 这一案件侦破迅速,侦查人员通过查找相关电话记录即抓获犯罪嫌疑人。可见,技术侦查手段特别是在雇佣杀人案件侦破中具有重要意义。技侦不但可以通过固定案发前后与被害人的联系电话寻找线索,甚至可以直接寻找犯罪嫌疑人。

另外,随着近年来人口流动的不断增强,地域概念已被逐步打破,因此要做好跨区域侦查协作,侦查部门必须打破地域限制,摒弃画地为牢、各自为政的观念,互通情报,交流犯罪信息,切实搞好协作配合,多层次、全方位地查获犯罪行为人。②

4. 建立对应的证据体系

雇佣杀人属于雇主与被雇者的共同作案,因此必须根据不同作案人的行为建立相应的证据体系予以指证。在这类案件中,至少存在两种行为,一是受雇人实施的杀人行为;二是雇主的雇佣行为。二者成为待证事实,侦查机关必须对雇佣杀人中两种相对独立的行为收集证据,建立不同的证据体系,揭露和证实雇佣杀人案件。同时在有些雇佣杀人案件中,存在中间人或中介人,或出现多层雇佣、复合雇佣。在此背景下,案件的证明将更加复杂,侦查人员还需要指证中间人接受雇主的"委托"并"代理"其寻找受雇人,进而指使杀人的行为以及中介人提供中介,为雇主寻找受雇人的行为。可见,雇佣杀人案件的证据体系与一般杀人不同,必须针对不同行为人的罪行收集相关证据,将隐藏在幕后的雇主、中间人等绳之以法。随着大数据的不断发展,可以通过以下手段收集证明雇佣关系的证据:一是细致梳理嫌疑人银行账户及支付宝、微信等平台的支付转账情况;二是在合法合规的前提下,对嫌疑目标开展技侦手段,挖掘收集犯罪证据;三是广泛收集各类网络证据,如微信、QQ等即时通讯软件的信息、语音记录都可以为证明雇佣关系提供线索及证据。③

5. 验证侦查假定是否正确,进而突破案件

经过讯问犯罪嫌疑人并结合前期侦查所收集证据、信息,可以对案件性质,也就是案件是否为雇佣杀人作出评断。如果各方面的证据证明案件为雇佣

---

① 深圳市公安局编:《深圳 2002 年刑事侦查案例集》。
② 郭冰、王大中:《信息化条件下网络雇佣杀人犯罪及侦查对策》,载《山东警察学院学报》2011 年第 3 期。
③ 郭冰、王大中:《信息化条件下网络雇佣杀人犯罪及侦查对策》,载《山东警察学院学报》2011 年第 3 期。

性质，则侦查人员前期对案件的假定是正确的，侦查工作终结。如果各方面的证据证明案件并非雇佣杀人，则说明假定错误，但这一证明过程往往在侦查过程中早已有所体现，侦查人员只要根据当时的侦查情况改变思路、转移侦查范围即可。如有些案件从现场看类似于雇佣杀人，但随着侦查的进行，技术人员通过现场痕迹物品发现、确定了犯罪嫌疑人。讯问以后，犯罪嫌疑人没有供述雇佣杀人事实，而是承认实施了抢劫杀人，并且调查得知被害人社会关系简单、没有仇人和利益关系人，则可从侧面证明该案件确实不是雇佣杀人。

第三章 强奸案件侦查

某年"五一"前夕,仁寿县一所乡镇中学和一所乡镇小学相继有4名花季女生被"摧花狂魔"破处。一些不法分子从中小学寻找未成年女生,给那些变态猎奇者当"玩物"。其中一名14岁的女生在被骗到仁寿县城"绿岛山庄"后,被"破处者"强奸导致大出血。许多父母为女儿的安全揪心,不少学校为学生的安全担心。随后,警方立即立案侦查。警方在侦查中突然发现,仁寿县某镇一小学六年级女生小萍(化名)在县城"××西"OK厅被人"破处"。警方在对小萍及OK厅老板娘杨某进行询问时得知,某镇中学一名初二14岁女生小君(化名)也被两名"小太妹"骗至县城江家坝"绿岛山庄"被人"破处",并导致大出血。经询问,涉嫌将小萍和小君"破处"的均系同一人——仁寿县传染病医院院长杨某某。仁寿县警方通过缜密侦查,一举抓获了包括该县传染病医院院长杨某某、仁寿县城"××西"OK厅老板娘杨某以及两名"小太妹"小雪、小盈在内的6名犯罪嫌疑人。

第一节 强奸案件概述

一、强奸案件的概念

强奸案件是指违背妇女意志,使用暴力、胁迫或其他手段,强行与妇女发生性行为以及奸淫幼女的案件。违背妇女意志是构成强奸案件的主要标志。强行发生性行为的手段包括:暴力、胁迫或其他手段。暴力,是指对妇女实行身体强制,使其不能或不敢反抗,如殴打、捆绑、掐脖子、堵嘴巴等;胁迫,是对妇女实行精神强制,使其不敢反抗,如以杀伤、杀死或者以残害家人、揭发隐私等相威胁,使妇女因产生恐惧而不敢反抗;其他手段,是指以暴力、胁迫手段以外的方式,使妇女不能、不敢、不知反抗而违背妇女意志与其发生性行为的手段,如对妇女实施麻醉或利用妇女的愚昧,而与妇女强行发生性行为的行为。

强奸是一种严重侵犯妇女人身权利,损害妇女身心健康的行为。强奸也是极为野蛮、残暴的行为,它不仅严重地侵犯妇女人身权利,摧残其身心健康,而且还败坏社会道德风尚，破坏社会治安，影响家庭和睦，危害下一代健康成长。因此，强奸案件历来是我国严厉打击的重点。根据公安部立案标准规定，强奸妇女既遂或者奸淫幼女的，应立为重大案件进行侦查；持枪强奸妇女、轮奸妇女或者在公共场合侮辱妇女的，应立为特别重大案件进行侦查。

二、强奸案件的特点

（一）被害人与作案人有一定时间的正面接触

强奸案件中，被害人与作案人都有一定时间的周旋、接触过程，包括作案人引诱、胁迫和实施性行为的整个过程，被害人挣扎、抗拒的过程。因此，被害人一般都能够比较具体地提供作案人的人数、体貌特征、大致年龄、衣着特征、方言口音、对话内容和作案手段、方法及过程。有的甚至能够提供作案人内衣的颜色、质地、式样和肢体的残疾、疤痕、手指、皮肤的粗糙程度以及身上、口中的气味等细节特征和特殊标记。如是流氓团伙作案，还可能听到作案人相互呼喊的绰号、暗语等。

（二）现场遗留有与强奸有关的痕迹、物证

由于强奸是违背妇女意志的行为，往往会遭到被害人的强烈反抗，不仅作案人可能被抓伤、咬伤，而且现场大多留有搏斗痕迹，如露天现场形成混乱的踩踏痕迹和倒卧痕迹，或植物被践踏压倒；室内现场家具被打翻，床上用品凌乱；等等。由于强奸行为的实施，现场往往遗留有精斑、毛发、血迹等生物物证。此外，反映强奸事实的其他迹象也往往在现场出现，如被撕破的衣裤、扯断的裤带、扯脱的纽扣、擦拭污物的纸片等。有些强奸案，现场还可发现作案人的随身物品，如口罩、手帕、钥匙、书报等。这些痕迹、物证，对于确定强奸案，发现和查获作案人有着重要价值。

（三）强奸行为具有一定的连续性、习惯性和规律性

强奸案件的作案人，是从他的自身条件和社会经历、思维能力出发，选择作案手法，寻找作案时机、场所和对象的。有的作案人一次作案得逞后，往往采取同样手法连续作案，形成习惯性作案特征，如有的习惯于诱骗妇女至荒僻地点，有的习惯于拦路挟持，有的习惯于尾随或预伏，等等，研究这种习惯性和规律性，是分析判断案情、确定侦查方向的客观依据。从强奸案件的规律来看，作案地点多在偏僻地段和场所，室外多于室内，作案人多选择在僻静的街巷、建筑工地、公园、库房、仓库等地段和场所实施强奸和轮奸，只有少数作案人在繁华闹市地段和人多复杂场所作案；从作案季节上看，发案率春、夏季多于秋、冬季节，季节规律性十分明显。由于随着季节的变化，女性穿着逐渐

减少甚至过于暴露,易刺激人的性欲,而且春季至夏季之间由于气温开始上升,人的性欲较之冬季易于冲动,性欲也最强;作案时间上看,傍晚和夜间是高发时间段。作案人往往选择日落黄昏或深更半夜,行人稀少,人们防备疏忽,作案时不易被发现,而且夜间身心疲惫,人们对外界的刺激与诱惑容易激动,自制力低,自控能力相对减弱。

(四) 多无见证人,且被害人报案不及时

强奸案件的作案人多选择在夜深人静之时,在乡村僻壤、路边层林、庄稼地、建筑工地等僻静无人之地。这样的时间段行人稀少,很难被人发现。所以很少有见证人。被害人遭强奸后,由于身心受到严重摧残,一时情绪低落,思绪紊乱,往往顾不上及时报案;有的感到羞辱,怕名誉受损,影响恋爱或婚姻关系而迟迟不肯报案。由于报案不及时,现场往往遭受破坏,给侦查破案造成困难。

(五) 被害人往往是单身年轻女性且行为人和被害人认识的较少

行为人在作案之前,对被害人的住处、行踪及个人生活习惯没有特别清楚的了解。他们往往选择女性处在单独环境下的时候作案,这时候,被害人势单力薄,反抗能力相对降低,行为人可以较轻松地作案。年轻女性的生理特征比年龄长的女性明显,所以常是这类犯罪的被害者。而且,许多案件的行为人和被害人大多素不相识,属于偶然相遇。例如,2004年3月23日,被告人齐某驾驶一辆蓝色夏利出租车载着被告人候某、XXX(在逃)到山西省五台山去旅游,途径河北省阜平县龙泉关镇印钞石村时道路被堵,欲绕行又不知如何行驶。此时,该村村民王XX(女,15岁)将三名被告人引往公路。后三被告人将被害人王XX拉至五台山第五招待所216房间,当晚,三人将被害人王XX轮流强奸。本案中,被害人出于好心帮忙却遭遇厄运。不过,在实践中,利用熟人关系做案的强奸案件也十分常见。行为人大多利用与被害人是朋友、同学、老乡关系实施强奸行为。如被害人郭某某系在校学生,因与其母亲吵架向同学黄某某倾诉,黄某某怂恿郭某某离家出走并将郭某某带到旅馆开房,其间黄某某采用威胁方法多次强奸郭某某。不管是行为人与被害人是否熟悉,在作案过程中,被害人与行为人往往都有一定时间的抗拒和正面接触,了解作案人的体貌特征、方言口语、作案手段和往来路线等。

(六) 从强奸案件的证据特殊性上看,刑事技术的应用频率较高

在强奸案件的案发现场往往残留有行为人的指纹、血迹、唾液、毛发以及区别于其他刑事案件的精斑,在这些大量的证据中均可以提出DNA,用于DNA分析。陈旧的甚至长菌、长霉的生物斑痕和组织,用福尔马林固定后,

仍可以用于DNA分析。

三、强奸案件的类型

(一) 以作案前行为人的主观心理状态为标准,可分为蓄谋型和随机型

蓄谋型是指行为人在实施强奸犯罪之前就产生了强奸的意图,是有蓄谋、有计划地作案。行为人往往事先对行为对象、作案时间、作案地点、作案工具进行了周密的计划。这类行为对象往往是特定的,行为人对被害人情况比较了解,在这种情况下,行为人成功作案的概率更大。林某强奸案就很清楚地说明了这一点:某年6月8日凌晨1时许,在某市东明路与黄河路交叉口一歌厅内当陪侍的小雅(化名)准备下班时,接到了唱歌客人的邀请:"反正也下班了,陪我一起吃夜宵吧?"客人姓林,35岁左右,自称是一家小公司的老板,小雅已陪林某唱3次了,互留了手机号,也算是熟人,就去了。吃完夜宵,快凌晨两点了,小雅喝了一晚上啤酒,有几分醉意。林某称开车送她回家,上车后,林某将车门锁死,走到该市中州大道与东风路交叉口时,他突然将车停到路边,抱着小雅强行亲吻,并要求与她发生性关系。遭拒后,林某胁迫着她发生了性关系。随后,林某带着小雅到一洗浴中心过夜,再次将其强暴。6月8日下午,小雅报案。民警让小雅给林某打电话,约他晚上见面,林某喜出望外。当晚6点,林某被民警抓获,经讯问,他对蓄意强奸小雅的事实供认不讳。

随机型是指行为人事先并无实施强奸行为的动机,由于处于某种易于作案的环境或偶然出现的某种机遇,行为人受到性刺激或性刺激的诱惑,而又遇到可实施强奸的对象,在这种情况下,突然受到了性冲动的驱使,激发了性冲动,临时起意,不顾一切实施强奸行为。这种类型的案件随机性大,部分被害人的言行举止、衣着打扮等均有可能成为其诱发因素,因而女性应在日常生活中注意保护自己,防止这种有危机的情况出现。

(二) 以实施强奸的对象为标准,可分为强奸妇女型和奸淫幼女型

强奸妇女案件是指以暴力、胁迫或其他手段对妇女实施强奸行为。奸淫幼女案件是指与不满14岁的幼女发生性行为的,以强奸论处。由于实施对象的特殊性,对后者应从重处罚。

(三) 以作案地点为标准,可分为室内强奸型和室外强奸型

室内型是指作案人侵入室内,如办公室、居民楼等相对封闭的空间作案。在轮奸案件中,作案人将被害人诱入自己家中或朋友的房间作案者居多。室外

型是指作案人在室外作案。拦路强奸案件就是典型的室外型强奸案件。近年来，利用汽车劫持、诱骗单身妇女上车实施强奸、轮奸的案件越来越多，此类案件流动面大，侦查范围较广，因而侦破难度也相对较大。但是由于在作案时使用特殊的工具，也可能在被害人和群众中留下记忆形象，同时也对侦查工作提供了一条特殊的途径。

（四）以作案的行为人人数多少为标准，可分为单人强奸型和轮奸型

前者指单身一人强奸妇女的案件，后者是指两人以上共同强奸妇女的案件。相比之下，后者对社会的不良影响更大，从网民"有痣青年"强奸案可见一斑。某年6月初，18岁女孩"银狐"接受了"有痣青年"的请求，将其加为QQ好友。"有痣青年"风趣幽默，很会讨"银狐"欢心，两人关系迅速升温。6月16日，两人第一次见面，"银狐"对"有痣青年"印象不错。27日下午，"有痣青年"再次约"银狐"吃饭。"银狐"到地方后，发现他的一个朋友也在，他们拼命劝她喝酒，不知不觉中，她喝多了。"有痣青年"提出"找个地方聊聊天"，她稀里糊涂跟着他们到了该市金水区马李庄村一个宾馆里。聊着聊着，他们开始动手动脚，后来，两人按住她的嘴和双手，强行和她发生了性关系。随后"有痣青年"又打电话叫来两个朋友，4人再次将她轮奸。6月28日，北林路派出所接到报警后，迅速在网上与"有痣青年"取得联系，当天上午，在马李庄村一家网吧里将4名犯罪嫌疑人抓获。

（五）以从接触到犯罪的过程为标准，可分为交流型和无交流型

交流型强奸案件是指行为人接触被害人时先与女方会话，经过一段时间的交流，并有了一定了解之后才作案。无交流型强奸案件是指行为人接触被害人时即实施强奸行为，双方完全没有意识交流。

（六）以强奸案件与其他案件的关系为标准，可分为单纯强奸案件型和混合型强奸案件

司法实践中存在大量案件性质比较单一的强奸案件，但是与其他刑事案件，尤其是重特大恶性刑事案件混合发生的强奸案件也在逐步增加，需要与其他案件合并侦查。如2006年9月至11月间，某市大东街道连续发生9起系列强奸抢劫案。案发后，侦查机关高度重视，组织精干警力积极调查此系列案件。经对系列案件综合分析，侦查人员逐渐勾勒出犯罪嫌疑人的体貌特征和系列案件的大致原貌。犯罪嫌疑人系同一名男子，25岁左右，身高不足1.70米，体态较瘦，胡须稀少，本地口音。其作案特点为在夜间尾随独身妇女进楼道或至偏僻路段持刀威逼实施强奸抢劫，其中强奸案件2起，还有强奸未遂案件7起，共抢劫手机5部，现金2000余元。由于大部分被害人都是忍气吞声，

没有报案，侦查人员找不到更多的破案线索，侦破工作一直没有取得实质性进展。2007年3月12日，系列强奸抢劫案件的侦破工作突然出现重大转机。当日凌晨1时许，某医院护士楚某在回家途中途经桥东大桥附近时，被一名男子持刀威逼，抢走一部手机。公安机关接到报案后，立即派出侦查人员对此案展开侦查，通过询问被害人，获悉作案人与2006年系列强奸抢劫案件嫌疑人体貌特征十分相似，于是实行并案侦查。通过进一步询问被害人获悉，楚某于3月11日晚21时许到一家网吧上网，其间在网上结识了一个网名叫"哄着MM做老婆"的人，该人也在同一家网吧上网，3月12日零时30分时许该人才离开。凌晨1时许，楚某离开网吧独自一人走在大街上准备回家，当行至桥东大桥西侧时发现网吧中那个男子，该男子持刀将其逼住，抢走了其手机。民警立即针对大东街道重点人口展开摸排，经大量细致的工作，查出了犯罪嫌疑人的真实身份，经被害人辨认确定无疑。犯罪嫌疑人叫谭某，男，26岁，新兴街道人。通过调查得知，谭某居无定所，有家不回。为了尽早抓获犯罪嫌疑人，侦查人员根据其喜欢上网的特点，立即在网上展开对网名"哄着MM做老婆"这个人的搜寻。同年3月14日19时许，谭某出现在网上，侦查人员化名与其接近，确定其准确位置，便迅速出击，将其一举擒获。经审讯，谭某供认实施强奸抢劫作案10起的事实。

第二节　强奸案件的侦查方法

一、线索的收集与甄别

强奸案件现场遗留的痕迹物相比其他刑事案件的痕迹物有着特殊性，即其痕迹物证不明显，并且容易遭到破坏，时间性强，因此侦查人员接到报案后，应当立即赶赴现场，及时进行勘验。通过现场勘验，发现和提取强奸犯罪的痕迹物证，进一步核实被害人的陈述。强奸案件的现场勘查，通常以被害人的陈述为依据，应尽可能在被害人的指认下进行。因此，勘验现场，既是发现和提取强奸物证的手段，也是审查和证实被害人陈述的重要途径。侦查人员在勘验现场的同时，要对材料进行认真分析，确已构成强奸案件的，要及时立案开展侦查。但是，在司法实践中，报案人出于种种目的，谎报强奸案的情况也时有发生。此时就需要侦查人员对线索进行甄别，依法正确立案侦查。如果侦查人员不能进行认真分析甄别、正确立案，可能导致不该立案的而盲目立案，该立案的不立案等情况的发生。

(一) 一般不认为是强奸案件的情形

在侦查强奸案件中,应严格禁止把下列几种情况立为强奸案件:

1. 男女双方在恋爱过程中发生性行为的。
2. 男女双方姘居、同居的。
3. 男女双方乱搞两性关系的。
4. 与现役军人配偶、对象通奸而破坏军婚的。
5. 一般的有调戏和侮辱妇女行为的,已构成犯罪的。
6. 多男多女群奸群宿的。

(二) 对谎报强奸案件的甄别

实践中,有的妇女出于某种原因谎报被强奸的情况也时有发生。一是原来同别人通奸,被丈夫发觉后为保全面子和夫妻关系,而谎报被强奸;二是未婚女性因不正当的男女关系而怀孕后,谎报被人强奸;三是原来怀有某种个人目的,自愿与人通奸,后来目的未能达到而谎报被强奸;四是有的为报私仇而谎报被强奸;五是为达到某种目的,有意识地假报被强奸,制造假案现场。因此,在接到报案后,要通过勘验、检查、询问等措施仔细甄别是否确系强奸案。要审查被害人受害的地点、时间、手段、过程及其所造成的结果是否合乎情理,是否符合强奸案件发生、发展的一般规律;询问所获得的材料与现场勘查材料是否吻合;控告人平时的品质作风及与被指控人之间的关系如何,有无谎报被强奸的思想动机,等等。只有经甄别确系强奸案后,方可立案侦查。

如果遇到下述某些情况时,要考虑做谎报强奸案处理。在审查时,还要对举报人的精神神态进行观察研究。

1. 举报人无法描述作案人的体貌特征,或描述中前后有矛盾的。
2. 举报人说自己遭受暴力袭击,但在眼睛、乳头、嘴唇或阴部这些特别敏感器官或部位没有伤痕的。还要注意他人伤害与自伤的区别,自伤多由指甲抓挠、刀片切割或其他锐器打击形成,伤痕部位多在自己的手能够触及的地方,一般在身体两侧。
3. 举报人无法客观地描述事情发展的顺序及细节情况,或者含糊不清,避重就轻,或者把事情说得天花乱坠的。
4. 举报人不能提供强奸案件中常见的真实的证据的。
5. 现场与举报人的陈述不符;衣物的损伤部位与受伤部位不符合的等。

二、现场勘验

现场勘查是刑事案件侦查的起点,现场勘查的成功与否决定了后期的现场分析及侦查活动能否有效开展。在确定了立案、判断了案件性质的基础上，侦查人员应当迅速进行勘验。勘验现场的过程中应当注意观察作案人实施强奸的具体地点、地形、现场周围的环境状况、交通状况以及作案人出入现场的道口及来去路线。

（一）现场勘验的重点

1. 强奸实施地搏斗反抗的痕迹以及其他痕迹。检查地面上泥土是否留有脚印、车轮印，搏斗挣扎等痕迹注意发现和作案人来去路线上、预伏藏身处所的脚印，交通运输工具痕迹。室内强奸现场，主要表现为器物家具有散乱翻倒及破损现象。上述各种场合，都应从混杂凌乱的痕迹中注意发现和提取具有分析鉴定价值的脚印以及作案人在门窗、器物、灯具开关上留下的手印。

2. 犯罪嫌疑人遗留的痕迹、物品。室内现场勘验的重点，应在作案人实施强奸的地方，要仔细观察床上的被褥、枕巾、床单是否零乱，有无拉扯、撕破现象，注意从床单、枕巾、床垫、被褥上以及被害人的衣裤上发现、提取精斑、血迹、毛发等罪证。一定要及时提取被害人的内裤。

3. 凶器及现场遗留物。强奸现场可能留下凶刀、铁棒、棍棒、石块等暴力工具；还可能留下烟头、烟盒、火柴梗、纽扣、裤带、手套、帽子、口罩、碎衣片等零星物证，以及作案人在实施强奸后扔掉的物品，如擦精液、血迹用的手绢、纸张等擦拭物。这些证物，因系作案人随身携带使用之物，提取时需防止污染，并妥善包装运送，以保护检验条件，保存嗅源。

在注意以上痕迹物证提取的同时，还应特别注意固定证据，这就需要被害人的积极配合。而且，除了继续观察其动态表现外，必须围绕取证工作进行调查，采取各种侦查措施和技术手段进一步获取证据，及时破案。

（二）现场访问

1. 询问被害人和其他知情人

强奸案件的线索来源主要是被害人或亲戚、邻居控告检举。因此，侦查强奸案件的重要措施应是详细询问被害人或是知情人，并在他们的指认下勘查现场。强奸事实已经勘验证实，即应立案侦查，并进一步开展调查询问。询问被害人，是侦查强奸案件的最初行动和重要环节。侦查人员在听取被害人的陈述以后，应结合案发现场勘查和取证的情况，具体问题具体分析，进行综合分析。询问的目的在于了解作案的事实经过，用以审查和核实是否确属强奸案件。

侦查实践表明，妇女控诉被人强奸，情况十分复杂。侦查人员应在详细询问的基础上，进行理性分析，再确定是否立案。在实际操作中，可以通过询问被害人的亲属、亲友、同事或邻居,了解被害人当时的动向与平时活动的规律、被害人平时的生活作风、男女交往关系,询问是否有人从旁打听过被害人的生活起居和行动规律,事件发生当时是否听到过可疑声响或呼救之声,以及事件发生之前或之后,在现场附近是否发现过可疑分子等。

强奸被害人多数迫切要求惩办作案人,能积极配合侦查询问,陈述真实情况;但也有一些被害人由于自身的原因,不愿详细叙述必要的受害过程,或有意刻意隐瞒有关键性的某些重要情节,影响侦查的正常开展。因此,询问被害人一般应当由女侦查人员进行。因为女侦查人员可能减轻被害人的心理压力,达到询问目的。同时因为作案人实施强奸的某些情节,被害人不愿意向男性陈述,身上的伤痕也不便让男性查看。如果没有女侦查人员,可以请女法医代为执行询问。询问被害幼女,还应有家长或女教师在场。此外,询问的态度需保持和蔼、委婉,要注意安定被害人的情绪,针对被害人的思想状况,解除其顾虑。如果被害人的精神高度紧张,一时陈述不清或记忆模糊,应待其有所缓和后,再作必要的询问。如果发现陈述时有意夸大事实、虚构情节,此时应考虑控诉人的动机,是出于报仇心切,或是属于诬告。但侦查的关键,仍然在于强奸事实是否确实存在。

强奸案件证据的时间性特性,要求及时在被害人的配合下,对被害人进行详细的身体检查,提取有用的痕迹和证据。但是,询问被害人时,一般不得对被害人进行性器官的检查。如果必须检查,需征得被害人或其亲属的同意,由女法医进行。没有女法医的地方,可以委托医院妇科医生检查。

2. 询问被害人和其他知情人的具体内容

(1) 询问被害人的具体内容:事件发生的地点、时间、天气、环境状况,出事前是否发现过可疑人尾随、守候等迹象;被强奸的过程,包括作案人从何方向、路线来的,同犯罪嫌疑人是否相识,或曾经见过面,怎样接近被害人的,实施强奸时是使用暴力、胁迫、还是采用其他手段,使用了何种作案工具,作案人是否已完成了性交行为,有哪些痕迹、物证可能留在现场,被强奸过程中被害人是否反抗过,怎样反抗的,作案人是否受伤,被害人是否受伤,有无衣服被撕破、纽扣被扯掉等情况。被害人是否呼救过,整个作案过程中作案人都说了些什么,是否劫走被害人财物,是何种财物。如果作案人使用了交通工具作案,应问明交通工具型号、颜色、特征等。还应问明作案人作案后逃离的方向和路线;作案人情况包括人数、年龄、身高、胖瘦、体貌特征、疤痕、痣麻、衣着、口音、皮肤、肤色如何,是否被抓伤、衣服被撕坏、身上有无特殊气味、手上有无老茧等;被害人被强奸时穿的什么衣服,被强奸后是否已换洗,强奸是否既遂;有无搏斗过程,双方何人受伤,属何种伤,受伤的部位，等等。

（2）询问知情人的具体内容：案件发生时看到了什么情况，听到什么声音或话语。如果看到了可疑人，应当问清可疑人的特征和去向；发生案件时有哪些人来过现场或在现场附近；对什么人有怀疑，依据是什么；被害人的思想品德、生活作风、社会交往情况，是否与人有多角恋爱关系或暧昧关系等。

3. 现场访问的基本程序

现场访问必须按照我国刑事诉讼法关于询问证人和被害人的有关规定进行。现场访问只能由侦查人员负责进行；侦查人员在进行访问时，必须首先向被访问人出示侦查机关的证明文件；对具体对象的访问应个别进行，不允许把几个访问对象集中在一起进行询问，更不允许以开座谈会或集体讨论的方式询问被访问人，以保证被访问人畅所欲言，防止互相影响；访问开始时，应从每个访问对象的特点出发，向其讲明作证的责任和义务，告知其应当如实提供证言、证据和有意作伪证或隐匿罪证要承担的法律责任；对不满18周岁的被访问人，应当通知其监护人到场；访问应当按要求制作笔录，访问对象要求自行书写证言的，应当允许。

（三）强奸案件的实地勘验

1. 实地勘验的重点

在确定了具体的强奸地点之后，就要按照一定的程序对现场展开勘验工作，需要对重点部位和痕迹进行勘验。

（1）重点部位

①现场进出口。室内强奸必有进口和出口，大多数入室强奸现场，犯罪嫌疑人都是通过一定的暴力方法进入室内，如撬门、砸窗或在墙上打洞等，难免会在这些部位留下相应的痕迹，勘验时应认真观察，确定进出口，并寻找、固定可能留下的痕迹。

②具体实施强奸的地点和部位。无论是室外强奸还是室内强奸，作案人具体实施强奸的地点和部位，都是实地勘验的重点部位。在入室强奸案件中，这些部位多表现为床、沙发、地板等，勘验中，应注意床及床上被子、毯子、枕头、枕巾等物的状态，注意这些物品上面是否有阴毛、精液、精斑、血迹及其他痕迹；对沙发和地板应注意其褶皱和缝隙，以从中发现某些痕迹与物证。对中心现场上的有关物品应多加注意，以发现犯罪嫌疑人因使用、触摸、移动物品等时所留下的手印。在中心现场，还应注意发现、收集犯罪嫌疑人作案所用的捆绑物、堵嘴物和有关工具等。

③外围现场中作案人隐蔽潜伏的地点。对于有预谋的强奸案件，在中心现场外围往往有作案人在踩点、寻找案发时机的地点。这个部位会有作案人留下

的烟头及饮食的包装物等。

（2）重点提取的痕迹物证

①搏斗痕迹和其他乱动迹象。室外强奸现场，可能发现泥土、草皮或农作物被踩踏滚压痕迹，有时还能发现膝、肘关节形成的凹陷痕迹；工地、货场、空房、废墟、山洞或其他空旷处所，可能在地面上发现倒卧、翻滚的尘土痕迹；室内强奸现场，主要表现为器物家具有散乱倒翻及破损现象。以上各种场合，都应注意从混杂凌乱的痕迹中，发现和提取具有分析鉴定价值的脚印以及门窗、器物、灯具开关上作案人留下的手印。

②凶器及现场遗留物。强奸现场可能留有作案人使用的暴力工具，如枪械、刀具、铁器、棍棒、石块等；还可能留下纽扣、皮带、手套、帽子、口罩、碎衣片等零星物证。这些物证，因为是作案人随身携带之物，所以在提取时应注意防止污染，并妥善包装运鉴。

③人体分泌物或脱落物。精斑、唾液斑、阴毛、皮屑是强奸案件的有力证据。如系室内现场，可从床单、被褥、枕巾或地面上寻找；如系室外现场，可从地面上发现丢弃的擦拭物，如纸巾、毛巾及其他临时铺垫物上寻找。

④其他痕迹物品。勘验中，对强奸现场周围环境，应查看一切可能被作案人潜伏隐蔽的场所，以便发现作案人因蹲守、停留而留下的脚印和遗留物，对来去现场的道路沿途也需查看有无可疑的足迹、车轮痕迹或抛弃的物品。作案人或被害人可能从现场带走一些沾附物，如泥土、草籽等各种微量物证，勘查时应进行收集提取，以备对照检验使用。

2. 实施强奸场所的勘验

室内发生的强奸案件要详细勘查强奸所在床或炕，观察床或炕上被褥、枕头、床单的状态，看其是否凌乱，有无搏斗反抗的痕迹；详细检查床单、被褥、炕沿上有无作案人留下的脚印、指纹等痕迹物证；在露天场所发生的强奸案，要注意从泥土上、草地上、禾苗上发现人身的压痕、滚动痕、蹬踩痕、拖拉痕及脚印。

无论是室内现场还是露天现场，都要围绕性行为寻找痕迹物证，如精斑、毛发、血迹、擦拭物等。除此之外，还应注意寻找作案工具、凶器和遗留物，如帽子、手套、口罩、面具、烟头，被撕下的衣片、纽扣，被抓下的皮屑等。具体方法有：

（1）由被害人指认。被害人对于强奸地点印象较深，能回忆起当地的地形地貌时，就可以由侦查人员带领被害人前往案件发生地附近，让被害人指认被强奸地点。

（2）对某些地区进行搜索，寻找强奸现场。对于某些被害人仅仅能提供大致的地区范围，而无法确定准确地点的，在此地区范围内，可根据强奸案件的规律、特点以及所遗留痕迹、物品进行搜索，以发现犯罪嫌疑人实施强奸所留下的痕迹物品，从而确定强奸地点。

（3）对可疑场所进行搜查，确定强奸现场。对于某些容易发生强奸案件的地点，如城乡接合部、城市街道的偏僻场所等，进行搜查，以发现有关的痕迹、物品，确定强奸现场。对于犯罪嫌疑人利用机动车辆劫持、诱骗妇女上车实施强奸的，则应根据被害人提供的车辆类型、牌号、外形、颜色、新旧程度等情况在一定的范围内对类似的车辆进行排查、检验，以确定实施强奸案件的车辆，从而确定现场。

3. 等待时机、伏候场所的勘验

作案人在作案前为了等待时机，往往选择现场附近比较隐蔽的场所伏候，在此场所必然留下脚印和其他逗留的痕迹，如坐痕、烟头等，侦查时应注意寻找。

4. 作案人来去路线的勘验

来去路线是判断作案人居住地和逃向的重要依据，在来去路线上留下的脚印或交通工具痕迹，对于侦查都有着重要的意义，应重视对其及时勘验。

5. 人身检查

作案人常常会对被害人施加各种暴力，如对被害人进行殴打，用锐器刺伤被害人，或强力捂压被害人口鼻，掐勒被害人的脖颈等，这些行为必然要在被害人的身上造成一定的伤害。同时，在犯罪行为发生时，由于被害人的反抗，也会对作案人造成一定的伤害，同样在作案人的身上也会留下一些痕迹。另外，强奸时在被害人身上往往留下精斑、毛发和暴力痕迹，应由法医或女工作人员收集这些证据。有的案件会造成被害人的人身伤害，应依法进行人身检查，确定造成的伤害的事实和程度。有的案件在发案后被害人即时报案，或群众将犯罪嫌疑人扭送到公安机关，在此情况下应对嫌疑人进行人身检查，寻找被撕破的衣服、抓伤的痕迹，身上和衣裤上的精斑、阴道分泌物、阴毛等物证。在这些场合，人身检查成为强奸案件现场勘查中的一个重要组成部分。根据检查对象的不同，人身检查分为两种：

（1）对被害人的人身检查

根据强奸案件的规律特点，对被害人进行人身检查的内容有：

①性器官的检查。在有些案件中，确定被害人是否被强奸时，需要对被害人进行性器官的检查。主要检查被害人处女膜有无新鲜破裂痕迹、阴道内有无精液等。必要时，还应辅助以理化检验方法，以使结论更可靠。

②身体其他部位伤痕检查。根据被害人的陈述及先前勘查所得到的情况，

对被害人进行有针对性的身体检查。一般有以下部位：检查手指、手掌、手臂，以确定有无抵抗伤，以及在指甲中有无作案人的皮屑、衣物纤维等；检查头面部，观察有无损伤，特别要注意被头发覆盖的部位；检查肘部、背部和臀部，观察有无因与地面摩擦而形成的伤痕；检查乳房，观察有无抓伤、咬伤；检查腹部、大腿两侧，观察有无抓伤、咬伤和其他伤痕等。

检查中，还应注意发现被害人身上是否沾附着其他物质，如衣物纤维、泥土及不是其本人的血迹、阴毛等；还要注意观察被害人的衣物和随身携带物的状况，是否被撕裂或损毁等。

（2）对犯罪嫌疑人的人身检查

有些强奸案件，犯罪嫌疑人是比较明确的，针对这种案件，对犯罪嫌疑人的人身检查，对于确认犯罪嫌疑人具有重要意义。

①身体上的各种伤痕。包括：被害人自卫和反抗时在犯罪嫌疑人身上留下的抓伤、咬伤和其他伤痕及犯罪嫌疑人在作案时形成的擦伤、刮伤等。

②身上所沾附的某些物质。包括：内衣裤及身上有无精液、精斑及唾液斑等，身上及衣物上是否沾附有毛发、泥土等微量物证。必要时，可对犯罪嫌疑人进行 DNA 比对。

6. 组织搜查、收集现场证据

搜查是获取强奸案件证据的主要措施。强奸案件的作案人，有的使用过某些作案工具，有的抢劫了财物，有的因作案而在衣物上沾附了精斑、血迹，沾附了现场上的泥土、花粉、草屑，有的因搏斗衣裤被扯破等，这些物品是揭露和证实强奸行为的重要物证。如果作案工具、赃物或其他与案件相关的物品存在于作案人或其亲友住宅内，可以使用秘密侦查手段寻找，一旦发现再以公开搜查的方式获取。

对现场遗留物进行调查，发现嫌疑线索。强奸案件，由于被害人极力反抗，大多发生搏斗，作案人随身携带的物品往往遗留在现场，犯罪遗留物是破案的重要依据。如果遗留物品是犯罪嫌疑人借用、购买的，应查明物品持有人的职业、身份、遗留物的产、销地区、制作方法、使用磨损特征，以发现作案人线索。如果现场遗留物是从作案人身上撕下的衣服碎片、纽扣等，要在确定的侦查范围内，注意发现与现场碎衣片、纽扣等相似的可疑人员，必要时可以组织群众对遗留物进行辨认，从中发现线索。

强奸案件中的重要物证，有不少是微量物质。因此，搜查前要认真分析，辨明某些物品存在的位置，确定搜查的重点。对于可能隐藏罪证的某些部位，应仔细搜查。搜查中发现的赃物罪证，应以笔录、拍照等方式加以固定，并依法提取、扣押。如果驾车作案，在车内强奸，则以车内为主现场，勘验痕迹和细微物证；同时对拦劫被害人所处和弃人弃车现场亦应予以勘查。

对于报案不及时的强奸现场，虽然事过境迁，难以发现作案痕迹，但仍应进行勘查取证，以便核对被害人关于强奸场所环境状况的陈述，为分析判断案情获得尽可能多的准确依据。

7. 现场分析

现场分析是现场勘查人员在现场访问和实地勘验的基础上，综合所得到的资料，对现场发现的各种情况进行讨论，以求作出符合客观事实的分析判断活动。现场分析在判明事件性质、对案件情况进行具体分析的基础上，划定侦查范围，制定侦查措施，展开对案件的侦查活动。

（1）分析判断事件性质

从侦查程序上而论，现场勘查是审查事件性质、决定是否立案的重要阶段。侦查实践表明，侦查机关接到的所有案件并非都是刑事案件，有的是治安事件或者是意外事件等。这就要求侦查机关在接到报案后，要及时开展现场勘查，通过对现场勘查收集到的资料的分析，来对事件性质进行分析判断。在现场分析中，要以刑法中犯罪构成的要件为依据，以现场勘查所获取的各种材料为基础，对事件性质进行判断。

强奸案件中的被害人多为年轻妇女，强奸行为对被害人的人身权利和人格尊严造成了极大的危害，给被害人的身心带来了极大的伤害。由于强奸案件涉及到被害人的隐私，所以在侦查实践中，被害人谎报案件的情况不多见。但是，也有少数人出于各种动机目的，比如为了报复他人、败坏某人的名声、制造矛盾、混淆侦查机关的视线等，而伪造现场，报假案。因此，通过现场勘查，查明事件性质是现场勘查的第一任务。对事件性质进行分析可从以下几个方面入手：

①以现场访问获取的情况为依据进行分析判断；

②以实地勘验获取的情况为依据进行分析判断；

③以检验、鉴定的结果为依据进行分析判断。

（2）分析判断案件情况

在确定了事件性质后，要对刑事案件的具体情况进行分析。任何刑事案件都要具备作案时间、作案地点、作案过程、行为结果、作案动机、行为人、作案手段、作案工具等要素。分析刑事案件就要从刑事案件的构成要素出发，一一来进行分析。

①强奸案件的作案时间。作案时间是刑事案件的重要构成要素，也是审查犯罪嫌疑人的重要依据，所以分析强奸案件的具体情况，首先要分析案件发生的具体时间。作案时间包括犯罪嫌疑人什么时间进入现场、什么时间开始实施

行为、什么时间离开现场等。判断作案时间的主要依据有：依据被害人和知情人提供的情况进行推断；根据现场上能表明时间的物品的状况进行推断；根据现场的各种痕迹的变化情况进行推断；根据尸体现象和胃内容物的情况进行推断。

②强奸案件的作案地点。作案地点包括：犯罪嫌疑人潜伏守候等待作案时机的地点，对被害人进行袭击的地点，对被害人进行强奸的地点，以及犯罪嫌疑人的逃跑路线等。

③强奸案件的作案工具。根据犯罪嫌疑人在现场使用的进入现场的工具和对被害人实施强奸时的作案工具的来源可以划定侦查范围。对于作案工具的判断主要依据被害人的陈述、现场的遗留物品以及现场遗留的工具痕迹等。

④强奸案件犯罪嫌疑人人数。虽然强奸案件存在被害人和犯罪嫌疑人直接接触的过程，但是有些案件被害人对于犯罪嫌疑人并不能有一个全面的认识，对于犯罪嫌疑人人数的判断，要依据被害人的陈述，现场遗留的手印、脚印及其他痕迹，案发地周围群众反映的情况，以及犯罪后果来进行综合评断。

⑤犯罪嫌疑人的特征。侦查实践中，对犯罪嫌疑人特征的分析判断，又被称为"对犯罪嫌疑人的刻画"或者是"给犯罪嫌疑人画像"，具体是指对犯罪嫌疑人人身形象的分析和其他个人特征的分析，主要包括：性别、年龄、身高、体态、相貌、衣着及其他人身特征，社会职业、口音、特殊技能等。这些特征的分析主要依据被害人和知情人的陈述，现场的痕迹物证及案件的具体后果等。

⑥强奸案件涉案活动情况。强奸案件的涉案活动情况是指犯罪嫌疑人实施强奸行为的过程及过程中的各种行为等。活动情况包括：犯罪嫌疑人侵入现场的部位、方法，在现场的活动顺序和接触的部位，作案后逃离现场的部位，逃离的方法、方向等。对于犯罪嫌疑人在现场的活动情况的掌握，对甄别犯罪嫌疑人的口供具有重要作用。对犯罪嫌疑人活动过程的分析判断，主要依据被害人、知情人提供的情况，现场痕迹、物品的位置、状况等。如果被害人被杀身亡，还可以研究被害人尸体的位置、伤痕、姿势、血迹的分布等。

三、侦查途径的选择

任何一起刑事案件都存在着若干侦查途径。因为作案人作案时的任何有关情况，必然要从预谋、实施和处理赃物、罪证等一系列的活动中反映出来。这种反映是多方面的，既可以通过现场的各种痕迹和遗留物品反映出来，也可以通过作案手段、方法以及实施行为前的准备、实施行为后的隐匿罪证等活动反映出来。作案人作案时反映出来的任何一种形迹，都是侦查人员确立侦查途径的客观依据。针对强奸案件的特点,强奸案件主要有以下几种侦查途径。

(一) 从犯罪嫌疑人逃离现场的踪迹入手

强奸案件不同于其他案件的最大特点就是被害人和作案人有直接接触的过程,在这个过程中作案人的人身形象会比较充分的暴露。对于那些被害人对作案人的人身形象掌握较多的且及时报案的强奸案件,根据被害人和知情人对作案人的"描述",以及被害人和知情人对于作案人的去向提供的情况,应及时布置追缉堵截,沿着作案人逃跑的方向和路线进行追捕,同时在作案人可能逃往的车站、码头、机场和交通要道设卡拦截,缉拿作案人。

根据作案人逃跑的踪迹,判明作案人可能逃往的地区,应及时发出协查通报,请求有关地区的公安机关协助调查,查找犯罪嫌疑人。

(二) 从作案条件入手

在现场勘查后,对于作案人的人身特征和其他特征及作案情况有了一定的掌握,依据以上情况可以分析作案人应具有的行为条件如时间条件、动机条件、知情条件等。对于那些作案人的人身特征暴露较多、作案人特征比较明显的案件,侦查机关应认真分析案件情况,对犯罪嫌疑人进行准确刻画,分析作案人的年龄、体态、口音、社会职业和居住范围,及其他特征如有什么特殊癖好,是否是初犯等,依据以上分析获得的作案人应有的作案条件,划定侦查范围。在划定的范围内,按照相关规定,适度地向群众公布案情,发动群众积极提供线索。

在确定的侦查范围内,注意调查具有作案条件的人员,首先应调查具有作案时间条件的人。作案时间条件是发现和确定犯罪嫌疑人的基本条件,应从作案时间内行踪去向不明或出现在现场附近的人员中发现犯罪嫌疑人。其次应调查具有作案动机的人,注意从思想道德败坏、品质恶劣、有过流氓行为、两性关系混乱以及有强奸犯罪前科的人员中发现犯罪嫌疑人。最后应调查发现与作案人特征相似的人。如果被害人和知情人提供了作案人体貌特征,应据此对犯罪嫌疑人进行画像,以画像在群众中进行寻找,寻找和作案人面貌特征相似的人。在有的案件中,作案人暴露出了对被害人的作息时间或上下班路线非常了解的情况,在侦查中也要依据这个知情条件,寻找犯罪嫌疑人。

(三) 从作案人的外貌等特征入手

由于被害人与作案人有一定时间的正面接触,有的甚至有较长时间的正面接触,都能说清作案人的人身特征,如外貌特征、体态、身高、发型、特殊记号;衣着特征,如衣着的款式、品牌、颜色、新旧、破损等,侦查中要依据这些特征进行摸底排队。如果具备条件,可以进行模拟画像,利用模拟画像让群众提供线索，发现嫌疑人。

有些案件由于被害人的强力反抗，将作案人的脸、舌头、指头、肩膀抓伤、咬伤，甚至用利器将其刺伤。在此情况下，作案人不得不去医院、诊所进行医治、包扎，这是侦查可以利用的有利条件。侦查人员应当抓住有利时机，取得医院、诊所的配合，或者守候，或者争取医院、诊所在发现可疑病号时及时报警，或者通过调查在已就诊过的病号中发现嫌疑人。

（四）从现场遗留物和痕迹入手

这里的现场遗留物主要指作案人作案时的作案工具、凶器以及作案人的随身携带物等。由于强奸案件的发生过程中，被害人往往会进行自卫或反击，很可能造成作案人的一些物品遗留到现场，如扣子、戒指、手表甚至是某些证件等。现场遗留物能表明作案人的生活范围、生活水平、年龄阶段、生活习惯甚至是社会职业等，这些都为寻找犯罪嫌疑人提供了依据。遗留在现场的烟头，如果经分析能确定为犯罪嫌疑人所留，那么可以根据烟的产地、价位来确定犯罪嫌疑人的居住地和生活水平，同时也说明了犯罪嫌疑人有抽烟的习惯。另外，如果遗留在现场的犯罪嫌疑人的衣物部分或作案工具，具有一定的职业特征，那么就能以此推断犯罪嫌疑人的社会职业。在有些案件中，作案人对被害人进行捆绑的手法具有很明显的职业特点，如绳结为一般人所不用的水手结[①]等，那么就可以以此推断作案人的社会职业。如在某些案件中作案人的作案工具系事前准备好的，那么就可以表明作案人在作案前有准备工具的过程，是有预谋的。这些都能为寻找犯罪嫌疑人提供重要的依据。如果现场有车辆的痕迹，可以根据轮胎痕迹分析车辆的品牌、型号，以车找人。

（五）从被害人入手

强奸案件的突出特点就是作案人与被害人有过一定时间的接触，被害人对作案人的体貌特征记忆清晰。因此，案发后现场勘查过程中，必须注意对被害人进行详细询问，询问的内容包括：（1）强奸案件的经过；（2）作案人的体貌特征；（3）有无反抗、搏斗情况；（4）作案人身上有无伤痕；（5）作案人身上有无痣、胎记等以及是否残疾等；（6）作案人抢走什么物品，等等。对以上问题的询问，必须结合现场勘查认真询问，同时要抓紧时间，以保证提供情况的真实性、可靠性。只有这样，才能准确地分析判断案情，划定准确的侦查范围，选择侦查措施，以尽快地发现犯罪嫌疑人。

[①] "水手结"因水手专用打结手法而得名，具体有以下一些系法：布林结、8字通过结、简单通过结、8字环结、活结、防脱结、卷结、双套结、绳头结。

(六) 从被劫财物入手

有些强奸案件伴随有作案人抢劫或盗窃被害人财物的过程。根据这种情况，强奸案件的侦查可以从被劫财物入手，以物找人。在作案人取得赃物后，其就成为赃物的持有人，不论其对赃物进行使用还是转卖，其都会与赃物存在一定的联系。不同的赃物，作案人会对其实施不同的处置方法，侦查机关应根据被劫财物的特征，分析作案人下一步会对赃物采取什么处置方法，对赃物进行控制。同时，在掌握赃物的特征后，及时向相关地区发布协查通报，请求协助查控赃物。

(七) 从现场微量物证入手

由于强奸案件的对抗性及身体亲密接触性，在案件发生后在现场往往会留下阴毛、精斑、唾液斑、皮屑及其他分泌物等微量物证。即使作案人在作案后对现场进行破坏，但是对于这些微量物证，不会造成太大的危害。现场勘查的过程中要注意对这些微量物证的寻找发现，综合案件的总体情况，有效利用微量物证，利用现代刑事科学技术，寻找犯罪嫌疑人。同时，可以利用公安机关已经建立的犯罪信息库，在对现场微量物证进行鉴定的基础上，与信息库中的档案进行比对，从有前科的作案人中寻找犯罪嫌疑人。

(八) 从并案侦查入手

强奸案件的作案人，一旦得手，往往会连续作案，多次作案。由于行为的习惯性，作案人在实施作案时，往往在作案时间、作案地点、作案手段、作案工具、侵害对象等方面具有一定的相似性。这个特点为侦查机关实施并案侦查提供了依据。因此，在强奸案件发生后，侦查人员应具有开放性的思维，利用公安内部网络，寻找在近期本地区或其他地区是否有相同、相似案件的发生，如果有相似案件的存在，应及时对被害人进行有针对性的询问，提取相关案件的侦查资料，进行分析，大胆并案，利用多起案件的有效线索，缩小侦查范围，尽早抓获犯罪嫌疑人。

如果在一个地区、一个时间段内多发强奸案件，应对多起案件进行综合分析，判断是否为同一个或者同一伙人所为，分析已发案件的规律特点，在可能再次发生强奸案件的地区、时间段，组织巡逻或蹲点守候，以发现犯罪嫌疑人甚至抓获现行犯。

一般来讲，如果先后发生的多起强奸案件具备以下条件，一般可判定为同一个或同一伙强奸犯所为：

1. 若干起案件被害人回忆的作案人体貌特征、口音、作案手段等相同或相似。

2. 若干起案件现场发现提取的作案人精斑、唾液斑、毛发等生物物证经 DNA 技术检验，认定系同一人所留。

3. 若干起案件现场提取的手印、鞋印等痕迹，经检验，系同一人或同一双鞋所留。

4. 若干起案件在作案时间、地点、侵害对象的选择上有共同性。

（九）从巡逻、守候入手

强奸案件当中有一些作案人属于惯犯，具有连续作案的特点。这种连续作案往往在选择作案时间、地点、手段、方法上具有一定的习惯性。如果一个地区在一定时间内，先后发生多起强奸案件，可以将它们联系起来进行分析。一旦判明是同一个或同一伙作案人所为，则应针对作案人的活动规律，分析其可能再次实施强奸的区域、场所进行秘密巡逻，采取相应措施，或跟踪监视，查清其姓名、住址，审查其是否具备刻画的作案人条件，或立即进行询问。如果被害人能识别作案人，作案人可能仍在本地区活动，可征得被害人的同意，由侦查员暗中保护被害人，在作案人可能出入的场所进行寻找辨认，以便查获作案人。在巡逻、守候，特别是在寻找辨认的过程中，要巧妙设计，掌握好抓获作案人的时机，保护被害人的安全，防止作案人行凶拒捕或逃跑。

（十）从审查拘留、逮捕人员入手

有的惯犯作案除具有连续性的特点外，还进行多种性质的活动。他们不仅强奸妇女，也常常抢劫、盗窃、诈骗财产，有的甚至结成团伙甚至集团恣意妄为，无恶不作。由于这种特点，某些强奸案件的作案人可能因其他行为已经被查获；有的可能在甲地实施强奸行为后已逃往乙地，因打架、斗殴等活动被拘留审查；团伙成员有的可能被缉拿归案，有的可能尚未被查明。因此，审查拘留、逮捕人员，可以从中发现线索，达到破一案进而挖出多案的目的。审查方法，可向预审部门通报强奸案件的有关情况，一旦发现线索后，即派侦查人员查阅讯问笔录，提审有关人员。

（十一）从有强奸劣迹者中寻找犯罪嫌疑人

强奸案件作案人多流氓成性，恶习难改。他们往往在平时就有调戏、猥亵妇女、侮辱妇女的恶习。这些人中有不少人平时不务正业或游手好闲，常常出入、鬼混于歌舞厅或其他娱乐、赌博、色情场所。更有甚者，这些人不仅强奸，而且诈骗、盗窃。在侦查过程中，要密切注意这些有劣迹者和违法犯罪者，对他们进行深入调查和审查。如果发案后，因涉嫌其他案件被拘留或逮捕，应对这些人加强讯问，查明是否涉嫌强奸案件。

（十二）从作案人乘坐的交通工具入手寻找犯罪嫌疑人

有的作案人将被害人诱骗或劫持到汽车上，然后拉到荒野僻静之处进行强奸，甚至轮奸。此类案件应问明车型、颜色、车号、车内装饰、外表有无破损等特征，通过这些特征查明是何地车辆，何种车辆，是何单位何人的车辆。如果根据车号或其他线索发现了可疑车辆，可对车辆进行检查，寻找作案工具、凶器、毛发、人体分泌物等痕迹物证。同时调查在发案时间及发案前后该车由谁驾驶，曾去何处。如果没有发现具体的嫌疑车辆，只知道车型或颜色，则要对该型号、该颜色的车一一进行排查，查明其在发案时间的去向，逐步缩小范围，确定可疑车辆。

四、侦查措施的运用

在有效的开展侦查活动，寻找到重点犯罪嫌疑人后，侦查活动的重点工作就要转向围绕重点犯罪嫌疑人收集证据。需要注意的是，在前期的侦查活动中，侦查人员也应当具有高度的证据意识，随时注意收集证据，以求尽快破案，为刑事诉讼的顺利进行打下良好的基础。

根据强奸案件的特点，侦查人员可以围绕以下几个方面运用各种侦查措施获取证据：

（一）现场勘验

现场勘查是侦查活动的开端，同时也是收集证据的重要手段，现场勘查笔录本身就是及其重要的诉讼证据。现场勘查中，仔细、全面、及时地发现、固定、提取有关痕迹物证，在强奸案件的侦查中极为重要。在现场勘查中收集到的痕迹物证主要有：脚印、手印及其他痕迹，这些痕迹经过检验鉴定能为侦查机关提供作案人的人数及身高体态、年龄等信息；犯罪分子所用的凶器及作案工具，作案工具及凶器可能会指明作案人的职业特点或是否有预谋；遗留在现场的血迹、精斑、皮屑等；作案人与被害人在搏斗、厮打过程中被扯掉的物品及随身携带物等现场遗留物及其他物品。

（二）组织辨认

由于在案发时被害人和作案人会有一定时间的周旋、接触、搏斗等，被害人对作案人的体貌特征有较好的掌握。在发现犯罪嫌疑人后可以组织被害人对犯罪嫌疑人进行辨认。根据案件的侦查进程，可以组织不同形式的辨认，在侦查前期，为了不惊动犯罪嫌疑人，可以组织被害人进行秘密辨认，在侦查后期，对犯罪嫌疑人采取强制措施后，可以组织被害人进行公开辨认。如果在案发时其他知情人对于作案人的体貌特征也有所掌握，也可以组织知情人对犯罪嫌疑人进行辨认。在辨认的过程中，一定要严格依照相关的法律规定，不能引诱被害人和知情人进行肯定或否定的辨认，也要注意保证被害人和知情人的人身安全。

1. 组织被害人进行辨认

辨认，是强奸案件经常使用的一种取证措施，辨认的内容主要有对嫌疑人的辨认，对现场遗留物品的辨认，对现场及相关场所的辨认，对赃物的辨认。

对嫌疑人的辨认，可以确定是否为犯罪嫌疑人。在强奸案件中，被害人与作案人都有一段时间的周旋、接触，作案人的形象充分暴露，被害人一般可以比较准确地记忆作案人的体貌特征，再认条件较好。对于发现的嫌疑人，可以请被害人在某个合适的地点，暗中观察在被辨认的人当中有无其曾经见过的、作案的人。这种辨认一般是先辨认嫌疑人的照片，后辨认嫌疑人。

对现场遗留物品的辨认。作案人在作案的过程中，由于被害人极力反抗，大多发生搏斗，作案人往往将其随身携带的物品丢弃或遗落在现场，侦查人员可以将这些物品向知情群众展示，请他们确认物品的所有人。这是破案的重要依据。

对现场的辨认，可以查明作案的地点，以便进行现场勘查取证。某些拦路强奸案件或作案人劫持被害人到某个地点进行强奸的案件，被害人不能准确陈述作案地点，侦查人员应根据对作案地点环境特征的分析，确定其大致区域，带领被害人在该区域进行寻找，确定作案地点。有的强奸案件，作案人作案后，与被害人在某一场所逗留过，这个场所与案件有直接联系，需要被害人通过寻找辨认，查明其准确位置。

辨认赃物，可以确定可疑物品是否为本案赃物，结合审查赃物的真实来源，确定强奸作案人。

2. 组织目击者或者其他群众进行辨认

根据作案人的体貌特征，组织有关人员按照辨认规则进行秘密辨认，可以发现犯罪嫌疑人。有必要时，侦查人员也可以向知情群众展示，请他们确认物品的所有人。

应当注意的是，强奸案件中被害人因突然遭到作案人污辱，往往产生强烈的羞愤心理，如果在侦查中不注意保护她们的名誉，就会加剧她们心灵的创伤，影响她们的工作、学习、生活甚至导致自杀等严重后果。因此，在侦查中必须严守侦查隐私案件的有关规定，注意保护被害人名誉。对被害人的姓名、身份、住址及案情细节不能向无关人员泄露。公布案情要避免涉及上述内容。

组织被害人寻找或辨认犯罪嫌疑人时需给被害人化装并严加保护，防止群众尾随或围观被害人的现象发生。

（三）搜查取证

在找到犯罪嫌疑人后，经过对犯罪嫌疑人的讯问、对相关知情人的询问及其他侦查措施的开展，可以对相关场所，如强奸现场、犯罪嫌疑人的住所及其他可能藏匿证据的场所，依法进行搜查，以发现证据。

（四）控制赃物

赃物本身就是重要的证明犯罪嫌疑人有罪的证据。在有赃物可查的强奸案件的侦查中，要注意对赃物的查控。在掌握了赃物的特征后，利用治安积极分子、秘密力量对相关场所进行控制，以求找到赃物，证明案件事实。

（五）刑事技术的运用

在强奸案件中，存在大量的微量物证，要善于利用现代的刑事科学技术发现证据、收集证据及对证据进行检查、鉴定。在现场勘查中要利用刑事科学技术发现皮屑、血迹等微量物证，在后期的侦查中要利用刑事科学技术对收集到的检材、样本进行比对，提高证据的科学可靠性。对于现场遗留物有精斑、唾液斑、毛发等生物物证的强奸案，发现嫌疑人后，可通过DNA检验，确定是否为嫌疑人所留；对搜查嫌疑人住所、衣物时发现和提取的草籽、谷物、金属屑、泥土、灰粉等物质，可进行物证鉴定，确定其种类属性与强奸现场的是否相同，以判明其是否来自强奸现场；对于在强奸过程中作案人被抓伤、咬伤的案件，发现嫌疑人后，要检验其身体相应部位是否有伤痕，其性状、形成时间与所发案件是否相符。此外，如果被害人在被侵害过程中撕破了作案人的衣衫，发现嫌疑人后，可对其衣衫进行整体分离痕迹的检验。

（六）讯问犯罪嫌疑人

经过前期的侦查，找到犯罪嫌疑人后，应及时展开对犯罪嫌疑人的讯问工作。由于强奸犯罪的特殊性，有些犯罪嫌疑人由于和被害人有一定的关系，如恋人关系、情人关系等，这就给了犯罪嫌疑人找借口的机会，在讯问的过程中，要利用已经收集到的证据，使用讯问策略，打消犯罪嫌疑人的侥幸心理、抗拒心理，力争让犯罪嫌疑人供述客观事实。讯问是对犯罪嫌疑人进行面对面的审查。通过这种审查，获取犯罪嫌疑人的口供，既可以核实犯罪，又可以深挖线索，发现查明新的罪行。

对被指控的强奸案件，犯罪嫌疑人的姓名、身份实际上在报案时就已由被害人揭露出来。侦查人员在勘验现场、对被害人进行详细询问后，即对犯罪嫌疑人进行调查和正面审查，应利用已掌握的充分、确凿的证据材料，如 DNA 精液斑鉴定、血液、毛发等，直接指出案件的核心问题，从而突破案件。

为了做到不枉不纵，在收集证据的过程中，要采取积极审慎的态度，对任何一个证据都要进行仔细的审查，做到证据指向的唯一性。

第四章 盗窃案件侦查

2016年12月21日21时许,辽宁省大连公安边防支队开发区边防大队正明寺边防派出所经调查获悉,当日夜间可能有两艘涉嫌盗捕海产品的渔船在其辖区渔港靠岸。根据研判,两艘渔船可能搭载船员在10—30人之间,选在正明寺渔港卸货,说明船上所盗货物必是以吨为计。

案发当日,嫌疑船只本打算航行至大连湾海域沿岸渔港停靠,但由于海上风浪较大,因此才改靠正明寺渔港,并联系两辆"蒙"字开头的货车接货。12月21日23时许,警方通过勤务指挥室的远程监控发现确有两辆"蒙"字开头的货车驶入正明寺渔港。次日凌晨2时,目标船只进港靠岸。因不清楚船上所盗物品,也不掌握渔船内部情况,警方决定暂缓行动。12月22日10时,船员陆续下船开始卸货作业。警方查清约有20名船员,其卸载货物为扇贝。警方遂以报港检查为名对船员进行分散处理,并迅速控制住船长,21名船员及两名货车司机全部到案,当场查获扇贝19吨。扇贝生长在海底的淤泥里,对于养殖户来说其通常采用潜水作业的方式挑拣个大的扇贝售卖。此案缴获的扇贝个头大小不一且夹杂淤泥较多,初步判断这些扇贝很可能是盗窃而来。由于嫌疑人早已删除船只行驶轨迹,警方通过对船员的审讯,将嫌疑人锁定为船主李某、船长董某及驾驶员郭某。然而三人坚称他们是在公海作业,打捞的均是野生扇贝。但按照常理渔船很难在公海捕获数量如此巨大的扇贝,警方由此判断三人事前串通一气。此案是头目指挥作案,手下的船员却不知情,以为是在打工挣钱。另外,被害方某海产养殖公司在其养殖海域周围设置了监控雷达,如果嫌疑船只在此进行盗窃,那么很可能有内部人员与其勾结。为此,办案民警加强了对细节的深挖,同时加强了对嫌疑人的情理疏导和心理震慑。嫌疑人董某首先交代了作案经过。正如警方所预判,这是一起内外勾结谋盗窃的特大案件。

警方查明,嫌疑人李某为两艘船的船主,也是整个案件的主谋。李某交代,他联系了某海产养殖公司护海队队长王某,两人协商,王某在雷达监管员蔡某值班时通知李某来养殖场区捕捞,李某则需要向王某支付每船次2万元的提成金。自2016年12月初,李某先后6次带船到养殖区作业,每次捕获扇贝均超过10吨。

2016年12月23日,警方将某海产养殖公司涉案嫌疑人王某、蔡某抓获。据警方介绍,此案共缴获被盗扇贝19.3吨、追缴扇贝5吨、核实销赃扇贝70吨,总计94.3吨,涉案价值高达470余万元。①

第一节 盗窃案件概述

一、盗窃案件的概念

盗窃案件是指行为人以非法占有为目的,盗窃公私财物数额较大的,或者多次盗窃、入户盗窃、携带凶器盗窃、扒窃的刑事案件。根据最高人民法院、最高人民检察院《关于办理盗窃刑事案件适用法律若干问题的解释》(法释〔2013〕8号),所谓"数额较大"是指犯罪嫌疑人窃取公私财物,价值在1000元至3000元以上的情形,各省、自治区、直辖市高级人民法院和人民检察院可以根据本地区经济发展状况,并考虑社会治安状况在上述数额幅度内确定具体数额标准,并报最高人民法院、最高人民检察院批准。所谓"多次盗窃"是指犯罪嫌疑人在两年内盗窃三次以上的情形。依据公安部关于盗窃案件立案标准的规定,盗窃案件可分为一般案件、重大案件和特大案件。

对于盗窃案件的侦查,一方面,从侦破难易程度看,由于盗窃案件因果关系不明显,难以寻找线索等原因,使侦破盗窃案件的难度可能远大于侦破一般的毒品案件、故意伤害案件。而另一方面,从其社会效应来看,侦破凶杀、抢劫等严重暴力犯罪案件所产生的轰动效应却又远远高于侦破盗窃案件。此外,由于有些被打击处理的人员重返社会后的教唆以及一些新闻媒体的不当宣传,致使作案人员的反侦查意识越来越强,再加上现今社会人流、物流越来越快,赃物控制、阵地控制的难度日益增大,这就使得实践中许多侦查人员对盗窃案件的侦破意识不强,一定程度上导致了盗窃案件发案率高,破案率却一直较低。事实上,作为刑事案件中发案率最高的一类,盗窃案件也是最直接侵犯人民群众切身利益、影响人民群众安全感的一类案件。因此,我们有必要认真研究盗窃案件的特点,制定科学的侦查对策。

---

① 载《法制日报》2016年2月27日,http://www.legaldaily.com,2017年3月9日浏览。

二、盗窃案件的特点

(一) 有赃物可查

"凶有伤,盗有赃",盗窃案件一般都有赃款赃物可查,这是盗窃案件最主要的特点。赃款赃物是寻查认定盗窃案件发生的重要线索和有力证据,也是侦破盗窃案件的一个极为有利的条件。在盗窃案件发生之前,大多数犯罪嫌疑人常常表现出对某种财物的非分需求和强烈贪欲。在盗窃案件发生之后,犯罪嫌疑人持有、使用、销售或者以其他各种方式处理赃款赃物。且在此期间,对许多犯罪嫌疑人而言,赃款赃物由作案前的积极追求转变为心理负担,这种心理负担必然转化为程度不同的行为、情绪表现,也就会暴露出一些易于被察觉的可疑迹象。侦查人员可充分利用这一点,通过控制销赃、调查摸底、秘密搜查、跟踪守候等侦查措施,及时发现、查获赃物,进而通过失主对赃物的辨认、识别,揭露、证实犯罪。

(二) 现场多遗留有较明显的破坏痕迹

除扒窃、拎包案件外,大多数的盗窃案件现场都留有较明显的破坏痕迹,尤其是入室盗窃案件,犯罪嫌疑人所欲盗窃的财物一般都存放在室内的箱柜之中,其要盗窃这些财物,常常需破坏两层障碍物。一是破坏房屋的门窗、墙壁、房顶等进入室内;二是破坏存放财物的箱柜、抽屉、保险柜等,以便获取财物。[1] 犯罪嫌疑人在实施盗窃的过程中,必然会在接触、破坏现场障碍物时留下破坏工具的痕迹,而这些破坏工具的痕迹大多能反映出作案工具的外形特征,通过检验鉴定,侦查人员可确定作案工具的种类,进行同一认定,从而确定正确的侦查方向和侦查范围。

(三) 盗窃手段常具有习惯性,盗窃行为具有连贯性

动力定型是盗窃行为的重要表现。犯罪嫌疑人受第一次盗窃得逞的刺激,往往会继续实施第二次、第三次,多次作案直至被抓获。同时,犯罪嫌疑人盗窃的方法手段,多形成各自的习惯性,这也是大多数盗窃案件共有的特点之一。如实践中,有的犯罪嫌疑人习惯于深夜入室盗窃,有的擅长公共场所扒窃,有的擅长踹门钻窗入室盗窃等。这种习惯的形成受犯罪嫌疑人社会经历、生活经验及其生理特征、心理特征等多种因素的综合影响。当然,这种盗窃手段的习惯性是发展变化的,通常会由最初的简单、笨拙逐渐演变得老练、沉着,由一种盗窃手段演变为多种盗窃技能的运用等。

---

[1] 任惠华、马方主编:《侦查学教程》,法律出版社2014年版,第292页。

(四) 多有踩点窥测等预谋活动

盗窃案件的犯罪嫌疑人除少数是临时起意、顺手牵羊外,大多数为了达到顺利实施盗窃财物的目的,一般都会在实施盗窃之前对现场进行踩点等准备活动。特别是盗窃巨额财物、枪支弹药、贵重物品、珍贵文物等,犯罪嫌疑人的预谋准备活动会更加充分。其踩点活动常常表现为以购买物品、找人办事、探亲访友、观光旅游等名义作掩护,暗中选择盗窃的目标,寻找财物的存放部位,观察现场的环境条件,选择出入现场的路线,了解财物的保管方法、值班人员的情况以及报警装置情况,窥测事主、现场周围群众的生活、工作规律以及人员的流动规律等。在踩点、窥测的基础上,根据现场的具体情况,准备作案工具,策划作案手段,选择具体作案时间以及进出现场的路线等。

犯罪嫌疑人通过各种借口和手法掩护其自身进行踩点窥测,虽然为其实现作案目的、逃避侦查创造了一定的条件,但其在踩点的过程中不可避免地会在群众中暴露出人身形象和各种可疑迹象。侦查人员可通过深入细致地调查访问,引导被害人、周围的群众仔细回忆,或利用视频监控录像等,了解犯罪嫌疑人的性别、身高、体貌、衣着等方面的特征,发现线索。

(五) 盗窃成员复杂,流窜作案突出

盗窃案件中,犯罪嫌疑人组成较为复杂,且盗窃团伙作案突出,尤其以青少年团伙居多,其中无正当职业或吸毒、嗜赌者居多。这是因为青少年易受到不健康思想的影响,接受有丰富盗窃经验的惯犯的教唆,而由最初的小偷小摸发展成以盗窃为业。许多盗窃案件中,成员各自分工明确,配合默契,转运处理赃物一条龙式完成。同时,通讯工具和交通工具的现代化也使盗窃案件越来越多地呈现出动态活动的方式,如许多地区出现盗窃铁路物资的"铁道游击队",地区结合部、城乡结合部的"边区游击队",流入经济发达地区和财物集中地区的"外埠别动队"。目前来看,少数公安机关观念滞后,全国快速反应、条块结合、整体协同作战的大格局还没有完全形成,网上公告、追逃机制尚不完善,因此,目前"此地作案,异地销赃""打一枪换一个地方"的盗窃案件日益增多。[1]

三、盗窃案件的分类

盗窃案件除具有一些共同的特点外,不同类别的盗窃案件还具有各自的特

---

[1] 李冬梅、刘昆仑:《试论盗窃案件的特点和侦查要领》,载《新疆大学学报(哲学·人文科学版)》2012年第5期。

点。按照不同的标准，盗窃案件大致可从以下角度进行分类：

1. 根据犯罪嫌疑人所采用的盗窃手段和方式的不同，盗窃案件可分为入室盗窃、扒窃、撬盗、技术性盗窃等。

2. 根据犯罪嫌疑人与被盗单位的归属关系，可将盗窃案件分为内盗、外盗、内外勾结盗窃和监守自盗等。

3. 根据发生的场所不同，盗窃案件可分为火车上盗窃、公共汽车上盗窃、轮船上盗窃、车站码头盗窃、宾馆盗窃、银行盗窃、居民住宅盗窃、单位内部盗窃、农村地区盗窃等。

4. 根据所侵犯的对象不同，盗窃案件可分为盗窃文物、盗窃机动车、盗窃财物、盗窃有价证券、盗窃枪支等。

四、盗窃物品价值的计算

对盗窃物品数额的计算，不仅影响犯罪嫌疑人最终的定罪量刑，而且直接决定侦查机关对该行为能否以盗窃案件立案侦查。然而，实践工作中，一些侦查人员往往对侦破盗窃案件不够重视，接警后的现场勘查不够细致，对被盗物品数额的计算方法也认识不清，甚至出现仅通过一份简单的询问笔录就确认盗窃数额是否符合刑事案件立案标准的现象。在此，有必要对盗窃物品数额的计算方法和依据加以梳理。

依据2013年最高人民法院、最高人民检察院《关于办理盗窃刑事案件适用法律若干问题的解释》①，盗窃公私财物价值1000元至3000元以上、3万元至10万元以上、30万元至50万元以上的，应当分别认定为《刑法》第264条规定的"数额较大""数额巨大""数额特别巨大"。各省、自治区、直辖市高级人民法院和人民检察院可以根据本地区经济发展状况，并考虑社会治安状况，在上述数额幅度内，确定本地区执行的具体数额标准，报最高人民法院、最高人民检察院批准。在跨地区运行的公共交通工具上盗窃，盗窃地点无法查证的，盗窃数额是否达到"数额较大""数额巨大""数额特别巨大"，应当根据受理案件所在地省、自治区、直辖市高级人民法院和人民检察院确定的有关数额标准认定。实践中，对被盗物品的数额，可按照下列方法计算：

1. 被盗财物有效价格证明的，根据有效价格证明认定；无有效价格证明，或者根据价格证明认定盗窃数额明显不合理的，应当按照有关规定委托估

---

① 最高人民法院、最高人民检察院《关于办理盗窃刑事案件适用法律若干问题的解释》，2013年3月8日最高人民法院审判委员会第1571次会议、2013年3月18日最高人民检察院第十二届检察委员会第一次会议通过，自2013年4月4日起施行。

价机构估价。

2. 盗窃外币的，按照盗窃时中国外汇交易中心或者中国人民银行授权机构公布的人民币对该货币的中间价折合成人民币计算；中国外汇交易中心或者中国人民银行授权机构未公布汇率中间价的外币，按照盗窃时境内银行人民币对该货币的中间价折算成人民币，或者该货币在境内银行、国际外汇市场对美元汇率，与人民币对美元汇率中间价进行套算。

3. 盗窃电力、燃气、自来水等财物，盗窃数量能够查实的，按照查实的数量计算盗窃数额；盗窃数量无法查实的，以盗窃前六个月月均正常用量减去盗窃后计量仪表显示的月均用量推算盗窃数额；盗窃前正常使用不足六个月的，按照正常使用期间的月均用量减去盗窃后计量仪表显示的月均用量推算盗窃数额。

4. 明知是盗接他人通信线路，复制他人电信号码的电信设备、设施而使用的，按照合法用户为其支付的费用认定盗窃数额；无法直接确认的，以合法用户的电信设备、设施被盗接、复制后的月缴费额减去被盗接、复制前六个月的月均电话费推算盗窃数额；合法用户使用电信设备、设施不足六个月的，按照实际使用的月均电话费推算盗窃数额。

5. 盗接他人通信线路、复制他人电信号码出售的，按照销赃数额认定盗窃数额。盗窃行为给失主造成的损失大于盗窃数额的，损失数额可以作为量刑情节予以考虑。

6. 盗窃有价支付凭证、有价证券、有价票证的，按照下列方法认定盗窃数额：

（1）盗窃不记名、不挂失的有价支付凭证、有价证券、有价票证的，应当按票面数额和盗窃时应得的孳息、奖金或者奖品等可得收益一并计算盗窃数额。

（2）盗窃记名的有价支付凭证、有价证券、有价票证，已经兑现的，按照兑现部分的财物价值计算盗窃数额；没有兑现，但失主无法通过挂失、补领、补办手续等方式避免损失的，按照给失主造成的实际损失计算盗窃数额。

7. 盗窃国有馆藏一般文物、三级文物、二级以上文物的，应当分别认定为《刑法》第264条规定的"数额较大""数额巨大""数额特别巨大"。盗窃多件不同等级国有馆藏文物的，三件同级文物可以视为一件高一级文物。

8. 为盗窃其他财物，偷开机动车作为犯罪工具使用后非法占有车辆，或者将车辆遗弃导致丢失的，被盗车辆的价值计入盗窃数额。

9. 有关盗窃网络虚拟财产数额的计算，理论界认为确定网络虚拟财产价格的最佳途径是在有关部门，譬如在信息产业部的监管下，建立一个由运营商、游戏代表组成的行业组织，联合物价评估部门，对网络游戏中虚拟物品的价格应综合游戏开发的难易程度、游戏者进行游戏取得特定财产的社会必要劳动时间、游戏的受欢迎程度等因素进行评估，以确定网络游戏中虚拟财物的价值。① 实践中，也有一些司法机关依据虚拟财产被盗公司与客户合同中约定的虚拟财产的进货价格，最终确定被盗虚拟财产价值。②

第二节 盗窃机关、团体、企事业单位案件的侦查

2015年2月5日夜，宿州市埇桥区先后有两家公司保险柜被撬，丢失大量现金。几天后，某办事处一家公司保险柜又发生失窃。企事业单位连续发生保险柜被撬盗案件，造成了恶劣的社会影响，宿州市公安局埇桥分局抽调精干力量组成专案组，全力开展侦破工作。专案组调取案发现场及周边的监控录像，积极开展现场勘查、调查走访和案件串并等工作，并多次召开案情研讨会，研究、分析发案规律，扩大调查范围，寻找案发时段内体貌特征吻合的可疑人员。通过一系列缜密侦查，专案组锁定重大作案嫌疑人吴某。3月7日下午4时许，经连续48小时艰苦蹲守，专案民警在宿州市火车站成功抓获吴某。

警方查明，吴某时年29岁，家住宿州市埇桥区芦岭镇，2012年曾因盗窃服刑数月，刑满释放后又沉迷于赌博，欠下巨额赌债。为偿还赌债和维持生活，吴某到江西学习开锁技术，专门撬盗机关、企事业单位保险柜，不到3年作案60余起，窃得赃款赃物价值100余万元③。此案正是一起较为典型的盗窃机关、团体、企事业单位的案件，即犯罪嫌疑人侵入国家机关、企事业单位、团体或公司内部窃取财物。根据犯罪嫌疑人与被盗单位的归属关系，其又可分为内盗案件、外盗案件、内外勾结盗窃案件。

---

① 周娅、姚石京：《盗窃虚拟财产论罪难点在数额认定》，载http://news.sina.com.cn/c/l/2006-10-24/163411321621.shtml，2017年3月9日浏览。

② 李澜、邱晋：《首例盗窃虚拟财产案：偷14万元游戏币判10年半》，载http://tech.163.com/09/，403/08/55VBULSO，915BF.html，2017年3月9日浏览。

③ 《宿州一男子专偷机关企事业单位 作案60余起盗窃财物百万元》，载http://ah.people.com.cn/n/2015/0410/c358266-24458685.html，2017年3月7日浏览。

一、内盗案件的侦查

(一) 内盗案件的特点

内盗案件是指机关、团体、企事业单位、公司内部人员以非法占有为目的,窃取本单位财物的案件。犯罪嫌疑人由于工作、学习、生活、居住等方面的原因,熟知被盗单位内部情况,从而使内盗案件除具有前述盗窃案件的共同特征外,还具有以下特点:

1. 熟悉现场环境,盗窃目标准确

犯罪嫌疑人能准确地直奔盗窃的具体目标,无乱翻乱撬的行为,也无多余的试探、搜寻动作,作案过程短,现场遗留的痕迹物品较少。犯罪嫌疑人对单位内部环境条件、房屋结构、财物存放的具体位置、保存情况、值班人员的巡查规律等情况的熟悉程度,非一般的踩点窥测行为所能达到。

2. 进出口多不明显,盗窃时机得当

内盗案件的犯罪嫌疑人由于熟悉内情,能选择有利时机进行盗窃。在作案之前多有条件接触现场,用事先盗取或暗中配置的钥匙开锁行窃,或利用自身的便利条件,作案前先拉开窗户的插销、不锁门以及切断现场报警装置伺机侵入现场。有的犯罪嫌疑人还利用事主、财物保管人员暂时离开现场的机会盗取部分财物。因此,内盗案件进出口不明显。

3. 盗窃的财物比较单一,赃物处理隐蔽

内盗案件的犯罪嫌疑人由于生活、工作在单位内部,熟悉被盗物品,除临时起意的外,许多内盗案件的犯罪嫌疑人是先看中某类财物,然后实施盗窃。作案时对财物的选择性比较明显,盗取的财物多为现金、贵重物品或单位生产经营的产品、原材料等,被盗的财物种类较单一。内盗案件的犯罪嫌疑人多为偶犯,盗窃案件发生后,迫于侦查破案的压力,往往将赃物隐藏不露,等待一段时间后再对赃物进行处理。

4. 现场多有伪装,故意制造假象

内盗案件的犯罪嫌疑人,有时为了达到转移侦查视线、逃避侦查打击的目的,会将内盗案件现场伪装成外盗案件的现场。如使用配制的钥匙开门,故意伪装成破窗而入;故意将一些有标识的物品丢弃在现场;故意在出入现场的途中留下赃物、遗留物品和其他痕迹,以转移侦查视线。

(二) 内盗案件的侦查方法

1. 适时公布案情,发动群众提供线索

根据案件实际情况、危害程度及影响范围大小,侦查人员可在被盗单位主管领导的重视和支持下，有选择地在一定的部门和人员中公布案件的基本情况。为避免公布案情有碍侦查和造成人人自危的状况，一般可公布被盗的时间、地点和财物类别，着重表现侦查人员必破案件的决心，提高群众的参与意识，增大犯罪嫌疑人的心理压力，使其惊惶失措而暴露，或者投案自首。但不宜过多公布被盗的具体细节，以免使其他侦查措施的使用受到局限。

2. 查证嫌疑线索，排查重点嫌疑人

在公布案情的同时，根据刻画的犯罪嫌疑人的条件，依靠广大群众，在发案单位内部展开深入细致的摸底排队工作，是发现线索和犯罪嫌疑人的重要方法。摸底排查工作的开展，要依靠发案单位有关部门的密切配合，根据案件的实际情况，列出犯罪嫌疑人的作案条件，从而尽快排查出重点犯罪嫌疑人。

3. 综合运用犯罪心理测试技术，审查重点犯罪嫌疑人

侦查内盗案件，根据犯罪嫌疑人多系偶犯、初犯的实际情况，在掌握了一定的嫌疑线索和证据，将其确定为重点犯罪嫌疑人后，应抓住其怕开除、怕坐牢、怕出丑，以及侥幸蒙混、犹豫动摇等心理特点，通过正面教育或者依法传唤讯问，以及结合犯罪心理测试技术的综合运用等，迫使其主动认罪。

2011年7月13日，盐田区某珠宝公司报案称发生一宗特大盗窃案，油压车间内一块1公斤重、价值30多万元的金砖莫名丢失了。警方勘查现场初步了解得知，这家从事黄金加工的公司每月固定购进一批黄金毛坯并进行精加工。案发当天，工人们在加工结束进行清点时，发现一块1公斤重的金砖不见了踪影。民警调取监控视频发现，案发期间，只有油压车间的五名工人和一名电工到过车间，电工只在车间门口讲了几句话便离开了。据工人讲，该公司为防止工人夹藏金砖，除了在油压车间多个部位设置监控摄像头外，还要求工人穿着公司特制的没有口袋、腰带宽松的工作服，不允许携带任何通讯工具，每天收工后由保安员使用金属测试仪对工人一一进行检测。在对五名工人的询问中，专案组未取得任何突破。7月31日，苦于找不到其他物证和可用线索，专案组民警到市公安局刑事侦查局寻求支援，希望通过测谎技术在案件侦办上取得突破。

8月4日上午10时，一名叫吴某滨的工人主动提出愿意接受测试。而他正是被公司列为重中之重的嫌疑对象。据称，案发当天，公司在对他进行问话时，感觉他表情、神态、言语都极不自然。但经过测试，吴某滨测试图谱中的各项指标未出现异常。接受测试的第二名嫌疑人叫胡某华，是油压车间的领班。迫于巨大的心理压力，他主动交代了该案的另一个问题，因工资较低，他偶尔会将碎黄金夹在两根手指中间带出工厂变卖以换点钱做赌资。案发当天，他为还赌债，偷偷将一件加工好的黄金小饰品藏在挽起的裤脚里，准备带出工

厂变卖。在提及是否盗窃金砖的问题上，测试显示，胡某华均做了诚实的回答，排除了作案嫌疑。

在与第三名被测试者叶某进行沟通时，叶某故作镇定，但测试图谱的数据表明叶某在相关问题上所言不实。专案组人员抓住有利时机，连夜对叶某进行审讯，后叶某交代了盗窃金砖的犯罪事实。据叶某交代，案发当天，他进入加工车间，在工作岗位上将金砖塞进腰上紧捆的夹层布条中，并继续完成工作。为营造去卫生间假象，他特意向保安要了些厕纸，接着在监控下大摇大摆地走进卫生间。在确定卫生间内无人后，叶某关闭了换气扇，迅速爬上墙，将金条顺着扇叶的空隙扔了出去。第二天深夜，他在厂房楼下的花坛中找到金砖并连夜乘车赶回河源老家。①

本案是综合运用犯罪心理测试技术成功确定犯罪嫌疑人的典型案例。实践中，犯罪心理测试常常是侦破内盗案件较为有效的侦查措施，因为内盗案件中犯罪嫌疑人范围相对固定，各种信息比较清晰，边界分明，条件完整，属于界定良好的案件，很适宜运用知情测试法进行犯罪心理测试。② 但值得注意的是，现今许多侦查人员由于不熟悉或不相信犯罪心理测试技术，在案发后不注重保护测试条件，如过早过多地公布案情，或对测试对象进行高强度、连续的讯问，在案件仍毫无进展的情况下，才不得以考虑使用犯罪心理测试技术，但此时被测试人已受到严重信息"污染"，而丧失使用知情测试法（GKT）进行犯罪心理测试的最佳时机和条件。尽管本案是运用犯罪心理测试侦破内盗较为成功的案例，测试人员也仍然遇到了这方面的问题。每个侦查人员都知道保护现场对现场勘查的重要性，对犯罪心理测试技术而言，测试条件的保护如同现场勘查对现场保护要求一样重要，否则测试质量难以保证。具体到内盗案件而言，侦查人员排查过程中应尽可能做到保护案件信息，特别是对核心和细节信息应限定在尽可能小的范围内，以避免主动透露给将来可能接受犯罪心理测试的嫌疑人。

4. 控制赃物

内盗案件的犯罪嫌疑人活动范围和接触人员有限，赃物隐藏的范围相对狭

---

① 广州日报：《测谎技术挖出盗金窃贼》，载 http://news.163.com/11/1208/08/7KO578Q500014AED.html，2017 年 3 月 7 日浏览。

② 一般来说，案件条件越好，测试先验概率的产生就越充分，测试的效果就越能够得到保证。案件条件良好是指案件边界分明，条件完整，各种信息比较清晰，犯罪嫌疑人基本固定。比如内盗案和"一对一"的案件。参见陈云林、刘欸超：《心理测试技术——从"测谎"到"拆谎"》，中国人民公安大学出版社 2007 年版，第 154—160 页。

小，如许多藏在家中。如果案件发现及时，迅速采取有效控赃措施，犯罪嫌疑人就难以转移、销售赃物。因此，侦查人员应对单位内部可能隐藏赃款赃物的处所进行搜索，对可能藏有赃款赃物的犯罪嫌疑人进行跟踪监视，在单位外部可能销赃的行业、场所及地区及时布控。如果犯罪嫌疑人长时间不对赃物进行处理，赃款赃物一时难以查获的，可以在确定重点嫌疑对象后，采取相应的侦查措施和策略，诱使其暴露赃物。

二、外盗案件的侦查

外盗案件是指外部人员侵入单位内部进行盗窃的案件，其是相对于内盗案件而言的，且外部人员也是在排除内盗案件中列举的各类人员的基础上确定的。

（一）外盗案件的特点

1. 内情不熟悉，盗窃目标不准确

外盗案件的犯罪嫌疑人对单位内部具体环境和活动规律不熟悉，对存放财物的处所和周围环境，只凭经验和外部观察，仅有一般的了解，进出现场路线的选择不尽合理，进入现场后往往接连撬开多间办公室、多张办公桌，强行撬开箱柜、抽屉、多次翻动搜寻财物，现场呈现"乱而不准"的事实状态。

2. 大多强行侵入，现场进出口明显

外盗案件的犯罪嫌疑人除了极少数预先潜伏室内作案外，侵入现场大多采取破窗撬锁、踹门入室、攀壁破窗、割壁挖洞等破坏性手段，排除障碍设施强行进入目标区盗取财物。在实施行为过程中，多不加掩饰。当然，一些犯罪嫌疑人为逃避侦查，会采取戴手套、脚套作案，或揩抹扫地、倒水等破坏现场的动作。

3. 盗窃物品复杂，仅有一般选择

犯罪嫌疑人盗窃现金、贵重物品等是盗窃案件的共同特点，外部人员侵入单位内部盗窃当然也不例外。但在实施盗窃的过程中，其不仅盗窃现金、贵重物品，同时也盗窃他们需要的日常生活用品以及其他便于销赃的物品。因此，相比内盗案件而言，外盗案件在赃物种类上呈现多而杂的特点。

4. 犯罪成员复杂，手段多有习惯性

外盗案件的成员构成较为复杂，惯犯、累犯、流窜犯罪居多，有前科劣迹的人居多。犯罪嫌疑人往往连续作案，并形成重复出现的习惯动作。当然，这一特点也为侦查人员串并案件提供了有利条件。

（二）外盗案件的侦查方法

1. 开展摸底排队，发现线索

外盗案件的作案人活动范围大，作案人在踩点、实施盗窃以及处理赃物的过程中，都可能暴露其行迹。因此，侦查人员应以发案单位为中心，向四周扩展，由近及远，逐步展开排查。

2. 控制赃物，发现犯罪嫌疑人

对外盗案件赃物的控制，主要是从赃物的使用和销售方面开展工作。如果分析判断犯罪嫌疑人可能在外地处理赃物，应及时向有关地区发出协查通报，请求有关地区的侦查部门协助调查控制。侦查人员分析犯罪嫌疑人可能销赃的场所如寄卖行、特种行业、交易场所、黑市等，应迅速布置有关人员在相关地区暗中查访，以发现线索。

3. 犯罪情报研判，及时并案侦查

针对外盗案件的犯罪嫌疑人多会用相同的作案手段在同一或相邻地区连续作案的特点，刑侦情报信息研判部门应主动会同一线实战单位，认真分析研究盗窃案件现场痕迹、犯罪嫌疑人作案手段、作案工具、侵害目标等各种案件信息，及时并案侦查，统一部署，协同作战。而不同地区的侦查机关也应打破地域界限，开阔思路，大胆开展跨区、跨省市串并工作，切实提高破案的整体效益。2013年12月间，白山市公安局新建分局辖区内连续发生多起盗窃门市房案件，经现场勘查发现，犯罪嫌疑人是利用夜间门市房没人之际，通过撬盗门窗的方式进入室内，实施盗窃。侦查员一方面对全市采用该手段实施盗窃的案件进行梳理，串并案侦查，并调取了所有案发现场及周边的监控录像；另一方面对所有的案件当事人进行回访，收集案件线索；同时，对可能销赃的场所进行布控，"从物到人"侦破案件；并发出协查通报，与周边地区进行串并案侦查，最终锁定犯罪嫌疑人，成功收缴大量被盗物品。[①]

三、内外勾结盗窃案件的侦查

内外勾结盗窃案件是指被盗单位内部人员与社会上或单位外部人员相互勾结，共同盗窃单位财物的案件。这类案件兼有内盗与外盗的相似特点，分析判断案情时常常难以认定。

侦查实践中，内外勾结盗窃案件主要有以下三种情形：一是内部人员提供单位情况，由外部人员直接实施盗窃和隐藏赃物；二是内部人员共同预谋，由内部人员直接实施盗窃，作案得手后，外部人员负责接应、转移、隐藏和变卖赃物；三是内部人员与外部人员共同侵入单位的财物保管处所，实施盗窃行为。

---

① 《白山警方破获系列盗窃案——两名犯罪嫌疑人被抓获破获盗窃案件20余起》，载http://enews.xwh.cn/shtml/xwhb/20140108/content_121.shtml，2017年3月9日浏览。

(一)内外勾结盗窃案件的特点

1. 外部侵入迹象明显,但盗窃目标准确

由于内外勾结盗窃的案件大多是隐藏在单位内部的犯罪嫌疑人提供有关情况,由单位外部的犯罪嫌疑人侵入现场实施盗窃行为。因此,现场反映出犯罪嫌疑人外部入侵的迹象明显,如现场有明显的进出口、进出现场的路线上留有作案的痕迹物品、现场遭受一定程度的破坏,但同时犯罪嫌疑人对作案时机、现场出入口及来往路线的选择却都较为合理,尤其是对盗窃目标的选择十分准确,犯罪嫌疑人进入现场后能直接奔向存放财物的处所,现场没有多余破坏痕迹和四处翻找财物的迹象。

2. 运销藏匿赃物多由外部人员实施

内外勾结盗窃案件在多数情况下是由外部人员入侵实施盗窃,作案后,外部人员直接将财物隐藏在事先商量好的地点。即便是内部人员实施盗窃,一般也都将赃物交给外部人员进行隐藏或处理。根据内外勾结盗窃案件的这一特点,控制赃物的重点应放在单位外部。

3. 制造假象,转移侦查视线

内外勾结盗窃案件中,犯罪嫌疑人为了掩护单位内部的同伙,往往采用各种手段制造外盗假象。例如明明使用原配钥匙开锁或者利用锁头失灵、故意不上锁等便利条件侵入,却故意留下撬压破损痕迹;已知内部同伙受到审查,唯恐顺藤摸瓜暴露自己,常常使用类同手段在别的单位或地区连续作案,以转移侦查视线为同伙解围等。

(二)内外勾结盗窃案件的侦查方法

内外勾结盗窃案件的侦查,除参照内盗案件的侦查方法外,还应把握以下几点:

1. 以内为主,排查重点犯罪嫌疑人

此类案件应根据现场勘查和调查访问获得的信息资料,分析作案人的条件,包括具备与外部人员交往诡秘这一条件。侦查中,注意审查了解财物存放情况、具有合谋犯罪条件和迹象、社会交往复杂、案发前后具有可疑迹象和反常表现的人员,从中发现线索。

2. 内紧外松,促其暴露

内外勾结盗窃案件有两方面的犯罪嫌疑人,侦查中要根据重点嫌疑人的实际情况,在全面掌握基本情况的条件下,选准其中一方的薄弱环节进行突破。如单位内部人员在发案时间故意避开,确实有人证明其没有直接实施盗窃的可能,侦查人员可利用其侥幸心理采取内紧外松和欲擒故纵的策略,调动其外部同伙销赃或挥霍，以获取证据。

第三节　侵入民宅盗窃案件的侦查

侵入民宅盗窃案件是指犯罪嫌疑人以民宅为目标秘密地非法进入窃取财物的案件。其与前一节中的外盗案件相似，是入室盗窃的一种，且为多发性案件，涉及面广。实践中，这类案件还可能由入室盗窃发展转化为抢劫、强奸、杀人、放火等暴力犯罪，引发一系列严重后果。

一、侵入民宅盗窃案件的特点

（一）侵害目标一般选择楼房公寓、职工宿舍和单家独户

城区的居民住宅多为楼群单元式结构，住户多而杂，住户之间来往较少，相互不熟悉，这就使盗窃案件的犯罪嫌疑人有机可乘，敢于公开穿梭于楼群公寓之间窥测、踩点，伺机实施盗窃。如犯罪嫌疑人有的直接敲门，若房内无人应答，即迅速实施盗窃；如果房内有人应答，则以问路寻人为掩护逃离现场。职工宿舍是盗窃案件多发地，由于上班时间宿舍往往空无一人，盗窃也最容易得逞。城乡结合部和分散居住的单门独户往往也是治安防范的薄弱地区，也易成为盗窃案件的作案目标。

（二）作案时间全天候化，作案手段出现智能化趋势

侵入民宅盗窃案件的犯罪嫌疑人一般会对现场进行窥视、踩点，了解现场周围的环境，人员的流动规律，各行业人员的上下班等情况，然后选择目标伺机作案。从作案时间看，作案人多利用家中无人、熟睡等人员活动较少的时间空档隐蔽作案。入民宅盗窃案件的发案时间是夜间多于白天，但由于人们在夜间家庭防范意识加强等诸多因素的影响，使得犯罪分子的犯罪成本增加继而调整作案时间，所以入民宅盗窃案件在白天的发案率也呈上升趋势，作案时间呈现出全天候化。[1] 高校学生宿舍发生的盗窃案件，多以串门盗窃的形式发生。大学生自身防范意识不强，一般无论有人没人，自己宿舍的门都习惯性地敞开，作案分子利用大学生的这一疏忽进行盗窃。而在教室、图书馆、食堂等公共场所也时常发生盗窃案件，多数大学生有在学校的公共场所"占位子"的行为，经常是用一些随身物品放在某处以示意这地方有人，作案人正是利用

---

[1] 姚华、郭宏浩：《浅析入民宅盗窃犯罪的特点及对策》，载《上海公安高等专科学校学报》2013年第1期。

这一特点实施盗窃。不过，此案案件作案人除了一些惯偷之外，大多数是临时起意而实施盗窃，案件发生具有很高的随机性。

在作案手段方面，除了传统的撞门、撬门、溜门、插片、钻窗进入外，如今新颖作案手段也层出不穷，如以技术手段开锁进入，利用建筑物外墙特点攀爬进入，利用悬索、脚手架、消防通道、空调架、煤气或落水管道等进入。而且作案人在实施犯罪过程中往往采取一些掩盖性手段（如假装找人），一旦发现室内无人即作案，或戴手套、穿鞋脚套作案，或作案后抹去痕迹恢复原样等。所有这些行为的目的，一是为了能顺利进入存放有财物的空间而不被人当场发现；二是为了尽可能延缓被害人发现的时间；三是干扰警方的侦查视线。

（三）不同籍贯犯罪嫌疑人作案手法特点明显

侵入民宅盗窃的犯罪嫌疑人多具有连续、结伙作案的特点，且成员以外来人员居多，其可依户籍地的不同而被划分为不同的小群体，每个小群体具有共同的方言、大体相同的生活习惯，成员相互之间更容易进行信息交流和沟通，从而使不同籍贯的犯罪嫌疑人盗窃时，作案手段呈现出明显的地域特点。

（四）盗窃财物种类较为集中，现场较杂乱

犯罪嫌疑人侵入居民住宅后，一般对盗窃的财物都具有选择性。其多选择携带方便，便于隐藏和销赃的物品，如现金、贵重的金银首饰、珠宝、高档衣物、手机、笔记本电脑、数码照相机、字画等。为搜寻这些物品，犯罪嫌疑人入室后往往在现场大肆翻动，得手后迅速逃离，致使现场较为杂乱。

（五）销赃渠道主要为二手市场和街头收购者

由于侵入民宅的犯罪嫌疑人盗窃的赃物多为现金、有价证券、金银首饰和其他贵重物品等，除少部分现金被犯罪嫌疑人直接使用外，其他物品会被低价处理，迅速兑换成现金使用。而且据相关部门统计，有近一半的犯罪嫌疑人会随意选择二手市场销赃，三分之一左右的犯罪嫌疑人选择将赃物销给街头收购赃物者，另有少部分选择将赃物卖给固定的二手店或熟人。

（六）实施盗窃多自备作案工具，作案过程易转化为其他严重暴力犯罪

侵入民宅的盗窃案件的犯罪嫌疑人，一般在实施盗窃之前都会自备大力钳、扳手、剪刀、撬棒、刀片等作案工具。一旦作案目标选择确定，作案时机恰当，犯罪嫌疑人就会使用随身携带的作案工具，采用惯用的作案手段入室进行盗窃。作案后，犯罪嫌疑人一般也会将作案工具带离现场。在实施盗窃的过程中，犯罪嫌疑人一旦发现室内有人，且事主当即呼叫或扭住不放，或者事主

归来撞见并顽强反抗时，常常会实施抢劫、强奸、杀人、放火等其他更为严重的暴力犯罪。

二、侵入民宅盗窃案件的侦查方法

（一）认真勘查现场，详细询问事主

侵入民宅盗窃案件发生后，现场往往有生物痕迹、电子痕迹、影像痕迹等，侦查人员应及时对现场进行勘查，且重点勘查犯罪嫌疑人进出口和相关部位的痕迹和事实状态，存放财物的箱柜、抽屉变动的事实状态和痕迹；搜索提取现场内外相关痕迹物品等。同时，对事主进行询问，查明事主离开家的时间，房屋的门窗是否关好，何时发现财物被盗；财物存放的处所和存放方法，财物的种类、数量、价值，有无识别的特征；家庭成员中哪些人知道财物存放的情况和有无用财物的可能；有哪些可疑人员及依据等。现场勘查中，要特别注重对微量痕迹物证的提取和利用，提高采痕率和痕迹利用率。在此基础上，充分运用指纹识别系统、法庭科学DNA数据库、现场勘查信息系统等加强对现场提取痕迹物证的综合检验，以及时发现、锁定犯罪嫌疑人。

（二）分析判断案情，及时摸底排查

根据现场勘查所获取的信息，参照前述内盗、外盗案件的分析方法，确定犯罪嫌疑人是知情的熟人还是陌生人作案，是现场附近的本地人还是流窜人员作案；分析犯罪嫌疑人的体貌特征、作案时间、作案工具等，确定摸底排查的条件。刑侦部门还应强化网上作战的意识，在充分利用常住人口、暂住人口管理、旅馆住宿、网吧管理、出租车出城登记、在逃人员等管理信息数据的同时，积极获取诸如邮政汇兑、移动电话、劳务登记、社会保险、银行账户、公交IC卡、二手手机交易等数据信息。

例如舟山某地宿舍楼发生系列入室盗窃，现场勘查认定属于流窜作案。网上查询发现，与夜盗高危人群中湖南某地籍人员作案手段极其相似，进入该地流动人口查询系统，分析发案时间段流窜至该地住宿的湖南某地籍人员，排定一伙人员后，运用打、防、控主干应用系统锁定犯罪嫌疑人，再根据网吧上网人员日志分析，确定犯罪嫌疑人QQ号后，布控将其成功抓获。

（三）迅速控制赃物

针对犯罪嫌疑人主要将赃物销往二手市场的特点，侦查人员应迅速组织侦查力量，对犯罪嫌疑人可能销赃的场所进行严密控制。对具有明显标识的赃物，发布协查通报或利用情报网络，请相关部门和行业予以配合，以发现销赃线索，查获犯罪嫌疑人。

(四) 加强串并侦查工作

针对多发的侵入民宅盗窃案件，刑侦部门应改变过去仅以技术痕迹物证串并、侦查过程中零星串并、情报笼统情况串并的各自为战的状况，强化情报的串并案工作，推行情报、技术、办案相结合的互为补充、相互印证的串并案模式。

某市公安局龙子湖分局刑警大队查获一名高坠受伤的犯罪嫌疑人汤某，其拒不交代除真实身份外的任何情况。侦查人员通过调查访问得知其在某市的租房地址，并搜查到电脑、打印机、手机及不同姓名的驾驶证、身份证等。利用刑侦综合信息系统，输入"电脑""联想"信息字样进行查询，发现该市南山小区3月15日夜被盗案件的损失物品与搜查到的物品相符合，打印机同为8430C型，确定汤某具有盗窃犯罪嫌疑。再用搜查到的驾驶证上"宋某"的姓名查询，系统显示查询结果有两起，排除一起伤害案件后，确定了朝阳路419号7栋9单元×号宋某家5月2日夜被盗案件的损失物品与搜查到的证件完全吻合。综合分析比对中的两起案件，归纳出汤某的作案特点，成功串并当年全市"居民小区""夜间"从"楼房""翻窗入室""盗窃"的案件近百起。①

(五) 加强高危时空和高危人群分析

针对入民宅盗窃案件发生具有一定时空规律的特点，各级公安机关应着力构建打击防范盗窃案件的情报预警机制，加强对盗窃发案情况的动态分析研判，依托分级（分色）预警制度和治安要情通报会制度及时发布预警通报，为基层单位开展打防工作提供情报支撑。如侦查机关应注重对入室盗窃案件发生的时间和空间的共性特点进行深入分析，对发案空间的结构、防护装置、周围环境等情况进行统计，并通过网络、通报等形式及时发布。这样既可以指导公安机关进行更为有效的警力部署，又可以指导群众进行有效的防范。

同时，针对不同籍贯人员入室盗窃作案手法不同的特点，侦查机关应有针对性地加强盗窃案件高危人群分析，通过对已破盗窃案件中犯罪嫌疑人人群特征和作案手段的统计分析，寻找其间的关联性规律，实现由人到案侦查模式的转变，提高侦查效率。② 2015年7月13日凌晨4时许，陕西省榆林市青银高速靖边东服务区发生一起盗窃车内财物案，被盗翡翠等物品价值1100余万元。

---

① 张巾：《犯罪情报学例说》，知识产权出版社2007年版，第292—293页。
② 值得强调的是，入室盗窃案件的高危人群分析应随着犯罪形式的变化而经常进行，不宜长时间使用原有的外来高危人群分析结果。

案发后，侦查人员经过十余日的连续工作，认真对外来高危人群分析，最终确定了"7·13"特大盗窃车内财物案系广西来宾籍一犯罪团伙所为。7月23日，专案组民警在掌握了该犯罪团伙的行踪及落脚点后，于7月24日凌晨将再次作案后返回榆阳区某宾馆的3名犯罪嫌疑人全部抓获，在作案车辆上搜查到翡翠平安扣、小叶紫檀手串、翡翠戒指等赃物，并缴获作案工具10余件。经审讯，2015年7月12日晚，嫌疑人刘某（有盗窃前科）驾驶汽车载刘某光（有盗窃前科）、黄某（系网上在逃人员）从包茂高速榆林口上高速，伺机在青银高速靖边东服务区作案。13日凌晨刘某光、黄某发现停靠在靖边东服务区的一辆奥迪车后，乘车内乘客熟睡之际，盗走其车内存放的翡翠平安扣、小叶紫檀手串、翡翠戒指等物。作案后三人驾车迅速逃离现场。经深挖，该团伙还先后在榆林市青银高速靖边东服务区、包茂高速横山服务区、榆神高速金鸡滩服务区、包茂高速榆林北服务区盗窃车内财物14次，涉案价值10余万元。①

第四节　公共复杂场所盗窃案件的侦查

公共复杂场所盗窃案件主要是指扒窃案件和盗窃机动车案件。该类案件涉及范围广泛，对社会的危害性较大，直接影响着社会治安秩序，关系着社会的稳定。

一、扒窃案件的侦查

扒窃案件即犯罪嫌疑人在公共场所，以隐蔽的方式窃取他人随身携带财物的案件。作为在公共复杂场所高发的一类案件，扒窃案件与一般的盗窃案件相比有很大的不同，其不是选择无人之处作案，而是在人多拥挤公共场所，采取贴近被害人，用手掏、刀割、夹取等方法窃取财物。扒窃案件是盗窃案件中作案技术性较强的一类案件，且破案率往往较低。因此，侦查部门应研析扒窃案件的犯罪规律和特点，加强反扒窃业务工作。

（一）扒窃案件的特点

1. 扒窃地点多为人多拥挤、防范控制力量较弱的公共复杂场所

扒窃案件总体可分为阵地扒窃（啃地皮）和线路扒窃（跑车板）两大类。

---

① 《靖边县公安局成功打掉一盗窃车内财物犯罪团伙》，载http://www.xyl.gov.cn/html/news/2015-07/182355.html，2017年3月10日浏览。

具体而言，扒窃案件的犯罪嫌疑人会选择人多拥挤、人员流动性大、人们携带财物较多、治安防控力量较弱的场所行窃。如在商场、首饰店、医院、银行、超市、菜市场、餐馆、酒店、歌舞厅、影剧院、网吧、名胜景区等场所，人们的注意力主要集中于挑选商品、讨价还价、办理手续、消遣娱乐等活动上，对自己财物看管有限，而在火车站、汽车站、码头、机场、地铁站等交通枢纽地，旅客往往随身携带较多钱款和行李物品；在公共汽车、火车等交通工具上，其空间相对狭小，人员密集，时空变化大，且旅客昼夜旅行易疲劳而疏于看管自身财物，使得这些地点都成为扒窃案件的高发区。此外实践中，一些犯罪嫌疑人还会专门选择在公安机关管辖范围或职责不清的地段进行扒窃，以降低作案的风险。

2. 作案时间具有一定规律性

从季节与扒窃案件的关系来看，秋冬季节人们穿衣较多，钱物多放于外套衣兜里，在饭店吃饭、在商场试衣时将外套脱下挂放一边，犯罪嫌疑人多采用掏兜、摘挂等方式扒窃；春夏季节人们穿衣较少，男士习惯将钱物放于衣兜、裤兜，女士多将钱物放于背包、小手提袋内，犯罪嫌疑人多采用拉包、割包、掏后裤兜的方式扒窃。从昼夜与扒窃的关系来看，大多数扒窃发生在白天，因为除去酒吧、影剧院等娱乐场所外，人们在公共场所活动大多是白天。在车站、火车上扒窃多选择旅客已熟睡的后半夜。此外，扒窃案件还集中发生在节假日、商业活动繁忙、上班高峰期时段。

3. 目标选择准确，扒窃对象特定

扒窃案件的犯罪嫌疑人多为惯犯、累犯，扒窃的目标主要是现金和小型的贵重物品。实施扒窃之前，犯罪嫌疑人会反复观察，选择和确定持有财物且财物保管意识较差、反抗能力较弱的人作为扒窃的对象，如女性、老年人、情侣等。

4. 作案迅速，技巧性强

与其他类型的盗窃案件相比，扒窃案件的作案工具少而简单，但其技术性强，作案时间短，犯罪嫌疑人会看准时机迅速下手，并瞬间完成扒窃行为，现场不易留存痕迹物证。而且大多数的犯罪嫌疑人实施扒窃之前，都会认真研究扒窃技术，反复进行演练，训练其手、眼的灵活性和各种伪装技巧。犯罪嫌疑人的扒窃手段多种多样，且不断翻新。

（1）掩护方法。扒窃案件犯罪嫌疑人一般在作案过程中会采取身体掩护、物品掩护、漏兜掩护和言语掩护等方式，使扒窃过程不易被发现。如犯罪嫌疑人把自己上衣的兜底剪开，或缝上拉锁，作案时把手插进漏兜内，手从漏兜伸入被害人的衣兜内行窃；或利用衣服、帽子、手套、围巾、报纸、提包等物品挡住行窃部位作案；或故意制造拥挤、吵架等转移人们的注意力，趁机扒窃。

（2）掏兜、夹窃、割兜。掏兜即犯罪嫌疑人用手指从被害人的衣兜或提包内窃取钱物。通常犯罪嫌疑人会利用排队行走、碰撞等时机，先用拇指、食指解开被害人衣兜上的扣、书包带或拉开提包的拉链，再把食指和中指伸入兜内将钱物夹取出来。还有的犯罪嫌疑人把作案用的镊子用皮筋固定在袖口内，作案后将窃得的钱物直接揣在裤兜内，同时将手一松，镊子就自动退回到袖口里，作案过程异常隐蔽迅速。再如在火车上若旅客将衣物挂在衣帽钩上，犯罪嫌疑人便将衣服挂在旁边，假借从自己衣服里拿打火机，掏取被害人衣兜里的财物。而割兜即犯罪嫌疑人会使用单面刀片、双面刀片、手术刀片等将被害人存放钱物的衣兜、提包割开一个口，手指从破口处伸入把钱物窃出。刀片一般藏匿在隐蔽之处，如袖头、衣襟、帽檐儿、手帕、烟盒、鞋底、舌头底下等。

（3）拉包、拎包、调包。拉包即犯罪嫌疑人用手或圆珠笔尖、小刀、小剪刀等拉、扎开拉链，从包内窃取钱物。犯罪嫌疑人还可能趁人不备或在同伙的配合掩护下，将被害人的包从其身边偷走。再如犯罪嫌疑人将事先准备好的大包拉链拉开，趁人不备将被害人较小的包迅速抓放在自己的大包内，快速拉上大包拉链后离开；或两个犯罪嫌疑人配合，一个负责转移被害人的注意力，如问路、打听事儿，引开被害人注意力，另一人趁机将被害人包拎走。此外，犯罪嫌疑人还会将事先填充好旧报纸、砖头等的常见包（如电脑包、文件包等），与被害人相同或相似的包放在一起，再趁机将被害人包拎走。这种方法不但可以延缓被害人发现的时间，而且即便被害人当场发现，犯罪嫌疑人可谎称拿错而蒙混过关。

5. 结伙作案突出，青少年犯罪居多

扒窃案件成员中，青少年占绝大多数，犯罪嫌疑人低龄化趋势明显，且作案过程也由过去单独作案发展为结伙作案。他们在街头、集市、车站、广场等处游荡，窥测、选择作案目标，适时实施扒窃。作案过程中分工配合，相互掩护，扒窃得手后迅速转移赃物，提高了扒窃作案的隐蔽性、技术性和反侦查性，降低了个人作案的风险，也使扒窃案件的侦查取证工作更加复杂和困难。

（二）扒窃案件的侦查方法

由于扒窃案件具有作案时间短、作案过程简单、不易提取痕迹物证、抓捕时机稍纵即逝等特点，对扒窃案件的侦查应突出以下几点。

1. 秘密巡查守候，力争现场抓获嫌疑人

在扒窃案件发案率高的地区或公共场所建立反扒专门队伍进行巡查守候，当犯罪嫌疑人扒窃时力争抓获现行。反扒专门队伍通常是以侦查人员为主，吸收一部分基层公安保卫人员和刑事特情参加。专业反扒人员应经常分析扒窃犯罪嫌疑人的心理活动和行为特征,并从眼神、动作、衣着打扮、携带物品等方面进行观察、研究,及时判别、发现犯罪嫌疑人,力争将其现场抓获。如就眼神而言,扒窃案件的犯罪嫌疑人作案时既要寻找作案目标,又要逃避侦查,其眼睛表现得特别灵活,不停地转动,专注于人们的衣兜、提包等存放钱物的部位,同时又不时地四面张望,注意搜寻周围是否有人跟踪、监视。受其行窃行为和反侦查心理的影响,其行为举止也与平常人有所不同。如其走路时,不躲避人,而且有意往其他人身上碰撞,借机用手触摸作案对象的衣兜;乘车时挤上挤下,挤进挤出;排队有时不随队伍向前走,而是身体向后仰,人多时经常抬胳膊等。

2. 走访现场群众,发现线索

扒窃案件由于在现场难以发现和搜集到与犯罪有关的痕迹物品,故走访群众,及时开展调查访问就成为发现线索的重要途径。通过调查,了解案发前后或在人多拥挤时,是否有可疑人员出现过,可疑人员的人身形象特征及携带物品特征,可疑人员离开现场时间、方向等,以此刻画犯罪嫌疑人,确定侦查范围。

3. 搜索现场,发现与扒窃有关的痕迹物品

尽管扒窃案件现场难以发现与犯罪有关的痕迹物证,但犯罪嫌疑人在扒窃得手后,一般会迅速离开现场,并在现场附近隐蔽处所将特征明显、易被识别、价值不大的物品丢弃在现场附近或将其尽快销毁,以防被人察觉。因此,案件发生后,侦查人员应及时组织力量,在案发现场附近进行搜索,尤其是垃圾箱、公厕、下水道等犯罪嫌疑人可能碰触的处所,以发现犯罪嫌疑人丢弃的物品及痕迹,获取破案线索。如在现今发案率较高的砸车窗玻璃拎包盗窃案件中,犯罪嫌疑人多选择离车较近且较隐蔽处,采取用塑料袋装着的钢珠并用弹弓弹射车窗玻璃的方式作案。由于车窗系钢化玻璃,具有易碎不易破的特点,加之玻璃内侧太阳膜的粘拉力,玻璃被弹射击打后,破裂而不易掉落,犯罪嫌疑人需将玻璃推落后进一步作案。因此,被击打的车窗玻璃残片就应成为寻找、发现犯罪嫌疑人指纹的重要部位。犯罪嫌疑人推落车窗玻璃后,有时还需要弯腰钻进车内窃取包或者其他财物,身体不易保持平衡,左手或右手需扶握车身相应部位,以支撑身体的平衡,因此扶握车体的部位也易发现犯罪嫌疑人留下的痕迹物证。

4. 安装监控设备

在扒窃发案率较高的商场、银行、酒店、车站等公共场所应安装监控录像设备。发生扒窃案件后,侦查人员可通过调出发案时间前后的录像资料辨认、寻找扒窃作案的犯罪嫌疑人或被害人,获取犯罪信息。

5. 注重高危时空和高危人群分析，增强情报导侦的针对性和实效性

针对扒窃案件发生具有一定时空规律的特点，侦查机关应注重对扒窃案件进行高危时空和高危人群的分析，并通过网络予以及时公布。一些国家的警察机关已定期在网站上将犯罪高危时空分析的结果进行公布，或者利用热区图（hot spots）即采用不同颜色表示不同地区危险度的形式，使高危时空分析结果更容易被大众理解和利用。这种犯罪预警的方式也受到群众的欢迎，使群众在预防犯罪侵害方面有更为明确的目标区域，从而降低了盗窃案件发生的可能性。如美国芝加哥警方利用互联网[1]实时公开提供该地区详细的犯罪记录并标记在地图上，让市民可以更好地规划出行路线，其数据非常详尽，按照犯罪类型、区域、时间等都可以方便地检索。这些数据来自于芝加哥警方的计算机辅助市政管理的项目，所有犯罪数据均向整个互联网开放。[2]

目前，我国公安机关所建成的案（事）件时空分析系统也包含了犯罪高危分析的功能，该系统运用 GIS（Geographic Information System）技术，将地理信息与案件信息、人口信息及其他一切具有地址标志的信息进行充分结合，在地图上直观地反映案件的分布情况。该系统同时还可以将各类刑事案件按照多种形式、不同内容，灵活地开展组合查询、统计与分析，通过二维及三维图形化的表现形式让使用者比较直观地了解、掌握案件的阶段性发展和变化情况，使其既能辅助刑侦机关开展宏观战略决策，又能服务于公安实战战术的需要。

二、盗窃机动车案件的侦查

盗窃机动车案件是指犯罪嫌疑人以非法占有为目的，秘密窃取摩托车、电动车、汽车等机动车辆，变卖或留为自用的案件。[3] 近年来，盗窃机动车案件增多，且被盗的机动车成为犯罪嫌疑人的作案工具，犯罪嫌疑人再次利用其实施抢夺、抢劫等，严重危害社会公共安全。

---

[1] 美国芝加哥警方利用互联网实时更新犯罪地图，该官方网址为 http：//www.chicagocrime.org.

[2] 有关盗窃案件发生的信息可直接进入 http：//chicago.everyblock.com/crime/by_primary_type/theft/，实时访问查询。

[3] 近年来电动自行车被盗问题日益突出，其发案数已占全部盗窃案件的20%以上，仅次于入室盗窃案件。同时，鉴于现今一部分电动自行车已纳入机动车管理范畴，本书将盗窃电动自行车也一并纳入盗窃机动车案件侦查中加以阐述。

(一) 盗窃机动车案件的特点

1. 销赃市场化且渠道众多

现今作案人为牟取暴利，多将高档机动车作为盗窃目标，且改变过去对目标选择的随意性，而实施有计划、有目的地选择机动车类型，这也使得被盗车的种类，成为一个时期汽车市场行销的晴雨表。有的盗车案件中甚至出现犯罪嫌疑人事先联系好买主，根据买主的要求选择盗窃目标的情况。

盗车案件的作案人一般具有多方面的销赃渠道。如犯罪嫌疑人作案后多进行大范围流动销赃，即赃车大多被转移到远离盗车发案地进行销赃，致使追赃难。而且由于盗窃机动车案件通常以流窜作案为主，犯罪嫌疑人一般不在作案地居住，得手后往往立即驾车逃离，并将赃车交予第一手销赃人。第一手销赃人磨掉或腐蚀掉发动机号、车架号，打上新号码，再通过制假证人员获得相应的全套假牌照、假行驶证等车辆身份证明，然后销赃"套牌车"。由于销赃人员大多通过从事二手车交易、汽车修理业作掩护，因而不易被发现，即使发现了，由于车的原始信息被破坏，要追查也难。再如近些年又出现的"收购"销赃，该销赃形式使得盗车团伙的主要策划者从过去以盗车作案者为中心转变为以销赃者为中心。即销赃人招募雇佣作案人，向其传授盗车技术，提供作案工具，幕后指挥作案；盗车得手后，以"收购"形式销赃。这也促使盗车团伙由过去的自行繁衍，变成由销赃者的招募培训，导致盗窃机动车案件发案数量剧增。

2. 盗车手段智能化

盗窃机动车作案手段的变化频率较高，通常表现为五至十年一个转换周期。作案手段大体可分为随机型、暴力型、智能型三种。随机型即犯罪嫌疑人利用驾驶员的疏忽大意（如离开车后不锁车门、不关车窗）而伺机作案。暴力型即犯罪嫌疑人撬开车门锁作案。如砸汽车玻璃门窗破坏车内的机械防盗锁，强行点火或将开关的两个线头连接起来等。而近些年来，随着各种车辆遥控装置的电子防盗锁、报警器安装的普及，电子锁的解码技术也被犯罪嫌疑人利用而使盗车案件更趋向智能型。如犯罪嫌疑人用解码器开锁，然后进入车内撬坏机械锁及电门锁盗车。还有的犯罪嫌疑人趁车主用遥控器锁车门时，躲在附近用干扰器，使车门没法锁上，对此车主并不知道而离开，犯罪嫌疑人就趁机盗窃。

3. 快速作案，快速逃离

实践中，盗窃机动车案件的犯罪嫌疑人常常携带较为齐全的作案工具，并长途跋涉，选择高速公路、国道沿线经济发达地区的随意停放、看管不严的车辆，先使用老虎钳、锰钢钥匙暴力破坏车门锁，再用解码器对轿车防盗器进行解码，然后迅速启动车辆（一般 3 分钟内即可完成）驾车沿国道、省道或高速公路直奔销赃地。

4. 团伙作案突出，作案分工明确

由于盗窃机动车辆目标较大，作案中易被人发觉，作案得手后车辆的转移、隐藏、拆卸改装及运输销售，都是单个人难以完成的。所以盗窃机动车案件多为分工明确的团伙作案。团伙成员中，有的负责窥测、踩点、望风掩护；有的负责实施盗窃；有的专门负责接受赃车并对赃车进行改装；也有的专门为赃车提供伪造的证件；还有的具体负责销售赃车，分工明确，配合紧密。而且团伙作案成员地域分布广，相互间甚至不了解。

(二) 盗窃机动车案件的侦查方法

1. 及时追缉堵截，巡逻盘查

在盗窃机动车的案件中，由于被盗车主一般都能提供车辆的牌照、车架号、发动机号、钢印号码、新旧程度、使用过程中所形成的修补特征及其他可供辨识的标志特征等，这为查明被盗车辆提供了有利的条件。因此，接到报案后，侦查人员应立即根据被盗车辆各方面特征和犯罪嫌疑人逃走的大致方向，制定全面的设卡堵截方案，进行及时追缉堵截和设卡盘查。盘查过程中还要全面考虑可能发生的情况，对指挥系统、观察哨位、人员隐蔽、分工配合、防止冲卡，以及枪支警械的安全使用、意外情况变化，如因大雾封道需在国道设卡等因素的变化等都应有详细的预案。此外，如果被盗汽车装有 GPS 系统，侦查人员还可根据车载终端回传的 GPS 定位数据，确定被盗汽车的位置、行驶路线，并可控制车况，甚至可对车辆进行断电断油，从而在第一时间查控被盗汽车。

针对盗车案件作案快、逃逸快的特点，侦查机关还必须建立和落实不同地区公安机关以及不同警种之间的快速反应、协同作战的工作机制，密切侦查部门的协作联系，密切涉案地公安机关和本地卡点警力的协作联系；同时，要注意案件多发地公安机关与当地高速公路管理部门、高速交警的侦查协作工作机制。

2. 充分利用科学技术，实现侦技结合

盗窃机动车案件日趋智能化，侦查人员也应充分利用技术手段侦破盗车案件，如利用电子眼、计算机及网络技术 GPS 卫星定位系统、CAS 联网报警系统、无线通信、验证和显现号码技术、微光摄影、显微摄影、红外摄影、紫外摄影、手机电子串号等。如在盗窃机动车案件中，很多车辆为便于销赃或逃避侦查，其车架号码和发动机号码往往被篡改。验证和显现号码技术可快速鉴别这些车辆号码的真伪，准确显现恢复其原始号码，从而在案件侦破中起到关键性作用。再如现今在城市街道路口、高速公路出入口安装的电子眼，可以全天候、全方位监控视角范围内的车辆情况，全天 24 小时对道路车辆进行监控，并且对车牌车型等特征进行拍摄记录，从而为快速准确地发现被盗车辆提供了条件。

3. 建立完备的涉车信息库，进行盗窃机动车案件网上侦查

该信息库中的涉车信息是指机动车的所有信息，如车型、车牌、车身颜色、发动机号码、车架号码以及行驶证、驾驶证、车辆销售入户信息、修理及报废信息、行驶及停放信息、营运信息、驾驶员信息、被盗抢信息、机动车牌照被盗或丢失信息等。目前，全国已经普遍建立机动车入户信息、驾驶员信息和被盗抢信息。侦查人员应立足于已建成的信息系统，加强警情信息研判意识，使盗窃机动车的犯罪嫌疑人员和可疑车辆的比对工作日趋常规化。如一些地区刑侦部门已会同交巡警部门研制开发"盗抢机动车自动比对系统"和"出租车乘客管理系统"，实现了对进出城机动车全天候监控和与全国盗抢机动车库、全国在逃人员数据库的自动碰撞比对，强化了出入城人员的网上登记和比对力度，提高了现场抓获率和协助破案的准确率。

4. 深入分析犯罪嫌疑人的手机话单信息

为便于团伙成员间的联系，通常盗车案件的犯罪嫌疑人都会携带手机踩点、作案、移赃和销赃。所以，盗窃机动车案件的侦查工作也应取得电信部门的配合，尽力寻找嫌疑通讯工具，深入分析研究其话单，确定其作案用手机和生活用手机，为侦查破案指明方向。实践中，分析手机话单主要有以下 4 种方法：

（1）"碰撞"分析。将已经串并的多起案件发案地点发案时段的通话信息切块，按照一定的方法或使用专门软件进行"碰撞"，从而发现嫌疑手机号码。

（2）轨迹分析。连续作案时，犯罪嫌疑人之间通常会使用手机沟通，据此，可将逃跑路线上有可能通话的地点的通话信息切块，比照逃离线路轨迹，寻找可疑的手机号码。

（3）定点分析。通过监控录像与道路抓拍系统发现犯罪嫌疑人有打手机动作的，可以使用通话点切块法发现嫌疑手机号码。

（4）研判分析。针对嫌疑人作案用手机和生活用机分离，或作案后即更换手机的特点，可以通过串号发现嫌疑人的其他手机号码，通过分析通话记录得到同伙的手机号码，进而对全部犯罪嫌疑人所有话单进行综合研判、交叉分析，发现其生活用手机号码，从而掌握其日常和历史活动情况以及可能所作的案件等信息。

5. 各种案件资料信息的"碰撞"分析

盗车犯罪嫌疑人的作案地、销赃地、生活地往往是分离的，因而要充分运用案件所暴露的相关信息进行时间和空间上的"碰撞"分析研究，寻找案件突破口。"碰撞"分析常用信息包括：案件资料信息、现场勘查信息、手机轨迹信息、监控录像抓拍信息、旅馆住宿信息、车辆登记信息、高速收费站信息、违法前科信息、交通事故处理信息、网吧登记信息等信息资源。各种案件资料信息"碰撞"分析的基本方法有：

（1）时段"碰撞"。即利用串并案件发案时间段内手机漫游信息特点等进行"碰撞"。

（2）空间"碰撞"。即发案地获取的相关信息如案件信息、高危人员信息、指纹信息、DNA 信息、网吧登记人员信息、案件高发时段旅馆住宿信息等，与销赃重点地区相关数据库信息进行比对，从中发现侦查线索。

（3）交叉"碰撞"。利用发案地某一数据系统内切取的嫌疑人相关信息与销赃地不同种类信息系统数据库进行交叉"碰撞"，从中寻求案件的突破口。

进行各种案件资料信息"碰撞"分析时，应注意以下两点：一是要对获得的信息进行深度地"碰撞"和筛选，在获得初步数据后，设定肯定以及排除的各种条件，对整个数据库进行全面分析，条件的设定可依据犯罪嫌疑人性别、年龄、高危地区或人群、犯罪前科等信息；二是要对数据库中的信息进行逐个甄别，获得相应的数据信息后，侦查人员应全范围、多角度地对其进行查证，发现和寻找侦查线索。

6. 加大套牌车查证力度，从中发现赃车

从赃车入手，顺藤摸瓜发现犯罪嫌疑人，是侦破盗窃机动车案件近些年普遍使用的比较有效的侦查措施，其不仅节省警力、财力，又能取得追赃的成效。因此，要适时开展对套牌车、黑车的集中清理，加大对套牌车的查证力度，落实措施，明确分工，并建立套牌车清理整顿的长效机制，消除赃车销售的源头。

第五节　农村地区盗窃案件的侦查

随着新农村建设的不断推进，农村现代化水平及文明程度日益提升。然而，当前发生在农村地区的各类犯罪案件中，以盗窃为主的侵财型案件发案数居高不下，左右着农村刑事案件的总量，与新农村建设的音符极不和谐。故在此有必要对农村地区盗窃案件高发的原因及特点、规律等进行详细的分析研究。

一、农村地区盗窃案件的特点

(一) 对盗窃目标的选择具有较强的针对性

发生在农村地区的盗窃案件在选择作案目标时的一个重要参考因素就是该目标的市场价格,这可以从农村地区盗窃对象的变化中看出一些端倪。农村偷盗早已告别传统的"偷鸡摸狗",而改为选择偷盗那些高价值、低风险、易销赃的物品。比如,随着铜等金属价格的上涨,机关、企业财产以及电力、水利、电信等公共设施成了盗窃者的最佳选择,近年盗窃电缆线、高压线、破坏电力设备、破坏广播电视设备等破坏公共设施相关案件迅速增多,而且盗窃嫌疑人常常是将价值几万元、正在使用中的重要器材和设备,卖给废品店。这种盗窃案件破坏性极大,造成的直接后果往往是大面积、长时间的断电、停止通信等,间接损失更是无法估量。再如,我国广大农村地区实施了退耕还林政策,许多农村大面积种植了速生杨等经济林木。由于目前市场上木材价格较高,这些还在生长着的林木也就成为农村盗窃犯罪嫌疑人的作案目标。而由于作为农村重要生产工具的耕牛之市场价格始终维持在较高水平,致使耕牛历来是农村地区盗窃人员青睐的作案对象,实践中农村耕牛被盗案件的发案率始终居高不下。

(二) 作案手段专业化,且具有习惯性特征

随着作案目标的不断复杂化,农村地区盗窃作案手段的专业化特征也逐渐凸现。比如,在盗窃农业电力设施的案件中,犯罪嫌疑人大多掌握一定的电工知识,熟悉使用专业工具,如测电仪、绝缘棒、大剪钳、脚蹬等。而且,盗窃犯罪嫌疑人在多次的盗窃行为过程中,往往会形成自己特有的作案手段,如不同的挖洞方式、撬锁方法等。作案手段一旦形成,一般会保持稳定,成为其自身习惯的一部分。此外,发生在农村地区的盗窃犯罪还同样具有连续作案、流窜作案等诸多特点。

二、农村地区盗窃案件的侦查方法

(一) 提高群众报案积极性,减少犯罪黑数

当前,由于农村地区盗窃案件发案率高、侦破率低、赃物返还率低及被害人怕报复、息事宁人、"畏讼"、"厌讼"等心理因素的影响,农民在遭受盗窃犯罪侵害后多不及时报案或不报案,从而人为地导致犯罪黑数增大。因此,侦查部门应采取强化法制宣传力度、及时公布案件破获情况、公开向群众返还被盗物品等措施,提高群众报案积极性。

(二) 多部门合作，规范农村特定商品的交易行为

对于不规范的农村交易市场，侦查部门应加强与有关部门（如税务、工商等）的协作，采取有效措施消除其为销赃等提供的便利。如可针对农村地区盗窃犯罪的特点建立特定商品，如农用机动车辆、耕牛等的交易登记制度，且不能收取费用。

(三) 对农村特定物品建立"身份证"

农村中被盗的财物常缺乏明显的个体特征和识别标志，导致侦查部门在调查取证和返还赃物时存在较大困难。对此，可以考虑建立农村特定物品的"身份证"制度。如可以在耕牛、农用机械不易被人发觉的部位作特殊标记并拍照、登记，建立相关信息库，一旦发现或查获失窃物品，就可以根据其个体特征信息迅速发现案件线索，提高案件侦破效率和打击精度。

(四) 注重现场勘查，强化证据意识

农村基层公安机关的警力相对匮乏，技术装备水平也比较薄弱，加之农村交通相对不便，使其难以应对高发的农村盗窃犯罪。因此，实践中面对频发的农村盗窃案件，基层公安机关往往只对报案情况进行简单的书面记录，而较少进行现场勘查或调查访问，导致许多有价值的案件证据和线索随着时间的推移而消失。对此，侦查部门应克服困难、强化证据意识，即使不能及时勘查现场也要进行必要的走访、调查，对被盗财物情况、犯罪嫌疑人的作案手法、被害人的陈述及证人证言等及时予以保全、收集和固定，为侦破案件提供基础性保障。

(五) 充分利用手机数据信息

一般情况下，犯罪嫌疑人会在盗窃前后为结伙作案或联系销赃而使用手机进行联络。对此，侦查人员可以从电信部门提供的手机通讯记录中对诸如违反正常作息时间的通话记录、案发前后联系比较频繁的通话记录、案发后突然停用的手机号码和新入网的手机号码、发案时间段内通话时间非常短暂的通话记录及虽有号码打入但并未接听的记录等进行分析，以从中发现与案件有关的人员或销赃线索。再如，利用手机移动记录查找线索。在网络覆盖下，任何一部手机都会被通讯基站随机定位。据此，侦查人员可以对案发前进入发案地、案发后较短时间就离开发案地的手机进行追踪，以从中发现有价值的线索。

(六) 以案件情报信息系统为平台，加强区域间的协同作战

情报信息在侦查破案中的威力已被实践证明。农村地区盗窃犯罪的跨区域

作案能力不断提高，盗赃、销赃渠道的不断拓展，使得侦查部门对这类犯罪实施打击时也应跨区域作战。这就要求不同区域的侦查部门要以案件情报信息系统为平台，实现区域间情报信息的交流、共享，以加强相互协作，消除地域限制和信息不对称所带来的障碍，提高侦破效率。

第六节 网络盗窃案件的侦查

随着网络信息技术的迅猛发展，互联网进入空前繁荣的时代。《第39次中国互联网络发展状况统计报告》显示：截至2016年12月，我国网民规模已达7.31亿，全年新增网民4299万，互联网普及率达到53.2%，相对于2015年底提高了2.9%。[1] 网络信息技术繁荣发展的背后，网络盗窃等犯罪也呈现高发态势。2017年1月19日，瑞星公司发布的《瑞星2016年中国信息安全报告》显示，2016年度瑞星"云安全"系统共截获病毒样本4327万个，在报告期内新增木马病毒占总体数量的48.6%，依然是第一大种类病毒。[2] 网络盗窃犯罪主要通过安置木马病毒、网络钓鱼等盗窃网络银行账户、支付宝账号、网络游戏账号等虚拟网络财产。

网络盗窃案件，即以非法占有为目的，利用编程、加密、解码以及其他计算机网络技术和电子资金过户系统，在计算机网络上窃取电子资金或者盗用电信服务的行为。电子资金过户系统，是指通过光、电或者其他信号，使用计算机在财务账目上记录资金增减，代表一定经济活动并由计算机控制的收付系统，例如定点销售系统（POSs）、自动存取款机（ATMs）、自动化票据交换所（ACHs）、电子身份认证系统等。这种系统提供电汇、直接存款、委托存款、支票校验、信用卡和电话支付等服务。作案人往往使用网络技术通过电子资金过户系统在网上银行、网上购物、网上交易中实施盗窃犯罪。

一、网络盗窃案件的特点

网络盗窃主要利用了电子信号易修改、远程可操作、原始内容不易重现的特性，相比其他类型的盗窃，网络盗窃具有以下特点：

---

[1] 《第39次中国互联网络发展状况统计报告》，载 http://www.cnnic.net.cn/hlwfzyj/hlwxzbg/hlwtjbg/201701/t20170122_66437.htm，2017年3月17日浏览。

[2] 《瑞星2016年中国信息安全报告》，载 http://it.rising.com.cn/dongtai/18659.html，2017年3月17日浏览。

(一) 低成本性

网络盗窃案件具有成本较低、传播迅速且范围广、受害群体大等特点。犯罪嫌疑人往往只需要一台电脑、一条电话线、一个调制解调器就可以接入全球性计算机网络中银行系统的大型主机进行远距离作案。宽带技术的发展使网络盗窃变得更加迅速和快捷。犯罪嫌疑人甚至只需在网络上下载相应的黑客软件就可进行网络盗窃。

(二) 跨地域性

网络发展形成了一个虚拟的社会空间,它既消除了国境线,也打破了社会和空间界限,网络盗窃也跨越了法律的国界,但由于各国法律不尽相同,相应的认定或处罚不同,故造成了网络盗窃案件侦查管辖权的冲突,也使得针对此类案件的取证和认证更为困难。网络盗窃的行为人很少针对居住地的银行系统进行攻击和侵入,通常是对其他省市,有的甚至是境外人员对境内系统进行入侵和攻击。如 2014 年 2 月 19 日,江苏省徐州市公安局云龙分局接到淘宝店主郝某报警称,有"客户"以定做服装的名义发送"图片",致使其手机被植入木马实施盗窃。经查,向受害人郝某手机植入木马的犯罪嫌疑人是姜某,其假借定做服装名义,向郝某手机发送样品"图片",致使郝某的手机被植入木马。姜某通过嫌疑人李某查询被害人郝某身份证、银行卡等信息,将受害人卡内余额转至刘某处销赃变现。后经查证,该盗窃团伙涉案人员 37 人,涉案地区辐射辽宁、湖北、湖南、福建、广西、海南等多地,涉案金额达 2000 余万元,受害人达 260 余名。[①]

(三) 高智能性

在大部分网络盗窃案件中,犯罪嫌疑人都先要破解计算机主机的安全系统防护与稽查,而这需要其具有较高水平的计算机网络知识与技能才能实现。可以说,网络盗窃案件中应用了大量先进的网络技术和专业知识,实践中能够顺利完成该类盗窃的行为人大多都具有娴熟网络专业知识和精湛计算机操作技能,有的甚至是网络技术和安全技术的专家,为突破他人网络系统的防护措施而不断地进行网络盗窃技术的改良。网络盗窃案件相关技术的发展,常常超出被害人保护自己计算机系统的技术,甚至超出一般侦查人员所能。

(四) 高隐蔽性

网络虚拟空间的特性决定了网络盗窃犯罪的隐蔽性和较高的犯罪黑数。网

---

① 《公安部公布网络犯罪十大典型案例》,载 http://special.cpd.com.cn/n26191332/n26191339/c26248846/content.html,2017 年 3 月 20 日浏览。

络盗窃案件的犯罪嫌疑人可以在任何有联网计算机的地方作案，并自始至终不接触被害人，而且信息数据本身是看不见、摸不着的，大多数网络盗窃是通过程序和数据等这些无形的操作来实现的，作案的直接对象也通常是那些无形的电子数据和信息。同时，由于网络盗窃留下的多为电子证据，这也使得犯罪嫌疑人很容易转移或毁灭罪证，尤其是利用远程计算机通信网络实施的犯罪，犯罪嫌疑人往往难以追寻，即使查出某些蛛丝马迹，犯罪嫌疑人也早已逃之夭夭，从而增加了破案难度。网络盗窃的高隐蔽性使犯罪嫌疑人可以从容实施盗窃行为而很难被发现和追查。

（五）作案手段的特殊性

网络盗窃不同于入室盗窃、扒窃等其他类型的盗窃案件，就在于其作案手段的特殊性，即犯罪嫌疑人利用编程、加密、解码以及其他计算机网络技术和电子资金过户系统，在计算机网络上窃取电子资金或者盗用电信服务。具体而言，其通过以下几种方式进行：

1. 非法划拨。这是网络盗窃最直接的方式。犯罪嫌疑人利用计算机网络非法操作，将某金融机构中不属于自己的款项秘密地直接划入到自己或者第三人的账户之内，从而非法占有的行为。

2. 盗用电信服务。犯罪嫌疑人非法获取、使用他人电信密码号或者账号，或者非法侵入电信部门计算机信息系统，非法设立电信账号并使用该账号接受电信服务的行为。

3. "网络钓鱼"实施盗窃。犯罪嫌疑人建立假冒网上银行、网上证券网站或发送含有欺诈信息的电子邮件骗取用户账号密码实施盗窃。实践中，犯罪嫌疑人多以中奖、顾问、对账等内容向用户大量发送邮件，引诱用户在邮件中填入金融账号和密码，或是以各种紧迫的理由要求收件人登录某网页提交用户名、密码、身份证号、信用卡号等信息，继而通过获得用户信息并冒名登入交易系统，盗窃用户资金。再如犯罪嫌疑人建立起域名和网页内容都与真正网上银行系统、网上证券交易平台极为相似的网站，引诱用户输入账号密码等信息，进而通过真正的网上银行、网上证券系统或者伪造银行储蓄卡、证券交易卡盗窃资金。工商银行、中国银行和农业银行等多家银行的网站都曾遭伪冒。其中影响最大的就是工商银行网站被仿冒事件。犯罪嫌疑人将 www.icbc.com.cn 改为 www.1cbc.com.cn，诱使客户在假网站上登录了自己的账号和密码，从而窃取了客户资金。此外，还有的犯罪嫌疑人利用跨站脚本，即利用合法网站服务器程序上的漏洞，在站点的某些网页中插入恶意 Html 代码，屏蔽住一些可以用来辨别网站真假的重要信息，利用 cookies 窃取用户信息。

4. 编造病毒程序窃取。犯罪嫌疑人利用网络技术编制病毒程序盗窃。如

2015年5月江苏省泰州市公安局网安支队民警在网上巡查中发现，部分网站暗藏木马病毒，这种木马病毒通过感染用户服务器，盗取大量用户的QQ账号和密码，泰州网安支队随即立案侦查发现，从2014年9月至立案侦查，该木马已盗取QQ账号和密码136万组，并且数量还在不断攀升。办案民警最终成功锁定了一名"流量商"，网名为"灵魂""馒头"的兴化男子钮某。民警调查发现，钮某和与钮某关系密切的常州人祝某均有网络犯罪前科，他们将木马捆绑上传至色情网站的专用视频播放器中引诱网民下载，从通过感染木马的计算机中盗取QQ账号和密码，之后再将盗取的大量QQ账号和密码以1万组4000元至4500元不等的价格出售给山东、湖南等地的用户，从而非法牟利。购买盗来的QQ账号和密码的不法人员，有的使用盗来的QQ账号和密码实施诈骗，有的通过盗来的QQ账号和密码向被盗人的QQ好友、群、空间发送各类网络兼职诈骗、赌博、色情、假药广告等信息获利，有的用于盗取账号中的QQ币、游戏装备等。①

5. 盗取虚拟财产。网络游戏已成为现代人休闲娱乐的主要方式之一。在虚拟的网络世界，玩家们为了能胜出，就购买虚拟的高级装备、虚拟角色、虚拟货币等。这些虚拟高级装备、虚拟角色、虚拟货币可以转换为现实中的金钱，而具有了一定的价值，有的价值还相当高。为此网上盗窃的犯罪嫌疑人采取上网时偷看别人输入的账号、密码，或者采取装载黑客软件等方法，盗取这些虚拟的装备、角色和货币，然后转卖给他人，从中牟利。

二、网络盗窃案件的侦查方法

（一）建立动态网络监控体系

由于网络盗窃案件具有极强的隐蔽性，如果不以通讯记录为基础并追踪通讯路径，缩小侦查范围是非常困难的，因此需要网络犯罪侦查部门与网络空间中的各局域网络建立动态联合，做好动态的安全审计工作，采用多层次的安全审计措施。通过寻找入侵和违规行为，记录网络发生的一切，为侦查提供取证手段。针对大量的网络盗窃行为，应设立实时监控机制，加强实时监控和网络巡防，建立网络接报警信息平台，以迅速及时地捕获犯罪信息，提高取证的及时性、可靠性。

（二）及时调取收集电子证据

网上盗窃案件侦破的核心是电子证据的取证和分析。因此，必须充分利用

---

① 《兴化男子泡网吧成黑客编病毒盗取207万个QQ号》，载http://js.people.com.cn/n/2015/1127/c360303-27195568.html，2017年3月22日浏览。

数据复原技术、数据监控技术、数据加解密技术与数据认证技术、日志分析技术、对比搜索技术、反向工程技术等电子证据的调查取证分析技术，对各方面数据进行详细收集。涉案数据的收集涉及不同的操作系统和大量的数据，包括常用应用系统、注册表、常用网络服务器的调查取证，浏览器的历史和收藏夹、Cookies、网络及关键设备的调查取证，手机及PDA等电子设备的调查取证；磁盘记录；各种程序，包括"黑客"用于远程攻击的程序、病毒程序、被故意修复或破坏的程序以及犯罪嫌疑人用于伪装身份的电子邮件等；各种系统记录，包括日志文件、系统快照、注册表；各种配置防火墙的主机上的安全日志记录，如对企图探测、收集信息数据的记录包括信源地址、使用协议、通信端口、处理结果等若干项；对系统探测行为作记录的专用程序的历史记录等。

任何电脑上网都必须经过网络设备（路由器、防火墙、代理服务器、网关等），其中会留有大量的上传痕迹和下载痕迹，即相关的涉网线索。网络设备中的存储信息并不是无限存储，储存到一定容量将自动覆盖，因此收集其中的数据也要做到快速提取。互联网接入服务商是上网认证的必经关卡，其中必有涉网线索。无论是个人电脑上网还是局域网上网都要有合法的身份才能上网，那么网络接入服务商中会留有上网时间、地点、访问网站、使用电话等信息，同时还记载着终端电脑的登记信息，这些信息对于准确认定犯罪嫌疑人都具有重要作用。互联网内容服务商是为广大用户提供互联网信息服务和增值服务的。在互联网内容服务器上存有大量信息内容（网页、聊天、邮件、游戏等），可以直接反映出内容刊登者的IP地址等信息。在互联网内容服务商处还有相关登记信息，反映出服务空间所有者的电话、单位、负责人等信息，通过对信息服务器的分析可以得到大量有价值的线索。

（三）多角度排查，锁定犯罪嫌疑人

对涉案数据进行分析后，应筛选出部分数据，进行多角度排查，并结合网上银行交易记录，缩小侦查范围，重点突破。如正常的网上银行交易一般是在一台电脑中操作一个银行账户，而犯罪嫌疑人往往在同一台电脑中交易多个账户，还经常利用专用手机对多个网上银行账户进行电话查询；并往往利用网上银行账户进行频繁转账，将被盗资金转移到多个账户，利用非法银联卡在ATM机上取现。充分利用以上信息和规律，可以制作出犯罪嫌疑人《涉案银行账号登陆地点分布规律图》和《涉案计算机登录银行账号时间分布图》。通过对上网时间、地点的频度分析，可以确定作案地点，再找出作案频率最高的计算机，将其作为重点攻坚对象，以准确锁定犯罪嫌疑人。然后，根据主要犯罪嫌疑人情况，扩线侦查，掌握其他犯罪嫌疑人的网上活动和网络关系情况，并绘制涉案人员网络结构图。在明确团伙人员结构的情况下，锁定负责提供技术支持、提供盗号木马和盗取银行帐号等团伙成员情况。根据该团伙中各个成员作案的特点及案件进展情况，选择主要嫌疑人展开抓捕，以此打开全案的突破口。随之，对犯罪嫌疑人的社会网络关系展开调查，确定犯罪嫌疑人的关系人和团伙网络结构，通过各种手段确定犯罪嫌疑人活动规律和落脚点，实施详细周密的行动方案，力争将其一网打尽。

（四）规范网上交易平台

网上盗窃的赃物往往需要在网上进行使用，例如犯罪嫌疑人在盗窃银行账号和密码之后，往往不敢直接兑换成现实的货币，大多认为兑换成网上虚拟对象进行销售比较安全。而现今许多网站也专门开设了"网络游戏虚拟商品交易区"，其中虚拟商品的交易范围几乎涵盖了目前所有可供交易的如QQ号、游戏货币、游戏装备等虚拟财产种类，这些交易区也成为作案人网上盗窃后销赃的重要场所。大量网络盗窃案件的赃物主要集中在网络上使用，作案后获取的赃款通过支付宝、网银、快钱、云网、环迅、Yeepay、汇付天下等第三方交易方式来转移赃款、洗白资金。因此，需要对第三方交易平台进行监控，强化对其中被盗物品线索的追踪，利用被追踪的虚拟对象，通过IP定位锁定目前使用人，进而查明虚拟对象的获得途径，循线追踪，最终获得犯罪嫌疑人的银行卡信息及身份信息、手机号码、电子邮箱、聊天账号等直接线索。

（五）组建专业侦查队伍

网络盗窃由于策划周密、作案隐蔽，发现率很低，因此存在相当大的犯罪黑数。由于成功入侵的挑战性和成就感，不仅仅使一些网络技术人员有过黑客经历，许多青少年也利用各种从互联网上得来的黑客工具不断尝试入侵，不少专业技术人员利用自己编写的工具软件，进行漏洞扫描和非法入侵活动。一些长期蛰伏在互联网上的"网虫"，凭借其热情和技术，往往能捕捉到盗窃案件的一些蛛丝马迹，嗅出隐藏极深的黑客的行踪，可以为破案提供极有价值的情报。因此，侦查机关可适时建立一支包括网络工程技术人员、系统管理人员等在内的网络盗窃侦查队伍，促进网络盗窃案件的发现和侦破。

（六）构建侦查协作格局

由于互联网的开放性，辗转登录、跨国跳板式攻击等使得顺藤摸瓜式的侦查工作难以奏效，因此打击网络犯罪应该加强侦查的横向协作。在逐步完善国际侦查协作体制的同时，要建立全国统一的网络犯罪侦查体制，在各地形成以条为主、以块为辅的侦查协作格局。加强各警种与网络侦查民警的协作机制，以实现网上监控与现实监控、网上取证与现实抓捕的密切配合，实现人、赃、证的立体控制与取得。在信息网络情报建设上，继续加强信息网络的建设，建立网络情报信息的共享，以利于发挥网络警察中心情报信息的分析整合功能，实现串并案联合侦查模式。不仅如此，还需要电信部门等其他社会机构与侦查机构的密切配合，加强信息交流，不断完善侦查手段和提高侦查技术水平，提高安全技术防范措施。

综上所述，网上盗窃相比扒窃等其他盗窃案件而言，在表现形态、盗窃手段等方面都体现出网络的特点，但网上盗窃仍属于盗窃案件之一种，侦查人员只有将传统盗窃案件的侦查方法与网上盗窃侦查方法结合起来，才能更顺利地完成侦查任务。例如，在侦查网上盗窃案件，进行犯罪嫌疑人银行账号跟踪的过程中，有些银行账号开户用的是虚假身份证开户，无法直接锁定犯罪嫌疑人，但犯罪嫌疑人必须把银行账号中的电子货币兑换成现金才能最终获利，在兑换的过程中他们都会经过银行的视频监控设备，从中就可能发现犯罪嫌疑人的体貌特征，或可能发现犯罪嫌疑人的同伙、犯罪嫌疑人使用的其他真实姓名注册的银行账号信息、犯罪嫌疑人的电话通讯信息和交通工具信息以及其他有关侦查线索，所以侦查人员对涉及的银行视频监控必须认真分析、认真观察，从中寻找蛛丝马迹。

第五章 抢劫案件侦查

李某因吸毒成瘾,为筹措毒资,便在琼海市嘉积镇上踩点伺机作案。2010年2月21日21时左右,李某步行至嘉积镇加祥街华美商店时,发现该店里只有刘某莲、李甲两名妇女,便走进商店里佯装要买东西,然后趁刘某莲走到商店后面拿东西之际,拿起商店电脑桌上的一把仿真玩具手枪对准李甲并威胁说"你要钱还是要命",李甲被吓了一跳,然后说"别用枪指着我问我要钱还是要命",李某看见被害人并没有被吓到,只好放弃了继续威胁被害人要钱的做法,说"阿婆,我是跟你开玩笑的",然后丢下玩具手枪走出该商店。随后,李某走到华美商店对面观察王某某停放在该商店门口的一辆未锁安全锁的250型二轮摩托车,并趁无人注意之机迅速用手拔断该摩托车电源线,将该车推离现场约5米,然后骑上该摩托车准备启动逃离现场。此时,刘某莲发现摩托车被盗,就从华美商店跑出来抓住李某并大声喊"抓贼"。李某于是将该摩托车放倒在地上,然后对着刘某莲的手臂连打几拳,迫使刘某莲松手后逃走,随后被周围群众追赶并抓获。经鉴定,涉案的摩托车价值人民币4160元。

第一节 抢劫案件概述

一、抢劫案件的概念

抢劫,亦称打劫,是指以暴力或威吓方法,夺取对方对某物之所有权的一种犯罪行为。进行抢劫的行为人被称为"抢匪"或"强盗"。绝大多数的抢劫都包含了暴力的成份,有时候会转变成杀害被抢劫者的情况。抢劫案件是指作案人使用暴力、胁迫或其他方法,强行劫取公私财物的案件。

抢劫罪是侵犯财产犯罪的一种,这里的"暴力"指的是强制力量,即对被害人所实施的威胁、殴打、伤害等迫使被害人交出财物或者将财物抢走;同时作案人在实施抢劫过程中会对被害人施以暴力相胁迫,或以言词恐吓,使被害人产生恐惧感,或使用刀具、枪械相威胁使被害人丧失抵抗力而交出财物或抢走财物。

抢劫案件表现形式纷繁复杂,几乎涉及犯罪论的所有理论形态。现行

《刑法》第263条规定了抢劫罪，根据该条规定，抢劫罪是指以非法占有为目的，以暴力或者以当场实施暴力相威胁，或者以其他使被害人不能抗拒的方法，迫使其当场交出财物或者夺走其财物的行为。

二、抢劫案件的分类

1. 根据作案人数的多少，抢劫案件可分为单人抢劫案件、结伙抢劫案件和集团抢劫案件。

2. 根据作案地点的不同，抢劫案件可分为入户抢劫案件、拦路抢劫案件和旅途抢劫案件。

将《刑法》第263条中的"入户抢劫"中的"户"理解为公民私人住宅，并不恰当，既不符合立法精神，也有碍于司法实践。因为从立法精神来说，将"入户抢劫"规定为抢劫罪的严重情节之一，旨在从严惩治那些胆大妄为、有恃无恐而严重危及公民生活、工作安全的抢劫作案人。进入公民私人住宅进行抢劫属于严重的抢劫罪，进入其他供人们生产、生活、学习的建筑物抢劫的，其危害性还可能更大，这种情形下的抢劫自然也属于严重的抢劫罪。如果将进入公民私人住宅抢劫的行为列入刑法所规定的"入户抢劫"之内容而将后一种情况排除在外，在实践中必然会导致量刑有失公正。因此，"入户抢劫"除了包括进入公民私人住宅进行抢劫的情形外，还包括进入国家机关、企业事业单位、人民团体、社会团体的办公场所，供公众生产、生活的封闭性场所进行抢劫。当然，"入户抢劫"的构成，必须受"入户"与"抢劫"之间存有牵连关系的限制，亦即行为人在"入户"之前即先有抢劫的犯意，[①]"入户"只是抢劫的先行条件。如果进入公民私人住宅及其他场所时，行为人尚无抢劫犯意，只是进入之后起意并实施抢劫的，并不能视为"入户抢劫"。

拦路抢劫是指作案人在野外或街头拦截被害人所进行的抢劫犯罪活动。其对象通常是早晚上下班的职工和其他单身行人。拦路抢劫的作案人还把矛头指向取送现款的有关财会人员、金融机构工作人员以及提款车、运钞车。作案人一般都事先了解清楚他们取送现款或上下班的规律与行动路线，然后预伏或尾随，伺机行抢。

旅途抢劫案件不同于拦路抢劫和勾引抢劫案件。被害人往往是长途旅行中

---

① 在特殊情况下，行为人在"入户"之前先有其他犯意，"入户"之后其犯意及行为转而符合抢劫罪要件的，也可成立"入户抢劫"。例如，行为人是先入户盗窃，当场被财物所有人发现而使用暴力劫取财物，即属"入户抢劫"。

的旅客，作案人与被害人是同行者，发案地点或在火车、轮船等交通工具上，或在旅馆、招待所内，或在两人同行的陌路上。作案人往往以普通旅客的身份出现，在旅途中主动与人搭讪，暗中物色抢劫目标，然后根据具体情况，选择相应的作案方式、时间、地点，实施抢劫犯罪。

3. 根据作案手段的不同，抢劫案件可分为暴力抢劫案件、药物麻醉抢劫案件和色情勾引抢劫案件。

所谓暴力，是指行为人为非法占有他人的财物而对财物所有人、保管人、守护人进行身体强制所采取的手段，如殴打、捆绑、搂抱、禁闭等，使得被害人不敢反抗或不能反抗，从而当场抢走财物或迫使被害人当场交出财物。在认定暴力行为时要注意两点：其一，这种暴力行为，必须是为了抢劫财物而当场实施，而且是被作为当场强行非法占有他人财物的手段行为加以实施的。其二，这种暴力行为所指向的对象，一般是财物所有人、保管人或者持有人本人，但在特殊情况下，也可能是在场的与财物所有人或者保管人有亲属或者其他亲密关系的人，但不能是与目标财物无关的其他人。何种程度的暴力才算是达到抢劫罪中所要求的"足以抑制对方反抗的程度"，这是司法实践中认定抢劫罪时面临的一个操作性的难题。笔者认为，不能抽象地看待这一问题，而应当按照具体情况，参照对方的特征，也就是说需要综合考虑被害人的人数、年龄、性别、体格等，行为时的时间、场所，暴力本身的行为形态及行为人的特征等行为人方面的情况，以及通常情况下能否使对方达到不能反抗或难以反抗的程度为基准来判断暴力是否达到了足以抑制对方反抗的程度。换句话说，就是要以一般人为标准，在社会一般观念上，必须是使人感到如果被害人反抗的话，就马上制止该反抗并夺取其财物的暴力。至于对方的反抗是否实际被抑制在所不问。如果被害人非常勇敢，对行为人的暴力根本不在乎，仍然成立抢劫的实行行为。

麻醉抢劫案件是指犯罪嫌疑人以药物麻醉作为作案手段，致使被害人神志不清不能反抗而劫取其财物的犯罪案件。整个作案过程相当隐蔽。首先，作案方式是用麻醉剂投毒，有别于普通抢劫案件中的暴力和以暴力相威胁。其次，作案药物新型化。作案人作案时使用的麻醉药物，由原来普通的安眠药物发展到新型的安定剂，还表现为作案方法的技巧性。此类案件犯罪嫌疑人心理素质较高，同时善于研究、把握不同被害人心理，在物色好对象之后，利用欺骗手段打消其心理防备。

色情勾引抢劫案件是指作案人以金钱、女色等为诱饵，将被害人骗至一定的处所而实施的抢劫犯罪活动。作案人往往利用被害人的某一急需或某一弱点，投其所需、所好，甚至不惜以女色为诱饵，把被害人从某一不便作案的地点骗至一个便于作案的地点，然后实施暴力抢劫。有的被害人由于自己也有不光彩的行为，被劫后只好忍气吞声，不敢报案。即使报案，也往往不愿讲明被抢的全部事实真相。勾引抢劫有不少是两人以上的共同犯罪。特别是以女色为诱饵的抢劫案件，一般都是结伙作案。把勾引抢劫单列为一种类型，不仅是因为其抢劫手法上的特殊性，还因为其发案场所不能简单地归入入室抢劫或拦路抢劫中。它涉及相距远近不等的两个地点——接触地点和实施抢劫行为的地点，以及联结这两点之间的路线。两点中的任何一点，既可能是室内也可能是室外。

三、抢劫案件的特点

（一）抢劫案件的一般性特点

1. 抢劫案件极具暴力性，常伴随着其他犯罪行为，集杀人、放火、抢劫、爆炸等犯罪行为于一体。在作案时，犯罪嫌疑人动作迅速，常以迅雷不及掩耳之势击打被害人的要害部位。

2. 抢劫案件往往是团伙作案，团伙成员有的抢、有的转移、有的隐藏、有的销赃，团伙内部分工明确。作案人为了在极短的时间内得手并迅速逃离现场，事先往往会踩点，做好充足准备工作。

3. 从作案主体构成来看，再犯人员占相当大的比例；从作案时间来看，大部分作案人选择在清晨及夜晚；从发案地点来看，公路和街巷成为抢劫犯罪的绝对高发地点。

（二）新型抢劫案件的特点

1. 在作案工具上使用新式枪支、爆炸装置、催泪瓦斯等，手段极为凶狠残暴。作案工具的杀伤性增强，犯罪的暴力性程度远超以往，如马汉庆系列抢劫案件。

2. 现今的抢劫案件作案手段多样、花样翻新。作案方式手段主要有：持枪抢劫；带有黑社会性质的集团犯罪和跨地区流窜作案；利用色相抢劫；麻醉手法抢劫；假冒公安、武警抢劫；以招工名义抢劫；伪装、蒙面作案；抢劫虚拟财产等。

3. 相比暴力性和公开性很强的传统抢劫案件，出现了智能性更高的抢劫案件。有学者对近年来的麻醉抢劫案件进行研究，发现了与以往完全不同的作案方式。

4. 作案主体、时间、地点出现新的特点。在作案主体上，青少年和女性直接参与抢劫犯罪案件的比例大幅度上升,同时抢劫犯罪成员的低龄化趋势是一个新动向;在作案时间上,部分入室抢劫的作案人气焰嚣张,有时甚至大白天入室抢劫;在作案地点上,室内抢劫占相当大的比例,出租屋内也是抢劫犯罪的重要发案场所。

第二节 抢劫案件的一般侦查方法

一、分析案件

首先应注意甄别接报的抢劫案是真实的还是谎报的假案(甄别方法第三节将详述)。然后,应该以占有的案件材料为依据,对案件情况及作案人的情况做出分析判断,再确定侦查方向和范围,部署侦查活动。

对抢劫犯罪的案情分析,较之于对杀人犯罪的案情分析内容要简单一些。由于作案人同被害人之间有一定时间的正面接触,所以,作案人的大概情况、作案人数、作案人的性别、作案时间、作案地点、作案手段、作案过程、作案动机等情况相对而言都比较明确。分析判断案情需要重点解决以下问题:

(一)分析作案人作案前有无预谋过程

根据作案人对现场环境是否熟悉、对被害人的情况是否了解,犯罪发生的特定时间、特定环境,结合现场访问和勘查情况,对作案人作案前有无预谋过程做出明确的分析。重点应判明作案人事先有无窥探、踩点的过程。若其有预谋过程,则可通过调查发案前的疑人疑事的途径查找犯罪嫌疑人。

(二)分析作案人是否当地人

侦查人员应该依据作案人的口音方言特点、其对现场周围环境和道路的熟悉程度、作案使用的交通工具情况,并结合现场遗留的工具等物品,分析、推断作案人是否当地人。这里需要注意的是,一些作案人为了转移侦查视线,故意操某种方言以假乱真,或故意抛下某种或某些物品故布疑阵。同时,还应注意,一些外地人甚至外来流窜作案人,通过一定时间的踩点观察,也可达到对现场内外环境十分熟悉的程度。

(三)分析作案人对被害人的情况是否了解

分析的依据有:

1. 作案时机选择得是否准确。
2. 是否知道财物内容及其保管情况,寻找财物过程是否准确,是否指名索要财物。

3. 作案过程中是否无意识地提及被害人亲属、亲友、同事的情况。

4. 作案时是否进行了化装掩护，是否有蒙头遮脸的现象，是否有不敢说话、说话时故意改变腔调、夜间行抢时不敢开灯的现象。

5. 共同犯罪的成员中是否有人始终回避与被害人正面接触。

经过分析研究，如果认为作案人确实了解事主的情况，则还需要进一步分析其了解这些情况的途径。如有的作案人本身就是被害人的亲戚、朋友、街坊邻居、同事、同学，他们与被害人熟识，有条件了解被害人的情况；有的是通过间接的途径，从熟悉被害人情况的人那里了解到有关情况；有的是通过预先窥探、踩点了解到相关情况。侦查工作要区别不同情况，部署相应的侦查措施。

（四）分析作案人是偶犯还是惯犯

应依据作案人作案手法是否老练、动作是否利落、神态是否镇定、行抢决心是否坚决等情况进行分析。同时，侦查人员还应注意了解当地或相关地区是否发生过类似案件。对于惯犯和偶犯，在侦查部署上要区别对待。查找偶犯，主要应利用现场的痕迹、物证和作案人的体貌特征、赃物的特点、知情条件以及作案人占有的时间、空间条件等开辟侦查途径，采取侦查措施。查找惯犯，除了上述工作之外，还应注意串案分析，实施并案侦查，并注意从有前科和有劣迹的人员中查找犯罪嫌疑人。

二、快速反应抓现行

快速反应是通过快速出警、合理处置来制止和控制暴力性、突发性事件的最直接和最有效的手段。它实现了把案件处置在始发阶段的战略转移，是实现侦防衔接的最佳结合点。

在抢劫案件中，作案人往往与被害人曾面对面相峙过，对案犯衣着、口音及体貌特征应该有一个大概的认识，作案人得手后，携带的赃物、逃跑的路线及乘坐的交通工具等信息也会被被害人捕捉到。如果被害人报警及时，指挥中心指挥正确，各警种配合默契，措施得力，一般能在最短的时间、最少的警力和财力投入的条件下破案。如果错失良机待案犯逃脱后再按部就班勘查现场、调查访问，无疑是大海捞针，得不偿失。2007年5月7日，两名女青年在黄岩九峰山顶遭两名外地青年抢劫，被抢去金银饰物及大量现金。接警后，指挥中心周密部署，在九峰山下各个出口布置警力，半个小时后，黄岩刑警大队在路桥桐屿镇一路口将两名作案人当场抓获，缴获了金银首饰、手机及现金，一举破获了发生在杭州、宁波、温州等地的抢劫案件18起（其中特大抢劫案件

16 起）、强奸案件 2 起。在抢劫案件中依靠快速反应，成功侦破现行抢劫案件，必须具备三个先决条件：一是被害人报案及时；二是指挥长要熟悉地形、判断准确、指挥有序、布置周密；三是侦查人员要高度负责、灵活机动、作风顽强、措施得力。

三、调查询问和现场勘查

（一）调查询问

调查询问是一项最基本、最常用的侦查措施。抢劫杀人案件中的犯罪嫌疑人的活动必然要同周围的人、事、物发生联系。平时的表现、道德品质、经济状况、交往关系、倾向嗜好等方面的情况，以及作案前的预谋策划活动、作案后的反常表现，都不可避免地在周围群众中有所表现或暴露，通过调查询问就能在群众中搜集到大量的嫌疑线索。

抢劫案件中对被害人的询问，主要包括以下几项内容：

1. 抢劫发生的时间和地点，作案人是怎样进入现场、接近被害人的，其来去现场的方向与路线。

2. 作案人是采取什么手段对被害人实行强制的，借助何种工具及工具的来源。

3. 被害人与作案人是否进行过搏斗，是否在作案人的身体上或衣服上造成了损伤或破损，作案人遗落了哪些物品。

4. 作案人抢走了哪些财物，其数量、品名、特征如何。

5. 作案人抢取财物的过程，其对财物的情况是否知情，是指名索要的，还是到处翻找。

6. 作案人的体貌特征、行为特征、言语特征及讲话内容。

（二）现场勘查

对被害人进行详细询问的同时，还应同步对现场进行勘验，对其他知情或可能知情的人员进行访问。

现场往往是侦查破案的起点，及时、细致、客观、全面是对现场勘查最基本也是最重要的要求。在抢劫杀人案件现场，侦查人员搜集到的物质痕迹可能是侦破案件的唯一线索，因为犯罪嫌疑人和被害人之间可能没有任何其他的关系，只为劫财。在现场提取到的犯罪嫌疑人的指纹是最重要的痕迹物证之一。以往对指纹的排查往往局限在一个很小的区域，异地排查要浪费大量的人力、物力，随着计算机及网络技术的发展，全国的指纹档案实现了计算机联网，同时实现了计算机指纹自动识别，使指纹识别工作更快捷、使用的范围更大，以至于利用指纹破案的数量大幅增加,一些十几年来的积案在全国指纹会战中被破获。在提取指纹的方法上,又有了许多新的技术方法,在现场可以提取到更多的指纹,这就有可能在全国的各个角落查找到犯罪嫌疑人。在现场还可能提取到犯罪嫌疑人的血迹、毛发、体液等生物性物质,以往只能将检验出的血型作为排查的条件,但现在已经可以得到犯罪嫌疑人的 DNA 片段,而且只要有一点的血迹和一小块皮屑就可以得到 DNA 片段。DNA 技术的发展为侦查活动提供了一个非常有效的技术手段,利用它可以采取很多相应的侦查方法。如在侦查中,可以对重点犯罪嫌疑人进行 DNA 比对,准确得出是或否的结论,而且 DNA 的结论是一对一的结论。如果在侦查中,重点犯罪嫌疑人不知去向,无法得到他的检材,则可以通过获取得到其父母的 DNA 片段,再同现场的 DNA 进行比对,如果相同,就可以确定犯罪嫌疑人,并迅速采取抓捕措施,这是根据 DNA 的遗传性而采取的灵活措施。①

四、利用通讯监控工具调阅相关信息

(一) 手机、固定电话信息

手机、固定电话是现代人生活中不可缺少的通讯工具,犯罪嫌疑人同样也离不开通讯工具。被害人同犯罪嫌疑人之间由于某种关系可能通过话;犯罪嫌疑人与同伙之间在案发前的预谋阶段、作案时及案发后都可能有通话;抢劫杀人案件被害人的手机也很有可能被犯罪嫌疑人使用,这样就可以在电信部门的配合下对被害人的手机信息及案发的特定地域、特定时间内的通话手机号码及其信息进行查询。通过认真分析和仔细调查,可能会锁定犯罪嫌疑人。另外,手机如同是一个电子定位仪,一旦掌握了犯罪嫌疑人的手机号码,就可以利用技术侦查的专业设备跟踪它的信号,从而发现犯罪嫌疑人的活动区域,便于组织力量在此区域进行排查和围捕。

如 2003 年锦州市发生的一起抢劫案件中,侦查人员通过技术手段发现被害人的手机在锦州至沈阳的火车上使用过,当时正是"非典"时期,乘客都有登记,经过排查锁定了犯罪嫌疑人。固定电话包括 IC 卡电话、磁卡电话和普通固定电话,对于固定电话同样也可以通过查询相应的计算机管理信息来分析、发现线索。在调查询问过程中,侦查人员应注意对知情人的相关信息进行调查,如"犯罪嫌疑人接过电话吗?""犯罪嫌疑人打过电话吗?"等。

---

① 彭建辉、彭光辉:《谈对传统侦查方法的拓展——关于抢劫杀人案件侦查过程的研究》,载《辽宁警专学报》2005 年第 6 期。

（二）监控录像信息

很多公共场所都有用来监控的录像设施，如宾馆、酒店、娱乐场所、商场、银行、小区等。在这些地方，监控录像记录下了每天发生的事情，同样也能够记录下可疑的人和事及违法犯罪案件的过程。这就需要侦查人员在调查中根据案发地的情况去发现信息，得到重要的信息和线索。同时，也可以给犯罪嫌疑人进行画像，在社会上进行排查。在高速公路的收费站，可以通过监控录像发现被抢劫车辆和可疑车辆，获取破案线索。

五、串并案侦查

在抢劫案件中，作案人一次得手后，往往会情不自禁地第二次、第三次作案，这就为侦查人员串并案件提供了前提。若干抢劫案件，如果案犯体貌特征、口音、惯用手法、作案时间、作案地点、侵害目标、作案工具的选择和运用等方面相类似，就可以推断这些案件可能系同一个或同一伙人所为。另外，从侦查的角度看，策划周全、行动老练、备有专门作案工具和具有专门作案技巧的案犯，一般不会是初犯。根据这些显露出来的迹象和遗留下来的信息，侦查人员可以通过串并案件进行侦查和深挖。如2007年2月21日、22日、23日夜，某市公园山上连续发生抢劫案件，案犯侵害的对象都是成对男女，且两名案犯各持锋利的尖刀进行威胁，将男女隔开，取走被害人身上的所有财物，同时对女被害人实施强奸，如稍有反抗，就凶残地将被害人砍伤。由于所侵害的对象大都是有不正当关系的男女，他们往往不报案或不及时报案，造成刑侦部门无法准确掌握发案情况并及时破案。24日接到报案后，刑警大队成立了专案组，根据掌握的案件材料进行认真分析，疏理了近年来的同类案件，发现2003年发生在该公园山上的抢劫案件与这些案件在作案时间、地点、侵害目标、作案手段等方面很相似，经查阅2003年的案卷，主案犯已被处决，其中一个从犯"老扁"在逃。接着便对"老扁"的身份进行落实，"老扁"真名叫周某某，于是围绕周某某开展侦查，一举抓获周某某，经审查又将另一名案犯邦某某抓获，从而成功破获了两案犯在2003年以来所实施的20多起抢劫、强奸案件。

六、研判作案特征及规律

在每个抢劫案件中，总或多或少直接或间接地暴露出与案情有关的蛛丝马迹，比如有的作案人体貌特征特殊，有的作案行为特殊，有的作案人在选择作案时间、对象、行走路线等方面有他自己的习惯、规律等。我们可以利用这些特殊的规律性，剥茧抽丝，去表留真，不断地去分析—放大—再分析，找出能突破全案或获取线索的突口。

第三节 几种特殊抢劫案件的侦查方法

一、街面抢劫案件的侦查

（一）街面抢劫案件的特点

近年来，由于城市街面人财物流量增加，作案人越来越多地将抢劫地点选择在街面。有资料显示，在一些城市中"两抢"犯罪已经占到刑事案件的60%。[①]"两抢"案件是对在街面、交通要道、公共复杂场所等路段实施抢夺、抢劫案件的总称，其和盗窃案件一起占当前侵财犯罪案件的90%以上，成为影响社会治安和群众社会安全感的主要因素之一。

具体而言，街面抢劫案件具有以下特点：

1. 作案时间和地点具有规律性

街面抢劫案件主要存在于大型商场、集贸商场、银行、自由市场等商业区周围的繁华地区和地段，其中车站码头、街道十字路口、绿化带、公园等人流密集区更是案件高发区。发案集中在早、中、晚上下班时间，下午5时后最为集中。

2. 侵害对象相对集中

从侵害对象上看，妇女仍为主要的受害者，而且主要是反抗能力和自我保护意识较差的女性及老弱者。

3. 作案手段多样化

街面抢劫案件作案手段不一，且不断翻新，除最常见的"飞车抢夺"外，有的作案人趁驾车司机在遇红灯停车或转弯减速时，迅速靠近车右侧，拉开车门抢走事主放在副驾驶座上的财物；有的驾驶摩托车慢速靠近挎包的人，趁其不备强行夺包；还有的作案人采用"异物阻车"的方式实施抢劫、抢夺，即作案人采取空心管戳穿汽车轮胎或油管，用钢丝、绳索、棉线等异物插入自行车车轮等手段阻止车辆行驶，等事主下车察看或修理时，实施盗窃，一旦被事主发现就转为抢夺或采用暴力手段实施抢劫。

（二）街面抢劫案件的侦查方法

1. 情报信息主导街面抢劫案件侦查

[①] 刘持平：《打击"两抢"犯罪的实践与思考》，载《公安研究》2005年第12期。

情报信息主导街面抢劫案件侦查,是指侦查机关以街面抢劫犯罪情报信息为指南,根据整理、分析、提炼、研判的情报信息,认识、把握街面抢劫犯罪的发展变化,使"警力围着警情转,警力跟着警情走",有针对性地采取打、防、控措施,先发制敌,精确打击街面抢劫犯罪活动。

情报主导街面抢劫犯罪侦查应注重以下两个环节:第一个环节是街面抢劫犯罪相关情报信息的收集问题,即侦查工作信息化。这是情报主导侦查的首要环节和基础条件,情报信息收集的数量和质量直接影响和制约着情报主导侦查工作的成效。公安机关要依靠群众,不断拓宽信息采集渠道,扩大信息收集的覆盖面,尽可能及时地把各类与街面抢劫犯罪活动有关的情报信息全部纳入收集范围。要重点加强对出租车司机、客货车司机、摩托车司机、清洁工、送报员、送奶员、摊点、店铺、发廊等与公共场所密切联系的人群的设防布控,建立情报信息渠道,最大限度地将触角延伸到这些公共场所的各个角落。对收集的各类情报信息,要建立数据库,实现电脑联网,进行资源和情报的共享。同时,还应注意对社情民意的关注与收集,及时掌握人民群众对街面治安的反应和感受。第二个环节是情报信息的研判运用问题,即实现情报信息的侦查化。街面抢劫犯罪侦查必须以情报信息为基础,强调情报信息的先行性、主导性、指导性;在此基础上,还要将情报信息应用于侦查,使之直接转化为破案力。这两个环节相互依存,相互促进,循环往复,推动情报主导街面抢劫犯罪侦查的深入。其中,情报信息的分析研判是关键:一方面,通过对街面抢劫犯罪情报信息的分析、研究、综合,对街面抢劫犯罪的规律、趋势和动向作出科学、准确的判断,从而为决定投放警力、实施精确打击提供可靠的依据;另一方面,还可以借此在更大程度上挖掘深层情报信息,对街面抢劫犯罪的销赃通道、犯罪嫌疑人的藏身落脚之处等进行拦截、盘查和搜索等活动。实践证明,情报主导街面抢劫犯罪侦查的成效,很大程度上取决于侦查人员对情报信息研判水平的高低。

情报主导侦查可以有效地提高街面抢劫犯罪侦查的主动性、针对性和高效性,减少侦查工作的盲目性、低效性和被动性,实现警力配置最优、资源消耗最低、警务效益最大的目标。其情报信息的侦查模式通常可分为情报信息的从案到人的侦查模式、情报信息的从人到案的侦查模式、情报信息的从案到案的侦查模式、情报信息的从物到案的侦查模式。①

(1)街面抢劫案件情报信息从案到人侦查模式的侦查。街面抢劫案件情报信息的从案到人的侦查模式,是指侦查人员根据已发街面抢劫案件的痕迹物

---

① 马忠红:《情报信息的侦查模式》,载《政法学刊》2006年第6期。

证情况，通过查询情报信息系统，查明犯罪嫌疑人的方式。主要可采取以下方式：①由作案手段到人的侦查；②由住宿登记情况到人的侦查；③由通讯记录到人的侦查；④由银行邮政汇兑情况到人的侦查；⑤由犯罪嫌疑人体貌特征到人的侦查；⑥由高危人群到人的侦查；⑦由二手市场（旧货收购市场）到人的侦查；⑧由路面监控录像到人的侦查。

（2）街面抢劫案件情报信息从人到案侦查模式的侦查。街面抢劫案件情报信息从人到案的侦查模式，是指侦查人员根据工作中掌握的可疑人员情况，通过查询情报信息系统，核实其有无涉及街面"两抢"犯罪活动。主要可采取以下方式：①从嫌疑人的身份到案的侦查；②从嫌疑人的前科劣迹情况到案的侦查；③从嫌疑人的活动轨迹到案的侦查；④从嫌疑人的指纹到案的侦查；⑤从嫌疑人的随身携带物品到案的侦查；⑥从嫌疑人的户籍地公安机关掌握的情况到案的侦查；⑦从嫌疑人的周边公安机关掌握的情况到案的侦查。对已被采取强制措施的嫌疑人可在网上发布协查信息，以求在其他地区实施串并和辨认。

（3）街面抢劫案件情报信息从案到案侦查模式的侦查。街面抢劫案件情报信息的从案到案的侦查模式，是指侦查人员利用已破街面抢劫案件和未破街面抢劫案件情报信息系统，进行同类案件的串并，达到破一案打一串扫一片的效果。

（4）街面抢劫案件情报信息从物到案侦查模式的侦查。街面抢劫案件情报信息的从物到案的侦查模式，主要是从可疑物品入手查明该可疑物品可能涉及的案件情况。情报信息的从物到案的侦查模式，主要是通过解决物品的归属、物品的现实状况达到查明物品的涉案情况。主要可采取以下方式：①从可疑手机到案的侦查；②从典当行业可疑物品到案的侦查；③从可疑旧机动车到案的侦查。

2. 注重横向协作及交流

加强打击的整体性，街面抢劫案件的发生具有一定的流动性，作案人常常流窜于不同的省、市之间作案，如果按照公安机关旧有的辖区模式进行侦查，许多案件难以及时侦破。针对这一情况，公安机关的工作应强调整体性，才能收到良好的效果。从地域上看，各地公安机关不仅要加强各自几个辖区内部的经验交流，而且要加强市与市、省与省之间的协作；从部门上看，刑侦、治安、交通、监管等部门要大力协作，齐抓共管，发挥各自优势，形成打击街面"两抢"犯罪的合力；从警种上看，刑警、交警、巡警、治安警等要实行多警联动，互通情报信息，相互配合，减少打击的盲点。例如，某市公安局将全市划分为若干个作战区域，既加强分类指导、因地制宜开展区域性专项打击行动,又实行多层面、全方位的务实合作,同时加强与外省市的横向交流与协作,通过整体性打击,2002年1月至6月,该市街面"两抢"案件较2001年同期下降27.1%,破案率提高8.6%。①

3. 建立竞争奖励机制

公安机关是打击街面抢劫犯罪的主要力量,能否提高广大民警打击街面抢劫犯罪的积极性,直接影响着街面抢劫的破案率。公安机关应把竞争、奖励机制引入打击街面抢劫犯罪的斗争中,以竞争促前进,以奖励求动力。广大民警有了竞争的热情及工作的动力,打击街面抢劫犯罪的积极性就能得到充分调动,破案率自然也会上升。公安机关要在规章制度中规定每个月或每个季度对打击街面抢劫犯罪专业队民警的工作进行量化考核,从中评出当月的破案能手并给予奖励,同时对其他为打击街面抢劫犯罪做出重要贡献的公安人员也应给予奖励,从而激发民警的工作积极性,通过这一措施,提高民警打击街面抢劫犯罪的干劲,使破案率上升。

4. 强化阵地控制

街面"两抢"犯罪发案率之所以居高不下,原因之一就是这类犯罪有比较顺畅的销赃渠道。拍卖业、典当行、信托寄卖业、旧货交易市场、手机回收业等都是街面"两抢"犯罪的主要销赃渠道,尤其是手机回收业,它是街面"两抢"销赃的"重灾区",公安机关加强对这些行业的控制就等于截断了街面"两抢"犯罪的后路,而且警方可以借此由物及案,及时发现一些案件线索,破获一批街面"两抢"案件。而对车辆的管理力度不够是街面"两抢"犯罪案高发的另一原因。作案人经常驾驶摩托车、轿车等交通工具在大街上漫无目的地行驶,以寻找作案目标,如果公安机关能加强对交通车辆的管理,尤其是加强对街面上漫无目的地行驶的可疑车辆和人员的清查,那么就会有一批案件随之而告破。尤其要注意的是,很多街面"两抢"案件都通过驾驶无牌照的摩托车等进行作案,加强对无牌照车辆的管理、禁止无牌照车辆上路等对打击街面"两抢"犯罪有着极大的帮助。

针对街面抢劫犯罪的特点,强化阵地控制,主要要做好以下工作:

一是县(市、区)局刑侦大队按照分级分片管理原则,制定本地网络化阵控方案;市局刑侦支队对各地的阵控网络进行统一规划部署,建好全市立体化阵控网络框架。在实际工作中,要特别注重职能优势的发挥,加强秘密力量的物建布控,切实提高专业化水平。尤其要抓好以下工作:其一,要加强对典

---

① 盖英超:《论"两抢"犯罪的特点及侦查对策》,载《辽宁警专学报》2004年第9期。

当行、拍卖行、二手手机市场的控制，结合街面抢劫案件中被抢物品的特征，以物找人，从中发现可疑对象；其二，是要加强对地下摩托车交易市场、摩托车修理店等旧货市场的控制，加大查处力度，从源头上遏制此类案件的发生；其三，是充分调动治安信息员等的积极性，及时获取有价值的线索。

二是要在打防控信息主干应用系统的基本框架下，本着实用、实战、兼容、互联的原则，进一步完善二手手机市场、典当业、拍卖行、机动车修理业等的计算机管理，促进网上查询比对、网上控嫌控赃水平的提高。

三是强化网上监控。要大力加强互联网管理基础工作建设，建立互联网网络地址、上网人员身份特征和重点对象、重点网站信息资料库，推进基础工作制度化、规范化，加大网络信息监控力度。严格上网人员实名实时登记制，明确场所服务器上网日志保存期限，大力加强对网吧的日常管理和执法力度；在市、县两级公安机关设立监控中心，对开办网站、论坛、聊天室和提供虚拟主机、托管主机服务的互联网信息服务和接入服务单位，要求其建立信息安全员制度。

5. 充分发挥视频监控等技术系统的作用

视频图像监控是指利用电视摄录器材及音频传输设备、处理设备，依照法律法规规定，观察、获取、处理特定场所、特定人员的图像、声音信息，掌握、监视有关人员的活动及事件的发生、发展过程的侦查措施。获取视觉信息和听觉信息，直接揭露和证实犯罪，是侦查街面"两抢"犯罪的重要手段和内容。街面抢劫犯罪的特点决定了获取自然人的视听信息较为困难，一方面作案人喜欢选择一些治安盲点、难点流窜作案，而公安机关由于人力资源有限、治安任务繁重，很难面面俱到，另一方面巡控机制受各种客观条件的制约，在空间上、时间上无法做到全面、全天候的覆盖。视频图像监控技术能够实现远距离、迅速、实时、形象、不间断地监视目标，生动、准确地记录有关目标的活动情况，实时掌握街面动态，解决了人工监控和巡控勤务机制的不足，适应了当前预防和打击街面"两抢"犯罪的需要。这种动态监控模式可以进行全天候24小时监控，将一线的警情直接传输至指挥中心，减少了中间环节，为快速反应、精确打击现行街面"两抢"犯罪奠定了基础，同时记录的动态视听资料还可以为日后的侦查工作提供可靠的线索和证据，提高侦查效率。实践证明，视频图像监控对提高街面"两抢"犯罪侦查的精确化具有积极的意义。

例如，某市公安局在移动通信公司等有关单位的大力协助下，研制出了国内领先水平的跨业务平台、跨地理阻隔的现代化无线移动警务系统——公安无线移动警务通。该系统目前已整合了人口信息、机动车辆信息、驾驶员信息、在逃人员信息、被盗抢机动车信息共1000多万条，以公安综合信息查询平台为基础,以公安专网和电信 GPRS 公网为依托,对一线执勤民警提供无线实时查询及公安业务处理功能,实现了以人、物要素跨业务系统的关联查询和比对。再如,为了增添打击街面犯罪的新生力量,某市配备了 8 辆全新型公安移动视频监控巡逻警车,警车车顶装置了监控摄像头,可 360 度全方位转动。副驾驶位前,就是监控系统的指挥中心,根据车内监控图像,可以随意调整摄像头焦距,摄像录制范围远达 500 米,更为可喜的是,300 米内可将可疑车辆的车牌清晰拍下。这些警车 24 小时运作,在治安复杂地段,就算人休息了,也可自行运作,人停车不停,可连续监控 21 天,且拍下的情况由电脑硬盘保留下来。这些警车出动,一般还配有两辆辅助警车,车厢内有防弹衣、防暴盾牌、钢盔、灭火器等,便于紧急出警处理突发事件。[①] 同时,针对街面抢劫犯罪大部分都以一定的交通工具为依托的特点,要求公安机关为一线警察配备精良的警车、通讯工具等装备。事实证明,公安机关的基层科、所、队,也只有做到装备精良,才能保证协调配合,快速反应,最大限度地发挥打击现行街面抢劫犯罪的能力。

6. 公开悬赏

公开悬赏是指侦查机关为发现街面"两抢"线索,查获街面"两抢"犯罪嫌疑人,而借助有关媒体向社会公开发布通告,邀约人民群众参与防控街面"两抢"犯罪并承诺支付相应报酬的一项侦查措施。警力有限,民力无穷。街面"两抢"犯罪发生在公共场所、光天化日之下,暴露在群众的视野中。同时,从经济学的观点看,人又是追求自身利益的"经济人",人的一切活动都与自身的利益有关。因此,通过公开悬赏,以重奖"撬动"民力资源,动员广大群众积极参与侦破街面"两抢"犯罪活动。例如,某市公安局于 2006 年 6 月出台了"抓一个奖一万"的群众奖励办法,市民群众参与防控街面犯罪的热情空前高涨,短短两个月内,就有 75 名"两抢一盗"犯罪嫌疑人在作案现场被市民群众直接抓获,该市公安局为此于 7 月 10 日、8 月 10 日两次举行兑现群众奖励大会,重奖了 115 名市民群众,奖金总额高达 54 万余元。[②] 再如,某市公安局自 2006 年设立群众参与打击"两抢"犯罪奖励基金、发动群众参与打击"两抢"犯罪以来,群众参与打击"两抢"犯罪热情高涨,见义勇为的人越来越多。截至 2007 年 6 月,群众共协助警方抓获"两抢"犯罪嫌疑人

---

① 《广州移动监控警车亮相 500 特警队打"两抢"》,载 http://www.gdnet.com.cn/hottopic/2006/0407/0407-01.htm.2009 年 7 月 21 日浏览。

② 常自力、向波:《新机制破解治安难题——湖南长沙"两抢一盗"发案率锐减 70% 的背后》,载《人民公安报》2006 年 9 月 13 日第 2 版。

近 300 名，共有 275 名群众获得 152 万元奖金。①

打击街面抢劫犯罪工作离不开人民群众的支持，打击街面抢劫犯罪必须走专业工作与群众工作相结合的道路，通过发动人民群众，强调各行各业在建立打击街面抢劫犯罪的网络化系统中的作用，不同程度地整合社会各方面的群众治安力量。治安巡逻员、保安、出租车司机、环卫工人等各行各业的人民群众，都可以成为警方的依靠对象，而且他们在实践中也确实能够成为公安机关齐抓共管、群策群力的好帮手，能够弥补公安机关打击街面抢劫犯罪警力的不足。发动群众，群策群力，打击街面抢劫犯罪，必须建立健全与社会主义市场经济体制相适应的社会动员机制和参与机制。一要发动群众，提高防范意识；二要组织群众，建立防范队伍；三要依靠群众，落实防范措施。总之，公安机关必须结合街面抢劫犯罪的特点发动群众、依靠群众，努力做到人人参与、人人防范，最大限度地发挥群防群治、组织预防、控制街面抢劫犯罪的效能机制，为维护社会治安的持续稳定，做出最大的努力。

7. 组建打击街面"两抢"犯罪的专业队伍

街面"两抢"犯罪严重困扰社会治安，由于其自身特点仅凭以往普通的侦查机制难以有效打击，而且破案率低，许多案件久侦不破，致使作案人逍遥法外，给了他们进一步作案的机会，从而造成旧案未破、新案又发的恶性循环。为了尽可能避免上述情况的出现，组建打击"两抢"犯罪的专业队伍是十分必要的。据了解，全国各地有许多公安机关已经建立了这类性质的专业队伍，并都取得了一定的成绩。例如，2002 年广东省广州市某区公安分局组建了打击"飞车抢夺"犯罪的专业队伍，仅当年 1 月至 7 月抓获的"两抢"人员中，由专业队抓获的就占了 54.1%。某市公安局还成立了配有大功率摩托车的反"两抢"骑警队，在巷间及狭窄路段发挥了小、快、灵的特点，对打击这些地段的"两抢"犯罪起到了至关重要的作用。②

同时，随着我国现代化建设进程的不断加快，违法犯罪逐渐呈现出随机性、动态性、暴力性、隐蔽性等特点，面对传统的公开着装巡逻管理形式，违法作案人已逐渐学会了躲避和对付公开执法民警的伎俩。由于着装警察工作模式的局限，民警对一些作案人的案件事实往往不能深入掌握，仅能通过现行查证深挖扩审获得的部分案件事实对作案人进行打击处理，甚至打击了一名作案

---

① 《26 名参与打击"两抢"犯罪的市民》，载 http://www.sohu.com uanet.com/news/2007-06/22/eontent10369065.htm，2009 年 7 月 10 日浏览。

② 盖英超：《论"两抢"犯罪的特点及侦查对策》，载《辽宁警专学报》2004 年第 9 期。

人却使整个团伙成员逃脱打击，形成了执法打击工作的难点。因此，建立街面抢劫犯罪便衣侦查队不仅是进一步深化完善警务机制建设的需要，也是针对当前街面抢劫违法犯罪特点，消除执法打击难点的一种新型防控模式。

关于采用便衣侦查打击刑事犯罪，国内外的许多成功经验已经给了我们诸多启示。犯罪心理学的研究资料显示，一般情况下，便衣警察与着装警察的威慑控制力之比是 10∶1，违法作案人对便衣警察的畏惧心理大大超过公开着装的警察。① 在美国纽约，有一支 450 人的便衣行动队伍，他们通过便衣侦查，不断地根据需要变换角色隐藏在市民当中，一旦需要出击，则如猛虎下山，一招制敌，对各类街面犯罪实施精准打击，犯罪率持续下降，使纽约成为全美最安全的城市之一，受到了纽约市长和广大市民的高度评价。② 2002 年全国打击"两抢"专项斗争中，广东省深圳市于 2002 年 5 月下旬至 8 月中旬先后组织开展了 7 次便衣集中打击统一行动，严打街面"两抢"等违法犯罪活动。开展行动后的 5 月份至 7 月份，全市所立"两抢"案件和盗窃案件分别比行动前的 2 月份至 4 月份下降了 39.1% 和 24.9%。③ 针对"两抢"犯罪团伙性、专业性强的特点，某市委、市政府决定在市和区、县级市两级公安机关成立便衣侦查支队、大队，编配便衣警察 2000 多名，专司打击"两抢"案件，发挥尖刀作用。实践证明，便衣警察是打击"两抢"违法犯罪的一把利剑。便衣侦查支队自 2006 年 3 月 16 日成立以来，至 6 月 30 日，共抓获"两抢"犯罪嫌疑人 1830 人，占全市抓获"两抢"犯罪嫌疑人总量的 40.6%，破获"两抢"刑事案件 1920 宗，占全市破获"两抢"刑事案件总量的 36.9%。可见，建立一支以便衣侦查为手段的街面"两抢"犯罪侦查队伍，不仅是适应现代警务机制建设从网格化公开巡逻到公秘结合提升警务实效的需要，而且是遏制市场经济下犯罪职业化趋势日益显著的有效举措，是公安机关在猫鼠博弈中取得工作主动权的重要手段，有利于促进警务效能最佳手段。

二、拉人上车抢劫案件的侦查

（一）拉人上车抢劫案件的特点

近年来，各地各级党委政府及相关部门采取多种方式打击街面"两抢"犯罪，尤其是驾驶摩托车飞车抢夺，东莞、广州分别于 2006 年 9 月、2007 年 1 月禁止摩托车在市区上路行驶。事实证明，"禁摩"在一定时期内对降低

---

① 孔宪明：《建设城市公安便衣行动队的思考》，载《公安研究》2005 年第 7 期。
② 孔宪明：《建设城市公安便衣行动队的思考》，载《公安研究》2005 年第 7 期。
③ 赵秉志主编：《中国刑法案例与学理研究》，法律出版社 2001 年版，第 41 页。

"两抢"犯罪的发案率,增强群众的安全感的确有比较明显的作用。① 但随着时间的推移,拉人上车抢劫案件却逐渐增多,成为"两抢"案件的新动向。

拉人上车作为当前"两抢"案件的一种新形式,目前还没有对其进行正式界定,② 笔者在此将其界定为:违背被害人的意志,趁被害人不备突然使用强力、胁迫等方法强行将其拉入、推入汽车的行为。在拉人上车抢劫案件中,车既是交通工具,又是作案工具。③ 据统计,拉人上车抢劫案件中作案人所使用的车,在类型上,主要是轿车和面包车,尤其是微型面包车;在品牌上,轿车主要以捷达、桑塔纳为主,微型面包车以长安之星、哈飞为主,面包车以金杯为主;在新旧程度上,大部分是二手车或旧车,新车作案的较少。在我国东南沿海地区,二手车少则只要几千元,多的也不过两三万元,与一辆稍好的摩托车价格差不多,犯罪成本相对较低。另外旧车也不易引起注意。④

1. 案件人员特点

(1) 作案人特点

①年龄特点:拉人上车抢劫案件嫌疑人多为18岁至35岁的中青年人,且犯罪嫌疑人年龄日益呈低龄化。

②性别特点:由于多个犯罪嫌疑人在一个狭小的空间内同时施暴于一个或两个被害人,人数上的优势适当降低了对体能的要求,女性犯罪嫌疑人也开始实施具体的抢劫行为。

③文化教育特点:拉人上车抢劫案件嫌疑人绝大多数文化程度较低,受教育水平不高。从2006年某市公安局破获的抢劫案件来看,犯罪嫌疑人文化程度在初中以下者(包括初中、小学、文盲)占94.5%。其中"两劳"回归人员或负案在逃人员占较大比例。

④来源及谋生特点:外来流动人员是主流,且普遍来自外地农村,本地人员多为吸毒或有赌博恶习人员;被抓获前一半以上是无业等社会闲散人员,部

---

① 2004年8月,广州市开展"断腿"行动——将无牌、无证摩托车予以全面收缴。当年,广州"飞车抢夺"发案率就比2003年下降17.2%,2005年又比2004年下降12.3%。东莞于2006年9月禁止摩托车在除国道、省道外的任何公路行驶,两个月后,东莞飞车抢夺案件就同比下降了38%。参见《广东:治安下猛药》,载《瞭望》2007年第4期。

② 部分地区的公安机关称之为劫人上车或者掳人上车。

③ 刘光明:《论刑事技术中的信息流原理》,载《中国人民公安大学学报》2003年第1期。

④ 陈济鹏、王贤美:《拉人上车抢劫案件特点及侦查对策》,载《北京人民警察学院学报》2008年第4期。

分是农民工等从事那些工资待遇低、劳动强度高的工作人员。

⑤纠合程度特点：拉人上车抢劫案件基本上没有单独作案的，多数是三至五人合伙或团伙作案。这与拉人上车这种形式的特点有直接联系，至少要一人驾驶汽车，两人控制和抢劫被害人。

（2）被害人特点

①年龄特点：在拉人上车抢劫案件中，被侵害人的年龄分布呈现出两头低中间高的特点，青年和中年被害人所占比例最高，而少年儿童和老人所占的比例相对较低。

②性别特点：一般抢劫主要侵害男性，女性主要是抢夺犯罪侵害的对象。拉人上车抢劫案件被害人的性别则没有一般"两抢"案件被害人那样明显，由于犯罪嫌疑人在人数和工具上占有明显的优势，被害人性别不再成为其重点考虑因素。

③行为特点：拉人上车抢劫案件被害人多数穿戴较好，财物外露，而且体能较差，反抗能力不高。

④知情特点：拉人上车抢劫案件，被害人一般都与犯罪嫌疑人有一定时间正面接触，抢劫后又对女性被害人实施性侵犯的，被害人对犯罪嫌疑人的印象深刻，被害人是重要的证据来源。

（3）目击者特点

在一般"两抢"案件中，由于犯罪发生突然且迅速、作案工具体积较小，现场目击者很少留下对警方破案有用的印象。但拉人上车抢劫案件中，目击者一般都能提供不少有用的信息。例如，汽车类型、颜色、品牌、新旧程度、车牌信息、特殊标记等，这些往往是这类案件现场勘查中访问的重点，成为侦查破案的线索，为后续确定侦查方向、划定侦查范围提供重要依据。

2. 案件时空特点

（1）案件时间特点

从案件发生的时间点来分析，宏观上，夏秋季节和节假日是这类案件的高发期，因为夏秋季节天气炎热，人们为了携带日常用品，往往携带手提包等，将钱、手机、钥匙等放于包内，财物暴露在外；微观上，抢劫多发生于深夜和凌晨，但劫人上车抢劫具有全天候的特点，全天任何时段都可以。

从案件发生的时间段来分析，一般"两抢"案件发生突然、过程持续时间短、犯罪嫌疑人逃离迅速，但拉人上车抢劫案件过程一般持续一段时间，被害人与犯罪嫌疑人多有一定时间的正面接触。

（2）案件空间特点

从宏观的犯罪实施地点上分析，城市市区和中心城区是拉人上车抢劫高发的地方，农村地区较少；从微观的犯罪实施部位上分析，拉人上车抢劫案件的发案地具有广泛性，车站、码头、公路主干道、商业繁华区、街巷等都有发生。从空间熟悉程度上分析，拉人上车抢劫案件由于汽车成为犯罪嫌疑人的作案工具和交通工具，机动性和续航能力更强，大多为跨县区、跨市作案，有的甚至跨省作案，对空间熟悉程度要求相对较低。

从空间的勘查价值上分析，拉人上车抢劫中，"车"就是一个很重要的现场，由于车内空间较小，加之被害人的反抗，在车内常常遗留下与犯罪有关的痕迹物品，如搏斗中被害人扯掉的犯罪嫌疑人的头发、衣服的纽扣或者其他物品，在车上有强奸犯罪行为时，还可能在车辆的地板上、座椅上留下强奸案件特有的痕迹，实施作案时所用的捆绑物、堵嘴物和有关工具如绳索、手巾、毛巾等。

3. 作案手段特点

（1）犯罪嫌疑人团伙作案、流窜作案突出。拉人上车抢劫案件由于自身特点，基本上可以排除一人作案的可能性，绝大多数是三至五人合伙或团伙作案。加之汽车具有高速、灵活、机动、续航能力大等特点，从拉人上车到逃逸，时间很短，往往不超过一分钟，逃逸速度很快，同时也为犯罪嫌疑人跨县区、跨市作案，甚至跨省作案提供了条件。

（2）犯罪职业化、团伙化、系列化特征明显。犯罪嫌疑人大多以此为生，将抢劫来的财物销赃后用于维持自己的生存或者汇给家里人，其他的则用于挥霍。犯罪嫌疑人通常不会只做一起案件，基本上天天做，有的甚至一天作案多次，这就使得犯罪系列性的特点十分明显。

（3）作案手法简单、示范性强。犯罪嫌疑人在作案过程中除了需要驾驶技能之外，其他基本上不需要任何技巧和技能，也不需要复杂的工具，事先也不需要做周密的预谋和策划，手法比较简单。据调查，大部分犯罪嫌疑人的作案手法是从影视媒体中习得，一旦成功一次，对其他潜在作案人使用同种手法作案的示范作用明显。

（4）犯罪分工明确、配合默契。为了降低被抓的风险，抢劫团伙在作案前都进行了明确的分工，车停后谁下车、谁在车上拉、谁堵嘴等一系列行为配合默契，以提高作案效率和成功率。

（5）案件发生的随机性和突然性强。犯罪的随机性主要体现在发案时间上的随机性和侵害对象的随机性上。拉人上车抢劫案件，在一天中的任何时段都可能发生，侵害的对象也不明确。突然性强是指案件往往在被害人还没有思想准备的情况下，突然发生。

（6）作案手段凶残，多同时进行其他严重刑事犯罪。有的犯罪团伙拉人上车抢劫后直接转化为绑架、勒索钱财。有的犯罪团伙为了得到银行卡密码，采用拳打脚踢、针或牙签插指甲缝、烟头烫等方法威逼被害人，还对女性被害人进行强奸或轮奸，甚至将反抗的被害人杀死，手段凶残。

（二）拉人上车抢劫案件的侦查方法

拉人上车抢劫案件作为南方地区"禁摩"后"两抢"案件的一种新形式，除了及时勘查现场、串并案件、成立专业队、开展专项斗争等传统的侦查打击对策之外，还应针对其特点，采用以下侦查方法：

1. 刑事模拟画像

虽然模拟画像最早可以追溯到我国的春秋时期，但过去的模拟画像手段相对落后、技术水平较低、准确性不高。20世纪中叶之后，由于电子计算机的发明及广泛应用，模拟画像技术得到迅速发展，各种模拟画像软件层出，技术水平和相似性不断提高，在刑事侦查中的作用日益增强。拉人上车抢劫案件中，由于被害人一般都与犯罪嫌疑人有一定时间正面接触，记忆中多少会留下犯罪嫌疑人的体貌特征、口音、人数等相关信息，抢劫后又对女性被害人实施性侵犯的，被害人对犯罪嫌疑人的印象则更为深刻，这就使得刑事模拟画像技术在拉人上车抢劫犯罪侦查中具有特殊地位。当被害人报案后，侦查机关要尽可能快地利用其记忆度较高，印象较深，进行对犯罪嫌疑人的模拟画像。在运用模拟画像侦查时，要注意防止本着"完全相像"的观念运用画像，而要在摸底排队和走访中综合把握各种条件，恰当划定侦查范围，确定犯罪嫌疑人。

2. 电磁痕迹侦查

电磁痕迹是由电磁波所形成，主要载体为移动电话。据调查，目前全国移动电话用户近5亿人，随着移动电话日益普及和信息在社会生活中重要作用不断增强，人们对移动电话的依赖性也在提高，同时也因其具有较高价值而成为侵财作案目标。在拉人上车抢劫犯罪中，犯罪嫌疑人一方面会利用移动电话与其他犯罪嫌疑人、与团伙进行信息交流，是其作案工具之一；另一方面，移动电话也是他们劫取的目标之一，且通常至少使用一次，例如咨询被害人话费余额等。由于移动电话与持机人在关系上具有固定性、唯一性、绑定性、无形性特点。[①] 侦查机关可以通过对被劫移动电话电磁痕迹的侦查来掌握移动电话的位移规律，定时、定点、定人，从而确定和缉获犯罪嫌疑人。

---

① 刘凡伟、司凯、贺晓峰：《电磁痕迹的侦查应用》，载《中国刑事警察》2006年第5期。

第六章 毒品案件侦查

2014年8月28日下午16时40分许,王俊某在吸食毒品甲基苯丙胺(俗称"冰毒")后产生被害妄想,乘坐女友华某驾驶的白色大众轿车行至常州市钟楼区南大街与双桂坊交叉路口时,将华某赶下车,独自驾车沿公园路由南向北逆向行驶。在公园路与双桂坊交叉路口,将等红灯的尹乔某的东风风神牌轿车的右侧车身和盛某的福特蒙迪欧牌轿车左侧车头撞坏。后王俊某驾车继续向北行驶,沿途撞坏交通隔离护栏,在公园路与青云坊交叉路口人行横道线附近,先后将行人王林某(女,58岁)、唐鹏某(女,26岁)、徐亚某(男,29岁)、徐铭某(男,1岁)、姚纪某(男,88岁)、姚鸿某(女,14岁)撞伤,并将骑电动自行车的冯某(女,48岁)连人带车撞倒。后王俊某继续驾车在延陵西路南侧由东向西逆向行驶,将在慢车道上等红灯的骑电动自行车的史金某(男,65岁)和骑电动摩托车的姚某(男,22岁)连人带车撞倒,又撞上停在直行车道上的212路公交车,致该车右侧车头损坏,被路口执勤的交警拦下并制伏。案发后,王俊某的家属及华某的家属分别拿出赔偿款人民币1万元和5万元。经鉴定,被害人王林某、唐鹏某、史金某之伤属重伤二级;徐亚某、姚纪某、姚某之伤属轻伤一级;姚鸿某之伤属轻伤二级;冯某之伤属轻微伤;徐铭某未达轻微伤。

第一节 毒品案件概述

毒品和毒品犯罪对于我国人民来说,其所具有的历史意义、政治意义与其他犯罪相比,更具有特殊性。从历史上看,中国半殖民地半封建社会的历史始于鸦片战争,鸦片贸易摩擦所导致的丧权辱国历史成为每一个中国人心中永远抹不去的阴霾,仅从这一点上看,在中国可能没有任何一种犯罪形式能够让人如此谈虎色变,以至于当使用了"严打"和"死刑"威慑等手段用来处置毒品案件时,政府及一般社会民众也还觉得对于毒品犯罪的惩治力度不够,毒品犯罪对于社会的威胁依然巨大,这种严刑重罚的刑事司法实践背后隐藏着一种对历史经验的深刻恐惧。这种历史情绪是不能够用社会危害性来简单加以说明的，然而，从侦查学的角度来研究毒品犯罪，我们又不得不紧紧依靠社会危害性这一基础标准来展开有关毒品犯罪的精确判断和理论研究。

一、毒品案件的概念

"毒品，是魔鬼用来汲取人类灵魂的毒药，它已经成为当今人类的一大公害。"[1] 从毒品被发现到毒品的滥用，从吸毒的泛滥到制毒、贩毒的猖獗，从放任毒品到对毒品的管制，人们对毒品的认识是在历史的发展过程中逐渐加深的。在毒品泛滥后，制造、贩卖毒品等行为才开始受到刑法的关注，并以"毒品犯罪"的身份出现于近现代历史舞台。毒品与毒品犯罪从此互相联结、相伴而生。

（一）毒品

毒品并非是"毒性药品"的简称。毒性药品指的是毒性剧烈，治疗剂量与中毒剂量相近，使用不当会致人死亡的药品。而毒品是指鸦片、海洛因、甲基苯丙胺（冰毒）、吗啡、大麻、可卡因以及国务院规定管制的其他能够使人形成瘾癖的麻醉药品和精神药品。换言之，毒品是指出于非医疗目的而反复连续使用能够产生依赖性（即成瘾性）的药品。从自然属性讲，这类物质在严格管理条件下合理使用具有临床治疗价值，那就是药品。从社会属性讲，如果为了非正常需要而强迫性觅求，这类物质失去了药品的本性，就成为了毒品。因此毒品是一个相对的概念。当然也有些物质成瘾性大，早已淘汰出药品范围，只视为毒品，如海洛因。

毒品也不等同于制毒物品。制毒物品是指用于制造麻醉药品和精神药品的物品。毒品，有些是可以天然获得的，如鸦片就是通过切割未成熟的罂粟果而直接提取的一种天然制品，但绝大部分毒品只能通过化学合成的方法取得。这些加工毒品必不可少的医药和化工生产用的原料就是我们所说的制毒物品。因此，制毒物品既是医药或化工原料，又是制造毒品的配剂。

毒品种类很多，范围很广，分类方法也不尽相同。

1. 从毒品的来源看，可分为天然毒品、半合成毒品和合成毒品三大类。天然毒品是直接从毒品原植物中提取的毒品，如鸦片。半合成毒品是由天然毒品与化学物质合成而得，如海洛因。合成毒品是完全用有机合成的方法制造，如冰毒。

---

[1] [美] 弗雷达·阿德勒、杰哈德·穆勒、威廉·拉斐尔：《遏制犯罪——当代美国的犯罪问题及犯罪学研究》，康斌等译，中国民主法制出版社2006年版，第231页。

2. 从毒品对人中枢神经的作用看，可分为抑制剂、兴奋剂和致幻剂等。抑制剂能抑制中枢神经系统，具有镇静和放松作用，如鸦片类。兴奋剂能刺激中枢神经系统，使人产生兴奋，如苯丙胺类。致幻剂能使人产生幻觉，导致自我歪曲和思维分裂，如麦司卡林。

3. 从毒品的自然属性看，可分为麻醉药品和精神药品。麻醉药品是指对中枢神经有麻醉作用，连续使用易产生身体依赖性的药品，如鸦片类。精神药品是指直接作用于中枢神经系统，使人兴奋或抑制，连续使用能产生依赖性的药品，如苯丙胺类。

4. 从毒品流行的时间顺序看，可分为传统毒品和新型毒品。传统毒品一般指鸦片、海洛因等阿片类流行较早的毒品。新型毒品是相对传统毒品而言的，主要指冰毒、摇头丸等人工化学合成的致幻剂、兴奋剂类毒品，在我国主要从20世纪末、21世纪初开始在歌舞娱乐场所中流行。

(二) 毒品案件

界定毒品犯罪，首先应当明确该类犯罪所违反的是毒品及毒品原植物管理及易制毒化学品管理法规，而不是单指一般的刑事法律；也不能将这些法规限制在禁毒立法范围内，因为禁毒法律只是毒品管理法律中的一部分；更不能仅仅将其限定在我国参加的国际公约的范围内，它必须涵盖毒品犯罪所违反的全部法律和法规。因此，毒品犯罪所违反的法规包括了我国制定、施行的国内刑事法律和法规，如《刑法》《关于禁毒的决定》；国内有关毒品及毒品原植物和易制毒化学品管制的法规，如《麻醉药品和精神药品管理条例》，公安部、卫生部《关于严禁非法种植罂粟的通知》《易制毒化学品进出口管理规定》，同时也包括我国所缔结和参加的国际上对毒品和易制毒化学品进行管制的公约，这些公约虽然不是我国惩治毒品作案时直接适用的法律依据，但是，作为缔约国和参加国有履行这些国际公约规定的有关义务。此外，世界上有一些国家，对毒品犯罪违反的法律规范不局限在禁毒法规范围内。综上所述，毒品犯罪的概念可表述为：毒品犯罪是指违反毒品、毒品原植物和易制毒化学品管理法规，破坏禁毒管制活动，依法应受刑罚处罚的行为。

二、毒品案件的特点

毒品犯罪的全球化趋势日趋明显，境内境外毒贩相互勾结、组织严密，作案手段狡猾多变，且有现代化的通讯手段和武器装备。在猖獗的国际毒潮的渗透和高额利润的引诱下，一些地方的毒品犯罪甚嚣尘上，毒品案件逐年上升。国际毒贩急于扩大销售市场，竭力开辟"中国通道"。国内毒贩尽力营造国内市场。具体来说，当前毒品犯罪的特点如下：

(一)毒品犯罪的集团化、职业化趋势明显

世界上凡大批量的贩毒活动,几乎均系职业性的犯罪集团所为。暴力组织和黑社会也参与贩毒活动。因为毒品利润极高,一袋在缅甸仅值200美元的鸦片,在提炼成海洛因后,经加工和稀释,在欧美国家的售价可达200万美元,贩卖可卡因和大麻的利润也非常高。所以,暴力组织和黑社会将毒品交易作为聚敛钱财的主要手段。从我国已破获的毒品犯罪案件看,集团化、职业化趋势也非常明显。作案人结成集团、团伙,或境内外勾结,或跨省区勾结,他们长期经营,形成产、供、销一条龙的职业性犯罪体系。他们有秘密联络点存储毒品,用现代通讯手段相互联系,有专车运输毒品,形成毒品交易网络。从毒品作案人的构成来看,来自我国香港、澳门地区和缅甸、老挝、泰国的国际贩毒人员占很大比例。在国内毒品作案人中,既有个体户、失业人员、农民、工人,也有少数国家干部。他们一旦走上毒品犯罪道路,成为毒品犯罪集团成员,便难以自拔。一些年轻的贩毒人员不仅自己贩毒,而且自己还吸毒,"以贩养吸"的模式占很大比例。

(二)毒品犯罪的全球化形势突出

由于以天然植物为原料的毒品除了古柯类毒品和大麻类毒品具有一定地理气候因素制约外,罂粟几乎适合世界各地种植。而以海洛因为主的鸦片类毒品仍是世界毒品消费的主体,因此毒品种植、生产不断扩大。当前世界上有"毒品基地",东南亚"金三角"地区,该地区生产的鸦片多被加工提炼成海洛因,销往美国、欧洲和其他亚洲国家。南亚"金新月"地区,这里的鸦片一般在当地提炼成海洛因,销往欧洲、美国和亚洲。南美洲的"白三角"地区,这里盛产古柯碱,销往美国和欧洲市场,非洲的"黑三角"是非洲新崛起的一个毒品基地,其盛产大麻,另外还有一个以黎巴嫩贝卡谷地为中心的山区,毒品主要销往欧洲。毒品犯罪已形成从种植、加工、贩运到消费的国际化体系。一个国家查获毒品犯罪案件,往往牵涉好几个国家和地区。

我国处在东南亚金三角的北面,国内外贩毒集团不断假道我国,将大量毒品从金三角地区转运香港、澳门,进入国际市场。而且从查处案件的情况来看,境外贩毒团伙在加紧向我国输入毒品的同时,也在加强与国内作案人的相互勾结,制造、贩卖、运输、走私毒品"一条龙"的情形已经形成。例如,一些境内外作案人相互勾结,在我国内陆省区套购、骗购麻黄素复方药品,然后运送到边境地区后伺机走私出境。2006年以来,云南省警方查获的麻黄素复方药品逐年增加,云南公安机关破获的案件情况表明,大量合法药物正被用于制造毒品。① 这充分说明，随着毒品犯罪的进一步发展，我国已经不再是一个纯粹的毒品中转站和毒品过境国，20 世纪 80 年代以来长期存在的毒品加工制造和消费"两头在外"，以及毒品犯罪嫌疑人以外国人为主等原有的毒品犯罪特点已经发生了明显改变。事实证明，境外毒品正对我国形成"南北夹击、四面包围，多头入境、全线渗透"的严重态势，我国已由毒品过境国转变为毒品过境与消费并存的毒品受害国，② 而且这一趋势还会继续发展，今后发生在我国的毒品犯罪其国际化趋势将越来越明显。

(三) 毒品犯罪的隐蔽化、武装化

首先，作案人使用的贩毒手段极为隐蔽狡猾，人体内藏毒、物体夹层藏毒等手段均已出现。更有甚者，毒犯将块状海洛因伪装成糖果，将粉末状海洛因伪装成食品冲剂，通过邮寄方式进行交易，包装工艺十分精致，难以识破，给缉毒工作带来的难度越来越大；其次，武装贩毒案件增多，有的贩毒集团既贩毒又贩枪。在贩毒人员中有这样一条不成文的规定，即购买 10 克海洛因，免费赠送 54 手枪一支、手榴弹二枚，以此来强化抓住就死、拼个鱼死网破的意识。③ 例如，2005 年 10 月云南省破获我国最大武装贩毒案，缴获枪支 36 支，火箭筒 6 支、手榴弹 33 枚、子弹 1586 发、发报机 2 台，缴获毒品海洛因 226.8 公斤，抓获贩毒犯罪嫌疑人 70 名。2007 年 8 月，上海市公安局缉毒处发现了一个制贩新型毒品案件的重要线索，公安部禁毒局即派员于 8 月 29 日召集上海、云南公安禁毒部门在昆明举行了"特大跨国制贩毒案件 8·29"协调会，并成立专案组。专案组在云南昆明市、云南省永德县、缅甸老街的三个主战场先后抓获境内外制贩毒嫌疑人员 16 名，其中缅甸籍人员 4 人，缴获各类毒品 430.2 千克，其中冰毒片剂 259 千克、咖啡因 165 千克、晶体冰毒 6.2 千克，制毒原料和化学配剂 3141.6 千克，以及"五六"式冲锋枪 2 支，子弹 100 余发，大批制毒设备、原料。④

(四) 家族成员搭伙贩毒

由同一家庭或同一家族的众多成员共同参与贩毒活动，很难把其归类为犯罪集团，也不好定性为犯罪团伙，但它是我国当前毒品犯罪的一种普遍存在的

---

① 张文凌：《大量合法药物正被用于制造毒品》，载《中国青年报》2008 年 8 月 28 日第 7 版。

② 张远煌：《犯罪学原理》（第二版），法律出版社 2008 年版，第 241 页。

③ 王志刚：《云南边境地区毒品犯罪特点及对策研究》，载《现代商贸工业》2008 年第 2 期。

④ 中国国家禁毒委员会办公室：《2008 年中国禁毒报告》，载中国网。

新形式,即毒品犯罪出现"家族化"的特点。有的是夫妻结伴,有的是父子同行,有的则是兄弟姐妹联手,远亲近戚助阵,甚至全家老少共同"上前线","前仆后继"者屡有所闻。与这种家族化类似的另一种特殊形式是犯罪成员地域化,即参与者往往来自同一地域。这在农村地区尤为突出,邻里乡亲三五成群外出贩毒的最为常见,一般都是同一乡村的农民。很显然,在共同涉毒犯罪中家族血缘关系和乡情邻里关系往往成为相互连接的重要纽带。

(五) 吸食者越来越低龄化

据贵州警方统计,2003—2004 年,全省公安机关共侦破重特大贩毒案件 387 起,抓获犯罪嫌疑人 641 名。其中,17 岁以下的贩毒人数 2 名,18 周岁至 25 周岁的贩毒人数 105 名。在这 107 名贩毒青少年嫌疑人中,文盲 17 人、小学文化程度 78 人、初中文化程度 11 人、高中文化程度人。可见,文化程度在小学以下的为绝大多数。① 另外,具有高学历的青少年涉毒犯罪值得关注。在涉毒犯罪的青少年中,有一类非常重要的群体即高校学生不容忽视。高校学生一般思想较为开放,很容易接受新观念和新事物,对毒品持有一种较为包容的心态,许多高校学生进而参与到吸毒等行为,将其作为表现自己身份的一种重要方式。这一现象近年来已经显露出了其突出性并得到了较为广泛的关注。随着社会的转型和高校的进一步社会化,高校学生的涉毒犯罪完全有可能成为青少年犯罪和毒品犯罪的一个新趋势,应当引起高度重视。

第二节 毒品案件的一般侦查方法

毒品犯罪的侦查对策是缉毒执法机关依法对毒品犯罪活动进行调查取证,弄清案件事实,缉捕犯罪嫌疑人而依法采取的各种侦查措施、谋略、方法、技术和手段的总称。由于毒品案件侦查的自身规律特点,使得毒品犯罪侦查较之其他犯罪侦查具有不同的方法,诸如适用的策略、取证的措施和手段、协助的主体、情报的搜集等。准确地把握毒品犯罪的规律特点,制定适宜的侦查措施策略,及时调整侦查方法有着重要的现实意义。因此,毒品犯罪侦查作为刑事侦查的重要组成部分,应强化以下几个方面的内容:②

---

① 梅传强、蔡春艳:《贵州省青少年毒品违法犯罪的实证研究》,载《青少年犯罪问题》2007 年第 6 期。

② 李平:《刍议毒品犯罪的特点及其侦查对策》,载《法制与社会》2009 年第 6 期。

一、充分运用秘密侦查手段取证

秘密侦查是指经过严格的批准程序，在严密的指挥和监控下，使用内线侦查、外线侦查、技术侦查等措施，掌握侦查对象的动向，控制其活动，从而发现和揭露犯罪的侦查活动。毒品犯罪活动具有较大的隐蔽性，在实际工作中，侦破的绝大多数毒品案件都是依靠秘密力量提供情报而着手进行的。实践证明利用秘密侦查的手段是侦破组织严密、隐藏不露的犯罪集团，特别是将其核心成员绳之以法的有效武器。毒品行为人的特殊性和打击毒品犯罪的复杂性决定毒品犯罪侦查工作必须运用周密有效的策略、手段去获取证据，揭露和证实犯罪。一方面，由于运用秘密侦查手段是在不正面触及犯罪嫌疑人以及社会公众均未知晓的情况下进行的，能够避免来自犯罪嫌疑人及其同伙的反侦查措施。另一方面，还能有效地避开犯罪嫌疑人的关系网和保护层的干扰，减少侦查过程中的人为阻力。可见，在侦查毒品犯罪案件中充分运用秘密侦查手段具有极大的优越性。但应当注意的是，运用秘密侦查手段必须履行严格的审批程序和采取严格的保密措施，同时，要善于把秘密手段与公开手段结合起来，才能拓宽侦查取证的途径，提高侦查工作的效率。

二、利用技术鉴定，扩大取证范围

鉴定技术即通常所说鉴定，是侦查机关指派或聘请有专门知识的人对某些专门性问题进行鉴别和判断并作出结论的诉讼活动。尽管侦查毒品犯罪案件对现场的依赖程度小，但由于毒品犯罪嫌疑人在作案过程中往往会遗留收据、汇单、指纹、手机号、毒品及包装物等书证、物证，也就为鉴定技术提供了用武之地。通过对这些书证、物证进行鉴定，不仅有助于辨明其真伪，判明案件性质，为是否立案以及认定犯罪提供依据，同时也是寻找证据来源的重要途径。为此，在毒品犯罪侦查中要特别重视发挥鉴定技术的作用，对查获的书证、物证不仅要鉴别其真伪，确认其是否为本案证据，而且要注意对某些书证、物证通过追溯其来源，进一步扩大证据线索。例如：发现邮寄毒品和汇款的票据或手机号码等，可以通过原票据的出具部门或电信部门做进一步调查，从中发现关系人或可疑线索，为侦查取证提供方向。这一方面要求侦查人员充分认识毒品犯罪案件的证据多以物证的形式出现；另一方面要善于从现有的证据或证据线索上挖掘与犯罪有关的其他信息，扩大取证的范围。此外，应大力加强毒品犯罪侦查部门的技术装备水平，建立带有毒品犯罪侦查特色的鉴定技术部门或中心，从而实现毒品犯罪侦查工作在科技含量上的提高。如今的刑事犯罪趋于智能化、暴力化、国际化，作案人利用先进的技术、方法、手段和设备对抗侦查，而贩毒分子藏匿毒品方法更是别出心裁，在这种情况下，用某些传统的做法来对付现代的贩毒手段已有诸多限制，有时甚至无法奏效。因此，我们要开发研制和学习世界上先进的有关毒品的技术分析、检验和鉴定等手段，用现代的技侦手段来对付现代的毒品犯罪，建立起一套毒品分类分析的技术数据库，用来找出在不同地区查获的毒品之间的内在联系，同时还可以检测出各种毒品的新品种，使缉毒机构能更准确地确定扫毒行动的目标，制定全方位的肃毒战略。推广适用那些被实践证明是行之有效的技术和方法来打击犯罪。当务之急是要改进我们的工作，提高案件的查获率。

三、建立毒品犯罪情报信息网

毒品案件侦查的成败很大程度上取决于毒品犯罪的情报获取，广泛开辟毒品线索来源是侦查毒品案件首要的基本环节。毒品犯罪的暴利性决定了作案人不惜以身试法，铤而走险，也驱使他们将在长时间里从事犯罪活动。要进一步加强缉毒专案侦查工作，切实提高破案攻坚能力。要大力加强情报基础工作，切实提高情报搜集、分析研判、交流共享和实战应用能力。[1] 因此，我们要树立长期作战的思想，强化毒品的情报工作，建立相应的情报机构，形成完善的毒品情报处理的科学机制，以及时了解犯罪动向，掌握工作的主动权。在这项基础工作中，刑侦、内保、治安、预审、边防、民航、铁路、交通公安部门、公安派出所、看守所、拘留所、少管所、收教所等要密切配合，海关部门予以协助，拓宽情报来源渠道，在此基础上建立地区范围内的情报交换中心和情报数据库，加快情报交流，及时为缉毒活动的决策提供科学依据。大多数毒品犯罪案件通常没有特定的被害人和明显的现场，且案件揭露迟，如无检举、揭发等情报线索，不少案件将难以及时揭露和证实。从一定意义上说，侦查毒品犯罪案件的成效在相当程度上取决于发现案件线索的成效，只有尽可能多地发现案件线索，才能给予毒品犯罪活动及时有力的打击。由于毒品犯罪活动涉及专门领域和行业，犯罪情报信息的收集利用有其自身的规律，因而必须建立起与之相适应的毒品犯罪侦查情报信息网络体系，其中应重点做好以下几个方面的工作：一是建立毒品犯罪举报中心并完善举报制度，形成一个自上而下巨大的毒品犯罪举报网络，使之成为发现和掌握毒品线索的重要渠道和来源；二是重点建立一批熟悉毒品业务，善于在毒品领域收集情报的高质量的秘密力量，通过各种渠道把触角延伸到毒品领域的各个环节和角落，做到信息灵通、反应灵敏，以增强发现、控制、防范毒品犯罪的能力；三是按照安全、保密的原则做

---

[1] 中国国家禁毒委员会办公室：《2008年中国禁毒报告》。

好据点建设,利用职业据点的优势,收集情报信息,扩大线索来源;四是加强与金融、工商、税务等行政执法部门的联系,设立专门的联络机构,健全案件移送制度,以便经济活动和行政执法过程中发现的毒品犯罪案件能得到迅速及时的处理。

四、加强禁毒合作

在缉毒过程中,缉毒侦查部门与有关执法部门曾多次联手合作,破获一些大宗毒品犯罪,但也存在一些问题,其中有的是因为体制上的弊端,有的则是人为制造的困难,造成许多不必要的扯皮、讨价还价和互不配合等现象,这不仅增加缉毒活动的难度,也耽误侦查的有利时机。因此,应当加强组织领导,分清职责,通过协调来加强与军队、海关、民航、铁路等单位的合作,还应协调好各警种之间的关系,依靠各方力量,实行海陆空立体联防。在多部门跨地区的联合作战中,无论哪一家都不应出于某种考虑而人为地设置障碍,以致给整体工作带来不便乃至损失,而应充分调动人力物力,充分发挥各部门的职能作用,进行联合作战,以保证迅速有效地打击贩毒犯罪活动。通过联合国禁毒署、国际刑警组织等国际缉毒机构,发展与加强同各国司法当局,特别是重点产毒国的司法当局的联系、合作与经验交流,共同打击跨国贩毒活动。由于世界范围的毒品泛滥,毒品的种植、加工、贩运、消费已形成国际化的体系,要实现禁毒目的,世界各国必须开展广泛的合作。中国积极开展与周边国家以及加拿大、澳大利亚、美国、智利等国在缉毒执法、情报交流等方面的合作,成功破获一批特大跨国走私毒品案件。2007年,我国积极参加"东盟和中国"禁毒合作机制,"东盟和中国"打击跨国犯罪机制禁毒工作组机制的多次工作会议。① 使我国与东盟国家的禁毒合作取得新的突破。作为一种国际性的犯罪现象,毒品犯罪发展到今天,已形成全球性的种植、加工、走私、消费的局面,仅仅凭借一国的力量缉毒是鞭长莫及。针对全球性的毒品犯罪活动,尽快组成全球性的缉毒网络,才是对付国际性毒品犯罪的有效策略。不采用全球战略,即无法铲除这一严重威胁人类的毒瘤。各国司法当局在联合国禁毒署等国际缉毒组织的协调下,合围产毒区,切断国际贩毒路线,铲除国际毒品犯罪集团,以求标本兼治。国际毒品犯罪在我国的表现主要是过境贩毒,也就是国际毒品犯罪集团假道我国把毒品从原产地或加工地输往目的地国,这种犯罪形式通常是由犯罪集团在境外遥控指挥,国内作案人具体实施,即使行动失败,贩毒集团在境外不过是损失一些毒品和一些贩毒成员而已,对犯罪集团的核心成

---

① 中国国家禁毒委员会办公室:《2008年中国禁毒报告》。

员难以绳之以法。因此要从根本上扭转我国毒品犯罪的严重局面，单凭加强国内打击力度，是难以取得根本实效的，应当在国际缉毒机构的协调下，积极参与国际禁毒活动，研究国际毒品犯罪的规律，制定有效的行动策略，与其他国家联手，共同打击国际毒品犯罪。

毒品犯罪组织严密，作案隐蔽，分工明确，不同于一般的刑事案件。要提高打击毒品犯罪的针对性和实效性，尤其要注意下面几个具体问题：

（一）准确捕捉和把握抓捕的最佳时机

最佳的抓捕时机应当是在交易现场将作案的嫌疑人和毒品同时抓获与收缴，实现"人赃俱获"。如果破案时机尚不成熟时过早动手，会打草惊蛇；如果稍晚一步，待毒品交易结束、双方分手后再下手，则只能取得买卖一方的毒品或毒资，使证据链缺损，给认定案情造成很大的困难，甚至可能使犯罪嫌疑人逃离现场。

作案人为了逃避法律的制裁，防止在交易过程中被抓，往往利用各种"假卖"的迹象迷惑侦查人员，转移人们的注意力和视线；或者频繁地变换交易时间、地点和方式，以试探情况的虚实真伪，直到认为有绝对把握时才肯出手。一些侦查人员有时经不起这种反复的"折腾"，操之过急，还未等到实现交易便提前动手，过早地暴露抓捕意图，人虽然被抓住了，却未能查获到毒品，最后只得放人，给侦查工作带来极大的被动。例如，某禁毒支队获得一条重要线索：一贩毒团伙将利用长途公共汽车作为运毒工具，通过行李携带方式，准备从广州向内地运输大量海洛因。该支队根据情报，组织警力在相关路段和收费站设卡堵截，抓获犯罪嫌疑人王某、张某，同时对其携带的行李物品进行检查，结果没有发现任何可疑物品。据犯罪嫌疑人交代他们此行的目的是为了开辟运毒新路线，若此行顺利，将沿着这一路线运输毒品到内地。正当此案进退两难之时，侦查人员得知王某、张某在广州有毒品案底（因漏网逃脱未处理），遂运用广州警方缴获的毒品作为物证，弥补了现行案件没有查获毒品的空白。由于此案抓捕时机没有掌握好，使得本来可以主动出击的案件变为被动补救。可见，能否选准和把握抓捕时机，成为破案成功与否的关键。

侦查人员要全面准确地了解案情和获取大量情报信息，认真甄别判断情报真伪，并根据案情的变化及时调整侦查策略和方法，做到敌动我知、敌变我变。只有情况明、信息准，才能掌握侦查工作的主动权。面对诡秘多变的毒品犯罪活动，要保持必要的镇静和定力，不被纷纭复杂的假象所迷惑，沉得住气，耐得下心，静观明辨事态的发展趋势。当时机成熟时，要迅速果断出手，做到人赃俱获，为以后的诉讼活动奠定坚实的基础。

（二）正确掌握和使用"假买"的侦查方法

所谓"假买"，是指侦查机关为了获取特定嫌疑人进行毒品犯罪活动的指控证据，指挥特情扮演"买主"或设计由侦查员化装为"老板"与嫌疑人联系，制造和提供某种犯罪机会，待犯罪嫌疑人进入预设的情景，充分暴露真实意图并实施毒品交易行为时将其当场抓获，并及时固定证据的侦查方式。这一兼具风险性与效益性的侦查方法，尽管目前法律尚未明文规定，但在侦查实践中却运用得十分广泛和普遍，在打击毒品犯罪方面发挥着独特而重要的作用。在实践中，一些专门从事毒品犯罪活动的毒枭在大宗毒品贩卖前，为了验证"买家"是不是公安"探子"或设局布下的圈套，免遭打击处理的危险，往往把大宗毒品分为零包贩卖。在这种情况下，如果露头就打，只能缴获现场少量毒品，而更多的毒品可能会流入社会，更不利于深挖幕后的大毒枭。对此情形，允许特情贴靠或侦查人员打入内部进行"假买"，具有一定的正当性、合理性和必要性。当然，"假买"的具体运用也需要把握一定的限度，讲究一定的策略，既要满足侦查工作的实际需要，又不能违背公安机关及人民警察职责任务的根本要求，从而实现手段方式与最终目的的有机统一。2004年，某缉毒大队接到特情报告：一金姓中年男子手中有大宗毒品欲贩卖。侦查机关遂安排特情打探，进一步摸清底细。同时缉毒大队指派一名侦查员化装成"买主"，通过特情介绍与金某周旋。金某很快同意与"买主"交易，并按照事先的约定，在一茶座内交易时被抓获，当场缴获毒品海洛因150余克。从本案情况看，犯罪嫌疑人金某主观上有犯罪故意，客观上有贩卖毒品的行为，还有查获在案的毒品佐证，似乎构成贩毒罪。但仔细分析，这一切都是受特情、"买主"的刺激诱惑，金某出于贪利的动机，人为制造的虚假案件事实。人民警察的职责任务是预防、揭露和制止犯罪，侦查的目的不是人为地诱发犯罪后再去追究法律责任，按照非法证据排除规则，由此取得的证据不具备证明效力。因此，侦查机关在采取"假买"方法时，要充分考虑犯罪嫌疑人在主观上是否有贩卖的故意，客观上是否曾经有过贩毒的行为。如果两者兼备，采取的"假买"方法是正常的侦查活动。侦查人员或特情在"假买"行为中不可过于积极主动，应当迎合顺应犯罪嫌疑人的本来意愿；对于原本属于零星贩毒的犯罪嫌疑人，不可将其一步一步地引向大宗贩卖的邪路，然后套取"证据"量刑治罪。

（三）科学判断嫌疑人的主观"明知"

"明知"是一种主观认知状态。从实际情况看，由于毒品犯罪的隐蔽性、诡诈性和多变性，要收集证据直接证明嫌疑人对犯罪行为的主观故意比较复杂和困难。许多大毒枭为了使其毒品犯罪的阴谋诡计得逞，往往通过幕后遥控指挥、跟踪监视等方式逃避侦查。在携运、贩卖、持有毒品环节，不少"马仔"设法采取伪装、藏匿、掩盖、隐瞒等蒙骗手段，遮人耳目，秘密进行；一旦被抓，他们首先想到的是丢弃、销毁、损坏毒品证据，然后编造各种谎言开脱罪责，其中辩称自己"不明知"的情形最多。有时虽然在其身上、住处的隐蔽部位查获到一定数量的毒品，但仍以"不知道它是毒品"为由百般抵赖。例如，某禁毒处根据事先获取的情报，在成都火车站对一名刚下车的年轻女子进行盘查，从其腰部搜出不干胶裹着的海洛因1000克。但该女子辩称她在攀枝花被一中年男子胁迫捆上这些东西，并不知道它是毒品。从本案收集的证据分析，查获的毒品被捆于犯罪嫌疑人的腰间，这表明携带毒品的人深知此物不可暴露而藏于隐秘处。根据这一推断，正好印证其"明知"，只能得出"构成运输毒品罪"的结论。因此，判定犯罪嫌疑人对藏匿毒品是否"明知"，不能以其本人是否承认为依据。

许多毒品案件，因为种种原因，对犯罪嫌疑人主观"明知"的判断不一，困扰着打击毒品犯罪的力度和实效。2007年12月18日，最高人民法院、最高人民检察院、公安部联合制定了《办理毒品犯罪案件适用法律若干问题的意见》（以下简称《意见》），其中对走私、贩卖、运输、非法持有毒品的8种应当知道而不能作出合理解释的情形视为"明知"行为，对于判断处理犯罪嫌疑人与查获毒品的逻辑关系提供了法律依据，有利于解决侦查实践中这一长期存在而又无法确定的疑难问题。需要指出的是，这种"明知"是一种概括性的认知。如《意见》第2条规定的可以认定其"应当知道"的情形包括"执法人员在口岸、机场、车站、港口和其他检查站检查时，要求行为人申报为他人携带的物品和其他疑似毒品物，并告知其法律责任，而行为人未如实申报，在其所携带的物品内查获的毒品。"这说明犯罪嫌疑人"明知"携带物品内隐藏有毒品，至于携带的是什么毒品、含量和实际重量未必都了解，还需要侦查人员进一步调查，综合整个案情进行判断，并不是简单地引用这些规定就能解决"明知"的所有问题。因此，运用这些规定时要注意三点：一是查获的物品必须是经过科学检测认定的毒品；二是这些毒品必须超过一定的数量；三是现场查获毒品的环境、部位必须符合法定的情形。否则，应当视为"不明知"状态。有些案情即使符合上述适用范围和适用条件，如果犯罪嫌疑人能够提供确凿的"不明知"的证据，也可认定构成犯罪的"明知"要件是不存在的。

（四）全面收集和固定毒品犯罪证据

通常情况下，毒品案件无特定的现场、被害人和举报人；案件线索的获取主要来源于技术侦查手段和特情贴靠，而依靠技侦手段获得的证据尚不能公开出示；出于保护和利用的考虑，一般不让特情出庭作证。同时还应注意到，一些毒品犯罪案件，只抓到犯罪嫌疑人，没有缴获到毒品，犯罪嫌疑人往往拒不认罪；有些虽然人赃俱获，但拒绝供述的情形也屡见不鲜。毒品犯罪证据的稀缺给认定案件事实带来不小的困难。如何收集和固定确实充分的证据，是侦查工作面临的一个重要课题。

首先，必须具有强烈的缉毒证据意识。要将收集证据贯穿于侦查活动的全过程，充分认识现场提取和固定证据的重要性。有些侦查人员在缉毒现场一心只想到抓人缴毒，认为只要缴获了毒品、抓到犯罪嫌疑人，便大功告成，不注意收集保全相关证据和思考分析证据之间的逻辑关联性，犯罪嫌疑人一旦拒供或出现其他疑犯漏逃的情况，这时才想起收集其他证据，但是现场已经破坏，证据已经灭失或转移，很可能出现欲罢不甘、欲行不能的尴尬局面。

其次，注意利用现有证据或犯罪嫌疑人的薄弱环节扩大突破口，形成证据锁链。要紧紧抓住现场人毒起获、犯罪嫌疑人惊魂未定的有利时机，开展突审攻势，迫使犯罪嫌疑人供罪，并认真梳理和合理排查嫌疑人之间供辩矛盾及疑点。要及时组织犯罪嫌疑人对现场缴获的毒品物证进行辨认，确定毒品与犯罪嫌疑人之间的事实关系。对于现行犯罪不成立但已掌握的毒品案件，要注意收集嫌疑人过去的案件事实或其他间接证据，以证明其罪行。

最后，注重依靠刑事技术的指纹、痕迹、毒化等鉴定手段证实毒品犯罪。实践中，很多侦查人员不太重视此方面，有时在缉毒现场缴获了毒品，出于好奇，一拥而上，你摸一下，我翻一遍，结果把原有嫌疑人的指纹抹掉了，反而留下侦查人员的许多指纹，甚至损毁和破坏毒品包装物的原样。毒品包装物上遗留指纹或现场痕迹物证对证实毒品犯罪至关重要。例如，2006年，某缉毒大队在213国道思茅段开展"双向"查缉行动，从一辆中巴车行李架上的一双白色旅游鞋里查获3包695克毒品海洛因。侦查人员当即组织车上驾乘人员对各自行李物品进行认领，唯独这双白色旅游鞋没人领走，问遍车上所有驾乘人员都说不知道。那么这双旅游鞋到底是谁的呢？侦查人员随后对旅游鞋藏有毒品包装物进行检查，发现和提取了包装海洛因的塑料袋上的一枚指纹，经过与车上17名驾乘人员的十指指纹比对鉴定，确认这枚指纹为一名四川籍男子所留，从而取得侦破全案的关键性证据。

（五）有效物建和使用缉毒特情

物建和使用特情，既是缉毒侦查的一项重要工作，也是一门高超的艺术。毒品犯罪案件不是案发后接到报警才去侦查，大多是依靠特情获取内幕情报和犯罪活动规律后，指挥特情贴靠或化装侦查实施控制下毒品交付，从而收集和获取犯罪证据，揭露、证实和制止毒品犯罪。从这种意义上讲，能否有效利用和发挥特情作用事关侦查工作能否顺利开展。

在物建和培养特情上，要根据侦查工作的需要，全面考虑，精心挑选，严格审核把关，确实把那些有意向政府靠拢、有利于打入犯罪团伙内部且不易暴露的人员吸收到特情队伍。通过个别谈话、情况提示、适应训练和实际锻炼等方法，培养特情的敏感意识、前瞻预见性和应变处置能力，教育特情严守工作纪律、听从指挥，增强缉毒破案的大局观念。要切实关心和帮助特情解决生活中的实际困难，充分调动特情为我工作的积极性和主观性。要大力开展吸毒人员收戒行动，最大限度地减少因其流落社会而暴露特情的危险，真正保护特情的安全。

在使用特情上，既要交代明确的任务、提出具体的要求，还要传授具体的方法和手段，为特情完成任务、巧于应付积极创造有利的条件，使之能够迅速取得毒贩的信任，能够从作案人的实际交往活动、日常生活、消费水平、行为举止等方面敏锐地觉察出可疑之处和异常变化，进而获取最高机密，详细摸清和了解毒品案件的具体交易方式、交易线路、交易时间、接头地点、接头暗语、疑犯对象特征及其社会关系、活动规律等情况。

第三节　娱乐场所毒品案件的侦查

随着"摇头丸""K粉"等新型毒品的泛滥，娱乐场所逐渐成为新的毒品犯罪相对集中地。据有关资料显示，60%以上的娱乐场所不同程度地存在吸、贩新型毒品的问题，有的甚至半公开化[①]，但由于娱乐场所的内部环境相对复杂，出入人员鱼龙混杂、流动性强，使得娱乐场所的毒品案件侦查工作存在一定的难度。因此，应采取灵活多变的侦查方式，加强对该场所毒品案件的缉查力度。

一、娱乐场所毒品案件的特点

（一）毒品种类繁多，且多为新型毒品

相对于鸦片、吗啡、海洛因、大麻等传统毒品而言，新型毒品为人工化学合成的兴奋剂、致幻剂类毒品。娱乐场所中涉及的毒品多为"摇头丸""冰毒"、氯胺酮（"K粉"）和麦角乙二胺（LSD）等兴奋剂或致幻剂。这类毒品

---

① 费安玲：《坚决打击娱乐场所涉毒犯罪》，载《人民公安报》2006年3月2日第3版。

能够作用于吸食者的中枢神经系统，使其神经高度亢奋或产生幻觉，加之娱乐场所中震撼的音乐节奏、迷离斑驳的灯光，人会脱离现实，感觉达到一种极乐的梦境当中。其成瘾性和对人体的危害在短期内表现不是很明显。

(二) 多为零包贩卖，少有大宗交易

零包贩卖是指在毒品交易中进行 10 克以下（含 10 克）的贩卖活动，是当前娱乐场所贩毒活动的一个显著特点。由于到娱乐场所消费的人员多是喜欢热闹的年轻人，其中相当一部分是青少年。这部分人一般没有什么经济基础，对毒品的消费具有一定的偶发性。毒贩针对这种消费现状就将毒品分装成小包贩卖，一则价格便宜，青少年买得起，二则即使被抓，也会因为量小而逃避法律的严惩。也有贩毒分子在进行大宗交易时将地点选择在人员和环境都相对复杂的娱乐场所，以逃避公安机关的打击。

(三) 犯罪行为隐蔽，交易手段多样

毒贩在寻找买家时总是采用暗语，如问"想不想 High 啦？"讨价还价也是通过打手势来进行，一旦谈好价钱，交易瞬间即可完成。有的毒贩和买家通过对面行走时身体接触的瞬间完成交易过程，随后形同陌路、各自走开；有的毒贩本身不进入娱乐场所，而是指派马仔到场所内物色对象，谈好价钱后用电话通知毒贩到场所外的指定地点交易。毒贩在娱乐场所内交易一般会选择在洗手间、包厢、灯光相对比较暗淡的角落或人群相对拥挤的大厅舞场边缘进行。

(四) 案发时间特定

娱乐场所内正常消费人群的客流高峰一般出现在晚上 10 点至次日凌晨 1 点，1 点以后大厅的消费人员逐渐离开或转移到包厢。因此，大厅的吸贩毒品行为多发生在客流高峰期，而包厢的犯罪行为多发生在凌晨 1 点以后、人员相对较少的时间。

二、娱乐场所毒品案件的侦查方法

当前娱乐场所毒品案件侦查工作存在的困难及问题主要表现在以下几个方面：

第一，线索来源少。一般刑事案件的线索来源多是被害人和群众的报案、举报、控告，公安机关在日常工作中的发现等。而娱乐场所毒品犯罪案件与一般刑事案件不同，有其自身的特殊性：一是无典型意义上的被害人。在娱乐场所购买并吸食毒品的人一般不会主动检举和告发贩毒人员。二是娱乐场所充当毒贩的"保护伞"。娱乐场所的经营者和从业人员实际上都是完全能够发现场所内发生的毒品违法犯罪活动的,但为了经济利益,既不予制止,也不向公安机关举报;有的娱乐场所甚至还公开向吸毒人员提供吸毒用的托盘、吸管等工具,为毒品违法犯罪活动提供安全保护,以"容忍吸贩毒"来争取客源。这在一定程度上屏蔽了侦查工作的信息来源通道。三是群众知情少。娱乐场所的特殊性和毒品犯罪的隐蔽性使群众一般很少知晓内情,期望通过群众举报和调查访问获取线索的可能性不是很大。

第二,搜集、固定证据难。具体表现为:(1)毒品认定难。在对娱乐场所的突然公开查缉过程中,毒品作案人来不及逃跑,往往会迅速转移或销毁重要的证据——毒品,如把零包毒品扔到厕所里、沙发底下或倒在喝剩的酒水饮料里。因此,经常会出现由于证据不足而无法对抓获的嫌疑人定罪的情况。有时即使人赃俱获,也会因贩毒分子拒不承认而无法查清毒品的来源和去向。如果毒品已被吸食,就更无法查清毒品的数量从而难以对毒贩定罪。(2)收集证人证言难。由于娱乐场所毒品的消费具有偶发性,吸食者和毒贩之间一般没有稳定的联系,因此对毒贩的情况了解不是很深入,提供的证言不够全面和具体。某些经常到娱乐场所购买毒品消费的吸食者,由于其心理、人格已在毒品的作用下发生了变异,其证言的可信度不高。娱乐场所的工作人员为了场所经营的经济利益一般也不会选择和警方合作。由于涉足娱乐场所的人员具有高度的流动性,因而很难找到目睹毒贩交易过程的消费者,即使找得到,由于毒品交易的隐蔽性,其证言也不够全面。(3)获取口供难。由于娱乐场所环境复杂,证据认定困难,毒贩被抓以后总是百般抵赖,拒不承认自己的案件事实,或试图减轻自己的罪责。如经常活跃在娱乐场所内的毒贩被抓时只承认这一次,对贩卖毒品数量也只承认随身所携带的少量,而不会主动交代以前的贩卖行为。

第三,打击力度小。传统的缉毒观念是把"破大案、缴毒资、抓毒枭"放在禁毒工作的首位,而娱乐场所中的毒品犯罪多以零包贩卖为主,加之零包贩卖具有隐蔽性、灵活性和易逃避打击的特点,开展工作费时费力,且不易见成效,使得很多缉毒民警在实际工作中往往"抓大放小",大宗交易争着上,零包贩卖无人管。另外,打击毒品犯罪的有效性在很大程度上取决于投入的人力、物力和财力的多少,在打击娱乐场所毒品犯罪方面更是如此。因为娱乐场所环境复杂,毒品犯罪隐蔽性强,侦查人员需要长期经营,甚至为了隐蔽真实身份还要乔装改扮,使用一些先进的技侦手段。所以,公安机关不仅要有专业的禁毒队伍,而且还要有充足的物力和财力保障。而目前全国普遍存在禁毒经费和力量不足、技术水平低等情况,已成为查禁毒品工作的巨大障碍,同时大大制约了对娱乐场所毒品犯罪的打击力度。加之娱乐场所中的毒贩贩卖的多为零包新型毒品,而我国法律对某些新型毒品(如"K粉")的处罚缺乏明确的量化标准,毒贩即使被抓也会因为量小或法律无明确规定而不会受到严惩,多是罚款了事。这不但无法遏止毒品犯罪,甚至还会助长毒贩的嚣张气焰。

第四,工作方法单一。经过多年的打击毒品犯罪工作实践,侦查人员已形成了一套常规的侦查方式。而随着时间的推移,贩毒人员逐步熟悉了这种常规侦查方式,并形成了狡诈多变的反侦查手段。以常用的外线跟踪为例,过去曾是非常有效的方法,但现在失误、掉线率非常高。贩毒人员具有很强的反侦查意识,常常将交易地点选择在娱乐场所内的包厢、洗手间或场所外行人稀少的地方,有时还会突然改变行动方向,更换交通工具来摆脱跟踪。同时,娱乐场所人流的拥挤、环境的复杂、灯光的暗淡也给外线跟踪带来了很大的困难。

因此,针对娱乐场所毒品案件侦查工作中出现的问题及困难,侦查机关应着重突出以下几方面工作:

(一)加强情报工作建设

孙子兵法云:"知己知彼,百战不殆。"要想有效地打击娱乐场所中的毒品犯罪,必须畅通信息通道,及时收集情报信息。一是要求娱乐场所的经营人员签订抵制毒品的责任书,加强对娱乐场所从业人员的教育,消除信息屏蔽。二是建立情报信息网络站。情报信息网络站分为明线信息站和隐线信息站。明线信息站的基点可以设立在基层派出所,其收集情报信息的方式可以是公布举报电话、通过网络设立电子举报邮箱等。隐线信息站获取情报的主要方式是开展内线侦查或物建特情,[1]"破案留根"和"拉出逆用"也是获取情报信息的重要途径。[2]

(二)强化证据意识,提高办案质量

一是要提高办案民警的证据固定意识。民警在对娱乐场所进行公开查缉或对其中的毒贩进行跟踪、监控时,一定要尽可能地利用录音、录像、拍照等方法及时固定证据,并尽可能地将秘密证据转为可公开使用的证据。二是加大对嫌疑人的审讯力度,充分发挥嫌疑人口供的证据作用。对于在娱乐场所中抓获的嫌疑人,一定要认真分析他们的作案动机、目的,根据他们涉案的次数、毒品的数量,采取不同的审讯对策,消除其畏罪和侥幸心理,迫使其交代自己的

---

[1] 尤连进、王华文:《湖北省毒品犯罪的现状及对策》,载《湖北公安高等专科学校学报》1998年第6期。

[2] 张新枫主编:《刑事侦查》,警官教育出版社1999年版,第209页。

罪行，找出其"上家""下家"及其他毒品作案人员。三是抓住娱乐场所内吸毒人员的特殊心理，在进行批评教育和处罚的同时，向他们宣传新型毒品的危害，教育他们要珍爱生命，远离毒品，促使他们提供获取毒品的渠道和有关毒品犯罪的信息，以此作为重要的证人证言①。四是要消除娱乐场所从业人员的思想顾虑，明确指出组织、容留、参与吸贩毒活动应负的法律责任，说服他们与警方合作，提供可靠的证人证言。

（三）集中优势兵力，适时开展专项斗争

对收集到的情报信息侦查人员要及时汇总整理，摸排出一批重点的娱乐场所，适时联合文化、工商等行政管理部门，各司其职、密切配合，依法进行专项整治活动，重点打击寄生在娱乐场所中的贩毒团伙，依法制裁组织、容留、参与吸贩毒活动的娱乐场所经营者或从业人员。对于问题严重的娱乐场所，要坚决依法予以取缔。

（四）化装蹲点，沿线追踪，灵活运用传统侦查方式

由于娱乐场所毒贩的活动具有一定的规律性，如毒贩总是在几个固定的娱乐场所和固定的时间进行毒品贩卖。因此，侦查人员可以乔装改扮，以普通消费者的身份进入娱乐场所，定点蹲守，即时寻找和发现可疑人员。一旦锁定目标，要相机处理：可以立即控制，也可以"放长线、钓大鱼"。因为零包贩卖的小毒贩背后总会有一两个固定的"供货商"，通过跟踪可以掌握更多的犯罪信息，以取得更大的战果。

（五）虚示购买，控制下交付

贩毒人员进入歌舞娱乐场所内的目的并不是消费和娱乐，而是兜售毒品。因此，他们会在场所内到处走动，和别的客人主动搭讪，寻找买家，择机交易。侦查人员可以迷惑他们，诱使其上钩；在毒贩主动找上门时，侦查人员可假意购买，相机将其控制或抓捕，作到人赃俱获。

（六）加大对零星贩卖新型毒品的惩治力度

新型毒品的更新换代速度之快，零星贩毒的社会危害性之大，应该引起各级公安机关的高度重视。为此，必须加大对娱乐场所中零星贩卖新型毒品的惩治力度。首先，禁毒民警应加强对有关新型毒品的了解，及时掌握新型毒品发展的新动向，做到未雨绸缪。其次，禁毒部门应转变观念，将打击零包贩毒放到和打击大宗贩毒同等重要的位置，给予足够的重视，并配置适当的人力、物

---

① 许翠华：《毒品案件侦查中的问题探析》，载《江苏警官学院学报》2004年第2期。

力和财力给予支持。最后,应建立零星贩毒累计制度。对于每一个零星贩毒人员,无论数量多少,都应该认真调查核实,固定证据,建档立卡,通过"积少成多"达到惩治零星贩毒者的目的。

第七章 诈骗案件侦查

刘玉某是云南玉灵宝之堂珠宝有限公司的实际控制人。2011年3月、5月、7月，刘玉某先后在泸州、南充、遂宁等地成立宝之堂分公司，组织杨友某、相彦某、李某、侯明某、刘少某等人，以开展玉器戴养业务为名，以高额回报"劳务费"为诱饵，以聘请部分人缘好、有一定宣传号召能力的客户为"理财顾问"进行宣传等手段，并通过虚构翡翠戴养养生增值、公司资金雄厚、投资有保障无风险等假象，鼓动社会不特定人员特别是中老年人积极缴纳资金。至案发共吸收资金人民币6242.68万元，扣除期间已返还"劳务费"和退合同款，尚欠集资款项人民币5814.795万元。刘玉某等人将绝大部分资金用于还贷款、放高利贷、公司员工高额提成、公司日常开支运转、寻宝被骗等，致使大部分资金无法追回，不能返还，且公司无正常投资性盈利收入。案发后，遂宁、南充、泸州等地有2060人分别向公安机关报案。公安机关先后追回赃款人民币1371万元。

第一节 诈骗案件概述

一、诈骗案件的概念

诈骗案件是作案人以非法占有为目的，采用虚构事实或者隐瞒真相的欺骗方法，使被害人陷于错误认识，骗取数额较大的公私财物的案件。诈骗案件自古有之，且随着社会的发展、人类文明的不断进步，诈骗手段也在不断升级，诈骗方法更是不断翻新，从而使诈骗案件又具有很强的时代性。诈骗案件除了表现为拾物平分型诈骗、迷信型诈骗以及赌博型诈骗等传统的诈骗形式外，近年来又出现了外币诈骗、手机短信诈骗、手机模型诈骗以及网络诈骗等新型诈骗形式。[①]

[①] 吴照美、郑洪广：《诈骗案件的特点及侦查讯问要领》，载《湖北警官学院学报》2010年第4期。

二、诈骗案件的特点

1. 案件多有预谋

诈骗案件的显著特点是作案人采用虚构事实、隐瞒真相的欺骗方法，设法使被害人在认识上产生错觉而自愿将财物交出。故作案人需要成功降低被害人的戒备之心，并取得被害人的信任，从而顺利实施诈骗行为，除了要有能言善道的本领外，还需对犯罪行为的每一个环节、每一个步骤进行精心策划、细致准备，认真物色诈骗对象、细心选择作案地点、精心编造诈骗事由以及仔细设计在紧急情况下脱身的办法。因此，诈骗案件的预谋性特征比较明显。

2. 现场多留有实物证据，作案人人身形象多有暴露

普通诈骗案件的作案人在实施诈骗的过程中，与被害人一般都有较长或多次正面接触，以通过各种拉拢、诱惑的方式与被害人建立良好的关系，因此作案人的相貌特征、衣着打扮、口音方言、个性特点等方面暴露较充分，案发后，被害人多能提供作案人人身特征方面的信息。而且，为取得被害人的信任，作案人实施诈骗的过程中多会将其伪造或变造的各种证件、文书、合同、票据、信函等留给被害人。

3. 作案人善于利用被害人的弱点

作案人为实现诈骗的目的，一方面要善于伪装自身，以取得信任；另一方面要善于利用被害人的心理弱点，如贪图小利、易怜悯、轻信或者其他弱点，投其所好，送其所需，帮其所急，解其所难。实践中，很多诈骗案作案人屡屡得手，并不是其诈骗手段多么高明、方法多么隐秘，而恰恰是被害人本身的某些弱点被他们抓住并利用，从而造成重大的财物损失。

4. 诈骗手段具有较强的专业性和习惯性

作案人要想通过虚构事实或隐瞒真相的方法取得被害人的信任，就必须了解有关的情况，知晓某一方面的知识及业务、行情、社会需求等，从而利用自己掌握的情况进行诈骗。因此，作案人的诈骗手段在一定程序上也反映出其文化程度、智力水平、专业知识和技能等。而且，在通常情况下，作案人成功实施一起犯罪后，为了继续获取财物还会肆无忌惮地采用相同或相近的手段多次诈骗。作案人这些较为固定的诈骗方法，为侦查机关并案侦查和查破积案提供了有利条件。

三、诈骗案件数额的认定

诈骗数额是认定诈骗罪是否成立并确定案件具体适用量刑幅度的一个重要标准，因而正确认定和处理诈骗犯罪的数额，对于诈骗罪的正确定罪量刑，有

着十分重要的意义。关于诈骗数额认定的争议主要集中在诈骗数额的概念、诈骗数额的认定标准、诈骗数额的具体计算上。

所谓诈骗数额,是指以一定标准计算的财产数目,也就是货币或具有一定经济价值的物品的数目。广义的犯罪数额既包括财物本身的货币价值,也包括维系某种财物存在的经济关系、经济秩序的宏观价值的综合体。作为定罪依据的犯罪数额是指狭义的犯罪数额,广义的犯罪数额仅对量刑有意义。①

有一种观点认为,犯罪数额是指现金及财物折算成现金的一定数目的标志。② 还有一种观点认为,仅将犯罪数额解释为现金的一定数目,难以概括"犯罪数额"一词在刑法中的特殊含义,也就不能确切地表示经济犯罪和财产犯罪的社会危害性。从作案人的角度出发,犯罪数额可以分为犯罪指向数额和犯罪所得数额。从被害人的角度出发,犯罪数额可以分为直接损失数额和间接损失数额。从赃物的去向出发,犯罪数额可以分为挥霍数额和追缴、退赔数额。对于作为诈骗犯罪定罪数额的应当是诈骗分子行骗的数额,还是诈骗分子实际骗得的数额,或者是受骗人被骗的数额,认识上存在分歧。③ 笔者认为,应以受骗人因为行骗人的诈骗行为造成的直接损失数额作为诈骗犯罪的定罪数额。在司法实践中,犯罪指向的数额,亦即行骗数额,往往不是作案人所希望或能够骗得的数额,行为人实施诈骗行为,只是意图骗得其中的定金或者预付款。因此,行骗数额不能准确反映诈骗行为的社会危害性程度,也就不能作为诈骗犯罪的定罪数额,只能作为量刑时予以考虑的情节。同样,骗得数额只能反映行为给社会造成危害程度。因此,骗得数额也只能作为对诈骗犯罪量刑时予以考虑的情节,不能作为定罪数额。至于挥霍或追缴、退赔等数额,同样对定罪没有意义,只能在一定程度上影响量刑。④

对于处理诈骗案件来说,诈骗数额的计算有着十分重要的意义,它直接制约着对诈骗案件的最终处理结果。当诈骗对象是钱款时,诈骗数额的计算不发生问题;而当诈骗对象是财物时,其计算则较为复杂。通常可供选择的标准为:一是财物主人购买物品时的价格;二是被骗当时、当地的市场价格;三是行为人销赃的价格。前两者为客观标准,第三者为主观标准。销赃数额能否作为定罪数额,对此有不同的认识。有的学者认为,当犯罪赃物的实际价值量与销赃所得数额不一致时,应区别两种情况:如果作案人销赃数额低于赃物实际

---

① 王晨:《诈骗犯罪研究》,人民法院出版社2003年版,第30—31页。
② 谢宝贵:《经济犯罪的定罪与量刑》,法律出版社1988年版,第131页。
③ 赵秉志主编:《诈骗罪专题整理》,中国人民公安大学出版社2007年版,第72页。
④ 王晨:《诈骗犯罪研究》,人民法院出版社2003年版,第31—35页。

价值的,以赃物实际价值量的大小为标准来计算;如果作案人销赃数额高于赃物的实际价值,则以销赃所得数额为标准来计算。因为超出部分意味着作案人又非法占有了购买赃物者的利益,使该犯罪的社会危害性增大了。① 笔者认为,销赃数额不能作为定罪的依据。以财物主人购买物品时的价格计算诈骗数额,或者以作案当时、当地被骗物品价格计算诈骗数额,表明刑法的客观主义,侧重于犯罪行为对社会利益的侵害,刑罚是保护社会利益的手段。以销赃数额计算诈骗数额,则表明刑法的主观主义,侧重于罪犯个人通过作案行为所获取的利益,刑罚成为对犯罪行为的报复工具。"作案人又非法占有了购买赃物者的利益,使该犯罪的社会危害性增大了"的观点是错误的,因为它违背了市场经济条件下买卖自由的基本市场原则,同时也混淆了犯罪与违法甚至正常交易之间的界限。被骗财物主人购买物品的价格也不能作为定罪的主要依据,该价格不能准确反映犯罪行为的社会危害程度。在诈骗所得为外汇或者实物的情况下,均存在一个折算人民币的问题。具体的折算可以按以下几种情况处理:第一,外汇折算成人民币,应按诈骗完成之日国家外汇牌价折算。第二,计算赃物价格,以作案时和作案地的价格或以国家规定的价格为标准,并且一般就是赃物实际价值。价格不明或难以确定的,应委托有关部门估价。第三,在计算损失时,只能按直接损失数计算,不包括间接损失数,间接损失数只能作为量刑的参考情节。②

第二节 诈骗案件侦查的一般方法

一、详细询问被害人及知情人

由于诈骗案件作案人与被害人一般有较长时间的正面接触或交往,被害人对作案人有较多的了解,侦查人员在案发后应及时询问被害人及知情人,查明以下问题:

(一) 作案人相关信息

查明作案人姓名、年龄、性别、身高、体态、口音、体貌特征特别是身体有无特殊标记、行走姿态、动作习惯等,必要时可进行模拟画像;由于诈骗案件作案人文化程度、智力水平、专业知识、社会经历等与诈骗的方法有着密切

---

① 陈兴良主编:《刑法各论的一般理论》,内蒙古大学出版社1992年版,第294—295页。
② 王晨:《诈骗犯罪研究》,人民法院出版社2003年版,第35—37页。

的联系，侦查人员可就此详细询问被害人，并分析作案人职业特征及文化程度。

（二）作案过程

作案人以何种方式与被害人接触，是过去认识还是通过他人介绍等，作案人如何取得被害人信任，交往的时间、地点、次数等；作案人如何编织骗局，其与被害人交往过程中是否出示过相关证明、文件、信件或其他书证、物证等；作案人平日的交往对象，是否有联系方式；作案人是否使用交通工具，使用何种交通工具；等等。

（三）被骗财物信息

被害人在何时、何地以何种方式将财物交与作案人，被骗财物的数量、名称、种类、型号、产地、价值、有无特殊标记及可能会做何种处理。

二、并案侦查与侦查协作

诈骗案件中，作案人通常会采用相同或相似的诈骗手段作案，犯罪行为具有一定规律性，根据作案人选择的作案目标、诈骗手段的相同相似性，查找并分析判断本地某些地区、行业发生的若干起诈骗案件是否为同一个或同一伙作案人所为。侦查人员还应注意联系其他地区发生的诈骗案件与本地发生的是否有联系，以便及时发布通缉令、协查通报，协请相关地区的侦查机关积极配合，共同布网，查控犯罪嫌疑人。

三、严密查控赃物

分析作案人可能处理财物的方式，及时布置力量，查控赃物，对可能藏匿赃物的场所如典当行、商店、交易市场等行业严密控制，及时发现破案线索。

四、信息研判与高危人群分析

诈骗案件作案人多为惯犯、外来人员，团伙犯罪居多，而外来人口实施诈骗具有明显的地域特点，采用较为稳定、特征明显的作案手段，侦查机关可通过比较分析外来人口诈骗案件中其户籍地与作案手段之间的关系，采用由人到案的侦查模式，划定和缩小侦查范围，提高侦查效率。如某地侦查机关通过信息研判，发现假尼姑诈骗案件中作案人大多来自安徽省枞阳县、假扮神医消灾诈骗案件中作案人多来自福建省仙游县等，诈骗案件高危人群分析为迅速侦破系列诈骗案提供了重要的线索性情报。①

五、及时讯问并扩大战果

基于诈骗案件的无暴力性,且犯罪嫌疑人对被害人"自愿"交付财物的情况有充分的认识,并对实施作案过程中可能遗留的对其不利的证据和犯罪后如何及时销毁这些证据有充分的研究和预估。诈骗案件的犯罪嫌疑人落网后,往往自恃取得财物属被害人"自愿"交付、作案手段隐蔽、销毁犯罪证据及时,以及与同伙订立牢固的攻守同盟等,在侦查讯问中侥幸心理比较突出。侦查人员可采取制造错觉等讯问方法,造成侦查机关已掌握其充分的犯罪证据的态势,瓦解其自信心理,促使其如实供述罪行,并在讯问中获取线索,从而深挖积案、隐案,扩大战果。

第三节 手机短信诈骗案件的侦查

随着手机短信业务的发展,利用手机短信进行诈骗的现象也频繁发生。短信诈骗行为的泛滥,不仅严重侵犯了人们的财产权益,而且破坏了正常的社会经济秩序。例如,自 2004 年 6 月 1 日公安部开展"打击治理利用手机短信和网络诈骗犯罪专项行动"以来,在短短的两个月中,全国公安机关就破获短信诈骗案件 1623 起,抓获犯罪嫌疑人 468 名,打掉犯罪团伙 44 个。② 2005 年 11 月 1 日至 30 日,全国公安机关在短短的一个月内就受理短信诈骗举报案件 7.2 万余起。2008 年 5 月 12 日四川汶川县发生地震后的几天时间里,安徽、海南、贵州、福建、江苏等地公安机关就相继查获数起以救灾捐款为由,利用手机短信并冒用红十字会、基金会等名义实施诈骗的案件。③ 手机短信诈骗行为的泛滥,不但给广大民众带来了巨大的经济损失,而且破坏了正常的通信秩序和社会秩序。

一、手机短信诈骗案件的特点

所谓手机短信诈骗,就是以非法占有为目的,向手机用户发送虚假或隐瞒

---

① 陈刚:《犯罪情报分析》,中国人民公安大学出版社 2007 年版,第 91 页。
② 李建军:《零售业客户关系管理 CRM 系统分析研究》,载《哈尔滨商业大学学报(社会科学版)》2007 年第 3 期。
③ 上创利、赵德海:《中国批发业的现状分析及发展战略》,载《商业研究》2005 年第 18 期。

真相的短信，骗取公私财物的行为。手机短信诈骗是传统诈骗与现代通信技术相结合而产生的一种新型诈骗行为。其虽然改变了传统诈骗中必须和被害人见面的行为模式，但以非法占有为目的，用虚构事实或隐瞒真相的方法骗取财物的本质并没有改变。① 同时，手机短信诈骗和传统诈骗比较，还具有如下一些特点：

（一）通过手机短信实施诈骗

手机短信诈骗是作案人利用手机短信进行的一种诈骗活动。作案人发送诈骗短信的方式主要有以下几种：一是点对点发送，即通过手机直接将短信发送给特定接收方；二是通过互联网向手机用户发送短信；三是通过安装在电脑中的短信群发系统软件发送短信；四是利用短信群发器发送短信。大部分诈骗短信都是作案人通过互联网、电脑平台和短信群发器向外省市手机用户予以群发的。

（二）诈骗成本低，收益高

作案人进行诈骗时往往只需准备电脑、手机②及手机卡、短信群发器等作案工具，这些作案工具的投入一般几千元即可。利用这些设备发送短信，平均2至5秒可发1条，一部手机一天可发送短信4万条，一台电脑一天可同时发送10多万甚至几十万条短信。按现行短信资费规定，发送一条短信的费用是0.1元或0.15元。如果使用短信套餐，每条短信甚至只有0.05元。发送100万条短信，其费用只有5万元至10万元。一些作案人甚至利用一些手机号码的透支功能，大量透支，最后巨额的话费都由电信运营商买单③。在大面积的短信轰炸下，只要有千分之一、万分之一的人上当受骗，作案人就能获得巨额"利润"。④ 厦门市公安局2004年6月破获3起网络短信息诈骗案，3个犯罪团伙在不到一年的时间就骗得赃款500多万元⑤。正是由于短信诈骗成本低、回报高，使得许多作案人铤而走险，趋之若鹜。

---

① 方巍巍、朱帮毅：《电子商务环境下中间商作用的转变》，载《商业研究》2006年第1期。
② 作案人购买的电脑和手机往往为二手货，价格极其低廉。
③ 据新华网2006年6月1日报道，2005年5月底，作案人黄某初、黄某利用虚假身份证在柳州电信公司办理8个小灵通号码，在短短17天时间内狂发171万条非法短信，恶意透支电信公司话费17万余元。
④ 梅永存：《短信诈骗屡打难绝》，载《经济参考报》2006年7月26日第8版。
⑤ 李薇薇、余瑛瑞：《短信诈骗：听着不可思议，上钩者却"前赴后继"》，载《新华每日电讯》2004年7月22日第4版。

(三) 具有极强的隐蔽性

在传统诈骗中,作案人一般需与被害人进行直接接触和沟通。而在手机短信诈骗中,作案人通过短信与被害人进行联系,被害人往往无法掌握作案人的体貌特征等信息。作案人在诈骗活动中所使用的手机号码都是不记名的手机号码或者使用虚假身份证件、他人身份证件登记的手机号码,接受汇款或转账的银行卡一般都是使用虚假身份证件或他人身份证件办理的银行卡。一旦被害人将钱存入作案人的银行卡,作案人便立即从外地的自动取款机上将钱取走或者转账后再取走,有的作案人甚至雇佣外地民工替其取款,以避免被取款机上的监控设备摄录到其体貌特征。作案人的上述手法使得短信诈骗具有极强的隐蔽性。

(四) 一般为团伙作案

短信诈骗既可一人实施,也可多人实施。从目前破获的案件看,短信诈骗大多为团伙作案。团伙成员多为同乡或亲属,甚至还有境外人员。团伙内部分工明确,各司其职。有的负责购买电脑、手机和手机卡、群发器等作案工具,有的负责编辑和发送短信,有的负责与被害人联系并诱骗被害人汇款,有的负责办理银行卡或者制作假银行卡和假身份证件,有的负责取款。作案人在实施诈骗前,一般都会进行精心策划,诈骗得手后团伙成员就会按一定比例分配赃款。

(五) 涉案范围广,影响面大

手机短信诈骗一般通过向多数或不特定手机用户发送大量的短信进行诈骗,受骗的人员可能数量众多,并遍及多个省市。由于手机短信诈骗涉及面广,既给受骗人员带来了重大的财产损失,又给通信秩序和社会秩序带来了巨大的负面影响,社会危害性极大。

(六) 短信内容复杂多样

手机短信诈骗的内容花样繁多、五花八门,而且不断"推陈出新"。归纳起来,主要有如下几种类型:

1. 以提供廉价、违法物品为内容的短信诈骗

作案人向手机用户发送短信,声称可以提供比市场价格低许多的车辆、手机等物品,或者声称可以提供赃物、走私物品、迷魂药、淫秽物品、毒品、枪支、弹药、假文凭或假证件、假发票、假币、考试试题等。一旦有人联系,则要求支付定金或价款。还有的则以了解其资金实力为由骗取被害人姓名、银行卡卡号、密码等相关信息。随后,作案人就制作"克隆"卡,将被害人卡上的资金取走。

2. 以提供色情服务、六合彩特码、黑社会杀手等非法服务为内容的短信诈骗

作案人向手机用户发送短信，以提供色情服务、六合彩特码、黑社会杀手等服务为诱饵。一旦有人和其联系时，则要求向指定账户存入服务费、会员费或信息费等。

3. 以中奖为内容的短信诈骗

作案人往往以丰厚的奖品、奖金为诱饵，向手机用户发送中奖短信。如果有人动心上钩，作案人就会告知需向其指定账户汇邮寄费、保险费、公证费、个人所得税等费用后才能领取奖品或奖金。

4. 以银行卡消费为内容的短信诈骗

作案人往往假冒银行或银联的名义向持卡人发送短信息，假称持卡人的银行卡在某处刷卡消费。一旦有持卡人对此表示疑惑并拨打短信中提供的咨询电话时，作案人就冒充银行工作人员甚至警察，套取持卡人姓名、银行卡号、密码等相关信息后制作"克隆"卡大肆消费或将被害人卡上存款取走，或者直接以保护存款安全为名，要求持卡人将卡上资金转至其提供的所谓"安全账户"。

5. 以招聘为内容的短信诈骗

作案人以招聘人员为名向手机用户发送虚假招聘信息。如果有人拨打联系电话，就会被要求到某处进行面试，并在尚未进行面试的情况下通过手机告诉被害人面试已通过，只要交纳报名费、服装费、培训费、体检费、押金等费用即可上班。

6. 以征婚为内容的短信诈骗

作案人以征婚为名向手机用户发送虚假信息。当有人应征时，则告知要支付中介服务费后才提供征婚者的详细资料或者要求提供资料邮寄费。

7. 以退还汽车购置税、房屋购置税、电话费为内容的短信诈骗

作案人向手机用户发送短消息，声称根据国家政策可以退还汽车购置税、房屋购置税或者可以退还多收的电话费。当有人拨打短信中提供的电话进行咨询时，作案人就要被害人到 ATM 机上按照其提示进行返款操作。被害人按其要求操作完毕后，其卡上的钱就被转至作案人的账户中。

8. 以亲友生病或发生意外事故为内容的短信诈骗

作案人先以检查线路为由要求被害人亲友关闭手机或者通过反复拨打迫使被害人亲友关闭手机，然后向被害人发送短消息，谎称其亲友在某地生了重病或者发生了车祸、被打（杀）伤等意外事故，并冒充医院工作人员或者救助人员要求被害人汇款至指定账户。被害人在与该亲友联系不上的情况下，一时

情急，往往会如数汇款。

9. 以提供贷款为内容的短信诈骗

近年来，由于银行普遍信贷资金紧张，贷款手续日趋严格，导致一些中小企业、个人很难从银行获得贷款。于是，一些作案人借此大量发送声称可以提供贷款的短信。当资金短缺者进行联系时，作案人就要求先汇入利息、手续费、诚意金等。

10. 以获取电话费为内容的短信诈骗

作案人往往冒充手机用户的亲友、同事或同学，向该手机用户发送短信，称手机没钱了，要求帮买电话费充值卡，再告知充值卡卡号和密码，从而骗取电话费。

11. 以募集救灾款、扶贫款和其他捐款为内容的短信诈骗

作案人冒充红十字会、扶贫基金会等公益慈善组织或者灾民等，向手机用户发送短消息，要求捐款并汇至指定账户。例如，2008年5月12日四川汶川大地震后，北京、上海、广东等地就出现了大量假借中国红十字会和四川省红十字会名义发动捐款的短信。①

二、手机短信诈骗案件的侦查方法

（一）建立专业化侦查队伍

手机短信诈骗犯罪具有一定的组织性，作案手法具有一定的智能性，作案人总是不停地连续作案。为了实现作案目的，此类行为人不断地研究作案手法、作案技巧，并将实施虚假信息诈骗作为自己的职业。为了有效地对付这类犯罪，必须建设一支专业队伍，这支队伍要由刑侦、经侦、网安、行动技术等部门的专业人才组成。

刑侦人员要充分挖掘刑侦基础工作潜力，运用各种技术手段，组织侦破攻坚；经侦人员要发挥熟悉金融业务的优势，通过赃款的流向锁定高危人群；网安人员要在网上发现犯罪嫌疑人留下的记录，为案件侦破提供认定犯罪的证据；行动技术人员要通过技术侦查手段，尽快发现犯罪窝点，打开侦查突破口，实施精确打击。这支队伍里还要有一些研究犯罪的人员，通过研究人员与一线侦查人员的结合，对虚假信息诈骗犯罪的规律、特点、手法、技艺等进行

---

① 刘丹、杨金志：《上海警方追查涉嫌借地震诈骗爱心捐助短信》，载 http//www.sohu.com/20080514/ n256856981. shtml，2009年7月2日浏览；马剑芳：《黑心短信借地震捐款敛财》，载《深圳商报》2008年5月15日第5版；穆奕、吴建中：《四男子发黑心短信诈骗赈灾款被押解回京》，载《京华时报》2008年5月21日第3版。

及时的研究，为打击防控犯罪提供依据。只有以专业化应对职业化，才能在打防中处于主动。

(二) 对作案人来源地情况全面摸底

手机短信诈骗活动的作案人员有其地域性。对频频涌现虚假信息诈骗"人才"的地区，当地政府和公安机关要长期对重点乡镇派驻工作组，结合常住人口登记情况，逐村逐户上门走访，详细了解、掌握每个家庭成员从事职业情况、经济收入来源情况、在家或在外情况、社会关系情况等，并逐一登记造册，形成工作"台账"。要根据掌握的信息，认真甄别、筛选确定重点嫌疑对象底数，注意跟踪监控，并开发软件建立高危人员库，对高危人员实行微机化管理。其他地区的公安机关也要认真开展调查摸底工作，建立出租私房信息库，摸清入住人员的身份、职业等情况，对流入本地购房或租房的虚假信息诈骗犯罪"重口"，要密切掌握其动态，发现涉嫌诈骗迹象。

(三) 强化重点场所和高危人群的管控

及时收集特征数据，强化高危人群的管控。针对在案件侦查过程中出现的人口、物业管理方面的漏洞，强化各单位责任意识，将虚假信息诈骗案件的发案数列入单位及民警个人年终考评；通过省厅及各地建立的打击虚假信息诈骗工作系统平台引导信息研判，将各派出所收集上报的各类信息进行分析甄别，对涉案人员、在逃人员地域、作案手段、作案规律特点进行汇总，通过数据整合形成综合数据库、决策分析库和情报信息库等数据资源；通过对系列案件、个案的分析，梳理出高危人群，及时掌握其动态活动情况，指导各部门加强日常管理，适时开展突击检查和跟踪监视，力争露头就打。

(四) 异地配合查询银行账户协作机制

异地配合查询银行账户协作机制在侦破跨区域虚假信息诈骗案件异地查询银行交易明细、调取证据等方面发挥了重要作用，为各地办案单位节省了大量侦查成本。但从目前掌握情况看，有些地区的个别联络员对查询请求态度生硬，没有按时回复，或者拖延回复时间，严重影响了协作机制的正常运行。要求相关联络员按照有关程序，办理异地协作配合事宜，建立防控的长效机制。

1. 公安机关要充分发动基层治安管理力量，通过入户访查等基础工作，加强对辖区的有效管理；要明确责任区民警失控漏管的责任，明确房东业主及物业公司从业人员如物业中介、人员的管理责任；通过开展自上而下的倒查来推进管控工作落到实处。

2. 加强对租赁房屋的管理，强化对房东业主和租住人员的管理，提高发现线索的能力。经常开展出租户清查，建立出租户管理长效机制，推行出租户信用等级评定制度,通过评定放心户、不放心户、重点户等措施,督促、落实房东业主的管理责任、及时报告责任。

3. 加强对外来人口的管理,并在外来人口中物建治安耳目。积极探索在取消外口管理收费之后管理工作的新方法、新措施,提高外口登记率,真正做到外口管理底数清、情况明,特别是要重点掌握其居住地点和活动情况,及时掌握此类犯罪的高危人群及其在本地的动态活动情况,指导各部门加强日常管理,重点关注其动向,适时开展突击检查和跟踪监控,力争露头就打。

4. 充分调动全社会力量,形成"打、防、控"整体合力。公安机关应从加强对虚假信息诈骗犯罪活动赖以生存的媒介和平台管控工作入手,进一步畅通与信息产业、金融系统的信息沟通渠道,加强与银行等金融机构银行卡部的沟通与合作,建立日常性的协作配合机制,全面有效调动通信管理、金融监管等社会力量,共同形成"打、防、控"整体合力,逐步阻断虚假信息诈骗犯罪的产业链,提高诈骗集团犯罪成本和犯罪风险,从而达到最终遏制虚假信息诈骗犯罪活动的目的。

公安、通信管理、金融监管三部门应协调一致。一要完善协作机制,及时封堵虚假诈骗信息。二要严格落实管理,坚决遏制网络传播渠道。三要便捷高效操作,冻结涉案银行账号。

第八章　爆炸案件侦查

某年2月14日上午10时08分，行至某市市内一大桥桥头的某电车公司一路专线车发生爆炸，爆炸冲击波伤及4辆汽车和行人，造成被炸车上16人死亡、22人受伤（无外国人）。案发后，该市公安局立即组织以刑侦处为主体的侦查专案组，分工明确地着手开展案件侦查工作。

1. 按分片、分段的顺序进行现场勘查。专案组组织该省、市刑事技术人员100余人对现场220×110米范围进行了反复勘查，寻获大量被炸物品碎片和人体组织，并以划片切块、编号定位的形式进行了现场拍照、录像和提取。2月15日，专案组又抽调分县局技术人员以及刑侦、防爆力量160余人，对爆炸现场进行了两次地毯式搜索，在离炸点220米处的山上发现紧靠炸点的4块坐骑支撑铁板碎片等物证。至此，经过3次现场搜索共提取被炸物品残渣241袋，提取尸体残肢、碎片214块，从中心现场提取理化检材14件。

2. 对司机、售票员和电车公司的调查。被炸司机罗某、售票员彭某2月13日19时30分将车停放在电车公司院内。2月14日上午9时47分从三民路发车，始发时车上有6名乘客，沿路在五马路、老法院等站停靠，分别有乘客上下。当日10时08分，车行至桥头堡附近发生爆炸。两人不能提供有价值的线索。调查电车公司获悉，该公司实行单车经营，自负盈亏，罗某、彭某均系该公司职工，未发现突出问题。

3. 对伤员开展走访，初步进行了车辆爆炸时的人员定位。通过对伤员进行反复询问，2月25日，被炸车上22名伤员身份已全部查清，并捺印了指纹和进行了损伤定位照相。经过走访和相互印证，全部确认了伤者在车内的坐站部位，并基本确认了部分死者的位置，制作了车内定位图。

4. 对现场目击者开展调查。走访了案发现场周围的司乘人员、现场附近清洁工、参加抢救的武警、交警和巡逻30余人，并按原车辆爆炸前行使的时间和路线调查了乘客50余人次，未发现异常情况。

5. 对高危人群和特定地区来该市人员开展摸底。对过去掌握的扬言要爆炸、报复社会的线索进行了全面清查和调查，同时清理特定地区来该市人员208人，在调查中未发现特别突出情况；各分县局在辖区内排查线索624条，也未发现突出问题。

6. 由该市政府出面调度公安、民政及保险等有关部门成立了"2·14"案件善后处理组，开展认尸和安抚工作。其中辨尸工作由该市公安局刑侦处负责，共发放《协查通报》1万余份，接待认尸人员574人，2月17日，13具无名尸体的身份已查明。17日以后，利用电视、报纸等新闻媒体向全市发布《认尸公告》，又认定了1号无名女尸的身份。剩下两具男尸无人认领。

7. 对现场241袋残留物进行反复清理和分类。2月14日至18日，专案组组织130余名技术人员对现场241袋残留物进行反复清理。其中，在编号为34袋的现场残留物中发现和拼接身份证残片一张，留有"汤某某，男……7月1日，江西某县横向路……园村15组……3760711031"字样，并从现场残留物中分析和提取了包装炸药的白色塑料编织袋碎片。

8. 对该市旅店行业开展清理。2月18日，专案组在全市范围内组织清查旅店、招待所，以该市某区为重点，查找汤某某，当晚7时，专案组在该市某区"长堤旅社"发现汤某某、齐某某的住宿登记，其中汤某某的地址、身份证号与现场身份证一致，齐某某的登记内容为：男，29岁，江西某县横路乡，身份证号为36042269021××××。调查中，发现他们是2月13日下午4时投宿，住宿登记由其中一人填写，2月14日上午9时离店，经搜查汤某某、齐某某两人入住的301房间，发现一根长48厘米的导火索。

9. 由该市公安局治安处组织对全省生产炸药的7个厂家、14个品种的炸药和雷管进行样品采集和对比，试爆雷管3枚。经过对7个厂家送检导火索样品进行技术鉴定，未发现与"长堤旅社"导火索同一产品。专案组又组织省市法医32人、痕检人员40人、理化技术员10人，加强对16处距尸体、现场爆炸车和痕迹物证的研究，并成立尸检组、理化组和爆炸物品分析组，对爆炸中心、死者生前定位、炸药的种类、炸药量、引爆方式进行了以下分析：

（1）对爆炸中心的定位。经勘查分析，爆炸中心在距地表9厘米、距车厢左壁52厘米、后壁102厘米的车厢木质地板上，即被炸车倒数第二排单人座右下方。

（2）对中心炸点实体的分析。通过对爆炸中心现场死者定位和对炸点周围4具炸点最近损伤部位、程度的分析，认定10号、11号两具尸体离中心炸点最近（其胸部以下全部炸碎、在炸点的两侧抛得最远）；11号死者在爆炸瞬间系半蹲位状态，并侧身贴近炸药装置，呈现引爆姿势，故认定10号、11号有重大作案嫌疑，11号为引爆者。

（3）对炸药种类、装药量和引爆方式的分析。经过对爆炸中心残留物进行硝酸根、铵离子、氯离子检验，认定"2·14"爆炸案爆炸物系硝铵炸药。

根据法医检测、现场模拟试验和经验公式推算，现场炸药量应为10公斤。考虑到地板反射作用，炸药量（硝铵）定位为8—9公斤为宜。对现场遗留物反复思索、检验，未发现定时式遥控引爆装置的残留物，证明作案人在车上引爆，引爆方式为导火索引爆。

根据该市某区"长堤旅社"2月13日两名住店人持有与现场遗留身份证相同的身份证以及16具尸体仍有两具无人认领这一系列情况，专家组分析认为，持汤某某、齐某某身份证的两名住店人应与第10号、第11号无名尸体有直接关系。鉴于此，侦查人员于2月18日至3月13日两次赴江西开展工作。

首先，以汤某某、齐某某的身份证为突破口，认定第10号尸体系邹某某。工作组于2月19日在江西某县找到汤某某和齐某某本人，经查，汤某某的身份证于前一年7月在武宁宋溪至横乡路的长途汽车上丢失；齐某某于前一年8月在武宁罐头厂打工期间将身份证借给工厂员工曹某（身份不明），后曹某称身份证丢失。顺线追踪发现，曹某案发当年1月5日在武宁县"玉明旅社"打工期间结识同在此打工的邹某（男，27岁，武宁县石门楼镇镜园村人），两人遂成莫逆之交。专案组在江西开展辨认工作的同时，采集邹某某养父邹某、母亲范某某的血样，2月25日，该血样经公安部物证鉴定中心与现场第10号无名尸体组织进行STR-PCR检验，认定第10号尸体系范某某亲生子邹某某。

其次，在江西武宁县提取曹某生前相关痕迹，经检验认定11号无名尸系曹某。2月19日至3月13日，江西工作组在曹某曾租住过的汪某某家（某县黄段村），和"玉明旅社"曹某的床单下、抽屉内提取身份证两张（姓名为叶某某、王某某）、雷管一枚、一张少女画像及题为《理由》的自作诗，并在香烟盒上提取指纹一枚。经鉴定，其笔迹与侨口区"长堤旅社"住宿登记笔迹同一，所提取指纹与第11号无名尸体指纹同一。据此认定第11号尸体系目前身份尚不明确的曹某。

最后，认定邹某某、曹某具备作案时间、动机和条件，是"2·14"特大爆炸案件的犯罪嫌疑人。已查明以下情况：（1）邹某某、曹某2月8日同住江西某县"玉明旅社"，2月10日离开，曹某离店时声称去外地打工。2月13日下午4时，邹某某、曹某住进案发市某区"长堤旅社"，14日上午9时离开，该旅社距被炸公交车曾停靠的利济路、武胜路车站均只有几分钟路程，邹某某、曹某的活动与被炸车运行路线、时间一致。（2）邹某某家境贫寒，准备到另一家作上门女婿，尚未办理结婚手续。1月29日，邹某某酒后对女友说："要是我气伤了心，要死就不是我一个人，有好多人死，上火车上不去，就上汽车，炸死好多人。"1月31日，邹某某的母亲对邹某某说："你没用，连自己的老婆都看不住，她会跟人家结婚的。"邹某某听后一天不吃饭、不出门。2月11日，其女友留信劝邹某某"千万不要在那边做那件事"。曹某也曾向人流露过悲观厌世思想，在黄山卖画时曾想自杀，普遍反映其性情深沉，从不向人透露自己的家庭住址和真实年龄。春节期间在自作诗《理由》中，也流露出要"在最美丽的地方结束我最不美丽的人生"。邹某某、曹某结识后的短暂时间，同睡一床，同盖一被，同抽一支烟，形影不离。（3）邹某某懂爆炸技术，并在发案前购买了硝铵炸药。此前，邹某某和女友在江西某县岭钨矿开过矿，当时由邹某某负责装炮和放炮。经查，2月7日，邹某某、曹某一同到其堂姐家，带有白色编织袋，曾打开一看，约有10公斤炸药。邹某某、曹某2月10日早5时离开"玉明旅社"，7时到汪某某家取走炸药。进一步查明了该炸药系2月7日武宁钨矿炸药保管员葛某某卖给邹某某、曹某的事实。邹某某、曹某所带的药量、成分和现场炸碎的白色编织袋碎片吻合。同时，在女友家里发现并提取了与"长堤旅社"一致的"沂蒙山牌"导火索。至此，该市公安局"2·14"专案组经过34个昼夜的奋力攻坚，终于获得大量确凿证据，认定犯罪嫌疑人邹某某、曹某两人在车上引爆而被当场炸死。3月29日，经公安部批准宣告破案。

第一节 爆炸案件概述

一、爆炸案件的概念

我国《刑法》第114条规定爆炸罪是故意引起爆炸物或其他物品、爆炸装置爆炸，危害公共安全的行为。但是学界对于什么是爆炸案件却有诸种认识，主要有以下几种观点：（1）爆炸案件是指由于爆炸物发生爆炸造成人身伤亡，使公私财物造成重大损失或使公共安全遭受危害的案件。[①]（2）爆炸案件是故意引发爆炸物品，杀伤群众，破坏公私财物，危害公共安全的犯罪行为构成的案件。[②]（3）爆炸案件是指作案人以爆炸的方式故意炸死、炸伤他人，炸毁公私财物，危害公共安全的案件。[③]（4）爆炸案件是指我国《刑法》第114条规定的爆炸罪，即故意用爆炸的方法，杀伤不特定多数人的生命、健康

---

① 徐立根：《侦查学》，中国人民大学出版社1991年版，第200页。
② 邹明理：《侦查学》，法律出版社1996年版，第224页。
③ 任慧华：《刑事案件侦查》，法律出版社2000年版，第250页。

或者破坏公私财产,危害公共安全的行为。① (5)根据公安部《关于侦查部门分管的刑事案件及立案标准和管理制度的规定》中规定,使用爆炸方式进行破坏,危害公共安全或者致人死亡的为爆炸案件。笔者认为,虽然刑法将爆炸罪纳入危害公共安全罪之中,实践中,为了便于案件的侦查,尤其是以爆炸作为作案手段的其他罪名应当纳入爆炸案件系列中,这是出于以爆炸作为手段的应用。首先,在案件侦查初期,各罪犯罪构成要件尚未明晰,应当以具备爆炸现场为爆炸案件界定的基本要求。其次,爆炸犯罪嫌疑人应当具备主观故意。最后,不应以危害公共安全为限。因此,笔者认为,爆炸案件是指作案人使用爆炸物品和引爆器材,以爆炸的方式故意炸死、炸伤他人,炸毁公私财物,危害公共安全的案件。②

实践中,判断一个案件属于何种性质的案件,应该选择最能反映其特征的概念,如使用爆炸的方式故意杀人的,在这类案件的侦查中,爆炸现场就是杀人现场,应当把其当成爆炸案件来处理。

二、爆炸案件的特点

(一) 作案动机多样化

作案动机是衡量和评价犯罪嫌疑人人身危险性的一个重要指标,当前发生的爆炸案件中,犯罪嫌疑人动机多种多样,主要包括谋求个人私利、报复个人恩怨、发泄对社会的不满和分裂国家等。

1. 谋求个人私利。一些犯罪嫌疑人是极端利己主义者,个人欲望极度膨胀,为了获得自己的利益不择手段,甚至使用爆炸的方式排除异己、消除障碍,以达到自己的目的。如 2003 年 11 月,犯罪嫌疑人汪某想一夜暴富,伙同他人先后三次携带炸药和雷管进入江西省景德镇市大型超市"景客隆",将炸药放在超市商品中,然后打电话要求超市老板将 10 万元汇进指定账户,否则就引爆炸药。警方接到报警后,立即赶赴现场疏散超市人流,在与犯罪嫌疑人周旋中,汪某被抓获。③

2. 报复个人怨恨。在现代社会中,人们物质生活日益丰富,而思想道德水平却相对落后,崇尚个人利益高于一切,一些人过度追求物质财富,必然会产生社会矛盾,且部分人出于好面子、讲哥们义气,在亡命观和消除怨恨的思想支配下,形成狭隘的个人复仇情绪,打击报复那些曾经与之有过纠纷和矛盾

---

① 张玉镶、文盛堂:《当代侦查学》,中国检察出版社 1998 年版,第 501 页。
② 杨宗辉、王均平:《侦查学》,群众出版社 2002 年版,第 552 页。
③ 《江南都市报》2004 年 4 月 13 日第 A7 版。

的人。其形式是多样的，有的人因为言语不和而产生报复意识，有的人因为受到领导的批评而报复，有的人因为婚恋关系破裂而报复，等等。如犯罪嫌疑人罗某与27岁女友梁某于2003年4月分手后，曾多次要求对方恢复恋爱关系均遭拒绝，便铤而走险制造爆炸报复。2003年12月9日上午，罗某携带炸药到广东省韶光市武江区原恋爱对象梁某家里，准备与梁某一家同归于尽。当时梁某不在家中，罗某便持炸药将罗某的母亲、弟弟等三人逼在房内，梁某在打电话回家时发现异常，立即报警，5名民警迅速赶到现场，罗某见民警赶到，立即引爆炸药，随后跳楼身亡。在爆炸中，3名民警受伤，其中1人重伤。[①]

3. 发泄对社会的不满。有些犯罪嫌疑人因在工作、生活中不如意，将原因归咎于社会，产生强烈的仇视社会的情绪，以爆炸手段对整个社会进行报复。这类犯罪嫌疑人一般选择公共场所作案，如铁路、码头、火车站、电影院、街道、商场等人口稠密、实施爆炸影响较大的地方。如犯罪嫌疑人莫某贤、莫某敬因对社会不满，分别纠集莫某乐等人密谋炸铁路。他们找来炸药、雷管、导火索等组成爆炸装置，2001年11月16日凌晨，莫某贤等将爆炸装置放置在钢轨下，当北海开往成都的K143次旅客列车从前方开过来时，莫某敬引爆了爆炸装置，致使钢轨、枕木被炸断，机车油箱被炸破，机车后四节车厢脱轨，中断铁路运营8个小时，造成国家直接经济损失70多万元。[②]

4. 企图分裂国家。在我国部分地区，极少数人受民族分裂主义、宗教教义的驱使，意图分裂国家，实现所谓的"民族自治"和"宗教自由"。通过爆炸制造恐怖气氛，企图制造社会动乱。如2000年底以来，犯罪嫌疑人藏族僧侣阿安扎西、藏族农民洛让邓珠为达到民族分裂、破坏国家统一的目的，多次密集策划在公共场所实施爆炸并散发煽动分裂国家的传单。2001年1月至2002年4月，洛让邓珠先后在某省康定县城中心、某市天府广场等5处实施爆炸，造成1人死亡，多人受伤，其中1人重伤，财产损失达100余万元。[③]

当然，作案动机是多方面的，人际关系紧张、内部矛盾激化、社会道德沦丧、物欲横流、不良传媒的腐蚀等，激发了一些人的暴力意识。部分爆炸案件未能及时侦破，更使犯罪嫌疑人感到报复的"报酬"，进一步加剧了一些人实施爆炸的念头。

（二）爆炸目标的广泛性

从我国爆炸案件的现状来看，其目标有的是确定的，如出于报复个人恩怨

---

① 《江南都市报》2003年12月12日第A14版。
② 《检察日报》2001年8月3日第2版。
③ 《江南都市报》2003年1月27日第14版。

的目的，一般目标是确定的，但有时由于犯罪嫌疑人爆炸知识和技能的不足，或者对于爆炸强度和目标之外的他人的伤害持放任态度，只顾追求特定目的的实现，不考虑不特定对象的伤害；有的目标是不确定的，如出于报复社会和企图分裂国家而实施爆炸的，其目标一般不特定。从对人的角度来看，包括党政干部、军警人员、司法人员、个体户、学生及无辜群众等；从对场所的角度来看，包括党政机关、医院、银行、公共汽车、商场、铁路、娱乐场所、饭店和住宅区等，其范围相当广泛。

（三）爆炸案件一般都有较长的预谋过程

爆炸案件发生前，作案人一般有较长的准备过程，包括心理准备和行为准备。心理准备是指由于爆炸案件的后果严重，刑法对之处罚十分严厉，作案人对作案手段、方式即考虑是否采用爆炸的方式或者其他手段，对爆炸后果的猜测及案发后可能遭受的惩罚的心理过程。但是，这种心理准备并不是所有爆炸案件的作案人都具备的，自杀性爆炸案件的作案人应是例外。行为准备是指由于爆炸是一种相对复杂的作案手段，作案人必须对爆炸物品的种类、引爆物、起爆装置和伪装物等进行周密的准备。由于我国对爆炸物品的管制，作案人从购买爆炸原料、制造、携带到现场需要一段时间。具体而言，爆炸案件的预谋过程包括：

1. 选择爆炸时间和地点。根据作案动机不同，犯罪嫌疑人在时间、地点的选择上各不相同。出于极端追求个人私利或者报复个人恩怨的，其爆炸时间一般选择有利于作案或者有利于达到杀伤目的，地点也往往是固定的；而出于发泄对社会不满或者企图分裂国家的，在时间和地点的选择上一般以产生较大社会影响为首要条件，其次才是是否有利于实施等因素。爆炸的地点可分为目标地点和爆炸物安置地点，前者范围大，后者范围小。在目前爆炸案件中，"人包分离"式爆炸，如定时爆炸、遥控爆炸等爆炸方式的出现，地点还应包括窥测爆炸过程和遥控引爆的地点，此类地点的选择以有效遥控引爆和间接观察距离为限制。

2. 选择爆炸物品。包括炸药的种类、数量、引爆物的选择。

3. 选择引爆方式。常见的引爆方式有定时引爆、遥控引爆、拉发式引爆、延时引爆、温控式引爆、气压式引爆、光电引爆等。

4. 选择隐蔽、逃逸的方式。

犯罪嫌疑人一般对此有较充分的准备，以上种种预谋活动，对于爆炸案件的犯罪嫌疑人而言，大多是必不可少的。总而言之，爆炸案件的预谋一般具有十分周密的特点，一方面加大了侦查破案的难度，另一方面由于预谋的时间较长，作案人在预谋过程中接触面相对更加广泛，遗留的线索也更丰富，有利于侦查破案。

(四) 爆炸案件一般时空条件明确, 报案及时

爆炸时间是指作案人安放爆炸装置或投掷爆炸物后, 爆炸装置或投掷爆炸物发生爆炸的时间; 爆炸空间是指作案人实施爆炸的具体地点。侦查实践中, 面对的大多是化学爆炸①案件, 尤其是以炸药爆炸的案件居多, 由于化学反应具有放热性、快速性和生成大量气体的特征, 炸药爆炸往往伴随一定现象的发生, 如产生高强度火光、出现烟雾、发出巨响。因而爆炸案件一般很容易被发现, 这是爆炸案件相对于其他案件的一个显著特点。

(五) 作案人有获得爆炸物的条件和具备实施爆炸行为的相关知识和技能

爆炸物品在我国属于管制物品, 实施爆炸犯罪, 首先必须获得爆炸物品, 犯罪嫌疑人获得爆炸物品的方式常见的有以下两种:

1. 自制, 即作案人利用掌握的关于爆炸物品的知识自行配置, 而且有些知识基于民用的需要在社会上得以广泛传播, 如黑火药的各种成份及其比例和制作流程, 给犯罪嫌疑人创造了自制的条件。

2. 利用爆炸物品的管理漏洞, 通过购买、盗窃等方式获取。据不完全统计, 自1996年至2001年4月, 全国公安机关收缴炸药881万公斤、雷管1868万枚、导火索1031万米。1999年以来, 查处非法制造爆炸物品案件19万多起。② 由此可见我国爆炸物品的管理存在一定的问题。一方面, 爆炸物品生成严重过剩, 我国现有民用爆破器材生产厂1400多家, 年产炸药130余万吨, 雷管21亿余枚, 导火索、导爆索14亿米。据统计, 全国炸药年产量过剩35.3%, 雷管过剩28.4%, 导火索过剩40.7%。另一方面, 我国爆炸物品经营单位3100家, 使用单位13.5万家, 储存库房5.4万余个, 其中储存使用场所一半集中在小煤窑、小矿山、小采石场等管理制度松散的农村"三小"企业。③

犯罪嫌疑人还必须掌握与爆炸相关的知识和技能。第一, 犯罪嫌疑人必须了解炸药的成分、性能、起爆装置结构和起爆原理。第二, 由于爆炸物品种

---

① 所谓化学爆炸是由于物质的化学反应引起的爆炸、爆炸后物质的化学成分发生变化, 如炸药爆炸, 瓦斯爆炸等都属于化学爆炸。

② 邓国梁:《爆炸犯罪的控制与预防》, 中国人民公安大学出版社2005年版, 第71页。

③ 邓国梁:《爆炸犯罪的控制与预防》, 中国人民公安大学出版社2005年版, 第72-73页。

类繁多，性能各异，引爆原理也各不相同，犯罪嫌疑人必须具有制作、安装、使用爆炸物品的基本技能，否则根本达不到其目的，甚至危害其自身安全。犯罪嫌疑人相关知识越丰富、技能越熟练，爆炸物品的破坏力就越大。

犯罪嫌疑人获得爆炸物品及其相关知识和技能，其经历或者职业、身份一般与爆炸物有关，表现为现在或者曾经是直接从事爆炸物品的生产、运输、销售、使用和保管人员及其关系人，或者是有条件接触爆炸物品的人员。

（六）爆炸方式智能化趋势明显

爆炸犯罪的智能化与社会科学技术的发展与运用，以及现代大众媒体的发达程度有关。媒体对一些暴力影视的追捧，甚至对其中犯罪细节的详细描述，使人们有意无意地学习到犯罪的方法，潜在的犯罪嫌疑人进行选择效仿。因此，犯罪思维、方式、手段等方面必然升级。

传统的爆炸犯罪受科学技术水平的限制，犯罪嫌疑人要引爆炸弹必须先引燃导火索。现今在已发生的爆炸案件中，多使用电能引爆法、机械能引爆法及化学腐蚀发火法，甚至用无线电遥控、有线遥控、温控、光控（光电元件）、声控引爆以及机械定时、化学定时、电器旋钮开关压爆引信；有压发式、拉发式、松发式起爆装置，又有反震动、反触动、反拆卸式起爆装置；国外还有应用电子定时、数码控制、电脑控制、多元多功能系统的先进技术。特别是现在某些高科技在民用领域广泛运用，如遥控玩具、家电无线通讯及寻呼工具广泛进入家庭和各行各业，犯罪嫌疑人很容易将其中的部件转借到制造爆炸装置上来。

同时，爆炸装置伪装得更加巧妙，混入爆炸目标的方法日益狡诈，作案人采用人包分离，预先隐藏爆炸装置，远离现场遥控引爆，甚至采用邮件、信封、书本等方式实施爆炸，尤其值得注意的是，近年来在爆炸现场出现连环爆炸案件，这是以侦查人员为目标的爆炸案件，侦查人员应当警惕。某年9月8日凌晨1点50分，澳门某区连胜路"竹林寺"对面的行人便道旁，一辆属于水警红色轿车发生爆炸。随着一声巨响，该车车底被炸穿，四轮飞散，现场附近的招牌和玻璃亦震碎，澳门和香港多家报社、电台和电视台的记者闻讯陆续赶到现场，当勘查工作接近尾声时，也就是距第一次爆炸约45分钟时，停在被炸车前约10英尺的一辆红色绵羊仔电单车又发生爆炸，顿时火光冲天，碎片横飞，在场的5名警察和10名记者躲闪不及，均被炸伤。[1]

---

[1] 赵步发：《析爆炸案件现场"连环套"爆炸的特点及对策》，载《新疆公安司法管理干部学院学报》2000年第4期。

（七）爆炸案件的后果一般十分严重

爆炸案件一旦发生，其后果往往是十分严重的，所引起的人身、财产的损失数量之大、范围之广，是其他刑事案件无法比拟的。2001年3月16日凌晨，作案人靳某某在石家庄市国棉三厂等四处居民楼院内实施爆炸，造成108人死亡、38人受伤、数千万财产损失。① 爆炸案件不仅造成了较多的人员伤亡和重大财产损失，而且造成无形的精神和心理损害，在社会上制造难以消除的恐怖气氛，使人民长期生活在爆炸的阴影中，因此，其潜在的、持久的危害后果也是其他案件所不能比拟的。

（八）爆炸案件常与其他刑事案件交织在一起

爆炸强大的破坏力和影响力受到作案人的青睐，为了达到目的，而不考虑危害后果，在各种案件中频繁使用爆炸方式。实践中，主要与敲诈勒索、绑架、故意杀人、伤害案件交织在一起。如在敲诈勒索案件中，被害人顾及爆炸的威胁，不得已而满足犯罪嫌疑人的要求。2003年6月13日，西安市供电局亮丽公司职工徐某写了六封恐吓信，于次日分别投放至西安市麦当劳开元快餐店、德克士民乐快餐店等五处公共场所，信中以爆炸相威胁，勒索对方人民币各20万元。2003年6月15日，徐某在家中制造了一枚可定时触动引爆的爆炸装置，并将其放在麦当劳鼓楼店的男卫生间内，启动引爆装置后逃离现场，15分钟后，爆炸装置爆炸，案发后，徐某向公安机关自首。② 爆炸案件的交织性使侦查更加复杂，要求侦查机关在侦查中注意发现其他线索。

三、爆炸案件的分类

案件类型通常是根据案件的动机、手段、区域、组织化程度等标准进行的一种分类。就我国目前爆炸案件现状，可作如下分类：

（一）根据作案动机不同进行的分类

1. 政治型爆炸案件。是指以分裂国家、颠覆政府为目的，或者以爆炸的方式威胁政府以达到其政治目的而实施的犯罪。这类犯罪通常以公共场所、军事基地、政府机构、著名建筑等为目标，针对不特定的对象实施。

2. 报复型爆炸案件。是指犯罪嫌疑人因在各种社会矛盾处理过程中遭遇"不理想"处境，或者其个人利益未能得到满足时，为了发泄心中的愤恨而对

---

① 邓国梁：《爆炸犯罪的控制与预防》，中国人民公安大学出版社2005年版，第71页。

② 《江南都市报》2004年1月15日第A14版。

特定的人或人群进行的报复性行为。通常选择特定的场所和对象，对其他无辜者的生命、财产安全持放任态度，若在爆炸过程中作案人对爆炸装置的破坏力估计不准确也将造成不特定对象的巨大损失。此时，其外在特征与政治型爆炸案件极为相似，因而在侦查中侦查人员应当查明犯罪嫌疑人的动机才能对案件准确定性，准确划定侦查范围。

3. 自杀型爆炸案件。是指犯罪嫌疑人因身处困境而绝望，企图通过自杀向他人或社会示威而通过爆炸的方式结束自己的生命。虽然犯罪嫌疑人有时不具备报复社会和他人的故意，但因其选择爆炸地点和时间的不同，有时也会给社会造成巨大的损失，危害公共安全。

总之，在侦查中，应当首先根据现场的情况和现场访问，确定其动机，明确侦查方向，有利于案件侦查的顺利进行，若对动机判断错误，将会导致案件定性错误，将侦查引入歧途，甚至陷入僵局。

（二）根据爆炸物品种类的不同进行的分类

1. 投掷类爆炸物爆炸案件。是指通过向目标投掷手榴弹或爆炸物的方式达到其目的的案件，其爆炸物一般表现为制式手榴弹、玻璃瓶炸弹、铁皮罐头盒炸弹和水泥管炸弹等。此类方式常用于远距离破坏，犯罪嫌疑人在爆炸发生后一般迅速逃离现场，侦查中，应当首先采取紧急措施，如追击、堵截措施的采取对抓获犯罪嫌疑人具有重要意义。

2. 定时类爆炸物爆炸案件。是指爆炸的发生是犯罪嫌疑人在爆炸物中加装定时装置引爆的案件。其定时方法多种多样，常见的有通过闹钟定时的机械定时方法、通过数字电子表定时的电子定时方法。此类案件中，犯罪嫌疑人设置定时装置是为了既达到破坏的目的，又有足够的时间逃离现场。根据定时装置的定时功能分析，可以推断犯罪嫌疑人放置爆炸装置的时间段，缩小侦查范围和犯罪嫌疑人排查范围。爆炸发生后，犯罪嫌疑人一般迅速逃离现场，但是，有些犯罪嫌疑人出于一种变态心理，仍隐藏在现场附近"欣赏"自己的"杰作"。

3. 触发类爆炸装置爆炸案件。是指通过安装在爆炸物品内的无线接收器接收发射器发出的信号时，使爆炸装置起爆电路开关闭合，接通电路，使雷管爆炸，从而引爆炸药发生爆炸的案件。这是一种随着遥控技术的发展与广泛应用而产生的一种新型爆炸犯罪，随着各种遥控玩具、电器广泛进入人们的生活，犯罪嫌疑人获取遥控装置的渠道逐渐增多。这类案件可以使犯罪嫌疑人随心所欲地控制爆炸发生的时间，而且可以实现人包分离，备受犯罪嫌疑人青睐。在今后一段时期内，此类案件的比例将逐步上升。

（三）根据行为人的组织化程度不同进行分类

根据行为人的组织化程度不同，爆炸案件可分为单个实施的爆炸案件、团伙实施的爆炸案件、犯罪集团实施的爆炸案件（包括黑社会组织和恐怖组织实施的爆炸案件）。

（四）根据作案目标不同进行的分类

根据作案目标不同，爆炸案件可分为针对特定场所和特定人或人群实施的爆炸案件、不针对特定场所和特定人或人群实施的爆炸案件。前者犯罪嫌疑人与爆炸发生的场所和特定人或人群有着密切关系，作案动机明显，后者一般具有较大的随机性，目标通常是人群密集的公共场所，如车站、码头、商场、剧场和街道等。

（五）根据爆炸案件的危害严重程度不同进行的分类

根据爆炸案件的危害严重程度，爆炸案件可分为一般爆炸案件、重大爆炸案件和特大爆炸案件。此处的危害既可指已经造成的人、财、物的损失，也包括潜在的危险性。

对爆炸案件从不同角度分类，其目的在于使我们从多角度、多方位、多层次地认识爆炸案件的全貌，加深对爆炸案件的认识，针对爆炸案件的现状，为采取积极有效的侦查措施建立平台，使侦查更具有针对性。

第二节　爆炸案件的一般侦查方法

一、现场勘验前的紧急措施

爆炸案件中，准备爆炸物场所、爆炸发生场所及相关场所均是爆炸案件现场。爆炸案件的现场有其显著的特点：首先，爆炸案件现场破坏严重，混乱且变动多。由于爆炸中巨大能量短时间释放造成目标的严重破坏，如建筑物的倒塌、车辆的支解，而且由于爆炸形成的高温高压，其破坏形式多种多样，如燃烧、熔化、冲撞、破裂等。另外，爆炸原始现场也容易被人为破坏。爆炸一般会造成人、财、物的损失，有关人员抢救伤员、财物、排除险情、控制事态恶化的过程中，都将破坏原始现场。其次，爆炸案件现场范围大，立体性强。爆炸发生时，在炸点形成一个强大的压力中心，产生强大的冲击波，各种与炸点接触或相邻物在冲击波的作用下沿作用力方向呈辐射状抛出，散落的范围大。而且，部分抛出物的抛出高度可达几十米，散落到周围的高层建筑上，有的深入地下几十厘米处，从而呈现出较强的立体性。再次，爆炸现场痕迹物品多，宏观物证与微观物证并存。常见的宏观物证包括残留的电线、导火索、金属碎片、雷管、齿轮、发条、包装物等，不同的爆炸装置的抛出物也不一样；微观物证包括粉尘、爆炸痕迹、气体、炸药微粒等，应当既注重宏观物证的价值也注重微观物证的价值，二者对于确定爆炸装置的种类、起爆方式，炸药数量、种类具有重要意义。最后，爆炸现场隐患多。其一，现场受爆炸冲击而处于危险状态的建筑物残体如因爆炸而松动的横梁、顶盖、楼板可能因勘查的走动而掉落、墙壁可能会倒塌、裸露的电线可能会导致触电等。其二，有再次爆炸的可能性，一方面由于原来由犯罪嫌疑人安放的几个爆炸装置没有全部同时爆炸而形成"哑炮"；另一方面犯罪嫌疑人有时会针对勘验人员实施"连环爆炸"。其三，爆炸产生大量有毒气体，如一氧化碳、氮的氧化物、硫化物、硫化氢等，甚至有泄漏的煤气，尤其是当爆炸现场处于相对封闭的场所时，将会危及勘验人员身体健康。

总而言之，爆炸案件现场乱而无头绪，大而无重点，物证碎、多而无踪迹且具有巨大的安全隐患，反映出爆炸案件现场勘验的艰巨性。因此，爆炸案件现场勘验前要做好如下紧急措施：

（一）抢救伤员

在接到报案时，应仔细询问发案的时间、地点及人员伤亡情况，在派出侦查人员的同时通知医院，到达现场后，应当首先配合医务人员抢救伤员，并尽可能使抢救行动减少对原始现场的破坏。

（二）保护现场

保护现场是指侦查人员、基层公安保卫人员以及社会单位、公民依法对可疑现场实施警戒、封锁，以保护其发生发现时的状态及勘查状态的行为。[①] 通常情况下，可使用绳索或其他显眼的标志圈定进入区域。在理想状态下，视发案的具体情况，可采用一种三层保护的方法来保护现场。第一层是一般性现场周界，这一周界的检查点通常派一名警察或一辆警车守护，其责任是限制通过现场的车辆和人员进入现场。第二层保护设在临近现场的地方，只有警察和急救人员及党政领导的车辆才能进入。该区域一般设有一个指挥协调中心，指挥协调各项行动。第三层是爆炸案件勘验区域，该区域应当严格控制，只有直接从事勘验的专业人员和警察才能进入。在三层保护中，前两者可根据案件的危害程度及现场空间的大小及地理位置决定。若案件发生在闹市区，则前两者应当限制随意扩大，以最低限度地影响人民生活。至于第三层保护的大小，大多

---

① 王大中：《现场勘查》，警官教育出版社1999年版，第49页。

数仍采用传统的目测法,坚持宁大勿小的原则划定,但实际上这是一种不科学的方法。在国外,其第三层保护范围划定的具体做法是:先通过现场概览,找出可见的抛掷最远的单独物证,测量其距离爆炸中心的距离,然后再在此距离上扩大一半,即为最终的勘验范围。随着勘验的深入,第三层保护范围应当根据具体情况随时调整。爆炸案件发生初期的保护重点是防止无关人员进入警戒区域,一般采用警戒保护法,随着勘验的进行,保护重点应当同时注重对现场痕迹物品的保护,通常采用遮盖保护法和定位法。

(三) 排除隐患

爆炸案件现场安全隐患较多,主要包括两大类:其一,可能存在没有引爆或作案人故意放置的触发类、定时类、遥控类爆炸物,严重危及勘验人员的生命安全。在现场勘验前应当坚持先排爆后勘验的原则,发现可疑物品应当立即向上级报告,由专业排爆人员进行处理,排爆前应当照相、录像固定爆炸物形状、位置及特点,注意发现爆炸装置上的指纹及其他痕迹,应当划定安全范围,一般情况下应当大于80米。在排爆过程中,除排爆人员以外禁止任何人员进入排爆区域,保持排爆区域的绝对安静,严禁在排爆现场附近使用无线电设备。其二,受爆炸冲击波影响而处于危险状态下的建筑物残体随时有倒塌的可能性,应当采取保护措施。

(四) 追缉、堵截

有些爆炸案件因果关系明显,犯罪嫌疑人暴露较快,应当重视追缉、堵截的运用,既能防止犯罪嫌疑人脱逃,又加快了办案速度,追缉、堵截二者紧密结合,才能发挥出最大的功效。追缉、堵截时要根据被害人、目击者提供的情况对犯罪嫌疑人逃跑的方向、路线进行判断,了解犯罪嫌疑人的人身特点、逃跑使用的工具及携带物等情况。在追缉、堵截过程中要注意观察沿途是否有可以判断犯罪嫌疑人逃跑方向、路线的痕迹物品,还应当访问群众,一般在城乡结合部、车站、码头、机场及管界接合部实施堵截。一般采用外围设卡,内围搜索追捕或循迹追缉,迎面堵截或迂回包抄的方式。南宁市某村于某年5月9日凌晨1时发生爆炸,因及时实施追缉堵截,犯罪嫌疑人邱某在9日晚7时许即在火车站被抓获。[1]

---

[1] 黄丽明:《爆炸案件紧急措施的采取》,载《湖南公安高等专科学校学报》2001年第3期。

二、现场勘验

（一）炸点的确定及其勘验

爆炸案件现场范围广泛，勘验时，可对现场进行网格划分，或条状，或块状，每一条块独立勘验，对所有收集的证据作好记录，工作程序可由现场边缘向内部中心推进，直至炸点部位。炸点是爆炸装置的中心点，它是接触炸药的介质和物体，被高温高压的爆炸气体压缩、粉碎，抛出所形成的集中破坏痕迹，往往遗留了许多爆炸残留物。而且，炸点的特征与炸药的种类、数量等存在紧密的联系。因而，炸点是现场勘验的重点之一。

根据不同介质受爆炸作用力破坏的情况，炸点可分为球缺型炸点、锥型炸点、截断炸点、洞型炸点、粉碎分离炸点等。从现场整体看，现场破坏最严重的地方一般就是炸点，但是，炸点往往容易被倒塌物掩盖，应当从倒塌物下面，从被松动、掩埋的破碎介质中寻找。此外，还可沿着爆炸作用力痕迹，根据遗留物、抛出物散落的方向反向寻找。

炸点的勘验应当包括以下要素：第一，介质的性质。就是弄清炸点周围介质的种类、特性，若爆炸物是在地面爆炸，应当查清地面的性质，是黏土、沙质土、密实土还是较硬的干黏土等。各类介质均要详细判断，以判明它们对爆炸作用力的影响，在计算炸药量或分析其他问题时参考。第二，查明炸点的形状、类型。即判明炸点是球缺型、锥型、截断、洞型、粉碎分离等。第三，炸点的尺寸。包括炸点的直径、炸坑中起始作用痕迹的直径及深度、炸点周围堆积物的高度等。第四，炸点范围内各种爆炸痕迹。如爆炸产物起始作用痕迹、抛掷作用痕迹以及因爆炸造成的介质松动和震动的痕迹等。第五，炸点的其他痕迹物证。如高温痕迹、烟痕颜色及形态分布、气体气味，炸点内的遗留物、残留物等。

炸点的勘验应当遵循一定的程序，首先应当先拍照录像固定炸点原貌，记录炸点的介质性质，然后观察炸点周围抛出物介质的分布情况，最后测量炸点的尺寸和深度，洞型、粉碎型炸点由于周边形状不规则，应多次测量，取其平均值。

（二）外围现场的勘验

所谓外围现场是指爆炸案件中心现场以外的同犯罪活动有关并与中心现场有着密切联系的周边地段、路线和场所。通常包括：第一，预备作案现场，这一现场多在隐蔽场所，如废弃的仓库、闲宅等，应注意发现剩余的炸药、爆炸物、雷管、导火索等物品。第二，进出中心现场路线，犯罪嫌疑人在进出路线上有窥视、潜伏等活动,通常会留下足迹、烟蒂、废纸等物品。对于分析犯罪嫌疑人的心理及行进方向、生活习惯等有一定作用,上述外围现场一般面积较大,无规律性,无固定区域,痕迹物证分布广而不均,勘验难度大,但是相对于中心现场痕迹有被破坏性小的优势,稳定性也高,有较大的利用价值,勘验中应高度重视。1995年2月28日,间南县团林王家沙沟发生一起爆炸案件,由于中心现场在抢救伤员时遭到严重破坏,加上围观人员的踩踏,没有提取到有价值的痕迹物品,但是,在外围现场勘验中找到了突破口,在距现场33.5米的街道地面上提取到一根可疑木棒,根据其特征和附着物判断可能是中心现场上炸药包的支撑物,后在嫌疑人王某闲宅院两侧墙跟地面上发现一木棒的压痕,其长度和弯曲程度与提取的木棒痕迹特征相吻合,从而破获此案。① 外围现场的范围应当根据爆炸威力和所处的地理环境确定,适当划出外围现场的范围,并且分片、分段勘查,或根据进出中心现场路线追踪勘验,勘验一定要快细结合,快而不乱,快中有细,坚持中心现场和外围现场相结合,全面兼顾,把两个现场获取的证据结合起来,形成统一的证据链。

(三) 爆炸案件现场痕迹物品的分布规律

广义上,物品可分为宏观物品痕迹,如爆炸装置碎片、爆炸烟痕、死伤人员及肢体碎块、被炸建筑物等,微观物品痕迹如手印、足印、指纹、爆炸痕迹、炸药残留物、爆炸装置粉末等。按照爆炸案件实施阶段,可分为预谋现场痕迹物品和实施爆炸时的痕迹物品。预谋现场痕迹物品,如遗留下的爆炸装置部件、爆炸控制系统多余部件、炸药残粒、导火索、炸药包装物、雷管及脚线、拆卸的定时钟表的部件、捆绑物、支撑物、焊接痕迹、存放时的压痕等。实施爆炸时的痕迹物品,如爆炸痕迹,包括起始作用痕迹、抛掷作用痕迹、破坏痕迹等,又如爆炸残留物,包括爆炸装置碎片、未燃烧的炸药粉末等,又如爆炸现象,包括声音、火光、烟、气味等。

爆炸案件现场痕迹物品分布具有一定的规律性。爆炸痕迹物品以爆炸残留物、遗留物、爆炸痕迹三种形式存在于现场。地面爆炸残留物在爆炸中心较少,峰值区较多,扩散区逐渐减少直至消失。遗留物在现场呈辐射状分布,其现场位置和原始位置距离大小受物体质量及空气阻力影响。爆炸直接作用痕迹分布在爆炸中心附近,间接作用痕迹分布在爆炸产物半径以外的地方。

从爆炸产物及冲击波作用范围来看,爆炸现场可分为三个区域:第一区域位于爆炸中心,半径约为装药半径的7—14倍,这一区域爆炸产物密度是空气

---

① 赵松森:《浅谈爆炸案件外围现场的勘查》,载《山东公安丛刊》1995年第3期。

冲击波前方的压缩空气密度的20倍,爆炸产物向外飞散的速度快。第二区域位于半径为14—20倍,爆炸产物与冲击波作用大致相等,爆炸产物与冲击波开始分离。第三区域为冲击波作用区域,区域半径在装药半径的20倍以上,爆炸产物与冲击波分离,在负压和重力的作用下,爆炸产物迅速减速下落,形成爆炸残留物的峰值区域。在这一区域中,爆炸残留物呈现由多到少,直至消失。值得说明的是,爆炸案件现场并没有这三个区域的明显划分,而是连续地逐渐变化的。

1. 炸药残留物分布规律

第一,介质性质对炸药残留物分布的影响。在上述三个区域内,对于介质坚硬的条件下第一区域内炸药残留物很少,对于介质松软的条件下第一区域内炸药残留物一般高于峰值区域。在第二区域内,炸药残留物开始增多。第三区域为炸药残留物的峰值区域。

第二,不同炸药量对炸点附近炸药残留物分布的影响。一般情况下,小药量炸药爆炸,炸点附近的炸药残留物高于峰值区,大药量炸药爆炸,炸点附近的炸药残留物低于峰值区。

第三,炸药量与峰值距离的关系。炸药量越大,炸药残留物含量出现峰值距离距炸点越远,反之越近。经验表明,残留物峰值距离与装药半径有以下关系:$R = a + br$(R表示峰值距离,r表示装药半径)。对于不同的炸药,a、b的取值不一样,有试验确定,如销铵炸药爆炸时$a = 5$,$b = 9.1$。

2. 爆炸抛出物的分布规律

第一,抛出方向基本呈辐射状。炸药爆炸后,爆炸产物和冲击波作用方向呈球面辐射状向炸点周围介质和各种物体施加爆炸作用力,抛出物基本以装药中心为球心。但是,因爆源位置和地形、建筑物的影响以及受冲击波的直接作用、反射作用情况的影响,抛出方向会有所改变。

第二,物质条件相同,距离爆炸中心越近抛的越远。应用此规律时,应当注意一些复杂情况,实际案件中,介质、物体离炸点的距离不同,受力面大小不同及物体的体积、形状不同,受到的空气阻力不同,对其规律的认识过程中应考虑到。

第三,物质条件、距离相同,中等重量的物体抛得最远。这是相同推力下,中等重量的物体所达到的抛射速度适中,保持惯性飞行的能力也适中,因而抛得最远。而重量很大的物体初速度小,重量很小的物体保持惯性飞行的能力差。

(四)爆炸尘土的采集

所谓爆炸尘土,是指爆炸后留下来的微量炸药成分和分解产物,它们以极小的微粒分布和散落在炸点外围一定距离内的被爆炸卷起的尘土中而形成的一种混合性尘土。爆炸尘土的采集必须以炸药残留物的分布规律为指导，在不影响现场手印、足印的收集、爆炸痕迹勘验的情况下迅速采集，防止因刮风下雨而消失。在采集过程中，应当从不同的距离分别采集，采集的面积一般呈长方型，面积不少于400平方厘米。爆炸尘土通常存在的部位包括：爆炸产物直接作用的边缘地带，本底较为干净的桌面、床面和窗台处，现场灭火时没有受到污染的检材，爆炸物飞散过程中受到垂直物阻挡一面的根部尘土，有风现场的避风部位或回旋的低洼部位的尘土。

（五）爆炸伤的检验

爆炸伤是指由于爆炸力作用于人体而形成的各种损伤，按照爆炸形成的原因可分为爆炸力直接作用伤（如炸碎伤、炸裂伤）和间接作用伤（如高坠伤、压伤）。按爆炸伤的特征可分为炸碎伤、炸裂伤、炸烧伤、弹片伤、抛击伤、抛坠伤、摔伤、压伤、踩伤等。实践中，在一个损伤人体上可能存在多种损伤，爆炸伤的检验不同于一般的法医检验，其重点不在于查明死伤的原因，而在于通过对炸伤的性质、形状、伤口的大小、附着物的研究，以判明被炸死炸伤人员与爆炸的关系，确定在爆炸过程中的位置，为寻找爆炸案件的犯罪嫌疑人与爆炸原因、细节、弄清爆炸物的种类、数量、起爆方式提供依据。其主要任务是分析死伤人员中是否有犯罪嫌疑人、炸药的种类、数量，案件的性质、死伤者的位置和当时的姿态。如1998年2月14日武汉长江大桥爆炸案件中，通过对爆炸中心现场死者的定位和对炸点周围四具最近的尸体损伤部位和程度的分析，认定10号、11号两具尸体离炸点最近（其胸部以下全部炸碎，在炸点两侧抛出最远），11号死者在爆炸瞬间系半蹲位状态，并侧身贴近爆炸装置呈现引爆姿势，故认定10号、11号即为犯罪嫌疑人。在收集爆炸物时，对碎尸、碎衣服，以爆炸为中心分方向、分部位、分距离收集，并进行同一比对。同时注意炸伤的部位、数量、特征、严重程度等，对损伤最严重的要重点检验。

三、现场访问

现场访问，是指侦查人员在现场勘查过程中，为收集侦查线索和犯罪证据，就事件、案件的发生、发现等情况，依法向有关人员进行询问调查的一项基本的侦查行为。[①] 现场访问是与现场勘查同时进行的一项侦查活动。现场访问应当迅速及时，尤其是对流动性较强的知情人及伤情严重的被害人更应当迅

---

① 王大中：《现场勘查》，警官教育出版社1999年版，第65页。

速访问。访问时应当坚持个别化原则,不能针对几个访问对象同时进行,以防止访问对象之间的相互干扰和影响,打消被访问者的顾虑。最后,现场访问应当依法进行,制作访问笔录。

(一)现场访问对象

可以通过以下途径寻找爆炸案件现场访问的对象:第一,从爆炸案件现场围观人员中寻找。第二,从现场附近居住、工作、停留的人员中寻找。第三,从被害人的关系人中寻找。第四,从犯罪嫌疑人来去的路线上寻找。具体包括以下人员:被害人、事主、受害单位、报案人、目击者。

(二)现场访问需了解的情况

1. 爆炸前后的可疑状况。具体包括:爆炸发生前后现场人员的具体位置及活动情况,爆炸前后现场物品的变化情况,爆炸发生时有无异常声音,现场是否存放易燃易爆物品,如果有,则应查明种类、数量。

2. 爆炸现象。包括以下几个方面:(1)光:凡化学反应都有闪光,不同炸药爆炸,闪光火球颜色也不一样,如 TNT 爆炸为棕红色、销铵炸药为白色。现场访问要弄清光的颜色、亮度、火球的体积。(2)火:爆炸可能引起易燃易爆物品起火,或者因起火引起爆炸,访问时应了解是先起火还是先爆炸,爆炸时闪光和爆炸后闪光有何不同。(3)声:由爆炸产生的高压气体压缩周围气体形成冲击波,冲击波迅速传播产生巨大声响,访问中应了解何时听到爆炸声、声音大小,是沉闷还是清脆,在何处听到,听到爆炸声音的次数,声音的清脆或沉闷与炸药的性质有关,如 TNT 声音清脆、销铵炸药爆炸声沉闷。(4)烟:访问时应了解烟的颜色、浓淡程度、烟雾形状、扩散范围,烟的颜色与炸药的种类有关,如 TNT,特屈儿呈黑色,黑索金呈黄色。(5)味:访问时应当询问气味的特点,有苦、酸、涩、臭鸡蛋味、大蒜味等,不同的炸药味道也不一样,如 TNT 为苦味、黑火药为臭鸡蛋味。

3. 了解爆炸案件的过程,如爆炸时间、部位,是否有可疑人出现,有无异常现象,等等。

4. 了解案件的损失,包括死亡人员的基本情况、受伤人员基本情况、伤情情况、部位,爆炸时的位置,有无受伤人员离开,财产损失等情况。

5. 了解事主、被害人的各种社会关系,生活作风,是否与人结怨,初步查明案件的因果关系,等等。

现场访问,则应当尽量选择合适的场所,一般坚持就近原则,有利于保密,环境相对安静,针对不同的访问对象采取不同的方式。若访问对象为农民,则应当态度和蔼,平易近人,缓解访问对象的紧张情绪,语言要通俗易懂；若访问对象为未成年人时，应当让其完全充分自由地陈述，并邀请其监护人参加。实践中，由于各种因素的影响，访问对象容易产生误区，甚至作出虚假陈述，侦查人员应当审查证人证言的内容，看是否存在矛盾、漏洞，考察现场访问时的客观环境和条件及访问对象的实际状况、品质和一贯表现，并结合其他物证比较辨别其真伪。

四、案情分析

（一）案件性质的分析

爆炸发生的原因很多，并不是所有的爆炸都构成犯罪，爆炸事件根据原因可分为自然性事件与人为事件两种。所谓自然性事件是指事故是不以人的意志为转移的自然原因造成的，如雷电引发的爆炸事件。人为性爆炸事件又可分为爆炸案件、爆炸事故和技术性事件。技术性爆炸事件，是指不是出于行为人的故意，也不是过失，而是由于技术条件、设备的限制，使人无法预见，也无法避免而导致的爆炸。爆炸事故，是指行为人在日常生活生产中因为疏忽大意而导致爆炸的发生。爆炸案件，是指行为人出于故意而为之的一种破坏性事件，有明确的作案动机和目的，且常常出于报复个人、社会而实施的一种犯罪行为。实践中，自然性爆炸事件较容易区分，容易混淆的是爆炸事故和破坏性事件，尤其是犯罪嫌疑人利用爆炸事故的某些外在特征掩盖其故意实施的爆炸行为，使人真假难辨，应当从以下几个方面来区分：

1. 爆炸场所不同。爆炸事故多发生在爆炸物品生产、运输、储存和使用的过程中，而爆炸案件现场一般没有爆炸物品，但也不排除少数犯罪嫌疑人利用原存放的爆炸物品进行故意爆炸的可能。

2. 爆炸位置。爆炸事故的炸点一般处于原存放爆炸物品的位置，无故意破坏目的的反映，而爆炸案件炸点一般在要害部位，原来一般并没有存放爆炸物品。

3. 引爆方法。爆炸事故存在爆炸发生的条件，但无专门的引爆装置，爆炸案件既有发生爆炸的条件，又有专门的引爆装置。

当然，爆炸案件的实际情况异常复杂，每个现场均有其自身的特殊性，具有客观性，是可以全面认识的，应当坚持一切从实际出发，实事求是地判断，切忌主观臆断，要全面把握整个现场的特征，综合分析，由表及里，去粗取精，去伪存真，查明案件的本来面目。

（二）炸药种类的分析

目前炸药的品种很多，其组成成分、爆炸性质、作用、特点各不相同。常见的炸药有雷汞、TNT、苦味酸、销化甘油、黑索金、特屈儿等，[①] 鉴别炸药的途径通常有：

1. 利用各种试剂、试纸快速检验。有以下几种方法：第一，pH 试纸法。若试纸变红，说明检液成酸性，表明检液中含销酸酯类炸药；若不变色，检液为中性，表明检液中有销酸铵混合炸药，如特屈儿；若变蓝，检液呈碱性，表明检液中有黑火药或含铝烟火剂。第二，碘－氮试剂法。这种试剂用来检验黑火药爆炸后硫化物成分，在硫化物作用下，I2 与 NaN3 反应速度加快，溶液中产生气泡并且颜色消退，具有较高灵敏度。第三，萘氏试剂法。用于检测销铵炸药中铵离子的试剂，以确定是否为销铵炸药，铵离子与萘氏试剂反应，生成黄色沉淀。第四，亚销酸银法。该法是用来检验氯酸盐中的氯酸根，亚销酸根可将氯酸根还原为氯离子，然后与银离子结合生成白色沉淀，使用该方法时，需除去溶液中的氯离子。

2. 通过对现场提取的炸药成分进行化学定性分析，基本原理是通过加入某种试剂形成某种沉淀或引起颜色变化等现象确定检材中含有某种成分，再比对炸药的成分以确定炸药的种类。如用销酸银检验销铵炸药爆炸成分中的氯离子，形成白色沉淀，则表明炸药为销铵炸药。

3. 由于各种炸药爆炸的特征不一致，可以通过现场访问和勘验确定爆炸的特征，从而推知炸药的种类。

4. 通过现场中提取的爆炸物的外壳包装，尽量发现其生产厂家或商标等信息，以判明炸药的种类。

（三）分析炸药的数量

确定炸药的种类后，估计炸药的重量也是查明案情的一项重要内容，由于炸药本身的种类繁多、性能各异，判断炸药重量的方法多是一些实践经验的总结和侦查实验的结果，通常有以下方法：

1. 按爆炸作用痕迹计算

根据经验式：$Q = 4.1888 (R/K)^3 H$

式中 Q 为炸药量（单位：克），R 为爆炸痕迹半径（单位：厘米），H 为炸药密度，K 为爆炸作用系数，对于三种不同类型的爆炸作用痕迹爆炸作用系数 K 的范围也不一致，爆炸产物起始作用痕迹 K_1 与介质性质的关系是：炸药置于介质表面时，坚硬介质 K_1 范围为 $1.5 - 2$，可塑性介质 K_1 范

[①] 有关常见炸药的性能及组成成分，参见公安部政治部主编：《爆炸案件对策教程》，中国人民公安大学出版社 1997 年版，第 33 - 44 页。

围为 2 - 3；当炸药埋入地下时，K1 增大一倍，取 3 - 6。爆炸产物抛掷作用系数 K2 和爆炸产物极限作用系数 K3 与介质的关系是：炸药置于介质表面时，K2 范围为 7 - 10，K3 范围为 10 - 12，坚硬介质取小值，可塑性介质取大值；炸药埋入地下时，K2、K3 的取值增大一倍。K2 范围为 14 - 20，K3 范围为 20 - 24。

实例 1：在冰冻土地上，有直径为 30 厘米、深 6 厘米的圆形炸坑，求炸药量。

此例中介质为冻土，K1 值取 2，R1 为 15 厘米，经勘查，炸药为硝铵炸药，H = 1，代入上式可得炸药量为 1767 克，实际为 1950 克，误差 9.4%。[1]

2. 根据炸药盛装容积估算

经过对破碎的炸药盛装物进行鉴定，拼接和复原测量后，计算出盛装物容器的体积，将该体积乘以估算的炸药密度，即可求出炸药量。

其经验式为：$Q = UCH$

式中 Q 为炸药量（单位：克），UC 为炸药盛装容器的体积（单位：立方厘米），H 为炸药密度（单位：克每立方厘米）

实例 2：583 次客车爆炸案件，现场收集到 5600 块金属薄片，有商标字迹的 29 块，经拼接后发现是"蜂乳麦乳精"铁桶，该桶高 15 厘米、直径 9.8 厘米，炸药为硝铵炸药，代入上式，估算炸药量为 1131 克。[2]

3. 由现场人体死伤情况推断炸药量

炸药在空气中爆炸产生冲击波导致人员伤亡，死亡的距离与炸药量的关系经验式如下：

当 $Q > 300Kg$ 时，$Q = (L/2.7)^2$，式中 Q 为炸药量（单位：千克），L 为置人死亡的距离（单位：米），炸药量与置人死亡的距离的关系为：

Q（kg）	1	2	3	4	5
L（m）	1.10	1.56	1.91	2.20	2.46

当 $Q < 300Kg$ 时，$Q = (L/1.1)^2$，式中 Q 为炸药量（单位：千克），L 为置人死亡的距离（单位：米），炸药量与置人死亡的距离的关系为：

---

[1] 王百姓：《爆炸案件侦查要略》，群众出版社 2004 年版，第 137 - 139 页。
[2] 公安部政治部主编：《爆炸案件对策教程》，中国人民公安大学出版社 1997 年版，第 381 - 382 页。

L (m)	1	1.5	2	3	4
Q (kg)	0.83	1.80	3.31	7.44	13.22

另外，根据人体炸碎伤的范围也可估算炸药量。

经验式为：$Q = 0.0695R^3H$ 式中 Q 为炸药量，R 为人体炸碎伤的范围，H 为密度。

应用此公式时，若人站立时爆炸，身体被炸成两段，应先算出身高，再把身体的两段摆为身高长度，量出缺损范围即可。①

4. 根据炸药残留物分布峰值距离估算

由实验得知，峰值距离 R 与药包半径成线性关系：$R = a + br$

式中 a、b 取值与炸药种类有关，得出 r 后，再根据不同的几何形状得出体积，则可求出质量。

实践中，爆炸案件使用的炸药种类不一致，性质各异，即使是同一种炸药，其内部成分也不相同，性能也存在差异，加上受介质和装药方法的影响，若统一按照几个公式计算炸药的质量，不进行换算，则误差较大。换算炸药的种类的主要依据是炸药威力和炸药的猛度。在此，我们使用公式进行换算时为标准销铵炸药，为其他炸药时，应乘以换算系数，如下表：

炸药种类	密度（克/立方厘米）	按爆力换算系数	按猛度换算系数
铵梯炸药	1 – 1.5	0.94	1.2
硝化甘油	1.6	0.5	0.63
TNT	1.6	1	1
特屈儿	1.05	0.78	0.67
黑索金	1.7	0.5	0.58
泰安	—	0.52	0.6
氯酸盐炸药	0.8 – 0.9	2.8	1.5
黑火药	0.8 – 0.9	2.8	—

---

① 郑国跃、李世聪：《爆炸案件快速侦破》，载《爆破》1998 年第 4 期。

上表中，装药在介质表面爆炸，可用猛度值系数换算，装药在介质内时，可用爆力系数换算，也可根据介质的坚硬程度适当增加或减少。①

五、明确侦查方向并确认犯罪嫌疑人

在刑事案件中，人、事、物三要素之间存在着本质联系，从物出发，通过调查分析案件过程达到对犯罪嫌疑人的认识，确定侦查方向。

（一）利用爆炸遗留物寻找嫌疑人

1. 利用包装物、盛装物、起爆器材、控制系统、支撑物等的碎片拼接复原，侦查人员通过调查这些物品的生产销售情况及其他特征，可以发现其来源地，从而缩小犯罪嫌疑人的范围。

2. 通过检验炸药残粒的成分，然后与库存炸药进行比对，也可以确定炸药的来源，锁定犯罪嫌疑人。

3. 利用现场衣物、用品和证件的碎片拼接，也可以获得重要线索。

（二）利用现场遗留的痕迹

爆炸案件中，犯罪嫌疑人一般确信炸药会发生爆炸，因而毫不顾忌留下痕迹，如手足印、指纹等，侦查中应特别留意未爆炸物品上痕迹的发现和提取。

（三）从案件反映的因果关系入手，发现犯罪嫌疑人

爆炸案件中，因果关系一般比较明显，若爆炸目标特定，侦查中可以针对被害人的工作性质、社会关系、经济状况等方面调查，寻找与被害人有剧烈矛盾的人员，寻找线索；若爆炸目标不特定，应根据案发地的社会情况，通过摸底调查，从仇视社会、不满现实的人员中寻找。

（四）并案侦查，发现线索

并案侦查，集中所有相关案件的资料，刻画犯罪嫌疑人的条件，加强犯罪嫌疑人活动区域控制，及时查对犯罪情报资料，发现线索。

通过上述方式确定侦查方向后，采用摸底排队、阵地控制、内外线侦查等措施，依靠各级基层组织，深入发动群众，确定嫌疑人，嫌疑人一般具有以下条件：

1. 时间条件。由于时间对于每个人都有一维性和排他性，确认犯罪嫌疑人的重要依据就是看他有无作案时间。但是，犯罪嫌疑人为逃避制裁，往往利用定时爆炸、延时爆炸等方式来回避关键的时间要素，因此，调查作案时间应采

---

① 王百姓：《爆炸案件侦查要略》，群众出版社2004年版，第147页。

用定时、定人、定位的方法，可通过群众调查核实，必要时进行计算分析和通过实验核实时间。

2. 具有作案动机。
3. 体貌特征。
4. 痕迹比对同一。

第九章 有组织犯罪案件侦查

2010年7月,省某中级人民法院公开开庭审理一起涉黑案件。首犯张某触犯组织、领导黑社会性质组织罪、故意伤害罪等十余项罪名,数罪并罚,判处无期徒刑,剥夺政治权利终身。据查,2007年以来,被告人张某(系刑满释放分子)先后纠集梁某、张某某、和某某等人,逐步形成了以张某、梁某为组织、领导者,以张某某、和某某为骨干成员的黑社会性质组织团伙。团伙成员直接或间接地听命于张某。为谋取非法利益,张某口头成立了一"娱乐公司",涉足矿山、娱乐场所,其团伙成员各自都有明确的分工,张某每月固定给成员发放600至2000元不等的工资,用非法所得支付团伙成员日常的开支及购车、购房,同时还提供资金为团伙成员进行纹身、着装、统一住宿和统一管理。法院审理查明,该团伙先后有组织有目地走私武器、弹药和非法买卖枪支,共涉12支枪支、700余发子弹;先后实施故意伤害3起、寻衅滋事4起;多次以收取保护费、分干股的形式,在歌舞厅、洗浴城强行签单消费达6.5万余元,进行敲诈勒索;为他人开设的赌场负责"看场子"并分股份;利用枪刀棍棒等械具邀约斗殴;毁灭证据、包庇和帮助作案人逃避打击;非法携带枪支进入娱乐场所开枪取乐;强占他人矿洞等违法犯罪活动。在当地形成了一定的非法影响力和非法控制力,以至于部分群众、商户在日常的生产、生活和经营活动过程中,向张某及其团伙成员寻求非法保护,依仗该团伙在社会上的非法影响,雇请该团伙在娱乐场所"看场子",解决经济纠纷和矛盾。经过连续两天的审理,法院查清了该犯罪团伙及有关成员的案件事实,并依法数罪并罚。首犯张某因犯组织、领导黑社会性质组织,走私武器、弹药及非法买卖枪支、弹药,故意伤害,开设赌场,寻衅滋事,敲诈勒索,聚众斗殴,非法携带枪支危害公共安全,包庇、帮助毁灭证据等罪,数罪并罚,被判处无期徒刑,剥夺政治权利终身;其余11名团伙成员分别以犯参加黑社会性质组织,走私武器、弹药及非法买卖枪支、弹药,故意伤害,开设赌场,寻衅滋事,敲诈勒索,聚众斗殴,包庇、帮助毁灭证据罪被判处2年6个月到17年不等的有期徒刑。[①]

---

① 参见中国新闻网,2010年8月26日浏览。

第一节 有组织犯罪案件概述

一、有组织犯罪案件的概念与认定

(一) 有组织犯罪案件的概念

有组织犯罪译自英文 Organized Crime,是一种极为复杂的犯罪现象,国际国内的有关机构和学者从不同视角对其进行界定,观点不一,至今尚未形成一个公认的、有权威性的精确定义。正如 1993 年 4 月联合国预防犯罪刑事司法委员会第二届会议指出的那样:"为有组织犯罪确定一个明确而又普遍能够接受的定义的一切努力已经失败。"

联合国于 1991 年 10 月在莫斯科举行的"反对有组织犯罪国际研讨会"给有组织犯罪作了如下的定义:"有组织犯罪是指由故意犯罪者操纵和控制的,组织结构相对稳定,具有逃避社会控制之防护体系,使用暴力、恐吓、腐蚀和大量盗窃等非法手段所实施的集团性犯罪活动。"目前较有代表性的定义,是国际刑警组织经过数次修改和更正后所形成的如下定义:"任何具有有组织的控制结构的、通过不法活动获取钱财为其主要目的的、通常以恐怖活动和腐败活动的经济来源为生的群体。"

通观国内学者对有组织犯罪所下的定义,有三种学说:一是最广义说,如有的学者认为,有组织犯罪就是指三人以上故意实施的一切有组织的共同犯罪活动。根据组织化程度的不同,由低到高分别排序为:结伙作案、团伙犯罪、集团犯罪、带黑社会性质的组织犯罪和黑社会组织犯罪。二是广义说,该说认为,有组织犯罪是比集团犯罪更高发展阶段的犯罪形态,包括带黑社会性质组织犯罪和黑社会犯罪。三是狭义说,认为有组织犯罪就是黑社会组织所实施的犯罪活动。如在我国香港、澳门、台湾等三个地区典型的黑社会组织有新义安、14K、竹联帮、天道盟等,国外有意大利黑手党、日本的山口组织等。

本书采纳最广义说的观点,理由如下:有组织犯罪由小到大的渐变性使得我们要用发展的、历史的眼光去认识和研究有组织犯罪,为有组织犯罪设下比较严密的刑事法网。而如果将有组织实施的团伙犯罪和集团犯罪排除在研究范围之外,将会大大削弱研究成效及其实践意义。而且从司法实践的情况看,有组织犯罪作为共同犯罪的种类之一,并非为犯罪集团或黑社会(性质)组织犯罪所独有。在一般性结伙作案中,也有可能出现组织犯所实施的组织、策划、指挥等方面的行为。

综上所述,结合中国的具体情况,有组织犯罪是指三人以上故意实施的有组织的犯罪活动。在作案人方面,应是三人以上,否则谈不上"有组织";在主观方面,所有参与犯罪组织和犯罪活动的人的罪过形式都是故意,且具有共同犯罪的故意;在客观方面,各个犯罪行为之间必须是分工配合并有一定的组织性。在外延上,按照组织化程度的从低到高,有组织犯罪包括三类:有组织的团伙犯罪、集团犯罪,黑社会性质组织犯罪以及黑社会组织犯罪。目前,我国尚不存在典型意义的黑社会组织犯罪,因此,就现状来说,有组织犯罪的最高形态是黑社会性质组织犯罪。

(二)有组织犯罪案件的认定

1. 有组织犯罪与共同犯罪的关系

根据我国《刑法》第25条第1款的规定:"共同犯罪是指二人以上共同故意犯罪。"成立共同犯罪必须具备三个条件:一是行为人必须是两个以上的自然人或单位;二是各共同作案人必须有共同犯罪的行为,即各共同作案人的行为都是为了一个相同的目标,彼此联系,相互配合,形成一个有机的犯罪行为整体,共同造成行为结果;三是各共同作案人必须有共同犯罪的故意,即各共同作案人通过意思联络,知道自己是和他人配合作案行为,认识到自己和他人的共同犯罪行为将会发生危害社会的结果,并希望或放任这种危害结果出现。虽然各作案人之间有共同犯罪的故意和共同犯罪的行为,但不是所有共同犯罪都是有组织犯罪,有组织犯罪必须具有特殊结构特征,有组织犯和一般参加者的分工,即"有组织性"。当然这种"有组织性"既可以是低级形式的犯罪团伙、犯罪集团,也可以是比较高级的黑社会性质组织。

根据上述分析,一切有组织犯罪都属于共同犯罪,但共同犯罪并不仅仅是有组织犯罪,它还包括一些没有组织分工的共同犯罪,因此可以说,有组织犯罪是一种特殊的共同犯罪。

2. 有组织犯罪与团伙犯罪、集团犯罪的关系

根据我国《刑法》第26条第2款的规定,犯罪集团是三人以上为共同作案而组成的较为固定的犯罪组织。其特征是:行为人必须由三人以上组成;犯罪形式具有一定程度的组织性;犯罪活动具有目的性;犯罪结合具有固定性。

犯罪团伙并非法律术语,主要在公安工作中广泛采用。犯罪团伙包括犯罪集团。因为我国刑法中仅有共同犯罪和犯罪集团的规定,根据具体案情,有的犯罪团伙被认定为一般共同犯罪,有的犯罪团伙被认定为犯罪集团。犯罪集团与犯罪团伙既有联系又有区别,并非两个互相等同的概念,因此,集团犯罪寓于团伙犯罪之中,但团伙犯罪并非全系集团犯罪。团伙犯罪包括了集团犯罪与一般共同犯罪。而团伙犯罪是否属于集团犯罪,要看其主体人数是否三人以上,有无组织行为存在。如果该团伙犯罪在三人以上,且有组织行为存在的,

可以认定为集团犯罪,若不具备上述特征的团伙犯罪,则不能视为集团犯罪,只能作为一般共同犯罪处理。

根据上述分析,组织化程度较高的集团犯罪属于有组织犯罪,而对团伙犯罪的定性,就需要考察其成员是否三人以上、有无组织行为存在,即如果犯罪团伙中具有相对明显的首要分子和一般参加者,成员之间形成相对稳定的组织形式,在实施作案过程中也有一定的组织分工,则应认定为有组织犯罪,反之则认定为一般的共同犯罪,不属于有组织犯罪。

3. 有组织犯罪与聚众犯罪的关系

聚众犯罪,是指首要分子聚集多人进行的犯罪活动。刑法规定的聚众犯罪中,有的只能由首要分子构成,如聚众扰乱社会秩序罪,聚众扰乱公共场所、交通秩序罪,聚众阻碍解救被收买的妇女、儿童罪等;有的首要分子是起组织、指挥、领导作用的主犯,其他积极参加者同样构成犯罪,如聚众斗殴罪、聚众哄抢罪、聚众冲击国家机关罪、聚众淫乱罪、聚众持械劫狱罪、聚众冲击军事禁区罪、聚众扰乱军事管理区秩序罪等。

由此可见,只能由首要分子构成的聚众犯罪是一种单独犯罪,不属于有组织犯罪。可以由首要分子和其他积极参加者构成的聚众犯罪是一种共同犯罪,应根据其是否具有组织性特征予以认定;如果其主体是三人以上,且有组织行为的,属于有组织犯罪;如果没有组织行为的,当然仅属于一般的共同犯罪。①

二、有组织犯罪案件的特点

(一) 有组织犯罪成员的复杂性

有组织作案目的的经济性决定了有组织犯罪成员的复杂性,由于有组织犯罪是为了获取财物,而一旦能获得财物便会吸引各种类型层次的人加入。例如最近几年非常猖獗的非法传销犯罪,在查获的案件当中,参与犯罪的成员有大学生、农民工、教师、白领以及军人等各行各业的人。在重庆打黑中,查获的犯罪嫌疑人包括各行各业的老板、地痞流氓,还有很多司法机关的工作人员。

有组织犯罪成员的复杂性首先是因为有组织犯罪可以获得非常高的利润,这是吸引各种人员加入犯罪组织的源泉,且对人的吸引是不分行业层次的,这是人性的贪婪决定的。有的人加入只是为了生存,自己身无长处,只能通过这种途径生存,而有的人是为了满足自己更大的贪欲,很多大老板以及国家机关

---

① 杨郁娟:《有组织犯罪侦查》,中国人民公安大学出版社2003年版,第12页。

工作人员并不是自己经济有什么困难，只是在有组织犯罪可以提供的高额经济回报的诱惑下抵挡不住自己的贪欲而实施犯罪。有组织犯罪成员复杂的另一个原因是随着社会的发展，作案人为了逃避侦查获得更加丰厚的非法利益需要更多的人相互协作，需要各行各业的人共同作案。以上原因决定了有组织犯罪成员的复杂性。

（二）有组织犯罪目的的经济性

有组织犯罪没有意识形态目标，只追求最大限度地获取经济利益。这一点同激进的、主张政治改革的恐怖组织不同。传统意义上的恐怖组织一般是凭借暴力或其他策略制造恐怖事件，借以威胁、恐吓政府和公众，以达到政治和社会目的的团体。如北爱尔兰共和军，他们通过暗杀、爆炸等手段制造恐怖事件，是为了迫使英国政府妥协，同意北爱尔兰同爱尔兰共和国统一。而有组织犯罪不是政治性组织，他们一般是政治上的保守派，希望维持社会现状，虽然也采取一些政治性行为，与政府和司法机构中的腐败官员相勾结，但主要的用意是寻求保护和逃避法律的制裁，最大限度地捞取经济利润。从目前的情况来看，很少有直接和完全的与政府对抗的犯罪集团。当然这种犯罪集团也有，如重庆张君案，就是一个典型。但是张君集团的活动范围较小，基本上都集中在严重侵犯公众安宁的犯罪，而凡是公开露面活动，或从事经济活动，如开设赌场、妓院、走私、造假等基本上都有保护伞，而且活动范围越广，保护伞越多，譬如厦门远华案，涉案官员数量之大、级别之高，可能在建国以来所有案件中是最突出的；或者采用掠夺式的方法，来获取尽可能多的赃款赃物，然后采用"洗钱"的非法手段，将获取的巨额利润向具有潜在商业价值的领域渗透，通过操纵合法经营来维护自己的既得经济利益。

（三）有组织犯罪具有严格的组织性

随着作案人自我防卫意识的增强，犯罪活动形式由暂时性、松散性、纠合性向稳定性、严密性发展。有组织犯罪一般人数众多，有的甚至是几个犯罪组织的联合体，其成员不是为了实施一次犯罪而临时结伙，而是为了长期进行犯罪而聚集。他们所形成的犯罪组织是一种稳定持久的犯罪集团。在犯罪组织内部具有一定的层次性，居于最高层次的是首要分子，整个犯罪组织的活动由其操纵和控制。在其下面，一般是由多个骨干分子组成的"核心层"，"核心层"下面还有一般成员组成的"外围层"。从而形成一系列具有严格等级层次的组织体系，并具有细致明确的分工。他们为满足共同的欲望有明确的行为规范，组织内部等级森严、分工明确，有的还有具体的纲领和名称。成员之间以江湖义气为纽带，互相依存、互相监督、入伙容易出伙难。如沈阳市打掉的威克久持枪杀人团伙,每个成员都写了加入组织的申请书,并且在手腕上烙印,作为组织标志。团伙的纲领是"出人头地,发大财",每个人都"绝对服从组织,随时准备为组织献身"。这些成员组织意识强,核心稳定,屡打不散,成为危害社会的一股恶势力,具有一定的顽固性、劣根性,已具有黑社会犯罪性质的雏形。

(四)有组织犯罪的基本手段是威吓、暴力和贿赂腐蚀

在有组织犯罪的历史过程中,充满了血风腥雨,而且有些犯罪行为必须依赖暴力才能得以实现,如谋杀、敲诈勒索和强收"保护费""管理费"等。但随着各国对犯罪活动打击力度不断加强,有组织犯罪成员发现贿赂政府官员,导致政府腐败,比公开使用暴力更有效,不仅能获得高额利润,而且又能有效地保护自己。有组织犯罪现在有把目标更多地转向议会、政府和执法机构,在议员、政府官员、法官、检察官和警察中寻找"代言人"和"合作伙伴"的趋向,用贿赂的手段谋取非法利益。美国的毒品犯罪之所以难以治愈,是因为作案人以数十亿美元的利润用于瓦解执法的努力。政府官员、执法人员和贩毒集团相勾结,毒品犯罪当然屡禁不绝。在意大利90年代开展的"净手"运动中,意大利政界丑闻迭起,政府高官纷纷落马。所有这些都表明,政治腐败是有组织犯罪得以生存的重要条件。只有彻底铲除这些腐败因素,才能真正打击有组织犯罪,使其彻底失去生存土壤。

(五)有组织犯罪逐渐趋向合法经营

传统意义上的有组织犯罪一般从事具有明显犯罪特征的非法活动,如赌博、卖淫、贩毒、走私等;但随着金钱财富的迅速积累,犯罪集团将成千上万的资产投入合法经营中去,通过"洗钱"这一非法手段,获取更多的社会财富。犯罪集团的头目也摇身一变,成为公司的董事、经理,成为企业家、实业家和慈善家,很难使人相信他们同任何犯罪活动有什么关联。

纵观有组织犯罪的发展变化,在很大程度上受制于政治、经济、文化、历史等诸多因素,是社会各种矛盾激化的综合反映。根据我国近年来查获的案件,可初步预测出有组织犯罪的发展趋势:原始的力量型犯罪呈逐年下降态势,技巧性、智能性犯罪将逐年上升;金融诈骗、商业诈骗、走私等经济犯罪和吸贩毒品、卖淫嫖娼、赌博等"六害"犯罪活动将以一定比例上升;侵害对象将趋于多元化、综合性;团伙组织稳定性程度有所提高,带有恶势力性质的犯罪活动将趋于诡秘、狡猾,作案手段将日趋发展,社会危害将更大;组织成员中累犯、惯犯、社会闲散人员、青少年比重将明显增大;团伙犯罪的流窜性、勾结性将日益明显和紧密。

第二节　有组织犯罪案件的一般侦查方法

一、建立专门的组织机构

由于有组织犯罪作案人员人数多，装备精良，手段残忍，反侦查能力强，在很多案件中一般的侦查机关很难有效打击有组织犯罪，因此必须建立专门的打击有组织犯罪的组织机构。在以往的侦查实践中，就出现过很多因为侦查机关不够有力而致使作案人逃脱法律制裁，甚至有侦查人员在侦查案件中被杀害的情况。在这一方面我国已经开始有一些有效的探索，公安部刑侦局设立了"反有组织犯罪处"，各省市公安局陆续建立了相应的机构专门负责有组织犯罪的侦查工作。[1] 但是由于侦查机关内部有自己的上下级分工，而很多的专门机构都建立在地市以上的公安机关中，基层公安机关由于警力等各方面的限制没有相应的专门机构。另外，公安机关设立的"反有组织犯罪处"内部没有具体明确的分工，导致其在对有组织犯罪侦查中没有明确的针对性，因此还应当在"反有组织犯罪处"内部设立针对不同类型有组织犯罪案件的专门机构，例如，反洗钱犯罪侦查处、反有组织暴力侦查处等。这些更加具体的机构可以专注于相应的有组织犯罪类型，研究其犯罪特点规律，有针对性地实施侦查。

二、加强情报系统建设

有组织犯罪具有很强的组织性，其内部具有非常严格的纪律和惩罚措施，反侦查能力很强。这一特点使得在有组织犯罪侦查当中情报的收集工作非常重要，必须根据有组织犯罪的特点合理地建设情报系统。有组织犯罪的情报系统建设应从以下几个方面开展：第一，设立专门的有组织犯罪侦查情报收集组织。这一组织的工作主要是负责收集有组织犯罪的情报信息，其建制应当根据当地公安部门的力量以及有组织犯罪的情况而定，初步设想应建在地市一级的公安部门。公安部门应当调集在有组织犯罪侦查情报收集方面有丰富经验和技术专长的侦查员组成有组织犯罪情报收集组织。第二，加强与其他相关部门的合作。有组织犯罪的活动能量大，涉及的部门也比较多，公安机关在建设情报系统中应当加强同其他相关部门的合作，和相关部门沟通好，做到情报共享，形

---

[1] 陈明华：《有组织犯罪问题对策研究》，中国政法大学出版社 2004 年版，第 256 页。

成一个互补的优势，以更好地收集犯罪情报，打击有组织犯罪。第三，对一些重点的行业和场所，通过公开与秘密相结合的方式，掌握有关情报信息，及时发现这类犯罪活动的黑窝点和嫌疑人的交往联络活动。第四，建立起以特情、耳目等秘密力量为依托，覆盖整个社会面的立体化情报信息网络，使侦查部门耳聪目明，及时洞察有组织犯罪活动。

三、打击有组织犯罪"保护伞"

打击有组织犯罪之所以难度大，一部分原因是有组织犯罪一般都有非常强大的"保护伞"。有组织犯罪实施的犯罪一般都非常恶劣，作案人在获取非法利益的同时还必须保证自己的安全，保证自己可以逃避侦查，因此他们利用各种方式拉拢腐蚀党和国家干部，尤其是司法机关的工作人员。很多政法系统的工作人员也由于抵挡不住糖衣炮弹的攻击，甘愿充当有组织犯罪的"保护伞"。

厦门远华走私案中，厦门市市长、公安局局长、厦门海关关长甚至公安部的副部长都是赖昌兴的"保护伞"，致使其可以在厦门走私数十年之久都未受到调查。在侦查过程中，很多参与侦查的公安干警都还不知道的事情赖昌兴事前都知道了。重庆打黑中，查出500多名司法系统的工作人员参与有组织犯罪，重庆市公安局副局长、司法局局长文强是黑社会犯罪组织的"保护伞"，甚至直接参与其中作案。因此，在打击有组织犯罪中端掉这些组织的"保护伞"是至关重要的。由于这些"保护伞"一般都有非常大的权力，一般的侦查机关难以对付他们，因此在侦查中必须和有关机关沟通协调好，争取相关部门的合作。打掉有组织犯罪的"保护伞"后，侦查机关在对有组织犯罪的侦查过程中的阻力就会减小，而犯罪组织也会失去自己在司法机关的耳目，对抗侦查的信心和能力会减小。因而在打击有组织犯罪中打掉有组织犯罪的"保护伞"是至关重要的一个环节。

四、特殊侦查措施的采用

有组织犯罪作案人数众多，组织机构严密，较多运用高科技，并拉拢腐蚀司法机关工作人员为其犯罪活动提供庇护，因此对有组织犯罪的侦破和打击非常困难。与有组织犯罪的斗争经验表明，利用电子监控、控制下交付、特情侦查是侦破有组织犯罪行之有效的侦查措施，但是实施这些措施易侵犯到公民的隐私，其获得的证据在很多情况下是不被法律认可的。由于有组织犯罪的极大社会危害性，我们需要权衡其中的利弊，在合理的范围内牺牲一些公民的合法权益以换取更大的社会效益。应当进一步完善这方面的相关立法，使相关特殊侦查措施有法可依。从司法实践来看，监听等新型侦查方式所处的地位还比较尴尬。按照有关法律规定，使用监听等特殊侦查措施获得的证据是非法的，不能作为证据使用。有组织犯罪，由于其特殊性，办案难度很大，取证十分困难，需要采用监听等特殊侦查对策。应当进一步完善相关法律，赋予公安机关相应的采取特殊侦查措施的权力，使采取相关特殊侦查措施获得的证据合法化。

由于有组织犯罪的内部组织结构比较严密，反侦查能力较强，因而从外部突破的难度非常大，在侦查中可以根据案件具体情况实施内线侦查。让有经验的侦查人员打入犯罪组织内部，获得犯罪组织的信任，从中获取可靠的犯罪情报和证据。为了使侦查人员顺利打入犯罪组织内部并获取犯罪组织成员的信任，必要时应制作变更足以说明其假装身份的证件，对于秘密侦查员的身份必须保密，即使在侦查机关内部也要将知情人数减少到最少，以保护秘密侦查员的人身安全，顺利开展内线侦查。①

五、加强侦查协作

（一）交流有组织犯罪情报

有组织犯罪往往案情复杂，涉及多个社会生活领域，这就要求侦查部门之间必须积极开展犯罪情报信息的交流，充分发挥情报的共享效应。比如，可以建立联络员制度和有组织犯罪侦查部门联席会议制度，定期或不定期互通信息、交流情况；也可以对有组织犯罪情报交流进行标准化、系统化、制度化的管理，要求各侦查主体将有关情报信息电子化，建立国家级和地区性信息协作网，形成有组织犯罪信息交流的整体网络。② 目前，许多国家之间甚至建立了情报信息资料的收集和交换机制，如欧洲成立了一个缉毒中心，协调欧洲各国跨国界的缉毒行动，保证各国能够经常交流情报和经验。

（二）加强侦查技术协作

有组织犯罪日渐趋向智能化和科技化，必然对调查取证方法和侦查破案的途径提出更高要求。因此，侦查部门必须同刑事科学技术部门和相关专业人员加强技术方面的联系，在解决某些技术难题时取得支援和帮助。另外，可以通过建立国家侦查科技开发中心，研究各类有组织犯罪侦查涉及的检测、识别、

---

① 陈明华：《有组织犯罪问题对策研究》，中国政法大学出版社2004年版，第254页。

② 倪瑞平、倪铁：《知识产权犯罪侦查协作及其机制优化》，载《犯罪研究》2004年第3期。

信息传递、功能性破坏等新技术,为积极侦查决策提供准确的侦查手段和证据基础。①

(三) 开展并案和联合侦查

在有组织犯罪的并案侦查中,要求各地侦查部门多渠道、多途径地发现并案侦查线索,并及时通报给相关地区、单位。涉案地区的侦查部门要集中进行共同研究,确定进行串并案,制定侦查方案,集中使用力量,采取针对性措施。有组织犯罪的联合侦查,是针对跨区域的系列性有组织犯罪案件,由不同区域的侦查机关,联合起来统一进行侦查。应确定以一个地区的侦查部门为主开展侦查,其他侦查部门积极配合,由涉案辖区的侦查机关,各自抽调精干力量,组成专案组,共同分析案情,开展侦查活动。②

(四) "会诊"疑难案件

在有组织犯罪侦查实践中,经常会遇到那些案情复杂、侦破条件极少或久侦不破的疑难案件。这时侦查部门可邀请协作地区、单位的有经验的侦查人员、专家学者,对案情进行"会诊",共同研究,找出形成疑难案件的症结。③

(五) 缉捕、引渡犯罪嫌疑人

在缉捕有组织犯罪嫌疑人时,请求方的侦查部门应把犯罪嫌疑人的基本情况、案件事实、社会关系及可能潜逃的地区及去向向有关协作地通报,办好相应手续,前往缉捕;可以通过通缉令,进行公开的通缉。缉捕远逃境外的犯罪嫌疑人,应通过国际刑警组织发布红色通缉令,缉捕犯罪嫌疑人;依据国家间签订的刑事司法协助协定或共同参加的国际公约,实施遣返或引渡犯罪嫌疑人。④

有组织犯罪是世界各国普遍存在的犯罪,其像癌症一样吞噬着整个社会,影响到千万人的正常生活。只有世界各国联合起来,才能真正有效打击有组织犯罪。依据我国实际情况,我国已是国际刑警组织成员国,我国应当通过国际刑警组织与其他国家建立起信息交换制度,定期交流有关犯罪信

---

① 倪瑞平、倪铁:《知识产权犯罪侦查协作及其机制优化》,载《犯罪研究》2004年第3期。
② 倪瑞平、倪铁:《知识产权犯罪侦查协作及其机制优化》,载《犯罪研究》2004年第3期。
③ 倪瑞平、倪铁:《知识产权犯罪侦查协作及其机制优化》,载《犯罪研究》2004年第3期。
④ 倪瑞平、倪铁:《知识产权犯罪侦查协作及其机制优化》,载《犯罪研究》2004年第3期。

息；同时，对那些同我国签订引渡条约的国家，可以通过引渡条约将作案人绳之以法；对没有签订条约的，可以通过外交手段或第三方予以协商，将其绳之以法。

2004年9月29日，《联合国打击跨国有组织犯罪公约》正式生效。它是目前世界上第一项针对跨国有组织犯罪的全球性公约。它确立了通过促进国际合作，更加有效地预防和打击跨国有组织犯罪的宗旨，为各国开展打击跨国有组织犯罪的合作提供了法律基础。公约规定缔约国应采取必要的立法和其他措施，将参加有组织犯罪集团、洗钱、腐败和妨碍司法等行为定为刑事犯罪。

第三节　黑社会性质组织犯罪案件侦查

一、黑社会性质组织犯罪案件的概念及特点

（一）黑社会性质组织犯罪案件的概念

何谓黑社会组织？"黑社会组织是指境外黑社会在境内组建的分支组织，或者受境外黑社会控制，按其旨意发展组织，进行犯罪活动的重大犯罪团伙。""凡有帮名、帮主、帮规、入伙履行一定的手续或仪式，活动有相对固定的场所、区域或行动，施行一种或多种违法犯罪行为，或者虽不受黑社会组织的控制，但与其有关联，进行一种或多种违法犯罪活动的，为带黑社会性质违法犯罪团伙。"①

《中国犯罪原因研究综述》一书指出："黑社会犯罪集团是指由各种社会职业的亡命之徒多层次化地有序组成的一种完备的犯罪组织。黑社会犯罪集团的力量雄厚，可控制一定社会面并能与司法机关相峙，其属性是一种秘密的大型犯罪集团。我国目前还没有典型意义上的黑社会犯罪集团，但是带有黑社会性质的犯罪团伙已经存在，并严重地威胁着人们的生命、财产安全，危害着国家的统治。"②即目前大陆并没有像意大利黑手党、香港三合会那样大规模的、典型的黑社会组织。所谓的"黑社会组织"并不是一个法律概念，而是一个政治概念，而用"黑社会性质组织"更适合大陆目前的国情。"黑社会性质组织是我国法律工作者根据黑社会犯罪在我国发展的不成熟和我国犯罪学发展的

---

① 广东省公安厅、省人民检察院、省高级法院、省司法厅文件：《关于处理黑社会组织或带黑社会性质的违法犯罪团伙的若干意见》。

② 曹子丹：《中国犯罪原因研究综述》，中国政法大学出版社1993年版，第346页。

现状与趋势,有前瞻性地提出的一个较为独特的概念。"①

黑社会性质组织是指由众多成员组成,有其组织性、纪律性且有自己的文化特点,凭借"保护伞",通过暴力、威胁及其他非法手段,称霸一方,控制一定范围的某些行业,以牟取经济利益且严重危害一定区域内正常的社会、经济秩序的非法组织。可以说,黑社会性质组织是黑社会组织的初级阶段,是不成熟的黑社会组织。目前大陆带有黑社会性质的组织已经出现并日趋严重,如果不及时给予严厉打击,采取强有力的措施加以防范,其必将逐步发展成为黑社会组织,对大陆的社会和经济发展带来不利影响。

黑社会性质组织犯罪是一种特殊的刑事犯罪形式。黑社会性质组织无视国家法律和社会治安管理秩序,与国家政权机构相对抗,疯狂作案。目前,黑社会性质组织犯罪方式发生了较大的变化,多由过去为同宗同族报私仇或被人操纵、唆使、利用进行公开械斗,或为非法牟取财物和其他不法欲望的满足,而进行有组织的实施抢劫、盗窃、绑架、杀人、伤害等犯罪活动,向制贩毒品、组织偷渡、走私诈骗、开办赌场和色情场所等隐蔽的犯罪方式发展。并且有的还以非法所得注册公司、投资办企业,有计划地向合法经济领域渗透,企图垄断经营,攫取更大的经济利益。黑社会性质组织犯罪的社会危害性大,它严重影响和破坏了社会安定、国家政权的稳固和社会主义市场经济秩序。②

(二)黑社会性质组织犯罪案件的特点

最高人民法院《关于审理黑社会性质组织犯罪的案件具体应用法律若干问题的解释》(法释〔2000〕42号)中第1条规定,《刑法》第294条规定的"黑社会性质组织",一般应具备以下特征:

1. 组织结构比较紧密,人数较多,有比较明确的组织者、领导者,骨干成员基本固定,有较为严格的组织纪律。

"组织化"是黑社会性质组织犯罪存在、发展的内在规律和必然趋势。因为黑社会性质组织犯罪相对于单个人或者不稳定的小团伙来说,所具有的"优势"是相当显著的。例如,许多犯罪活动仅靠个人是无法顺利完成的,而个人的防范力量也很有限。作案人在不断地总结经验与教训,加强成员的组织管理,提高犯罪组织活动能力的同时,也在不断借鉴中国旧社会帮会组织的经验,有的还吸收了境外黑社会组织的管理模式。在总结经验教训、模仿、借鉴

---

① 高铭暄、王秀梅:《试论我国刑法中若干新型犯罪的定罪问题》,载《中国法学》1999年第1期。

② 王福龙:《论黑社会性质组织犯罪嫌疑人的心理特点及审讯对策》,载《四川警官高等专科学校学报》2004年第6期。

和学习的过程中，黑社会性质组织犯罪的"组织化"程度越来越高，其破坏性和危害性也越来越大。而组织中的首要分子及骨干力量一般不直接参与具体的犯罪活动，而是经过几道关系指示他人实施具体犯罪，并善于掩盖和毁灭证据。加上整个犯罪活动的周密性和计划性，使得对首要分子及骨干力量追究刑事责任的难度非常大。

2. 通过违法犯罪活动或者其他手段获取经济利益，具有一定的经济实力。

在我国市场经济飞速发展的过程中，多种经济成分并存、贫富差距拉大、市场经济法规不健全等情况还将在相当一段时间内存在，黑社会性质组织犯罪利用这一"有利时机"向经济领域进行渗透的活动，将会不断增加。从近十年的现实情况看，已经有一些黑社会性质组织犯罪集团从事"合法经营"，餐饮、娱乐、建筑、金融、运输以及期货、股票等投机行业处处都有他们的影子。通过组织的"企业化"、活动的"合法化"，有利于掩盖犯罪集团的非法活动，也为犯罪所得的巨额收益找到了广阔的转移、消融的途径，犯罪利润得以迅速脱离非法领域转化为"合法收益"。而通常他们所选择的行业拥有以下特点：不需要太细分工；技术性不高；需要较低技术的员工；市场准入的标准低；以流通为主；有一定的地域性。①

3. 通过贿赂、威胁等手段，引诱、逼迫国家工作人员参加黑社会性质组织活动，或者为其提供非法保护。

为了确保组织的长期存在和发展，多数黑社会性质组织总是千方百计地寻找政治上的"靠山"和"保护伞"，以合法保护非法，将非法合法化，使其免受国家刑事追诉，降低犯罪的风险成本。事实证明，这是黑社会性质犯罪组织赖以存在和发展的一个极其重要的条件，它制约着黑社会性质犯罪组织发展的规模、速度以及存续时间的长短。甚至少数的黑社会势力已经渗入县市级政府内部，到政府内部选取"代理人"，参与安排地方、人大（县市议会）与政协的领导人。如河南某县黑社会性质组织首犯何某，利用人大换届选举之机，用暴力和结拜兄弟等手段，选上该县某镇副镇长，镇里7个支部中有5个支部书记、10个镇企业中有7个负责人是其"自己人"。黑社会性质组织的犯罪势力一旦受到政治、权力的保护，破坏社会体系的正常运行，便会增加调查、取证工作的难度，不利于侦查工作的开展。

4. 在一定区域或者行业范围内，以暴力、威胁、滋扰等手段，大肆进行敲诈勒索、欺行霸市、聚众斗殴、寻衅滋事、故意伤害等违法犯罪活动，严重

---

① 李文燕、柯良栋：《黑社会性质犯罪防治对策研究》，中国人民公安大学出版社2006年版，第56页。

破坏经济、社会生活秩序。

"无暴不成黑"。黑社会性质组织与其他犯罪集团之间最根本的区别就在于其作案目的是否为在一定区域或者行业内形成非法控制或重大影响，称霸一方或者其行为结果事实上已在一定范围内形成控制或影响。

二、黑社会性质组织犯罪案件的侦查方法

由以上黑社会性质组织犯罪案件的特点可以看出，其与普通刑事案件的侦查相比，既有许多相同之处，如都应按照刑事诉讼法的规定程序进行，也存在诸多不同，黑社会性质组织犯罪的侦查更加复杂。因此，应当重视对黑社会性质组织犯罪侦查的研究，采用"复合式"的侦查方式，从多层面着力，数种措施并用。

（一）坚持"打早打小、露头就打、除恶务尽"的原则

"打早打小、除恶务尽"是抓住战机、积极侦查的刑事侦查工作基本方针在侦办黑社会性质组织案件中的具体体现和贯彻。

"打早打小"，是指公安机关对于已经发现的有黑恶势力征象的案件或线索，认真查处，严厉打击，在犯罪组织的萌芽和发展阶段就将其铲除，防止其发展壮大，形成规模。动态地、纵向地考察黑社会性质组织犯罪，可以发现其成员从少到多，社会危害从轻到重，组织化程度从低到高，作案手段从单一到多样、从简单机械到智能巧妙，犯罪能量和抗打击能量从弱到强的发展轨迹，任何犯罪组织的形成和发展都不是一蹴而就的，必然有一个逐步发展的过程。从侦查打击的角度看，犯罪组织在形成初期，组织结构比较松散，成员也较少，经济实力较弱，没有"保护伞"或"保护伞"规格较低，比较容易破获；而一旦任其发展壮大，组织化程度日益提高、成员众多，指挥、策划的首要分子隐藏幕后，经济实力和"保护伞"也变得强大起来，侦查打击工作将面临重重困难。因此，侦查部门应本着"宜早不宜迟、宜小不宜大"的思想，打早、打小，露头就打。为此，侦查部门要善于在日常工作中捕获黑恶势力犯罪苗头，对一些打架斗殴、非法经营、垄断行业等常常隐含黑恶势力的违法犯罪行为保持高度警惕，注意深入调查，及时发现黑社会性质组织线索。

"除恶务尽"，是指公安机关在查处黑恶势力时，在将所有犯罪嫌疑人绳之以法的基础上，还要摧毁犯罪组织赖以生存和发展的经济基础和政治庇护，收缴其非法收益，斩除其幕后"保护伞"，彻底剥夺其死灰复燃、东山再起的条件。静态的、横向的考察有组织犯罪，之所以难以彻底铲除，在很大程度上是由于其具有一定的经济实力和政治庇护。因此，抓获所有作案人固然重要，

而只有摧毁犯罪组织的经济基础和政治庇护，才可能真正根除黑社会性质组织犯罪。①

（二）组织专门反黑机构，加强专门反黑队伍建设

黑社会性质组织中人员众多，成分复杂，内部组织结构严密，等级分明，犯罪活动智能型、隐蔽性强，且不少黑社会性质组织与境外组织有密切联系，一般侦查部门难以独立完成扫黑任务。我国现阶段"打黑除恶"任务多由临时组建的专案组承担，虽然取得了一定的成就，但由于技术设备、人员素质的限制，越来越难以满足打黑需要，加强打黑力量建设成为当务之急。目前世界上反黑社会组织犯罪措施比较完善的国家，基本上都有专门的反黑社会组织犯罪机构。当前大陆地方公安机关"反黑"还处于各自为战的状态，缺乏一支类似于美国、意大利的"反有组织犯罪调查委员会""反黑手党调查局"的专门打黑机构。而在队伍建设的具体方面，要加强专业人员的培训，使专业人员有工作能力、有政策和法律水准，政治素质和业务素质都要高，保证能根据任务随时成立专案组，做到资金保障、设备先进。

（三）设定特别侦查措施，完善侦查手段和技术

由于黑社会性质组织犯罪具有严重的危害性、隐蔽性和较强的反侦查能力，采取常规的侦查方法难以查获证据。因此，许多国家都认识到必须采取特殊的侦查手段。例如，法国的《对抗有组织犯罪法案》、美国的《监听法》、日本的《关于犯罪侦查中监听通讯的法律》中都规定侦查机关可以使用或加强使用现代化侦查方法，也即秘密侦查方法。笔者认为，我国应允许更多地使用特殊技术手段，如秘密拍摄、安装窃听器、截取无线电讯息等。投入秘密侦查力量，如特情、"卧底"等。同时，放宽秘密侦查力量在工作中的法律限制。加强对黑社会性质组织的监控、监视能力，扩大侦查权限，诸如窃听电话、监视电子邮件内容、加强对移民和边境的检查、放宽对银行记录进行监视等措施，提高对黑社会性质组织犯罪的侦破能力。例如，美国法律规定在侦查程序中，特殊情况下允许侦查机关在司法当局的批准下用电子技术调查隐私或进行行政搜查。

在此应特别提出的是，联合国《预防和控制有组织犯罪准则》第10条规定，"截获电信和使用电子监视也是适当而有效的方法，但应考虑到不侵犯人

---

① 杨郁娟：《有组织犯罪侦查》，中国人民公安大学出版社2003年版，第54页。

权"①。现代国家特别强调保障公民的自由、人权，在尚未获得充分犯罪证据之前，用秘密技术设备等手段，是侵犯个人隐私和人权的一种违法行为。的确，先进的技术在侦破隐蔽性强的犯罪的同时，也往往侵犯了公民的合法权利。笔者认为，这就需要在一定程度内合理牺牲公民的合法权益，以满足打击有组织犯罪的客观需要。因为在发生价值冲突时，应做出有利于高度公益性质的选择，为了维护法律和秩序，侦查机关需要在一定条件下限制公民的权利。按照法定程序进行技术侦查是正当的，在这种情况下，对公民权利的限制应被视为一种必要的成本或代价。②

因此，在黑社会性质组织犯罪案件侦查中，应十分重视使用内线侦查和技术侦查措施，这是撕开严密的黑社会性质组织犯罪黑幕的有效手段，有助于提高侦查效率和办案水平，加快破案进程。

（四）实施特殊的证据制度

取证的过程中，应注意加强对证人的保护。证人在刑事诉讼中起着非常重要的作用，证人证言直接关系到能否对犯罪嫌疑人处以刑罚。一些国家认为，证人保护是打击黑社会性质犯罪的最有效措施之一。③ 但由于黑社会性质组织犯罪的作案手段比较残酷，并且有比较大的网络性，因此，很多人由于害怕遭到报复而不愿作证人。故"有效保护证人，使证人敢于作证、如实作证，确实保护证人及其亲属的人身、财产安全就显得十分必要"。④ 目前，我国在刑法和刑事诉讼法方面都给予证人关于保护制度方面的规定，《刑法》第307条、第308条规定了"妨害作证罪"和"打击报复证人罪"，但是我国在保护证人的程序上细节性安排不够强，缺少预防性的保护措施。我国应在实践中形成严密、周到的程序以加强对证人的预防性保护，同时也应借鉴国外的经验，如美国的"证人保护计划"⑤，完善对证人的保护。

1. 制定专门的证人保护法案。规定证人在有必要时可以不亲自出庭作证，

---

① 陈明华：《有组织犯罪问题对策研究》，中国政法大学出版社2004年版，第258页。
② 宋英辉：《刑事程序中的技术侦查之研究》，载《法学研究》2003年第3期。
③ 赵可：《打击黑社会性质犯罪中证人保护问题探析》，载《公安研究》1999年第5期。
④ 卢建平：《有组织犯罪比较研究》，法律出版社2004年版，第118页。
⑤ 该计划于1971年开始实施，1984年进一步明确其内容，即在该计划运作中心设一个网络，由160名经特殊训练的证人保护督察员组成。他们分布于全国各地，其责任是保护和帮助有潜在危险的证人。而充当保护人的则是150名美国副警员。该计划的外勤工作则是由华盛顿总部安全分局管辖和监督。

可采用隐蔽作证的方式，采取录音、笔录、实时网线等形式，所谓实时网线是指实时电视网线或者其他装置，证人能够不在法庭或者其他地方的情况下，看到或听到那里的活动，并且能够被法官、检察官、律师等人看到或听到①；证人的姓名、身份、家庭住址、工作单位等个人资料应予以保护，例如德国规定证人在接受询问时，不必提供住所，只提供就业、办公地点或可以被法院传唤到的地点即可；公民一旦成为指认黑社会性质组织犯罪的证人，就有权利享受公安机关的特殊保护、待遇。

2. 注意结案后对证人的安置与补偿。因为案件判决的生效即意味着证人法律地位的结束，但是黑社会性质组织对证人的威胁却远远没有消失。因此，必须妥当安置好证人及其家人的工作与生活，并给予一定的补偿，对于有重大立功的证人则应重奖。这对于保护结案案件证人的安全和鼓励其他证人积极作证具有积极的意义。

3. 建立证人身份暴露后的补救机制，以保护证人身份暴露后的安全。例如在美国，特殊情况下，为保护证人的安全采取变更证人身份、短期迁居或长期迁居等措置。② 对于暴露身份的证人，国家应当承担相应的责任，帮助证人改变身份，以树立国家的责任感，增加证人对国家的信任感。

（五）强化情报信息工作，提高预警能力

发现有黑社会性质组织犯罪案件是对其进行侦查的前提。黑社会性质组织犯罪日益隐蔽化、智能化，且多为涉黄、涉赌、涉毒、高利贷等犯罪，有关情报信息的收集越来越困难，给公安机关侦查工作造成极大的障碍。因而必须强化情报信息工作，通过多种途径收集犯罪信息线索。如果能及时发现、控制和制止犯罪，把犯罪活动消灭在预谋阶段、萌芽阶段，则会使侦查工作处于主动地位。

1. 拓展信息渠道，多层次、全方位搜集黑社会性质组织线索。要积极动员全社会力量参与，及时发现和广泛开辟黑社会性质组织犯罪案件线索来源，建立健全举报制度和情报信息网络，充分发挥行业部门管理工作和各类基层组织人头熟、情况明的优势，广泛收集各种黑恶势力攫取非法经济利益的情报线索和证据，建成信息库；要利用秘密侦查手段，严密控制宾馆、饭店等重点场所、部门和行业，努力获取一些深层次的情报信息；建立健全打黑常规工作机

---

① 李晨光、邢茜：《有组织犯罪中的证人特点及其保护对策》，载《辽宁警专学报》2006 年第 7 期。

② 王刚：《论我国"隐蔽作证"制度的建构》，载《中国刑事法杂志》2005 年第 4 期。

制,全面掌握行业、市场等经济领域黑恶势力违法犯罪的动向,通过多种渠道发现线索;加强重点案件梳理工作,从已破获案件中发现黑社会性质组织犯罪案件线索。

2. 加强情报信息的运用。对获取的线索信息,要统一保管、集中汇总,梳理重点案件,分析研究,互相鉴别认定,加强对其经济犯罪的研究,充分了解和全面掌握特点规律,从中清理出有价值的线索,有针对性地研究打击策略,加强分析和及时传递,同时注意妥善保管原始证据。

（六）与反腐斗争相结合,深挖"保护伞"

黑社会性质组织犯罪不是普通的刑事犯罪,它从形成到发展过程中的一系列违法犯罪活动始终都与腐败有着千丝万缕的联系,是政治问题。因此,各级纪检、监察、检察、审计部门也要密切配合,在继续加强各种廉政建设的同时,对黑恶案件牵涉到的国家工作人员及时查处,坚决治理内部腐败。公安机关必须进一步争取党委、政府的高度重视,必须高度重视和解决"打黑"与查处"保护伞"相脱节的问题,公安机关应与中纪委建立通气通报制度,每打掉一个黑社会组织,应立即把有关"保护伞""关系网"的线索通报中纪委,请中纪委督办查处,以冲破腐败分子的干扰,彻底打掉黑社会性质组织的政治基础。

（七）运用"四异"措施,确保侦查效能

为排除干扰,针对重大涉黑涉恶案件,充分运用异地用警、异地关押、异地起诉、异地审判的"四异"措施。

异地用警可消除被害人和知情人的顾虑,积极配合侦查工作的开展。而面对有犯罪前科、心理素质好、反侦查能力强的黑社会性质组织犯罪嫌疑人,采取异地关押和异地审讯,可以使其感到孤立无援,造成一定的心理压力,丢掉幻想,如实交代其罪行。例如,在侦办某市以余某为首的黑社会性质组织犯罪案件中,该犯罪组织首犯余某被抓获时曾叫嚣"怎么把我抓进来的,怎么把我放出去!"就连专案组的侦查活动余某也了如指掌。对此,专案组采取果断行动,迅速将余某带离该市,先后关押在其他市看守所,并同时将该组织的43名成员也分别关押在不同地、市,严密看守,从而彻底切断了该犯罪组织成员与外界的联系,为成功审讯和深挖余罪创造了有利条件。黑社会性质组织犯罪嫌疑人,或者有应对侦查与讯问的经验和伎俩,或者倚仗"保护伞"的庇护顽强对抗讯问,这就要求讯问人员不但要熟悉政策和相关法律规定,还要善于灵活运用各种讯问策略和智斗艺术,以尽可能全面、真实地获取犯罪嫌疑人口供。讯问人员在讯问犯罪嫌疑人之前,要注意研究犯罪嫌疑人的个性和在押期间的心理状态，了解犯罪嫌疑人的社会交往情况、生活经历和生活环境；掌握犯罪嫌疑人的社会经验、技能特长及其思想倾向；明确犯罪嫌疑人在犯罪组织中的地位和作用；等等。

适时采用异地用警、异地关押、异地审讯的方法，能有效预防通风报信、说情、串供等情况，但随着侦查工作的不断深入，案件进入起诉、审判阶段，犯罪嫌疑人亲属也随即将"攻关"方向转向当地的检察机关和法院，加之少数地区对黑社会性质组织特征理解不一致，最终可能造成重大涉黑案件却按照个罪起诉、审判。因此，采用异地起诉、异地审判，可最大程度地避免干扰，提高侦查黑社会性质组织罪的效能。

第十章 走私案件侦查

2009年3月5日傍晚，某市海关缉私局根据掌握的海上汽车走私情报，缜密部署，派遣缉私艇对北部湾重点海域开展缉私行动。在9级风浪海面颠簸了整整一天一夜的缉私警察在对过往8艘货船进行仔细检查后，终于在7日凌晨发现一艘货船船身有改装痕迹，装载的集装箱非常破旧，船上人员在见到海关缉私艇后神色慌张。缉私艇将可疑船只迅速拦截后，缉私警察冒着坠海的危险，跳上嫌疑货船，控制了船上人员。经检查发现，船上装载的16个集装箱暗藏大量无任何合法证明的进口汽车及切割件。缉私警察将船上9名涉案船员带回做进一步调查。经进一步清点，查扣奔驰、宝马、奥迪、陆虎等各类品牌进口二手汽车整车、损坏车共计55辆，汽车切割件、废旧轮胎等60吨，涉案案值高达1675万元，偷逃税款达887万元人民币。①

第一节 走私案件概述

一、走私案件的概念

走私案件是指单位或者个人为了谋取非法利润而违反海关法和相关法律法规，逃避海关监管、检查，非法运输、携带、邮寄国家禁止、限制进出口或者依法应该缴纳关税的货物、物品进出国（边）境的情节严重的案件。

走私犯罪是一种危害较大的犯罪②，它严重扰乱社会主义市场经济秩序，严重腐化社会主义精神文明建设，严重影响国家关税收入，冲击本国工商业并

---

① 参见 http://www.rednet.cn，2009年8月10日浏览。
② 以堪称中华人民共和国第一经济大案的厦门远华特大走私案为例，此案始发于1996年，至2000年侦破，犯罪活动前后长达三四年之久，其走私货物总值高达530亿元人民币，偷逃税款高达300亿元人民币，造成国家经济损失计830亿元人民币。此案由中共中央特派的涉及纪检、监察、海关、公安、检察、法院、金融、税务等部门的"四二〇专案调查组"协同办理，有超过600名涉案人员接受审查，近300人被追究刑事责任，仅落马的厅级以上干部就达8人。

容易引发腐败和其他犯罪，因此我国将走私犯罪作为严厉打击的对象。

我国《海关法》第 82 条第 1 款规定："违反本法及有关法律、行政法规，逃避海关监管，偷逃应纳税款、逃避国家有关进出境的禁止性或者限制性管理，有下列情形之一的，是走私行为：（一）运输、携带、邮寄国家禁止或者限制进出境货物、物品或者依法应当缴纳税款的货物、物品进出境的；（二）未经海关许可并且未缴纳应纳税款、交验有关许可证件，擅自将保税货物、特定减免税货物以及其他海关监管货物、物品、进境的境外运输工具，在境内销售的；（三）有逃避海关监管，构成走私的其他行为的。"

《海关法》第 83 条规定："有下列行为之一的，按走私行为论处，依照本法第 82 条的规定处罚：（一）直接向走私人非法收购走私进口的货物、物品的；（二）在内海、领海、界河、界湖，船舶及所载人员运输、收购、贩卖国家禁止或者限制进出境的货物、物品，或者运输、收购、贩卖依法应当缴纳税款的货物，没有合法证明的。"

按照《海关法》的上述规定，对走私行为的构成可以从下面三个方面加以认识：（1）走私行为是以逃避海关监管和偷逃税款为目的，违反海关法以及其他有关法律和行政法规的行为；（2）走私行为的主要特征是逃避海关监管和检查，非法运输、携带、邮寄货物、物品进出境，在境内销售；（3）走私行为的对象是国家禁止或限制进出口，依法应该缴纳税款的货物、物品或者是未经海关许可，未缴纳税款和交验有关许可证件的保税货物、特定减免税货物以及其他海关监管货物、物品及进境的运输工具。

走私行为与走私犯罪在构成要件方面是一致的，二者的主要区别在于走私情节的轻重有所不同，当走私行为情节严重时就构成走私犯罪，因此情节轻重是区分走私行为和走私犯罪的界限。走私情节是否严重可以从三个方面加以认识：（1）走私货物、物品的类别。对国家禁止进出口的毒品、武器、弹药、核材料、伪造货币、文物等无论其数额多少均视为情节严重。（2）走私货物、物品的手段。以武装掩护、暴力威胁方式抗拒缉私检查的行为无论其数额大小均视为情节严重。（3）走私普通货物、物品达到的数额。此类走私行为偷逃税额超过法定数额界限（目前为 5 万元）的即构成走私犯罪。

二、走私案件的分类

（一）根据相关法律规定对走私案件的分类

根据《刑法》和最高人民法院《关于执行〈中华人民共和国刑法〉确定罪名的规定》之规定，对走私案件做以下分类：

1. 走私武器、弹药罪。指逃避海关监管，非法运输、携带、邮寄武器、弹药进出关境，危害国家安全、社会稳定和对外贸易管制的行为。武器系指有较大杀伤力和破坏作用的常规军用武器、其他类似军用武器、生化武器等。

2. 走私核材料罪。指逃避海关监管，非法运输、携带、邮寄核材料进出关境，危害国家安全和社会公共安全的行为。核材料系指核燃料、核燃料产物和核聚变、核裂变材料。

3. 走私假币罪。指逃避海关监管，非法运输、携带、邮寄假币进出关境的行为。

4. 走私文物罪。指逃避海关监管，非法运输、携带、邮寄国家禁止出口的文物出境的行为。文物系指具有重要历史、艺术、科学价值的历史文化遗物。

5. 走私贵重金属罪。指逃避海关监管，非法运输、携带、邮寄国家禁止出口的贵重金属出境，危害国家对贵重金属物品管理制度的行为。贵重金属物品系指国家禁止出口的单位价值昂贵的金属物品。

6. 走私珍贵动物、珍贵动物制品罪。指逃避海关监管，非法运输、携带、邮寄国家禁止出口的珍贵动物及其制品进出境，危害国家野生动物保护制度的行为。珍贵动物系指国家重点保护的珍贵、濒危的陆生、水生等野生动物。

7. 走私珍稀植物、珍稀植物制品罪。指逃避海关监管，非法运输、携带、邮寄国家禁止出口的珍稀植物及其制品进出境，危害国家对珍稀植物保护制度的行为。珍稀植物系指原生地天然生长的珍贵、濒危的植物，多具有重要的经济、科研和文化价值。

8. 走私淫秽物品罪。指以谋取利益或者传播为目的，逃避海关监管，非法运输、携带、邮寄淫秽物品进出境，危害国家对进出境物品管理制度和社会公共秩序的行为。若不以牟利或传播为目的，则只构成一般走私行为，不构成犯罪。

9. 走私普通货物、物品罪。指逃避海关监管，非法运输、携带、邮寄普通货物、物品进出关境，偷逃应缴税额人民币 5 万元以上，危害国家经济秩序的行为。

10. 走私废物罪。指逃避海关监管，非法将境外废物运输进境，危害国家环境保护管理制度的行为。该罪原罪名为走私固体废物罪，后将废物类型扩大为一切形式的废物，罪名相应变为走私废物罪。

11. 走私毒品罪。指逃避海关监管，非法运输、携带、邮寄毒品进出关境，危害社会秩序和人民群众身心健康的行为。

12. 走私制毒物品罪。指逃避海关监管，非法运输、携带、邮寄用于制造毒品的原料或者配剂进出境，危害国家毒品管理制度的行为。

从以上 12 项罪名来看，可以将走私犯罪分为走私普通货物、物品犯罪和走私特定物品犯罪两大类别。前者指走私国家征收关税和进口环节代征税,以许可证形式限制进出口货物、物品的犯罪。为了确保国家关税收入,保护民族产业健康发展,我国一直将此类犯罪作为打击的重点。后者指走私武器、弹药、伪币、文物、毒品等国家禁止进出境的物品,该类物品既包括有关法律明文规定的种类,还包括国家政策性禁止的物品。由于走私国家政策性禁止的物品在刑法上没有设立单独的罪名,因此只能作为走私普通货物、物品犯罪的打击重点,适用刑法的有关条款。

(二) 根据作案手段对走私案件的分类

1. 通关走私。按照海关法律的规定,进出境的货物、物品和运输工具必须接受海关监管和查验。通关走私是指通过设立海关的进出口地点,以隐蔽的方式或者其他手段逃避进出口监管,非法运输、携带、邮寄国家禁止或者限制进出口的货物、物品,逃避国家税收和进出境禁止性或限制性规定的行为。

为了达到顺利通关入境而不被海关察觉的目的,通关走私常常采用伪报、瞒报、藏匿、蒙混和闯关等作案手法。

伪报是指表面上接受海关监管并向海关进行申报,但实质上隐瞒真实情况不做如实申报。常见的伪报有对货物、物品的名称、数量、规格、价格、原产地、贸易性质等内容进行伪报。

瞒报是指走私作案人在向海关申报货物时,故意隐瞒部分真实情况,做谎报或不报。瞒报主要包括对实际装载货物量的瞒报和对商品价格的瞒报两方面内容。

藏匿是指将携带的进出境货物、物品隐藏在某一个允许进出境的载体物件上,随该物件一起进出境以逃避海关监管。根据藏匿部位的不同可以将其划分为五种形式:(1) 挖空藏匿。利用具有一定的厚度和体积的物件,在某个部位挖空一处空间,将走私货物、物品填入其中并弥合挖痕。(2) 夹带藏匿。利用物件结构当中的自然空隙或者拆除物件结构中某些配件形成人为空间藏入走私货物、物品。(3) 人身藏匿。利用人体外部和服装、饰品来隐藏或绑扎物品。(4) 人体藏匿。利用人体本身固有的内腔、洞穴隐藏物品。(5) 特定工具藏匿。利用为走私而专门加工制造的特别工具来隐藏走私物品。

蒙混主要包括变形和伪装两种方式,前者指利用物品自身的特性,通过改变其原有的形貌蒙混过关;后者指利用和走私物品形貌相似的其他物品进行伪装,掩护走私物品蒙混过关。

闯关指行为人既不向海关申报,又不藏匿应申报的货物、物品,而是利用海关监管的漏洞,趁机携运走私货物、物品进出境的方式。闯关走私主要发生在旅客进出境过程中,走私分子利用旅客能够选择绿色无申报通道进出境的便利,将国家应税、禁止或限制的货物、物品携带进出境。

2. 绕关走私。指不经过国家授权开放的进出口岸和准许进出境的国境、孔道而非法携带、运输、邮寄应税、禁止和限制货物、物品进出境的行为。绕关走私常见于我国的陆地边境和海上,分为陆地边境绕关和海上绕关两种形式。从事陆地边境绕关的走私分子主要是走私集团、少数边民和合伙结帮者,他们具有一定的运输装备和社会关系,熟悉沿岸地理环境和边境内外双方的情况。其中海上绕关走私的数额通常较大,走私分子一般都有比较先进的海上运输工具,甚至配有武装护运,造成很大的危害性和恶劣的社会影响。我国有很长的海岸线,绕关地点难以判断,而且船只情况复杂,给此类缉私工作带来很多困难。

3. 后续走私。指未经过海关许可,擅自销售保税货物或特定减免税货物进行牟利的行为。为了应对这种走私形式,海关需要将监管口岸向内陆做必要延伸。根据我国《刑法》第154条的规定,后续走私具体包括以下几种类型:擅自销售特准进口的保税货物、其他海关监管货物或者入境的境外运输工具;擅自销售特定减税、免税用于特定企业、特定用途的货物;擅自将特定的减税、免税货物运往境内其他地区、销售给其他企业;擅自将批准进口的来料加工、来件组装、补偿贸易的原材料、零件、制成品设备等保税货物在境内销售牟利。

4. 准走私。又称作间接走私,指直接向走私人非法收购走私货物、物品或者在内海、领海、界水水域从事运输、收购、贩卖国家禁止、限制进出境的货物、物品的非法行为。这些行为或处于进出口关境,尚在逃避海关监管的预备阶段;或处于已经逃避海关监管,私货进境销售阶段。因其与走私行为密切相连,故称为准走私。准走私手段可划分为货物现场走私、后续管理走私、旅检邮递现场走私、海上走私、运输工具走私几种形式。

(三) 根据犯罪行为主体对走私案件的分类

1. 集团走私。走私集团是为了长期专门从事走私活动而建立的相对稳定的团伙,其组织严密、分工明确,以集团首要分子为首,核心成员紧密配合,下设各级分支,形成全方位的走私网络。走私集团的人员数量众多而且接受过专门训练,社会关系网庞大;其资金雄厚、运输工具和通讯设备先进甚至配有武装保安。集团走私的采购、运输、销售、联络呈网络化,时常以一地为中心,以周边区域为目标从事大型走私犯罪活动,具有极大的社会危害性[1]。

---

[1] 以典型的1998年湛江特大走私案为例,该案中走私集团拥有自己的船队和仓储码头,在短短两三年间走私的案值就超过100亿元,偷逃税额达60多亿元。

2. 单位走私。单位走私的主体为一般的法人组织,为了追逐经济利益在外贸活动中以合法形式掩盖其非法的犯罪行为。单位走私形式多是在加工贸易和货运渠道中伪报、瞒报货品的名称、价格、数量、规格、原产地等信息,一般涉及案值较大,对国家的经济发展和贸易秩序损害严重。

3. 水客走私。水客走私又称为单帮走私,是一种零散的、小批量的走私形式。水客可以进一步划分为传统水客和受雇佣的有违法行为的水客两种。前者一般为年龄较大的成员,为赚取直接差价私带货品进出境;后者受雇于一些非法公司和商号,大多采取蚂蚁搬家的方式,化整为零地将高价值商品走私入境并从中赚取劳务费。水客走私的人员大多为当地人,熟悉口岸两地的商品价差,平时进出境都比较方便,通过少量多次也可以完成较大数量的走私,严重损害国家经济利益和进出境管理秩序。

三、走私案件的特点

(一) 行为前预谋策划充分,作案过程阶段性明显

由于走私是一种环节众多、过程繁杂、风险较大的作案形式,因此作案人靠临时起意而集结起来的情况并不多见。大多数时候,走私作案人是在有充分预谋和策划的情形下以共同犯罪形式实施的,作案过程具有明显的阶段性特征。

1. 预谋、策划阶段。由于走私犯罪涉及的境内外环节众多,可能同时关系到海关、工商、税务、银行、外汇管理等多个部门,无论在哪一个环节出现问题都会造成犯罪败露,因此犯罪前期的预谋、策划和组织就显得十分重要。尤其对于集团走私,犯罪预谋经过层级策划,由犯罪头目进行集中确定,对机构设置、人员分工、联络方式、货源组织、资金流转、货物流通渠道等方面的问题做出事前安排和策划。

2. 组织、实施阶段。这个阶段是前期的犯罪预谋、策划的落实阶段,并有可能根据在组织、实施过程中临时遇到的变化和问题做出应变和调整。组织、实施阶段的工作包括采购货源、选取适当交通运输线路和工具、采取相应造假手段、选择适合进出境渠道、销售赃物和回笼资金这样一个程式化的流程,最终才能完成整个作案过程,获取非法收益。

(二) 作案人员成分复杂,彼此间相互勾结

走私犯罪活动跨境性强,前后涉及多个环节,必须打通每一个环节才能完成整个犯罪活动,于是走私犯罪团伙当中就需要有境内外各种各样的人员共同参与。据国内某海关侦办走私犯罪案件所做的统计,几乎每一起走私犯罪案件

都属于共同犯罪形式,涉嫌多个行业和身份的人员参与。其中既有专门的走私犯罪集团,又有境内外不法企业、个人,甚至包括海关执法人员和党政机关干部。这些成员在犯罪活动中各有分工,通过彼此间有一定隐蔽性和组织性特点的相互勾结、合作完成整个作案过程。

(三)走私手法隐蔽多样,趋于专门化

走私作案人大多接受过良好的专业训练,熟悉海关业务作业流程,能够根据贸易渠道的不同分别采取专门化的走私方式。在一般贸易渠道,通过藏匿货物、伪报、瞒报等方式走私货物、物品。在保税贸易渠道,常见的方式有伪造、插页、涂改手册和单证;擅自销售保税货物,采用假转厂、假出口的方式平衡手册;伪报货物进出保税仓,销售保税货物。在海运渠道方面不向海关申报而偷运货物、物品进境,或采取海上接驳、锚地卸货的方式交接货物。在边境贸易渠道方面多采取闯关的方式走私货物。

(四)走私工具先进,行为趋向暴力化

面对走私犯罪能够带来的巨大的经济利益,走私作案人为了规避缉私、逃脱法律的惩罚,在实施走私犯罪活动时装配了非常先进的通讯和运输装备,形成海陆空结合的立体走私格局,甚至在遭遇检查时敢于公然以武力对抗,围攻缉私船只,殴打缉私人员,表现出明显的暴力抗拒的特点。

(五)社会危害性严重,造成损失巨大

走私犯罪逃避国家许可,偷逃应缴税额,直接造成海关关税的巨大流失;破坏国家对外贸易的禁止性和限制性规定,使国家的关税和非关税措施形同虚设,导致国内部分商品市场紊乱,相关产业遭受冲击。走私犯罪往往需要有相关执法部门的配合才能够持续经营,因此走私人员会大力收买有关行业和公务部门的领导、严重腐化干部队伍、直接破坏正常公务秩序、导致腐败相伴而生并且极易诱发其他犯罪。

第二节 走私案件的一般侦查方法

一、走私案件侦查的主体

1999年国务院在海关总署设立了海关缉私警察队伍,作为公安机关非常重要的一个警种来专门负责走私案件的侦查工作。海关缉私警察是严把国门、依法打击走私违法犯罪活动的重要公安执法力量,在确保国家海关税收、整顿市场经济秩序、维护国家经济安全、促进社会协调发展方面起着十分重要的作用。

我国《海关法》第4条规定："国家在海关总署设立专门侦查走私犯罪的公安机构，配备专职缉私警察，负责对其管辖的走私犯罪案件的侦查、拘留、执行逮捕、预审。海关侦查走私犯罪公安机构履行侦查、拘留、执行逮捕、预审职责，应当按照《中华人民共和国刑事诉讼法》的规定办理。海关侦查走私犯罪公安机构根据国家有关规定，可以设立分支机构。各分支机构办理其管辖的走私犯罪案件，应当依法向有管辖权的人民检察院移送起诉。地方各级公安机关应当配合海关侦查走私犯罪公安机构依法履行职责。"此后，海关走私犯罪侦查（分）局改成海关缉私（分）局。

根据《国务院关于缉私警察队伍设置方案的批复》（国函〔1998〕53号）和《国务院办公厅关于组建缉私警察队伍实施方案的复函》（国办函〔1998〕52号）规定，走私犯罪侦查机关被授权在中华人民共和国海关关境内依法查缉关境内涉税走私犯罪案件，对走私犯罪案件和犯罪嫌疑人依法进行侦查、拘留、执行逮捕和预审工作；对海关调查部门、地方公安机关（包括公安边防部门）和工商行政执法部门查获移交的走私犯罪案件和走私犯罪嫌疑人依法进行侦查、拘留、执行逮捕和预审工作；负责查处发生在海关监管区内的走私武器、弹药、毒品、伪造货币、淫秽物品、反动宣传品、文物等非涉税走私犯罪案件。

二、走私案件侦查的特点

从走私犯罪侦查自身的特点出发，有利于把握走私犯罪专门侦查工作的要领，选取正确有效的侦查路径和取证措施。走私犯罪侦查具有以下特点：

（一）案件来源相对特殊，有别于普通刑事案件

大多数普通刑事案件主要来源于被害人、目击证人和案件发现人向侦查机关的报案。多数走私犯罪案件的发现则有别于此，大都由有关部门在日常行政管理过程中发现或由知情举报获得，因此时常表现出程度不等的滞后性。案件来源的途径是否及时、顺畅将直接影响后续侦查工作的实效甚至成败。

（二）发案地域比较集中，侦查范围相对确定

常见的走私案件类型基本上都发生在海关监管区域和附近沿海、沿边区域，主要集中于货场、保税仓库、报关企业、快递公司等与主要业务紧密相关的场所。因此走私案件侦查起始的范围也主要集中于此，这可以帮助在一定程度上限定侦查的范围，减少侦查的盲目性。

（三）取证任务艰巨，难度较大

走私犯罪大都涉及多个环节、多个部门和人员，案件的时间、空间跨度都

比较大。犯罪嫌疑人有可能在任何一个环节和场所实施走私行为,加之走私犯罪往往涉及各种保护伞和关系网,来自各方面的干涉和阻挠均使得侦查取证的工作量和难度都比较大。

(四)侦查思路和过程一般为"由人到事"

普通刑事案件侦查工作大多数起始于行为结果,继而从已经存在的事实出发反向去寻找犯罪嫌疑人,即"从事到人"。走私犯罪案件中经常是由知情人举报或犯罪嫌疑人被直接查获,于是侦查工作围绕嫌疑人展开,进而发现线索、收集证据、明确犯罪,即"由人到事"。

(五)案情复杂,要求执法部门紧密配合、通力合作

走私犯罪一般案情复杂、环节众多,不可能由单一的办案单位独立侦破。因此既需要海关内部的缉私、监管、关税、稽查等部门密切配合,又需要海关以外的公安、边防、工商、银行等单位的通力协作。同时对侦查人员个体素质也有较高要求,既要有扎实广博的专业知识又要具备过硬的业务素质。

(六)法律依据特殊,受海关政策规定影响较大

走私犯罪案件的侦查既要依据《刑法》《刑事诉讼法》,又要依据《海关法》和规范海关业务的其他法律法规。除此以外,国家根据经济发展和国内外形势的需要或者根据国际社会的共同利益制定的一系列外贸政策规定和海关总署下发的一系列时效性业务文件,使得走私犯罪的罪与非罪必须在特定的时间和空间范围内才能够加以确定。因此海关政策规定也是走私犯罪侦查不可忽视的一类特殊依据。①

(七)伴生其他犯罪形式,尤其容易滋生腐败

在走私犯罪案件侦查过程中,往往会发现伴生有贪污罪、受贿罪、行贿罪、洗钱罪、黑社会犯罪等其他犯罪形式,走私犯罪活动的增长本身就会在很大程度上滋生其他各种腐败,引发多种形式的其他犯罪。因此侦办走私犯罪案件时,要注意根据已有线索和证据深入联系,深挖其他形式的关联犯罪。

三、走私案件的一般侦查方法

(一)注重情报工作,加强部门间信息共享和数据资料库建设

鉴于走私犯罪具有手段狡猾、隐蔽,并且多有"保护伞"作后盾的特点,公开进行侦查往往会惊动作案人,丧失最佳的侦查条件。应牢固树立情报工作

---

① 赵星:《走私犯罪侦查》,中国海关出版社2002年版,第23页。

意识和情报线索经营意识，建立内情扩展情报和信息来源，同时加强与相关部门间的广泛联系和深度合作，通过收集各种犯罪信息和数据资料，建立情报数据资料库，对不同的重点口岸、重要商品和渠道以及重点监控的企业和个人分别进行评级。同时考虑建立一批特情，针对走私案件的特点进行内线侦查，尽早介入围绕单证、货物和资金流向的证据收集和保全工作，为后续工作的有针对性开展做好准备。

（二）仔细检查、盘查私货，追查走私货物、物品

走私犯罪侦查部门协同海关在通关过程中检查走私货物，一旦发现私货应当立即对有关犯罪嫌疑人进行仔细盘查。对于犯罪嫌疑人和私货分离过关的情况，可以允许私货和人员暂时过关并对其严密监控，待有更好时机和充分证据时再迅速对人员和私货加以控制。工商、税务等部门在对市场的日常管理中发现的异常情况，走私犯罪侦查部门应注意协同管控，按照由物到人的思路顺藤摸瓜，查明犯罪、查获有关犯罪嫌疑人。

（三）注意案件外围工作，加强与相关部门的联系与配合

走私犯罪案情复杂、涉及人员和地域范围很广，很难由某一走私侦查机关单独完成工作，而必须增强整体作战意识，依靠地区和部门之间的配合与协作形成打击合力。部门之间主要加强与边防、工商、税务、银行、公安、法院、检察院的信息和业务协作；地区之间大多是同类办案单位必要时也包括异地的其他业务单位的联系和配合。走私犯罪当中货物、物品的流动跨越国、边境，境内外作案人相互勾结，加强和域外侦查机关尤其是国际刑警组织的合作，对于联手破获重大的跨国走私犯罪案件非常必要。

（四）及时讯问犯罪嫌疑人，获取新的证据和线索

走私案件作案人大多是累犯、惯犯，具有一定的反侦查经验和技能，其态度顽固，一般很难主动供认罪行，尤其是不肯交代走私团伙头目和后台的情况。应及时组织对嫌疑人的讯问工作，不断获取新的证据和线索，核实、固定已有的供述。在讯问此类犯罪嫌疑人时，要注意根据嫌疑人的具体特点灵活采取讯问策略，同时边讯边侦，形成讯问信息和侦查信息的互动。在讯问团伙走私案件时，要择其薄弱，分别瓦解，逐个击破。

（五）重视证据采集，尤其注意发挥技术侦查和科学鉴定的作用

走私犯罪活动当中货物、物品的伪装、藏匿和具体的走私手法都表现出较强的隐蔽性，常规的侦查手段发挥作用比较有限。因此技术侦查和科学鉴定的作用应予以充分的重视。在不侵犯嫌疑人基本人权的前提下合理使用侦听、秘拍等技侦手段。对于外观类似的疑似违禁物品可以通过理化检验的手段确定物

质真实成分，对于票据、单证、合同文书、护照、纸币等文本则可以通过文书检验确定其真伪。

第三节　两种典型走私案件的侦查方法

一、一般贸易走私案件的侦查

2008年9月22日，青岛海关缉私局接到举报，有人将"面粉"伪报成"盐"走私出口，货物已经运抵青岛港。接报后，缉私局侦查员立即连夜在大港码头排查可疑船只。23日凌晨1点左右，发现一艘散货船正在装货，货物报关品名为"融雪剂"，包装全部为缝纫封口的集装袋，集装袋内还有小袋包装。但这批货物隔着包装袋捏起来，没有工业盐（融雪剂的主要成分）那种沙沙的感觉，反倒与面粉特征非常相似。侦查员判断这很有可能是涉嫌走私的面粉，进一步的调查结果证实了侦查员的判断。证据证明，该涉案船只属朝鲜籍，计划天亮后离港，目的地为朝鲜，所装载货物实际是面粉和少量作为伪装的食盐。走私嫌疑人为了逃避国家出口关税，通过制作虚假箱单、发票等单据，将面粉伪报成"融雪剂"向海关申报。

我国原粮及其制粉出口配额多集中于中粮集团等大企业手里，以往依赖出口的中小企业拿到配额相当困难，政策的调整使其面临强大的生存压力。在利益诱惑和企业生存压力下，部分企业选择了走私。①

（一）一般贸易走私犯罪

一般贸易系指境内有进出口经营权的企业，单边输入关境或单边输出关境的进出口贸易方式。一般贸易是与加工贸易相对应的贸易方式，在我国对外贸易中居于主导地位，其交易的货物是企业单边售定的正常贸易的进出口货物。一般贸易进出口货物是海关监管货物的一种，以正常的完税价格缴纳关税，不享受关税优惠待遇。一般贸易在货物的进出口环节一次性完成申报、查验、征税和放行后，不再受海关的监督。

一般贸易走私犯罪系指在一般贸易进出口活动中，采取伪报、瞒报、藏匿和绕关等手法逃避海关监管，从事货物、物品走私的犯罪活动。此种走私犯罪形式集中了走私犯罪活动中的一些最基本和最典型手法，具有较强的代表性。

---

① 《青岛海关查获粮食走私案：伪报品名走私面粉》，载 http://www.foodqs.cn/news/alibaba/info.asp? id=1533410&zt=zx，2009年7月15日浏览。

(二) 一般贸易走私案件的特点

1. 作案手法具有典型性

一般贸易走私集中反映了通关环节走私的各种手法。主要包括：

(1) 伪报。指在货物、物品的进出口环节向海关申报某种货物、物品，出于走私者的故意，不对货物、物品的品名、数量、价格、实际装载和放置等具体指标如实申报。伪报是最常见的走私手法，直接在进出口环节偷逃应缴税额，逃避国家许可证管理制度。

伪报包括伪报名称、数量、价格、贸易性质和原产地等多种形式。

伪报名称（规格、型号、等级），是向海关申报了某种低价值、低税率，或者非许可证件管理商品，而实际运载通关的全部或部分商品是其他外形、色泽、质地、气味等与之相似的高价值、高税率或者许可证件管理商品。

伪报数量，是在进出口环节故意对货物的数量进行虚假申报，在进口环节少报多进，在出口环节多报少出，直接使多进口的货物偷逃应缴税额，逃避国家进出口许可制度。

伪报价格，是进出口货物的收货人、发货人或者代理人使用伪造或虚假的合同、发票和其他单证材料伪报进口商品的价格，偷逃应缴税款。

伪报贸易性质，是将实际发生的贸易伪报成其他贸易方式，从而利用国家的保税优惠制度达到偷逃应缴税款的目的。

伪报原产地，是指将货物的实际产地伪报成其他产地，从而利用不同地区间同种商品的价格差异或者利用优惠、普通税率的差异偷逃应缴税款。

(2) 瞒报。是指在进出口环节申报时故意隐瞒货物、物品进出口的实际情况，不予申报从而实现偷逃应缴税款的目的。瞒报包括将载货瞒报成空车和闯关走私两种形式。载货报成空车是指在口岸海关不如实申报实际装载的货物，而申报成空车出入境，从而逃避应缴税款。闯关走私在陆路走私中比较常见，是指货物、物品在进出境时不向海关申报而直接冲过关卡或者买通海关人员货物入境但不予记录。

(3) 藏匿。以向海关合法申报的进出口货物为掩盖，隐瞒未向海关申报而非法进出口的货物、物品。藏匿也是一种常见的走私手法，主要包括货物夹藏和使用特制工具藏私等手段。

(4) 绕关。在海上或陆上绕越设关地点而实施走私犯罪，包括在非设关港口和码头偷卸以及在陆地边境走私入境两种形式。

2. 走私主体多元化

由于参与一般贸易活动的主体成分复杂多样，因此与其他类型的走私犯罪相比，一般贸易走私犯罪的主体呈现出地域分散和人员多元化的特点。

（1）一般贸易走私中只有报关企业所在的地域范围相对确定，而其他参与主体大多不受关区和行政区域的限制，因而走私主体有可能来源于国外、港澳台和内地各处。

（2）参与一般贸易走私犯罪的企业和人员成分复杂。既有境外企业和境内的独资、合资企业以及外贸公司，又有代理报关企业和国内贸易企业以及生产企业。既有专营、兼营走私犯罪集团的成员、境外不法企业成员及黑社会成员，又有境内的不法商贩、单证造假集团成员和社会闲散人员。

3. 大都为现场既遂

一般贸易仅在通关环节与海关发生关系，并不存在海关监管的进一步延伸，因而此种走私犯罪均属于海关监管现场既遂案件。无论走私作案人采取何种具体手法作案，只要进入了海关申报的环节就应该被认定为走私犯罪既遂。除了在预申报环节被海关查获或者货物已经到港、在尚未申报环节就已经被查获的情况以外，无论在海关接收申报以后、货物尚未征税放行前查获，还是在货物被海关放行以后运往目的地的途中查获，都可以认定为走私犯罪既遂。

4. 案发具有一定滞后性

一般贸易走私案件案发时，涉案的货物和物品已经经过审单、查验和放行，通关以后已经被提取和销售。案发时往往表现出一定的滞后性，出现有人无货或有货无人的情况，给案件侦办工作带来困难。

（三）一般贸易走私案件的侦查方法

一般贸易走私犯罪案件多在海关的报关和查验作业环节被发现，如通关口岸的报关现场、海关查验现场和境内的货物交接场所，此时往往可以抓获现行。

1. 侦查初期的主要工作内容

一般贸易走私案件的现场主要集中于口岸的监管现场，应注意查验集装箱码头、露天堆场、仓库和其他有可能存放货物的场所。对一般贸易走私犯罪案件的侦查应以发案的原始现场为中心，积极主动地采取各种侦查手段和措施，争取在案发的初始阶段掌握侦查工作的主动权。

（1）侦查的初期工作要注意对现场人员和货物、物品的控制，即对案发时在场的犯罪嫌疑人和其他有关人员当场进行有效的人身控制，通过搜查、扣押对货物、物品进行数量清算和必要保护。控制现场人员既要全面彻底，不出遗漏；又要抓住重点，擒获首犯。尤其需要对货主、货物收发人和报关代理人等核心成员重点控制，严防其逃窜或反抗。对货物、物品进行控制时要注意仔细搜查现场交通运输工具和仔细查验嫌疑人人身和携带物，具体包括有关证件、单据、文件、印章、通讯工具和赃款等。

（2）对现场缉拿的犯罪嫌疑人应随即组织讯问，及时掌握同案犯罪嫌疑人和走私货物、物品的流向，以便迅速追缉逃犯，堵截走私货物。通常应趁嫌疑人刚刚被抓获、心神不稳之际及时展开讯问工作，以免贻误时机、丧失追缉其他犯罪嫌疑人和追缴其他货物、物品的最佳条件。讯问过程中要突出目的，在方式上直截了当，力争在最短时间内获得新的侦查线索和证据。讯问的内容主要包括有无同案犯罪嫌疑人以及其姓名、性别、年龄、身高、体貌、言语特征、随身携带物品、有无凶器、逃跑方向；走私货物和物品运离现场的时间、路线、前往地点、司机的基本特征；运载走私货物的车辆品牌、型号、号码、集装箱尺寸规格、所载货物的品名、散装货物的装载方式等。查明以上基本情况后，应立即组织力量、迅速实施追击堵截。

（3）及时组织现场勘查，发现、固定、保全各种证据，以便进一步查明与核准案情。一般贸易走私犯罪案件的现场勘查以查明走私货物的实际装载和存放方式为主要任务，通过对货物数量的实际清点明确案件当中货物、物品的基本情况。尤其对于夹藏走私的情况，应通过各种技术上的手段仔细查验确定掩盖货物背后藏匿的走私货物。现场勘查的整个过程中应该注意使用文字、照相和录像的方式全面、综合、细致、准确地记录货物查获时所处的状态。尤其是对于货物、物品藏匿的走私案件，应准确地记录货物的存放方式、场所、状态，以如实地反映夹藏货物的本来面目。

2. 分析判断案情、确定侦查重点和思路，深入开展进一步侦查

经过初期的侦查工作已经掌握了案件的基本情况，控制了案发在场的犯罪嫌疑人和走私货物、物品，并取得了相关的证据材料。以此为基础，需要紧接着做好追缉在逃犯罪嫌疑人和控制犯罪嫌疑人的私货价款和违法所得两项工作。依据对案情的分析和判断，按照不同的走私手法有重点地深入开展后续侦查工作。

（1）继续深入查证，全面、详细了解案情，分析判断案件线索并完成侦查布局。通过研究已经掌握的证据材料，从若干方向入手，可以对走私犯罪涉及的货物、物品，运输工具的情况，走私犯罪的涉案人员和资金流向以及作案手法等基本情况做出准确判断。通过了解货物流向能够从货物销售渠道查找直接的用户；通过了解资金流向和外汇结算情况能够确定涉案公司的资金支付运作方式；通过调查进口货物的国内一般成交价格，比较货物进口时的真实成交价格能够确定价格瞒报，对偷逃应缴税额做出大致的估算；通过调查涉案人员，了解境内进口商和代理人、贸易中介人、代理报关公司、境外供货商的相互关联，能够确定责任人，认定走私故意。通过对具体案情的分析、判断，能够确认下一步侦查活动的组织实施和取证的方向、范围和先后次序，从而制定

出侦查的分步实施计划,完成侦查工作的总体布局。

(2) 把握走私的具体手法,确定侦查工作重点、难点,完成案件侦查的主要任务。对一般贸易走私案件进行侦查,仅仅满足于确定偷逃应缴税款的事实是不够的,应以偷逃应缴税额的基本事实为基点,进一步了解案件的具体实施手法和特点,围绕该具体手法准确地明晰侦查方向和有关细节。在考虑下一步法律适用的前提下,把握对案件的侦查、起诉、审判有决定性作用的因素,通过深入分析和研究,从错综复杂甚至迷雾重重的案件事实中理清脉络,判断走私犯罪的主线。初期的侦查活动结束以后,侦查活动的重点要随之发生一定的转移,由口岸向内地做延伸,对犯罪嫌疑人的所在区域和主要活动区域展开侦查。一般贸易走私犯罪案件一旦跨越关区展开侦查,必须做好侦查活动中的彼此协作问题。在协调合作的过程中注意原则性和灵活性的统一,以对案件的性质、手法、犯罪嫌疑人的情况等问题的认识为基础,彼此沟通达成共识才能够紧密配合。

3. 加强联系和配合,充分利用各种侦查线索,深挖余罪,扩大战果

走私犯罪自身的特点决定了走私犯罪行为很可能在本案件发生前已经多次发生,因此在查清一般贸易走私犯罪案件本罪的基础之上,通过横向、纵向的联系,利用不同的线索,不同部门彼此间加强信息共享和业务协作,经常可以顺藤摸瓜、深挖出走私犯罪的余罪,实现办案战果的进一步扩大。

二、加工贸易走私案件的侦查

2005年8月,广州市中级人民法院对一起特大走私物品案进行了开庭审理,这是当时全国海关破获的最大一起加工贸易走私案,涉案案值高达18亿元。以香港人尹某某为首的走私团伙,从2000年到2004年,以伪报贸易性质的方式进口大量皮料、毛线、布料、胶纸、五金等货物,进境后将走私货物运至"照华货场",然后中转分运到遍及珠三角和内地的上千家客户,骗取巨额的减免关税和增值税。该案涉案案值高达18亿元,偷逃国家税款3.5亿元,堪称全国最大的加工贸易走私案。[①]

(一) 加工贸易和加工贸易走私案件

《中华人民共和国海关加工贸易货物监管办法》(海关总署公(第219号))第3条规定:加工贸易是指经营企业进口全部或者部分原辅材料、零部

---

① 《全国最大加工贸易走私案破获 涉案案值达18亿元》,载 http://www.ce.cn/xwzx/gnsz/gdxw/200508/19/t20050819_4473802.shtml,2009年7月15日浏览。

件、元器件、包装物料（以下简称料件），经加工或者装配后，将制成品复出口的经营活动，包括来料加工和进料加工。来料加工，是指进口料件由境外企业提供，经营企业不需要付汇进口，按照境外企业的要求进行加工或者装配，只收取加工费，制成品由境外企业销售的经营活动。进料加工，是指进口料件由经营企业付汇进口，制成品由经营企业外销出口的经营活动。国家将对加工企业进口原材料时应该缴纳的关税和增值税进行免除。

加工贸易在中国进出口总量中占据着半壁江山，在发挥外资作用、调整国内外产业结构升级中起着重要作用。但是由于中国加工贸易门槛低，采取保税方式进口原材料和零部件，导致管理周期长、环节多。从总体上看，加工贸易企业守法经营状况并不理想。① 目前我国共有8万多家企业从事加工贸易。在海关查获的走私违法案件中，利用加工贸易渠道走私违法案件占相当比重。加工贸易渠道走私活动个案案值、涉税额巨大，严重危害国家税收。开展打击加工贸易走私违法犯罪活动有利于继续保持打击走私的高压态势、沉重打击走私分子的气焰。同时可以确保海关税收应收尽收，有利于构筑综合治税大格局。②

加工贸易走私犯罪是指在加工贸易活动中未经海关许可及补缴税额，逃避海关口岸和后续监管，擅自将保税的原材料、零件、成品、设备等在境内销售牟利、偷逃税款额度较大需追究刑事责任的的行为。个人涉嫌销售保税货物偷逃税款5万元以上，单位涉嫌销售保税货物偷逃税款25万元以上的，应追究刑事责任。

（二）加工贸易渠道走私案件的常见手法

1. 伪报加工产品进出口数量和生产加工过程的单损耗。走私分子在进口环节向海关申报的料件数量低于实际进口的数量；在出口环节向海关申报的成品数量高于实际出口的成品数量；故意向海关高报加工贸易的单损耗和每件成品的用料数。通过对进出口的数量和单损耗的伪报，将截留的料件或成品擅自在境内销售。

2. 伪报贸易性质，进口以后直接"飞料"走私。"飞料"走私起初为无厂房、无人员、无资金的三无企业依靠编造材料骗领或直接伪造加工贸易登记手册，进口保税原料擅自在境内销售。有的将保税料件申报入境后起初存放于

---

① 《中国海关打击加工贸易走私行动取得阶段性成果》，载 http://www.gov.cn/jrzg/2005-09/15/content_63603.htm，2009年7月15日浏览。

② 《海关总署严厉打击和遏制加工贸易走私违法活动》，载 http://www.law-star.com/cac/25006555.htm，2009年7月15日浏览。

加工企业的保税仓库，而后在其他手段的掩盖之下伺机分次销售。海关通关作业改革之后，为了快速通关放行，将查验重点放在了指运地海关，于是保税货物在口岸转关后，在到达指运地海关的途中被偷卸或非法销售。由于"飞料"走私主体是皮包公司，因而海关的查缉大多一无所获。

3. 以跨关区深加工和异地加工为名，利用不同海关监管差及调拨与报关时间差办理空结转，而实际上仅办理结转手续而将进口料件出售牟利。跨关区异地加工结转指在一直属海关关区内的加工贸易经营单位将保税料件委托另一直属海关关区内加工生产企业生产加工，产品加工完毕后由经营单位回收并组织出口。跨关区深加工结转指加工贸易企业将保税料件在直属海关关区内保税加工为成品或半成品，并卖断给另一直属海关关区内的加工贸易企业继续保税加工并出口的活动。①

（三）加工贸易走私案件的特点

1. 加工贸易走私的主体绝大多数为企业。只有获得批准，有资格从事加工贸易的企业才能够接触保税货物，一般单位和个人通常没有这样的条件，因而此类案件的主体多是加工贸易企业，此类活动多发生在生产加工企业的经营管理活动之中。离开了加工贸易企业，加工贸易走私犯罪的发生、实施和完成就不存在根基。作案人利用加工企业，通过在外地投资、分散设立企业，来料、进料兼营并举，加工、私营同时设立等表面上看起来合法的经营手段，实质上从事走私犯罪活动。这已经成为加工贸易走私犯罪广泛存在的现象。因此加工贸易走私犯罪案件中侦查活动的开展始终离不开贸易加工企业这样一条主线。

2. 加工贸易走私可能发生于加工贸易的多个环节，主要在后续监管环节。加工贸易本身是我国为了引进外资、吸收先进的技术和管理经验而采用的一种贸易方式，对于促进我国的经济发展起着重大的作用。在加工贸易的申报备案环节、申领手册环节、申报保税环节和加工出口环节都可能发生走私犯罪，尤其在海关以中期核查、后期核销、内销补税等方式对保税成品加工并再出口或者在国内销售的情况进行监管的过程中，走私企业擅自销售保税货物的情形居多。

3. 加工贸易生产工艺复杂、管理环节众多因而周期较长，相应的取证工作难度较大。一般的加工贸易合同履行期限为一年，情况特殊的经过海关批准

---

① 宋利红、徐静：《加工贸易渠道走私犯罪侦查对策》，载《中国人民公安大学学报》2005年第6期。

还可以再延长一年,加上手册报核、海关内部移交、深加工结转、核销等环节,加工贸易走私犯罪的时间跨度更是可能长达 3 到 5 年之久。这期间的原始票证、单据容易遗失,很难调取到完整的书面材料。而对于混料和串料加工,由于产品种类和规格较多、生产工艺复杂,更是难以有效固定证据和计算偷逃应缴税款。而对于采取现金结算的个体倒卖,则几乎是无从提取证据。

4. 加工贸易走私隐蔽性强,抓捕、定罪和追赃困难。加工贸易走私犯罪往往是由境内外企业相互合谋和共同实施的,外界人员很难察觉,因而具有较强的隐蔽性。由于加工贸易走私犯罪的嫌疑人大多熟知海关业务操作流程,采取的作案手段隐蔽,通常难以从表面发现破绽和实施抓捕。走私犯罪嫌疑人归案以后,常常以其他理由狡辩,对其作案的主观故意也难于认定,赃款、赃物的追缴仍十分困难。实践中多数此类案件必需依靠情报工作为主导,在获取确凿充分的线索和证据的条件下才有可能侦破。

(四)加工贸易走私案件的侦查途径

1. 以情报获取为先导,沿袭"从人到案"的侦查模式围绕现场进行初步查证。

鉴于加工贸易走私犯罪具有隐蔽性较强的特点,在侦查活动早期及时、精准地获取有关情报才能够保证后续的侦查工作有的放矢,顺畅和高效地展开。如果早期的工作进行不到位,随着时过境迁,中、后期的侦查工作就容易落空。因此情报工作是整个加工贸易类走私案件侦查工作的先导,建立健全侦查情报机制对于预防和控制加工贸易类走私犯罪具有显著的效果。情报的获取主要来源于常规性的专题调研、秘密力量的专门工作、群众和有关单位的举报等途径。

"从人到案"的侦查模式是指侦查人员以各项侦查基础业务、专门侦查手段为依托,从个体或群体在特定或不特定场所所暴露出来的、已知或未知的犯罪嫌疑人活动或嫌疑信息入手,确认其性质或确认其与特定案件之间的联系的侦查方式。[①] 加工贸易渠道走私犯罪的嫌疑人往往比较确定,一般均为加工贸易企业。侦查机关根据所掌握的情报通过控制现场人员和货物、物品,调查私货与账册单证的存放地点和讯问涉案人员来收集有关证据,待条件进一步成熟及时展开进一步侦查。

2. 明确侦查思路、拟定侦查方案,围绕单证资料获取和货物情况核定充分运用侦查谋略和措施进行深入查证。

---

① 郝宏奎:《浅谈侦查模式的变革》,载《人民公安》2002 年第 8 期。

加工走私贸易犯罪侦查大多围绕企业的账册单证等书面材料，侦办难度较大，需要细致深入地展开。侦查中需要获取嫌疑人建立买卖关系的证据、买卖进口保税料件的证据、生产需复出口成品的证据、擅自销售保税料件的证据等。这些内容前后涉及到诸多环节，应以此为出发点按照具体走私方式的不同，拟定相应的侦查方案。

案件中单证资料的获取是关键的一步，是下一阶段清账、清仓的必要前期工作。单证资料可能在海关保税业务现场直接获得，也可能责令嫌疑人提供或借助有关侦查措施获得。获取的单证资料应该确保全面、完整，除了报关资料、原始记账凭证等，与经营有关的信函、会议记录、流程单、仓库单等也要注意收集，对疑似伪造、变造的单证应及时通过鉴定加以甄别。

货物情况核定需要解决清账和清仓两个问题。清账是对收集到的单证资料进行分析比对，以掌握企业真实运作情况的专业活动。一般是在侦查人员在场监督的情况下，请企业财会人员具体完成。清仓即将账和仓互相核对，结合清账的情况看货物是否一致，并落实已经售出成品的原料来源。

在获取单证和货物核定过程中，应注意适时、灵活地运用各种侦查策略，充分发挥侦查实验和司法鉴定的作用。

3. 加强相关部门彼此之间的协调合作，进一步扩大线索、深挖余罪，彻底侦破案件。

加工贸易走私犯罪案件的侦查是一项繁杂、系统的工程，它要求以海关缉私部门为主体，同时要求在海关内部加强侦查部门和其他相关职能部门的合作，在海关外部加强与边防、税务、银行等部门的协调。由此内、外部门之间建立有效的信息资源共享和协作机制，形成防范和打击的合力。这样才能在日常更好地防范监管漏洞，在走私案件发生时彼此密切配合、相互提供各种线索和证据，从而能够顺利办案、有效打击作案人。

保税料件的进口和成品再出口是一个持续不断的过程，因此加工贸易走私犯罪往往不是单次独立的发生，而很有可能是在一个时间区间内的多次行为。对加工贸易走私应注意根据获得的线索，横向或逆向展开进一步的追查，彻底侦破案件、捣毁作案团伙。

第十一章 计算机犯罪案件侦查

2017年2月3日,深圳的何先生报案称,自己在毫不知情的情况下,手机被远程锁定,银行账户被绑定京东商城,并通过白条功能进行消费和信用贷款,损失53000元。在抓获嫌疑人并完成全部审讯工作后,警方披露其作案手法如下:

1. 购买网银四要件①。骗子在黑市购买受害人身份证号、银行账号、密码、手机号等个人信息,俗称四要件。

2. 破解360手机云服务账号。骗子通过"撞库"等技术手段,成功登录受害人360手机云服务账号。

3. 绑定受害者手机号为副号②。通过360手机云服务"短信回复"功能和移动运营商的绑定副号功能,骗子向受害者手机发出了绑定副号的申请并远程回复短信进行确认,这样受害者手机号就成了骗子手机的副号。

4. 接管受害者手机。通过360手机云服务"销毁资料"功能,强迫受害者手机处于离网状态。这样副号(受害者手机)的全部功能被主号(骗子手机)接管,所有的手机短信也会发送到骗子手机上。

5. 实施盗刷和消费贷款。由于骗子已经掌握了受害者的银行卡账号、密码,又能随时接收绑定手机的验证码,利用网上银行就可以肆无忌惮地盗刷。由于该账户余额较少,骗子还将该账户绑定京东商城,并使用白条功能进行贷款消费。

整个过程中,受害者何先生没有做出回复短信、点击链接等任何动作,他和骗子之间也没有任何接触和交流,在毫不知情的情况下,账户的钱就被全部盗刷,并且骗子用何先生的名义进行了网络消费贷款。

---

① 银行卡验证四要素:银行卡的持卡人的姓名、银行卡号、预留手机号、身份证号。
② 在本案中,"副号"功能为中国移动广东分公司推出的"和多号"业务,功能为在不换手机、不换SIM卡的基础上,用户可以增加最多3个真实手机作为副号。主副两个号码可同时待机,并可根据需要,自由选择其中任一号码拨打、接听电话、收发短信。

第一节　网络犯罪案件概述

一、网络犯罪案件的概念与分类

（一）从计算机犯罪到网络犯罪的演化

为了适应计算机网络技术高速发展带来的负面因素——网络黑灰产业链的肆虐发展，我国人大常委会于 2009 年 2 月 28 日通过了《刑法修正案（七）》及相关司法解释，以解决原有刑法条文适用范围过窄及犯罪情节无法定量的问题。

然而，互联网技术的发展从未放慢过速度。随着微信、淘宝、京东等"国民级"应用的全面铺开，与这些产品息息相关的使用场景，开始扩充到生活中的各个方面，广泛应用于购物、餐饮、物流、金融、游戏、文化等领域。以此为标志，中国正式进入移动互联网时代。

与此同时，网络黑灰产业链也从曾经的犹抱琵琶，到现在的肆意猖獗，完成了几何级量级的增长。清华大学的诸葛建伟曾在 2012 年 3 月做过一次非官方调查，推测当时的网络黑灰产业链约有 100 亿元左右的规模①；而时至今日，只考查有明确案件线索依据的网络诈骗造成的损失，仅在 2015 年 1—9 月，就已造成了 1100 亿元的损失②——这还并不包括诸如薅羊毛、恶意 SEO、木马钓鱼、非法数据贩卖、网络水军、非法网络攻击等其他类型的网络犯罪。与移动互联网极大地便捷了人们的生活一样，移动互联网也为犯罪分子提供了大量的机会。

正是随着中国正式进入移动互联网时代，网络犯罪（特别是侵财型网络犯罪）也随之正式进入"非接触型"犯罪的阶段。在此过程中，计算机信息系统在犯罪过程中被作为犯罪对象的情形，也正在向着被作为犯罪工具的情形迅速转化；网络的连接能力在犯罪活动中的重要性正在逐渐超越不再是瓶颈的计算能力，成为犯罪活动中最为首要的因素。

（二）网络犯罪的概念

我们对一个现象或者是一类事物下定义，目的是为了使其与其他相类似的

---

① 参见诸葛建伟：《315 细数信息安全地下产业链规模》，载 http://netsec.ccert.edu.cn/zhugejw/2012/03/15/underground/?replytocom=4450。

② 《网络诈骗地下产业链 年产值超千亿》，载 http://gd.qq.com/a/20151106/026978.htm。

现象或事物做出区别而显示出其特殊性,以便解决实际中存在和出现的问题。而从不同的视角出发,对于同一个现象或者同一件事物所做出的定义都可能是不同的。由于侦查学与刑法学对于相同问题的切入点不同,讨论的角度、方法、结论自然也不尽相同。从侦查方法的角度而言,对于网络犯罪的概念作犯罪学意义上的界定更为合理,这是由使用网络而实施的犯罪行为的特点所决定的。

由于传统的计算机犯罪已经随着移动互联网的普及而完成了向网络犯罪的转化,因此综上所述,本书的观点是:网络犯罪,是指以网络为犯罪工具或犯罪空间所进行的犯罪。在这里并未考虑过多犯罪客体的因素,因为本书主要讨论侦查方法,而侦查方法主要以犯罪嫌疑人之犯罪行为作为主要查考对象。比如虽同属诈骗行为,针对票据诈骗与普通诈骗的侦查思路与方法就完全不同;行为人在现实中扒窃现金,与在网络中盗窃虚拟财产,虽同属盗窃罪,但是侦查人员切入的视角与方式也大相径庭。上述网络犯罪的概念,已经不是刑法意义上的定义,而是以分析犯罪行为方式为目标,力求抽象出侦查中所遇到的共性问题,以期能对确定侦查思路、选择侦查方案有所帮助。

二、网络犯罪案件的特点

网络犯罪作为一种刑事犯罪,具有与传统犯罪的许多共性特征。但作为一种与高科技伴生的犯罪,从笔者所举的案例也可以看出,网络犯罪又有许多与传统犯罪相异的特征。

(一) 主体的相对年轻化

由于犯罪嫌疑人需要对各种网络产品非常熟悉,才能更多地找到相关漏洞,因此年轻人所占的比例较大。特别是在进行黑客软件开发、非法信息获取等上游犯罪环节的行为人群体中更加明显。

但同时需要注意的是,网络工具使用行为人并没有如以往统计那样呈现低龄化趋势。公安部公共信息网络安全监察局案件侦查处处长指出,虽然传播病毒、实施网络攻击等针对网络犯罪的人员仍然以年轻人居多,但是对于网络工具犯来说,目前通过网络作案的行为人中有50%年龄超过26岁,因此其年龄与普通犯罪中的行为人年龄差别并不大。

(二) 跨国性

互联网的广泛使用和飞速发展,使网络犯罪显现出一种跨地区甚至是跨国界的特点。在这个虚拟的空间里,国境线已不复存在,双向、多向的交流传播无处不在,而信息传播需要的成本又几乎可以忽略。这就意味着,在网络空间中,所谓国内与国外、近与远的概念已经变得十分模糊,跨国犯罪成为一种极为平常的犯罪模式,尤其在跨境网络诈骗、跨境网络赌博类型的案例中非常多见,犯罪行为组织者多在国外。

(三) 犯罪成本低

犯罪成本是指行为人因作案行为所承受的精神性、物质性代价。成本由直接成本(包括心理成本和经济成本)和间接成本(包括法律成本和竞争成本)组成。网络犯罪的直接成本和间接成本都比传统犯罪要低。

(四) 黑灰色产业链成型

不得不承认的是,我们在前期对于地下网络黑灰色产业链的滋生,是估计不足且各方面应对较为滞后的。经过近10年的隐蔽发展,黑灰色产业链已经形成了分工明确、利益输送顺畅的全产业链模式,从恶意软件的制作、到隐私信息的贩卖、再到具体犯罪行为的实施,最后以至于违法销赃渠道的建立,这些环节都已经相当成熟,也对我们的治理工作提出了极大的挑战。

(五) 极强的隐蔽性

大部分故意犯罪都具有一定的隐蔽性,作案人为了逃避法律的制裁,唯一能够做的就是尽量增加犯罪的隐蔽性。而网络犯罪(针对计算机硬件的暴力性犯罪除外)的隐蔽性则表现得更加突出。由于计算机本身有安全系统的保障及软件、数据存储的无形性和资料形态的多元化,使得一般人不易察觉到计算机内部数据资料的变化。这样的犯罪活动很难被侦破——信息可被存储在云端,而此行为又可以在不损害任何信息及服务的私密性、完整性的情况下实施。而毁灭罪证这一行为对于作案人来说又实在是轻而易举——一个简单的删除操作就可以抹掉日志文件的所有记载。另外,行为人又经常会使用vpn、vps等方式伪装登录,使事后追查变得尤为困难。同时,遭受损失的公司又往往不愿报案,因为一旦如此将会损害自身的商业信誉,从而导致竞争能力下降,因此这些公司宁愿自己雇用专家进行自我保护也不愿选择报案,这种情况在金融领域和保险领域尤为明显。这就导致网络犯罪的犯罪黑数非常高,侦查与取证的难度也非常大。据调查,已经发现的计算机犯罪案件仅占所有可能存在的计算机犯罪案件总数的5%—10%,而且往往很多犯罪行为的发现仅仅是出于偶然。

(六) 危害性严重

网络犯罪所造成的损失往往极其严重。无论是侵财型犯罪还是非法获取数据型犯罪,行为人对单一对象进行操作,与同时对大量对象进行操作,所耗费的成本是类似的。如果目的是对于重要网络设施进行破坏,那么也会在短期内造成重大影响。网络的便捷，会极度放大恶意行为的效果。

除个人侵财犯罪之外，网络也放大了其他传统犯罪的特性，如利用网络空间的无边界性和低成本，使开设赌场、贩卖传播淫秽物品、贩卖枪支弹药、贩卖毒品、恐怖融资活动、诈骗、盗窃、传销、非法贩卖公民个人信息等行为都变得更加容易，使得这些犯罪行为通过极小的成本便能获得极大的犯罪收益，危害范围更大、程度更深。[1]

第二节 计算机犯罪案件的一般侦查方法

一、线索的收集

对于案件线索的来源，主要分为主动发现和被动发现两种。前者是指来自于"威胁情报"系统、警方的警情研判系统、已有案件深挖扩线等来源；后者主要指来自于社会各界人士报案的线索。目前警方虽然在各类案件打击的数量及质量上已经有了很大的提升，但是对于网络犯罪这种高发的、侦查困难的犯罪类型而言，被害人的司法成本还是很高的，这就造成很多案件并没有被发现，犯罪黑数较高。[2] 因此，对于主动发现的线索，就更需要侦查机关一改以往"坐、等、靠"的老思路，建立大刑侦格局，运用动态取证手段进行案前跟踪，广泛收集线索，改被动为主动，提高获取案件线索的能力；同时应善用被动发现的线索，并建立起完善的情报研判体系。

（一）威胁情报系统

威胁情报（Threat Intelligence），也被称作安全情报（Security Intelligence）、安全威胁情报（Security Threat Intelligence），是通过大数据、分布式系统或其他特定收集方式获取，包括漏洞、威胁、特征、行为等一系列证据的知识集合及可操作性建议，可还原已发生的和预测未来可能发生的网络攻击，

---

[1] 需要明确的是，虽然网络技术的发展造成犯罪行为的低成本及高危害，但是将其放在人类整体的社会生活中时，网络技术更重要的作用依然是创造了大量的机会，推动了社会的进步。与此相比，犯罪行为及其造成的危害，与整体的人类进步产生的势能相比，依然是沧海一粟。我们应当清醒地认识到这一点。在工作实践中，经常会遇到由于某种新技术的出现而导致犯罪行为的可能性，此时我们应当做的是在尽可能短的时间内思考摸索出合理的应对方案，而不是武断地叫停。

[2] 犯罪黑数，又称犯罪暗数、刑事隐案，是指一些隐案或潜伏犯罪虽然已经发生，却因各种原因没有被计算在官方正式的犯罪统计之中，对这部分的犯罪估计值。参见王娟主编：《犯罪学概论》，中国政法大学出版社2010年版，第49页。

为用户决策提供参考依据，帮助用户避免或减小网络攻击带来的损失。①

威胁情报是近年来得到较大发展的新的情报体系学科，被广泛应用于安全行业的情报体系搭建中。具体包括情报源的获取、事中分析与事后响应三个部分。第一部分是情报源的获取，来自各安全厂商的情报系统、业内安全组织的安全信息获取体系等部分，此种理论一改以往较为分离的、以单个网络系统为目标搭建情报体系的做法，融合了集体协作、信息共享的理念而形成的新的情报体系。②

公安工作可借鉴安全情报大数据的思维模式，广泛联合各个安全厂商，推动互联网警务工作基础平台建设，从而搭建具有更广泛来源的情报系统。

（二）警情研判系统

获取信息只是第一步。威胁情报系统在获取到关键信息之后，需要经过后两个阶段：分析和处置。在安全厂商的系统中，会有相应的数据模型，根据获取的相关信息，对目标或行为进行分析，实施分类、打标、跟踪、动态调整等步骤，当该行为或对象触发到了某个阈值，系统将自动对其进行处置，如报警、拦截、封停等操作。

若将这一套分析过程运用在警务工作中，相应的模块应当为警情研判系统。警情研判系统目前在警务工作中，还并未成为一个独立的、功能完善的系统。侦查人员更多地是将从不同环节获取的信息作为样本，进行简单的整合之后，按照较为简单的规则进行研判，如将某种犯罪行为的时间、地点、手法等因素进行归类，抽象出规则，再反之运用到整体数据中去，以获取样本以外的线索。此种方式较为初级，主要问题在于数据纬度较少而无法得出嫌疑人或者嫌疑行为的准确画像；而更多的侦查部门，由于能力、资源有限，只能进行简单的关键字查询操作，得出的结论由于数据维度过于单一而导致命中率和覆盖率都有问题。

以具备大数据分析和处置能力作为建立警情研判系统的目标，是威胁情报系统最基础的需求。侦查实务工作中，应当注意获取情报信息的深度和广度，使得能有足够的数据纬度去标记目标人或目标行为，以建立能够动态调整的嫌疑人信息库。由于互联网的扁平性，导致同类犯罪行为能够在短时间内大范围传播；但也正是由于其扁平性的特点，才使这些犯罪行为具有高度的复制性。换言之，网络犯罪行为由于这种复制性，会留下比传统犯罪更多的共性特点，

---

① 单琳：《网络威胁情报发展现状综述》，载《保密科学技术》2016 年第 8 期。
② 由于本书更多偏重于介绍侦查方法，篇幅有限，因此相关技术部分仅作初步介绍，不再展开。

警情研判系统应该在挖掘和跟踪这些特点方面具备能力。

在网络犯罪愈演愈烈的当下，在嫌疑人使用大数据实施犯罪行为的当下，增强数据获取与分析能力、开放侦查资源以构建真正的大数据分析系统，是刻不容缓的。

（三）计算机动态取证

计算机动态取证是将取证技术运用到防火墙、入侵监测系统（IDS）以及"蜜罐"等技术中，对所有可能的计算机犯罪行为进行实时数据获取和分析，智能分析入侵者的企图，采取措施切断连接或诱敌深入，在确保系统安全的前提下获取尽可能多的证据，并将证据鉴定、保存、提交的过程。动态取证过程是一种主动性地搜集犯罪信息与记录的过程，被设计用于较为敏感、重要的大型专用计算机系统中，如国防单位的计算机系统、公安网络等。在这里，本书仅对几种较为主要的技术进行简单介绍，这些技术更多地运用在大型重要系统中进行主动防御。

1. IDS

IDS（Intrusion Detection Systems），即入侵检测系统，是指依照一定的安全策略，对网络、系统的运行状况进行监视，尽可能发现各种攻击企图、攻击行为或者攻击结果，以保证网络系统资源的机密性、完整性和可用性。与入侵防御系统相比，其特点在于主动地通过某种规则发现异常信息，在本质上，入侵检测系统是典型的"窥探设备"。它不跨接多个物理网段（通常只有一个监听端口），无须转发任何流量，只是在网络上被动地、无声息地收集它所关心的报文。IDS 处理过程分为数据采集阶段、数据处理及过滤阶段、入侵分析及检测阶段、报告以及响应阶段等四个阶段。IDS 分析及检测入侵阶段一般通过以下几种技术手段进行分析：特征库匹配、基于统计分析和完整性分析。其中前两种方法用于实时的入侵检测，而完整性分析则用于事后分析。[1] 各种重要领域的计算机系统大都配备有 IDS 系统。

2. "蜜罐"技术

所谓"蜜罐"，就是指没有采取保护措施的计算机。设计"蜜罐"的初衷就是让黑客入侵，借此收集证据，同时隐藏真实的服务器地址，因此一台合格的蜜罐计算机必须拥有以下功能：发现攻击、产生警告、强大的记录能力、欺骗、协助调查。"蜜罐"分为实系统蜜罐和伪系统"蜜罐"，前者是最真实的

---

[1] IDS 是一种针对计算机信息安全开发的产品，目前世界上各大信息安全公司都有自己的 IDS 产品，而各种计算机系统也均会配备 IDS。侦查人员通过对这些信息的分析，可以获取很多有效的资料。

"蜜罐",运行着真实的系统,并且带着真实可入侵的漏洞,但是其记录下的入侵信息往往是最真实的。此种"蜜罐"一旦连上网络就极易吸引目标并受到攻击,其记录程序会真实地记下入侵者的一举一动。但同时它也是最危险的,因为入侵者每一个入侵都会引起系统真实的反应,例如被溢出、渗透、夺取权限等。因此这种"蜜罐"技术已经不被广泛采用。伪蜜罐系统并非假的系统,它也是建立在真实系统之上的,但是其最大的特点就是平台与漏洞的非对称性。

不同的系统具有不同的算法,因此就会产生不同的漏洞和缺陷。如使用LSASS溢出漏洞能得到Windows的权限,但是用同样的手法去溢出Linux则毫无用处。伪蜜罐系统正是利用某些工具程序强大的模仿能力,伪造出不属于自己平台的漏洞,入侵这样的漏洞,只能是在一个程序框架里打转,即使成功渗透,也无法侵入目标系统。与此同时,后台响应的记录程序会实时跟踪入侵者的动作,以发现和收集犯罪证据。一些企业会在自己的系统中故意设置一些不太明显的漏洞,侦查部门可通过"蜜罐"的记录和电信局的配合,轻而易举地揪出作案人。

由此可知,案前跟踪主要使用的是监控和跟踪的手段。即通过一定的监控工具来发现可疑的信息,跟踪信息以确定其来源,顺藤摸瓜发现犯罪手段。动态取证的使用将大大增加发现犯罪的机会,从而使侦查工作从被动走向主动。

二、案情分析

(一)线索的筛选

线索的筛选,是指对已有的线索、材料、资料进行审查,以判断案件的性质和犯罪存在的可能性。与传统型犯罪不同的是,除了被害人报案,很多线索都是通过网络途径获得的,因此就必须对这些线索进行分析和审查,找出犯罪行为的薄弱环节和关键点,然后开始案情分析。

(二)分析思路

在线索筛选之后,需确定犯罪是否存在和是否有对其进行追查的必要,并尽可能地收集证据,为立案做准备。因此拟定详细的侦查计划是非常重要的。可参考的思路如下:

1. 对侦查中可能涉及的或可能遇到的专业性知识及有关法规、政策性规定进行初步了解。具体包括但不限于:该行为是否是犯罪?如果是,触犯了什么罪名?该罪名具体规定为何?构罪标准如何确定?犯罪嫌疑人有可能使用什么样的技术?

2. 确认犯罪事实(有犯罪行为发生)。具体包括但不限于:报案人或者被害人所称情节是否准确,依据为何?如有经济损失,损失多少?是否有其他类型的损失?犯罪空间的确定——什么时间,在哪里实施了犯罪行为?

(1) 作案时间的确定

①查看文件属性。任何文件的属性都含有三个时间戳,即创建时间、修改时间和最后访问时间。而通过系统的搜索功能可以得知最晚被修改的文件的保存时间和其他文件的最后访问时间,这对于分析、判断犯罪行为的特征也会有一定程度的帮助——如果发现行为人对于系统中文件的修改处于一种很盲目的状态,则说明行为人对于犯罪对象并不熟知;而如果调查体现出行为人直奔目标文件而对于其他文件则丝毫不动,就说明行为人可能已经经过了严密的准备,作案动机明显。但不幸的是,在很多情况下,系统管理员在未发现异常时或发现之后、报警之前,对于系统文件进行日常维护或者自行补救,则会无形地"帮助"作案人抹掉大部分的痕迹,而这种对于证据的毁灭往往是不可逆的。

②根据系统出现异常的时间进行判断。调查系统日志。日志中有关于系统被访问时所作的访问登记,包括访问者使用的账号、权限等。此登记记录可以为分析、判断犯罪事件提供一定的根据。

③查询数据库中的审计报表。一般来说,规章制度比较健全的单位会定期对数据库中的相关数据进行审计,每次查询活动都会被日志记录,侦查人员可以以此为根据来确定作案时间。

(2) 作案地点的确定

对于利用网络进行犯罪的行为人,侦查人员可通过网络运营商的 DHCP 服务器(动态分配地址服务器)确定其 IP 地址,继而确定该地址所在的网段和服务器,然后通过查阅该网络服务器中的记录可直接确定其具体的上网地点。

如果实施上述步骤之后发现所定的 IP 地址是某个内网中的某台客户端,则该内网的路由器或者交换机中会记载局域网中每一个地址所对应的计算机终端,通过调查服务器设备的日志记录,也可查到具体的作案地点。

3. 在收集到的信息的基础上进行扩展。扩展信息包括但不限于:案件相关人的身份、背景、财务状况、社会关系、网络虚拟身份、爱好等方面,目标是尽量通过客观信息对嫌疑人进行全面侧写。

4. 确认犯罪动机。根据行为人作案的手段、方式来推测其作案动机。例如:行为人是为了取财还是报复?行为的对象是人身还是财产?作案人使用什么方法来接近目标(有可能是数据、资料甚至是被害人)?是否行为人的目的仅仅是炫耀自己的计算机技术?动机的不同会导致作案人使用不同的手段进行犯罪,如仅仅是为了炫耀自己的技术而非法侵入国家事务信息系统的作案人就很可能不会实施严重的破坏行为；而如果作案人是出于某种政治目的或者报复心理，其行为的严重性就要大得多。作案人的动机可以根据其手段和方式进行推测和确定。

5. 深入分析该犯罪行为的行为模式，目的是再现整个犯罪过程。具体包括但不限于：嫌疑人实施了哪些行为？借助了什么技术手段？是非法侵入计算机信息系统，还是破坏了计算机信息系统？是否使用社会工程学的方式？是否有同伙？如果有同伙，如何分工？犯罪环节是否单一？上游和下游环节分别是什么？嫌疑人通过什么方式和同伙沟通？如果是侵财犯罪，嫌疑人使用什么方式转移资金？犯罪现场发生在哪个网络空间？

6. 根据第5点，确认侦查方向和调证渠道。网络犯罪不同于传统犯罪，后者的犯罪现场存在于现实之中，技术部门对于犯罪现场的勘查，第一时间会获取到很多有用的信息。而前者的犯罪空间存在于网络之中，载体为各种类型的数据，这些数据都存在于相应的产品或者服务提供商的服务器中。因此侦查人员需要对整个犯罪过程中出现的网络产品及技术有大致了解，才能确定调查取证的方向。

7. 被害人分析。应作如下方面的分析：其在网络上做些什么？是否从网络上得到了一些平常不易访问的信息？怎样得到这些信息？怎样访问网络，比如是自己的还是朋友或家人的账号，甚至是偷来的账号？在哪里上网，比如是在家中、工作时、咖啡厅或者酒吧？为什么会选择那个地方，是由于个人隐私、商业秘密或者仅为了和某人见面？都使用了哪些网络服务，为什么？是否尝试过通过网络营利？被害人所展示出来的某些行为是否能够清楚地表现被害人的精神状况、智力状况、生活方式或者自我认知，比如被害人是否有滥发新闻组（帖子）或者电子邮件的行为？如果有，为什么？

8. 考虑是否聘请技术专家来现场指导。如 DDoS 攻击①型案件，需要侦查

---

① 分布式拒绝服务（DDoS：Distributed Denial of Service）攻击指借助于客户/服务器技术，将多个计算机联合起来作为攻击平台，对一个或多个目标发动 DDoS 攻击，从而成倍地提高拒绝服务攻击的威力。通常，攻击者使用一个偷窃账号将 DDoS 主控程序安装在一个计算机上，在一个设定的时间主控程序将与大量代理程序通讯，代理程序已经被安装在网络上的许多计算机上。代理程序收到指令时就发动攻击。利用客户/服务器技术，主控程序能在几秒钟内激活成百上千次代理程序的运行。载 http：//baike.baidu.com/link？url
=tiADzKSPd98HlJ2fSj3eRHfghbZWjutXdHSAE_ 6LeN1XDnnUMyIsi9KPN_ S8 - rrjHpy_
E0Ks1X4Z_ VOhiOYGyzxdlla1OvN0wtpLzFQi1 - 8of196oWW1KoyYkCtaky68P2iSb2M12p7V77
sfW4uPfYgbIx0F_ R6U1QF0djwzah2ekw91k - kajRBF22xyLSNcsZPGW1Y9FVhIE55nR_ FBpB-
HRxC - OZ18OXKBDujYDmb7.

人员对黑客技术有一定了解，对于较专业的技术问题，应咨询技术专家，以防产生判断错误。

9. 安排好人员的配置和使用，做好必需的物质保障。

10. 明确注意事项及有关工作纪律。

（三）秘密调查

秘密调查是指侦查机关制定缜密的初查计划，注意掩护身份、掩盖意图，避免惊动作案人，在作案人毫无知觉的情况下寻找、收集犯罪证据或重要线索，以求迅速突破案件的初查方法。网络犯罪具有隐蔽性强、取证困难的特点，嫌疑人由于具备一定的技术能力，因此也较为敏感，故网络犯罪的初查工作就更需要秘密进行。对于大部分网络犯罪的调查工作而言，都应处于这种秘密状态之下。

（四）关于信息链和资金链

除恐怖活动、由于私怨而进行侮辱诽谤等行为外，大部分网络犯罪，犯罪嫌疑人都有非法获取财产的动机。前述关于分析方法中也分别提到，需考查嫌疑人与其同伙间交流方式（工具）及资金转移方式。此处再次强调：由于网络犯罪的非接触性特点，围绕嫌疑人产生的信息流与资金流展开调查，是网络犯罪侦查的两个重要内容。

1. 信息流

这里的信息流，特指嫌疑人在犯罪过程中所使用的社交工具及关系链，以及产生的登录日志和社交内容记录。侦查人员在调取证据过程中，需严格遵守相关法律法规的规定，保护公民隐私权不受侵犯。

（1）社交工具。对于工具及产生的内容而言，嫌疑人需要通过网络手段进行必要的犯罪预备，如进行分工、沟通必要事宜、发布消息等行为，可能通过的渠道包括各种即时通讯软件（如 iMessage、whatsapp、微信等）、电子邮件、sms 短信息等形式。此种类型的交流方式较为常规，反映在侦查实务工作中，主要问题在于即时通讯软件往往出于对用户隐私权的保护而并不记录日常聊天信息；而邮件之类往往在服务器上有保存。侦查人员在案件办理过程中，需考查嫌疑人所使用的产品或服务是否能够调取。有反侦察意识的犯罪嫌疑人，往往使用服务器放在国外的软件（如 gmail、facebook 等工具），致使证据调取工作难以开展。如果是这种情况，就要非常注意在秘密侦查过程中考查嫌疑人的行为习惯，力求在嫌疑人正在实施犯罪行为时进行抓捕，对其使用的计算机系统设备进行查扣，以获取已经存储在本地的关键信息。具体取证方法将在后文详述。

（2）关系链。对于关系链进行分析，是侦查工作中相当重要的部分。具体而言,就是对嫌疑人使用的社交工具中都有哪些关系人以及这些人关系链的扩展进行分析,考虑其相互间发生的频率、数量,通过 i2 等分析软件,可具像化其关系链结构,结合资金流信息,可较为准确地判断团伙构成。

需要注意的是,嫌疑人在实施犯罪行为的过程中,并不一定只使用一种社交产品。因此需要结合不同的社交产品使用情况综合判定。如嫌疑人虽使用 VPN 进行网络活动,难以获取其真实地点;但如果能关联出其网络购物的情况,则可通过其收货地址获知其真实住址;又或可根据其作案时间,来确认哪个行为更可能在其作案时间范围之外。

(3) 上下游环节。在网络犯罪中,嫌疑人违法获取身份信息(自然人或者法人)是无法绕开的做法。其目的要么是为了隐藏自己,要么是为了获取被害人信息,嫌疑人都需要通过不同的账户信息来进行操作。网络黑灰产业链目前已经进化到足以为中下游犯罪环节提供充足资源支持的程度,在非法获取他人财物后,也有成熟的网络销赃渠道。在侦查过程中,侦查人员需要详细考察其上下游环节。

时间、地点、行为、沟通内容、社会关系等所有网络行为,统一地构成了围绕该嫌疑人的信息流,侦查人员应当根据现实情况综合分析。

2. 资金流

如果犯罪嫌疑人的动机是非法获取财产,那么在资金流上就必然会留下痕迹。网络中的资金流转方式与传统的银行卡转账有所不同,需考虑虚拟财产的形式以及转移的渠道。

(1) 支付工具(渠道)。传统支付工具包括现金交易、银行卡(包括汇票、本票等方式、手机银行、电话银行等方式,主要特点是经过银行风控鉴权)转账等。

随着全面进入移动互联网时代,移动快捷支付开始逐渐取代传统的支付方式。由于越来越不依靠线下,快捷支付的便捷性也被犯罪分子所利用。快捷支付是指依托于银行卡业务,将第三方支付公司的账户系统与银行卡进行绑定,除与银行保持必要的信息互通之外,使用时不再经过银行鉴权,而是通过第三方支付公司的风控系统对交易风险进行防控[1]。目前的快捷支付产品提供商主

---

[1] 这里并不是指不经过银行鉴权就一定不安全。由于银行卡的使用场景较为单一,使用环节所能获取的安全数据也较少,因此银行对于交易风险的判断维度是较少的。反观微信支付、支付宝等,依托于其产品的广泛的使用场景,其更容易通过多维度的数据对交易行为进行风险判定,准确率较银行更高。对外数据中,支付宝与财付通的损失率均已经降至百万分之一级别。

要包括支付宝、财付通、京东支付等持有牌照的第三方支付公司。

（2）支付工具（渠道）的特点。传统支付工具的特点在于低效、低频、大额。由于鉴权方式要求高、使用场景较少、产品逻辑较为复杂，因此传统支付方式不像快捷支付那样快捷、高频。另外，近年来网络诈骗愈演愈烈，其中产生的大额诈骗案例（如画皮诈骗或冒充公检法等）中，嫌疑人所使用的主要方式为网银转账与网关支付①，主要原因是因为通过网银或者网关支付的方式是不限额的（或额度较高）。快捷支付的特点是便捷、高频、低额。便捷的原因如前所述，由于不需要经过银行鉴权，且与线下支付场景高度相关，因此用户使用成本极低，使用效率高。高频是由于快捷支付的应用场景几乎遍布了生活中的各个方面，相关产品被使用到的频率比银行卡要高出很多。低额是因为银行普遍认为快捷支付的安全性不高，因此会对绑定的银行卡在进行快捷支付的时候进行限额（一般为日限额5万元以下，各银行额度不等）。根据支付过程验证方式的不同，主要形式包括扫码支付与近场支付两种形式，前者的主要代表产品如微信支付、支付宝等；后者的主要代表产品为Apple pay②、银行的闪付业务等。

（3）犯罪分子利用网络支付工具的方式。具体包括：①作为收款渠道。如网络诈骗中向被害人发送付款二维码、通过伪基站和钓鱼的方式获取被害人的短信验证码后诱导被害人做出同意转账的行为。②作为销赃渠道。虽然网络支付工具越来越方便，但是始终是无法脱离银行卡的。换言之，无论犯罪嫌疑人通过多少洗钱的渠道，最后提现依然要通过银行卡。洗钱行为本质上就是要伪造出各种正常经营的假象，混淆侦查人员的视线而最终失去目标。但是通过简单的转账方法，还是比较容易被追查；而如果出现了转账以外的方式，成功率就会大很多。因此，实践中嫌疑人在获取资金之后，往往会依靠网络黑产所提供的渠道，使用购买网络虚拟商品（如手机充值卡、游戏点卡）、网络赌博、游戏上下分（游戏币商买卖）、虚假的电商订单等方式来逃避侦查。因此，在损失发生之后，如果第一时间无法对嫌疑账户止付，那么对于洗钱渠道的确认将是网络犯罪侦查中一个自始至终的持续性工作。侦查人员应该更多地

---

① 网关支付（Payment Gateway）是银行金融网络系统和Internet网络之间的接口，是由银行操作的将Internet上传输的数据转换为金融机构内部数据的一组服务器设备，或由指派的第三方处理商家支付信息和顾客的支付指令。词条 - 网关支付，载 http://baike.baidu.com/link?url = p6Qf60QJ7ZZQmbQN3PW7yCcfT8L09yJiPg5EpQkf - qQq_ vDFvLEB - XDs4FWNRKagJtfv30Zy1NlRoyh9mK97B3HL2Nv56w4QqhXW5uDkllKgbKbCKXNJ_ 3 - 7rlbaUAJI。

② Apple pay 为苹果公司推出的支付服务产品。

接触新型的网络技术与产品，保持对于新事物的敏感度。

三、现场勘验、检查和提取

（一）网络犯罪案件现场

网络犯罪案件现场，即网络犯罪行为的空间，它是包括作案人作案的地点和留有与犯罪有关的痕迹、物证的一切场所。需要注意的是，不能把网络犯罪案件现场理解为一个简单的地域概念，它是作案人在某一时间、地点，为了实现其作案目的，侵害一定的对象，从而引起客观环境产生的一系列变化的总和，包括空间、时间、人、事和物。

而网络现场是指存在和发生网络犯罪行为或与之关联的场所和地点，它与传统犯罪的物理现场有很大的不同。网络犯罪跨物理与虚拟两大空间，网络犯罪可能是有形现场（物理现场），如机房、附属工作间、终端室、计算机通讯线路，也可能是不可见现场（信息现场），如电磁辐射区、网络空间等。发现或发生网络犯罪的发现地或结果地未必是作案地，而确认真正的现场非常困难。在进行网络犯罪侦查时，经常使用的方法是通过一定的技术方法得到源IP地址，然后通过源IP地址追踪行为人。然而，网络中的IP地址存在各种伪装的情况，极有可能费了很大力气得到的IP地址，并不是真实的源地址，这也对我们的侦查工作提出了更高的要求。

尽管网络犯罪具有极大的隐蔽性和虚拟性，但是计算机设备却总是存在于现实物理空间中的，因此对于物理现场中的计算机设备进行仔细、全面的搜查是很有价值的，这些设备中总有一些作案人无法抹掉的证据。网络犯罪可能会存在一个以上的现场，行为人有可能采取各种方法企图掩盖、毁灭和改变现场特别是主体现场，但这也只能是掩盖或改变作案现场的某些现象，已经存在的案件事实是掩盖不了的，作案现场更是销毁不了的。

实际工作中，可以通过以涉案信息或以涉案计算机为入手点，来发现和确认现场。如以案发信息或者报案信息为依据，从分析作案人的动机、手段、计算机技术水平等着手，分析可能的作案人和作案工具，进而确定现场。再如，以发现问题的计算机为重点，向联网的其他计算机辐射，结合有关案件的情况来确定现场。

（二）现场勘验、检查的任务

常规刑事案件现场勘验、检查的任务是发现、固定、提取与犯罪有关的痕迹、物证及其他信息，存储现场信息资料，判断案件性质，分析犯罪过程，确定侦查方向和范围，为侦查破案、刑事诉讼提供线索和证据①。涉及到计算机犯罪或网络犯罪这一新型犯罪，其案件现场勘查的主要任务则为发现、固定、提取与犯罪相关的电子证据和相关信息②及其他证据，了解违法当事人和作案人网上的活动情况和案件形成的过程，查明案件性质，划定侦查方向和范围，为惩罚违法和犯罪提供依据和证据。

（三）现场勘验、检查和提取的程序和原则

1. 现场勘验、检查和提取的程序

计算机犯罪或网络犯罪现场勘验、检查和提取程序一般包括：保护现场；收集证据；提取、固定易丢失数据；提取、固定电子证据及其他信息；提取和封装电子物证。以上环节的次序仅为一般顺序，具体实施时要视情况而定。

2. 现场勘验、检查和提取的原则③

（1）及时原则。尽早收集整理证据，以防止证据灭失或系统状态改变。

（2）合法原则。取证过程要公正、公开、规范。整个检查、取证过程必须受到监督，也就是说，由原告所做的所有调查取证工作，都应该合乎程序法对取证工作的要求。在实际操作中，主要靠现场勘验及取证人员资质控制、现场勘验过程照录像、提取的电子物证进行封存、提取的数据进行哈希校验、现场勘验检查提取及鉴定中依据现有的规程和规范、现场勘验提取中规范格式的文书记录的制作、现场勘验文书中操作人和见证人签字等措施进行把控。

（3）适当原则。只提取与案件可能相关的证据。在勘验、检查和提取过程中，对涉案的数据和信息，要尽可能全面提取，为以后的工作打下基础，但对案件以外的信息、尤其是涉及到个人的信息，不能提取和保存。

（4）一致原则。勘验检查中不要破坏或改变证据，要尽可能少地改变系统状态，尽可能在不对原有物证进行任何改动或损坏的前提下获取证据。也可以说是必须保证证据的连续性，即在证据被正式提交给法庭时，必须能够说明在证据从最初的获取状态在法庭上到出现状态之间的任何变化，当然最好是没有任何变化。在具体实践中，对实物提取要做好封存和记录、对数据提取要做好校验和记录、对实际操作要做好照录像和操作记录，通过这些操作力保证据

---

① 参见公安部印发的《公安机关刑事案件现场勘验检查规则》（公通字〔2005〕54号）第3条对刑事案件现场勘验、检查的任务的定义。

② 参见《深圳市公安局电子物证现场勘验检查程序规定》（深公刑通〔2015〕8号）第4条对电子物证勘验检查任务的描述。

③ 参见《深圳市公安局电子物证现场勘验检查程序规定》（深公刑通〔2015〕8号）第8条对提取原则的描述。

的一致性、连续性和完整性。

（四）现场勘验、检查和提取中的勘查方法和提取方法

1. 现场勘验、检查中的勘查方法

（1）巡视现场，首先确定中心现场和勘查范围。

（2）根据案情和现场环境，确定勘查顺序。一般以计算机为中心向外围勘查，对于比较大的现场可采用分片、分段、分层、分区的方法同时进行。

2. 现场勘验、检查中提取的方法

现场勘验、检查和提取的方法主要包括拍照提取、实物提取、在线提取、数据提取、远程勘验提取等。

（五）现场的保护

现场勘验、检查是侦查破案和取证等环节中重要的一环，对现场进行完善的保护则为实现现场勘验、检查提供了良好的基础。在网络犯罪案件中，其证据大致分为两种：一是电子证据，它们大都存储在遗留在现场的计算机设备之中；二是传统物证如痕迹物证等，这些证据特别是电子证据的获取都具有相当的难度，同时它们又极易被破坏。因此，对计算机犯罪或网络犯罪现场要特别注意现场保护。为做好计算机犯罪或网络犯罪的现场保护工作，尤其要做到以下两点：

1. 必须在第一时间封锁现场。封锁所有可疑的现场，不仅包括现场的所有区域，如办公室、计算机室等，也包括文件柜、工作台等办公设施，严格控制进出路线以控制人员进出和走动等。对现场发现的可疑物品、痕迹、各类计算机及网络设备等，在开始勘验、检查和提取前，要注意保护，不可改动。在封锁现场时，尤为重要的是封锁整个计算机网络区域，包括通信线路和电磁辐射区。对现场中的计算机设备、网络设备及其各种连线，在正式勘验检查前一般要维持原状，如网络赌博等案件则需要远程勘验提取。根据实际案情需要，如若出现不及时断网则会对现场勘验、检查出现不利的影响，则应及时切断可能与现场相连的计算机网络、要注意各种电话线和网络电缆的连线。如现场不明显，一时难以确定的，应适当扩大现场保护范围，划出警戒线，安排人员监视。

2. 必须在第一时间控制住现场。在计算机犯罪或网络犯罪现场中犯罪嫌疑人一个简单的操作，哪怕是一次鼠标的点击和一个手机键的按压等，都可能造成电子证据的销毁和破坏，因此，在封锁现场的同时，必须控制住现场，实现人机分离、人机对应，同时要求一一对应地离开所操作的电脑和将随身携带的手机等通讯工具交出，且人与计算机、手机等设备保持一定的距离，严格杜绝犯罪嫌疑人进行任何操作或破坏。

(六) 现场勘验、检查和提取的实施人员要求、职责、指挥和配合

1. 现场勘验、检查和提取的实施人员要求①

执行计算机犯罪或网络犯罪现场勘验与电子证据检查任务的人员，应当具备计算机现场勘验与电子证据检查的专业知识和技能，同时应当拥有进行现场勘验的资格和资格证书，如现场勘查证等，必要时可向上级领导机关申请邀请专业技术人员进行现场技术支持和支援。对计算机犯罪或网络犯罪现场进行勘验和对电子证据进行检查时不得少于两人。现场勘验、检查，应当邀请一名或以上与案件无关的公民作见证人。公安司法人员不能充当见证人。电子证据检查，应当遵循侦查人员与检查人员分离的原则。检查工作应当由具备电子证据检查技能的专业技术人员实施，案件侦查人员应当予以配合。

2. 现场勘验、检查和提取的职责和指挥

刑侦部门所办理案件涉及计算机犯罪或网络犯罪的现场勘验、检查由刑侦部门负责；其他警种所办理案件涉及电子物证的现场勘验、检查由办案单位负责。涉及《刑法》第285、286和287条规定的非法侵入计算机信息系统罪、破坏计算机信息系统罪以及利用计算机实施的各类犯罪的现场勘验、检查由网监部门组织实施。必要时，可以指派或者聘请具有专门知识的人参加现场勘验检查②。在实际工作中，为整合资源、提升工作效率和打击能力，在一些多发性、重特大的计算机犯罪或网络犯罪案件中，要消除业务职责壁垒，实现多警种配合作战。

考虑到实际业务中，各基层警务人员特别是技术人员的配置及能力，计算机犯罪或网络犯罪现场勘验、检查，应当由县区级以上公安机关负责组织实施。必要时，可以指派或者聘请具有专门知识的人参加。

计算机犯罪或网络犯罪现场勘验、检查的指挥员应当由具有计算机犯罪现场勘验与电子证据检查专业知识、组织指挥能力和专业资质的人民警察担任。重大、特别重大案件的勘验、检查工作，指挥员由案发地公安机关负责人担任。必要时，上级公安机关可以直接组织指挥现场勘验和电子证据检查工作。但在实际工作中，由于现有的案件现场勘查工作仍旧以常规勘查业务主导、现场勘查时的指挥员也多由熟悉常规现场勘查业务的领导和技术人员担任，负责现场勘查中的计算机犯罪或网络犯罪勘查业务的人员要选出负责人员，服从并

---

① 参见《计算机犯罪现场勘验与电子证据检查规则》（公信安〔2015〕161号）里对现场勘验、检查和提取的实施人员的要求。

② 参见《深圳市公安局电子物证现场勘验检查程序规定》（深公刑通〔2015〕8号）第5条对职责和分工的描述。

协调配合好现场勘查的指挥人员,在做好全部勘验工作的同时、保证完成好计算机犯罪或网络犯罪案件现场勘验、检查的任务。

3. 现场勘验、检查和提取的配合

由于犯罪现场中不单单只有电子证据及其相关信息需要勘查提取,因此,在现场勘验检查过程中,负责计算机犯罪或网络犯罪现场勘查的技术人员要注意与痕迹、法医、照相、录像等常规勘查专业技术人员的协作,避免对现场环境和物证造成破坏和毁损,紧密配合完成好所有的勘查任务。

(七)现场勘验、检查和提取的步骤

现场勘验、检查和提取的步骤大致包括制定勘查计划、准备勘查工具、记录现场情况、勘验检查提取分类实施、与电子物证相关的其他物证提取、现场调查访问等。

1. 制定勘查计划

在制定勘查计划之前,要结合上述对案件的各种分析,充分了解案情,确定勘查搜索的目标和重点,这样在实际的现场勘查提取中才能做到有的放矢、提升效率。也就是说,要明白案件的基本情况、勘查时的重点人和重点设备、搜索时的重点数据等。每一个现场都有其特殊性,并没有什么一成不变的操作方法。作案人对计算机的使用越来越熟练,他们应对安全保密系统的手段也在不断改进,如果作案人一旦做出转移或销毁证据的决定和操作,将很难防范。因此系统越复杂,计划就要越周密。计划应当包括行动的指挥、设备的应用、人员的分工、预定的目标等。

2. 准备勘查工具

现场勘查工具大致包含设备和软件两大类。设备包括但不限于:现场照录像设备、电子物证现场勘查箱、手机信号屏蔽设备(对手机通信信号进行隔离,阻断手机通信的专用设备)、手机屏蔽箱(袋)、手机取证设备、仿真设备、保全备份或克隆复制设备(可对存储介质中的原始数据进行完整、精确、无损备份的设备)、只读设备(对接入的存储介质具有写保护功能的设备)、专用存储介质、便携式计算机、打印机、电脑拆卸工具等。软件包括但不限于:综合取证分析软件、手机取证分析软件、数据恢复软件、专用数据浏览软件、数据解密软件、仿真软件、在线取证软件、免安装和免系统注册软件、哈希校验类软件等。

3. 现场情况记录

首先用照相、录像设备固定和记录现场情况。先对整个犯罪现场进行拍摄,然后逐步靠近可疑的电子设备,直到能够清楚地拍摄到该设备的前后两面,重点拍摄整个现场情况、机器的屏幕状态、外接设备情况、网络连接情况、设备品牌、唯一性编号等标志。在拍摄过程中应该保持系统各种电缆的连接。在某些情况下需要断开电源再进行拍摄，并记录下当时设备的状态（开关状态、屏幕状态等）。同时绘制犯罪现场图、网络拓扑图[1]。

4. 勘验、检查提取分类实施

一般情况下，在对计算机犯罪或网络犯罪的现场进行勘验、检查、提取时，从提取的对象来分类，一般为诸如计算机、手机、存储介质等实物类提取和针对计算机、手机及各类存储介质内运行的、存储的、传输的数据类提取，分类的方式方法不同，得出的类别也就不同。以下就上述分类中的部分对象，依据实际的操作经验和参照现有的现场勘验、检查提取的相关规程，对其勘验、检查提取的过程进行简述。

（1）对计算机的勘验、检查提取

①对关机状态下的计算机进行勘验、检查提取

a. 对计算机进行编号标注处理。要对犯罪现场中的计算机依次进行编号，编号时要对照计算机依次进行排序标号，且每台计算机的编号都要具有唯一性。同时，要对每台计算机进行必要的标注，注明其所处现场的位置、使用人、系统登陆密码等必要信息。另外，对计算机和其他设备之间的接口和连线等也要进行一对一的唯一性编号。

b. 对计算机进行封存处理。对计算机进行封存时，要确保该计算机在不解除封存措施下无法使用及连接。同时，对封存处要做盖章、签字或按指纹等处理，以确保封存措施的原始状态。

c. 对计算机进行拍照。结合上述"现场情况记录"步骤中的拍照和录像情况，对计算机物证进行细目拍照，拍照的内容要包括计算机的品牌、特有标记、唯一性编号、封存状态等。

d. 实施扣押。解除计算机的各种连接设备和连接线，实施扣押，填写完备各种记录档案。

②对开机状态下的计算机进行勘验、检查提取

a. 对计算机进行编号标注处理。具体实施过程，可按照关机状态下的操作进行实施。

b. 提取计算机易失性数据。易失性数据一般是指在电脑关机或改变状态后消失、毁灭或改变的数据。对易失性数据采取的提取固定方式一般有相机拍照、直接录像、屏幕抓屏、软件提取、打印等。提取的内容一般包含但不限于：屏幕上正在编辑或浏览的文档内容；正在浏览的网页信息，网页上用户

---

[1] 参见《深圳市公安局电子物证现场勘验检查程序规定》（深公刑通〔2015〕8号）第10条提取步骤中第1款的描述。

名、个人资料信息、QQ、微信等联网内容；当前网络连接状态，此时上网的IP地址、MAC地址；正在运行的程序；正在登录的数据库、数据库登录密码等，对密码要验证并记录；计算机内存中的内容；系统时间、日期和时区信息；网页或正在编辑的文档内容较多时，要采用多次拍照、抓屏的办法固定。在提取之前要注意计算机的运行状态和屏保问题，假如是正常运行的计算机则直接提取；而待机等状态下的计算机，要采用敲击方向键或轻晃鼠标的方式唤醒计算机；如有屏保及屏保密码，则最好现场得到密码并记录验证密码，在解除密码后进行提取操作，如无法得到密码则直接关机，关机后按照关机状态下的计算机进行后续操作。提取和形成的数据要保存在有唯一性编号的专用存储介质中，完成后对该介质要进行封存。

c. 对计算机进行查看浏览。查看浏览的对象包括但不限于：计算机的硬盘分区情况；文件存储情况；最近文档浏览；最近上网浏览记录、收藏夹等；有无密码保护的数据，若有则尽量获取到密码并记录和验证密码，并对加密的相关情况做仔细的记录，如无法获取则根据情况而定是现场解密或是直接提取后再进行解密等；计算机及其安装的各类应用软件、浏览器、管理关键等有无破坏或销毁数据的可能，如有可能则尽量消除这一可能。这一操作中要特别注意做到以下几点：操作的过程要全程录像记录；操作时要以不改动所看对象的原有状态为原则；操作后，所做的操作要体现在现场勘查的相关记录中。

d. 对计算机进行关机处理。如直接切断电源不会对数据造成损坏的，则可直接切断电源；如切断电源会导致数据损坏，则应按照正常步骤进行关机。

e. 对计算机进行封存处理。按照上述关机状态下的计算机封存处理要求进行操作。

f. 对计算机进行拍照。按照上述关机状态下的对计算机进行拍照的要求进行操作。

g. 实施扣押。解除计算机的各种连接设备和连接线，实施扣押，填写完备各种记录档案。

（2）对手机的勘验、检查提取

①对关机状态下的手机进行勘验、检查提取

a. 对手机进行编号标注处理。要对犯罪现场手机依次进行排序编号、且每部手机的编号都要具有唯一性。同时，要对每部手机进行必要的标注，注明其所处现场的位置、使用人。另外，对每部手机相连接的设备、数据线、电源线等也要进行一对一的唯一性编号。

b. 对手机进行密码事项确认。通过询问现场犯罪嫌疑人或现场搜查等方式，确认手机有无开机、屏保、系统登陆密码，即时通讯、购物、地图导航、运动记录、交通工具等多种常用 APP 的用户名及密码等，并将结果对应手机注明在上一步骤的标注中。

c. 对手机进行封存处理。对手机进行封存时，要确保该手机在不解除封存措施下无法使用及连接。同时，对封存处要做盖章、签字或按指纹等处理，以确保封存措施的原始状态。

d. 对手机进行拍照。结合上述"现场情况记录"步骤中的拍照和录像情况，对手机物证进行细目拍照，拍照的内容要包括手机的品牌、外观特征及参数、唯一性编号、封存状态等。

e. 实施扣押。解除手机的各种连接设备和连接线，实施扣押，填写完备各种记录档案。

②对开机状态下的手机进行勘验、检查提取

一般情况下，对开机状态下的手机直接采取实物扣押的处理，大致步骤如下：

a. 信号屏蔽处理。利用手机信号屏蔽设备对手机进行信号屏蔽或干扰，隔绝犯罪现场手机与外界的通讯联系，案件特殊的情况下，可视情况而定对有需要的手机做保持通讯联系的处理。

b. 对手机进行编号标注处理。按照关机状态下对手机进行编号标注的要求进行处理。

c. 对手机进行密码事项确认。按照上述手机关闭状态下的密码事项确认要求进行操作，不同的是也可以通过对手机进行实际查看的方式进行确认，但不许确保实际查看的操作对手机的状态无改动，并且要对查看操作进行录像记录。对该步骤中涉及到的密码要验证并记录。

d. 对手机进行封存处理。做封存处理前，要完成几项准备工作：首先，要视情况而定对各类密码是否进行解除的操作，如果解除密码，则操作过程要有录像记录并将操作过程形成文字记录在案；其次，要关闭手机的各种通讯功能；第三，要根据实际需要对手机做出是否关机的决定，如需开机时，则要注意保证其电源的供应。在对手机进行封存时，要确保该手机在不解除封存措施下无法使用及连接。同时，对封存处要做盖章、签字或按指纹等处理，以确保封存措施的原始状态。

e. 对手机进行拍照。按照关机状态下的手机拍照要求进行处理，如是需要保持开机状态的手机，要注意拍照固定其开机状态和电源供应状态。

f. 实施扣押。解除手机的各种连接设备和连接线，实施扣押，切记要将手机放置在手机屏蔽箱或手机屏蔽袋中，填写完备各种记录档案。

特殊情况下，需要现场对手机进行信息查看或信息提取操作的。要使用信号屏蔽设备，确认信号已屏蔽的情况下，对手机进行信息浏览查看，查看的操作过程要进行实时的录像记录，事后要将操作记录在案；或者使用屏幕拍照提取、使用手机分析软件或手机取证设备提取等方式进行信息提取，提取到的数据要做哈希计算，并将数据及其哈希值存储在有唯一性编号的专用存储介质中，事后要对专用存储介质进行封存处理，操作过程也要全程录像记录、事后将操作记录在案。

（3）远程勘验[1]

远程勘验是通过网络对远程目标系统进行勘验检查提取，主要记录目标系统状态信息、目标网站内容以及勘验过程中生成的其他电子数据。大致操作流程如下：

a. 对提取操作的现场环境、使用设备进行拍照或录像。如条件允许的情况下，最好在开始的准备和以下的操作中做同步的声音录制。

b. 根据案情分析或线索等，确认目标系统的域名及其对应的 IP，以及所必须的用户名及登陆密码。必要的情况下可让犯罪嫌疑人在场进行协助，但要在录音录像中有实时记录，且要对嫌疑人进行面部处理和声音处理。

c. 登陆目标系统，浏览查看目标系统同案件相关的网站、网页、邮件、文件等数据内容，并采取屏幕拍照、屏幕截取、录像、数据下载等方式将数据固定下来，全程操作要有录像记录，对形成的所有数据要进行哈希计算，并将提取的数据及其哈希校验值保存在有唯一性编号的专用存储介质中，最后封存专用存储介质。

d. 形成完成记录。对上述操作过程中的操作现场环境、远程勘验实施地点、使用设备、目标系统位置、登陆目标系统的过程、浏览查看信息的过程、提取数据的方式及过程、提取到的数据及其哈希校验过程和结果、提取数据的源路径和提取后保存的路径、实施远程勘验时目标系统的时间和北京时间等要形成文字记录，制作成完备的远程勘验记录。

针对一些特殊情况，比如网络监听获取特定主机通信内容以提取电子证据时，应当遵循与远程勘验相同的规定。再比如使用窃听、照相、录影等方法进行监视、记录有关的犯罪活动。这首先要求要在保密的情况下复制所有的信息

---

[1] 参见《计算机犯罪现场勘验与电子证据检查规则》（公信安〔2005〕161号）第五章。

资料，以避免证据的毁灭；其次可通过分析计算机内部数据和信息的变化来掌握犯罪活动的情况，以发现新的证据。除了可以保护、发现证据之外，这种方法还能起到保护被害人经济利益不受侵害的作用。采用这一方法提取电子证据时，应当遵循与远程勘验相同的规定。

（4）对计算机中数据的勘验、检查提取①

对计算机犯罪或网络犯罪现场计算机中的数据，一般不采取现场勘验提取的方式，主要是因为现场操作条件有限、数据获取设备本身的运行速度等因素会导致操作时间过长，影响现场勘验、检查的效率。但随着数据提取设备的进步，以及案件的实际需要，如现场计算机无法实施扣押等，在现场提取计算机数据的需求不断增大。对现场提取数据，一般采用全部提取的方式，特殊情况下，如数据量过大或全部提取不便时，则采用部分提取的方式。

①全部数据的提取

a. 对计算机进行编号标注处理。对计算机的编号标注处理，仍旧采用上述实物提取计算机时对其进行的编号标注处理要求。

b. 关机状态下或允许关机的情况下，对计算机的硬盘进行保全备份。应首先确认关机，拆卸出计算机硬盘，通过只读设备将硬盘连接保全备份或克隆复制设备，按照正确的操作要求进行备份或克隆，所复制的存储介质要是有唯一性编号的专用存储介质，并计算、比对和记录原有数据或介质和备份数据或介质的哈希值。

c. 在已经开机状态下或不允许关机的情况下，对计算机硬盘进行保全备份。在开机的情况，一般不允许直接在线操作备份数据，除非案件情况紧急，不实施备份操作会有严重后果，或是在线分析不影响重要数据的完整性和真实性。实际操作中，应使用在线取证软件将数据完全备份或克隆复制到有唯一性编号的专用存储介质中，并计算、比对和记录原有数据或介质和备份数据或介质的哈希值。

d. 对整个操作过程进行拍照和全程录像记录，操作完成后对专用存储介质进行封存，填写完备各种记录档案。

②部分数据的提取

对计算机进行部分数据的提取时，整个操作过程、条件和要求按照全部数据提取的情况进行，只是在保全备份步骤中有所区别。在关机状态或允许关机情况下，应将硬盘通过只读设备连接便携式计算机，利用综合分析软件、数据

---

① 参见公信安〔2005〕161号文件《计算机犯罪现场勘验与电子证据检查规则》和深公刑通〔2015〕8号文件《深圳市公安局电子物证现场勘验检查程序规定》中相关描述。

恢复软件、数据解密软件、专用数据浏览软件、便携式计算机的资源管理器等进行数据搜索操作,根据案件需要,提取相应的数据。在开机状态或不允许关机的情况下,仍旧采用在线分析软件分析计算机硬盘,找到目标数据,对其进行备份或复制操作。

(5) 封存的注意事项

①采用的封存方法应当保证在不解除封存状态的情况下,无法使用被封存的存储媒介和启动或连接被封存电子设备。

②封存前后应当拍摄被封存电子设备和存储媒介的照片,照片应当从各个角度反映设备封存前后的状况,清晰反映封口或张贴封条处的状况。

(6) 制作记录的注意事项

①操作步骤必须详细记录。

②应记录物证的唯一性编号、物证名称、物证型号及特征、物证所处的空间位置、专用存储介质唯一性编号、数据在专用存储介质中的存储路径、数据在物证设备中的存储路径、提取数据使用的软件和设备、提取数据的哈希值等。

③物证及数据提取人员应在记录上签字并注明提取日期。若使用计算机进行记录时,应将现场记录文件打印后再进行签字。同时,要有见证人签字。另外,如果现场中有犯罪嫌疑人协助时,犯罪嫌疑人要对其帮助内容的记录进行确认并签字,同时要注明是在其自身愿意、无胁迫威胁等状态下提供的帮助。

④在上述步骤中,针对计算机、手机等物证和数据进行的操作,都要有详细的物证状态记录、操作过程详细记录、原始物证的状态及改动情况详细记录、提取数据过程及校验的详细记录、各种操作中的照录像完整记录等,最后这些记录还要汇总成完成的现场勘验检查和提取记录等,如《现场勘验检查笔录》。具体记录格式和内容可参照《公安部刑事案件现场勘查规则》(公通字〔2005〕54号) 和公安部网监局《计算机犯罪现场勘验与电子证据检查规则》(公信安〔2005〕161号) 等对记录格式、内容和表格的具体要求。

(7) 现场勘查、检验提取操作中应注意的事项

①现场勘验、检查过程应注意与痕迹、法医、照相、录像专业的协作,避免对现场环境和物证造成破坏和毁损,一般情况下,要先提取诸如痕迹、DNA生物检材、微量物证检材等,再进行电子物证及数据的提取,但具体也要视实际情况而定。

②远程勘验在线提取数据、服务器等专用设备的勘验提取、网络结构复杂的现场勘验、疑难复杂案件的勘验提取等情况,一般要指派或聘请专业人员完成。

③激活屏保时，应采用轻移动鼠标或轻按键盘方向键的方法。在提取易失性数据之前，不应关闭已打开的电子设备，有屏保密码且无法解除的除外。应立即终止操作系统正在进行的整理硬盘、格式化硬盘、删除文件、重装系统、批量拷贝信息、批量下载信息、杀毒、系统升级等操作，但要有记录。

④不应将非接触式智能卡放置在智能卡读写器附近。现场对计算机和手机的处理一定要注意做到杜绝犯罪嫌疑人对其进行操作，屏蔽手机的信号。

⑤应将电子物证设备配套的数据线、驱动光盘、软件或设备说明书等一并提取。

⑥宜首选实物提取，数据提取宜全部提取，尽量慎重采取现场数据提取操作，尤其是开机状态或不允许关机情况下的数据提取。现场提取的电子数据均应保存于有唯一性编号的专用的存储介质中，并记录提取数据的哈希值，数据保存完毕后对专用存储介质要做封存。

⑦需现场浏览计算机物证设备信息时，应使用在线取证软件、仿真设备（或仿真软件），尽量保证原有证据无改动，如若改动则要进行完整的记录。

⑧对于提取的电子物证要做好防水、防磁、防静电和防震保护，对手机物证还要做到屏蔽信号的处理。

5. 电子物证相关的其他物证提取

对计算机犯罪或网络犯罪现场中各类有可能包含电子数据信息的设备都要检查，和案件相关的要尽量全部提取。上述设备包括且不限于：计算机外部存储介质，如移动硬盘、光盘、U盘、MP3、MP4、各种存储卡等，特殊存储介质还要找到其配套的读取设备和说明书；数码相机、数码摄像机、数码录音笔等数码设备；各类输出设备，如打印机等；各类网络设备，如路由器等；移动电话和PDA；上机记录、工作日志、各种打印结果等。以上设备的勘验提取，要参照上一步骤"勘验、检查提取分类实施"所描述，进行规范的固定、提取和记录。

6. 现场调查访问

现场调查访问主要是指询问相关人员。询问是指侦查人员以查明案件事实、收集证据、揭露和证实犯罪为目的，采取公开或秘密的方式，就与案件有关的人、事、物等向有关人员和知情群众进行调查的一项专门活动。询问又称为调查访问，是侦查工作中最基本、最常用的措施之一。

对有关人员进行询问是发现嫌疑线索的主要途径。主要包括以下几个方面：案发前的反常情况；可能与案件有因果关系的情况；案发时的特殊情况；案发后的反常情况；包括设备运行状态、用户名口令、储存数据的硬盘位置、文件目录、做过哪些操作等可能与犯罪活动有关的情况。

需要特别注意的是，计算机犯罪案件中嫌疑人很有可能是受害单位内部人员，因为他们对于单位的规章制度了如指掌，对与犯罪行为相关的技术环节相当熟知，同时又具备工作中的便利条件，作案的可能性很大。因此在询问过程中要特别注意对于受害单位内部人员的调查。

四、电子证据的检验鉴定

对计算机犯罪或网络犯罪进行的现场勘验、检查和提取，能及时有效地发现和固定线索或证据，为案件的侦破和诉讼提供有效的支持。但现场勘验、检查和提取的操作容易受到实际情况的限制，如操作时间有限，现场中能提供的分析功能有限，诸如数据恢复、数据综合分析和数据解密等复杂操作在现场勘验时无法进行。为了能尽量完善地从提取到的电子物证和电子数据中得到线索和证据，还要对这些物证和数据进行实验室的电子证据检验鉴定工作，与此同时，还能将证据以更具有完整性、法律有效性的形式展现。

（一）电子证据的检验鉴定规则

电子物证的检验鉴定规则主要包括案件的受理、送检材料和物证的保存及处理、鉴定过程、鉴定文书的制定。目前，在公安领域，鉴定规则主要参照公安部下发的公通字〔2017〕6号文件，即《公安机关鉴定规则》和鉴定文书式样，其次则参照送检的鉴定机构所遵照的公安部关于实验室资质的管理或国家标准委员会对实验室资格认定管理的相关规定。

其中，鉴定机构是指根据《公安机关鉴定机构登记管理办法》，经公安机关登记管理部门核准登记，取得鉴定机构资格证书并开展鉴定工作的机构，同时，鉴定人是指根据《公安机关鉴定人登记管理办法》，经公安机关登记管理部门核准登记，取得鉴定人资格证书并从事鉴定工作的专业技术人员。

（二）电子证据的检验鉴定的业务范围和设备

目前，电子证据的检验鉴定的业务范围包含但不限于：数据的搜索、固定和提取；文件时间属性检验；注册表分析；数据恢复检验，主要针对被系统删除、格式化、破坏、修改、伪造等操作的数据；存储介质物理损坏下的数据恢复，这一业务难度较高，只有少数实验室可以检验，可以求助或聘请专业技术机构或技术人员进行操作；与网络有关的电子物证检验，如浏览器使用记录的检验、网络即时通讯工具使用记录的检验、上网用户账号密码的检验、电子邮件的检验、IP地址的检验等；软件功能检验；软件一致性检验；文件一致性检验；文件解密检验；数码照片属性检验；关键字检验；计算机控制的外围设备的检验；网络设备的检验；手机电子数据证据的检验；其他电子设备中电子物证的检验等。

电子物证检验鉴定的设备主要分为硬件设备和软件。硬件设备包括但不限于：电子物证检验工作站、电子物证检验鉴定综合分析平台或系统、手机取证设备、仿真设备、克隆机、复制拷贝机、只读设备等、专用恢复设备、分布式密码破解设备。软件包括但不限于：综合取证分析软件（如 FTK、美亚取证大师、EnCase、X – Way 等）、手机取证分析软件、数据恢复软件、专用数据浏览软件、数据解密软件、仿真软件、哈希校验类软件等。现在电子物证检验鉴定的软硬件设备的品牌、种类和型号极其繁多，不同的公司都有各自代理或自主研发的设备，在此无法列举，具体选择或使用时可采取以实际需求为出发点，直接在市场考察相应设备或筛选相应设备供应商和技术服务公司，并由他们负责软硬件设备的提供。

（三）电子证据的检验鉴定的标准

现阶段，电子证据的检验鉴定的标准还未形成有效的统一，多个部门和行业都有各自的标准，但其内容基本相通。其中，公安刑侦部门采用的是公安部物证鉴定中心参与并主导制定的标准，主要有以下几个标准：GB/T29362 – 2012《电子物证数据搜索检验规程》、GB/T29360 – 2012《电子物证数据恢复检验规程》、GA/T 1069 – 2013《法庭科学电子物证手机检验技术规范》、GA/T 827 – 2009《电子物证文件一致性检验技术规范》、GA/T 828 – 2009《电子物证软件功能检验技术规范》、GA/T 829 – 2009《电子物证软件一致性检验技术规范》。

第十二章　金融犯罪案件侦查

2014年上线的"e租宝"p2p融资平台曾快速跻身行业前列，2015年，公安部门和金融监管部门发现"e租宝"经营存在异常，随即展开调查，证实该公司利用"假项目、假三方、假担保"进行非法集资活动：首先通过收买企业或注册空壳公司虚构交易主体，而后虚构融资租赁项目，并以高额利息、虚假担保等方式吸引用户投资。案发时的非法集资额已达人民币500多亿元，其中有部分资金被嫌疑人用于个人挥霍、维持公司运行成本、投资不良债权及广告炒作等。2016年底，该案的主要犯罪嫌疑人丁某等被以"集资诈骗罪"和"非法吸收公众存款罪"提起公诉。

第一节　金融犯罪案件概述

一、金融相关概念简介

（一）金融与金融工具

简单来说，金融就是资金的融通，是指一切与货币的流通和信用有关的经济活动的总称，具体可概括为货币的发行与回笼、存款的吸收与付出、贷款的发放与回收、金银与外汇买卖、有价证券的发行与转让、保险、信托、货币结算等业务。这些债券、股票、基金和保险等融资工具在对社会资金进行配置的同时，也被利用为谋取不当利益的工具，近半个世纪以来，金融市场成为犯罪案件的高发领域，而且，随着网络金融业务的发展，网络金融犯罪的态势也日益严峻。

（二）金融机构

金融机构作为专门从事货币信用活动的中介组织，是现代社会金融活动的重要主体，我国的金融机构，按其地位和功能可分为四大类。

第一类是中央银行，也就是我国的中国人民银行，它是发行的银行，其重要职能之一是代表国家发行货币；此外，它还是国家的银行、银行的银行，是国务院管理全国金融业的主管机关，负责起草有关法律和行政法规、依法制定和执行货币政策，监督管理银行间各类市场，组织协调国家反洗钱工作，等等。

第二类是银行，包括政策性银行、商业银行和投资银行等。其中商业银行经营存贷款业务、票证业务等，是金融活动的重要参与者，而且为了适应激烈的市场竞争，各商业银行在不同阶段的风险控制程度、业务侧重点有所区别，这也与金融犯罪的动向相关。

第三类是非银行金融机构，主要包括保险公司、证券公司、财务公司等，这些机构提供股票、债券、基金、保险等资金融通方式，目前已经成为人们普遍认可的融资渠道①，相对传统存贷业务而言，这些机构提供的金融工具市场化程度更高，加之我国目前各类证券、期货和保险制度的不完善，该领域内的金融案件时有发生。

第四类是外资机构，是指在境内开办的外资、侨资和中外合资金融机构等。

(三) 金融监管机构

除中国人民银行外，我国还有其他进行金融市场监管的国家机构，典型的如银监会、证监会和保监会，它们与人民银行俗称"一行三会"，行使着重要的金融监管职能。中国人民银行设立反洗钱局和中国反洗钱监测分析中心，负责洗钱交易的研判和调查。银监会及其下设机构负责统一监督管理银行、金融资产管理公司、信托投资公司以及其他存款类金融机构，其内部还设置了应对非法集资的"处置非法集资办公室"；保监会及其下设机构负责统一监督和管理保险市场；证监会及其下设机构是全国证券期货市场的主管部门，对全国证券、期货业进行集中统一监管，大量证券、期货犯罪案件都是由其内设部门最先发现并调查。另外，还有国家外汇管理局，其负责外汇管理，对外汇收支、买卖、借贷、转移以及国际间的结算、外汇汇率和外汇市场等实行管制措施。上述行政机构负责金融市场的监管，从宏观政策和具体监管措施等各方面影响着金融犯罪的犯罪方法和发展趋势，同时在金融犯罪的查处中起到重要作用。

二、金融犯罪的分类

金融犯罪属经济犯罪，因为涉及金融领域，且犯罪行为指向的社会关系均为国家金融管理制度和金融秩序，因而在理论上称之为"金融犯罪"。简单定义，金融犯罪是指依法应当受到刑事处罚的破坏金融管理秩序的行为，主要包括《刑法》分则第三章中的"破坏金融管理秩序罪"和"金融诈骗罪"。②

---

① 以证券市场为例，截至 2017 年 6 月 16 日，我国沪深两市共有 A 股自然人账户 12514.46 万户，B 股账户 238.82 万户。

② 曲新久：《金融与金融犯罪》，中信出版社 2003 年版，第 62 页。

破坏金融管理秩序犯罪大致可作如下归类：

1. 危害货币管理制度犯罪。这类犯罪主要包括伪造货币罪，出售、购买、运输假币罪，金融工作人员购买假币、以假币换取货币罪，持有、使用假币罪，变造货币罪。

2. 危害金融机构设立管理制度犯罪。这类犯罪主要包括擅自设立金融机构罪，伪造、变造、转让金融机构经营许可证、批准文件罪。

3. 危害金融机构存贷管理制度犯罪。这类犯罪主要包括高利转贷罪，骗取贷款、票据承兑、金融票证罪，非法吸收公众存款罪，违法发放贷款罪，吸收客户资金不入账罪。

4. 危害金融票证、有价证券管理制度犯罪。这类犯罪主要包括伪造、变造金融票证罪，伪造、变造国家有价证券罪，伪造、变造股票、公司、企业债券罪，擅自发行股票、公司、企业债券罪。

5. 危害信用卡管理制度犯罪。这类犯罪主要包括妨害信用卡管理罪，窃取、收买、非法提供信用卡信息罪，违法出具金融票证罪，对违法票据承兑、付款、保证罪。

6. 危害证券、期货市场管理制度、破坏金融管理秩序犯罪。这类犯罪主要包括内幕交易、泄露内幕信息罪，编造并传播证券、期货交易虚假信息罪，诱骗投资者买卖证券、期货合约罪，操纵证券、期货市场罪。

7. 危害客户、公众资金管理制度犯罪。这类犯罪主要包括背信运用受托财产罪，违法运用资金罪。

8. 危害外汇管理制度犯罪。这类犯罪主要包括逃汇罪，骗购外汇罪。

9. 其他危害金融业务经营管理制度犯罪。目前这类犯罪只有洗钱罪。

金融诈骗罪主要包括集资诈骗罪、贷款诈骗罪、票据诈骗罪、金融凭证诈骗罪、信用证诈骗罪、信用卡诈骗罪、有价证券诈骗罪、保险诈骗罪八类。

三、金融犯罪案件的特点

近年来，随着金融市场的发展和网络技术的进步，越来越多的人参与到金融活动中，金融犯罪大要案频发，如 2015 年黑龙江警方破获的利用改装 Pos 机盗刷信用卡的信用卡诈骗案，2016 年"私募一哥"徐翔的操纵证券市场案，还有遍布全国的非法集资案等，从近几年的刑法修正案来看，有关金融犯罪的规定也占了很大比例[①]。金融犯罪呈现出数量上升、涉案金额大、诈骗案件比

[①] 《刑法修正案（五）》对信用卡诈骗犯罪，《刑法修正案（六）》对违法发放贷款犯罪、洗钱犯罪，《刑法修正案（七）》对"老鼠仓"犯罪进行了修订。

例增加、金融机构内部人员参与多、涉众型犯罪成为典型、危害后果进一步延伸等态势，这种现状影响着侦查工作的难点和重点，下述金融犯罪的本质特征也影响着侦查活动的整体对策和具体措施。

(一) 犯罪方法的专业性

金融犯罪破坏了正常的金融秩序，能达到这个目的，首先需要行为人对专业的金融产品、金融交易行为和相关的金融法规有较多的了解。实践中，犯罪人往往具有丰富的金融专业知识，甚至具备长期从事相关金融业务的经验，他们利用自己的职业、专长在熟悉的领域实施犯罪。

除了业务知识的专业性，金融犯罪的科技化、网络化和智能化程度也在不断提高，利用网络进行的金融犯罪已达到相当比例，近些年公安部发布的"十大网络犯罪案件"中都包含与金融犯罪相关的案件[①]。专业性的犯罪特点同时意味着金融犯罪具有很大的隐蔽性，犯罪者具有专业知识，作案时就会尽量隐蔽，证据留存少、发案期长，有时还采取一定的反侦查措施，使得案件既难以发现，又难以查证。

(二) 案件性质的复杂性

与其他经济犯罪一样，金融犯罪也具有民刑交叉等定性难的问题，有时在罪与非罪、此罪与彼罪之间难以判断。例如一些诚邀各地经销商加盟但最后导致加盟者血本无归的项目，有时很难证明嫌疑人主观方面是否有"非法占有的目的"，因而也难以界定是一般的商业合作失败，还是合同诈骗，抑或是集资诈骗。"吴英"案中，嫌疑人最初因涉嫌"非法吸收公众存款罪"被逮捕，辩方认为是民间借贷纠纷，做无罪辩护，最终被告人因"集资诈骗罪"被判刑，这个案件涉及到民事纠纷、非法吸收公众存款罪和集资诈骗罪的定性分歧，引起了社会各界的广泛关注。

案件性质的复杂性，还包括金融犯罪的行政违法性导致的行刑交叉问题。金融犯罪所侵害的金融市场秩序由多个部门法共同调整，金融犯罪在触犯刑法的同时也违反了证券交易制度、银行管理规范等多种经济和行政法规，这就涉及到相关的金融监管部门的职责，而且，实践中很多金融犯罪是由这些监管部门先行发现线索、调查取证、进行行政处罚并最终移送至经侦部门的，可见这些行政部门对很多案件的定性和处罚起到了至关重要的作用，虽然刑法规定了比较明确的起刑点，但鉴于金融交易复杂性等原因，也会形成 行刑交叉界定模糊性的问题，存在着以罚代刑现象。如近几年案发较多的虚拟货币交易案

---

① 主要包括信用卡诈骗、非法集资和洗钱等犯罪类型。

件，金融监管机关需要界定这些虚拟货币的性质，是金融产品、商品抑或只是进行诈骗传销的工具，交易主体涉嫌违规操作、非法经营抑或是非法集资等。

（三）与其他犯罪的关联性

金融犯罪的发现和侦破常常与其他犯罪联系在一起，金融犯罪是有关"钱"的犯罪，必然与权钱交易的职务犯罪、得到非法利益的其他犯罪相联系。例如，洗钱，首先是要存在非法收入来源的上游犯罪，所以一旦走私、毒品等犯罪被查处，就会涉及到赃款的去向问题，进而牵出洗钱犯罪案件。金融犯罪的专业性又决定着金融犯罪查处过程中可能会牵扯到金融机构工作人员的职务犯罪，如四川成都华夏银行成都分行蜀汉支行1.4亿金融凭证诈骗案，犯罪嫌疑人以从公司游说拉款—到银行（或上门）办理开户手续—途中偷（换）印鉴—找人伪造印鉴—从银行非法转款的方式进行金融诈骗，涉及诈骗金额高达2.4亿元，涉嫌票据诈骗罪、金融凭证诈骗罪、洗钱罪、虚报注册资本罪、伪造公司印章罪、对非国家工作人员行贿罪等多项罪名。

（四）地域的广泛性

金融犯罪案件的活动范围大多突破了地域限制，无论是沿海发达地区或中心城市，还是内陆欠发达地区或偏远乡村，都会发生各种金融犯罪案件，跨省、涉港澳台或涉外犯罪所占比重也逐步增加。例如，很多信用卡诈骗案件的犯罪嫌疑人流窜全国作案，涉众型犯罪的被害人也常常遍布全国各地，网络洗钱的服务器终端甚至放在国外，这种地域广泛性的特点给侦查工作造成了困难，对跨地区和国家的侦查协作提出了更高要求。

（五）犯罪的有组织性

由于很多金融业务需经过复杂、严格的办理手续和审批程序，金融犯罪由一个人难以完成，就会常常出现有组织、有预谋的团伙犯罪，如在洗钱犯罪、外汇犯罪和集资诈骗案件中，往往是多人协作，形成有计划、有组织的犯罪团伙，他们配合密切，方法巧妙，成功率高，造成的金融损失也大。

（六）犯罪的信息网络化

金融犯罪的科技化、网络化程度正在不断提高，就金融交易工具本身的网络属性而言，可以说网络金融犯罪是具有典型意义的一类网络犯罪。从金融犯罪与网络结合程度来看，可把网络金融犯罪大致分成两类，一类是利用网络进行的传统犯罪，犯罪方法并非以网络使用为前提，如利用网站、论坛和微信等工具散布各类非法集资信息，网络的主要功能是进行高速的信息传播，其本质还是传统的金融犯罪；另一类是网络与金融犯罪结合程度较高的犯罪，如利用网银、第三方支付等网络支付工具进行的信用卡诈骗、洗钱、非法买卖外汇等行为，还有已然交易工具网络化的证券、期货等操作，再比如利用 p2p 融资、虚拟货币、微商等进行的集资诈骗和传销等犯罪，本身就建立在网络工具基础上，更是离不开网络。①

第二节 金融犯罪案件侦查概述

一、金融犯罪案件侦查的特点

（一）侦查专业性强

金融犯罪的专业性决定了其侦查活动必须具有专业性，作为侦查主体，经侦人员需要知悉相关的金融知识和业务流程，了解犯罪方法，这对发现案件线索、进行侦查取证、讯问犯罪嫌疑人等至关重要，否则很容易使侦查工作陷入被动。

（二）侦查干扰多

金融犯罪嫌疑人知悉业务流程，且多具有较高的文化素质和专业素质，能够利用现代化的金融工具作案，作案专业快捷而且不会留下过多的证据，给侦查工作带来困难。从近年来查处的"地下钱庄"案件中可以发现，作案者基本都是选择隐蔽地点、安装监控设备、利用网络银行和电子商务进行转账，具有极高的反侦查能力；此外，很多金融犯罪嫌疑人都是在本职工作上作案，可以在侦查工作展开时故意设置障碍甚至是销毁证据，给侦查活动增加了难度，如"老鼠仓"案件、金融工作人员参与的票据诈骗案件等；也有的作案人有较大的活动能力，会借助于各种保护关系干扰侦查工作进行，这在涉及到单位作案时尤为典型。

（三）侦查协作广

如前所述，金融犯罪具有行政违法性，这就决定了其侦查工作不但在案件来源上需要金融监管部门、工商部门等行政机关的配合，在后续的侦查活动中，由于金融犯罪的专业性，也往往需要这些部门及其人员协助定性、查证和收缴赃款。实践中，很多公安机关都与工商部门、金融监管部门建立了信息传递、联席会晤、线索协查等工作机制，以便在案前加强风险分析，案中进行协同控制，案后采取联合行动。行刑协作中还会涉及到案件移送标准、证据转化方式等多种问题，虽然《刑事诉讼法》第 52 条第 2 款规定了"行政机关在行政执法和查办案件过程中收集的物证、书证、视听资料、电子数据等证据材

---

① 刘燕：《金融犯罪侦查热点问题研究》，知识产权出版社 2014 年版，第 124 页。

料,在刑事诉讼中可以作为证据使用",但由于行政调查与刑事侦查取证程序的差异、"行政认定书"的使用惯性等原因,协作上还存在诸多问题。

(四)侦查任务重

金融犯罪给国家和被害人造成了经济损失,所以,除了查证案件事实、调取证据、缉获犯罪嫌疑人这些侦查任务之外,评价一个金融犯罪侦查工作完成如何,还要考虑案件中赃款赃物的追缴情况。一方面,对于这种并非"明火执仗"的犯罪行为,被害人对受损利益补偿的诉求会大于对犯罪嫌疑人予以刑事处罚的诉求,他们的首要愿望是挽回经济损失;另一方面,对于很多犯罪嫌疑人而言,也会在"坦白从宽"和"留着赃款回头花、给子女花"中选择后者。所以,无论是为了被害人和国家利益的补偿、还是有效惩罚作案人,侦查工作都要注意不能只是简单认定犯罪数额,还要及时追缴赃款赃物。

另外,金融犯罪侦查活动的任务除了打击犯罪,还要注意防控制度建设。遏制金融犯罪最有效的手段是预防控制而不是打击,这是各国公认的一个准则,对此,侦查机关要从侦查业务的角度出发,参与对金融犯罪的防范控制。除了通过侦查活动抓获犯罪嫌疑人达到特殊预防的作用,还可以把侦查工作的预防作用体现在以下几个方面:一是各级经侦部门要结合案件侦办工作,总结规律,以便发现金融业务中存在的漏洞和薄弱环节,进而提请相关部门研究和制定预防金融犯罪的措施;二是要针对打击金融犯罪工作面临的新情况,结合相关经济形势和金融政策,加强对金融犯罪基本情况的综合分析,掌握其犯罪特点、犯罪规律及发展趋势,增强工作的预见性和主动性,从而适时调整经侦工作重点,防范和控制经济犯罪;三是要加强金融犯罪的宣传力度,告知公众常见的犯罪手法,防止其受骗上当。

二、金融犯罪的案件来源

金融犯罪的案件来源在被害人控告、知情人举报、其他部门移送等方面有其自身特点,又因为大量的交易数据和网络金融犯罪而产生了借助网络数据分析的案件来源。

(一)被害人或被害单位控告

从前文对金融犯罪的分类可以看出,洗钱、内幕交易等犯罪类型并没有直接的受害人,控告主要是金融诈骗类犯罪的案件来源。对于诈骗类案件,被害人或被害单位在报案时常常能提供较为详细的案发经过、涉案金额、钱款去向和嫌疑人身份等信息,有利于快速掌握案情和采取初步的侦查活动。但在某些情况下,被害人或被害单位为了能够引起经侦部门的重视,也会夸大其被害事实,甚至会把经济纠纷巧妙地说成贷款诈骗、集资诈骗案件,以期公安机关的介入,也有时报案者会故意隐瞒自身的某些失误或者业务操作不当等情节推卸责任,对于这些情况,侦查人员需要仔细甄别。

(二) 金融监管、工商等部门的移送

金融犯罪往往是金融行政违法的递进和演化,金融监管部门在日常工作中会发现金融违法行为,如确认其已构成刑事犯罪,应当移交给侦查部门,尤其是对于一些证券犯罪、外汇犯罪、洗钱犯罪等没有明确被害人的案件,这更是一种重要的案件来源。在工商部门对公司、企业进行登记管理的过程中,有时也会从资金来源、经营项目等方面发现贷款诈骗、非法发行证券等金融犯罪。

(三) 破案带发

侦查机关在侦破走私等经济犯罪或毒品、职务犯罪等刑事犯罪案件时,会牵带发现信用证诈骗、洗钱犯罪、外汇犯罪等金融犯罪案件的线索,对于隐蔽性很强的金融犯罪而言,这类案件在移交时已经有了比较明确的犯罪嫌疑人和初步的侦查线索和证据,也是金融犯罪比较常见的一种案件来源。

(四) 利用网络数据甄别

金融犯罪具有极强的隐蔽性,而且很多没有明确被害人的案件发生了却没有人发现,这就要求侦查机关能够拓宽渠道,主动发现案件线索。网络大数据的应用可以帮助侦查机关实现这个目标,交易数据分析和舆情监督是其中两个典型方法。所谓交易数据分析,主要是因为金融犯罪会留下很多金融交易数据,侦查机关可以通过计算机与人工结合,将各类金融信息、数据进行归纳分类,运用事先设定的指标和程序进行对比、甄别和判断,从大量的金融业务中发现异常,进而筛选出最有可能属于金融犯罪的案件及其嫌疑人。比如,分析价格波动异常的股票判断其是否涉嫌价格操纵,比对理赔信息筛选高频率索赔车辆确定其是否有保险诈骗嫌疑,检测异常交易和大额交易信息判断是否有洗钱行为等。鉴于数据库的存在范围和监管部门职能等因素,目前这类方法主要在银行、保险等金融机构和人民银行、证监会等金融监管机构中用的比较多,以此发现案件线索并移送至侦查机关。随着侦查信息共享平台的建设,经侦部门也要注意这类案件来源的发掘。

舆情监督,这里是指侦查机关通过对网络信息的监督,发现其中金融犯罪嫌疑线索的方法。由于很多作案人利用网络传播非法吸存、非法外汇交易等犯罪信息,侦查部门可以从分析这些公开宣传信息入手,寻找案件来源;还可以通过对炒股bbs论坛、商业加盟网站的监控,辨别其中的犯罪信息。在大力发展侦查信息化的今天,这些主动发现的方法成为金融犯罪侦查中情报信息资料的深化和活用。

三、金融犯罪证据的特点

金融犯罪是一类专业性比较强的案件，侦查中选择侦查途径和取证措施，必须先了解这类案件的证据特点。

(一) 证据具有序列性、对应性和差异性

曾有学者把经济案件的证据进行总结，认为其具有明显的序列性、对应性和差异性的特点[1]。这几个特性是伴随经济业务而来的，金融犯罪证据也具有这些特点。所谓序列性，是因为金融犯罪与一定的金融业务活动紧密相连，它与正常的金融业务相较虽然具有虚假性和欺骗性，但也需按照每一种金融活动的流程、环节和阶段依次衔接进行，在这个过程中就必然会形成一个完整的证据系列，所以说，金融业务的序列性使金融犯罪的证据表现出序列性的特点。另外，与金融业务的特性相关，金融犯罪的证据因为有交易双方和各类金融机构的参与，相关信息会一式多份在多处重复出现，形成一种证据的对应性，如贷款诈骗案中，有贷款的申请和批准、贷款人的收入与支出的对应；与股票有关的案件中，有投资人的买卖记录、证券公司交易记录和证券交易所的交易记录之间的对应；等等。差异性，是指金融犯罪与正常的金融业务相比，会存在一些异常，如非法集资案件中的高收益、洗钱犯罪中不正常的资金流动、操纵股价案中的交易量和交易金额等，这种差异也会表现在金融犯罪的证据上，成为甄别金融犯罪的有效途径。

上述三个方面不仅是对金融案件证据特性的概括，也为金融犯罪侦查取证提供了思路。第一，证据的序列性，提示侦查人员可以依照业务流程进行侦查，收集的证据要能完整地反映资金流向等一笔或几笔金融业务。第二，证据的对应性，为金融犯罪侦查取证提供了多种取证渠道，比如难以从嫌疑人处取得的证据，可以从银行、保险公司等金融机构获取。第三，证据的差异性，提供了发现金融犯罪的方法，因为正常业务与金融犯罪间存在差异，可以从这个角度入手有效发现和证实犯罪，如前述数据分析方法就是以此为基础进行监测筛选的，而且这种差异同时也可以用以证明犯罪。

(二) 书证多且信息隐蔽

除了伪造货币、信用卡等案件外，大多金融犯罪没有一般意义上的犯罪现

---

[1] 戴蓬：《经济犯罪侦查难点和热点问题研究评述》，载《中国人民公安大学学报》2002年第5期。

场，金融犯罪取证的对象通常不是痕迹等物证，而是以合同、票据等文本形式存在的书证，对犯罪事实的证明，多数要靠各类书证完成，其中又有很多是金融机构提供的电子交易书证，这成为金融犯罪侦查中的一个取证特点。

金融犯罪发生在金融领域，除了非法集资类等少数案件与金融机构没有直接联系，其他涉及信用卡、票据、保险、证券等业务均会在金融机构留下完整的交易记录，这些记载金融交易的书证内容真实明确，而且金融机构有协助义务，获得证据的工作相对容易；但另一方面，这类证据信息具有专业性和隐蔽性，获得证据本身并不等于掌握了证据信息的内容。以内幕交易为例，犯罪者在开立账户时通常不会使用自己的名字，侦查人员首先要找出这些隐蔽的账户；确定相关开户名之后，取得了交易记录的相关书证，但书证的内容并非一目了然，需要经过比较专业的分析才能确定交易记录是否与内幕信息有关，进而确定是否可定性为内幕交易。

（三）重视证明主观故意的证据

刑法中的很多罪名，通常只需证据能够证明案件客观方面的事实存在，就可以据此认定犯罪嫌疑人的主观状态，但在金融犯罪案件中，很多罪名的主观方面都要求"非法占有目的""明知"等主观故意，这点往往很难通过客观方面的证据得到明确的认定，所以产生了很多刑民交叉等定性难问题。这就要求在讯问犯罪嫌疑人取得言词证据时，需特别注意收集和固定能证明其主观故意的口供；收集其他证据时，也要注意与主观故意的证明关系。

四、金融犯罪案件的侦查途径

结合金融犯罪和金融犯罪证据的特点，侦查中常见的侦查途径很多，应根据案件情况具体进行选择，下面介绍几种主要的侦查途径。

（一）从经济业务流程入手，开展侦查

这是适用于经济犯罪的比较特殊的一种侦查途径。经济业务、金融业务遵循一定的流程循序进行，金融犯罪虽然是一种违法的金融业务活动，但也会经历上述流程，即前述的序列性特征。所以在金融犯罪案件的侦查中，可以依照金融犯罪的流程来开展侦查工作、调查取证，以贷款诈骗案件为例，完成这种犯罪，同样要经过正常贷款程序中的贷款申请、核查和批准等手续，侦查工作中可以按照贷款业务流程的相关手续和涉案人员理清办案思路，开展侦查活动。

（二）从控制涉案财物入手，开展侦查

金融犯罪以非法获取经济利益为目的，相关财物的流转既是行为人最关心的事项，也体现了犯罪活动的基本流程，因而从涉案财物入手是一条重要的侦查途径。侦查人员从调查嫌疑人自身及亲友的动产、不动产、银行、证券等资产入手，以物找人、相互印证，有利于查清案件基本情况，同时也为追缴赃款赃物工作奠定基础。

（三）从证据入手，开展侦查

金融犯罪中进行存贷、保险、证券等经济业务不可避免地会在金融机构留下记录资金项目、资金数额等信息的文书，有具体被害人的案件也会在被害人处留有收据、发票、银行回执等证据，可以由此入手分析金融犯罪的参与人员和证据链条，进而开展侦查活动。

（四）从犯罪嫌疑人的身份特征入手，开展侦查

金融犯罪中，部分行为人在作案时与被害人或金融机构工作人员有一定时间的正面交往，因而其人身特征有较充分的暴露，即便有意隐瞒自己的真实身份，如使用假的身份证件或虚假资信证明等，其体貌特征、经营地、联络方式和社会关系等环节仍有一定程度的暴露，为侦查工作从犯罪嫌疑人的身份特征入手提供了可能。

五、金融犯罪案件的取证措施

金融犯罪的具体侦查措施有冻结存款、汇款、股票、基金账户，讯问，询问，搜查，扣押、查询、会计鉴定等，此处从嫌疑人拘控、涉案财物控制和电子取证几个方面进行概括介绍。

（一）犯罪嫌疑人的拘控

金融犯罪的隐蔽性强，案发滞后，而且嫌疑人智能性高，且通常有钱款、路线等出逃准备，导致很多案件在侦查开始时嫌疑人已经携款潜逃至异地乃至境外，这就要求经侦人员在破案前需采取内紧外松的侦查策略和秘密侦查、跟踪监视等侦查措施，尽可能稳住犯罪嫌疑人，防止其隐匿、逃跑和自杀，对已经潜逃的犯罪嫌疑人应综合运用各种查缉措施和侦查技术，尽快拘控。

（二）涉案财物的处置

金融犯罪案件中存在大量的涉案财物，这些财物本身就是证明案件事实的证据，而且对其进行有效控制和追缴也是保护被害人、打击犯罪的重要措施。实践中，涉案财物处置在控制、保管、返还和追缴等环节存在诸多问题，随着人们物权意识的提高，这些问题日益凸显。2015年1月，中共中央办公厅、国务院办公厅印发《关于进一步规范刑事诉讼涉案财物处置工作的意见》，对相关问题做了规定。

针对实践中涉案财物的查封、扣押和冻结措施存在的问题，应重视控制范围的合法性与合理性的问题，不能以侦查活动为名扩大对财物的强制措施范围，要逐渐修正粗糙、随意的办案方法。根据《关于进一步规范刑事诉讼涉案财物处置工作的意见》的规定，不得查封、扣押、冻结与案件无关的财物，减少对涉案单位正常办公、生产、经营等活动的影响[1]；针对保管混乱问题，规定建立办案部门与保管部门、办案人员与保管人员相互制约制度，探索建立跨部门的地方涉案财物集中管理信息平台[2]；针对审前涉案财物处置不规范不及时的情况，提出完善涉案财物先行处置程序，尤其是涉案财物审前返还程序，对权属明确的被害人合法财产应当及时返还[3]。

对于涉案财物，要及时、合理地进行查封、扣押和冻结，并适当采用不同的处置方式。2015年《公安机关涉案财物管理若干规定》第21条规定："对

---

[1] 《关于进一步规范刑事诉讼涉案财物处置工作的意见》第2条规定："规范涉案财物查封、扣押、冻结程序。查封、扣押、冻结涉案财物，应当严格依照法定条件和程序进行。严禁在立案之前查封、扣押、冻结财物。不得查封、扣押、冻结与案件无关的财物。凡查封、扣押、冻结的财物，都应当及时进行审查；经查明确实与案件无关的，应当在三日内予解除、退还，并通知有关当事人。查封、扣押、冻结涉案财物，应当为犯罪嫌疑人、被告人及其所扶养的亲属保留必需的生活费用和物品，减少对涉案单位正常办公、生产、经营等活动的影响。"

[2] 《关于进一步规范刑事诉讼涉案财物处置工作的意见》第3条规定："建立办案部门与保管部门、办案人员与保管人员相互制约制度。涉案财物应当由公安机关、人民检察院、人民法院指定本机关的一个部门或者专职人员统一保管，严禁由办案部门、办案人员自行保管。"第4条规定："规范涉案财物保管制度。对查封、扣押、冻结的财物，均应当制作详细清单。对扣押款项应当逐案设立明细账，在扣押后立即存入扣押机关唯一合规账户。对赃物特别是贵重物品实行分类保管，做到一案一账、一物一卡、账实相符。"第5条规定："探索建立跨部门的地方涉案财物集中管理信息平台。公安机关、人民检察院和人民法院查封、扣押、冻结、处理涉案财物，应当依照相关规定将财物清单及时录入信息平台，实现信息共享，确保涉案财物管理规范、移送顺畅、处置及时。"

[3] 《关于进一步规范刑事诉讼涉案财物处置工作的意见》第6条规定："完善涉案财物审前返还程序。对权属明确的被害人合法财产，凡返还不损害其他被害人或者利害关系人的利益、不影响诉讼正常进行的，公安机关、国家安全机关、人民检察院、人民法院都应当及时返还。"第7条规定："完善涉案财物先行处置程序。对易损毁、灭失、变质等不宜长期保存的物品，易贬值的汽车、船艇等物品，或者市场价格波动大的债券、股票、基金份额等财产，有效期即将届满的汇票、本票、支票等，经权利人同意或者申请，并经县级以上公安机关、国家安全机关、人民检察院或者人民法院主要负责人批准，可以依法出售、变现或者先行变卖、拍卖。所得款项统一存入各单位唯一合规账户。涉案财物先行处置应做到公开、公平。"

于因自身材质原因易损毁、灭失、腐烂、变质而不宜长期保存的食品、药品及其原材料等物品，长期不使用容易导致机械性能下降、价值贬损的车辆、船舶等物品，市场价格波动大的债券、股票、基金份额等财产和有效期即将届满的汇票、本票、支票等，权利人明确的，经其本人书面同意或者申请，并经县级以上公安机关主要负责人批准，可以依法变卖、拍卖，所得款项存入本单位唯一合规账户；其中，对于冻结的债券、股票、基金份额等财产，有对应的银行账户的，应当将变现后的款项继续冻结在对应账户中。"

（三）电子证据的取证

很多金融犯罪尤其是网络金融犯罪，会涉及到电子证据的提取问题。对于此类案件，如果证据收集不全面、不及时，犯罪证据极易遭到破坏，所以要注意电子证据的收集、鉴定和保全工作。具体说来，侦查中要把计算机技术与侦查措施相结合，对计算机现场勘查时注意电子证据载体的收集，并注意电子证据的提取和保全。一般取证方式有打印、拷贝、拍照和摄像、制作司法文书、查封与扣押、公证等；复杂的取证方式有解密、恢复、测试等。[1]

第三节 信用卡诈骗案件的侦查

一、信用卡诈骗案件的特点

（一）信用卡诈骗行为方式

信用卡诈骗，是指以非法占有为目的，利用信用卡进行诈骗活动，骗取公私财物数额较大的行为。其行为方式包括：使用伪造的信用卡、使用作废的信用卡、冒用他人的信用卡和恶意透支，以及使用以虚假的身份证明骗领的信用卡进行诈骗的情形。

1. 使用伪造的信用卡。是指明知是伪造的信用卡而故意使用以骗取他人财物的行为。[2] 所谓"使用"，其实质是诈骗行为，包括用信用卡购买商品、在银行或者自动取款机上支取现金以及接受用信用卡进行支付结算的各种有偿服务，如用信用卡支付交通费、宾馆费、餐饮费、娱乐费等。"伪造的信用卡"在实践中主要包括：模仿真实信用卡的质地、版块、模式及磁条密码等非法制造的信用卡；行为人在未经发卡银行发行给用户正式使用的空白真卡上"再加工"，非法凸印、写磁，输入相关信息。

---

[1] 佟志伟：《论网络金融犯罪及侦查对策》，载《内蒙古大学学报》2007年第4期。
[2] 梁华仁、郭亚：《信用卡诈骗罪若干问题研究》，载《政法论坛》2004年第1期。

2. 使用作废的信用卡。是指明知是作废的信用卡而故意使用以骗取他人财物的行为。所谓"作废的信用卡",是指因法定原因失去效用的信用卡,主要有三种情况:一是信用卡超过有效使用期限而自动失效;二是信用卡持卡人在信用卡有效期内停止使用该卡,将信用卡退回发卡机构并办理退卡手续;三是信用卡因挂失而失效。行为人往往利用从发卡机构确认为废卡应止付时到制成止付名单,再发给特约商户投入检索使用之间存在的"时间差",使用作废的信用卡进行诈骗活动。

3. 冒用他人信用卡。是指非持卡人未经持卡人同意或者授权,擅自以持卡人的名义使用持卡人的信用卡骗取财物的行为。实践中,冒用他人信用卡的行为一般发生在以下情形:拾得他人遗失的信用卡而冒用;利用代为他人保管信用卡之机而冒用;骗取他人的信用卡后冒用;接受非持卡人转手的信用卡冒用等。随着电子商务的发展,冒用他人信用卡已不仅限于"持卡"冒用,行为人非法获得他人的账户密码,从而使用卡号和密码占有他人财物的"无卡冒用"也属于"冒用他人信用卡"。

4. 恶意透支。是指持卡人以非法占有为目的,超过规定限额或者规定期限透支,并且经发卡银行催收后仍不归还,恶意透支数额较大的行为。在实践中,恶意透支的手段主要表现为:合法持卡人在无须发卡银行特别授权的最高金额内,短时间内多次、多地取现或消费,积少成多,造成巨额透支后逃匿;合法持卡人与他人合伙异地恶意透支。

5. 使用以虚假的身份证明骗领的信用卡。是指明知是以虚假的身份证明骗领的信用卡而故意使用。骗领信用卡,是指行为人在办理信用卡申领手续时,采取虚构身份事实、提供虚假的资信证明材料,在信用卡申请材料上作虚假的填写等手段,以虚假的身份证明骗取银行信任领取信用卡的行为。

(二) 信用卡诈骗案件的特点

信用卡诈骗与其他犯罪案件相比,既有共性,也有自己的特点,在侦查过程中,既要参照刑事案件侦查的基本程序,又要针对信用卡诈骗案件的突出特点综合运用各种侦查手段。所以,我们首先从分析信用卡诈骗犯罪的特征入手,然后根据其特征寻找适合于本罪的侦查方法。

1. 以信用卡法律关系作为犯罪的前提

信用卡法律关系,是指信用卡的三方当事人,即发卡行、持卡人和特约商户直接结成的法律上的权利义务关系。其中包括三对关系,发卡行与持卡人之间的法律关系、发卡行与特约商户之间的法律关系、持卡人与特约商户之间的法律关系。无论是使用真实的信用卡恶意透支、冒用,还是使用伪造、作废、骗领的信用卡,都是以信用卡法律关系为前提的,虽然在使用伪造、作废、骗领的信用卡的场合，这种法律关系并非真实存在，但特约商户或发卡行并不知道这种法律关系的虚假性。

2. 具有突击性、连续性、流窜性

信用卡诈骗作案人往往采用在单次限额内消费或取现、逃避银行特别授权的方法，依靠现代化的交通工具，短时间内流窜地连续多次突击作案。

3. 团伙作案性强，具有跨地域性、跨国际性特点

目前国内已发生多起这类案件，作案人采取集团作案，从窃取资料、伪造信用卡到使用假卡盗取资金或消费，以至作案后的销赃形成一条结构严密的犯罪操作流程。现在在国际上已经形成了不少的国际信用卡犯罪集团，利用强大的资金实力和组织能力，在全球范围内进行信用卡诈骗活动，这些国际犯罪集团利用我国信用卡管理制度的漏洞渗透到我国境内作案的问题不容忽视。

4. 运用高科技手段，犯罪智能性强

这在使用伪造的信用卡的场合表现最为明显。近几年出现了作案人利用高科技设备窃取持卡人信用卡资料伪造信用卡的新动向。国际信用卡犯罪集团常使用一种叫做SKIMMING的作案手法。犯罪集团收买商户的服务人员，利用其替客人结帐之际，将客人的信用卡在预先准备好的套料机（SKIMMING）中刷一下，从而拷贝出该信用卡的全部资料，然后将这些非法获取的资料写进假卡，进行诈骗。SKIMMING的体积只有烟盒般大小，却可存储1000张信用卡的资料。这种SKIMMING手法在我国境内也已经出现。还有利用微型摄像器材盗取在ATM机上提款客户的信用卡密码伪造假卡的手法。作案人首先将微型摄像机制作成窃视装置，然后将其安放在ATM机屏幕上方的面板上，以此窃取取款客户密码，再采用造成ATM机吃卡的假故障，把信用卡带回窝点复制假卡或者利用读卡器等设备制造伪卡。警方在捣毁信用卡犯罪团伙时，往往可以查获凸字机、录码机及读卡机等全套磁卡机器，甚至包括最先进的"卡号程式产生器"（CREDITMASTER）电脑软件。据联合信用卡中心介绍，卡号程式产生器（CREDITMASTER）是国际伪造信用卡集团的最新"法宝"。此外，也有作案人充分利用网络环境，制作被伪装成音乐或图片的盗码软件，然后用电子邮件群发，一旦用户打开这个邮件，盗码软件就会自动搜寻其在电脑中曾经使用过的个人情况、密码等重要信息，并自动发送给软件制作人，作案人在获得相关信用卡信息后即进行伪造。在使用作废的信用卡、冒用他人信用卡、恶意透支或骗领信用卡的场合，行为人虽说较少使用高科技设备，但由于有的环节对专门知识要求很高，行为人不具备相关的专业知识是很难作案成功

的,这也体现了犯罪的智能化特征。①

5. 一般有预谋过程

如在使用伪造的或作废的信用卡犯罪前,行为人要先得到伪造的或作废的信用卡,然后制造相关证件,挑选特约商户、作案时间等;在冒用他人信用卡诈骗前,行为人往往会伪造身份证件以备检查,进行踩点,精心挑选作案时间,如趁下班前几分钟,员工急于下班,疏于检查等时机,或挑选责任心不强的员工作为作案对象等;在骗领信用卡后使用的场合,往往需要使用虚假的身份证明、假公文、假印章等,在这之前就可能通过种种途径获取这些假的资料。

二、信用卡诈骗案件的侦查方法

(一) 完善立案机制

立案是侦查的前提。在我国,刑事案件一般由犯罪地或犯罪嫌疑人居住地的公安机关管辖。在侦查实践中,由于信用卡诈骗犯罪具有很强的连续性、流窜性、跨地域性,又往往与其他犯罪交织在一起,所以犯罪地经常会涉及到制卡地、发卡地、犯罪嫌疑人居住地、被害人居住地、取款地、消费地等,而这些地区往往又不是统一的,考虑到调查取证难、移送起诉难、信息掌握有限等因素,各地公安机关不能独立完成案件的侦查,从而导致立案不够主动,甚至都不受理的情况。为了解决这个问题,各地公安机关应当树立大局观念,联手打击信用卡诈骗犯罪,以良好的初衷、积极主动的心态,经常进行信息的交流和合作,紧密配合,完善立案机制,避免由于立案机制的漏洞在立案源头上放纵作案人。

(二) 从涉案卡入手,挖掘线索

从信用卡的来源寻找线索,如从制卡手段确认是伪造卡、空白真卡、他人真实信用卡、作废卡、涂改卡、变造卡等②。是完全伪造还是在空白真卡基础上伪造,是否涂改、挖补、重新写磁、重新凸印,是否伪造签名,是超过有效使用期限自动失效还是退卡、挂失失效,挂失卡如何丢失,是否存在假挂失,持卡人是否将信用卡借给他人使用等情况。

从伪造信用卡的制作特征进行分析。可从信用卡的印刷、制作特征、磁条

---

① 2004年9月公安部、中国银行业监督管理委员会、中国人民银行联合组织召开的整治金融票证违法犯罪活动的通气会中有关报告。

② 熊选国:《信用卡恶意透支的认定及预防》,1998年北京预防和控制金融欺诈国际研讨会论文。

信息特征和犯罪嫌疑人的书写特征等展开调查,从信用卡的伪造水平,分析犯罪嫌疑人的信用卡知识水平及伪造技能水平;从伪造信用卡与真实信用卡的相似程度,分析犯罪嫌疑人对真实信用卡的知情状况。

从刷卡消费区域排查可疑人员,比如按照各地发案时间的先后,对犯罪嫌疑人住宿的身份证登记、移动电话号码接入接出监控记录等进行排查,缩小侦查范围;从信用卡的购物消费情况推知犯罪嫌疑人的性别、年龄、生活习惯和喜好等,为侦查提供方向。

(三) 注重对犯罪嫌疑人进行人身识别

信用卡诈骗案作案流动性强,作案人在进行诈骗时与银行工作人员或特约商户工作人员往往会有较长时间的接触,在没有可供勘查的现场的条件下,询问相关人员,是对犯罪嫌疑人进行人身识别和调查取证的重要途径。

询问时要注意查明以下情况:犯罪嫌疑人以何种身份出现,有关人员与犯罪嫌疑人相处多久,谈过什么话,犯罪嫌疑人提交、持有、出示了哪些证件等;犯罪嫌疑人用信用卡支取的现金、物品的数量,现金的大致编号,物品的种类和特征等;犯罪嫌疑人的体貌特征,包括年龄、性别、身高、体态、发型、面部特征以及特殊印记等;知识水平、地方方言、习惯用语、生活习惯等。

除了直接询问了解外,还可以根据犯罪嫌疑人遗留的地址、物品、通讯号码、谈话口音分析判断其活动区域,根据犯罪嫌疑人在作案过程中对单位、地名的熟悉程度推断其活动范围和可能存在的社会关系,根据犯罪嫌疑人在作案时的谈话内容、行业用语推断其职业和文化程度。

(四) 即时调取、研究监控摄像材料

目前在银行的营业窗口或 ATM 机上一般设有监控摄像装置,在犯罪嫌疑人前来办理业务或取现的时候,摄像装置都会将其人身特征和作案过程直接录制下来。在很多大型的消费场所,也会有类似装置。一旦发现有案件事实,侦查人员就要善于充分利用这些摄像材料,即时调取、仔细研究,注意保存。在信用卡诈骗案的侦查实践中利用监控摄像材料侦破案件的例子占很大比例。

(五) 善于适时利用鉴定技术

信用卡诈骗罪是一种智能型犯罪,如果能够适时运用鉴定技术,往往会收到事半功倍的效果。比如为了查明伪造、变造、写磁、伪造签名等情况和遗留的痕迹,为了查明犯罪嫌疑人使用的虚假证件,为了查明某张信用卡是否在某个柜员机上使用过、使用的次数等,都可以通过鉴定达到目的。

（六）查缉犯罪嫌疑人

可以根据犯罪嫌疑人活动的范围、接触的关系进行查缉；根据犯罪嫌疑人的口音、方言、习惯用语、携带物品的种类、生活习惯等分析是本地人还是外地人，根据犯罪嫌疑人使用的交通工具的车型、车牌及其他特征进行查缉；通过分析、对照已破获的和正在侦查案件的犯罪嫌疑人的情况、作案手段等资料，进行联案分析和并案侦查；组织辨认；及时发布通缉令、协查通报，针对国际性的信用卡诈骗犯罪，及时与国外侦查机构联系；在查获犯罪嫌疑人后，及时有效地讯问，查明其案件事实和余罪，追查有无同案犯和犯罪团伙，追缴赃款赃物，循线追踪，扩大战果。

（七）加强协作，通报案情，提高效率

公安机关和银行等金融机构、特约商户的保卫部门保持密切联系，借助网络即时监控，及时掌握犯罪信息，进一步完善自动取款系统的报警装置；发卡行与公安机关110报警系统联网。办案地公安机关应与相关公安机关保持密切联系，及时通报犯罪信息，多警种协同作战，确定正确的侦查思路，事前布置周密的紧急预警处置方案，行动中明确分工，明确各部门、各警种的职责，指挥中心要担负起迅速接警并果断调动指挥警力的责任，社区民警充分发挥熟悉辖区情况的优势，交警、巡警发挥机动性强的优势，有序排查、伏击守候、围追堵截。随着跨国信用卡诈骗犯罪越来越突出，公安机关更应当注重合作和并案侦查，加强与各地公安机关、海关以及银行、信用卡公司、国际信用卡犯罪调查组织、国际刑警组织的联系和沟通，主动创造侦查条件。

（八）快速反应，快速出击，以快制快

信用卡诈骗犯罪案件具有作案快、销赃快的特点，作案人一般在作案后即迅速逃离犯罪地，针对这一特点，公安机关应当采取以快制快的战术，迅速反应，快速出击，及时弄清案情，及时取证，快速堵截，不给作案人可乘之机。

第四节 合同诈骗案件的侦查

一、合同诈骗案件的特点

（一）诈骗主体具有较强的投机性，且以单位作案为主

合同，作为连接市场的主体纽带，在市场经济中发挥着日益重要的作用。市场主体，无论是生产者还是经营者，为了获得物化劳动成果的社会承认，都必须通过签定合同和履行合同实现生产要素的有效流动，从而在总体上发挥市

场对社会资源最优质配置的作用。通过有效的合同和市场,紧缺的原料和资源、质优价廉的商品和服务得到消费者的踊跃购买;相反,部分剩余或者质次价高的商品,要么积压,要么滞销,遭到市场无情的淘汰。一些生产者、经营者为此忧心如焚,生产出的商品积压或者滞销,不能转化为再生产所必需的资金和创造效益。作案人正是看准了部分生产者、经营者这种心理,瞄准紧俏原材料、滞销积压产品和特困企业,投其所好,利用合同进行诈骗。

合同诈骗案件的作案主体,多是以单位或法人的名义出现的公司、中心、企业。这是因为,单位作案一般多为共同作案,更有利于欺骗手段的施展和发挥,而且被骗者容易被诈骗单位表面所表现出的雄厚经济实力所迷惑,产生信任感而"自愿"交付定金、货物或者履行合同的其他业务。另外,犯罪的直接人员有法人代表公司负责人、业务人员以及社会闲散人员和退职人员等。

(二)诈骗方式复杂、智能、隐蔽,诈骗行为的认定具有复杂性

科学技术的进步和发展,为作案人实施诈骗提供了便利条件,使得诈骗手段由传统的简单诈骗向智能化方向转化,有的在结算方式上先货后款,有的以联营、合伙办企业的名义骗取其他联营者、合伙人的财产,有的以早已关、停、并、转单位的名义进行诈骗。合同诈骗,表面上看,仍然要经过正常的合同签定程序,作案人一般持有较为完备的手续,其经济活动的性质使诈骗活动具有较强的隐蔽性,不易被人察觉。再则合同诈骗行为与合同的正常纠纷、夸大履行能力骗签的合同等民事行为不容易区分开来,其认定具有复杂性。

(三)诈骗标的数额巨大,具有极大的社会危害性

作案人为获取高额回报往往选择涉及金额较大的项目签定协议进行诈骗。一旦上当受骗,被骗方给付的定金、预付款或者交付的货物很难追回,由此造成重大的经济损失。

(四)被害人与合同诈骗分子具有一段时间的接触

诈骗分子要通过合同诈骗财物,首先要取得被害人的信任。因此,他们会在各种场合与被害人进行接触,使被害人对诈骗分子所表现出来的经济实力深信不疑。被害人由于与诈骗分子有一段时间的接触,对诈骗分子的情况有一定程度的了解,这有助于侦查人员确定侦查范围和排查犯罪嫌疑人,是侦查合同诈骗案件中可供利用的有利资源。

(五)与其他犯罪的互渗性和牵连性

合同诈骗犯罪往往与其他犯罪行为交织在一起,呈现出复杂牵连的情形。例如,诈骗分子为了给实施利用合同诈骗犯罪创造有利条件,一般会仿造、盗窃公章、委托函、介绍信、进出口许可证明文件等公文、印章,或者冒充国家

工作人员招摇撞骗等。一旦诈骗得手后，他们往往又拿着赃款赃物进行其他危害社会的违法犯罪活动。

二、合同诈骗案件的立案

（一）立案的材料来源

合同诈骗案件的立案材料来源主要有：被骗事主的控告，其他知情人的检举与控告，工商行政管理部门移送的案件，侦查机关在侦查伪造、招摇撞骗、行贿、受贿、虚假出资等与本案有牵连的案件时发现的线索，国家权力机关、行政机关移送的案件，上级机关交办的案件，犯罪嫌疑人的自首等。

（二）立案的条件和标准

合同诈骗案件立案条件包括案件事实条件和刑事责任条件两个方面。案件事实条件是指侦查人员根据接受的报案材料和初查所得的情况，认为犯罪嫌疑人为达到非法占有的目的，在签定、履行合同的过程中存在用虚构的事实来获得对方当事人财物的行为。刑事责任条件是指为一定数量的证据所证明的合同诈骗行为给被骗方造成数额较大的损失，具有严重的社会危害性，根据刑法规定应该追究犯罪嫌疑人的刑事责任，为此，将此案作为刑事案件，进行立案侦查。要准确地理解和掌握本案的立案条件，笔者提出案件事实标准和刑事责任标准来对之进行细化。

1. 案件事实标准。认为存在着利用合同进行诈骗的违法案件事实的证据主要有三个方面：一是证明行为人采用了欺骗手段与他人签定经济合同的证据。二是证明被骗方由于欺骗方的欺骗行为对处分财产的事实情况陷入错误认识的证据。也就是说，正是因为诈骗方欺骗行为的存在，导致被害方轻易相信了诈骗方，对诈骗方的经济实力和履行合同的能力不再怀疑，"自愿"履行自己这一方的义务。三是证明诈骗方主观上存在非法占有他人财物的目的的证据。这是区分合同诈骗犯罪与合同违约纠纷、夸大履行能力骗签合同行为、民事欺诈行为的关键。

2. 刑事责任标准。证明诈骗方的合同诈骗行为应当负刑事责任的证据主要有两个方面：一是证明行为人骗取被害方财物达到数额较大的证据。二是证明行为人达到刑事责任年龄或者具有刑事责任能力的证据。

（三）立案前的初查

合同诈骗案件初查的主要任务是审查侦查机关通过各种途径接收的报案材料是否达到立案条件，是否符合立案标准。另外，在初查中，必须严格罪与非罪、此罪与彼罪的界限。通常这部分工作在侦查人员收集到一定数量的证据对上述问题的查证过程中能够得到解决。通常，基于对案情仔细分析和判断，可以作出肯定或否定的结论。

三、合同诈骗案件的取证措施

（一）合同诈骗案件的侦查策略

围绕合同的签定经过、合同的内容、合同的履行情况展开侦查，应是合同诈骗案件的重要侦查策略。围绕着合同，应重点查清两个问题：一是查清犯罪嫌疑人的真实姓名和身份；二是查清诈骗造成的危害结果。

此外，合同诈骗案件的侦查策略还体现在对犯罪嫌疑人的布控策略和讯问策略上。侦查人员要仔细研究合同诈骗案件的作案规律、特点，将其与以往未破的合同诈骗案件进行比对以期发现更多的侦查线索；同时，侦查人员在讯问之前，在证据收集上要多下功夫，让证据说话，是对付这类案件最为有效的手段。再则，对合同诈骗案件作案主体的审查和甄别，有助于侦查人员选择正确的侦查途径。这就必须通过调查访问搞清楚合同是由谁签定的、谁接收财物，谁交付货物。

（二）合同诈骗案件的侦查途径

合同诈骗案件一般是遵循"由事到人"的侦查途径，即侦查人员首先发现的是被害人在签定合同中受骗的事实，通过调查收集各种人证、书证、物证，确定侦查方向和范围，排查犯罪嫌疑人，最终抓获有确实的、充分的证据表明实施了合同诈骗行为的犯罪嫌疑人。

根据个案的具体情况，侦查人员可以选择下列方面作为调查的事项：

1. 详细询问被害人、证人，查明被骗经过。
2. 组织被害人或证人辨认。
3. 查证与合同诈骗相关的书证，并进行鉴定。
4. 清查账目，追踪赃款的线索。对于单位作案的合同诈骗案件，要注意对涉案单位的财务账目进行清查，了解和掌握犯罪嫌疑人通过诈骗而非法占有钱物的总量、案值总额，甚至发现涉案单位其他侦查机关还未掌握的其他合同诈骗的线索。
5. 讯问犯罪嫌疑人，查明全案。侦查人员在讯问犯罪嫌疑人时要认真分析其心理特点，收集确实充分的证据，采取相应的讯问策略，迫使其提供客观真实的口供。

（三）合同诈骗案件的取证方法

合同诈骗案件的证据种类几乎涵盖了刑事诉讼法所规定的全部证据形式。

对于上述涉及的证人证言、被害人陈述,通过犯罪嫌疑人口供等取证措施,已有涉及,不再重复,其他证据的收集如下:

1. 搜查、扣押,获取有关书证。
2. 送交样本,获取鉴定意见。样本包括书证、笔迹、足迹、指纹。
3. 赃款、赃物的追缴。在涉案赃证物的追缴中,应注意向犯罪嫌疑人本人追缴其非法占有的物品。对涉案单位的银行账户进行查询,如发现赃款,要按法定程序予以冻结。
4. 现场勘查。诈骗分子的住所、工作单位、存放货物的地点、商谈并签定合同的地方,侦查人员要仔细进行勘查,制作勘查笔录,各种书证、物证、视听资料等是从现场搜查而来的证据。现场勘查笔录要符合法定的程序和要求。

第五节 保险诈骗案件的侦查

保险诈骗案件,是指投保人、被保险人和受益人以非法获取保险金为目的,采取虚构保险标的、保险事故以及对保险事故编造虚假的原因、夸大损失的程度或者制造保险事故等方法,骗取保险金,数额较大的案件。

一、保险诈骗案件的特点

保险诈骗是从普通诈骗案件中分离出来的新型经济犯罪,它不但具有传统诈骗案件的一些共性特征,还表现出自身的一些特点:[1] 一是行为人多元化。保险诈骗罪的行为人不仅包括自然人,还包括单位。从司法实践看,一些涉案金额巨大的保险诈骗案,往往都有单位参与其中,仅靠一个或几个自然人是无法完成诈骗犯罪的。二是作案手段专业化。同一般的欺诈案件相比,保险欺诈的手段具有相当的专业性,有的超额保险,有的重复投保,有的虚构保险标的,有的伪造损失,有的编造虚假的投保和出险时间,还有的隐瞒真实出险原因,将非保险损失转化为保险损失等。

首先,保险诈骗发生的空间相对一般的诈骗犯罪活动而言,相对封闭;

其次,保险诈骗者作为保险合同一方的当事人或者关系人,往往有合法保险合同作掩护,保险诈骗行为因此被掩盖,难以引起社会公众和相关当事人的怀疑;

---

[1] 戴蓬:《保险诈骗案件侦查方略初探》,载《贵州警官职业学院学报》2002年第2期。

最后，保险诈骗者实施诈骗行为的时间十分充裕，在保险合同订立之前和之后的合同有效期内都可以实施诈骗行为。同时，由于诈骗行为一般都是经过周密安排和精心策划的，即使一方发现，也很难再收集到相关的诈骗证据，致使本罪的犯罪黑数较高，即在客观存在的犯罪活动中，没有被揭露或者没有受到司法机关查处的比例较大。

二、保险诈骗案件的侦查方法

（一）做好报案登记，详细了解发案经过

保险事故发生后，投保人、被保险人或者受益人一般会通过各种方式向保险人报案。有的案件，如人身保险的被保险人伤亡的案件，投保人、受益人在向保险人报案的同时，还会向公安机关报案；或者保险人接到报案后认为其中有诈，再向公安机关报案。报案登记与谈话认真、细致与否直接关系到侦查工作的成败。在这一阶段，由于案发不久，即使行为人有意诈骗，也不可避免地会留有漏洞，而来不及弥补。而对于出险真正原因、经过可在日后通过有关部门的调查、鉴定加以证明。因此，报案时陈述的案情可能与事后的调查结果或鉴定结论有较大差异，这种差异对于识破保险诈骗具有重要参考价值，有可能为侦查人员查明保险诈骗事实提供线索。所以，报案时所作的登记与谈话记录，对于侦查工作至关重要，如果不能及时收集证据，固定出险经过，不仅无法全面掌握案情，而且会使骗赔者有随意改变陈述的机会，使以后的侦查工作陷于被动，甚至导致骗赔得逞。

（二）认真勘查出险现场

出险现场是证据的可靠来源地，勘查现场是收集证据、识别诈骗的重要途径。现场勘查的任务，一是查明事故的原因及有关情况；二是收集、记录、固定现场有关证据。对于具有保险诈骗嫌疑的保险事故现场应重点勘查。正常的出险现场与当事人陈述的出险经过相吻合，而且痕迹物证的分布排列也符合客观规律。而骗赔案件，不仅出险情节反常，而且现场布设离奇，并且常有顾此失彼的破绽。如某杀人骗赔案件中，犯罪嫌疑人初某以自己为受益人，为其母亲投保意外伤害险，随后趁其母亲熟睡时，放火将她烧死。向保险公司报案索赔时，初某称因为前一天烧热水渍酸菜，炕烧得很热，才导致被褥被烤着，其母亲被烧死。经仔细勘查，发现炕头位置的地板革表面被烧焦，但背面却无过火痕迹，说明火不是自下而上燃烧起来的，因此炕热失火的理由并不充分。另外，从屋内被烧烤的程度看，瞬间火势很强，好像是汽油酒精等易燃物突然爆燃所致。对此，初某不能自圆其说。经侦查，证实了其杀人骗赔的案件事实。

(三) 严格审查相关的证明文件和卷宗

在保险诈骗案件侦查中，对有关证明文件的审查是重要环节之一。受益人提供的证明文件因险种不同而各不相同，应从以下几个方面对证明文件进行审查。

1. 审查证明文件内容的真实性。审查中需注意证明文件的内容与报案时提供的情况有无矛盾；证明文件的各项内容之间有无矛盾；各种证明文件之间有无矛盾。如对医疗保险索赔证明文件的审查主要看用药处方及其治疗药物是否符合病（伤）情诊断，如果符合病（伤）情诊断，则要进一步审查所用的药物是否超过正常用药量、药品价格是否符合规定等有关事项。此外，还应结合案情，对诊断书和病历作全面分析，必要时可对伤病的部位进行复查。

2. 审查证明文件有无伪造、变造迹象。在审查中应注意以下几个方面的问题：一是有关单证各联的编号是否连续；二是证明有无涂改；三是证明文件上的印鉴是否清晰。如美籍华人张某在美国某保险公司为自己及全家投保意外伤害险，随后其受益人谎称张某及全家在中国遭遇车祸身亡，向保险公司索赔并提供了相关证明文件。美保险公司委托中国一商业调查机构对此案进行调查。调查人员在审查证明文件时发现以下疑点：其一，"交通事故责任认定书"上所用印鉴为"XX市公安局交警支队"，在印鉴中，将"交通警察"缩写，违反常规。其二，"死亡报告单"中所用印鉴中心为红"十"字，而不是"红五角星"，这在中国同样是不可能的。"火化证明"中的字迹比较模糊，并有涂改痕迹，这非常可疑。后经深入调查，"交通事故责任认定书"及印鉴系伪造，经证实，该交通大队并未处理过这样的交通事故。"死亡报告单"及印鉴系伪造件，经核实该医院根本没有治疗过因车祸而送来抢救的一家三口，另外医院的公章中间是"红五角星"而不是"红十字架"。"火化证明"是用他人证明的复印件篡改而成。至此，投保人张某及受益人的保险诈骗事实被彻底揭露。

3. 审查理赔卷宗，发现内外勾结骗赔线索。保险诈骗案件除了作案人刻意而为外，还有相当数量的案件是保险公司内部人员内外勾结作案。这类诈骗案件通常是在诈骗得逞之后通过复查才会被发现。全面审查理赔卷宗，是发现这类案件的重要方法。涉嫌骗赔的理赔卷宗具有下列特点：一是重要情节模糊不清。如出险、报案、勘查的时间不明；出险的具体地点和详细经过不明；不登记出险损失的细目情况等。二是卷内材料矛盾和漏洞较多。如出险情节不合逻辑，材料内容自相矛盾。三是证明文件明显虚假。如应由多部门、多人完成的文件却只有一人笔迹；材料制作不规范，数量不配套；印鉴模糊等。

（四）研究投保、索赔经过，发现骗赔征象

1. 骗赔征象。是指保险诈骗犯罪在初期所暴露出的疑点。在保险诈骗案件中，尽管行为人采用各种手段虚构事实、隐瞒真相，但仍会暴露出蛛丝马迹，只要抓住疑点，认真核查，多数保险诈骗犯罪是能够揭露的。

2. 主动投保。即投保人主动到保险公司或找保险代理人投保，或详细了解索赔事项及要求。目前，一般人的风险意识还不强，对保险了解不多，绝大多数投保人在保险代理人反复动员下才决定投保（当然确实有一部分投保人文化素质、经济地位较高，具有风险意识而主动投保），但意图实施诈骗的人则往往主动上门投保。因此，虽然主动投保的不一定都有道德风险，但具有道德危险的保单往往是主动投保的。

3. 超额投保。对于财产保险而言，超额投保是指投保人所投保险金额超过保险标的的实际价值。投保人夸大保险标的的实际价值，或将别人的财产冒充自己的财产投保，并提供虚拟的证明文件，一旦发生保险事故，即可获取高于保险标的实际价值的赔偿。对于人身保险而言，超额保险是指所投保险保费超过其经济承受能力。衡量是否为超额投保，是以投保人的经济承受能力为标准的。如果投保人的收入较高，其投保的高额保险也不一定是超额保险，而是正常的投保。也有些超额投保未考虑周密，只想到要有保障，没想到自己的经济能力。但无论怎样，超额投保是值得引起重视的，因为保险诈骗也大多表现为超额投保。

4. 高额保险。即保险金额畸高。高额保险中未超过投保人的经济承受能力的部分，道德风险相对较小；而超过其经济承受力的超额保险，则蕴藏着较高的道德风险。

5. 集中购买。即在多个具有相同或相近的保险利益的保险标的中，在较短的时间内只为其中的一个购买了高额保险，表现出保险标的集中、投保时间集中、投保金额较高的特征。集中购买的保险，通常蕴藏较高的道德风险。

6. 分散投保。即为了避免保险金额超过保险公司核保调查的标准，分别在多家保险公司投保中小额保险，从而获得高额保险。

7. 重复投保。即对同一保险标的、同一保险利益、同一保险事故分别向两个或两个以上保险人投保。重复投保虽不为《保险法》所禁止，但需将重复投保的有关情况通知各保险人，且保险事故发生后赔偿金额的总和不得超过保险价值。如果投保人违反上述规定，不将重复投保情况通知保险人，则有欺诈之嫌。

8. 隐瞒情况。即对于保险人承保决定有重大影响的保险标的的实际情况。如投保人身保险，当保险公司提出体检要求时，先是坚决反对，百般阻拦，当阻拦不成时，又可能转而欺骗被保险人接受体检，或者找替身接受体检。

9. 保险利益可疑。人身保险中，为表亲、干妈、干女儿、未婚妻（夫）等非直系亲属投保，而且保险金额较高；抚养者、赡养者为被抚养者、被赡养者投保高额保险，且投保人与受益人为同一人，而被保险人并不知情。

10. 投保人有酗酒、吸毒、赌博等恶习或有诈骗等前科。这类人具有实施保险诈骗的可能性。

11. 增加保险金额。投保时属于正常投保，但在经过一段时间后，投保人要求增加保险金额，变更后的保单如果出现集中、超额、高额的特点，则要特别注意是否存在诈骗的可能。

12. 变更受益人。人身保险在保险期间变更受益人的情况下，要注意受益人与被保险人的关系，看是否存在道德风险，被保险人同意书是否有疑点。

13. 保险单质押。在保险期间，受益人将保险单质押，也可能导致道德风险。《保险法》第34条第2款明确规定，按照以死亡为给付保险金条件的合同所签发的保险单，未经被保险人书面同意，不得转让或质押。

14. 索赔时表现可疑。在保险诈骗案件侦查中，如果发现受益人在索赔时出现以下反常表现，应进一步查明原因：一是索赔要求异常迫切。有的受益人经常打电话，并威胁要向有关部门投诉或请律师催办。二是保险事故的发生存在疑点。如事故原因、性质不明事故发生日期距离索赔日期较远；事故发生日期距离投保日期较近或距保险合同终止日期较近。三是索赔前表现反常。索赔前不久向保险公司查询保单是否有效；索赔前不久向保险公司咨询索赔事宜；索赔前不久变更受益人。四是索赔时对出险经过的陈述自相矛盾。

第六节　非法集资案件的侦查

一、非法集资案件的概念

非法集资，并不是刑法规定的一个特定罪名，而是可能被认定为欺诈发行股票、债券罪，非法吸收公众存款罪，擅自发行股票、债券罪，集资诈骗罪，非法经营罪或者组织、领导传销罪等罪名的某些集资行为的总称。其中，最有代表性的是"非法吸收公众存款罪"和"集资诈骗罪"，本节重点介绍这两类案件的侦查。

为依法惩治非法集资活动，最高人民法院会同银监会等有关单位，研究制定了《关于审理非法集资刑事案件具体应用法律若干问题的解释》（以下简称《非法集资司法解释》），该司法解释自2011年1月4日起生效，是指导非法集资案件侦查的重要依据。

二、非法吸收公众存款案件的侦查

（一）非法吸收公众存款案件的界定

非法吸收公众存款，是指违反国家金融管理法规非法吸收公众存款或变相吸收公众存款，扰乱金融秩序的行为。根据《非法集资司法解释》第1条规定，违反国家金融管理法律规定，向社会公众（包括单位和个人）吸收资金的行为，同时具备下列四个条件的，除刑法另有规定的以外，应当认定为《刑法》第176条规定的"非法吸收公众存款或者变相吸收公众存款"：

1. 未经有关部门依法批准或者借用合法经营的形式吸收资金；
2. 通过媒体、推介会、传单、手机短信等途径向社会公开宣传；
3. 承诺在一定期限内以货币、实物、股权等方式还本付息或者给付回报；
4. 向社会公众即社会不特定对象吸收资金。

未向社会公开宣传，在亲友或者单位内部针对特定对象吸收资金的，不属于非法吸收或者变相吸收公众存款。

（二）非法吸收公众存款的犯罪方法

依据《非法集资司法解释》第2条的规定，列举出以下常见的犯罪方法：

1. 不具有房产销售的真实内容或者不以房产销售为主要目的，以返本销售、售后包租、约定回购、销售房产份额等方式非法吸收资金的；
2. 以转让林权并代为管护等方式非法吸收资金的；
3. 以代种植（养殖）、租种植（养殖）、联合种植（养殖）等方式非法吸收资金的；
4. 不具有销售商品、提供服务的真实内容或者不以销售商品、提供服务为主要目的，以商品回购、寄存代售等方式非法吸收资金的；
5. 不具有发行股票、债券的真实内容，以虚假转让股权、发售虚构债券等方式非法吸收资金的；
6. 不具有募集基金的真实内容，以假借境外基金、发售虚构基金等方式非法吸收资金的；
7. 不具有销售保险的真实内容，以假冒保险公司、伪造保险单据等方式非法吸收资金的；
8. 以投资入股的方式非法吸收资金的；
9. 以委托理财的方式非法吸收资金的；
10. 利用民间"会"、"社"等组织非法吸收资金的；
11. 其他非法吸收资金的行为。

近几年来,各类集资方法可谓五花八门,尤其是借助网络进行的"虚拟货币""黄金期货"以及借助"微商"等工具进行各种集资类的传销活动层出不穷。

(三)非法吸收公众存款案件的追诉标准

根据《非法集资司法解释》第 3 条的规定,非法吸收或者变相吸收公众存款,具有下列情形之一的,应当依法追究刑事责任:

1. 个人非法吸收或者变相吸收公众存款,数额在 20 万元以上的,单位非法吸收或者变相吸收公众存款,数额在 100 万元以上的;

2. 个人非法吸收或者变相吸收公众存款对象 30 人以上的,单位非法吸收或者变相吸收公众存款对象 150 人以上的;

3. 个人非法吸收或者变相吸收公众存款,给存款人造成直接经济损失数额在 10 万元以上的,单位非法吸收或者变相吸收公众存款,给存款人造成直接经济损失数额在 50 万元以上的;

4. 造成恶劣社会影响或者其他严重后果的。

具有下列情形之一的,属于《刑法》第 176 条规定的"数额巨大或者有其他严重情节":

1. 个人非法吸收或者变相吸收公众存款,数额在 100 万元以上的,单位非法吸收或者变相吸收公众存款,数额在 500 万元以上的;

2. 个人非法吸收或者变相吸收公众存款对象 100 人以上的,单位非法吸收或者变相吸收公众存款对象 500 人以上的;

3. 个人非法吸收或者变相吸收公众存款,给存款人造成直接经济损失数额在 50 万元以上的,单位非法吸收或者变相吸收公众存款,给存款人造成直接经济损失数额在 250 万元以上的;

4. 造成特别恶劣社会影响或者其他特别严重后果的。

非法吸收或者变相吸收公众存款的数额,以行为人所吸收的资金全额计算。案发前后已归还的数额,可以作为量刑情节酌情考虑。非法吸收或者变相吸收公众存款,主要用于正常的生产经营活动,能够及时清退所吸收资金,可以免予刑事处罚;情节显著轻微的,不作为犯罪处理。

(四)非法吸收公众存款的侦查要领

1. 查证涉案单位和个人的主体资格

犯罪嫌疑人是否具有从事吸收公众存款类业务的资格,是判断犯罪主体要件的一个重要标准。如果从事的是特许经营的金融业务,可以通过国家金融机构审批备案单位查证主体资格及其具体业务种类,如 p2p 平台涉嫌非法吸存的案件中,首先要查证涉嫌单位是否具备金融监管机构的审批资格,还要查证涉嫌的具体融资业务是否属于金融机构审批的业务范畴。

如果涉嫌单位是一般的商业经营主体,如以"会员卡""席位证"和"消费卡"等方式吸引资金的美容院,以"售后包租""销售房产份额"等方式销售的地产公司,需要查证其注册资本、经营范围等基本信息。

2. 查清犯罪方法

鉴于非法吸收公众存款犯罪作案手法的多样性和复杂性,侦查中首先要查明嫌疑人的犯罪方法和犯罪流程,进而分析嫌疑人和集资参与人手中可能留有的证据,如嫌疑人的公开宣传方式、投资协议合同的订立方式、本金交付方式和利息的返还方式等,在此基础上,可以判断侦查取证的重点,并为有效进行讯问打下基础。具体证据包括公开宣传广告、投资合同及其具体利率、集资参与人的身份材料、投资物品等。

3. 查明资金走向

非法吸收公众存款是一个以资金流向为犯罪主线的行为,运用搜查、查询等措施查明涉案资金的来源和去向对侦查工作非常关键。如集资参与人的投资时间、投资金额和付款凭证,嫌疑人账户的支出情况等,具体证据包括参与人的转账凭证、表明嫌疑人账户收支情况的银行凭证、会计账目,以及各类理财或投资产品的款项等,尤其是支出财物的用途部分,是否属于集资合同的约定用途。

4. 询问集资参与人

通过询问集资参与人,了解犯罪方法和出资情况,重点在于查明是否使用了公开宣传手段、对象是否为不特定公众、许诺的利息情况如何、具体的出资情况、返还情况等。对于参与人分散的案件,还要注意从嫌疑人处获得线索或利用其他公告方法等汇集参与人提供案件信息。

5. 讯问犯罪嫌疑人

对于有可能逃逸的犯罪嫌疑人,要及时采取强制措施,鉴于这类案件往往是团伙作案,通常要尽快进行讯问,并注意讯问策略的运用。讯问重点包括集资时的主观故意,财物的数额、来源和去向等,并要注意与集资参与人处得到的相关证据进行印证。[①]

三、集资诈骗案件的侦查

(一) 集资诈骗案件的概念

集资诈骗,是指违反国家金融管理规定,以非法占有为目的,采用虚构事

---

① 何正泉:《经济犯罪侦查要论》,兵器工业出版社2013年版,第215页。

实、隐瞒真相的方法,向社会公开募集资金的行为。在客观的行为方式上,该罪名与非法吸存类似,都是实施了《非法集资司法解释》第2条列举的一些犯罪方法,两者的本质区别在于集资诈骗罪具有"非法占有目的"。

(二)集资诈骗罪"非法占有目的"的认定

相较于集资诈骗罪,保险诈骗、票据诈骗等罪名的"非法占有目的"通常可以以其客观行为予以证明,如制造保险事故可以认定有保险诈骗的故意,使用假票据有票据诈骗的故意,而集资诈骗罪的主观状态通常却难以用这种方法证明,如以"植树造林""养蚂蚁"等方式非法集资的,单从行为上很难认定行为人是否"以非法占有为目的",而他们通常又不会主动承认其动机,所以证明主观故意成为集资诈骗案件侦查的难点,实践中存在大量此罪与彼罪的定性问题。为了便于实践操作,《非法集资司法解释》第4条规定,使用诈骗方法非法集资,具有下列情形之一的,可以认定为"以非法占有为目的":

1. 集资后不用于生产经营活动或者用于生产经营活动与筹集资金规模明显不成比例,致使集资款不能返还的;
2. 肆意挥霍集资款,致使集资款不能返还的;
3. 携带集资款逃匿的;
4. 将集资款用于违法犯罪活动的;
5. 抽逃、转移资金、隐匿财产,逃避返还资金的;
6. 隐匿、销毁账目,或者搞假破产、假倒闭,逃避返还资金的;
7. 拒不交代资金去向,逃避返还资金的;
8. 其他可以认定非法占有目的的情形。

(三)集资诈骗案件的追诉标准

根据《非法集资司法解释》第5条的规定:个人进行集资诈骗,数额在10万元以上的,应当认定为"数额较大";数额在30万元以上的,应当认定为"数额巨大";数额在100万元以上的,应当认定为"数额特别巨大"。

单位进行集资诈骗,数额在50万元以上的,应当认定为"数额较大";数额在150万元以上的,应当认定为"数额巨大";数额在500万元以上的,应当认定为"数额特别巨大"。

集资诈骗的数额以行为人实际骗取的数额计算,案发前已归还的数额应予扣除。行为人为实施集资诈骗活动而支付的广告费、中介费、手续费、回扣,或者用于行贿、赠与等费用,不予扣除。行为人为实施集资诈骗活动而支付的利息,除本金未归还可予折抵本金以外,应当计入诈骗数额。

（四）集资诈骗案件的侦查要领

对于集资诈骗案件的侦查，在查明主体资格、了解案情、控制涉案财物方面，与非法吸收公众存款案件的侦查有相似之处，此处不再赘述，在此主要讨论"非法占有目的"方面的侦查取证。

1. 注意直接证据的获取

虽然实践中犯罪嫌疑人很少主动承认其犯罪故意，但侦查讯问中也不能对此全然放弃，可以在研究案情和嫌疑人心理的基础上，通过说服教育、出示证据、利用嫌疑人间的矛盾甚至佐以心理测试加强心理压力等方式，打开讯问突破口。

2. 多方面收集间接证据

收集间接证据，就是要收集嫌疑人集资行为前后的相关证据，以此来推定其是否具有非法占有的故意，《非法集资司法解释》中列举的情形，也主要是通过这种证明方式。例如，为证明嫌疑人是否存在"集资后不用于生产经营活动或者用于生产经营活动与筹集资金规模明显不成比例，致使集资款不能返还的"情形，需要收集集资款用途的相关证据包括：集资款的支出金额和用途、库存物资的查封、交易企业的关联关系、所在行业的经营状况等，有大量涉案财物的还涉及相关物品的价格鉴定，用虚拟货币、网络借贷、网络金融交易工具、第三方支付等进行诈骗的，还需要进行网络电子取证。

目前的侦查实践中，证明"非法占有目的"的主要路径就是参考《非法集资司法解释》中列举的情形，这是一种非常具有可操作性的方式，但也容易导致侦查人员只关注列举情形牵强取证，如"挥霍"行为，本身难以准确界定，只就这一行为取证容易有失偏颇，还需要根据全案情况综合判断。另外，也要仔细研究集资方式和交易工具的新变化，针对具体案件取证，如侦查"e租宝"案件中对"虚假担保"的证明、侦查"某公益"平台集资诈骗中对"无实体盈利经营"的证明。①

---

① 某公益平台称：只要消费者在小超市、洗车行等地方消费 100 元，成为平台的"加盟商"，平台就可返消费者 99 元，剩下的 1 元钱由平台拿去做公益，如此"高回报"且貌似很有爱心的活动，吸引了不少消费者参与，可是好景不长，有些"加盟商"在尝到一些甜头后，追加的欠款音讯全无，经查，该平台是一个典型的无实体盈利项目的"庞氏骗局"，从 2016 年 12 月 1 日正式开启项目，一个月的时间内，卷入这个平台的商家达到了 5267 户，涉及的消费者达到了 48505 人，吸纳的金额达到 10 个亿。

第七节 票据诈骗案件的侦查

一、票据诈骗案件的概念

票据诈骗一直是金融犯罪领域的高发案件,其作案手段多样,涉及经济活动环节较多。票据体现着一定的财产权,并具有支付、汇兑、结算、流通(如背书转让等)、融资(如贴现等)等多种功能。票据以其载负巨资的魅力,吸引了不少妄图瞬时暴富、一本万利的作案人,利用票据进行诈骗的犯罪日益突出。票据诈骗离不开票据的流通环节。也就是说,票据诈骗依附于票据的运作流程。侦查此类案件,必须通过了解涉嫌票据的整个流通过程,才能从中找到侦查突破口,进而把握犯罪活动的运行轨迹,查明出票、背书、承兑和保证等环节存在的问题。

二、票据诈骗案件的侦查方法

(一)查明票据真伪、类型及票据关系人

在大多数票据诈骗案件中,涉案票据的真伪对案件的定性具有决定性意义。因此,侦查初期,应重点查明涉案票据的真伪。判断票据真伪的方法很多,通常情况下,伪造、变造、假冒票据的技术随着行为人技术、阅历、资本等因素的变化而不断提高,侦查人员可采用观察比较,或进行专门的文书鉴定、印鉴检验等方法,特殊情况下也可提请有关金融机构进行鉴定。

经过鉴定证明涉案票据不是伪造或变造之时,应注意弄清涉嫌票据的种类,并根据其运作流程弄清该票据涉及的关系人。票据的种类很多,不同的票据涉及的关系人不同。分清票据关系人的目的是为了明确责任,从票据流通的各环节中把握问题的关键。票据涉及的关系人很多,如银行汇票的出票人、收款人,商业承兑汇票的出票人、收款人、付款人、票据背书人、保证人等。

(二)根据案情确定侦查重点

通常情况下,对于"人票俱获"的案件(即在发现可疑票据的同时,扣留了持票人),侦查重点是及时讯问犯罪嫌疑人,追查涉嫌票据的来源,积极开展广泛调查取证工作。而对于犯罪嫌疑人已逃跑的案件,侦查重点则是通过各种渠道寻找案件线索,查缉犯罪嫌疑人,及时收缴赃款赃物。对于利用银行承兑汇票进行诈骗的案件,侦查重点的确定因案情的不同而不同。

在银行是被害人的案件中,侦查重点是该票的出票人和收款人。对出票人的调查,主要包括出票单位的身份、有关账目及该承兑汇票的经手人等,如出票单位的身份是否合法;出票人在承兑行开户的时间;往来账目;资金的可靠来源;主要参与人、责任人等。对收款人的调查,主要是看其中是否有真实存在的商品交易。真实合法的商品交易不仅要有交易合同,而且还要有履行合同的有关依据,如增值税专用发票、运输单据等。对部分履行合同的商品交易,要注意利用部分履行骗取全额货款的诈骗行为。同时,还应注意出票人和收款人合谋诈骗的情况。

在出票人是被害人的案件中,侦查重点是承兑银行和收款人,审查承兑银行及其工作人员时,以承兑款的去向为线索,通过询问银行有关领导及知情人员,了解涉嫌汇票违法承兑的时间、经手人和发案前后是否有异样情况、承兑金额、涉嫌人员及其平日表现等;同时,详细审阅可疑承兑汇票对进一步查明案情具有重要意义。对涉嫌承兑汇票的审查,主要包括汇票上的记载事项、各种签章、承兑手续的完备程度和可靠程度,必要时可请专门人员进行鉴定。对收款人的审查,一般从两方面着手,即一方面查收款人本身,看其是否有诈骗行为;另一方面结合承兑银行的情况进行调查,看其中是否有内外勾结、联合作案的情况。①

(三) 查缉犯罪嫌疑人

由于票据诈骗的预谋性较强,大多数案件在案发后犯罪嫌疑人早已逃之夭夭。因此,此类案件侦查中,查缉犯罪嫌疑人是侦查的重点。通常情况下,查缉犯罪嫌疑人的方法很多,如根据作案人使用的交通工具、逃跑行踪、有关档案资料查缉堵截、通缉通报、搜查、组织辨认等。对于票据诈骗犯罪案件来说,查缉犯罪嫌疑人的工作主要从以下几个方面入手:

1. 调查访问涉案票据的关系人,详细了解案发经过及犯罪嫌疑人的体貌特征、使用的交通工具及其车型牌照等。

通常情况下,票据诈骗行为人、持票人等与被害人或银行等金融机构中处理票据的业务人员有正面的接触,掌握犯罪嫌疑人体貌特征、口音、联系方式、行为特征、衣着打扮、交通工具及其车型车牌等大量信息。同时,涉案票据的关系人,如出票人、持票人、收款人、付款人、票据背书人、保证人等,也可以从不同的票据流通环节提供侦查线索。因此,对涉案票据的关系人进行必要的调查走访,是查缉犯罪嫌疑人的重要突破口。

2. 从持票人入手,通过追查涉案票据的来源,分析犯罪嫌疑人的活动范围。

---

① 程启芬:《经济案件侦查教程》,辽宁人民出版社2003年版,第76页。

根据票据诈骗团伙犯罪较多的特点，以持票人为源头，结合涉案票据的有关情况，加大讯问力度，追查票据来源，分析犯罪嫌疑人的活动规律及活动范围。

3. 调取有关部门的监控录像，排查犯罪嫌疑人。

通常情况下，在重要的金融交易场所、商场、交通要道都有监控录像。这些资料对侦查"由案到人"的票据诈骗犯罪案件具有重要意义。由于这些资料具有一定的连续性，数量较多，时效性强，调取时应注意锁定时间或空间范围，及时有效利用。

4. 从通讯工具入手，查缉犯罪嫌疑人。

在以骗货为目的的票据诈骗案件中，作案人为了制造假象，骗取对方信任，往往与被害人或金融机构多次联络，并留有名片、传呼、手机号码等。一般情况下，犯罪嫌疑人留下的身份和姓名是虚假的，但其中至少有一个联络号码是确实存在的。侦查人员可以以这个线索为突破口，严密监控，层层深挖，查缉犯罪嫌疑人。

（四）依据票据的出票等环节寻找突破口

1. 调查出票人资格及出票内容

出票是指出票人按照票据法的有关规定签发票据并将其交付的一种票据行为。出票是各种票据产生的前提，是各类票据共有的行为。侦查时，应注意审查以下几个方面：

（1）出票人资格。即审查出票人是否有工商营业执照和中国人民银行批准经营金融业务的文件，以及出票人是否在银行开立账户，账户上是否有足额存款等。

（2）出票条件。即通过对出票单位有关财务会计资料的司法会计检查，查明票据申请人是否有足额银行存款，进账时间、方式、来源有无异常等。调查时，应注意查明相关的责任人和经手人，看其中是否有银行工作人员参与等情况。

（3）票据关系人。即通过审查票据上记载的事项，明确出票的时间、地点、方式以及票据关系人。票据关系人的确认主要是通过查验票据签章及银行密押进行的。代表单位经济行为的票据签章以双方开户银行的预留印鉴为准，主要包括法定代表人、单位财务专用章、会计主管人员的印章。除此之外，票据上还有业务经办人员的印章，如出纳、复核、记账等环节各经手人员的印章。票据签章代表着票据权利关系的确定、转移及相关人员的责任等重要内容。银行密押，是指银行汇票上记载的银行专用戳记，它是银行鉴别票据真伪的秘密标记，由专门的密押员负责审核。因此，检查票据上的签章、银行密押是明确票据关系人、判断票据真实性的关键。

2. 调查背书行为

审查票据关系人时，除了审查票据正面记载的收付款人及其开户银行外，还应特别留意票据背面的背书转让情况。背书是指持票人转让或授予他人票据权利，而在票据背面记载或签章，并交付的一种票据行为，它是汇票、支票、本票共有的行为。侦查时，应注意以下几点：

（1）查看票据背面或其加附的粘单，与背书人核查该背书行为是否存在，其签章是否真实、有效。注意其中是否有伪造、变造票据的嫌疑，特别是票据上加附的粘单粘接处是否有法定的签章。

（2）与出票人核对票据的背书内容，看票据上的记载事项是否有出入。背书不得附有条件，必须载有背书人签章、背书人名称、背书日期等内容，票据金额不得部分转让。

（3）根据伪造背书人签章、字迹及交付票据时的各种线索追查其伪造、变造票据的犯罪嫌疑人及其作案过程。

3. 调查承兑行为

承兑是指汇票的付款人在汇票的正面记载一定的事项，以表示其愿意支付汇款金额的一种票据行为。它是商业汇票特有的票据行为。承兑行为主要包括持票人的提示承兑和付款人的承兑或拒绝承兑两方面。侦查时，应注意仔细观察可疑承兑汇票，并收集、核查该汇票的各联凭证，看其中是否有伪造、变造银行承兑汇票的可能。具体来说，就是审查可疑承兑汇票本身的真伪，同时注意核对承兑汇票的不同联次是否一致、相关联次上的签章是否真实。

4. 保证行为

保证行为是票据债务人以外的个人或单位，以担保特定债务人履行票据债务为目的，而在票据上作出的承诺。它是汇票、本票的票据行为，支票签发不需要提供保证。提供保证的票据具有更大的抗风险能力，是票据结算中的常用形式。为此，票据诈骗案件中，作案人往往利用虚假担保，或与保证人、银行内部人员勾结作案。审查此类票据时，应注意票据正反面及粘单上是否有保证字样、保证人的签章及提供保证的日期、保证人名称和住所等。如果有，应进一步调查保证人与被保证人的关系、保证人的担保能力、与金融机构工作人员是否有勾结作案的可能等。

（五）查明被骗财物的去向

一般情况下，票据诈骗行为人总是利用犯罪得手与案发之间的时间差，迅速转移财物，或肆意挥霍，准备好各条退路，使被害人损失无法挽回，或使受害进一步加重。因此，侦查人员应及时控制犯罪嫌疑人，依法采取扣押、查封、冻结银行存款等强制措施，将损失降到最低限度。[①] 这不仅有利于案后的追赃工作，而且还有利于区别票据犯罪行为是个人行为还是单位集体行为。采取强制侦查措施必须适时、适当、适机，避免因采取强制措施给相关单位带来不必要的损失。特别是对一些从事重要业务，或具有一定职务的犯罪嫌疑人采取强制措施，更应慎重。

（六）开展外围调查，寻找案件线索

利用空白、空头支票和作废的票据进行诈骗是比较简单的作案方法。但侦查时，除了调查涉嫌票据的来源外，还应组织力量开展外围调查，即从发案单位对涉嫌票据的管理出发，一方面收集空白、空头支票的有关情况，如空白支票的领取、使用（包括作废支票的情况）、结存、管理情况，空头支票的账号及该账号的存取款情况，现有存款金额、透支金额及透支金额的去向等。另一方面，还要注意收集犯罪嫌疑人使用过的其他作废票据，作废票据的数量、作废原因及其他相关的证明材料，重点调查其中是否有勾结作案的可能。

第八节　洗钱案件的侦查

一、洗钱的概念

洗钱，是指明知是毒品犯罪、黑社会性质的组织犯罪、贪污贿赂犯罪、恐怖活动犯罪、走私犯罪、破坏金融管理秩序犯罪、金融诈骗犯罪的违法所得及其收益，仍通过各种手段掩饰、隐瞒其来源和性质，使其在形式上合法化的行为。

洗钱一词，是由英文 money laundering 直译而来，它最初的意思是指把赃款洗干净。这个词的起源就十分生动地描述了洗钱的方法。20 世纪 20 年代，美国芝加哥的一个有组织犯罪集团，谋取了大量的现金非法收益，为了使收入表面合法化，该集团的一名财务总管购置了一台自动洗衣机，为顾客洗衣物并收取现金，然后将其他的犯罪收益混入这部分合法收益中，作为正常的销售收入一起向税务机关申报，扣去应缴的税款后，剩下的非法所得就成了他的合法收入。简单来说，洗钱就是把非法收入经过"清洗"，使其合法化的过程。

（一）洗钱罪的主观"明知"

洗钱罪的认定，需要嫌疑人主观上"明知"上游犯罪的性质，这是侦查

[①] 肖琼：《试论票据诈骗案件的侦查对策》，载《上海公安高等专科学校学报》2005年第4期。

中的证明难点，地下钱庄等非法组织常常以"主观不明知"为辩护理由，导致实践中大量被称为"洗钱"的行为在最终定罪时只能被认定为"非法经营（外汇、期货）罪"。基于此，最高人民法院《关于审理洗钱等刑事案件具体应用法律若干问题的解释》（注释〔2009〕15号）（以下简称《洗钱案件司法解释》）第1条规定：《刑法》第191条、第312条规定的"明知"，应当结合被告人的认知能力，接触他人犯罪所得及其收益的情况，犯罪所得及其收益的种类、数额，犯罪所得及其收益的转换、转移方式以及被告人的供述等主、客观因素进行认定。

具有下列情形之一的，可以认定被告人明知系犯罪所得及其收益，但有证据证明确实不知道的除外：

1. 知道他人从事犯罪活动，协助转换或者转移财物的；
2. 没有正当理由，通过非法途径协助转换或者转移财物的；
3. 没有正当理由，以明显低于市场的价格收购财物的；
4. 没有正当理由，协助转换或者转移财物，收取明显高于市场的"手续费"的；
5. 没有正当理由，协助他人将巨额现金散存于多个银行账户或者在不同银行账户之间频繁划转的；
6. 协助近亲属或者其他关系密切的人转换或者转移与其职业或者财产状况明显不符的财物的；
7. 其他可以认定行为人明知的情形。

（二）洗钱的方式

根据《刑法》第191条规定，洗钱行为包括：

1. 提供资金账户的；
2. 协助将财产转换为现金或者金融票据的；
3. 通过转账或者其他结算方式协助资金转移的；
4. 协助将资金汇往境外的；
5. 以其他方法掩饰、隐瞒犯罪的违法所得及其收益的来源和性质的。

随着洗钱方法的发展，刑法列举的洗钱方式过于简单，所以《洗钱案件司法解释》第2条对"以其他方法掩饰、隐瞒犯罪所得及其收益的来源和性质"中的"其他方法"进行了解释：

（1）通过典当、租赁、买卖、投资等方式，协助转移、转换犯罪所得及其收益的；

（2）通过与商场、饭店、娱乐场所等现金密集型场所的经营收入相混合的方式，协助转移、转换犯罪所得及其收益的；

(3) 通过虚构交易、虚设债权债务、虚假担保、虚报收入等方式，协助将犯罪所得及其收益转换为"合法"财物的；

(4) 通过买卖彩票、奖券等方式，协助转换犯罪所得及其收益的；

(5) 通过赌博方式，协助将犯罪所得及其收益转换为赌博收益的；

(6) 协助将犯罪所得及其收益携带、运输或者邮寄出入境的；

(7) 通过前述规定以外的方式协助转移、转换犯罪所得及其收益的。

二、常见的洗钱方法

洗钱犯罪具有国际性，犯罪方法也具有极强的传播性，但因为每个国家的经济发展水平、金融监管力度和司法实践状况不同，各种洗钱方法在不同国家的应用也不一样。鉴于金融监管机构是反洗钱体系的第一道防线，规避金融监管是洗钱者需要考虑的重要因素，我国常见的洗钱方法有以下几种。[①]

（一）直接走私

由于"黑钱"来源的特殊性，很多贿赂、毒品犯罪的非法收益都是以现金形式存在的，把现金直接运输出境是最为简单的洗钱方式，即《洗钱案件司法解释》中"协助将犯罪所得及其收益携带、运输或者邮寄出入境的"方法。我国现在有很多的留学人员、外派工作人员和旅游者，国际往来频繁，有大量携带现金及贵重物品离境的机会，借助这些境外人员，"黑钱"很容易在国外得到妥善安置，再加上子女出国留学花费等，通过这种方法外流的资金不在少数。而且，很多洗钱者会把人民币先兑换成美元、欧元等外币或者购买贵重物品以减少体积、增加流通性，然后通过走私离境。2015年2月，青岛海关缉私局查获一起人民币走私案件，犯罪嫌疑人采取藏匿手法走私100万元人民币现钞出境至韩国，这类走私可能就与洗钱相关。

另外，利用内地与香港的毗邻关系，很多洗钱者还通过深圳携带现金至香港，再从香港转移到其他地方。2015年4月，皇岗海关查获一名藏匿大量外币现金的香港旅客，经调查，这个女子15天出入境记录高达90余次，有可能是为"地下钱庄"运货的"金融蚂蚁"。采用这种方法，虽然有被海关查处的风险，但几乎不留金融交易痕迹、脱离金融监管，一旦走私成功就难以追查。

（二）变相持有和消费

这种洗钱方法在我国也比较普遍，从目前查处的一些案件来看，很多上游

[①] 《刑法》中关于洗钱罪主体的界定，主要是指进行洗钱活动的行为人，不包括"自洗钱"的上游犯罪者，本书此处的分类从侦查的角度出发研究犯罪方法，不严格区分两者。

犯罪者会把赃款变成黄金、字画和珠宝等价值不菲的物品予以持有，相对大量现金而言，这种持有方式可以解释为"馈赠""祖传"等，多了一道屏障。近年来，随着虚拟财产的发展，也有部分洗钱者开始以"比特币"等虚拟货币、"网络游戏装备"等网络虚拟财产持有赃款进行洗钱。

利用民间借贷，是我国洗钱方法的一个重要特点。在浙江、福建和广东等经济发达地区，民间资金相当充裕，其流动量也很惊人，各种形式的企业民间融资、"标会"等屡禁不止，已经形成一个颇具规模的地下金融市场，其中"黑钱"所占数额不在少数。洗钱者乐于利用这种形式清洗"黑钱"，主要是因为借贷大多发生在熟识的个人与企业之间，或者是借给当地比较有信誉的"地下钱庄"，手续简单，交易方式宽松，不留痕迹。把"黑钱"投往这个渠道，既不用直接手持现金，分散资金也没有什么证据，还能得到可观的利息收益。

（三）利用"掩饰性存储"

为了使"黑钱"能够安全高速运转，利用银行等金融机构仍然是洗钱者乐于使用的途径，为了识别洗钱行为，各国的金融监管机构都规定了反洗钱措施，典型的就是对大额交易和可疑交易的监控和管理，包括交易报告、分析记录和保留期限等规定。我国在2007年实施了《反洗钱法》，规定了各类金融机构的反洗钱义务，如金融交易实名制、大额交易和可疑交易报告规定等，2017年又修订了《金融机构大额交易和可疑交易报告管理办法》，以期加强对洗钱犯罪的监管，其第5条第1款规定：金融机构对于单笔或者当日累计人民币交易5万元以上或者外币交易等值1万美元以上的现金缴存、现金支取、现金结售汇、现钞兑换、现金汇款、现金票据解付及其他形式的现金收支，应当向反洗钱监测分析中心报告。反洗钱中心则负责汇总各个金融机构的报告，利用数据分析发现洗钱犯罪的线索，如某个账户的现金存入量大，或者几个账户之间的转账频繁且异常等。为了避开报告制度，作案人往往进行"5万人民币和1万美元"以下的小额存储和交易数额，这种"掩饰性存储"规避了大额交易报告，在存入现金时不引起警戒，而后通过连续转账等汇集资金。

这种规避金融机构交易监管的洗钱手法非常普遍，而且侦查难度日益加大。以小额频繁转账为例，这种资金流动方式与洗钱犯罪"分散转入、集中转出，或者集中转入、分散转出"的特点十分吻合，但对于一个网站卖家而言，这属于在线零售业的正常交易规律，显然增加了洗钱犯罪的识别难度。

（四）利用其他金融交易工具

虽然证券、保险等机构也有反洗钱的监管和规定①，但相对银行业来说，这些金融行业的洗钱监管相对滞后，其大额交易和可疑交易报告和分析制度起步较晚，而且部分产品的匿名程度高，所以洗钱者也会选择这些金融工具进行洗钱。以股票为例，我国的股市交易规范性不强，"坐庄""老鼠仓"现象时有发生，大额的亏损或者收益都十分正常，适用于银行业的异常交易分析方法部分失灵，于是，洗钱者可以通过股票的相关交易、甚至是自买自卖存放和清洗"黑钱"。

保险业近年也成为洗钱者瞄准的目标，其中利用团险洗钱是比较常见的手法，企业以单位的名义购买团险，保单生效后，投保企业就"长险短做"，要求退保，并让保险公司将退还的保费汇入某些个人账户。这种情况可谓是犯罪方法和洗钱方法合二为一，企业管理者贪污企业款项进入个人口袋，看起来还像是退保费用。还有利用地下保单洗钱，目前越来越多的内地居民选择购买港澳台地区或国外保险机构的保险产品，其中，部分保险产品并非通过正常的公开渠道购买，而是由内地居民在境内完成保费交纳，再由中介推销人员将保费转交给境外保险机构，最后由境外保险机构在境外签发保单。这些地下保单多以人民币交费，以外币退保或理赔，为"黑钱"出境提供了便利通道。②

（五）利用虚假业务

避开金融系统的监管，还可以以虚假商业活动为掩护进行洗钱，这与直接利用银行业务不同，虽然钱款仍要流经银行等所在的金融监管范畴，但因为"黑钱"在流向银行之前有了"商业活动资金"的合理外衣，反洗钱监测分析难以从单纯的资金交易记录中发现洗钱的痕迹，所以更具有隐蔽性。这种方法是常用的一种洗钱技巧，根据虚假业务活动，又可分为以下几类：

1. 利用现金密集性业务。在我国，人们偏好使用现金，几乎所有的行业都有大额流转交易，"通过与商场、饭店、娱乐场所等现金密集型场所的经营收入相混合的方式，协助转移、转换犯罪所得及其收益的"情形时有发生，除珠宝黄金店铺、超市商店、典当行等"黑钱"流入的传统领域外，就连一般的房地产、实业投资等都是"漂洗"赃钱的好去处。随着网上交易的迅速发展，加上目前的监管比较薄弱，现在也有一些洗钱者开始利用网络支付方

---

① 如《证券期货业反洗钱工作实施办法》（2010年）、《保险业反洗钱工作管理办法》（2011年）等。

② 《七大保险洗钱手法曝光 团险洗钱最常见》，载《证券日报》2014年6月5日。

式作案。

2. 虚构交易活动。洗钱者先成立空壳公司或者利用某些公司的身份在银行开立账户，然后虚构公司的各种虚假商业活动，签订合同进行票据和资金流转等活动，并在这个过程中渗入"黑钱",《洗钱案件司法解释》中列举的"虚构交易、虚设债权债务、虚假担保、虚报收入"就是这种方式。

3. 虚假投资。一般说来，各个国家都鼓励投资活动，行政、司法和金融部门对投资资金的来源审查相对宽松，洗钱者利用这一点，可以借助向境外企业投资为名清洗"黑钱"；这其中既包括我国投资者向境外投资，也包括境外的非法收入向我国渗入[①]。非法收益者利用投资方式向公司企业转移"黑钱"，既可以在后续过程中不断"补资"，又可借投资收益之名把"黑钱"以合法收入形式流回自己手中，收放自如，还可以麻痹金融监管，比如国内的非法收益者把黑钱"放置"到境外后，再托其国外的亲戚朋友以投资名义把它"融合"回来。

（六）地下钱庄

在我国现阶段，以上所说的几种洗钱方法大多是由上游犯罪的非法利益获得者本人或者通过亲友直接参与整个流程，不妨称之为"自产自销"型的洗钱活动。而"地下钱庄"作为我国的洗钱主力，专为他人清洗"黑钱"，是目前主要的专业洗钱组织，在已经查获的一些非法收益数额较大的上游犯罪中，很多涉及到地下钱庄的洗钱行为。

本质上说，很多地下钱庄也是通过"利用空壳公司、开立假票据"这一方法清洗"黑钱"，但其规模较大而且专业化程度高，通常一个地下钱庄可能控制十几个乃至几十个分布在境内外的公司企业账户，而且这些企业多是以"贸易公司"为名，互相之间可以进行跨境外汇资金往来。他们的洗钱过程非常方便快捷，假设一个境内客户要把大量人民币换成外币并在香港存储或提取，他只需将人民币现金或存款直接交给"地下钱庄"或存入其指定的账户，"地下钱庄"就会虚设一笔相应数额的贸易往来，支付外汇到客户指定的香港账号，随着地下钱庄的规模化和业务量增加，可能同时接到多个不同方向的资金往来委托，例如，接到上述委托时，还有一个骗取出口退税的委托人需要从境外向境内账户汇入外汇，这样他们就不需要每次都在两地实际进行资金往来，只"对冲"完成单边划拨即可。这些地下钱庄为保证交易安全，会采取

[①] 曾有国外一个犯罪组织在我国某省投资建立了一个饲料厂作为他们洗"黑钱"的渠道，资金往来一直比较反常，但当地政府和金融机构都对此警惕性不高，直至6年后才被警方查获。

一些反侦查的手段,如外表伪装成简单的贸易公司;注重交易安全,只信赖老客户;频繁更换资金往来账户等。作案人利用地下钱庄洗钱,既安全,成本又低,在未来很长的一段时间内,地下钱庄仍会是我国组织性洗钱的主力。

(七) 网络洗钱

与上述洗钱的具体方法分类不同,网络洗钱是指洗钱借助于网络工具的一个笼统类别,上文介绍过的变相持有、利用虚假交易、购买其他金融工具等,都越来越多地借助于网络,成为网络洗钱方法。2013年,浙江警方抓获一贩毒分子,发现其交易方式竟然是与买主约定将赃款换成游戏币划入游戏账号,随后嫌疑人再将游戏币进行兑换。①

地下钱庄也都大量使用网银支付方式,这种转账方式,使行为人不必在银行柜台留下痕迹,交易方便、快捷。第三方支付的参与,也极大地方便了洗钱者,通过第三方支付进行资金的转入转出,交易双方的对应性被掩盖,更难分辨资金的来龙去脉;另外,第三方支付也为网络赌博、资金托管、虚拟财产持有等洗钱方式提供了便利。

三、洗钱案件的侦查

(一) 主管机关

按照我国法律规定,洗钱犯罪的主管机关包括两类:一类是金融监管机构,主要是指中国人民银行的反洗钱部门;另一类是洗钱犯罪的侦查主体,主要是指公安机关。目前,中国人民银行的各个分支机构都建立了反洗钱部门,负责各银行、证券、保险等金融机构大额和可疑交易数据的汇总和分析,初步调查后会把涉嫌洗钱犯罪的案件信息移交给侦查部门,由侦查部门负责案件的侦查工作,两者互相协调、分工合作。

(二) 线索来源

洗钱犯罪中,侦查机关的线索来源主要有以下几个方面:

1. 上游犯罪

走私、贪污和金融诈骗等案件都是以获得非法收益为目的,发现和侦破类似上游犯罪时,必然涉及非法收益的去向问题,可能会得到相关线索。

2. 金融机构和金融监管机构的移送

因为大多黑钱最终还是会流经银行、证券等金融机构进行清洗,所以金融

---

① 李曹:《令人瞠目 游戏网站成贩毒洗钱工具》,载 http://www.legaldaily.com.cn/bm/content/2013-03/21/content_ 4295098. htm? node = 20740 。

机构在日常业务中发现以及中国人民银行的反洗钱监测分析是发现洗钱犯罪的重要渠道，根据中国人民银行反洗钱局的统计，2015年中国人民银行各分支机构共发现和接收可疑交易报告5893份，筛选后对764份可疑交易报告开展了反洗钱行政调查；中国反洗钱监测分析中心全年共向国内有关部门移送可疑交易线索186份、通报402份。①

实践中，金融监管部门移交给公安机关的有洗钱嫌疑的线索，已然经过了金融部门相当程度的分析，资金数额、所有者情况、往来账户、可疑原因等信息已比较清楚，公安机关接到报告后，需要先对这些报告进行初步审查，如果认为所涉企业或个人确有洗钱嫌疑的，应该马上制定侦查计划，迅速展开侦查。

3. 其他部门的移送

一些商店门可罗雀，却照样运转纳税；一些公司规模很小，却常有大笔的资金流动；一些企业的产品质量一般，却总是能卖出好价钱，这些都是异常的商业活动，存在洗钱嫌疑。从这些异常活动入手，可能会发现洗钱犯罪线索。这类线索的审查重点是比较公司的营业状况和资金流量是否正常，可以从工商部门审查其经营状况，从税务部门了解其纳税金额，从银行了解其资金流向等，并使各种证据相互印证，从而审查是否实际存在真实的业务往来，是否按照银行交易记录的记载金额支付货款，是否有可疑账户之间的频繁转账等。另外，海关、典当行、拍卖行等机构也可能会在日常业务中发现洗钱犯罪。

4. 知情人举报

洗钱犯罪涉案人员多、犯罪过程长，知情人也就相对较多，如空壳公司的工作人员、关联公司知情者等，但另一方面，洗钱犯罪一般没有直接的受害者，知情人往往基于其他的利害关系才进行举报，可能有夸大或者诬陷，对他们的举报内容要仔细核查。

（三）洗钱犯罪的侦查要点

洗钱是一个掩饰、隐藏赃款来源和性质的过程，所有过程都伴随着"钱"的流转，虽然洗钱者采用的掩饰手段有时使"黑钱"难寻踪迹，但实际上"黑钱"总是处于一个连续流转的状态。因此，应以"钱"为中心，以资金走向为对象开展侦查活动，顺"钱"摸瓜打击洗钱犯罪。

1. 查询关系人

因为涉及钱款账目往来，所以大多提供账户、协助交易的洗钱案件嫌疑人

---

① 资料来源：中国人民银行反洗钱局。载 http://www.pbc.gov.cn/fanxiqianju/135153/135178/135227/3137410/index.html，2017年6月30日浏览。

与上游犯罪嫌疑人有比较密切的关系，因此无论是从上游犯罪入手查找洗钱者，还是从洗钱活动入手查询"黑钱"来源，都可以从排查关系密切的亲友入手。对前者而言，查到洗钱者不但能收集洗钱犯罪方法的相关证据，也是对上游犯罪赃款赃物的及时处置；后一种情况，确定资金提供者不但利于证实洗钱行为，也是发现上游犯罪的一种途径。

2. 查询资金账户

具体措施主要是查询洗钱行为涉及的存款、股票、期货和保险账户等，并认真分析财务往来关系，核查关联账户是否有真实业务交易等。另外，因为洗钱者会频繁更换账户，并且利用网络银行迅速转账，所以一定要及时采取冻结等相关措施。

3. 查证交易关系

对于使用虚假交易、虚设担保和虚设债权债务等方法洗钱的，侦查的关键在于证实这些交易内容并不存在，调查其涉及的经营业务、担保物品、往来账目等内容，可以查证交易的虚实。对于买卖彩票、赌博、典当等，也要通过查询其交易流程，调查业务的真实性。

4. 讯问犯罪嫌疑人

洗钱犯罪方法多、手段隐蔽，想从犯罪嫌疑人处找到突破口，需要讯问人员充分了解案情，掌握相关金融知识，方能有效组织讯问活动。需要特别注意的是，不但要针对钱款流向进行讯问，而且要结合相关规定得到证明犯罪嫌疑人"明知"故意的证据，如"没有正当理由，以明显低于市场的价格收购财物的""没有正当理由，协助转换或者转移财物，收取明显高于市场的手续费的"等。

5. 加强侦查协作

洗钱犯罪的侦查，必须加强与工商、税务、海关、金融机构及监管机构的合作，尤其是作为洗钱主管机关之一的金融监管机构，两者的协作不但体现在案件移送上，也体现在后续的侦查配合上，尤其是涉及到专业性比较强的金融业务，可以向他们咨询意见。另外，洗钱行为往往涉及跨地区甚至跨国家的资金流转，侦查中还需要得到其他国家地区和侦查机关的协作。

第十三章 知识产权犯罪案件侦查

2009年11月,犯罪嫌疑人李某伙同张某、陈某等人,由李某提供《百年世博》邮币纪念册及世博真门票样本,由陈某非法印制假门票1000张,由张某采用黏合加厚、涂刷荧光防伪油墨等方式二次加工,制作了500张高仿真假门票,目前流入市场的假门票数10张,其余假门票及底片因李某、张某两人获悉案发而畏罪销毁。

上海警方还会同江苏昆山警方破获一起涉嫌销售假冒注册商标的商品案。经查,2009年10月至今,犯罪嫌疑人吴某、涂某、周某以自行加工生产及从浙江进货等方式囤积大量假冒上海世博会特许经营商品"海宝"绒毛玩具、挂件等商品,并在上海南京东路步行街、豫园等地销售。周某等人已累计销售假冒"海宝"绒毛玩具、挂件等商品共计数十万余件。①

第一节 知识产权犯罪案件概述

21世纪是知识经济时代,知识产权在推动经济发展中的作用也越来越大,与此同时,知识产权也日益成为作案人关注的焦点,目前,侵犯知识产权犯罪已成为联合国规定的17类跨国犯罪中最为严重的犯罪之一。近十几年来,我国的知识产权保护工作进展非常快,但令人遗憾的是,侵犯知识产权的各类犯罪活动并未得到迅速有效的遏制,甚至在部分地区、在某些领域,还有越演越烈之势。2016年,全国检察机关依法履行各项检察职能,严厉打击侵犯知识产权犯罪,共批准逮捕涉知识产权犯罪2251件3797人,起诉3863件7059人。② 知识产权犯罪不但侵犯了权利人和消费者的合法权益,败坏了商业道德和信誉,而且严重阻碍了企业的创新和发展,扰乱了社会主义市场经济秩序,同时损害了我国履行入世承诺的良好形象,造成了恶劣的国际影响。知识产权

---

① 新华网 http://news.163.com/10/0724/15/6CCA7MR7000146BC.html,2010年5月10日浏览。

② 最高人民检察院网站 http://www.spp.gov.cn/xwfbh/wsfbh/201701/t20170124_179498.shtml,2017年6月11日浏览。

犯罪活动日益猖獗,究其原因,除了刑事立法上的缺陷外,另外一个重要原因就是公安机关在应对这类较新类型的犯罪活动时,办案经验不足,打击措施不力,显得有些措手不及。因此,如何有效提高公安机关对知识产权犯罪案件的侦查效率,以便更好地履行其打击犯罪的职责,就成了一个具有非常重要现实意义的课题。

一、知识产权犯罪案件的概念

知识产权这一概念起源于西方,最早见于17世纪法国卡普佐夫的著作,后为比利时法学家皮卡第所发展。1967年,《建立世界知识产权组织公约》在瑞典的斯德哥尔摩签订,正式在国际公约中使用了"知识产权"这一法律术语,并得到了绝大多数国家的认可。

作为一个法律概念,知识产权在具体的范围界定上存在着广义和狭义之分:广义的知识产权,它的范围可以包括一切人类智力活动创造的成果,主要体现在一些国际条约或国际会议报告当中;狭义的知识产权,又被称为传统的知识产权,它包括工业产权和文艺产权两部分,在世界多数国家的具体立法中主要采用这一界定。

根据我国《商标法》《专利法》《著作权法》《反不正当竞争法》等有关知识产权法律法规的规定,我国知识产权的范围主要包括商标权、著作权、邻接权、专利权、发现权、发明权和其他科技成果以及禁止不正当竞争权等内容。但目前在我国刑事法律领域,知识产权的范围被严格限定为著作权、商标权、专利权和商业秘密权四种。

侵犯知识产权的案件是指违反知识产权法律规定,侵犯他人的知识产权,破坏知识产权管理制度和秩序,情节严重的行为。根据《刑法》分则中第三章第七节的规定,侵犯知识产权罪分别包括商标权犯罪(假冒注册商标罪;销售假冒注册商标的商品罪;非法制造、销售非法制造的注册商标标识罪)、专利权犯罪(假冒专利罪)、著作权犯罪(侵犯著作权罪;销售侵权复制品罪)和商业秘密权犯罪(侵犯商业秘密罪)四个方面的七个罪名。

二、知识产权犯罪案件的特点

当前侵犯知识产权犯罪案件主要具有以下特点:[①]

---

① 赵斌、曹文智:《浅议侵犯知识产权犯罪侦查》,载《中国人民公安大学学报》2005年第2期。

(一) 特定犯罪类型突出

在侵犯知识产权犯罪的七个罪名中,侵犯商标专用权犯罪案件(包括假冒注册商标、销售假冒注册商标的商品和非法制造、销售非法制造的注册商标标识)一直高居发案、立案之首,占比达80%以上。除了侵犯商标权犯罪之外,其余相对较多的是侵犯著作权犯罪和侵犯商业秘密权犯罪。2016年,全国检察机关打击的侵犯知识产权犯罪,共批准逮捕涉知识产权犯罪2251件3797人,起诉3863件7059人。其中,批捕假冒注册商标罪1037件1911人,起诉1684件3259人;批捕销售假冒注册商标的商品罪873件1330人,起诉1486件2470人;批捕非法制造、销售非法制造的注册商标标识罪167件264人,起诉294件556人;批捕侵犯著作权罪66件97人,起诉182件307人;批捕侵犯商业秘密罪22件36人,起诉25件57人。[1]

(二) 作案区域集中

从全国看,东部沿海地区比中西部地区情况严重。当前知识产权犯罪案件主要集中在广东、北京、浙江、江苏、上海、山东等经济发达地区,并且有向这些地区进一步集中的趋势。2005年这六省市受理的一审知识产权案件占全国同类案件总量的比例达65.38%。[2] 从局部看,也是经济发达地区比经济欠发达地区严重。例如在广东省内,珠三角地区的发案率就要大大高于粤西、粤北地区。

(三) 案件朝专业化方向发展

知识产权犯罪正在向电子通讯、电子商务、网络技术等新兴领域渗透。北京市人民检察院发布的《2016年北京市检察机关知识产权刑事司法保护白皮书》显示,2016年,利用淘宝、微信、58同城、百度贴吧等电子商务平台实施侵犯知识产权犯罪的案件约占40%以上。网络售假呈现一条龙发展趋势,犯罪分子利用电商平台相互勾结,完成采购、销售全部交易过程,如林某、陈某销售假冒耐克鞋案,二人利用淘宝、百度贴吧采购假冒耐克鞋,通过微商平台售卖,涉案金额达300余万元。

知识产权犯罪所使用的技术正在向高新技术扩展,犯罪活动过程中所使用的设备和技术越来越先进,制假水平越来越高,高科技犯罪挑战着传统的办案

---

[1] 最高人民检察院网站 http://www.spp.gov.cn/xwfbh/wsfbh/201701/t20170124_179498.shtml,2017年6月11日浏览。

[2] 高绍安:《2005年全国法院对知识产权提供了强有力的司法保护》,载《中国审判新闻月刊》2006年第4期。

模式。例如：2012年4月上海市杨浦区法院审结一对姐弟涉嫌销售假冒注册商标的商品案件，而这起案件中，作案人进货和销售渠道皆通过网络进行。2010年10月，弟弟王甲使用自己及他人的身份信息在淘宝网上分别注册三家网店，并通过淘宝网从位于广东省广州市的谢某经营的网店，以低价购入假冒TISSOT、CASIO等品牌的手表后，在自己开设的三家淘宝网店进行销售。而姐姐王乙则负责与客户联系，商谈交易价格等相关事宜。2011年4月，王甲和王乙姐弟在住处被抓获。公安机关当场查获TISSOT、CASIO、LONGINES、OMEGA等品牌手表共400余只，以及大量带有TISSOT标识的保修卡、吊牌等手表配件。而上述手表及配件经权利人鉴定，均为假冒注册商标的商品。通过对假冒产品与正宗产品比对，发现其外观与正宗产品几乎完全一样，仿真程度之高难以识别。由于知识产权领域本身专业性就很强，高新技术企业核心技术内盗案例越发增加。如北京市检察机关办理的臧某某等三人侵犯商业秘密案，高新技术企业研发及管理人员离职后使用权利公司管理信息系统软件后再加工，对外销售获利400余万元。

（四）作案手法复杂多样

随着公安机关打击知识产权犯罪活动的力度不断加大，违法作案人为躲避法律的惩处，作案手法已经积累了一套所谓"应付经验"，具有较强的反侦查能力。

1. 化整为零。在人赃俱获时，犯罪嫌疑人往往谎称是多人所为，但又不是共同犯罪。这样，其个人非法经营数额就达不到追诉标准。

2. 流动生产。在甲地生产，在乙地非法制造注册商标标识，然后在丙地进行粘贴，并当即拉走，不留存货。

3. 遥控指挥。许多策划制假的首犯并不露面，只与生产假冒产品的工厂主管人员单线联系。

4. 组织严密。许多侵权制品生产商不时更换工厂地点，并且威胁工人不得打探、询问、泄露任何有关工厂的事情。

第二节　知识产权犯罪案件的一般侦查方法

侵犯知识产权犯罪作为破坏社会主义经济秩序罪的一种，按照刑事诉讼法有关职能管辖的规定，如属于公诉案件，则依法由公安机关侦查管辖。同时，按照公安机关内部职能分工，侵犯知识产权犯罪案件由犯罪地公安机关的经济犯罪侦查部门负责侦查。

一、知识产权犯罪案件的侦查难点

在办理知识产权犯罪案件中,基层公安机关普遍反映办案存在一些难点和突出问题。

(一)直接获取的情报线索少,一线案源不多

我国知识产权保护大多还停留在民事和行政保护层面,进入追诉环节的刑事案件数量与行政处理、民事判决数不成比例,知识产权刑事司法保护的职能和作用还没有完全体现和发挥。① 其中一个重要原因是,由于立案标准和奖励落实的原因,举报人宁可向工商、海关、技术监督等行政执法机关举报而不愿意向公安机关举报。

(二)行政执法与刑事司法衔接不畅,移交案件少

有些行政执法部门对于知识产权犯罪案件往往降格处理,在查处案件之初没有及时将有关情况向公安机关通报,通常出于经济利益考虑以罚代刑或先作行政处罚后才移送,导致一些重要证据灭失、一些作案人员逃离,贻误了侦查取证的最佳时机,给公安机关立案查处带来很大困难。执法实践中,行政执法部门移送的知识产权犯罪案件的数量占总受案数的比例不大。②

(三)刑事证据标准不明确,案件定性困难

打法律的擦边球、钻法律的漏洞,是知识产权犯罪嫌疑人惯用的伎俩。司法实践中,知识产权犯罪行为往往与一般的民事侵权行为或者其他犯罪行为混在一起,涉及到罪与非罪、此罪与彼罪的问题,定性证据要求比较苛刻。相对而言,行政处罚对证据的要求低于刑事诉讼对证据的要求,一些在行政执法部门看来达到刑事追诉标准的案件,由于对证据要求不一致,在公安机关看来却是证据不足,有的甚至定性立案都很困难,难以进入司法程序。

(四)地方保护主义的影响

从近几年来的办案情况看,真正由侵犯知识产权嫌疑人所在地的行政执法部门和公安机关主动立案查处的案件少,大多数是权利人所在地行政执法部门和公安机关在接到权利人举报后查处的,而执法部门在相互协作中也是困难重重,一些侵权行为发生地执法部门从地方利益出发,虽然对案件具有管辖权,但办案不积极不主动,而被侵权地执法部门虽然想处理,但苦于无权管辖,难

---

① 赵国玲:《知识产权犯罪调查与研究》,中国检察出版社2002年版,第348页。
② 中国经济网 http://m.ce.cn/bwzg/201701/25/t20170125_19865714.shtml。

以追究侵权人的刑事责任。

（五）知识产权犯罪案件专业性强，对办案水平要求较高，影响办案质量和效率

侵犯知识产权犯罪属于智能型犯罪，违法作案人往往具有一定的专业知识和技能。但与之相对应的办案人员普遍缺乏办理此类案件所需的专业知识和经验。因此，在收集证据、讯问犯罪嫌疑人时往往会不得要领，找不到案件的切入点和关键之处，难以入手，易出现畏难情绪，不能主动地、创造性地运用侦查谋略手段对案件展开侦查工作。例如：在侵犯商标权的违法犯罪活动中，违法犯罪嫌疑人普遍采用在交易中不设账册、不出具票据、现金交易、异地结算等手段，造成公安机关发现难、取证难、抓捕难，在一定程度上影响了打击的力度、办案的质量和效率。

（六）网络侵权犯罪发展迅速，办案经验与理论支持不足，打击困难

网络数字化技术的运用为侵犯知识产权的犯罪行为提供了新的空间和技术条件。与物理世界相比较，虚拟世界里犯罪嫌疑人对知识产权的侵犯呈现出不同的特色，以致在运用传统理论来分析这类行为时产生困惑，给打击网络知识产权犯罪带来很大的困难：一是定性难。侵权行为和合法行为、合法所得和非法所得混杂在一起，难以认定侵权金额。例如互联网上流行的未经授权免费下载软件、影视作品的行为，虽然侵犯了著作权人的利益，但行为的性质、动机、目的、数额都很难认定。二是调查难。电子数据易复制，难以认定最初侵权的嫌疑人。尽管犯罪嫌疑人会在网上留下蛛丝马迹，但老练的罪犯会利用技术在电子证据上大做文章。他们或是直接清除自己在电子空间上留下的痕迹，或是直接在电子证据上改动而没有痕迹。因此，获得这些电子证据并非易事，即使获得，其真实性和安全性也令人担忧。三是法律适用难。侵权犯罪在网络上发生异化，传统立法难以与网络犯罪相适应。[1]

二、知识产权犯罪案件的侦查方法

（一）案前审查的要点

案前审查是指侦查人员接收到知识产权犯罪线索后，对有关具体情况进行的初步审查工作，旨在查明受理线索是否具备立案条件，确定有无案件事实发生，犯罪嫌疑人是否应被追究刑事责任，如果具备立案条件是否归本部门

---

[1] 杨辉：《试论侵犯网络知识产权犯罪》，载《法制与社会》2008年第8期。

管辖等。①

1. 案前审查的主要内容

（1）核实涉案的有关个人和单位身份的证明文件。对于案件材料中反映出的有关人员要核实其真实身份，包括人数及姓名、性别、工作单位、居住地等情况，必要时可向有关部门进行核实。涉及单位犯罪的，可以通过工商部门调查涉案单位是否存在及其工商注册的有关情况是否属实，诸如单位名称、法定代表人、注册资金、经营范围、营业执照有效期限以及工商注册的变动情况等。

（2）核实涉案人员之间的关系文件。知识产权犯罪案件常与经济纠纷、经济违法行为交织在一起。有些经济纠纷的当事人为了挽回经济利益，常将事实夸大并向公安机关报案，希望公安机关介入。因此，侦查部门应当对涉案人员的关系进行核实，查明涉案人员之间有无经济纠纷或不正当经济往来，如侵犯著作权犯罪案件要查明著作权人是否授权，与侵权人之间是否有合约；侵犯商标权犯罪案件要查明权利人与侵权人之间有无合作关系；等等。

（3）核实能够证明案件成立的有关背景材料。受理的侵犯知识产权犯罪案件能否成立，关键是看有无侵犯知识产权的案件事实及犯罪后果。审查案件事实时，首先应查明报案人等是否享有权利及权利保护情况，如出版物的出版登记资料；专利的种类、专利的申请时间、批准时间、专利文书、专利研制材料、专利技术的生产、经营、销售等基本情况；被侵犯商标的种类是文字商标、图形商标还是两者组合的商标，商标核准注册的时间，商标的有效期，有无为便于识别而做的记号，记号的位置、形状；商业秘密的种类、商业秘密的保密范围；等等。核实这些背景材料对于决定立案与否至关重要。②

（4）核实有关犯罪的证据材料。审查时，还应对报案人或举报人提供的有关犯罪的证据材料进行核实。看证据材料是否真实可靠，是否能证明案件事实的存在。例如要注意核实盗版制品的情况；假冒商品的外观设计、仿冒效果及使用情况，被害人选购物品的过程及使用后产生的伤残后果；专利权持有人的专利产品、作案人假冒的专利产品；商业秘密被侵害的方法及整个过程；商业秘密被侵害给权利人造成的损失等。③

2. 案前审查注意事项

（1）案前审查阶段一般不采取限制犯罪嫌疑人人身权利和财产权利的侦

---

① 宫毅：《知识产权犯罪案件侦查》，群众出版社2004年版，第27页。
② 张月亭：《刑事侦查学》，群众出版社1998年版，第56页。
③ 王晓峰：《知识产权犯罪侦查研究》，郑州大学2007年硕士学位论文。

查措施。

（2）案前审查要加强实地调查。在实践中，侦查人员不仅要注重对报案材料进行书面审查，还应进行实地调查。这也有助于侦查人员获得第一手的资料和证据，还可以得到感性认识，加深对案件环境、侵权条件等的认识。

（3）案前审查要有保密措施。切忌在没有做好充分准备的情况下轻易与审查对象接触，接触中要小心谨慎，不暴露身份和意图，避免打草惊蛇。

（4）案前审查时间要适当。案前审查阶段不宜太长，要严格遵循法定程序，迅速查明立案所需要的一切情况，保证下一步工作的顺利进行。

通过案前审查，对照知识产权犯罪案件的立案标准，对受理的有关知识产权线索应根据《公安机关办理刑事案件程序规定》分别进行处理。案前审查中发现案件事实确实、应当追究刑事责任的，并且属于本部门管辖范围的，公安机关应当立即结束案前审查，办理立案侦查手续，填写《立案报告书》并报县以上公安机关负责人审批，予以立案。知识产权犯罪案件的侦查必须遵守先立案，后侦查的原则，同时要坚决杜绝先破后立、不破不立等立案不实的现象。①

案例一：2008年1月18日，广东省中山市工商执法人员对某电器厂进行检查时，查获该厂自产、标注"Haotaitai ❀"商标的抽油烟机一批，价格鉴定价值人民币512400元。经核实，"好太太""Haotaitai""❀""好太太"均为同一权利人注册使用。该电器厂未经上述注册商标所有人或其他相关权利人许可使用上述注册商标。2008年3月1日，中山市工商行政管理局认为该案符合刑事追诉标准，将本案移送中山市公安局。后经征询广东省公安厅和中山市检察院相关业务部门意见，均认为该案在客观要件上不符合假冒注册商标罪的犯罪构成，建议退回行政机关处理。2008年4月7日，中山市公安局对该电器厂假冒注册商标案作出不立案决定，退回工商部门行政处理。②

案例二：2015年9月至2015年11月，被告人张某为非法牟利，在未取得宝洁（中国）有限公司商标使用许可的情况下，生产和销售假冒"飘柔""海飞丝""潘婷"洗发露和"玉兰油"多效修护霜。2015年11月12日，汉川市工商局现场查获成品假冒"飘柔""海飞丝""潘婷"洗发露和"玉兰油"

---

① 马克：《侵犯知识产权犯罪案件的侦查》，西南政法大学2007年硕士学位论文。
② 黄锦炼：《从我市办理的两起案件谈对"相同的商标"的理解》，载广东省公安厅经侦局2008年5月16日信息通报。

多效修护霜共计5300余瓶,查获印有假冒"飘柔""海飞丝""潘婷"商标标识的空瓶及纸箱共计2.8万余个。经鉴定,上述涉案成品洗发露、修护霜价值共计人民币29万余元;上述涉案空瓶、纸箱上的标识与"飘柔""海飞丝""潘婷""玉兰油"注册商标完全相同。2016年1月8日,汉川市检察院通过两法衔接信息平台发现本案后,侦查监督部门派员迅速前往汉川市工商局了解案件情况。检察机关在走访调查中了解到,举报人多次反映张某的行为系侵权违法行为,汉川市工商局虽然及时查处,但因张某在查处当天潜逃而没有将案件移交给公安机关。汉川市检察院通过调取案件材料、核实证据、走访相关执法人员后发现,该案符合刑事立案追诉标准。2016年1月11日,汉川市检察院侦查监督部门向市工商局发出《建议移送涉嫌犯罪案件函》,汉川市工商局收到建议函后于次日将该案移送汉川市公安局。汉川市公安局没有在《公安部关于改革完善受案立案制度的意见》规定时间内作出是否立案的决定。1月18日,汉川市检察院向汉川市公安局发出《要求说明不立案理由通知书》。该局没有按要求书面回复不予立案理由。2016年3月8日,汉川市检察院发出《通知立案书》通知汉川市公安局立案侦查。3月11日,汉川市公安局以张某涉嫌假冒注册商标罪对其立案侦查,并于同年7月7日将犯罪嫌疑人张某抓获归案。

(二)案情分析的要点

知识产权犯罪案件不同于普通的刑事案件,常常缺乏犯罪的第一现场,在作案的时间、空间上常常不具备可供具体分析的因素,在作案工具、作案的因果关系上不具有特定性。因而必须认真深入地分析判断案情。只有通过分析判断案情才能确定正确的侦查方向和范围,为下一步的侦查活动打下良好的基础。

1. 分析案件性质

找准其法律特征和犯罪构成的要件,以便从作案方式、人员构成、经济情况等入手,查明案件性质,决定侦查目标。例如,对于复制发行"微软公司WINDOWS操作系统软件"行为,虽然该行为会侵犯微软的商标权,也会侵犯微软公司的计算机软件程序方面的专利权利,但是,复制行为实质上属于盗版行为,即属于侵犯著作权罪中未经著作权人许可,复制发行计算机软件的行为,因而应构成侵犯著作权罪,侦查中应从侵犯著作权罪入手。

2. 分析作案方法

这是最终认定作案人本身情况的重要内容。应针对不同类型的知识产权犯罪案件具体分析作案人的作案方法,从中获取线索。比如,对于销售假冒注册商标商品案件和非法制造、出售非法制造的商标标识案件,作案手段常常是跨区域作案,甲地制造、乙地出卖,可通过研究该假冒商品和标识的数量、制作工艺等特点,分析其来源,总结其作案规律,进而确定假冒商品和标识的重点生产范围和作案人的主要活动范围。例如1995年5月,四川查获的一起假冒"五粮液"案中,侦查人员发现假冒的"五粮液"标识制作工艺较高,外观、质地都与真品无太大差别。经专业技术人员鉴定,伪造手段与浙江苍南一带近似。抓住这一有价值的线索,侦查人员秘密对苍南到蓉人员以及经常往返于苍、蓉两地的人员进行了监控。很快,一名苍南籍男子王某某在销售伪造的"五粮液"注册商标标识过程中被查获。经过审查,他供认了参与销售的另外几名同伙以及主要的买主四川省成都市某酒厂。后经进一步审查核实,该酒厂因销路不畅,濒临破产,遂产生了假冒"五粮液"的念头,先是购买了大量的"五粮液"酒瓶,后又向苍南流窜至蓉人员购买假冒标识,再灌装上自产的普通白酒,冒充"五粮液"出售,以牟取暴利。最终,制假、售假者均被绳之以法。[①]

(三) 案件侦控的要点

1. 从犯罪嫌疑人入手展开侦查

公安机关根据犯罪嫌疑人呈现出来的一些规律,以此为切入点,展开侦查工作。这种方式是以人为中心展开侦查,即通过对被管控嫌疑对象主动开展全方位的情报调查和对有关情报资料的分析研究,发现违法线索和证据,进而破案。这种模式是从各方面的情报信息中发现犯罪嫌疑人以此作为侦查工作的切入点,其工作模式的重心是围绕着犯罪嫌疑人所进行的动态控制,它离不开刑事特情、阵地控制和犯罪情报刑侦基础工作。[②]

知识产权犯罪案件与其他刑事案件和经济案件相比,一个重要的特点即是相当多的犯罪嫌疑人受相同行业生产经营的制约和经济往来的需要,通常要与被侵权者接触甚至是长时间的正常来往,有些还是被侵权人身边的亲朋好友或同事。正常情形下,犯罪嫌疑人的身份、特征、基本情况通常是较为明显,因此在侦查中,调查犯罪嫌疑人的基本情况是一种有效的侦查措施。另外,有些犯罪嫌疑人故意隐瞒其身份,持非法证件和生产经营文件进行犯罪,这就需要侦查人员注意两点:一是要开展深入细致的调查访问,广泛围绕被侵权人的社会关系进行分析剥离,通过技术鉴定、情报信息工作等方法全面了解犯罪嫌疑人的情况;二是要从犯罪嫌疑人的活动规律入手开展侦查。知识产权犯罪与刑

---

① 李慧伦:《经济犯罪案件立案标准与侦查新技术新方法》,公安科技出版社2006年版,第126页。

② 马克:《侵犯知识产权犯罪案件的侦查》,西南政法大学2007年硕士学位论文。

事案件不同,不需要选择夜黑风高时去杀人,而常常是在光天化日之下以普通正常的生产经营为掩护进行的,有些犯罪嫌疑人在异地进行违法的生产、经营活动,其与被侵权人并不相识与往来,因此就不会也没有必要把自己完全隐藏在不公开的场合。即使是有些地下的犯罪活动,其作案的时间、地点和方式是隐蔽的,但要让其产品和成果走向市场以达到盈利的目的,犯罪嫌疑人就必然要出现在公开的场合。侦查人员应注意发现犯罪嫌疑人生产、经营的活动范围,发现其生活、交往的圈子,发现其日常行动和衣食起居规律,全面调查了解其爱好兴趣和性格特点。

2. 从侵权对象入手展开侦查

以侵犯商标权的犯罪案件为例,这类案件多以团伙犯罪形态出现,作案人必须通过一系列的环节,经过一定的营销网络才能实现赢利的目的,团伙犯罪是其必然选择。因此,在对侵犯商标权的案件进行侦查中,对嫌疑现象应当树立深入调查的观念,这些嫌疑的现象包括发现了销售假冒的注册商标、销售假冒商标的商品等。通过这些信息带出更多的犯罪证据,查清犯罪走向,从而有利于划定侦查范围。在此基础上,深挖犯罪全貌,最终侦破犯罪。此外,团伙犯罪跨地区作案的情况中,可以通过点、线上获取的该假冒商品的标记的结构、用料、工艺等,分析其来源,总结作案规律,进而确定假冒商标和标识的重点生产范围和犯罪嫌疑人的主要活动范围。①

又如对于侵犯著作权和非法出版的案件,可对出版物本身进行研究。根据所用纸张的光泽、厚度、克重、纤维结构、形态等判断纸张来源、产地、销售和使用范围;根据油墨的色泽、浓度、染料成分等分析印刷质量和技术水平;根据音像制品的科技含量和音质、色彩情况分析其设备情况,看盗版实物是专业化技术较高的激光照排系统排版、大型胶版印刷系统印刷,还是照片制版、手工刻版等方法,科技含量较高的一般可能出自大型正规印刷厂,而简易原始的印刷可能出自"地下工厂"。对于盗版音像制品,可从其画面、音效等方面分析是简易设备翻录,还是正规激光唱盘、视盘生产线生产;是模仿数码录音技术制造音效,还是具备数码制作条件。通过分析技术特征,推断盗版规模和集团化程度。②

3. 及时发现、收集证据,进行鉴定,确认案件事实

知识产权犯罪的证据取得是一件难度较大的工作,具体表现在:(1)知

---

① 邓宇琼:《侵犯知识产权犯罪案件的现状与侦控对策》,载《新疆警官高等专科学校学报》2003年第4期。

② 罗秉森、莫关耀:《经济犯罪案件侦查教程》,警官教育出版社2005年版,第180页。

识产权犯罪发生在广泛的社会空间里，有时还会在虚拟的空间里进行，这给证据的发现与收集带来了困难。（2）知识产权犯罪的行为地与结果地有无限扩张的特点，犯罪活动可以跨地区、跨国界进行，犯罪证据分布点多，联系性较差，需要有较大的人力、物力投入。（3）知识产权犯罪潜伏时间长，案发时间较迟，有的证据会因环境因素受到破坏。（4）知识产权犯罪与民事行为交织在一起，也使作为民事行为的证据事实与包含刑事因素的证据事实常常混同为一，不易区分性质，需要侦查人员具备一定的法律素养和良好的商贸专业知识。（5）知识产权犯罪的技术性、专业性较强，犯罪活动隐蔽，证据数量及其暴露程度有限，有的知识产权犯罪案件往往只抓住个别从犯，主犯在逃并带走犯罪证据、作案工具和赃款赃物，更由于以高新技术为主要内容的知识产权具有无形性，技术系统又相当复杂，被侵害后很少留下痕迹、物证，即使留下微小证据也容易灭失，如此等等，使得公安机关难以取证。

因此，侦查人员要树立起为诉讼取证的全局观念，在侦查过程中全面、及时收集犯罪证据。加强取证的针对性，按照侵犯知识产权犯罪的构成要件，将要查证的案件事实细化为若干证据种类，及时发现并全面收集和提取，形成一个完整的证据体系。要克服为破案而取证的片面观念，将侦查取证的视线前移，站在有利于起诉、审判的高度全面收集证据、审查证据。

收集证据的主要途径包括：询问被侵权人；讯问犯罪嫌疑人；向有关工商税务部门进行调查；进行生产实地的勘验检查；进行有关经济文件的检验，进行会计资料的鉴定，搜查、扣押，查询冻结；请相关的行业专家、专业机构协助发表咨询性意见或作出鉴别、鉴定意见等。

收集的证据应包含以下具体内容：（1）询问并掌握案发单位的行业特点，生产经营的技术过程、环节，已受法律许可和保护的智力成果类型，明确诉请保护的犯罪对象；（2）查询、收集、获取法定授权的知识产权权利证书或约定保密的技术资料、凭证；（3）收集、获取知识产权的物证载体；（4）搜集、研读相关的知识产权法规及刑事条款规定，重点掌握其中的专业术语和罪状描述；（5）对权属有争议的侵犯知识产权犯罪对象委托有关部门进行界定；（6）对利用技术仿造、复制、窃取等手段获取的侵犯知识产权犯罪对象申请技术鉴定，确认犯罪对象的客观存在。①

收集证据的具体要求：（1）对假冒注册商标案件，应对发现假冒商标的同一批货物进行检验查封，并在一定范围内对相近时期购进的同类商品进行全

---

① 蔡伟文：《试述知识产权型犯罪的侦查技术》，载《犯罪研究》2004年第2期。

面清查，发现是假冒商标的立即查封，并查清进货渠道和货源。（2）对于假冒专利的案件，应收集使用了假专利证号的产品包装、说明材料及产品实物；在科技立项申请或者论文中假冒专利的，应将有关书面材料一并取齐。（3）对于侵犯著作权的案件，应针对侵权和非法出版的图书、报刊、杂志、音像制品、美术作品进行查封、收缴、清点和鉴定识别。（4）对于侵犯商业秘密的案件，应对使用了有关技术的产品和商业秘密所有人的同类产品进行收集，分析侵权产品的技术含量和侵权情节的轻重。另外，在收集实物的基础上，还应注意收集犯罪嫌疑人在作案过程中留下的其他物证和书证。[①]

4. 依法及时采取查缉和强制措施

在知识产权犯罪案件的侦查中，依法及时地采取各种查缉措施和强制措施，可以有效提高侦查办案的效率。侵犯知识产权犯罪属于智力型犯罪，在侦查中重点运用到的侦查措施包括：搜查、查账、查询、冻结等。

（1）搜查。包括人身搜查和场所搜查。人身搜查一般是在对犯罪嫌疑人采取强制措施时同时进行。场所搜查主要是对嫌疑对象的住所、办公场所、营业场所、库房以及其他可能隐蔽犯罪证据的处所进行搜索和检查。搜查的重点是与经济犯罪案件有关的赃证，如证件、账簿、印章、营业执照、现金、信用卡等，一经发现应予以扣押，并在有见证人或被搜查人及其家属在场的情况下办理有关的扣押手续。对某些无法搬动的物品，可以拍照固定后予以查封。

（2）查账。即查封与案件有关的各种账册、凭证、报表、财产、物资等，并进行详细、深入的审核检查。查账是侦查工作中常用的一种侦查措施。当查被查单位在银行账户方面的账目时，应查清资金入账前的账上资金结存数、涉案资金出入账情况及赃款流向情况等；当查物品账时，要把物品的销售账、入库账、出库账逐一查清，并与财务账进行对照；对作为证据的各种凭证、票据要加盖银行或有关部门的骑缝章。在查账的各个环节，应尽可能全面地收集原始证据，在不能提取原始证据资料的情况下，应采取科学的方法对其加以固定和提取，注明出处，在提供人、抄件人、见证人和单位负责人核对无误后签字盖章。[②] 在此过程中，要特别注意两点：一是要进行全面核查，防止作案人搞两套账；二是除对发案单位的会计资料检查外，对关联企业的相关财务会计资料也要根据案情进行检查。

（3）查询、冻结。我国《刑事诉讼法》第 142 条规定：公安机关根据侦

[①] 罗秉森、莫关耀：《经济犯罪案件侦查教程》，警官教育出版社 2005 年版，第 178 页。

[②] 卜芳：《查账技术在经济犯罪侦查中的运用》，载《财会月刊》2005 年第 10 期。

查犯罪的需要，可以依照规定查询、冻结犯罪嫌疑人的存款、汇款。在知识产权犯罪案件侦查中，可以查明涉案资金流向，有效制止犯罪嫌疑人转移赃款；有利于确定侦查方向，进一步追查出同犯或其他关系人；有助于证实犯罪嫌疑人的主观意图；有助于查明犯罪嫌疑人的行踪，从而缉捕犯罪嫌疑人。

这里需要指出的是：其一，对于涉案单位的资金，如果不能认定为赃款的，不得冻结。不允许以追赃为由冻结企业正常的业务往来资金，以免给企业的正常生产经营和职工群众的生活带来不良影响。其二，如果犯罪嫌疑人的存款、汇款已经被冻结了，公安机关就不能再重复冻结，但要注意防止其他执法机关解冻后，犯罪嫌疑人趁机提走资金，因此应加强监控。其三，公安机关对犯罪嫌疑人的存款只有查询、冻结权，没有扣划权。

（4）缉捕。缉捕知识产权犯罪嫌疑人是知识产权犯罪案件侦查的一项重要工作。通过此项工作可以查明犯罪行为实施人，防止其继续犯罪，挽回经济损失，并获取其供述和辩解等的证据，使之受到刑事法律的制裁。所以，要通过对知识产权犯罪嫌疑人采取强制措施，积极有效开展审讯工作，以有效侦破案件。

知识产权犯罪案件很多都是团伙犯罪，在侦查中，可以用有效的强制措施来获取有效线索和信息。只要有确凿的证据表明犯罪嫌疑人实施了犯罪行为并且有可能采取反侦查措施的，要果断地采取强制措施，立即讯问，从犯罪嫌疑人处挖掘有价值的线索。这在实践中往往能够起到破一案带一串、破一案带一片的侦查效果。在讯问中，侦查人员应根据侵犯知识产权作案人的心理采取适当的策略，结合出示证据，促使犯罪嫌疑人如实供述；讯问必须遵守相关法律和刑事政策，严禁刑讯逼供、诱供或骗供。

由于案件纷繁复杂、千差万别，个案之间会存在很多差异。因此，在侦查工作中，侦查人员必须根据案件的不同情况，采取不用的侦查策略与措施，例如在侵犯著作权与商标权的案件中，可以从作为犯罪对象的某一笔款项入手，顺着资金流向进行调查，有助于问题的主要矛盾充分凸现；又如在侵犯商业秘密案件中，从一些商务流程如客户名单、货源情报、招投标中可能会发现与商业秘密特性有关的证明材料。总之，侦查人员要坚持原则性与灵活性、坚定性与创造性的有机结合，这样才能更快、更有效地侦破案件。[1]

---

[1] 马克：《侵犯知识产权犯罪案件的侦查》，西南政法大学2007年硕士学位论文。

第三节 几种常见知识产权犯罪案件的侦查方法

一、侵犯商标权案件的侦查

刑法意义上的商标权犯罪,是指行为人侵犯了注册商标的商标权人的商标权,情节严重,依法应负刑事责任的犯罪行为。根据《刑法》的规定,因实施侵犯注册商标专用权的行为而构成的犯罪有:假冒注册商标罪;销售假冒注册商标的商品罪;非法制造、销售非法制造的注册商标标识罪。

(一) 侵犯商标权犯罪案件的特点

从近年来公安机关查处的侵犯商标权犯罪案件来看,此类犯罪具有以下特点:

1. 作案手段隐蔽。侵犯商标权的作案人深知其犯罪行为虽然获利大,但风险也大。因为商标犯罪的作案过程往往较长且复杂,作案过程中介入的人较多,一不小心就会暴露。因此,作案人为了隐藏自己往往在作案过程中采用十分狡猾的作案手段。具体表现在以下几个方面:一是多选择外地买主;二是作案时间不定,作案地点多变;三是主犯隐蔽较深,窝点不易接近;四是暗中窥探,进行反侦查;五是在交货地点进行包装,避免途中风险;六是偷梁换柱,鱼目混珠。作案人往往抓住工商等相关管理部门的薄弱环节,打着合法的幌子,实施违法犯罪行为。

2. 犯罪的技术水平不断提高。随着科技的进步,商标侵权犯罪,其科技含量也在加大,智能化程度十分显著,这更增加了该类犯罪的隐蔽性。商标标识的制作是一个复杂的过程,需要具备专门的技术和相应的工具。从作案人来讲,要懂得照相、设计制作、绘图、制版或印刷等专门技术,同时还需具备市场营销、商标、经济、法律方面的相关知识。从工具方面讲,一般应具备纸张、油墨、制版工具、印刷工具、生产设备、照相器材等。因此,假冒商标犯罪可以说是技术性、专业性较强的犯罪。例如市面上出现的假冒"潘婷""海飞丝"系列洗发水塑料包装瓶,采用激光技术生产,与原版几乎完全一样。

3. 团伙化、国际化。侵犯商标权的作案过程,从生产、包装、出厂、运输到交易、储存、销售,环节众多,不是一两个人能完成的。一般每个环节都有专人负责,分工明确,各负其责。这种有组织、有分工的合谋作案在侵犯商标权案件中占很大比例。从已破获的案件发现,侵犯商标权犯罪案件参与的人员较复杂且层次不同:在生产环节主要是一些文化层次较高且在某一技术领域具有相当专业水平的"专家",在运输、销售环节,参与的人员就比较杂乱。

为了提高安全系数、加快流转，作案人往往形成产供销一条龙网络，甚至勾结境外作案人，朝国际化方向发展。例如：2015年4月1日，上海市水上公安局侦办一起假冒LV、MK、NIKE等注册商标的商品案，抓获犯罪嫌疑人10余名。2013年初，沈某、黄某等人出资注册设立狂人公司，租用福建省某办公场所，并先后雇用朱某（狂人公司法定代表人）等人，向上海美橙公司租用境外服务器，在全国多地开设、运营百余个互联网站，将从广东、福建等地采购的假冒LV、MK、NIKE等注册商标的商品向境外销售。案发后，经审计，自2013年初至2015年3月，狂人公司销售假冒注册商标的商品后，通过国际支付结算平台收取的货款为8400余万元。

4. 涉案金额高，社会危害性大。侵犯商标权犯罪作为一种经济犯罪，发生在商品生产流通过程中，破坏市场经济秩序。以前的商标犯罪行为范围较小、一般在一个较小的区域内进行，因而危害较小，影响不大。而如今的商标犯罪行为，范围之广，影响之大，令人瞠目。例如：2013年10月，福建省厦门市公安局湖里公安分局侦办一起假冒"耐克"运动鞋案，查获贴有"耐克"品牌商标的运动鞋共计1.3万余双，案值990余万元，丸酷斯公司为了谋取非法利益，购进明知是假冒"耐克"运动鞋销售给"名鞋库""唯品会"等商家，销售金额共计3000余万元。2014年上海市公安局侦办宝城陈某等假冒"LV""GUCCI""CHANEL""DIOR""PRADA"等世界知名注册商标的商品案，摧毁了这个从事售假活动一年多的犯罪团伙，查获的假冒"LV""GUCCI""CHANEL""DIOR""PRADA"等世界知名注册商标的商品价值1.6亿余元。

（二）侵犯商标权犯罪案件的侦查要点

1. 初查。公安机关受理侦查的侵犯商标权犯罪案件线索，主要源自以下几个方面：一是受害单位的检举和控告；二是消费者或其他公民的检举和控告；三是公安机关在办理其他案件中深挖犯罪发现的；四是工商、海关、烟草、药监或者其他国家机关在其职能活动中发现而移送的；五是"信息员""秘密线人""耳目"等秘密力量提供的案件线索。

对各种来源的案件线索，应当进行深入细致的初查工作。初查不仅仅体现在对举报材料或其他材料的书面核实，还应针对案件线索特征，采取不同对策，依法开展多种形式的调查。初查工作的主要任务有两个：一是对举报线索的消化和筛选，确认是否达到立案标准；二是通过初查获取犯罪证据，扩大线索，为进一步的侦查工作奠定基础。

2. 收集证据。围绕侵犯商标权犯罪的特征，需要注意收集以下证据：（1）主体证据。自然人身份情况的证据，如身份证、职业、住所、户籍资料等。法人工商注册登记资料、法定代表人身份、证明资料、营业执照等。
(2) 认定行为人侵犯他人注册商标犯罪行为的证据。如犯罪嫌疑人供述、同案犯供述、商标权利人的陈述，行为人非法获取他人注册商标的证据。
(3) 制造商标者供述，销售人员、知情者的陈述，购买假冒注册商标商品人的陈述，注册商标的注册证书，商标鉴定结论，非法获利或销售额。(4) 其他证据。行为人的账册、销售记录、进货单、出货单、待销售的假冒注册商标的产品数量，私自制作的他人注册商标或者盗窃、购买的他人注册商标实物、作案工具，私自制作他人注册商标的模具、印刷底版等。

3. 侦查方向。侦查部门对受理的商标犯罪案件的材料，经过全面审查，对情节轻微、危害不大的，不予立案，应由工商行政管理部门根据《商标法》的有关规定进行处理。若认为确有商标案件事实，符合立案条件，需要立案侦查的，由主管部门填写《立案请示报告》，经过批准后，应制作《立案决定书》正式立案侦查。侦查的重点主要包括：

(1) 细致审查报案材料，深入了解案情，要求商标权所有人提供其被假冒商标的名称、商标的标识以及能证明其商标所有权的相关证明，例如注册商标副本、商标注册登记表、注册商标申请书等，并到工商行政管理部门调查核实，查清该商标被核准注册的时间、所适用商品的种类、是否在商标有效期内等。

(2) 调查询问相关知情人，获取更多的线索。由于侵犯商标权的商品以及标识在市场中流通，因此可以由物找人，通过侧面间接地调查商品的来源渠道以便顺藤摸瓜。初期对侵权人要采取秘密手段，以免打草惊蛇。

(3) 鉴别查获的假冒商标，分析伪造方法。应注意刑事科学鉴定技术的应用，通过分析假冒商标的印制工艺，确定参与犯罪的人员的职业特点和技能。有些假冒商标真伪难辨，此时，要以真商标为样本，从印刷版型、版面结构、印刷材料等方面进行对比，比对时要注意商标的特殊暗记以及暗记的位置和大小形状等。

(4) 一旦确认是假冒商标，就可以采取公开调查的侦查手段，调查犯罪行为是自制产品使用他人注册商标进行销售，或是自制产品并自制使用他人注册商标进行销售，或是销售他人产品加贴或更换他人注册商标，或是销售他人产品且已带有他人注册商标等几种情况，然后从产品名称、销售数量、销售金额、产品成本或进价、流通运输费用、获利等方面侦查，查有涉案金额的，对其资金的流向进行调查，必要时对资金加以冻结。

(5) 调查非法制造、销售非法制造的注册商标标识的来源。对自制产品或销售他人产品加贴和使用他人的注册商标标识要查清来源，对销售他人产品已带有他人注册商标的，要查清产品的进货渠道，进一步查清标识的来源。如果标识是从市场上购买的,此时要追查其标识的批发商或生产商。看标识的批发商或生产商有无在工商行政机关取得登记以及开户银行资金状况,尤其要注意那些专门生产标识的厂家,要特别查清其注册商标图样的来源,是他人委托生产还是自发经营等细节问题。通过侦查确定犯罪嫌疑人后,此时就要采取侦查措施,控制疑犯并加以审讯,并扣缴赃款赃物。同时要注意的是该类案件往往带有团伙性,因此要达到破一案端一窝治一方的目的。

2015年11月,福建省南平市公安机关对陈某、李某等人立案侦查。经过连续强化审讯和大量细致查证工作,侦查人员初步查清了案件基本情况,2014年10月至2015年11月,陈某(原上海虎霸公司法定代表人)以上海虎霸公司名义租赁生产车间,从江苏省等地购进光身电池(无任何商标电池),组织工人贴标生产、包装假冒南孚"聚能环"电池,并雇用程某(上海虎霸公司职工)负责生产工作,雇用李某(上海虎霸公司职工)驾驶货车接收原材料、发送成品假冒南孚"聚能环"电池给全国各地客户,共计销售金额22万余元。同时,陈某还通过其经营的位于合肥市瑶海区长江批发市场内的"虎霸电池"店销售他人生产的假冒"南孚电池",销售金额达19万余元。

侦查人员经过细致审查全案犯罪行为后,认为陈某还涉嫌非法制造注册商标标识罪,于是进行深入调查,经查明,2013年9月起,陈某持伪造的南孚公司证明文件与曹某任法定代表人的安徽龙珠公司共谋,印刷假冒"南孚电池"标纸。陈某指派技术人员到龙珠公司进行技术指导并监督生产。2014年10月至2015年7月,龙珠公司共生产并销售给陈某假冒"南孚电池"标纸约1000万张。陈某再以每1万张280元销售给河南省新乡市的客户,共计销售假冒"南孚电池"标纸约300万张。

二、侵犯商业秘密权案件的侦查

(一)侵犯商业秘密权犯罪案件的特点

从近年来公安机关查处的侵犯商业秘密权犯罪案件来看,此类犯罪具有以下特点:

1. 行为人的特定性。侵犯商业秘密罪的行为人不同于其他知识产权犯罪行为人,更不同于其他经济犯罪或刑事犯罪行为人,它一般具有相对的特定性,通常都是商业秘密权利人内部掌握或知悉商业秘密的有关人员,或是同行竞争对手。

2. 行为人目的间接性。侵犯商业秘密的行为人的目的一般并不像其他经济作案人那样是为了直接牟利,其目的更多是通过披露、使用或者允许他人使用权利人的商业秘密,使权利人在市场竞争中削弱甚至丧失竞争能力,从而间接加强行为人的市场竞争优势。

3. 作案手法复杂多样。经济的发展，科技的进步，给作案人窃取他人商业秘密提供了各种可利用的作案方法和手段，并且日益趋向高科技化。例如：利用窃听器窃听权利人的谈话；利用红外线摄影偷拍他人生产场景；利用电脑网络侵入他人电脑窃取秘密；直接雇用经济间谍窃密；利用跳槽人员窃密等等，各种手段无所不用其极。例如：广东中山一家灯具公司生产的水注灯经过多年的努力占领了海外很多市场，有了稳定的客户和较强的信誉，而其公司的电脑技术人员却将客户资料窃取下来，作为技术投资入股广东番禺一家生产同类灯具的公司，从而给被侵权公司造成重大经济损失。

4. 案件定性难。由于立法的不完善、不规范，使得侵犯商业秘密案件定性困难。《刑法》第219条虽明确规定了侵犯商业秘密罪，最高人民检察院、公安部也明确规定了追诉标准，但缺乏可操作性。首先是对权利人造成经济损失如何计算没有统一标准，因为侵犯商业秘密损失额很难当时确定，有时经过很多年后才能计算出来。而且潜在的市场价值不是一时能估算出来的，而商业秘密本身的价值也无法准确认定。其次是最高人民法院的司法解释，又把侵犯商业秘密罪列入自诉范围，那么什么情况下是自诉，什么情况下是公诉，即未经法院庭审、判决，怎样断定犯罪嫌疑人该判什么刑，作为侦查机关，有时非常难以把握。

例如广州市公安局经侦支队办理香港远东皮业集团（香港）有限公司举报该公司原鞋业市场部经理吴某、副经理张某等人侵犯商业秘密一案，犯罪嫌疑人对案件事实均供认不讳。后经查实，吴某、张某使用权利人的客户资料，并从中获利200多万人民币。在对吴、张二人向市检察院提起逮捕的过程中，该市检察机关认为侵权获利数额不能完全等同于给商业秘密权利人造成直接经济损失数额，因此对上述二人未予批捕。

(二) 侵犯商业秘密权犯罪案件的侦查要点

1. 初查。公安机关受理侦查的侵犯商业秘密权犯罪案件线索，主要源自以下两个方面：一是受害单位的检举和控告；二是消费者或其他公民的检举和控告。受理案件线索后的初查关键是调查商业秘密权利人的重大损失情况来确定是否立案。对重大损失的判断主要是调查被侵权人在商业秘密被侵权的前后，市场占有率的多少、市场价格的高低、供求关系的变化、销售额的增减等方面进行对比分析。

2. 收集证据。根据侵犯商业秘密罪的构成要件和商业秘密的特点进行取证，具体的取证要求是：

(1) 证明行为人的证据：犯罪嫌疑人的自然身份（即出生年月、户籍地、住址等）、职业、职务（包括犯罪嫌疑人在商业秘密权利人内部的任职情况资料）、单位法人代表资料、工商企业注册登记资料。证明行为人主观故意的证据：主要是获取商业秘密的方法、利用他人商业生产进行牟利的行为。

（2）证明行为人有侵犯商业秘密行为的证据：盗窃商业秘密的作案工具，现场痕迹及其鉴定结论、被引诱、胁迫人的陈述，披露商业秘密会议的媒介（报刊、杂志、广告、电视、广播的录音、录像），展示包含商业秘密的样品，载有商业秘密的原件或复印件，从电脑网络中心中央服务器上下载的行为人电脑登录商业秘密权利人电脑的记录及其通过电脑下载的内容，利用他人商业秘密生产的产品及其销售记录，使用商业秘密第三人的陈述，商业秘密权利人的陈述，被告人供述、同案犯供述、知情人陈述、证人证言等各种证据。

（3）证明商业秘密权利人损失的证据：中介机构对权利人损失的评估报告，行为人生产、销售产品的账册等及中介机构对侵权人财务评估结论。

（4）证明行为人侵犯的对象是商业秘密的证据：载有商业秘密的文件资料，计算机软件，保密合同，用工合同中保密条款、保密守则，技术资料，经营信息资料，有关权威机构的鉴定结论。

（5）其他相关证据。产品价格、购销合同书、订货单、发货单、销售发票、设备图纸、工艺图纸、设计图纸、设计资料、产品设计（或技术）说明书。

3. 侦查方向。侵犯商业秘密案件对于公安机关经侦部门来说是一种新类型的侦查业务，公安机关经侦队伍对于侵犯商业秘密案件而言，接触不多，且侵犯商业秘密案件专业性较强，需要具备一定的专门知识，因此，受理案件后首先要熟悉案情，查清举报人所称的被侵犯的商业秘密是否采取了保密措施。至于权利人所采取的保密措施是否有实效，并不影响案件的成立。

（1）通过商业秘密的权利人了解商业秘密的情况。同时还要查清由于他人侵犯权利人商业秘密的行为，给商业秘密权利人所造成的经济损失是否达到了追诉标准。通过对上述问题的查证，确定是否有案件事实存在，是否需要立案侦查。另外在查证上述问题时，也应同时注意发现线索。

在查证权利人的商业秘密是否属于公知信息时，可以有两个途径：一是可以直接找使用者了解其是否知道所使用的信息是他人的商业秘密；二是可以请有关专业部门对权利人的商业秘密进行鉴定。

例如：臧某等3人原系北京理正软件公司项目研发及管理人员。2011年5月至2014年间，臧某等人成立北京大成华智软件公司，利用其在理正公司工作期间掌握的技术信息，向广州艺筑公司等5家公司销售其研发的管理信息系统，销售金额高达410余万元。但臧某等人坚称大成华智公司销售的管理信系统与理正公司对应内容相同或实质相同的技术信息占整个管理信息系统比例非常小,三人的行为不构成侵犯商业秘密罪。为了确定臧某等3人使用的技术信息是否为理正公司管理信息系统的核心且系主要组成部分,是否是商业秘密。办案单位委托了有资质的鉴定机构进行鉴定,经鉴定,艺筑公司管理信息系统中当前使用的35个数据库表、10个存储过程/函数,7个源代码文件、1个源代码文件中的8个函数,以及从艺筑公司管理信息系统中恢复的已被删除的10个数据库表、22个存储过程/函数与理正公司管理信息系统对应的内容相同或实质相同。大成公司向其他公司销售的管理信息系统对应内容与理正公司管理信息系统也存在部分相同或实质相同。上述理正公司管理信息系统中的数据库表、存储过程/函数、源代码文件均不为公众所知悉,是非公知的技术信息,属于商业秘密。

(2) 在知晓商业秘密的范围内进行调查。由于商业秘密具有行业专业特殊性,一旦跨行业,该商业秘密就没有任何用途。因此,侵犯商业秘密的行为发生都在同行业内,行为人范围相对确定,所以侦查中可以通过该商业秘密使用人调查其所有商业秘密来源的方法来查找犯罪嫌疑人,此外,还可以从商业权利人内部熟悉、了解商业秘密的人员中排查嫌疑人。就我们目前接触到的侵犯商业秘密案件来看,一般都是内部人员作案。泄露商业秘密的人往往是本单位的人,因为个人恩怨、或者贪图金钱或者调动跳槽的问题,而将秘密泄露给他人。因此要观察商业秘密知晓人的社会关系,以及其在泄密前后的心理状态与日常表现。

(3) 若本单位排查不出,就要把侦查范围向外扩展,主要是把与本单位有竞争关系的单位列为重点,分析外单位在何种情况下可以窃取商业秘密。通过对侵权单位或个人的调查,了解其生产的技术、工艺、配方等情况,追查其来源。对于经营秘密,应调查侵权单位或个人的供求信息的渠道、营销网络建立情况,以及营销战略的策划人、策划过程等。①

(4) 查明商业秘密权利人对该商业秘密失去控制的渠道。要查明商业秘密权利人是如何失去对该商业秘密所享有的所有权的,也就是说要查明该商业秘密是如何被别人使用的。有了侦查目标之后,应立即讯问泄密人,核实其侵犯商业秘密的行为,调查其如何知晓商业秘密,并通过何种手段、途径泄露商业秘密,以及泄露的目的。泄密与窃取秘密的人员的口供要相互印证、相互吻合,以有力证实犯罪。

(5) 查明行为人的主观故意。要仔细调查行为人是如何作案的,是使用

---

① 任克勤:《经济犯罪案件侦查》,中国人民公安大学出版社2001年版,第358页。

盗窃、利诱、胁迫等方法获取商业秘密，还是违反约定，带走商业秘密的，是上述行为人自用还是行为人通过上述方法获取商业秘密进行披露，允许他人使用。如果行为人获取商业秘密后，滥用该商业秘密的，则很明显其主观上只能是故意，如果是属于应当知道他人滥用商业秘密的，则可能是过失。这要根据实际工作中所查获的证据来确认。

例如南京尚爱公司系民营高新技术企业，主要生产空气压缩机，其研发的中小型空气压缩机拥有一系列自主知识产权，打破了国外长期垄断，填补了国内市场空白。2012年至2014年间，梁某作为南京科鲁斯公司法定代表人，以高额利益收买尚爱公司员工龚某，以此获取尚爱公司的商业秘密，龚某利用负责管理技术图纸的便利，多次秘密窃取尚爱公司83SH、09WM、09SH、35VZ等多款型号压缩机技术秘密图纸并拷贝至私人电脑。随后再通过QQ传输、U盘传递、打印等多种方式，将图纸交给梁某。科鲁斯公司生产出的"科鲁斯"牌K1、K2、K3、K4VZ等，尚爱公司系列产品对应型号多款空气压缩机，就是利用龚某所窃取图纸生产的，同时，科鲁斯公司还利用尚爱公司原有的销售人员和销售渠道在市场上销售其侵权产品，至案发已造成尚爱公司产品销量直线下降，直接损失120万余元，间接损失近千万元。本案中，梁某的行为属于明知他人滥用权利人的商业秘密而继续使用该商业秘密的行为。

(6) 查明商业秘密权利人的经济损失或其他严重后果。由于法律没有明确规定对商业秘密权利人经济损失的计算方法，因此各办案部门、检察院、法院、法律学者都提出了不同的计算方法。笔者认为，应以侵犯商业秘密行为人的销售获利情况为基础，结合权利人形成该商业秘密（技术信息）的成本，进行估算较为简便合理，如果权利人愿意承担相关费用，必要时也可以请社会中介机构进行评估。如果权利人的损失简单明了，就按权利人损失计算。

例如：2009年至2013年，梅花公司致力于"色氨酸生产技术开发"的研发，宋某系该公司研发团队的成员之一，与该公司签订了保密协议。宋某在工作期间利用工作之便私自复制了"色氨酸提取工艺试生产总结"的电子版于自己私人笔记本电脑中。后宋某于2013年8月辞职离开梅花公司。2013年10月，宋某以"梅花"作为网名，通过在互联网"发酵人论坛"上发帖的方式，公布了"色氨酸提取技术方案"。梅花公司研发的色氨酸生产技术在2013年10月16日之前是不为公众所知悉的技术信息，系梅花公司的商业秘密，宋某通过互联网披露的信息与梅花公司的"色氨酸提取工艺试生产总结"中记载的相关信息实质上相同，构成侵犯商业秘密罪。经审计，梅花公司为研发"色氨酸生产技术"所产生的研发成本为1600万余元。本案中，权利人梅花公司的损失就可以按照其研发成本1600万余元计算。

第十四章　涉外犯罪案件侦查

2008年7月20日下午3时许,来我国考察市场、欲投资开店的韩国游客赵女士步行至某市朝阳街服装城门口时,其随身携带的挎包被两名男子抢走,包内装有护照、身份证、银行卡及4000余元现金。案发后,该省公安厅、该市公安局对此高度重视,该省公安厅、该市公安局立即出动,由一名市公安局副局长任组长,成立了"7·20"专案组,抽调刑侦支队、分局20余名精干警力展开侦破工作。经过专案组民警的不懈努力,于案发当晚10时许,在双塔北路附近将两名犯罪嫌疑人抓获,当场缴获全部被抢劫物品,并及时归还失主。①

第一节　涉外犯罪案件侦查概述

全球化已经席卷了当今世界各个角落。科学技术发展突飞猛进,交通运输技术也日新月异,随着经济和文化交流的密切,各国人员之间的往来也越来越频繁。特别是随着中国改革开放的深化,近年来,来华务工经商的人数急剧增加。伴之而来是,在华外国人犯罪现象也出现了增加趋势。正如经济学家赫尔曼·戴利所言:"全球化的发展不总是提供一个美好的未来。"② 国家间有国界,犯罪却无疆界。国际犯罪、跨国犯罪和犯罪后外逃的现象日益严重。犯罪案件的侦查也不再是一国内部事务,而需要相关国家通力合作。因为在一国境内犯罪的不仅仅是本国公民,还包括外国人;即使是涉嫌犯罪的本国公民也可能外逃至国外。上述因素致使刑事案件的侦查工作不仅仅局限于在一国领土范围内开展,还需要到其他国家境内进行证据收集等。这也使得具有涉外因素的案件的侦查显现出不同于普通案件侦查的特殊性。

---

① 参见《山西法制日报》2010年8月2日第4版。
② 参见 Herman Daly: Fighting the dark side of globalizationrequires a united effort, UNDCP Regional Centre of East Asia and the Pacific Press Collection, 14. Dec. 2000。

一、涉外犯罪案件侦查的概念和分类

（一）涉外犯罪案件侦查的概念

涉外犯罪案件侦查的进行首先取决于对涉外犯罪案件范围的界定。所谓涉外犯罪案件是指具有外国相关因素的刑事案件。[1] 这种涉外犯罪案件概念的外延最大，既包括在我国境内发生的，也包括在我国境外发生的犯罪案件；既包括犯罪嫌疑人是外国人的案件，也包括本国公民作案后外逃的案件，以及被害人等案件相关人是外国人的案件。即该案件中的涉外因素指犯罪行为或者结果有一项发生在我国境外，或犯罪嫌疑人、被害人、证人、物证所有人是外国人以及对该案件的侦查工作需要到境外进行等诸情形。

涉外犯罪案件侦查，简言之，就是侦查机关针对前述涉外犯罪案件所进行的专门调查工作。

（二）涉外犯罪案件侦查的分类

涉外犯罪案件侦查按照不同的分类标准，可划分为不同的种类。

1. 依据具体涉外因素的不同，可分为犯罪嫌疑人是外国人的案件侦查、被害人是外国人的案件侦查、证人是外国人的案件侦查、物证持有人是外国人的案件侦查。

（1）犯罪嫌疑人是外国人的案件侦查。此处外国人，包括外籍自然人和外籍法人。外籍自然人，又包括具有其他国家国籍和无国籍的自然人。针对此类案件，侦查机关必须首先查明该犯罪嫌疑人的身份，例如国籍、年龄、职业、父母姓名和常住地址等基本信息，特别是该外国犯罪嫌疑人是否具有外交

---

[1] 赵永琛：《涉外刑事司法解析》，吉林人民出版社2001年版，第61页。外交部、最高人民法院、最高人民检察院、公安部、安全部和司法部于1995年6月20日发布的《关于处理涉外案件若干问题的规定》中指出，涉外案件是指在我国境内发生的涉及外国、外国人（自然人及法人）的刑事、民事经济、行政、治安等案件及死亡事件。与之相应，涉外犯罪案件应指在我国境内发生的涉及外国、外国人（自然人及法人）的刑事案件。根据这个定义，涉外犯罪案件的范围就仅指在我国境内，而不包括境外发生的、我国有刑事管辖权的案件。例如，某外国人在我国境外实施针对我国公民的犯罪，我国公安机关立案侦查后，在犯罪嫌疑人入境时将其抓获的案件就不属于此定义所指的涉外犯罪案件。此外，还有论者将涉外犯罪案件理解为仅仅指犯罪嫌疑人是外国人（自然人及法人）的犯罪案件，其突破了前一种观点要求犯罪案件发生在我国境内的局限，但又设定犯罪嫌疑人必须是外国人的前提。如此，我国公民在本国境内犯罪后外逃，需要到境外进行侦查的刑事案件就不属于该观点所指的涉外犯罪案件了。可见，前述两种定义都存在局限性。鉴于每一种涉外因素都影响着涉外犯罪案件侦查的特殊性，故本书采用最广义的涉外犯罪案件概念。

或者领事特权和豁免权。在坚持依法办案的同时，为外籍犯罪嫌疑人提供便利和保护他们的合法权益，并及时向上级公安机关和相关部门通报案情。

（2）被害人是外国人的案件侦查。这类案件中确定被害人的身份很重要。如果被害人已经死亡的，按照外交部等部委1995年6月20日联合发布的《关于处理涉外案件若干问题的规定》附件一（即《外国人在华死亡后的处理程序》）之规定处理。如果案件被害人是享有外交或者领事特权或者豁免权的人员，必须查明犯罪嫌疑人是否事前明知被害人的身份，以及查明犯罪嫌疑人作案行为的目的和动机，以利于在审判过程中准确定罪量刑。

（3）证人是外国人的案件侦查。如果该外国人在我国境内，首先应当查明该证人是否享受外交或者领事特权和豁免权。遵守我国有关外交或者领事特权的法律规定及我国所签订或者加入的有关国际公约中相关外交或者领事特权之规定，尊重证人的外交或者领事特权。

（4）物证持有人是外国人的案件侦查。这类案件侦查中也应当注意保护物证所有权人的合法权益。

这种分类方法的优点是分类方法比较细腻，有利于针对涉外犯罪案件中不同的关系人做出具体安排；但这种分类方法较烦琐，且不太科学。一方面，其忽略了境内和境外涉外案件侦查工作所具有的明显不同特点和要求；另一方面，又重复论述了各类涉外案件侦查工作的很多共性之处，如对涉案外国人的外交特权和豁免权的保护及案件通报制度等内容。

2. 按照案件发生地不同，可分为在我国境内发生的涉外案件侦查和在我国境外发生的涉外案件侦查。

前者即犯罪行为和结果都发生在我国境内，只是犯罪行为所涉及的犯罪嫌疑人、被害人等可能为外国人。相对而言，这类犯罪案件的侦查工作比较容易完成。而在我国境外发生的犯罪案件是指犯罪行为或者结果有一项不发生在我国境内，需要侦查机关通过开展刑事司法协助和警务合作才能完成，故侦查工作比较复杂。这种分类方法有利于确认案件发生的地点，但对涉外犯罪案件的其他侦查工作帮助不大。例如，即使是在国内发生的涉外犯罪案件，犯罪行为地和结果地都在境内，但犯罪嫌疑人也可能逃至国外；同样，在国外作案的外国犯罪嫌疑人也可能入境后被捕获。

3. 按照侦查地点不同，可将涉外案件侦查分为完全在境内侦查和需要出境侦查两种。

前者指具有外国因素，但不需要开展境外侦查工作。例如外国国籍的犯罪嫌疑人在我国境内作案，我国侦查机关依法独立开展侦查即可。而后者需要我国侦查机关到境外开展侦查工作，即需要刑事司法协助和警务合作。如我国侦查机关需要与其他国家合作收集犯罪证据、缉捕犯罪嫌疑人或者执行控制下交付等。依照侦查地点的不同对涉外案件进行分类,有利于更好地论述涉外案件侦查工作的特殊性,故本书也将按此分类具体阐述涉外犯罪案件的侦查。

为了行文方便,本书也将完全在境内进行的涉外犯罪案件侦查称为狭义的涉外犯罪案件侦查,将需要到境外进行的案件侦查称为刑事司法协助和警务合作。

二、涉外犯罪案件侦查的特点

涉外犯罪案件侦查相较于其他不具有涉外因素的普通案件侦查而言,大致体现了如下特点:

（一）适用法律不同

普通案件侦查活动只适用我国法律,但涉外案件的侦查不仅适用我国法律,还必须严格履行我国承担的国际义务;换言之,当国内法没有规定或者国内法的相关规定同我国所承担的国际条约义务发生冲突时,应当适用国际条约的有关规定,我国在签署或者加入这些国际条约时提出保留条款的除外。

（二）侦查机关需严格执行请示报告、征求意见和通报等制度

对于涉外犯罪案件,侦查人员除应严格依法办事外,还必须注重与其他部门甚至包括外国警务机关之间的密切配合,及时向上级主管部门报告情况,向同级政府外事部门通报情况。

（三）采取的侦查措施和方法不同于普通刑事案件

在涉外犯罪案件侦查中,对外逃的犯罪嫌疑人的缉捕工作,由于涉及国家主权,不可能直接由我国警务人员执行;对于享有豁免权的外国犯罪嫌疑人,不得采取刑事强制措施,不适用我国刑法对其处罚,其刑事责任通过外交途径解决等。因此,侦查人员需要注意该犯罪案件所涉及的外国人身份,特别是要查明其是否具有外交或者领事特权和豁免权。如果具有,则还需要查明其所享有豁免权的来源和范围及具体享有哪种特权,即查明该涉案外国人是外国驻华使馆工作人员还是领馆工作人员,抑或是其他外交人员。

值得注意的是,这种身份的查明并不与法律面前人人平等原则相抵触。首先,这种外交或者领事特权和豁免权是我国基于其行使职务的便利或者外交代表身份而给予的礼遇。其次,这种外交或者领事特权和豁免权是依法对等给予的。我国驻外使馆、领馆工作人员,我国其他外交代表以及具有我国国籍的其他国际组织成员,也同样在其他国家或者地区享有对等的外交或者领事特权和豁免权。再次,如果对使馆、领馆人员的豁免权,其派出国放弃的,可以适用

我国法律采取刑事强制措施，直至适用我国法律追究其刑事责任。最后，享有豁免权的外国人触犯我国法律的，虽适用外交途径解决，仍需承担相应的法律责任，只是不直接适用我国法律而已。

需要补充说明的是，事实上涉外案件与普通案件的侦查也有许多共同之处，但鉴于本章重在论述涉外犯罪案件侦查的特殊性和需要注意的问题，以利于实践中涉外犯罪案件侦查工作的具体开展，故对其共性之处不再赘述。

第二节 狭义涉外犯罪案件侦查

一、狭义涉外犯罪案件侦查的原则

如前所述，狭义涉外犯罪案件侦查是指在我国境内发生的，涉及外国或外国人且不需要进行刑事司法协助和警务合作的案件侦查活动。一般来说，该类案件发生后，犯罪嫌疑人仍在我国境内，而且案件中犯罪行为和结果都发生在我国境内。因为如果犯罪行为或者结果有一项发生在我国境外的，为了查明案件事实，都需要到国外去开展刑事侦查工作。如果犯罪嫌疑人外逃，也需要通过国际刑事事务合作才能将犯罪嫌疑人引渡回国。针对这类涉外犯罪案件，侦查机关既要维护国家主权，又要保护涉案外国人的合法权益。因此，在查处这类案件时应该遵循如下原则。

（一）维护国家主权

涉外犯罪案件侦查活动中，侦查机关的侦查行为既是一扇展现国家形象的窗口，同时又肩负维护国家主权的义务。具体来说，侦查人员不能因为涉案人员是外国人，就畏首畏尾；更不能以避免引发外交纷争为借口，对其放纵或者放任不管。例如，某地侦查机关处理一起外国学生故意伤害致人死亡的案件中，就曾因为怕"引起更复杂的外交交涉，而不利于事态的平息"，对涉案者不予处理。因此，维护国家领土安全，维护国家司法权的独立和完整，正是维护国家主权在涉外刑事案件侦查中的具体表现和具体任务。

（二）对涉案外国人提供必要协助

这里的必要协助主要是指提供语言翻译方面的帮助。因为涉外犯罪案件中的外籍当事人可能因为语言不通，而不能参与案件的侦查活动，难以维护自己的合法权益，因此，侦查机关有义务为外籍当事人提供翻译。

（三）依法保障涉案外国人的合法权益

保障涉案外国人的合法权益即依法保障外籍犯罪嫌疑人的探视权、通信权和辩护权。由于犯罪嫌疑人是外国人，侦查机关应依法保护该国领事官员对外籍犯罪嫌疑人的探视权，即外国驻华领事官员要求探视被监视居住、拘留、逮捕的涉案犯罪嫌疑人时，我国主管部门即立案侦查的公安机关、国家安全机关或者人民检察院，应当在双边领事条约规定的时限内予以安排。如果双方国家没有签订领事条约的，也应当尽快安排。当然，外国驻华外交、领事官员探视外籍犯罪嫌疑人时，应当遵守我国有关探视的规定。

外国驻华外交、领事官员与其本国在华被监视居住、拘留或者逮捕的犯罪嫌疑人往来的信件，我国主管部门应当按照有关领事条约及《维也纳领事关系公约》的规定，迅速转交。对于既没有跟我国签订领事关系条约，也没有签署《维也纳领事关系公约》的国家公民的探视权和通信权问题，由我国主管部门根据案情和两国关系决定。

我国《刑事诉讼法》第33条规定，犯罪嫌疑人在侦查阶段可聘请律师为其提供法律帮助。这个规定同样适用于涉外犯罪案件中的外籍犯罪嫌疑人。

二、狭义涉外犯罪案件侦查的内容

（一）查明涉案外国人的身份

开展涉外犯罪案件的侦查工作，首先需要查明案件相关人员身份，即查明该犯罪嫌疑人的姓名、年龄、职业、身份证件名称及其编号、国籍、常住或暂住地址等。外国人的国籍以其入境时的有效证件予以确认；国籍不明的，由出入境管理部门协助查明。如果该犯罪嫌疑人具有豁免权，应当继续查明该犯罪嫌疑人是使馆工作人员还是领事官员等。

（二）提供便利

如果犯罪嫌疑人是不通晓我国当地侦查机关所使用语言的外国人，侦查机关应当为其提供翻译，以利于外国犯罪嫌疑人参加诉讼。至于提供的翻译是否必须具备某种资质，目前尚未有明确规定。各级侦查机关可以考虑设立外事警察，专门负责涉外案件的处理。在没有条件的地区，可以考虑由政府外事办提供专业翻译人员。对于外国犯罪嫌疑人接受语言翻译的，理论上应当让其写出同意接受该翻译的书面意见，以免因为语言问题而影响取证或者讯问笔录的证明效力。如果该外国犯罪嫌疑人通晓我国当地机关所使用的语言或其本人拒绝为其提供语言翻译服务的，应当让该外国犯罪嫌疑人写出拒绝接受语言翻译的书面证明并阐明理由。此外，经侦查机关批准，外国犯罪嫌疑人可以自己聘请翻译，但是翻译费用由该外国犯罪嫌疑人自己承担。

（三）确定管辖级别和管辖地

1. 刑事管辖权。刑事管辖权，是指基于一国刑法对某种犯罪的适用效力，该国刑事司法机关对该犯罪可以行使侦查、起诉、审判和执行刑罚等司法职权。① 如果一国刑法对某个刑事案件不能适用，则该国司法机关不可能对该案件有刑事管辖权，那么相应地对该案件也就没有侦查权。确定我国刑事管辖权的原则具体包括：（1）属地原则。凡犯罪地在中华人民共和国领域内的，我国有刑事管辖权。此处的犯罪地包括行为地和结果地。在我国驻外使领馆内犯罪，或在中华人民共和国登记注册的船舶或者航空器内作案的，我国也有刑事管辖权。（2）属人原则。凡是我国公民作案的，无论犯罪地是否在中华人民共和国领域内，我国都有刑事管辖权。（3）保护原则。凡是针对我国国家或者公民犯罪的，按照中华人民共和国刑法和犯罪地法律都认为是犯罪的，我国具有刑事管辖权。（4）普遍管辖原则。凡是中华人民共和国缔结或者参加的国际条约中规定为犯罪的，我国在条约义务范围内对该案件有刑事管辖权。基于我国享有对依上述原则确定的犯罪案件的刑事管辖权，我国主管机关具有相应的刑事侦查权。

2. 管辖级别。根据2012年12月3日通过、2013年1月1日施行的《公安机关办理刑事案件程序规定》的规定，外国人犯罪案件，由犯罪地的县级以上公安机关立案侦查。换言之，对犯罪嫌疑人是外国人的刑事案件，由县级以上公安机关立案侦查，县级以下基层派出所对该类刑事案件没有侦查权。其第352条规定，外国人犯中华人民共和国缔结或者参加的国际条约规定的罪行后进入我国领域内的，由该外国人被抓获地的设区的市一级以上公安机关立案侦查。

3. 管辖地的确定。管辖地的具体确定，存在以下几种情形：

（1）外国人在我国境内作案的案件，由犯罪地的县级以上公安机关立案侦查。

（2）外国人犯中华人民共和国缔结或者参加的国际条约规定的罪行后进入我国领域内的，由该外国人被抓获地的设区的市一级以上公安机关立案侦查。

（3）外国人在中华人民共和国领域外的中国船舶或者航空器内犯罪的，由犯罪发生后该船舶或者航空器最初停泊或者降落地、目的地的中国港口的县级以上交通或者民航公安机关或者该外国人居住地的县级以上公安机关立案侦查。未设交通或者民航公安机关的，由地方公安机关管辖。外国人在国际列车上犯罪，由犯罪发生后列车最初停靠的中国车站所在地、目的地的县级以上

---

① 齐文远、刘代华：《国际犯罪与跨国犯罪研究》，北京大学出版社2004年版，第140页。

铁路公安机关或者该外国人居住地的县级以上公安机关立案侦查。

（4）外国人在我国领域外对我国国家或者公民犯罪的，依照我国刑法应当受处罚的，由该外国人入境地的县级以上公安机关立案侦查；该外国人未入境的，由被害人居住地的县级以上公安机关立案侦查；没有被害人或者是对中华人民共和国国家犯罪的，由公安部指定管辖。

（四）信息通报

1. 信息通报的形式。信息通报包括内部信息通报和通知外国驻华使领馆两种不同的形式。所谓内部通报是指负责立案侦查的主管机关应当在规定时间内上报上一级主管机关，同时通报同级人民政府外事办公室的一种信息上报制度。具体来说，内部信息通报包括以下几种形式：

（1）涉外案件资料统计。公安机关出入境管理部门负责归口掌握并统计本地区发生的涉外案件。公安机关的其他业务部门应当及时将本地区刑事案件的主要情况，通报出入境管理部门。如果同级公安机关没有出入境管理部门的，可请上一级对口部门通知出入境管理部门。

（2）重大案件个案情况通报。发生重大或者可能引起外交交涉的外国人犯罪案件的，有关省、自治区、直辖市公安厅、局应及时将案件办理情况报告公安部，同时通报同级人民政府外事办公室。必要时，由公安部商请外交部将案件情况通知我国驻外使馆、领事馆。各省、自治区、直辖市公安厅、局出入境管理部门要将当月本省的各类涉外案件，在次月的月报中按规定上报公安部出入境管理局。

（3）涉外犯罪案件强制措施情况通报。在涉外犯罪案件侦查中，对外国籍犯罪嫌疑人依法取保候审、监视居住或者执行拘留、逮捕后，应当在48小时以内层报省级公安机关，同时通报同级人民政府外事办公室。重大涉外案件应当在48小时内层报公安部，同时通报同级人民政府外事办公室。

信息通报制度的重点还是向在侦查过程中已经被采取刑事强制措施的外国犯罪嫌疑人国籍国驻华使领馆通报。为了遵守《维也纳领事关系公约》第36条的规定，领事有探视其领馆区域内的涉嫌在接受国犯罪而被采取刑事强制措施的派遣国国民和与其通信的权利，接受国主管机关有义务将已经采取刑事强制措施的犯罪嫌疑人的情况通知该国驻华使领馆官员，以避免引发不必要的外交纷争。如某市公安局曾在侦查一起涉外犯罪案件中，对美籍华人F实施刑事拘留后，没有及时通知美国驻该地区领事馆，遭到美方强烈抗议。这方面的教训我们应当认真吸取。

因此，对外国籍犯罪嫌疑人依法作出取保候审、监视居住决定或者执行拘留、逮捕后，由省级公安机关根据有关规定，将其姓名、性别、入境时间、护照或者证件号码、案件发生的时间、地点、涉嫌犯罪的主要事实、已采取的强制措施及其法律依据等，通知该外国人所属国家的驻华使馆、领事馆，同时报告公安部。经省级公安机关批准，领事通报任务较重的副省级城市公安局可以直接行使领事通报职能。外国人在公安机关侦查或者执行刑罚期间死亡的，有关省、自治区、直辖市公安机关应当通知该外国人所属国家的驻华使馆、领事馆，同时报告公安部。未在华设立使馆、领事馆的国家，可以通知其代管国家的驻华使馆、领事馆；无代管国家或者代管国家不明的，可以不予通知。

2. 信息通报的内容。公安机关的信息通报有固定格式①，其他机关的信息通报尚没有此要求，但其内容应当包括外国人的外文姓名、性别、入境时间、护照或证件号码（包括签证签发时间、签发机关等）、案件发生的时间、地点、涉嫌犯罪的主要事实、已采取的法律措施及其法律依据等。

有关省级公安机关应当在规定的期限内，将外国人的姓名、性别、入境时间、护照或者证件号码、案件发生的时间、地点及有关情况，涉嫌犯罪的主要事实、已采取的强制措施及其法律依据，及时通知该外国人所属国家的驻华使领馆，同时报告公安部。

3. 信息通报的时限。如果双边领事条约明确规定期限的，应当在条约规定的期限内通知；如无双边领事条约规定，也应当根据或者参照《维也纳领事关系公约》和国际惯例尽快通知，但是通知期限不应超过七天。

4. 负有通报义务的机关。负有信息通知义务的机关是对涉外案件犯罪嫌疑人采取刑事强制措施的侦查机关的省级主管机关。具体而言：

（1）公安机关、国家安全机关对外国人依法作出刑事拘留、监视居住、取保候审的决定或执行逮捕的，由有关省、自治区、直辖市公安厅（局）、国家安全厅（局）通知有关外国驻华使、领馆。

（2）人民法院对外国人依法作出司法拘留、监视居住、取保候审决定的，人民检察院依法对外国人作出监视居住、取保候审决定的，由有关省、自治区、直辖市高级人民法院、人民检察院通知有关外国驻华使、领馆。

（五）探视权、通信权和辩护权

公安机关侦查终结前，外国驻华外交、领事官员要求探视被监视居住、拘留、逮捕或者正在看守所服刑的本国公民的，应当及时安排有关探视事宜。犯罪嫌疑人拒绝其国籍国驻华外交、领事官员探视的，公安机关可以不予安排，

---

① 内部信息通报适用公安部签发的《关于公安机关执行〈关于处理涉外案件若干问题的规定〉中有关问题的通知》附件一的《涉外事（案）件情况通报表》。通知外国驻华使、领馆，统一以书面照会形式，具体表格形式参见前述通知之附件二。

但应当由其本人提出书面声明。

在公安机关侦查羁押期间，经公安机关批准，外国籍犯罪嫌疑人可以与其近亲属、监护人会见、与外界通信。

外国驻华外交、领事官员的探视和通信权应遵守我国法律规定。具体来说，外国驻华外交、领事官员要求探视被监视居住、拘留、逮捕的本国公民，我国主管部门应在双边领事条约规定的时限内予以安排，如无条约规定，亦应尽快安排。如当事人拒绝其所属国家驻华外交、领事官员探视的，公安机关可以不予安排，但应由其本人提出书面声明。探视要求可请其向省、自治区、直辖市高级人民法院、人民检察院、公安厅（局）、国家安全厅（局）、司法厅（局）提出。地方外事办公室或者外交部可予以协助。外国驻华外交、领事官员探视时应遵守我国有关探视规定。在侦查终结前的羁押期间，探视的有关事宜由立案侦查的公安机关、国家安全机关或者人民检察院安排；侦查终结后移送人民检察院审查起诉的羁押期间，探视的有关事宜由审查起诉的人民检察院安排；人民法院受理案件后在作出终审判决前的羁押期间，探视的有关事宜由审理案件的人民法院安排；人民法院将案件退回人民检察院，或者人民检察院将案件退回公安机关、国家安全机关补充侦查的羁押期间，探视的有关事宜由补充侦查的人民检察院、公安机关、国家安全机关安排；经人民法院判决后在监狱服刑期间，探视的有关事宜由司法行政机关安排。主办机关需要就探视事宜同有关外国驻华使、领馆联系时，应当分别经过各省、自治区、直辖市高级人民法院、人民检察院、公安厅（局）、国家安全厅（局）、司法厅（局）进行。地方外事办公室或者外交部予以协助。

外国驻华外交、领事官员与其本国在华被监视居住、拘留、逮捕或者正在服刑的本国公民往来信件，我国主管部门应按有关领事条约及《维也纳领事关系公约》的规定迅速转交。在公安机关侦查羁押期间，经公安机关批准，外国犯罪嫌疑人可以会见其近亲属、监护人，与外界通信。这种私人的探视权和通信权由公安机关根据案情自由裁量。

外籍犯罪嫌疑人可以聘请在中华人民共和国的律师事务所执业的律师为其提供法律帮助。但应注意以下几点：首先，外籍犯罪嫌疑人可以聘请律师，但是律师必须是在中华人民共和国的律师事务所执业的律师，即必须是中国律师，而不包括外籍律师。其次，聘请中国律师的时间是从第一次被讯问到该犯罪案件侦查终结。再次，告知其有权自行聘请中国律师为其提供法律帮助。外籍犯罪嫌疑人可以自行聘请中国律师的；如果外籍犯罪嫌疑人没有能力自行聘请中国律师的，可以通报该犯罪嫌疑人国籍国驻华领馆，让该国领事官员为其聘请中国律师；或者公安机关为其指定中国律师提供法律帮助。最后，如果该外籍犯罪嫌疑人不聘请中国律师，或者拒绝公安机关为其指定的中国律师，则应当让其出具书面证明。

(六) 对有豁免权的外国犯罪嫌疑人案件的处理

所谓豁免权，是指根据国际公约、国家间协议的规定或者基于国际习惯，给予某些特定的人在特定范围内免受行为地国家法律管辖和享有不受所在地国家的强制措施的权利。豁免权具有以下特征：

1. 享有豁免权的人是特定的，即具有某种身份或者执行某种特定职务的人。如到国外访问的国家元首、政府首脑、外交代表、领事代表、特别使团成员、国际组织代表和政府间组织代表以及与外交代表或者领事代表生活在一起的非中国国籍的配偶、未成年子女等人员。

2. 豁免权是相对的。首先，豁免权可由派出国或者豁免权人主动放弃该权利；其次，豁免权和一定的职务或者身份相联系，因此不是终身的；再次，豁免权的范围与其职务或者身份相关，例如，根据《中华人民共和国领事特权与豁免权条例》第14条的规定，领事官员和领馆行政技术人员执行职务的行为享有司法、行政管辖豁免。领事官员执行职务之外的行为的管辖豁免，按照中国与外国签订的双边条约、协定或者根据对等原则办理。也就是说，领事官员执行职务行为之外的行为，理论上不享有豁免权，除非在双边领事条约、协定中有关于其执行职务之外的行为也享有豁免权的规定。

3. 豁免权的内容仅限于享有该权利的人不受行为地法律管辖，不适用行为地所在国的刑事强制措施。至于是否因为其享有豁免权而终止对该案件的侦查，法律法规没有作出详细规定。公安部颁布的《公安机关办理刑事案件程序规定》第349条也只是笼统规定，犯罪嫌疑人为享有外交或者领事特权和豁免权的外国人的，应当层报公安部，同时通报同级人民政府外事办公室，由公安部商请外交部通过外交途径办理。本书认为，在查明案件事实之前，对享有豁免权的犯罪嫌疑人的侦查不能终止。理由在于，尽管侦查机关因犯罪嫌疑人享有豁免权而不能对其采取刑事强制措施和进行讯问，但仍可以而且应当尽力收集和固定相关证据，查明案件事实。因为如果案件事实不清，就根本谈不上后续通过外交途径解决其刑事责任的问题。

涉及豁免权的犯罪案件的处理具体可分为五种情况：第一种情况，针对有绝对豁免权人的刑事案件，公安机关不能对享有刑事豁免权人采取任何刑事强制措施，只能进行外围侦查工作，如获取证人证言、进行现场勘查、收集和固定证据。待案件事实基本清楚后，层报公安部，由公安部移交外交部，通过外交途径解决其刑事责任问题。第二种情况，对于享有相对豁免权人的刑事案件，首先应当查明涉嫌犯罪行为是否属于豁免权范围内。如果该犯罪嫌疑人对该涉案行为不享有豁免权,则可以按照普通外国人犯罪案件侦查。如果该涉案行为属于豁免权范围内的,同第一种情况一样,不能对其采取刑事强制措施,只能进行外围侦查工作。第三种情况,原来享有豁免权的国家放弃其豁免权的,按照普通外国人犯罪案件侦查。第四种情况,如果享有豁免权人主动提起诉讼,在与本诉相关的反诉中,该享有豁免权人丧失其豁免权。对于反诉案件,对丧失豁免权人按照普通外国人犯罪案件处理。第五种情况,对于犯有严重罪行的领事官员,可以采取拘留或者逮捕等刑事强制措施。① 但目前为止,尚没有主管机关对"严重罪行"做出解释。本书认为,这种"严重罪行"是指在紧急情况下,如果不对该涉案的领事官员采取强制措施,将造成严重后果的危害他人生命、健康或者公共安全的现行犯罪。

(七)对犯罪外国人执行驱逐出境附加刑

对判处独立适用驱逐出境刑罚的外国人,省级公安机关在收到人民法院的刑事判决书、执行通知书的副本后,应当指定该外国人所在地的设区的市一级公安机关执行。

被判处徒刑的外国人,主刑执行期满后应当执行驱逐出境附加刑的,省级公安机关在收到执行监狱的上级主管部门转交的刑事判决书、执行通知书副本或者复印件后,应当指定该外国人所在地的设区的市一级公安机关执行。

我国政府已按照国际条约或者《中华人民共和国外交特权与豁免条例》的规定,对实施犯罪,但享有外交或者领事特权和豁免权的外国人宣布为不受欢迎的人,或者不可接受并拒绝承认其外交或者领事人员身份,责令限期出境的人,无正当理由逾期不自动出境的,由公安部凭外交部公文指定该外国人所在地的省级公安机关负责执行或者监督执行。

(八)对涉外犯罪案件中的其他外籍当事人的处置措施

1. 对被害人是在华的外国人案件的侦查。如果刑事案件的被害人是外国人的,必须查明被害人的身份。如果被害人已经死亡的,按照外交部发布的《关于处理涉外案件若干问题的规定》附件一《外国人在华死亡后的处理程序》处理。如果案件被害人是享有外交特权或者豁免权的人员,必须查明犯罪嫌疑人是否事前明知被害人的身份,以及查明犯罪嫌疑人作案行为的目的和动机,以利于在审判过程中准确定罪量刑。

---

① 《中华人民共和国领事特权和豁免权条例》第12条第2款规定:"领事官员不受逮捕或者拘留,但有严重犯罪情形,依照法定程序予以逮捕或者拘留的不在此限。"第3款规定:"领事官员不受监禁,但为执行已经发生法律效力的判决的不在此限。"

2. 对证人是在华外国人的犯罪案件的侦查。如果该外国证人在我国境内，首先应当查明该证人是否享受外交或者领事特权和豁免权。享有外交特权的人员没有作证义务；对享有领事特权的人，可以要求他们在刑事案件中作证，但不得对拒绝作证的领事官员采取强制措施或者处罚。如果该案件涉及其执行职务行为，享有外交或者领事特权人没有就其执行职务行为作证的义务。如果证人是在华的外国人，可以让证人到我国公安机关提供证人证言，或者派出警务人员到证人所在地获取证人证言。获取证人证言的过程中需要注意维护证人的合法权益，并提供国家指定的有法定资质的翻译人员为其进行语言翻译；此外，侦查机关应当提供证人往返交通费用、误工费等必要的经济性补偿，并保证证人的人身安全。

3. 对物证持有人是在华的外国人的犯罪案件的侦查。这类犯罪案件侦查中应当注意保护物证所有权人的合法权益。如果需要扣押该物证的，必须预先给予该物证的合法持有人一定经济补偿。对于不需要扣押的，在刑事诉讼终结后，应将所提取的物证返还给物证合法持有人。

第三节 刑事司法协助和警务合作

一、刑事司法协助和警务合作的概念

刑事司法协助和警务合作，是指应另一国的请求，一国向其提供开展刑事案件侦查所需的便利和支持，以及犯罪情报信息的交流与合作的工作制度。刑事司法协助和警务合作与狭义的涉外犯罪案件的侦查相比，具有以下特征：

（一）请求国必须对刑事司法协助和警务合作中所涉及的犯罪案件有刑事管辖权

如果没有刑事管辖权，就没有对该犯罪案件的侦查权，也就无权提出刑事司法协助和警务合作请求。

（二）刑事司法协助是一种被动合作形式

即只能是请求国向被请求国提出刑事司法协助请求之后，被请求国才被动提供；警务合作可以是主动合作形式，即一国警务部门主动向对方国家警务部门提供犯罪信息情报。

（三）刑事司法协助和警务合作内容的特定性

公安机关进行刑事司法协助和警务合作的范围，主要包括犯罪情报信息的交流与合作，调查取证，送达刑事诉讼文书，移交物证、书证、视听资料或者电子数据等证据材料，引渡、缉捕和递解犯罪嫌疑人、被告人或者罪犯以及国际条约、协议规定的其他刑事司法协助和警务合作事宜。

二、刑事司法协助和警务合作的基本形式

一般来说，开展刑事司法协助和警务合作的基本形式可包括国际间刑事司法协助和警务合作、区域性刑事司法协助和警务合作、国家间刑事司法协助和警务合作三个层面。

（一）国际层面

国际社会通过缔结涉及刑事司法协助和警务合作的条约或者公约，开展刑事司法协助和警务合作。例如，联合国大会第3047号决议通过的《关于侦查、逮捕、引渡和惩治战争罪犯和危害人类罪犯的国际合作原则》中就阐述了侦查的国际合作问题。

主持和引导国际层面开展刑事警务合作的组织是国际刑警组织。国际刑警组织是国际刑事警察组织的简称，其成立于1923年，最初名为国际刑警委员会，总部原设在奥地利首都维也纳。1956年该组织更名为国际刑事警察组织。1989年，该组织总部迁往法国里昂。中国于1984年加入国际刑警组织，同年组建国际刑警组织中国国家中心局。目前国际刑警组织共有187个成员国[①]。

国际刑警组织的宗旨是保证和促进各成员国刑事警察部门在预防和打击刑事犯罪方面的合作。它的主要任务是汇集、审核国际犯罪资料，研究犯罪对策；负责同成员国之间的情报交换；搜集各种刑事犯罪案件及犯罪嫌疑人指纹、照片、档案；通报案件线索、通缉追捕重要罪犯和引渡重要犯罪嫌疑人；编写有关刑事犯罪方面的资料等。其组织机构包括全体大会、执行委员会、秘书处和国家中心局。国际刑警组织每年召开一次全体大会，并经常举行各种国际性或地区性研讨会；秘书处由秘书长和该组织的技术、行政人员组成，负责执行大会和执委会的决议、编辑各种刊物、通缉作案逃犯等；国家中心局是该组织在各国的常设机构，主要负责各国警方同国际刑警组织各成员国之间的合作。国际刑警组织总部建有一个存有150余万名国际刑事罪犯和犯罪嫌疑人材料的资料档案库和一座用以鉴定货币及其他有价证券真伪的实验室。

（二）区域层面

为更好地在区域内预防和侦查犯罪活动，由特定区域内的国家共同缔结区域性条约，设立区域性警务合作中心机构，协调各成员国警务机关之间的警务

[①] 有关国际刑警组织资料，参见 http://www.interpol.int/public/icpo/default.asp。

合作。区域内各成员国根据区域性盟约以及专门条约具体开展刑事警务合作。

1. 上海合作组织①。上海合作组织的前身是由中国、俄罗斯、哈萨克斯坦、吉尔吉斯斯坦和塔吉克斯坦组成的"上海五国"会晤机制。2001年6月14日,"上海五国"元首在上海举行第六次会晤,乌兹别克斯坦以完全平等的身份加入"上海五国"。2001年6月15日,六国元首举行了首次会晤,并签署了《上海合作组织成立宣言》,宣告上海合作组织正式成立。2002年6月,上海合作组织成员国在圣彼得堡举行第二次峰会,六国元首签署了《上海合作组织宪章》。宪章对上海合作组织的宗旨原则、组织结构、运作形式、合作方向及对外交往等原则作了明确阐述,标志着该组织从国际法意义上得以真正建立。

上海合作组织开展区域性刑事警务合作的常设机构设在乌兹别克斯坦首都塔什干的地区反恐机构。2001年成立时签署了《打击恐怖主义、分裂主义和极端主义上海公约》。"9·11"事件后,上海合作组织成员国加强了以打击本地区恐怖主义、极端主义和分裂主义"三股势力"为中心的反恐合作。2004年6月,上海合作组织地区反恐怖机构在塔什干正式挂牌运作。

2. 欧洲联盟②,简称欧盟。欧盟是由欧洲共同体发展而来的,是一个集政治实体和经济实体于一身、在世界上具有重要影响的区域一体化组织。1991年12月,欧洲共同体马斯特里赫特首脑会议通过《欧洲联盟条约》,通称《马斯特里赫特条约》。1993年11月1日,《马斯特里赫特条约》正式生效,欧盟正式诞生,总部设在比利时首都布鲁塞尔。

根据1992年的《欧洲联盟条约》,欧盟由三大支柱组成。其中,第一支柱为"欧洲各大共同体",涉及经济、社会、环境等政策;第二支柱为"共同外交与安全政策",涉及外交、军事等政策;第三支柱为"刑事领域警务与司法合作",涉及共同合作打击刑事犯罪,该支柱前身是"司法与内政事务部门"。

具体而言,欧盟负责开展区域性刑事警务合作的组织是欧洲刑警组织。欧洲刑警组织成立于1993年4月2日,总部设在荷兰海牙,主要任务是加强欧盟成员国之间在打击跨国犯罪方面的合作。欧盟司法和内政部长会议于2008年4月18日决定,欧洲刑警组织将从2010年1月1日起成为欧盟正式机构,以加强欧盟成员国之间的执法合作。

---

① 有关上海合作组织资料,参见上海合作组织官方网站 http://www.sectsco.org/。
② 有关欧盟的资料,参见欧盟官方网站 http://europa.eu/index_en.htm。

3. 东南亚国家联盟①，简称东盟。东盟的前身是由马来西亚、菲律宾和泰国三国于1961年7月31日在曼谷成立的东南亚联盟。1967年8月，印度尼西亚、泰国、新加坡、菲律宾四国外长和马来西亚副总理在曼谷举行会议，发表了《东南亚国家联盟成立宣言》，即《曼谷宣言》，正式宣告东盟成立。东盟现有成员国10个。2003年，中国与东盟的关系发展到战略协作伙伴关系，中国成为第一个加入《东南亚友好合作条约》的非东盟国家。2007年1月13日至14日，第十二届东盟首脑会议在菲律宾宿务市举行，会议签署了包括《东盟反恐公约》在内的一系列文件，进而使东盟国家之间以及东盟与其他国家和国际组织的反恐合作得以全面加强。

《东盟反恐公约》对恐怖主义行为作了详细的界定，即凡属于1963年《东京公约》、1970年《海牙公约》、1971年《蒙特利尔公约》、《核材料实物保护公约》、《制止资助国际恐怖主义公约》等文件规定的犯罪行为均属于恐怖主义行为。此外，东盟国家还将加大信息和情报的共享与交流，提升地区培训与技术合作，建立地区数据库，采取措施控制恐怖分子资金和人员在东盟内部的流动，加强在起诉恐怖分子等司法和执法方面的合作，加强引渡恐怖分子的合作。公约还规定，各国将建立或指定一个全国性的反恐机构作为实施此公约的权威机构。

除此而外，其他比较典型的区域性刑事警务合作机构还有申根协议成员国之间的刑事警务合作②、北欧五国之间的刑事警务合作等。③

4. 湄公河次区域。2011年11月25—26日，中国、老挝、缅甸和泰国四国执法安全部门代表在中国北京举行"中老缅泰湄公河联合巡逻执法部长级会议"，并发表了《中老缅泰湄公河联合巡逻执法部长级会议联合声明》。该《声明》认为，中老缅泰四国执法安全部门根据本国司法管辖权和相互尊重主权、平等互利的原则，有责任维护湄公河区域安全稳定。经协商一致中老缅泰四国同意针对湄公河流域发生的突出治安问题，共同组织实施联合行动，打击危害湄公河流域安全的严重治安问题，并就开展湄公河联合巡逻执法工作达成共识。

---

① 关于东盟资料，参见东盟官方网站 http://www.aseansec.org/。
② 关于申根协定的相关内容，参见刘为军：《论申根协定体系与欧盟警务合作》，载《法学杂志》2006年第6期。
③ 关于申根协定成员国和北欧五国之间开展区域性刑事警务合作的内容，参见付凤：《全球化条件下的国际刑事警务合作》，载《安庆师范学院学报（社会科学版）》2007年第3期。

2015年10月24日在北京举行的湄公河流域执法安全合作部长级会议通过了《关于加强湄公河流域综合执法安全合作的联合声明》。中老缅泰四国代表认为，以深化澜沧江—湄公河执法安全合作，打造"平安湄公河"为目标，以共同、综合、合作、可持续的亚洲安全观为理念，努力将湄公河流域执法安全合作机制建设成为区域综合执法安全合作组织。建立湄公河流域执法安全合作部长级、高官级会议机制，建立澜沧江—湄公河综合执法安全合作中心，将打击毒品犯罪、恐怖主义、网络犯罪等纳入执法安全合作范围，并确定打击有组织偷渡和非法移民、缉捕遣返逃犯等作为重点合作领域。

自2011年12月15日开展首次湄公河联合巡逻执法以来，至2017年4月25日，中老缅泰完成了57次湄公河联合巡逻执法工作。执法编队采取全线巡逻、分段联巡、编组巡航等方式，在湄公河中国关累港至老缅泰交接的"金三角"水域金木棉码头之间开展联合巡逻执法。

（三）国家层面

国家间刑事警务合作，是指主权国家间根据所签订的条约或者协议，开展在打击、预防和侦查犯罪方面的合作。国家间刑事警务合作包括有条约义务的和没有条约义务而仅仅根据互惠原则开展的刑事警务合作。具体可分为国家之间、国家主管警务合作的中央机关之间、领土接壤的两国相邻地区警务主管机关之间的刑事警务合作。

1. 国家间的刑事警务合作。该合作由主权国家间签署刑事司法协助条约或者协议，在条约或者协议中载明两国间开展刑事警务合作的权利和义务，以及开展刑事警务合作的中央机关和程序等内容。

2. 国家警务主管机关之间的刑事警务合作。由国家的警务主管机关之间直接签署双边警务合作协议，直接通过双边警务主管机关开展国家间警务合作。公安部是公安机关进行刑事司法协助和警务合作的中央主管机关，通过有关国际条约、协议规定的联系途径、外交途径或者国际刑事警察组织渠道，接收或者向外国提出刑事司法协助或者警务合作请求。至2000年为止，我国公安部已经与43个国家的内务部门签订了警务合作协议，建立了双边业务合作和交流机制。① 截至2008年12月初，公安部已向我国在美国、泰国、土耳其、吉尔吉斯斯坦等19个国家的驻外使领馆派驻30名警务联络官，我国驻外警务执法合作网络已初具规模，在打击跨国跨境犯罪、保护中国海外国民利

---

① 闵剑：《对当前国际警务合作方式的探讨》，载《上海公安高等专科学校学报》2005年第1期。

益、维护国家安全和社会稳定等方面发挥了重要作用。

3. 两国相邻地区的警务主管机关之间的刑事警务合作。这种合作主要是指领土接壤的国家间相邻地区警务主管机关在刑事案件侦查中的合作。在不违背有关国际条约、协议和我国法律的前提下，我国边境地区设区的市一级公安机关和县级公安机关与相邻国家的警察机关，可以按照惯例相互开展执法会晤、人员往来、边境管控、情报信息交流等警务合作，但应当报省级公安机关批准，并报公安部备案。如 2004 年 6 月，黑龙江省公安厅同俄罗斯远东安全机关签订会晤纪要，决定共同打击跨国犯罪和外国人犯罪。早在 1993 年我国黑龙江省公安厅与俄罗斯联邦的两个地区内务局分别签订了《中国黑龙江省公安厅与俄罗斯联邦滨海边疆地区内务局合作协定》和《关于建立中国黑龙江省公安厅与俄罗斯联邦哈巴罗夫斯克边疆地区内务局工作联系的协议》。[①] 2004 年 8 月，黑龙江省公安厅又与俄罗斯远东内务机关签订会晤纪要，规定每年定期举行高层次会晤，并规定了打击跨国犯罪的协作机制、建立跨国犯罪情报信息交流制度、建立联络机构和联络官制度。经双方协商，俄罗斯远东联邦区内务总局、哈巴罗夫斯克边疆区、滨海边疆区、阿穆尔州、犹太自治州、萨哈林州、勘察加州内务局都与黑龙江警方建立了警务合作机制。[②]

在此值得一提的是，由于历史的原因，我国不是单一法域的国家，我国香港特别行政区、澳门特别行政区在一国两制框架下拥有自己独立的司法权。因此，我国大陆与我国香港特别行政区、澳门特别行政区和台湾地区警务主管机关之间的警务合作也具有完全不同于一般国家内部警务机关之间的合作机制。但是，这种警务合作机制绝对不是国家间的警务合作机制，不能适用主权国家间的警务合作工作机制，因此本章不讨论我国大陆警务机关与香港、澳门特别行政区以及台湾警务主管机关之间的侦查合作。

三、刑事司法协助和警务合作的法律渊源

开展刑事司法协助和警务合作需要遵守一定的法律法规。而哪些法律法规可以成为开展刑事司法协助和警务合作的法律渊源呢？简言之，对开展刑事司法协助和警务合作有约束力或有指导性意义的法律法规都可以成为开展刑事司法协助和警务合作的法律渊源。具体来说，这些法律渊源包括：

---

① 闵剑：《对当前国际警务合作方式的探讨》，载《上海公安高等专科学校学报》2005 年第 1 期。

② 梁书斌：《中俄警务合作斩断犯罪黑手》，载 http://news.xinhuanet.com/focus/2005-06/17/content_3096100_3.htm，2009 年 7 月 19 日浏览。

(一) 国内法律法规

刑事司法协助和警务合作首先是一国警务机关为侦查犯罪而开展的国际合作。因此，必须遵守本国刑事法律法规。具体来说，刑事司法协助和警务合作的国内法渊源包括：

1. 《刑法》。在涉及刑事案件的管辖权和具体认定犯罪成立条件等实体法方面，需要遵照我国刑法的规定。这里的刑法包括刑法典、单行刑法、刑法修正案和其他涉及犯罪构成的行政法律。

2. 《刑事诉讼法》。在涉及办理刑事案件的程序和确认案件的具体管辖级别和管辖机关等方面，需要遵守刑事诉讼法律的规定。

3. 《人民警察法》。开展刑事司法协助和警务合作并不需要直接适用警官法，但是办理刑事警务合作的警务人员的资质和奖惩还需要遵守人民警察法的相关规定。

4. 刑事司法协助法。刑事司法协助法是规定一国与其他国家所开展刑事司法协助的法律。我国目前尚没有制定《刑事司法协助法》。

5. 《中华人民共和国外交特权和豁免权条例》和《中华人民共和国领事特权和豁免权条例》。认定外国外交代表和领事代表的外交特权和豁免权，必须遵守上述两个条例的规定。

6. 其他涉及刑事警务的部门规章制度。例如，公安部发布的《公安机关办理刑事案件程序规定》，外交部、最高人民法院、最高人民检察院、公安部和司法部联合颁布的《关于处理涉外案件若干问题的规定》等。

(二) 国家间关于开展刑事警务合作的条约或者协定

作为开展刑事司法协助和警务合作的重要法律渊源，国家间关于开展刑事警务合作的条约或者协定具体包括：

1. 国家间关于开展刑事司法协助的条约。

2. 我国公安部与其他国家警务主管机关之间签订的警务合作协定。

3. 我国与外国接壤相邻地区公安机关与对方国家警务主管机关之间的地区性警务合作协议。

4. 区域性警务合作协议。如目前对我国开展刑事警务合作有约束力的上海合作组织的《上海合作组织宪章》和《打击恐怖主义、分裂主义和极端主义上海公约》①。

5. 我国所签署或者加入的国际性刑事警务合作的公约、条约以及国际刑警组织关于刑事警务合作方面的规定等，以及涉及外交、领事特权和豁免权的国际公约。

四、刑事司法协助和警务合作的原则

开展刑事司法协助和警务合作，还必须遵循一定的原则。这些原则应对刑事司法协助和警务合作有全局性的指导作用，而不仅仅是对某个具体事务或某个局部的指导作用。

（一）尊重国家主权原则

尊重国家主权原则指尊重各国主权或各国相互尊重主权，其是处理国与国之间关系的基本原则。在现代国际法和和平共处五项原则中，国家主权原则是最基本、最重要的原则，其他原则均以此为基础。主权是指国家独立自主地处理自己对内对外事务的最高权力。主权作为国家的固有权利，表现为三个方面：对内表现为最高权，即除国际法另有特殊规定的以外，国家对其领土内的一切人和事物以及领土以外的本国公民实行管辖的权利；对外表现为独立权，即拥有行使权力的完全自主性和排除外来任何干涉的排他性；还有为防止侵犯的自卫权，即国家为了维护政治独立和领土完整而对外来侵略或威胁进行防卫的权利。国家主权对任何国家来说都是重要的，所以国家主权原则便成为整个国际关系的基础。国家享有主权，每个国家都是国际社会的平等成员，有权自由决定自己的命运；但同时每一个国家都有尊重别国主权的义务，都不得以行使自己的主权为借口去侵犯他国的主权，破坏公认的国际法原则。

具体到刑事司法协助和警务合作中，对属于我国有刑事管辖权的案件，要坚持维护国家司法权的完整，不能无原则地放弃刑事管辖权，更不允许任何治外法权或者变相治外法权存在。另一方面，也要尊重对方国家的国家主权，只能在法律限度内开展刑事司法协助和警务合作，而不能侵犯对方国家的司法独立权或者干涉对方国家内政。

---

① 我国不是东盟成员国，只是加入了《东南亚友好合作条约》。1991年，中国成为东盟对话伙伴国；1996年，中国成为东盟全面对话伙伴国；2003年中国和东盟关系发展成为战略协作伙伴关系；2005年东盟宣布中国正式成为其东部增长区伙伴。因此东盟2007年签署的《东盟反恐公约》对我国开展刑事警务合作没有约束力，不是我国开展刑事警务合作的法律渊源。

(二) 双重处罚原则

双重处罚原则,是指所请求的刑事警务合作所涉及的行为必须按照请求国和被请求国法律都是应当受到一定程序处罚的行为。在一国司法管辖范围内,该国对犯罪行为是否处罚,是否应该立案侦查,完全以本国法律为准绳,无须考虑请求国的法律。对于被请求国来说,为另一国所请求的刑事司法协助和警务合作实际上是一种被动提供的警务协助,是为了打击和预防犯罪的需要,为他国警务机关的侦查活动提供帮助。因此,只有当事国双方对所需要办理的案件都符合本国法律立案侦查的条件,才能应请求国的请求,为请求国的刑事案件侦查提供支持和便利。只要有一国法律认为该请求所涉及的行为不符合本国法律关于立案侦查之条件,就不应当开展此项刑事警务合作。

(三) 互惠原则

互惠原则,也称为对等原则,是指在双方国家或者与其他国际组织之间没有签订刑事警务合作条约 (在我国一般称为刑事司法协助条约),或者对方也不是国际刑警组织成员国时,如果对方向我国提出刑事警务合作请求的,必须要求对方国家提供将来在同等情况下亦向我国提供刑事警务合作的保证,才能为对方提供该项刑事警务合作,如果对方不提供这项互惠保证的,不得提供该项刑事警务合作。同样的,我国向尚未与我国签订刑事司法协助条约的国家提出合作请求,如果对方也是国际刑警组织的成员国,可以直接通过国际刑警组织国家中心局向对方国家中心局提出合作请求,也可以通过外交途径向对方国家主管机关提出刑事警务合作请求,并提供互惠保证。对于既没有与我国签订刑事司法协助条约,对方国家也不是国际刑警组织成员国的,只能通过外交途径向对方国家提出刑事警务合作请求,并附带我国政府所做出的互惠保证。

当然,如果双方国家间已经签署刑事司法协助条约或者刑事警务协议的,不需要在请求书中提供互惠原则保证书。因为该条约或者协议对其都有约束力,是最好的互惠保证书。但是互惠原则对条约国或者协议国国家间的刑事警务合作仍然适用。因为即使签署了国家间条约或者协议,也不可能对刑事警务合作事项事无巨细地作出规定。在刑事警务合作实践中,仍然存在一些需要被请求国自我裁量的事项,例如被请求国在条约或者协议范围内,限制或者提供更多刑事警务合作的,请求国就需要在将来的刑事警务合作中按照对等原则,限制或者提供更多的刑事警务合作。因此,互惠原则是指导刑事司法协助和警务合作的全局性原则。

(四) 特定事项拒绝合作原则

在刑事司法协助和警务合作过程中,也存在一些特殊的情况,在这些情况下，为了本国国家利益或者国家形象，或者尊重一定的国际法习惯，本国中央警务机关应当作出拒绝提供刑事警务合作的决定。

所侦查的案件是政治、军事和宗教事务的，被请求国应当拒绝提供刑事警务合作。这是由刑事司法协助和警务合作的目的决定的，即合作是为了满足国际间开展预防、打击和侦查犯罪的需要，是为了不让国界成为侦查和惩治犯罪的阻碍因素，更是为了维护本国的社会秩序和国家安全，各国才在符合本国法律的情况下提供刑事警务合作。故这种警务合作只是针对违反了国际社会最基本的秩序，给人类社会安全带来危害的普通犯罪而言。政治、军事和宗教事务属于一国的内部事务，不属于国际社会的共同利益。一个主权国家没有义务也没有权利去维护他国的这些利益。从国际社会所进行引渡和刑事司法协助的法律规定及实践来看，政治、宗教和军事事务都是拒绝进行引渡和开展刑事司法协助的绝对准则。当然，政治、宗教事务不提供警务合作原则也有例外。国际公约中规定，如果该涉及政治、宗教事务的罪行包括杀害他人的，或者属于恐怖犯罪的，可以提供警务合作。

此外，有的区域性多边条约将财税事务也作为拒绝开展刑事警务合作的条件。理由是一国财税政策同样属于一国内部利益。我国目前所签订的刑事司法协助条约中尚没有关于财税事务拒绝提供刑事警务合作的规定。关于财税事务是否拒绝刑事警务合作，应按照互惠原则办理，即如果对方国家法律拒绝提供这方面的刑事警务合作，我国应当拒绝对方国家相应的合作请求；如果对方国家没有相关内容的法律规定，按照该国对我国刑事警务合作实践中的做法对等处理。即若对方国家已经拒绝对我国提供涉及财税事务方面的刑事警务合作的，我国也应当拒绝对方国家的相关合作请求；如果对方国家曾经对我国提供过相关方面合作的，我国也相应提供。两国间都没有涉及财税事务方面警务合作实践的，如果对方国家先向我国提出此项合作请求，在其提供互惠保证后，我国可以提供；同样，我国若率先向对方国家提出涉及财税事务的警务合作请求，也应提供互惠保证。

五、刑事司法协助和警务合作的程序

国家间或者国家与国际组织或者区域性组织之间开展刑事司法协助和警务合作必须严格遵循法定程序。这些程序具体包括：

（一）申报

当涉外刑事案件的侦查需要开展刑事司法协助和警务合作时，由立案侦查的公安机关层报公安部，再由公安部根据具体情况进行审批。

(二) 批准

公安部接到下级公安机关开展刑事司法协助和警务合作的请求后，立即对该申请进行审查。符合本国关于开展刑事警务合作的法律规定和条件的，指令相应机构制作刑事司法协助和警务合作请求书，并根据具体情况确定执行对外联系的主管机关。

(三) 制作申请书

申请书是一项严格的国家间委托他国代办刑事警务的书面文件，有严格的格式要求。

1. 内容。刑事警务合作请求书的内容应当包括：请求书出具机关的名称；受委托机关的名称；请求提出刑事警务合作的事项；有关当事人的基本情况（犯罪嫌疑人的姓名、住址、国籍、出生日期、职业、父母姓名、个人体貌特征等）；委托内容和理由；犯罪嫌疑人或者被告人犯罪行为的认定；犯罪的性质和手段；犯罪的过程和结果；请求书的效力；出具请求书的官方签字和印章；请求书签发的日期和其他附件等。

2. 制作申请书的语言。请求书应当使用双方约定的语言文字制作。请求国当然有权使用本国官方语言文字来制作请求书，但是请求书必须附有被请求国的官方语言文字或附有双方约定的其他语言，例如法语或者英语。没有使用双方特别是被请求国核准的语言文字制作的请求书将不会被接受。

3. 申请书的效力。一般来说，由一国有权管辖的中央机关做出的、并带有该中央机关印章和主管官员签名的请求书，自然具有法律效力。但也不排除在特殊情况下，被请求国要求由公证机关出具公证书证明其法律效力。在这种情况下，刑事警务合作请求书应当同时附有公证机关出具的公证书。

(四) 送达途径

刑事司法协助和警务合作请求书制作完毕，应按照规定的送达途径送达被请求国的中央主管机关。一般来说，请求书的送达有三种途径：

1. 双方签订有刑事司法协助条约或者警务合作协议的，按照双方约定的途径送达。我国刑事司法协助的中央机关是司法部，警务合作中央主管机关是公安部。

2. 通过国际刑警组织或者国际刑警组织国家中心局向对方国家中心局提出请求。

3. 两国间没有刑事司法协助条约或者警务合作协定，对方也不是国际刑警组织成员国的，通过外交途径送达刑事警务合作请求书，提出请求的中央主管机关为外交部。公安部需要将请求书提交给外交部，由外交部通过外交途径送达。

(五) 审查和批准

1. 审查。被请求国中央机关接到我国提出的请求书后，会将该刑事警务请求提交法院或者有权审查该请求的机关进行合法性审查。审查一般由该国司法机关作出。首先需要审查的是该请求书是否符合本国开展刑事警务合作的法律规定。例如，该请求书中提出的案件事实，按照本国法律是否构成犯罪或者违法行为，本国法律对该行为的处罚是否能达到提供刑事警务合作的最低处罚限度。其次审查该行为是否属于不能提供刑事警务合作的行为。例如，该行为是否属于政治犯罪或者政治追诉，是否属于违反军事义务或者军事犯罪的行为。最后审查被请求缉拿的犯罪嫌疑人是否是本国国民等。

2. 批准。审查通过后，可能还需要中央主管机关批准。批准一般由司法部、内务部或外交部作出。当有权进行合法性审查的法院或者检察院作出该请求书合法的审查意见后，中央机关需要继续进行行政审查，具体包括执行该请求是否会危害本国国家利益、危害需要本国保护的其他利益等。如欧盟成员国在进行审查时，其内容就包括批准该请求行为是否会危害本国和整个欧盟的利益。此外，中央主管机关还需要继续就批准该请求是否会危害本国或者国际社会的公共秩序进行审查。如果不存在上述危害本国国家利益、其他需要保护的利益和公共秩序的，可以作出批准该请求的意见。

实践中，外交部门可以根据两国关系的具体情况提出拒绝该请求的意见，而且这种因为双边外交关系而拒绝提供刑事警务合作的情形，多以提供该刑事警务合作会危害公共秩序为理由。

(六) 执行

该刑事警务合作请求被批准后，交具体执行机关执行该刑事警务合作请求。即如果是有关信息交流的请求，可以交警务机关执行；有关物证返还的请求，需要交法院审查作出扣押、没收的司法裁决，再交警务机关执行；有关缉拿犯罪嫌疑人的请求，交法院或者检察机关作出逮捕决定，再交警务机关执行；有关控制下交付的请求，直接交警务机关执行。

(七) 刑事警务合作的终止与撤销

1. 终止。因发生某种特定情形使得刑事警务合作请求无法执行或者执行该请求已经没有意义的，请求国或者被请求国决定结束正在进行的刑事警务合作程序，称为刑事警务合作的终止。刑事警务合作程序的终止既可以由请求国提出，也可以由被请求国自行决定。刑事警务合作终止的法律后果是，请求国不再提出该项请求，刑事警务合作程序执行到此终结，被请求国也不再办理该请求所涉及的事务。

2. 撤销。在刑事警务合作执行中,发生了不需要或者不应当再继续执行该请求的事项,请求国提出或者被请求国决定放弃执行刑事警务合作请求程序,视为刑事警务合作的撤销。例如,请求国对该刑事案件已经审理终结;由于特赦或者大赦,已经决定不再追究涉及该案件的犯罪嫌疑人的刑事责任等。被请求国发现了其他应当拒绝执行该刑事警务合作请求之理由的,也可以决定撤销该请求执行程序。

(八)费用

刑事警务合作执行中的费用承担由两国警务主管机关决定。国家警务机关代为执行警务部分的费用,按照互惠原则处理,一般来说不收取对方国家的费用。而涉及证人的交通费用和误工费用、物证鉴定费用、补偿物证所有权人费用的,请求国必须支付。

六、刑事司法协助和警务合作的内容

(一)犯罪信息交流

刑事司法协助和警务合作中的犯罪信息交流包括建立犯罪信息交流平台,收集犯罪信息,犯罪信息和情报传送、协查支持、自动化收集犯罪信息维护、犯罪信息交流技术支持,加强在特定信息领域的合作,例如对恐怖主义犯罪、非法毒品交易、人口买卖、放射性和核材料非法交易、伪造货币或者支付手段、反洗钱和打击走私犯罪等。

(二)物品返还

物品返还是指一国警务机关向另一国警务机关申请将在被请求国境内、做为请求国刑事诉讼中充当证据的有形物品递交请求国的一种刑事警务合作形式。其中有形物品包括纸质材料。对于纸质材料,如果复印件能够起到同样证明作用,优先返还复印件。只有在复印件不能起到证明作用时,方可考虑返还原件。

请求国主管机关在提出物证返还请求时,必须同时递交本国主管机关所发出的财产没收令。在得到被请求国主管机关的审核和同意后,查明、查封或者扣押该物品,并向请求国移交该物品。警务机关在这项法律协助中承担查明、监督该财产流向和根据有关方面的命令查封、没收或者扣押上述财产等职责。在查封、没收或者扣押财产时必须特别注意保障与财产相关的第三者的利益。

(三) 缉捕犯罪嫌疑人①

一般而言，境外缉捕外逃的犯罪嫌疑人属于引渡的内容。为了保障引渡的安全，被请求国可以临时逮捕或者逮捕被引渡人。这种缉捕被引渡人的工作由最先发现被引渡人的国家的刑事警察执行。

值得讨论的是，直接在其他主权国家领域内缉拿犯罪嫌疑人的行为非常罕见。② 首先，允许他国警务人员在本国境内缉拿犯罪嫌疑人，本国国防安全得不到保障。其次，在其他主权国家领土上直接缉捕犯罪嫌疑人没有尊重缉捕行为地所在国的国家主权，不符合国际法基本准则。即使被缉拿的犯罪嫌疑人不是缉拿地所属国家的本国公民，也没有主权国家会允许其他国家警务人员在本国领土上直接缉拿犯罪嫌疑人。最后，越境缉捕外逃犯罪嫌疑人的工作也存在诸多不便。侦查人员对环境不熟悉、语言不通，难以得到当地居民的协助。因此，越境缉捕存在政治、法律方面的问题和操作上的诸多困难，也是不切实际的。

侦查机关确实需要在他国领土上缉捕外逃的犯罪嫌疑人时，通常应当首先按照引渡程序，由案件管辖地主管机关层层申报，提出引渡申请，并由本国主管中央机关审核，依照法定途径（两国间存在引渡或者刑事司法协助条约的情况下）或者外交途径（两国间没有签署引渡条约或者刑事司法协助条约的情况下）向被请求国提出引渡请求，在得到被请求国中央主管机关审核同意后，由被请求国警务人员抓捕犯罪嫌疑人。询问被抓捕的犯罪嫌疑人后，根据

---

① 在论述缉捕犯罪嫌疑人相关内容时，国内很多资料和文献都提到国家间"联合执法""联合行动"和"共同侦查"的问题，并存在一些误解。所谓"联合执法"和"联合行动"，是指在相邻国家间的一定区域内，警务机关为打击该地区常发性犯罪活动，由国家间警务机关共同拟定方案，在统一时间内，由所属国家警务人员在其各自国家境内开展侦查行为。因此，该"联合执法"和"联合行动"中不可能出现一国警务人员越境行动的情况。所谓"共同侦查"，是指两个以上国家同时对某一犯罪案件在各自国家境内进行侦查，而后国家间就该案件侦查情况进行信息互通和情况交流。例如，中国和日本对中国某地饺子出口到日本后发现被投毒的犯罪案件的侦查，就是典型的共同侦查，但是效果不佳。参见原国锋：《日"毒饺子事件"是人为个案，投毒地点成调查焦点》，载http://www.foodmate.net/news/guonei/2008/02/103957.html，2009年7月20日浏览；《中国公安部否认问题饺子系在国内被投毒》，载http://www.fsi.gov.cn/news.view.jsp?id=20121，2009年7月20日浏览。所以，无论是"联合执法""联合行动"还是"共同侦查"，各国侦查机关都仍需坚持以我为主、积极协调配合的工作方针。

② 关于在对方国家境内直接缉拿犯罪嫌疑人的设想，参见付凤：《全球化条件下的国际刑事警务合作》，载《安庆师范学院学报（社会科学版）》2007年第3期。

被抓捕的犯罪嫌疑人的意见，决定按照简易或者正常的引渡程序来引渡被引渡人。期间，请求国的警务人员不参与外逃犯罪嫌疑人的抓捕工作。

例如，某市一区法院在清查该区农村合作基金时发现郑某和曾某在分别骗取了某银行1.47亿元人民币和农村合作基金2000万人民币后下落不明。后经侦查，发现这两名犯罪嫌疑人潜伏在泰国。该区公安分局立即向公安部汇报，并通过国际刑警组织中国国家中心局向泰国国家中心局发出红色通缉令，要求缉拿这两名犯罪嫌疑人。随后该区公安分局立即办妥一切手续和准备好法律文书及其公证文书，抵达泰国后，通过我国驻泰国领事馆的帮助，送达了请求开展刑事警务合作的司法文书。泰国警方根据我国警方提供的情况，查明了两名犯罪嫌疑人的住处，于当晚实施了抓捕，并以护照照片有移动为由将两名犯罪嫌疑人拘留。此后，我国司法部门开始向泰国提出引渡这两名犯罪嫌疑人的请求。但经查明，两名犯罪嫌疑人拥有塞拉里昂护照，我国外交部又照会塞拉里昂，要求塞拉里昂撤销他们非法取得的护照。在两名犯罪嫌疑人的塞拉里昂护照被撤销后，泰国移民庭经过审查，才同意向我国引渡郑某和曾某。① 该案件的侦查也再次说明，境外缉捕犯罪嫌疑人的工作完全是由所在国警方执行，我国警务人员只是提供情报和监督，而无直接实施抓捕的权利。

另外一种缉捕境外犯罪嫌疑人的方法是通过国际刑警组织来执行的，前提是外逃犯罪嫌疑人所居留的国家也是国际刑警组织成员国。具体又分为两种情况：第一种情况，是能够知晓犯罪嫌疑人目前所居留的地点的，由有管辖权的地方主管机关层层申报，经公安部审查同意后，交国际刑警组织国家中心局向犯罪嫌疑人目前所居留的该国国际刑警组织国家中心局直接发出通缉令，由该国国家中心局具体执行。这是一种最直接的境外缉捕犯罪嫌疑人的方式。第二种情况，即犯罪嫌疑人下落不明的，由有管辖权的地方主管机关层层申报，经公安部审查同意后，交本国国际刑警组织国家中心局，再由其向国际刑警组织发出请求协助缉捕犯罪嫌疑人的通缉令，国际刑警组织秘书处立即将该通缉令转发各个成员国国家中心局，各成员国国家中心局再依此通辑令开始组织警力，部署缉拿工作。

国际刑警组织使用专用的红色通缉令，其特有的标志是在该通缉令的右上角印制有一块红色小方块，以使其与普通国内通缉令相区别。国际刑警组织的红色通缉令有固定格式：题目应标明发出的国家和案由，其后的正文内容包括被通缉人的姓名、性别、出生日期及国籍，个人身份及职业，其父母的姓名和

---

① 崔然：《探求现代警务合作有效打击新型犯罪》，载《广州市公安管理干部学院学报》2003年第2期。

居住地，作案时或近期的正面、侧面照片，十指指纹与体貌特征，案件事实及其有无前科，所持有的证件名称和编号，签发逮捕令的编号等。尾部写明发往的国家及发出的时间。请求国对标准格式中的每一项内容都应当认真填写，缺项的内容必须予以注明。

有关国家在实际控制犯罪嫌疑人之后，应当毫不延迟地通知国际刑警组织或者发出通缉令的请求国，要求请求国尽快开始引渡程序或者作出其他相应的处理。发出通缉令的国家一般都会立即启动引渡犯罪嫌疑人的程序，同时该国在接到被通缉人确已被羁押的信息后，应立即向国际刑警组织或者其他国家发出通报，告知该犯罪嫌疑人已经被缉拿，解除对该犯罪嫌疑人的通缉状态，以减少其他国家为缉拿该犯罪嫌疑人而付出的司法成本。

例如，2001年10月，中国某银行在一次全行数据信息整合时发现，该行某支行高达数亿美元的款项不翼而飞。经侦查发现，曾担任该支行行长的犯罪嫌疑人许某伙同另两名犯罪嫌疑人余某和许某，先后把4.8亿多美元的银行资金转移到海外，案发后，三人逃至美国。我国司法机关于2001年11月15日立案后，即要求国际刑警组织发布红色通缉令，依据此前签订的中美刑事司法协助协定①，中方向美方提出刑事司法协助请求，2002年12月，犯罪嫌疑人余某在洛杉矶被警方抓获。在美国接受审判后，经中美协商，2004年被遣返回中国。2004年，另两名犯罪嫌疑人分别在美国堪萨斯州和俄克拉何马州被捕。2005年，中国公安部、司法部与美方协商对这两名犯罪嫌疑人的遣返工作，并与两名犯罪嫌疑人当面沟通，但遭到两人的拒绝，遣返工作未果。2006年1月31日，美国司法部宣布，以签证欺诈、洗钱、非法入境等15项罪名，对这两名犯罪嫌疑人及其亲属共5人提起诉讼。2008年8月，美国地区法院裁定，两名犯罪嫌疑人及他们的妻子合谋诈骗、洗钱以及合谋转运盗窃欠款等罪名成立。②

该案是境外缉拿犯罪嫌疑人较为成功的案例，但同时也体现出境外追逃工作的复杂性。也正基于此，现今实践中，我国境外追逃工作多回避正常刑事司法协助和警务合作程序，而采用"劝返"的方式，即侦查机关派出人员找到国外在逃犯罪嫌疑人，通过深入思想工作，让外逃人员主动回国归案。这种方

---

① 中美双方于2000年6月19日签署了《中美刑事司法条约》，该条约于2001年3月8日生效。

② 参见中国中央电视台《新闻1+1》2009年5月8日节目：《贪官美国获刑，海外追逃新模式》，载 http://news.xinhuanet.com/legal/2009-05/09/content_11339715.htm，2009年7月19日浏览。

法能回避繁琐的引渡程序,简单有效。但缺点是必须要外逃人员同意返回国内的,"劝返"才有效果,否则"劝返"将无功而返。例如,2007年某省原交通厅副厅长胡某外逃到新加坡后,虽然中国与新加坡之间既无双边引渡条约,也无刑事司法协助条约,但办案人员最终还是劝服胡某自动回国接受司法调查,如实交代自己的罪行,并退还全部赃款4000余万元人民币。鉴于胡某等案件的成功办理,2008年中国最高人民检察院正式提出了劝返模式的尝试。当然,并非所有的劝返行动都会成功。又如,2008年10月,上海市某区副区长忻某和浙江省某市某区区委书记杨某先后在法国考察期间失踪,滞留法国5天后,忻某经劝说已回国,而杨某至今仍然称病,滞留海外。①

(四) 收集证据、传唤证人、物品鉴定人

刑事司法协助和警务合作中最主要、最常见的形式就是收集证据,其中具体包括获取证人证言、物证痕迹检验和获取物证鉴定书等。

一般来说,我国侦查机关可以将证人或者物品鉴定人传唤到本国以获取证人证言或者鉴定意见。但是,毕竟外国公民没有为我国作证和做物证鉴定的义务。只有在征得证人或者鉴定人同意的情况下,由我国提供往返的交通费用以及提供相应的经济补偿时,外国证人或者鉴定人才会到我国作证或者提供鉴定意见。当证人或者鉴定人不愿意或者本人不能到我国来作证时,就需要委托证人所在国的警务人员提取证人证言或者获取物证鉴定意见书,或者由我国直接指派警务人员,在证人所在国警务人员的协助下,询问证人,提取证人证言或者获取鉴定意见书。

而今由于通讯技术的发展,侦查机关需要获取外国证人或鉴定人的证人证言、物证鉴定人意见的,可以采用视频会议形式来获取。即由请求国侦查机关提出请求,邀请证人或者物证鉴定人到其所在国当地警务机关,通过请求国侦查机关和当地警务机关建立的视频会议来提供证人证言和物证鉴定人意见。这种视频会议获取证人证言和物证鉴定人意见的方式已经在司法实践中适用。②

如果一国传唤的证人或者鉴定人因刑事案件已被另一国羁押时,也可以传唤其到请求国作证,但是请求国必须作出将被羁押的证人或者鉴定人在作证后

---

① 参见中国中央电视台《新闻1+1》2009年5月8日节目:《贪官美国获刑,海外追逃新模式》,载 http://news.xinhuanet.com/legal/2009-05/09/content_11339715_3.htm,2009年7月19日浏览。

② 该方式具体适用的案例可参见《"开平案"细节首次披露:200涉案人员15万页材料》,载 http://www.bozhounet.cn/falv/1/200809161/1548121.shtml,2009年7月20日浏览。

送回其原来的羁押国的保证，被请求国才会将该犯罪嫌疑人作为证人临时移交给请求国。请求国应当在完成取证工作后，按照承诺将证人或者鉴定人送回被请求国。

有时为了侦查案件的需要，侦查机关需要将能够证明案件事实的有形物品从国外提取回国或者直接在国外取得该物证鉴定书以证明案件事实。此时，侦查机关应当注意保护物证合法持有人的合法权益。在刑事诉讼终结后，将所提取的物证返还物证合法持有人。

（五）控制下交付

控制下交付一般是边境相邻的国家间的一种协助方式。但是现今世界由于空港的存在，国家间的地理相邻不再是控制下交付的前提条件了，空间相距甚远的国家间都可以通过空中交通航线而被称为"天涯咫尺"的"邻国"。

控制下交付实际上是一种礼让。对于案件，控制监督国实际上享有司法管辖权，但为了更好地打击犯罪，控制监督国将本享有的司法管辖权让渡给交付地所在国，并协助交付地所在国侦查犯罪嫌疑人的犯罪活动，以便于交付地所在国抓捕或者起诉犯罪嫌疑人。

著名的中美锦鲤鱼毒品案就是国家间警务机关实施控制下交付进行侦查的最佳范例。1988年3月9日中国某市公安机关接获报案，报案人称前来买他的锦鲤鱼的两个香港人将所买的锦鲤鱼在宾馆杀死，情况可疑。该市公安机关遂开始调查。警方将其中一名犯罪嫌疑人抓获后，经审讯得知所卖的锦鲤鱼已经运往机场，要托运到美国旧金山的四海水族馆。经开箱检查发现，有部分装有毒品的死锦鲤鱼混杂其中。毒品为纯度高达92.2%的海洛因。公安部国际刑警组织中国国家中心局向美国驻华使馆通报了案情，并表达了合作意图。一个小时后，美国缉毒总署（DEA）回电愿意同中国警方合作。DEA驻香港警务首席联络官琼斯抵达该市商谈合作事宜。该市警方和DEA警务联络官制定了尽快将这批货物恢复原样，发往预定的接收地点美国旧金山四海水族馆，再由美国缉毒总署在旧金山开展侦缉的方案。为了稳住毒品在美国的接货人，中国方面迅速电话告知旧金山四海水族馆，因为飞机舱容有限，所托货物未能在原定3月9日发货，改为3月11日发往旧金山。根据美国旧金山缉毒分署警长和美国DEA警务联络官的要求，中国某市公安局同意袁友根做为中方高级警务联络官赴旧金山开展联合侦缉。货物到达美国旧金山机场后，在中美两国警务联络官现场查验货物封条和监督下，旧金山缉毒分署警员在货箱内安装微型电子追踪仪。货物被接送到四海水族馆后，经过数个小时的布控守候，于当地时间下午4点23分电子追踪仪发出锦鲤鱼货箱被开启的讯号，14分钟后电子追踪仪发出锦鲤鱼充气水袋游离的讯号，8分钟后电子讯号消失，表明毒品已经从锦鲤鱼肚子中取出。旧金山缉毒警员开始抓捕行动，抓获前来取货的三名犯罪嫌疑人。后中国警方与香港警方合作，于1988年3月13日将其余漏网的犯罪嫌疑人全部抓获。3月17日上午10点（华盛顿时间3月16日晚上6点），中华人民共和国公安部和美利坚合众国缉毒总署，同时在北京和华盛顿召开新闻发布会，向新闻记者宣布了中美两国警方首次合作成功破获特大国际贩毒案件的消息。①

值得注意的是，1988年《联合国禁止非法贩运麻醉品和精神药物公约》第1条（g）项和第11条分别对控制下交付予以了详细规定，并特别指出，实施控制下交付时，警务人员只能作为该交付行为的监督者，而不能为该交付行为提供便利，以免犯罪嫌疑人以"警察圈套"做为其行为不构成犯罪的抗辩理由。

---

① 古青：《锦鲤鱼之死》，载 http://qkzz.net/magazine/1006-0294/2007/10/1714831.htm，2009年7月20日浏览。

第十五章 未成年人犯罪案件侦查

张某，16岁，因盗窃罪被判有期徒刑。张某在上小学的时候，父亲经常从工厂里偷偷往家里拿些东西，还常常把张某叫到工厂，把一些东西悄悄装在他的书包里让他带回家。慢慢地，受父亲的影响，张某养成了一个坏习惯，经常把别人的东西"拣"回家。父母总是夸奖他有本事。上初中以后，张某迷上了网吧，为了有钱进网吧，张某把"拣"到的东西拿去卖，后来又伙同网友去盗窃，把盗窃来的钱拿去上网、吃喝消费、进高档舞厅。渐渐地，胆子越来越大，仅两年时间，就和同伙作案共20多次，盗窃过的东西有钱包、手机、自行车和摩托车，价值57000多元，经过公安机关的缜密侦查张某最终被追究刑事责任。①

未成年人犯罪指的是未成年人实施的犯罪行为。我国《刑法》第17条规定："已满16周岁的人犯罪，应当负刑事责任。已满14周岁不满16周岁的人，犯故意杀人、故意伤害致人重伤或者死亡、强奸、抢劫、贩卖毒品、放火、爆炸、投毒罪的，应当负刑事责任。已满14周岁不满18周岁的人犯罪，应当从轻或者减轻处罚。"据此，在我国，未满14周岁的未成年人犯罪不承担刑事责任，已满14周岁未满16周岁的未成年人只对8种较为严重的犯罪承担刑事责任，已满16周岁的人对所有犯罪承担刑事责任。因此，我国刑事法律意义上的未成年人指的是已满14周岁、未满18周岁的人；未成年人犯罪指的是已满14周岁而不满18周岁的未成年人实施的危害社会、应受刑罚处罚的行为。至于通常所称的青少年犯罪，则是指已满14周岁未满25周岁的人实施的危害社会、应受刑罚处罚的行为。

根据公安部1995年10月23日发布的《公安机关办理未成年人违法犯罪案件的规定》（以下简称《公安部未成年人规定》）第8条规定，未成年人犯罪案件是指"已满14周岁不满18周岁的人犯罪，需要追究刑事责任的案件"。最高人民法院2005年12月12日通过、2006年1月11日公布的《最高人民法院关于审理未成年人刑事案件具体应用法律若干问题的解释》（以下简

---

① 参见中国新闻网，2010年5月27日浏览。

称《最高法未成年人解释》）第1条规定，未成年人犯罪案件是指"被告人实施被指控的犯罪时已满14周岁不满18周岁的案件"。最高人民检察院2013年12月27日公布的《人民检察院办理未成年人刑事案件的规定》（以下简称《最高检未成年人规定》）第79条规定，未成年人犯罪案件是指"犯罪嫌疑人、被告人实施涉嫌犯罪行为时已满14周岁、未满18周岁的刑事案件"。据此，未成年人犯罪案件，是指犯罪嫌疑人、被告人实施涉嫌犯罪行为时已满14周岁、未满18周岁的刑事案件。在实体法上对未成年人的特殊规定与特殊保护以犯罪实施时的年龄为界定标准。

未成年人犯罪案件的侦查是与涉罪未成年人接触的第一步。侦查机关和侦查人员对涉罪未成年人所进行的教育——预防工作，是预防未成年人违法犯罪措施系统的重要组成部分。[1]

第一节 未成年人犯罪案件侦查方针与原则

按照《现代汉语词典》的解释，方针是引导事业前进的方向和目标，[2] 原则是说话或行事所依据的法则或标准。[3] 因此，方针是原则的原则，是总的指导思想和总的原则，原则是围绕方针而确立的准绳，必须符合方针所提出的方向和目标。据此，未成年人犯罪案件侦查的方针是未成年人犯罪案件侦查原则的总原则。某些学者将方针与原则混为一谈的提法是不合适的。[4]

未成年人犯罪案件侦查的原则如何确立、应当确立哪些原则，需要考虑以下两个因素：第一，未成年人犯罪案件的侦查也应当符合侦查工作的特点、规律和要求，遵守侦查的一些基本原则，如实事求是原则、依靠群众原则、遵守法制原则、迅速及时原则和严格保密原则等。[5] 第二，由于对象是未成年犯罪嫌疑人，案件的侦查应当具有与未成年人犯罪案件的特点以及未成年人身心特点相适应的一些特殊原则。换言之，未成年人犯罪案件的侦查工作要贯彻未成

---

[1] [苏] Л·Л·卡涅夫斯基：《未成年人犯罪的侦查和预防》，冯树樑译，群众出版社1988年版，第88页。

[2] 中国社会科学院语言研究所词典编辑室编：《现代汉语词典》，商务印书馆1983年版，第307页。

[3] 中国社会科学院语言研究所词典编辑室编：《现代汉语词典》，商务印书馆1983年版，第1422页。

[4] 程荣斌主编：《中国刑事诉讼法教程》，中国人民大学出版社1997年版；陈光中主编：《刑事诉讼法学（新编）》，中国政法大学出版社1996年版。

[5] 徐立根主编：《侦查学》，中国人民大学出版社1991年版，第4—7页。

年人刑事司法的基本原则，并结合侦查工作的任务加以改造。

一、教育、感化、挽救方针

对犯罪未成年人进行教育、感化、挽救，是我国长期以来在处理未成年人犯罪问题上的方针。2012年修改刑事诉讼法之前，虽在《未成年人保护法》及刑事诉讼法的相关解释中规定，但却未在刑事诉讼法典中明确。2012年修正案正式将其写入刑事诉讼法典，2012年《刑事诉讼法》第266条第1款规定，对犯罪的未成年人实行教育、感化、挽救的方针。未成年人是国家的希望和未来，他们的优劣好坏，直接关系到我们的事业是否后继有人，关系到中华民族的兴衰。对犯罪未成年人进行教育、感化、挽救，不仅是社会的需要，也是历史赋予我们的光荣使命。特别是在当前未成年人犯罪数量日趋上升的形势下，教育、感化、挽救未成年人是十分必要的。与此同时，由于未成年人正处于身心发展阶段，智力发育尚未成熟，思想状况不稳定，对外界事物重新认识的可能性较成年人要大得多，具有较强的易变性、可塑性，对其进行教育、感化、挽救也是可能的。

教育、感化、挽救的方针对整个未成年人刑事司法活动都起着指导的作用，要求我们在诉讼进行的各个阶段，都要不失时机地对犯罪未成年人进行教育。侦查作为刑事诉讼的初始阶段，也应当坚持教育、感化、挽救的方针。国外有学者指出，犯罪预防的主要目的是"减轻实际的犯罪程度或控制犯罪的进一步增长"，其中，第三层次的预防即是通过一定手段干预已有越轨行为者，防止其再度犯罪。[①] 因此，对未成年犯罪嫌疑人在侦查阶段即进行教育、感化、挽救，也是实现犯罪预防的重要手段。本书认为，教育、感化、挽救的方针在侦查阶段主要体现为：侦查工作的进行和侦查措施的采取的着眼点应当是教惩结合、以教育为主，宽严相济、以宽容为主，力图感化未成年人，把他们挽救过来，成为遵纪守法的社会公民；帮助其认清自己所犯罪行的严重性、危害性，唤醒他们的悔罪意识；对未成年犯罪嫌疑人进行道德、法制、理想、前途和科学文化知识的教育。

二、教育为主、惩罚为辅原则

联合国大会通过的《联合国少年司法最低限度标准规则》（以下简称《北

---

① ［美］史蒂文·拉布：《美国犯罪预防的理论与实践评价》，中国人民公安大学出版社1993年版，转引自冯晓：《试论未成年人犯罪缓诉制度》，载《青少年犯罪问题》2001年第2期。

京规则》）指出："少年司法应视为是在对所有少年实行社会正义的全面范围内的各国发展的一个组成部分，同时还应视为有助于保护青少年和维护社会的安宁秩序。"但如何处理好惩罚与教育、保护社会秩序与保护失足少年的关系，却是世界各国少年司法制度出现的共性问题。长期以来，在我国的司法实践，包括侦查活动中存在着对犯罪未成年人惩罚有余而教育不足的现象。而在少年司法制度的发源地美国，少年司法制度包括侦查制度带有浓厚的福利色彩，以至于造成对犯罪未成年人的处理过分纵容，既不给予应得的惩罚，也不给予必要的改造，导致美国近年来未成年人犯罪率很高的现象，纵容了未成年人犯罪的恶性发展，使社会生活失去安全感。例如，美国的犯罪学家认为，现行的少年司法制度对未成年人犯罪的处理"过于宽大"，以至成为"助长未成年人犯罪的因素"，因而主张对暴力罪行的未成年人采取"比较严厉"的政策。日本也存在两者的关系问题，认为未成年人违法犯罪行为的处理应从挽救未成年人出发，既要达到预防犯罪的目的，又要收到福利政策的效果。[①]

不言而喻，未成年人犯罪量的不断上升，而且犯罪后果日趋危险化、严重化，这已经成为危害社会秩序的一个突出问题。国家对社会安宁和对未成年人包括犯罪未成年人，都具有保护责任。而对社会安宁的保护，最终在于预防和减少违法犯罪，这与我们对未成年人犯罪案件实行"教育、感化、挽救"的方针，使绝大多数犯罪未成年人的犯罪心理和犯罪行为得到矫治、改邪归正、重新做人，以达到预防和减少犯罪的目的是一致的。通过教育、挽救一批犯罪未成年人，消除不良感染源，社会的安宁就多一分保障；而创造良好安宁的社会环境，又直接有助于未成年人的健康成长。但对犯罪的未成年人进行教育、感化、挽救，并不意味着对其犯罪行为可以不处罚。未成年人介于儿童和成年人之间，对自己的行为已有一定的认识能力，应当承担一定的刑事责任，因此，对未成年人的犯罪行为要严肃依法处理，决不能心慈手软，放纵犯罪。如果不用惩罚手段，未成年作案人就会无法无天、无所畏惧，就没有办法制止他们的违法犯罪活动，对他们的教育、挽救、感化就可能事倍功半，甚至是白费力气。所以，既要考虑未成年人犯罪的特点，对他们实行教育、感化、挽救，又要考虑国家和人民的利益，保护社会安宁，对犯罪的未成年人给予必要的惩罚和监督。惩罚是强制的一种必要形式，是教育改造的手段之一，它不仅可以教育广大群众同作案人作斗争，也能教育那些罪行轻微的未成年作案人悬崖勒马。当然，惩罚本身不是目的，惩罚的目的是立足于对犯罪的未成年人

[①] 陈卫东、张弢：《刑事特别程序的实践与探讨》，人民法院出版社1992年版，第272页。

的教育和改造。同时,教育、感化、挽救未成年犯罪嫌疑人,既不是不惩罚,也不是一味从轻处罚,而是实事求是,以事实为根据,以法律为准绳,依法处罚。

少年司法制度的目的除了保护社会利益之外,更重要的是预防、矫治少年犯罪,保护少年健康成长,使保护社会与保护犯罪少年相统一,从而达到公正与功利的价值目标。① 因此,《北京规则》要求,"诉讼程序应按照最有利于少年的方式和在谅解的气氛进行,应允许少年参与诉讼程序,并且自由地表达自己的意见。"这实际揭示了少年司法中的一个重要思想,即少年保护优先。但是刑事诉讼侦查阶段的主要任务是收集证据、查明案件事实、抓获犯罪嫌疑人,此外,还包括制止和预防犯罪,保护国家、集体和个人的合法权益不受侵犯,保卫人民民主专政。因此,在侦查未成年人犯罪案件时,既要注重保护社会秩序的安宁,又要注重保护犯罪未成年人,把二者有机结合起来。也就是说,在强调保护未成年人合法权益的前提下,在侦查办案中仍然要严格依法办事,使教育与惩罚保持适度的关系,以教育为主、惩罚为辅,决不能姑息养奸,尤其是对屡教不改的未成年惯犯、累犯和恶习较深的未成年犯罪嫌疑人以及共同犯罪或者集团犯罪中的未成年首犯、主犯,要严厉打击,该拘留的拘留,该逮捕的逮捕。

三、侦教结合、寓教于侦原则

未成年人和其他人一样,即使是好的和比较好的未成年人,在一定条件下也可以变坏;而违法犯罪的未成年人,在一定条件下也可以变好。所以,对犯罪的未成年人,应着重进行教育挽救工作,对他们进行系统的道德教育、法制教育、理想教育、前途教育和科学文化知识教育,使他们改过自新,成为对社会的有用之材。如瑞典少年司法制度建立的原则之一就是社会干预犯罪行为,不能停留于惩罚,而必须通过教育及训练回答未成年人的要求。② 因此,一直以来,在未成年人犯罪案件的审判中,就有所谓"审教结合,寓教于审"原则的提法。它是少年司法制度的重要内容,也是具有中国特色的少年司法制度的基本点。这一原则在司法实践中对教育、感化、挽救犯罪未成年人取得了良好的效果。未成年人犯罪案件的侦查尤其是讯问未成年犯罪嫌疑人时,也应当遵循侦教结合、寓教于侦的原则。

---

① 孙谦、黄河:《少年司法制度论》,载《法制与社会发展》1998 年第 4 期。
② 康树华、赵可:《国外青少年犯罪及其对策》,北京大学出版社 1985 年版,第 184 页。

所谓侦教结合、寓教于侦原则就是在侦查活动中，尤其在讯问未成年犯罪嫌疑人的过程中，要把侦查工作和对其进行法制、道德、理想、前途教育结合起来，立足于教育、感化、挽救，把教育贯穿于整个侦查过程，既要搞清楚未成年犯罪嫌疑人的全部犯罪事实，又要促使未成年犯罪嫌疑人认罪悔罪，做到惩罚其罪，教育其人。一方面，由于未成年犯罪嫌疑人涉世不深，缺乏辨别是非的能力，容易受到各种不良社会诱因的影响而走上犯罪道路；另一方面，他们幼稚单纯，可塑性大，犯罪后容易接受教育、改造。因此在未成年人犯罪后，如果能及时对他们疏导、教育、矫治，不仅能使他们正确认识犯罪行为对社会、家庭及自己所造成的危害，知罪悔罪，而且还能引导他们走上正确的人生道路，预防重新犯罪，从而达到减少犯罪的目的。近些年来，"二进宫"的比例不断增高，惯犯、累犯持续上升，其原因之一就是未成年人第一次犯罪后，在诉讼过程中没有得到及时有效的教育改造。[①] 因此，在刑事司法初始的侦查阶段就应实行侦教结合、寓教于侦的原则，对于教育、感化、挽救犯罪未成年人，促使其认罪服法、重新做人具有重要的意义。

首先，侦查人员要对未成年犯罪嫌疑人进行严肃认真的道德、法制教育。某些未成年人由于思想单纯，法制观念淡漠，是非观念颠倒，不惜把自己的一时快乐建立在别人的痛苦之上，往往犯了罪而不知罪、不畏罪、不悔罪。对这类未成年犯罪嫌疑人，侦查人员首先应进行道德启蒙教育，教育他们懂得什么是真善美，什么是假丑恶，树立正确的人生观、道德观，在此基础上严肃地向其讲明其行为给社会、给他人包括给自己造成的严重危害，使其知罪、悔罪，然后再向其讲解刑法和有关法律规定，促使未成年犯罪嫌疑人真正受到教育，正确认识自己的犯罪行为及其危害，彻底交代所犯罪行。

其次，要进行理想、前途教育。犯罪的未成年人往往精神空虚，胸无大志。未成年犯罪嫌疑人特别是被拘捕后思想压力很大，认为自己是不受欢迎的人，情绪低落、意志消沉，容易产生自暴自弃、破罐破摔的想法。在交代犯罪的问题上认为交代和不交代都一样，因此不愿交代所犯罪行。对此，侦查人员要不急不躁，要耐心细致，启发诱导，首先向其讲明一个人犯罪了并不可怕，关键在于采取什么态度，只要不继续坚持错误立场，愿意坦白交代，与过去彻底决裂，坚决改过自新，亲友和社会还是欢迎的。否则，就会在犯罪的泥潭里越陷越深，必将受到更严厉的处罚。然后，侦查人员可以结合未成年犯罪嫌疑人过去的"闪光点"对其进行教育，肯定其自身积极向上的因素，促使其树

[①] 陈卫东、张弢：《刑事特别程序的实践与探讨》，人民法院出版社1992年版，第263页。

立远大理想和重新做人的信心。

四、分案侦查原则

分案侦查是指侦查机关应对未成年人犯罪案件分别立案，并设立专门的机构、指派专门的侦查人员进行侦查。分案侦查原则是未成年人刑事司法的分案处理原则在侦查活动中的体现和要求。

分案处理原则，是指公安司法机关在刑事司法活动中应当对未成年人犯罪案件与成年人犯罪案件实行程序分离，对未成年人与成年人分别关押、分别执行。确立分案处理原则的目的，是充分保护进入诉讼阶段的未成年犯罪人，使其免受来自成年犯罪人的不良影响。

分案处理原则在联合国未成年人司法准则也有明确规定。例如，1955年联合国《囚犯待遇最低限度标准规则》第8条（d）项规定，青少年囚犯应同成年囚犯隔离。《公民权利和政治权利国际公约》第10条第2款（乙）项规定："被控告的少年应与成年人分隔开，并应尽速予以判决。"第3款规定："少年罪犯应与成年人隔离开，并应给予适合其年龄及法律地位的待遇。"《北京规则》第13.4条规定："审前拘留的少年应与成年人分开看管，应拘留在一个单独的监所或一个也拘留成年人的监所的单独部分。"

分案处理原则在世界上多数国家的刑事诉讼法或者未成年人保护法中也都有所体现。从各国未成年人刑事司法制度的立法来看，许多国家都把分案处理原则引入到起诉、审判阶段，有些国家并将其提前到侦查阶段，规定了对未成年犯罪嫌疑人分案侦查的原则。例如，《俄罗斯刑事诉讼法典》中规定，如果未成年人曾与成年人共同参加犯罪，对未成年人的案件应当在侦查阶段尽可能分案处理。日本法律规定，应把未成年犯和成年犯加以隔离，避免互相接触，即使在案件互有牵连的情况下，只要不妨碍审理，就应当在诉讼程序上分开进行。① 侦查机关通过专门机构、人员对未成年人犯罪案件进行分案侦查，可以在案件的一开始，就有针对性地对未成年犯罪人和成年犯罪人加以区别对待，尽早地避免对未成年犯罪人的交叉感染，从而感化、挽救失足未成年人，对其进行教育和矫治。

我国刑事诉讼法仅规定，对被拘留、逮捕和执行刑罚的未成年人与成年人应当分别关押、分别管理、分别教育。相关解释则对分案侦查原则作了更为全面的规定。

---

① 陈光中主编：《刑事诉讼法学（新编）》，中国政法大学出版社1996年版，第470页。

分案侦查适用于哪些情况，前苏联学者卡涅夫斯基在论著中认为，适于对未成年犯罪嫌疑人实行分案处理的情况可能是：未成年人只参与了成年犯罪嫌疑人犯罪活动的个别活动，或者只是充当了帮凶、窝藏主和知情不举者；在犯罪前或在侦查过程中，成年犯罪人对未成年人施加了有害的影响；对于全面、充分和客观地侦查社会危险性活动不构成实质性障碍。[①] 卡涅夫斯基的观点并不全面。为了更好地保护未成年人，在侦查阶段，对于所有的未成年人犯罪嫌疑人都应当与成年犯罪嫌疑人分案侦查。此外，在条件允许的情况下，还可以将未成年初犯、偶犯与屡教不改的未成年惯犯、累犯和恶习较深的未成年犯罪嫌疑人以及共同犯罪或者集团犯罪中的未成年首犯、主犯分案侦查；将不同类型犯罪的未成年犯罪嫌疑人分案侦查。

分案处理原则在未成年人犯罪案件侦查中的要求，或者说是未成年人犯罪案件分案侦查原则，具体包括以下内容：分别立案；设置专门机构或者配备专门人员来办理未成年人犯罪案件；在对未成年犯罪嫌疑人适用拘留、逮捕等强制措施时，分别羁押、分别管理、分别教育；对未成年犯罪嫌疑人与成年犯罪嫌疑人分别提请批准逮捕和移送审查起诉；等等。

五、全面调查原则

由于各国未成年人法的指导思想是预防犯罪、保护未成年人健康成长，因此对于违法犯罪未成年人的调查，与其说深究"干了什么"，还不如说深刻了解他"为什么干那种事"。也就是说，不是简单地调查行为者的动机，而是考虑他每天过着什么样的生活，家庭有没有问题，在社会上、家庭中、物质上、精神上是否需要第三者援助等。这是未成年人司法制度区别于成年人司法制度的一大特点。当然，传统的刑事案件处理中也有专门的调查，但主要是对犯罪行为的调查。如果说调查时有意识或无意识地对犯罪原因做些调查，那也是次要的、附带的，且犯罪原因的调查内容往往掺合或依附于犯罪行为的调查之中。而未成年人司法制度中的调查，着重的是对犯罪主体的调查。[②] 注重对未成年人性格和生活环境的调查，这是未成年人司法制度区别于成年人司法制度的重要特点之一。"很明显，在未成年人案件应予查明的情况中，应特别注意

---

① ［苏］Л·Л·卡涅夫斯基：《未成年人犯罪的侦查和预防》，冯树樑译，群众出版社1988年版，第27页。

② 肖建国主编：《发展中的少年司法制度》，上海社会科学院出版社1997年版，第86—87页。

那些能够全面地说明未成年违法者个性的材料。"① 各国为了探究未成年人犯罪的原因和条件，以便教育、感化未成年人，均对此作了有关规定。

现代未成年人司法制度已从未成年人犯罪行为为本位，转到以未成年人犯罪行为和主体特征并重，围绕犯罪未成年人的生理、心理特点，家庭、社会环境，犯罪原因等，展开未成年人犯罪案件的处理工作。这就是我国学者通常所说的全面调查原则。全面调查原则是指公安司法机关在办理未成年人犯罪案件的过程中，不仅要调查案件事实，而且要对未成年人的生理、心理特征、性格特点及其生活环境进行调查，必要时还要进行医疗检查和心理学、精神病学的调查分析。全面调查原则从一个侧面反映了对未成年人的保护。全面调查的目的在于通过对未成年人的人格、素质、生活经历和所处环境进行调查分析，查清未成年人走上犯罪道路的原因和条件，为教育、改造未成年人确定有针对性的改造方案和方法，以取得良好的效果。②

全面调查是对未成年人采取个性化的、针对个人具体情况的司法程序和矫治、教育方案所必须的，为联合国未成年人司法准则和多数国家的法律所明确规定。例如，《北京规则》第16.1条规定："所有案件除涉及轻微违法行为的案件外，在主管当局作出判决前的最后处置之前，应对少年生活的背景和环境或犯罪的条件进行适当的调查，以便主管当局对案件作出明智的审判。"

我国1979年刑事诉讼法和1996年刑事诉讼法均未对全面调查原则进行明确规定，但之后的相关解释有所涉及。例如，《公安部未成年人规定》体现了社会调查的要求，其第10条规定："对违法犯罪未成年人的讯问应当采取不同于成年人的方式。讯问前，除掌握案件情况和证据材料外，还应当了解其生活、学习环境、成长经历、性格特点、心理状态及社会交往等情况，有针对性地制作讯问提纲。"又如，中央综治委预防青少年违法犯罪工作领导小组、最高人民法院、最高人民检察院、公安部、司法部、共青团中央2010年8月14日发布的《关于进一步建立和完善办理未成年人刑事案件配套工作体系的若干意见》（以下简称六部门《配套意见》）规定："办理未成年人刑事案件，应当结合对未成年犯罪嫌疑人背景情况的社会调查，注意听取未成年人本人、法定代理人、辩护人、被害人等有关人员的意见。公安机关、人民检察院、人民法院、司法行政机关在办理未成年人刑事案件和执行刑罚时，应当综合考虑

---

① [苏] Л·Л·卡涅夫斯基：《未成年人犯罪的侦查和预防》，冯树樑译，群众出版社1988年版，第32页。
② 宋英辉、甄贞主编：《未成年人犯罪诉讼程序研究》，北京师范大学出版社2010年版，第57页。

案件事实和社会调查报告的内容。"2012年刑事诉讼法吸收了上述相关解释的内容，明确规定了全面调查原则，即"公安机关、人民检察院、人民法院办理未成年人刑事案件，根据情况可以对未成年犯罪嫌疑人、被告人的成长经历、犯罪原因、监护教育等情况进行调查"。

在2012年刑事诉讼法修改后，最高人民法院、最高人民检察院、公安部关于适用刑事诉讼法的相关解释又对本部门适用全面调查原则作出了进一步的规定。例如，公安部2012年12月3日通过、2013年1月1日起施行的《公安机关办理刑事案件程序规定》第311条规定："公安机关办理未成年人刑事案件，根据情况可以对未成年犯罪嫌疑人的成长经历、犯罪原因、监护教育等情况进行调查并制作调查报告。作出调查报告的，在提请批准逮捕、移送审查起诉时，应当结合案情综合考虑，并将调查报告与案卷材料一并移送人民检察院。"

根据刑事诉讼法及相关解释的规定，对未成年人全面调查贯穿于各个诉讼阶段，包括侦查、审查起诉、审判阶段和刑罚执行阶段。全面调查的主体也具有多重性，既可以是公安机关、检察机关，也可以是人民法院、司法行政机关。但是如果这些调查主体不协调好相互间的关系，则很有可能出现重复调查或遗漏。如果以某个机关调查为主、其他机关的调查为辅，则会避免浪费司法资源或掌握材料不全现象的发生。从全面、及时地掌握每一个未成年犯罪嫌疑人或被告人的要求来看，本书认为，全面调查工作应起始于侦查阶段，公安机关是全面调查的首要主体。这是因为，对未成年人犯罪案件是否立案或立案后对犯罪嫌疑人是作治安处罚，还是逮捕、移送审查起诉，都需要公安机关作出决定。而且在作出这些决定之前，除了要查证未成年犯罪嫌疑人的案件事实和有无从轻、减轻、从重处罚的情节以外，还应掌握并考虑未成年犯罪嫌疑人的犯罪原因、有无帮教条件等情况，这样才能作出恰当的处理。这些在侦查阶段必须完成的工作是检察机关、人民法院或司法行政机关无法胜任的。检察机关如果认为公安机关的全面调查不够详尽，还可以作补充调查。但由于其起始时间晚、审查起诉时间短，故在司法实践中由检察机关承担全面调查的主要任务是不合适的。审判阶段和刑罚执行阶段更不适合成为社会调查的主要阶段，因为审判阶段和刑罚执行阶段开始的时间更晚。当然，在审判阶段和刑罚执行阶段如果认为此前的社会调查不够详尽，仍然可以进行补充调查。

综上，笔者认为，未成年人犯罪案件的侦查应当贯彻全面调查原则，全面调查主要应在侦查阶段由侦查机关进行。这是对未成年犯罪案件个案化处理的表现，也是教育、挽救失足未成年人的必然要求。笔者甚至认为，可以借鉴日本的做法，将对未成年人犯罪案件的侦查更名为"调查"。例如，《日本少年法》第9条规定：进行调查"务必调查少年、监护人或者有关人员的人格、经历、素质、环境，特别要有效地运用少年鉴别所提供地关于医学、心理学、教育学、社会学以及其他专门知识的鉴定成果"。笔者认为，对未成年人犯罪案件的调查主要包括对案件事实的调查、社会调查和心理测试三大部分。由于社会调查制度将在第五节详细介绍，这里仅对心理测试进行介绍。

未成年人的特殊心理状况是其犯罪特殊性的重要原因。未成年人刑事司法制度不仅要惩罚犯罪，更重要的是要医治、矫正那些畸形变异的稚嫩的心灵。① 斯里兰卡地方法官赫什·古纳蒂拉卡认为，从医学的角度来看，少年犯常被认为是一种急需精心治疗的心理上的失衡者。② 因此，国外的司法实践很早就开始将心理测试引入未成年人刑事司法中，借鉴相关测试结果对涉罪未成年人进行诉讼、定罪及矫治。心理测试已逐渐成为各国未成年人刑事司法制度中的一项重要内容。③

近年来，心理测试在我国未成年人刑事司法制度和诉讼程序中也开始得到运用并逐步发展。上海市人民检察院在1998年制定的《未检工作量化管理考核实施细则》中首次将心理测试以工作规定的方式引入检察诉讼环节，该《细则》第25条规定："在审查起诉时，对有明显心理偏差迹象的未成年犯罪嫌疑人能进行心理测试，每名得5分。"④ 目前，一些经济发达地区的检察院、法院、未成年犯管教所等在审查起诉阶段、审判阶段和刑罚执行阶段对有明显心理偏差的涉罪未成年人都展开了心理测试的工作，并收到了良好的效果。这既是保护涉罪未成年人的法律要求，也是有效矫正涉罪未成年人的客观需要。

除了审查起诉阶段、审判阶段和刑罚执行阶段对涉罪未成年人进行心理测试外，为了更好地矫治涉罪未成年人，侦查阶段也应该进行心理测试，并且侦查阶段的心理测试更为重要。这是因为，在涉罪未成年人到案初期即对其作心理测试，往往能最真实地测试出其作案动机、心理起因，从而避免因羁押一定时间后涉罪未成年人可能出现的因畏罪而出现的掩饰、规避等心理表现，为快速破案、有效取证服务。此外，在侦查阶段开展测试工作还可在最初阶段就有

---

① 蔡鹰扬等：《托起明天的太阳——记前进中的上海市浦东新区检察院未成年人刑事检察处》，载《浦东开发》1998第6期。

② 贾冬梅：《办理未成年人犯罪案件的探索》，载《青少年犯罪问题》2001年第2期。

③ 史洪硕、刑瑜：《心理测试在教育、感化、挽救犯罪的未成年人工作中的效用》，载《青少年犯罪研究》2002年第2期。

④ 史洪硕、刑瑜：《心理测试在教育、感化、挽救犯罪的未成年人工作中的效用》，载《青少年犯罪研究》2002年第2期。

针对性地开展教育感化工作，稳定其情绪，促使其认罪悔罪，为以后各阶段的感化教育打好基础。值得一提的是，在对涉罪未成年人采取拘留、逮捕等强制措施时，看守所应当重视运用心理测试的结果，对涉罪未成年人进行心理矫治和心理辅导。如前所述，涉罪未成年人往往有不正常的心理活动、不健全的人格，在被羁押后这些异常因素有时会明显流露，管教人员完全可以利用这一时机增强与涉罪未成年人的心理交流，为他们聘请心理医生开展心理矫治，帮助他们恢复健康的心理。

最后，在侦查阶段，不管是对案件事实的调查，还是社会调查和心理测试，都应当将调查或测试的情况和结果作成全面调查报告，随案移送，并送交有关机构和人员，以使他们对未成年犯罪嫌疑人的定罪量刑、教育改造有案可查、有据可依。

六、法律帮助原则

将法律帮助原则确立为未成年人犯罪案件侦查的基本原则在我国具有特殊意义。这是因为，侦查在刑事司法程序中是最具强制性的阶段。为保障犯罪嫌疑人的合法权益，犯罪嫌疑人在侦查阶段享有一定的诉讼权利，而要行使这些权利，必须具有一定的认识能力和行为能力。但是，未成年人由于年龄小，认识能力和行为能力受到相当的限制，难以充分行使自己的诉讼权利。因此，在司法实践中，未成年人往往出现以下情况：不知道享有诉讼权利，更不知如何行使诉讼权利；不敢行使诉讼权利；不能行使诉讼权利；等等。[①] 因此，要在侦查阶段充分保护未成年犯罪嫌疑人的合法权益，除了要在法律规定上完善他们的诉讼权利外，还应当为未成年犯罪嫌疑人诉讼权利的行使提供全方位的法律帮助。此外，在侦查阶段为未成年犯罪嫌疑人提供法律帮助，也是教育未成年犯罪嫌疑人的重要内容和手段，既可以向未成年犯罪嫌疑人教授法律知识，也可以教育未成年犯罪嫌疑人哪些是违法犯罪行为、哪些是合法行为，对于教育、挽救未成年犯罪嫌疑人，预防未成年犯罪人继续犯罪具有重要意义。

对于未成年人犯罪案件侦查中的法律帮助，主要包括三个方面的内容：一是侦查机关和侦查人员职能上的帮助。也就是说，侦查机关和侦查人员在办理未成年人犯罪案件时，应当对未成年犯罪嫌疑人进行法制宣传教育，主动向其提供法律咨询和帮助，并明确告知其依法享有的诉讼权利和应当承担的诉讼义务。二是充分保障未成年犯罪嫌疑人的辩护权，除认真听取未成年犯罪嫌疑人

---

① 肖建国主编：《发展中的少年司法制度》，上海社会科学院出版社1997年版，第117页。

的辩解外，还应当依法保障律师为未成年犯罪嫌疑人提供辩护。三是在讯问时，应当通知未成年犯罪嫌疑人的法定代理人或其他合适成年人到场。

七、迅速及时原则

未成年人犯罪案件侦查的迅速及时原则是未成年人刑事司法的迅速简易原则在未成年人犯罪案件侦查活动中的体现。对于未成年人犯罪案件的侦查而言，所谓迅速，是指对未成年人犯罪案件的侦查应当尽可能地争取时间，迅速而毫不拖延地进行。所谓及时，是指侦查活动的各个环节要严格符合法律规定的时间要求，提高办案效率。迅速与及时是互为表里、相辅相成的关系。

在未成年人犯罪案件侦查中必须坚持迅速及时原则，是因为在未成年人犯罪案件侦查中不必要的拖延将会导致以下不利后果：第一，未成年犯罪嫌疑人在案件进入侦查阶段后，比成年人更担心自己的处境，他们大多数系初犯，而且缺乏法律知识，容易精神紧张，产生思想障碍和抵触心理，侦查持续时间越长，其心理压力就越大，容易产生被社会抛弃的感觉，羁押和反复的讯问往往造成其难以愈合的心理创伤。第二，对未成年人犯罪案件迅速侦查和处理有利于对未成年犯罪嫌疑人的教育和改造，能够有效地预防犯罪。他们常常在成年教唆犯的影响下或者由于以前的罪行未被揭露，而连续作案。第三，迅速及时地侦查是迅速及时审查起诉和审判的前提，是对犯罪未成年人及时定罪和处罚的前提。第四，迅速及时地侦查、审查起诉和审判能够防止公民、犯罪未成年人和其他未成年人产生犯罪可以不受惩罚的错觉，形成对蠢蠢欲动者的强大震撼。第五，侦查工作是一项时间性很强的工作，只有抓住时机，迅速出击，才有利于发现、收集证据，查明犯罪事实。未成年犯罪嫌疑人由于年龄小、社会阅历浅，作案时往往留下许多痕迹、证据，因而侦查工作所固有的时间性强的特点，在未成年人犯罪案件侦查中体现得更加明显。我们不应当允许成年教唆犯和共同犯罪、集团犯罪中的首犯、主犯有充裕的时间去"开导"未成年犯罪嫌疑人，以隐匿他们的犯罪行迹。

有一个问题是关于未成年人刑事司法程序的迟延问题。其在司法实践中主要表现为附条件不起诉制度和暂缓判决制度。附条件不起诉与暂缓判决作为对犯罪未成年人教育和矫治的一种新的尝试，保证了对未成年犯罪嫌疑人或被告人有足够的教育改造、促使他们洗心革面的考察时间。但侦查工作是不宜延迟进行的。首先，侦查工作的特点决定了侦查是一项时间性很强的工作，只有抓住时机，迅速出击，才有利于发现、收集证据，查明犯罪事实，如果侦查工作不适当地迟延，则随着时间的推移，犯罪证据很可能发生变化、灭失或者损坏。其次，在侦查阶段，对犯罪嫌疑人往往采取剥夺或者限制人身自由的强制措施，而未成年人身心发展一般来说不大成熟，强制措施的采取本身即不利于他们的发展，因此采取强制措施的时间应当尽量短，如果侦查工作延迟的话，强制措施的期限也势必延长，不利于未成年犯罪嫌疑人的教育、改造。最后，侦查工作，尤其是讯问犯罪嫌疑人的气氛比较庄重严肃，给未成年人造成的心理压力往往比较大，而按照一般人的认识，"悬而未决"比结果明朗给人带来的忐忑不安、惊慌、恐惧的心理影响更大，在审查起诉阶段和审判阶段可以延缓起诉和延缓判刑，是因为案件的事实已经基本查清，未成年人对案件的处理结果有预知性，通过考验期可以促使其认罪和改过自新，而在侦查阶段延迟程序的进行，由于犯罪事实没有查清，未成年人对案件的处理结果不具有预知性，不但不利于他们的认罪和改过自新，甚至有可能造成未成年人认为没事或者侦查人员没有查明犯罪事实的侥幸心理，或者给未成年人与同案犯订立攻守同盟，潜逃隐藏，甚至自杀或者继续犯罪、危害社会提供机会。综上，侦查工作应当迅速及时地进行，如果侦查行动延缓进行，就会给侦查破案工作造成困难，有时甚至形成难以破获的疑难案件。而且，这也与未成年人犯罪案件诉讼程序的延迟意图及教育改造的目的相违背。因此，侦查工作不宜迟延。

第二节 未成年人犯罪案件侦查机构和人员的专门化

当前，我国各级各地法院大多成立了专门的未成年人刑事审判机构，我国各级各地检察机关也大多成立了专门的未成年人刑事检察机构。但是，除少数地区外，我国大部分地区都没有建立专门的未成年人犯罪案件侦查机构，对未成年人犯罪案件实施侦查的人员与对成年人犯罪案件实施侦查的人员没有实质上的区别。

侦查人员对未成年犯罪嫌疑人进行教育、预防和矫治工作，是教育、感化、挽救犯罪未成年人措施体系的重要组成部分。完善的未成年人司法制度，应当使侦查制度与刑事检察、刑事审判制度相配套。如果未成年人犯罪案件的侦查与成年人犯罪案件的侦查在主体上没有区别，这不仅会造成刑事司法活动的几大国家机关在对待未成年人犯罪案件的方式上存在不统一，并且也不符合社会分工原理。社会分工是劳动发展的产物，社会分工越细代表着劳动成果越大。"经常重复做同一种有限的动作，并把注意力集中在这种有限的动作上，就能够从经验中学会消耗最少的力量达到预期的效果。"① 更重要的是，未成年人犯罪的特殊性要求成立未成年人犯罪案件的专门侦查机构，由专业化的侦查人员对未成年人犯罪案件进行侦查。"侦查员的专业化之所以是必要的，首先是因为工作对象是特殊的——是从心理生理学和社会学上都远未成熟的未成年人。"② 侦查机构和侦查人员的无区别化既不利于未成年犯罪嫌疑人合法权益的保护，也不利于对他们进行教育、感化和挽救。

一、未成年人犯罪案件侦查机构和人员专门化的可行性

未成年人犯罪案件侦查机构和侦查人员在未成年人司法制度中的地位和作用得到了国际司法准则的认同与强调。早在1955年，联合国第一届预防犯罪和罪犯待遇大会通过的《防止青少年犯罪》的决议，就强调"防止少年犯罪，是警察机关的重要职责之一，应重点强调这一工作。国家应积极促使在普通警察机构中设立少年科，并加强对少年警士的训练和少年犯犯罪侦察的特殊训练与研究，以帮助他们提高解决少年犯罪问题的能力"。《北京规则》第12.1条要求各国"为了圆满地履行其职责，经常或专门同少年打交道的警官或主要从事防止少年犯罪的警官应接受专门指导和训练。在大城市中，应为此目的设立特种警察小组"。在对该规则的"说明"中，又进一步阐释："特种警察小组不仅对实施本文件中所载的具体原则（如第1.6条）是不可缺少的，而且，从广义上说，对改善青少年的预防和控制及少年犯罪的处理也是不可缺少的。"

纵观世界其他国家和地区，未成年人犯罪案件侦查机构和侦查人员的专门化取得了可喜的成就。在美国，专门的少年警察机构和少年警官在少年犯罪预防、调查与处置中处于非常重要的地位，有些州还成立了少年警官协会。③ 在英国，警察部门专门设有"少年部"。地方警察机构中有相当多的警员专职负责青少年犯罪的防治和对青少年的保护工作，有的地方从事此项工作的警力达到总警力的20%以上。④ 在日本，各都、道、府、县警察本部及警察署，分别

---

① 马克思：《资本论》（第1卷），中共中央著作编译局译，人民出版社1975年版，第376页。
② ［苏］JI·JI·卡涅夫斯基：《未成年人犯罪的侦查和预防》，冯树樑译，群众出版社1988年版，第21页。
③ 姚建龙：《长大成人：少年司法制度的建构》，中国人民公安大学出版社2003年版，第87页。
④ 周路：《英国少年司法制度新进展》，载《天津市政法管理干部学院学报》2001年第2期。

设置了"少年警察课"或"少年警察股",配备了包括少年案件承办人、妇女辅导员等在内的专职少年警察,专门处理少年案件。① 据 2001 年 4 月统计,日本全国约有 8600 名警察从事"少年警察活动",其中专职警察 3800 人。在 8600 名少年警察中,各都、道、府、县警察本部共计约 1300 人,地区警察署约 7300 人。② 在德国,较大的警察局一般都设有一个分局或部,专管少年案件的调查和讯问。③ 在我国台湾地区,在各县市警察局,设有少年队或少年组,负责办理少年辅导及侦防少年犯罪案件。④

虽然我国在未成年人犯罪案件侦查机构和侦查人员的专门化建设方面相对比较滞后,但在这方面的探索却有不短的历史。实际上,在我国侦查体制进行侦审合一改革之前,预审部门有专门的人员负责审查未成年人犯罪案件;但是在侦审合一改革之后,就没有专门从事未成年人犯罪案件侦查的警察了。早在 1986 年,长宁区公安分局即建立了上海市(也可能是全国)第一个少年嫌疑犯专门预审组,吸取少年法庭的审判经验,将那些适合于少年犯生理心理特点的办案原则和审理方式,运用到预审程序中来,并且形成了特色。1994 年 3 月又正式挂牌成立了少年案件审理科。⑤ 1987 年《上海市青少年保护条例》第 42 条首次规定,公安机关要组织专门的预审组采取适合青少年特点的方法办理青少年违法犯罪案件。这些都为我国未成年人犯罪案件侦查机构和侦查人员的专门化提供了宝贵的经验。

此外,我国未成年人犯罪案件侦查机构和侦查人员的专门化建设也有法律上的依据。早在 1991 年,《未成年人保护法》第 40 条就规定:"公安机关、人民检察院、人民法院办理未成年人犯罪的案件,应当照顾未成年人的身心特点,并可以根据需要设立专门机构或者指定专人办理。"2006 年修订后的《未成年人保护法》第 55 条再次规定:"公安机关、人民检察院、人民法院办理未成年人犯罪案件和涉及未成年人权益保护案件,应当照顾未成年人身心发展特点,尊重他们的人格尊严,保障他们的合法权益,并根据需要设立专门机构或者指定专人办理。"《公安部未成年人规定》第 6 条规定:"公安机关应当设置专门机构或者专职人员承办未成年人违法犯罪案件。"六部门《配套意见》

---

① [日]大谷实:《刑事政策学》,黎宏译,法律出版社 2000 年版,第 348 页。
② 王国琦:《日本的少年警察制度》,载《人民公安》2007 年第 11 期。
③ 康树华等编著:《中外少年司法制度》,华东师范大学出版社 1991 年版,第 332 页。
④ 陈涵:《激浊扬清——青少年犯罪之处罚预防》,台湾地区正中书局 1982 年版,第 38 页。
⑤ 姚建龙:《长大成人:少年司法制度的建构》,中国人民公安大学出版社 2003 年版,第 89 页。

规定:"公安部、省级和地市级公安机关应当指定相应机构负责指导办理未成年人刑事案件。区县级公安机关一般应当在派出所和刑侦部门设立办理未成年人刑事案件的专门小组,未成年人刑事案件数量较少的,可以指定专人办理。"但是由于各地政治经济文化条件差异较大,公安机关特别是基层的警力十分短缺,上述规定在绝大多数地区并没有落实到位。

综上,建立专门化的未成年人犯罪案件侦查机构和侦查人员,既是贯彻国际司法准则的需要,也是我国相关法律规定的要求。不仅在理论上是站得住脚的,而且在实践中也是可行的。未成年人犯罪案件侦查机构和侦查人员的专门化将为整个未成年人司法制度的顺利实行奠定坚实基础。

二、未成年人犯罪案件侦查机构的专门化建设

针对我国未成年人犯罪案件侦查机构和侦查人员专门化建设的落后状况,有必要以国际司法准则和我国相关法律规定为依据,借鉴其他国家和地区的先进经验,建立专门化的未成年人犯罪案件侦查机构,配置专业化的未成年人犯罪案件侦查人员。

关于未成年人犯罪案件侦查机构的设置,有三种可供选择的方案。第一种是成立专门的少年警察,在各级公安机关设置少年警察的局、处、科等,配备包括未成年人案件承办人、妇女辅导员等专职少年警察,专门处理未成年人案件,研究如何以未成年人为对象有效开展警察工作。少年警察局、处、科不但负责未成年人犯罪案件的侦查工作,而且还从事未成年人犯罪的预防工作;处理未成年人违法事件,负责未成年人教养案件的调查和送审准备工作;对走失、外逃的未成年人提供保护和帮助,并保护未成年受害人;负责对未成年人所处轻微刑罚的执行。也就是说,与未成年人相关的一切警察工作他们都必须负责处理。在世界范围内,采取这种做法的国家有日本、英国等,如日本的"少年警察课"或"少年警察股",英国的"少年部"。[①] 第二种是临时成立专门的未成年人犯罪案件侦查组或者指派有丰富经验的侦查人员,以符合未成年人特点的方式开展侦查工作。我国有些地方的公安机关即采取这种方式处理未成年人犯罪案件。[②] 第三种是在各级公安机关成立专门的未成年人犯罪案件侦查局、处、科、组,只负责未成年人犯罪案件的侦查工作,不负责未成年人犯

---

① 肖建国主编:《发展中的少年司法制度》,上海社会科学院出版社1997年版,第197—199页。

② 徐建:《青少年法学新视野(下)》,中国人民公安大学出版社2005年版,第777页。

罪的预防和与未成年人相关的其他警察工作。上海市某些区县公安局设立的未成年犯罪嫌疑人专门预审组或未成年人案件审理科类似于这种模式。

在上述三种方案中，第一种方案成立的少年警察局、处、科负责的工作范围过于宽泛，虽然使得未成年人案件的处理"大而全"，有利于犯罪的预防、教育、改造，但侦查的专业性反而不是很强，在未成年人犯罪日益严重、犯罪手段迅速成人化智能化的今天，综合性的少年警察机构恐怕很能适应未成年人犯罪案件的侦查工作。第二种方案临时成立的侦查组或指派经验丰富的侦查人员，由于侦查人员平时很有可能并不负责未成年人犯罪案件，只是临时抽调过来，他们对未成年人犯罪案件的规律和特点缺乏关注和研究，对未成年人的身心特点缺乏了解，而且，他们很有可能以前并没有共同侦查过某一个刑事案件，相互之间缺乏协调和配合，侦查工作的能力和效率不容乐观。

第三种方案既有固定的专门机构负责未成年人犯罪案件的侦查，又保持了工作范围的相对独立性，不会变得"大而空"，导致每一方面的工作都不精。毕竟，侦查工作是一项专业性很强的工作。具体来说，可以在公安部设立未成年人犯罪案件侦查局，公安厅设立未成年人犯罪案件侦查处，地市级的公安局设立未成年人犯罪案件侦查科，区县级的公安局设立未成年人犯罪案件侦查组；其中，未成年人犯罪案件侦查局和处负责未成年人犯罪案件侦查的研究、指导和协调工作，各地的未成年人犯罪案件侦查科、组按照管辖范围负责具体案件的侦查工作。此外，在未成年人犯罪案件侦查机构内还可按犯罪行为所具有的基本特征及主客观方面其他特征，作进一步的分工。据研究资料可知，近十多年来，未成年人犯罪以侵财犯罪和性犯罪居多，[1] 而在钱财犯罪中，又以盗窃犯罪居首位，从公安机关抓获的未成年作案人员看，未成年人盗窃犯罪占未成年人犯罪的70%—80%。[2] 另外，抢劫犯罪也呈增长趋势。因此，可在未成年人犯罪案件侦查机构内再划分为若干部门，分别负责未成年人故意杀人和故意伤害案件、盗窃案件、抢劫案件、性犯罪案件的侦查工作以及其他类型案件的侦查工作，以求对症下药。另外，有学者认为，只应在大中城市的公安局和分局内设立专门负责未成年人违法犯罪案件的机构，原因是大中城市存在一定数量的未成年人司法案件，有专设机构的需要。[3] 但据调查，农村未成年人

---

[1] 刘天峰：《1991—2000年我国青少年犯罪的特点、原因与预防对策》，载《青少年犯罪研究》2002年第1期。

[2] 肖建国主编：《发展中的少年司法制度》，上海社会科学院出版社1997年版，第62页。

[3] 曹漫之主编：《中国青少年犯罪学》，群众出版社1987年版，第532页。

犯罪的现实性和潜在性都比较严重。① 因此，中小城市也有必要设立未成年人犯罪案件的侦查机构。

三、未成年人犯罪案件侦查人员的专业化建设

在未成年人犯罪案件侦查过程中，承办案件的侦查人员的素质和形象如何，将对犯罪未成年人产生巨大影响。因此，国际社会相当重视未成年人犯罪案件侦查人员的专业素质和专业水平。《北京规则》第6.3条规定："行使处理权的人应具有特别资历或经过特别训练，能够根据自己的职责和权限明智地行使这种处理权。"《北京规则》第12.1条的"说明"指出："必须对从事少年司法的所有执法人员提供专门训练。"《北京规则》第22.1条规定："应利用专业教育、在职培训、选修课程以及其他各种适宜的授课方式，使所有处理少年案件的人员具备并保持必要的专业能力。"国际刑警组织强调，个人警察应是自愿担任这项工作，且年轻、体格强健、心理健全、道德高尚。②

当今世界，凡未成年人司法制度健全的国家，都相当重视未成年人司法人员的专业资格和专业素质问题。③ 以美国为例，美国国家咨询委员会要求，少年警察应当从有经验的警察中挑选出来，而且应当是一个能干的警察，他们应当有兴趣对少年服务，并在大学中得到社会科学学位或刑事科学学位。美国国家安全咨询委员会也认为，少年警察应当从法官、观护人、社会工作者、律师、教授等处，学习他们的专门知识，并且要接受训练如何去应付少年所常遇到的问题、个人及家庭纠纷、少数民族的处理问题。④ 而在美国的司法实践中，少年警察往往是多面手，他们性格开朗，有文体特长，对青少年有吸引力。⑤

2012年《刑事诉讼法》第266条第2款规定，公安机关办理未成年人刑事案件，应当保障未成年人行使其诉讼权利，保障未成年人得到法律帮助，并

---

① 肖建国主编：《发展中的少年司法制度》，上海社会科学院出版社1997年版，第62页。

② 肖建国主编：《发展中的少年司法制度》，上海社会科学院出版社1997年版，第197—199页。

③ 李国光、杨传书：《完善我国少年司法制度简论》，载《人民司法》1995年第4期。

④ 肖建国主编：《发展中的少年司法制度》，上海社会科学院出版社1997年版，第197—199页。

⑤ 姚建龙：《长大成人：少年司法制度的建构》，中国人民公安大学出版社2003年版，第87页。

由熟悉未成年人身心特点的侦查人员承办。此外，《公安机关办理刑事案件程序未成年人规定》第 6 条规定："办理未成年人违法犯罪案件的人员应当具有心理学、犯罪学、教育学等专业基本知识和有关法律知识，并具有一定的办案经验"。六部门《配套意见》规定，各级公安机关应当选任政治、业务素质好，熟悉未成年人特点，具有犯罪学、社会学、心理学、教育学等方面知识的人员办理未成年人刑事案件，并注意通过加强培训、指导，提高相关人员的专业水平。对办理未成年人刑事案件的专门人员应当根据具体工作内容采用不同于办理成年人刑事案件的工作绩效指标进行考核。《公安机关办理刑事案件程序规定》第 308 条第 2 款规定："未成年人刑事案件应当由熟悉未成年人身心特点，善于做未成年人思想教育工作，具有一定办案经验的人员办理。"然而，与未成年人犯罪案件侦查机构专门化建设的落后相对应，我国当前从事未成年人犯罪案件侦查的警察，要么是"临时抱佛脚"，要么是"半路出家"，常常凭经验和感情办事。而从实践来看，未成年人司法干部仅凭工作热情或凭经验办案是不够的，不能适应未成年人司法科学性和专业化的要求。

我国应当借鉴外国的先进经验，推进未成年人犯罪案件侦查队伍的专业化建设，制定未成年人犯罪案件侦查人员的职业技能标准，确立未成年人犯罪案件侦查人员的专业资格制度。首先，未成年人犯罪案件的侦查人员必须有兴趣为未成年人服务，愿意从事未成年人犯罪案件的侦查工作，并在侦查过程中教育、挽救、感化未成年犯罪嫌疑人。其次，从事未成年人犯罪案件侦查的人员应当具有心理学、犯罪学、教育学、社会学、行为科学等专业基本知识和有关法律知识，熟悉侦查未成年人犯罪案件的特殊规定和程序。再次，未成年人犯罪案件侦查人员应当具有足够的办案经验，以适应未成年人犯罪案件复杂多样的变化。复次，未成年人犯罪案件侦查人员应当具有丰富的生活阅历，应当深知未成年人性情，熟悉未成年人身心特点，乐于同未成年人接近，善于做未成年犯罪嫌疑人的思想教育工作。当前，可以采取自愿报名、领导推荐相结合的方式，通过笔试、模拟案件办理两道关口，遴选出一批专门办理未成年人犯罪案件的侦查人员。而从构成来看，因为女性司法人员在犯罪未成年人的矫正过程中具有性别优势，因此，应当有一定比例的女性侦查人员。在民族自治地方以及少数民族人数比较多的地区，还应当有一定比例的少数民族侦查人员。最后，为了同未成年犯罪嫌疑人建立正常的相互关系，选择最有效的侦查策略手段和教育影响方法，从立案侦查之日起就应当由固定的侦查人员来承办同一案件，不要随意变换侦查人员。

使从事未成年人犯罪案件侦查的工作人员具备并保持必要的专业能力必须对从事未成年人犯罪案件侦查的人员提供专门训练。从长远来看，我国应当确立未成年人犯罪案件侦查人员的资格审查、资格考试和资格培训制度。从目前来看，侦查机关可以和相关政法院校、公安院校合作，定期举办未成年人犯罪案件侦查培训班或进修班，就未成年人犯罪案件侦查的有关知识举办讲座、研讨，并倡导侦查人员自学心理学、犯罪学、教育学、社会学、行为科学、侦查学方面的知识和技能。侦查人员应当注重典型案例的研究，总结侦查未成年人犯罪案件的经验和教训，并展开交流、互相学习。侦查机构应当不定期开展模拟审讯，加强实战能力。在条件具备的情况下，相关政法院校、公安院校应当根据我国未成年人司法制度建设的要求，担负起培养未成年人犯罪案件侦查人员的任务，开设未成年人犯罪学或未成年人侦查学方面的课程，并认真编写一套完整的、具有多学科体系的教材，以适应未成年人犯罪案件侦查教学任务的需要。甚至可以在相关政法院校、公安院校等的硕士点、博士点开设未成年人犯罪案件侦查的研究方向，促进未成年人犯罪案件侦查的理论研究，培养高层次的未成年人犯罪案件侦查人员。

第三节　未成年犯罪嫌疑人的讯问

讯问犯罪嫌疑人是指侦查人员依照法定程序，以言词方式向犯罪嫌疑人查问案件事实和其他与案件有关问题的一种侦查活动。讯问是一项对抗性很强的侦查活动，也是犯罪嫌疑人的权利最容易遭受侵犯的侦查环节。未成年人由于生理和心理发育均未成熟，社会经验缺乏，当面对讯问时，容易陷入茫然无措和极度惶恐的境地，往往难以正确理解侦查人员的提问并作出正确回答，也更容易遭受刑讯逼供、诱供、指供等非法行为的侵害。因而，有必要在诉讼权利、诉讼程序等方面作出特殊规定，对未成年犯罪嫌疑人实行特殊保护。

一、未成年犯罪嫌疑人的传唤

2012年《刑事诉讼法》第117条规定："对于不需要逮捕、拘留的犯罪嫌疑人，可以传唤到犯罪嫌疑人所在市、县内的指定地点或者到他的住处进行讯问，但是应当出示人民检察院或者公安机关的证明文件。"根据这一规定，我国对未成年犯罪嫌疑人是直接传唤的。而在有些国家，是通过未成年人的法定代理人或监护人等传唤未成年人。依照苏联刑事诉讼法典第395条的规定，传唤未成年被告人应当通过其父母或其他法定代理人（传票发给其中之一，最好是执行着法定代理人职责的人）。采取其他程序（通过学校或者企业的管理机关等）仅适用于以下情况：当通过其父母或其他法定代理人会使案情复杂化或给客观地侦查刑事案件带来损失时。在这种情况下，关于传讯一事应让其父母知道。① 在美国，按照一般规定，侦查员除必须在讯问少年之前通知其家长外，还必须将其所犯罪行的情况，详细告诉其家长。② 澳大利亚首都地区1986年《少年传唤条例》第32条规定，警官应采取一切合理的措施，告知该未成年人的父母，无论父母是否居住在该地区，并通知"有权官员"。一般认为，基于未成年人的身心特点，直接传唤，有可能造成未成年人焦虑、紧张，给其带来压力；通过其法定代理人或监护人传唤，不但可以减少甚至避免上述不利影响，而且更有利于未成年人的教育、挽救和改造。

当然，通过未成年犯罪嫌疑人的法定代理人或监护人传唤只是一般做法，在某些情况下，通过法定代理人或监护人传唤未成年人会有碍于查明案件真相，这时就不应通过未成年人的法定代理人或监护人传唤。参考前苏联学者卡涅夫斯基的看法，这样的情况包括：（1）家庭成员之一是教唆犯；（2）在未成年人与父母或近亲一起居住的住所发现了被盗财物、犯罪工具，因而家庭成员害怕承担责任，可能会故意隐瞒犯罪情节和在住所内隐藏赃物的原因；（3）在家庭中存在不良影响（父母酗酒、争吵、打架等），因而法定代理人或监护人也想隐瞒促成未成年人犯罪的原因及其个性形成的条件；（4）父母或其他对未成年人负有教育责任的人对于未成年人的教育问题漠不关心，无人照管；（5）由于其他原因，法定代理人或监护人企图干扰查明案件真相；（6）必须立即讯问未成年犯罪嫌疑人。③

二、合适成年人参与

合适成年人参与，又称合适成年人在场或者合适成年人到场，指的是在未成年人刑事司法程序中，由法定代理人或其他合适成年人参与以维护未成年人合法权益的制度。在我国，合适成年人参与尤其是指在讯问和审判未成年犯罪嫌疑人、被告人以及询问被害人、证人时，由合适成年人到场保护未成年人权利的制度。

合适成年人参与刑事司法活动应当积极发挥如下作用：监督讯问（询问）或审判活动中是否有违法或有损未成年人身心健康的行为；帮助告知、解释未

---

① ［苏］Л·Л·卡涅夫斯基：《未成年人犯罪的侦查和预防》，冯树樑译，群众出版社1988年版，第30页。

② 陈卫东、张弢：《刑事特别程序的实践与探讨》，人民法院出版社1992年版，第299页。

③ ［苏］Л·Л·卡涅夫斯基：《未成年人犯罪的侦查和预防》，冯树樑译，群众出版社1988年版，第30页。

成年人依法享有的诉讼权利及应当履行的诉讼义务;帮助未成年人理解讯问(询问)或审判等诉讼活动的含义;帮助未成年人理解自身行为、语言的法律意义;协助未成年人与公安司法人员沟通;照顾未成年人身心健康的特殊需要,避免未成年人陷入焦虑、饥饿、孤独、恐惧等状态;等等。

合适成年人参与是从英国引进的一项未成年人司法特色制度。合适成年人(Appropriate Adult)一词源于1984年《英国警察与刑事证据法》。在英国,合适成年人参与的基本含义是指警察在讯问未成年犯罪嫌疑人或精神错乱、精神障碍犯罪嫌疑人时,必须有合适的成年人到场。① 该制度设计的一个重要目的是"确保儿童最大利益原则在少年司法中的实现"。合适成年人参与的功能,主要是向未成年人提供咨询建议,旁听讯问过程以监督警察的讯问是否公正合法,并协助被讯问的未成年人与警察沟通,从而使未成年人在一种公正、舒适的情况下理性对待警察的讯问。一般认为,该制度能维护未成年人身心健康,确保儿童最大利益原则在未成年人司法中得到实现。同时,对于警察来说,也有几个方面的好处:一是可以使警方不滥用权力,使被讯问的人不受凌辱;二是保护嫌疑人,同时也保护警察自己;三是使警察更加专业化;四是提高证据的可靠性、证据力。所以,从英国警察的实践经验看,尽管这一制度可能会影响警察的办案效率,花费一定的经费,但这一制度的意义是得到肯定的。②

目前,英国、美国、澳大利亚、新西兰等国家以及我国香港地区,都有关于合适成年人参与制度的立法。该制度并为联合国的有关国际公约所吸纳,成为联合国未成年人司法准则的内容。例如,联合国《儿童权利公约》第40条规定:"所有被指称或指控触犯刑法的儿童至少应得到下列保证:……要求独立公正的主管当局或司法机构在其得到法律或其他适当协助的情况下,通过依法公正审理迅速作出判决,并且须有其父母或法定监护人在场,除非认为这样做不符合儿童的最大利益,特别要考虑到其年龄或状况……"《北京规则》第7.1条规定:"在诉讼的各个阶段,应保证基本程序方面的保障措施,诸如假定无罪、指控罪状通知本人的权利、保持沉默的权利、请律师的权利、要求父亲或母亲或监护人在场的权利、与证人对质的权利和向上级机关上诉的权利。"

在2012年刑事诉讼法修改前,我国没有建立合适成年人参与制度,在有

---

① 姚建龙:《权利的细微关怀——"合适成年人"参与刑事诉讼制度的移植与本土化》,北京大学出版社2010年版,第13页。
② 刘芹:《中欧少年司法制度——"合适成年人参与制度研讨会"会议综述》,载《青少年犯罪问题》2003年第3期。

关法律及相关解释中却有与之类似的"法定代理人或监护人到场"制度。例如，1996年刑事诉讼法仅规定讯问时可以通知法定代理人到场。"可以"一词，意味着"通知"并非侦查机关的强制义务。2006年《未成年人保护法》以及《公安部未成年人规定》等相关解释则均使用了"应当"的表述，并将到场主体从"法定代理人"扩展到"监护人"甚至是教师。例如《未成年人保护法》规定"应当通知监护人到场"，《公安部未成年人规定》规定"应当通知其家长、监护人或者教师到场"。但在司法实践中，由于各种原因，公安机关一般不通知未成年人的法定代理人、监护人或教师到场。① 即便在一些落实稍好的地方，公安机关也普遍只是在第一次对未成年犯罪嫌疑人的讯问中通知其家长或其他成年人到场，而在后续的讯问中，则不再通知。②

为了更好地保护未成年犯罪嫌疑人的合法权益，2012年刑事诉讼法将1996年的"法定代理人到场"制度改造为"合适成年人到场"制度。这也许是2012年刑事诉讼法在未成年人诉讼程序部分最大的亮点之一。2012年《刑事诉讼法》第270条第1款规定，对于未成年人刑事案件，在讯问的时候，应当通知未成年犯罪嫌疑人的法定代理人到场。无法通知、法定代理人不能到场或者法定代理人是共犯的，也可以通知未成年犯罪嫌疑人的其他成年亲属，所在学校、单位、居住地基层组织或者未成年人保护组织的代表到场，并将有关情况记录在案。第2款规定，到场的法定代理人或者其他人员认为办案人员在讯问、审判中侵犯未成年人合法权益的，可以提出意见。讯问笔录、法庭笔录应当交给到场的法定代理人或者其他人员阅读或者向他宣读。

合适成年人到场制度的功能，在于以程序公正确保司法公正。不论是法定代理人，还是其他合适成年人，他们的职责均是维护未成年人合法权益，在诉讼中进行监督、沟通、抚慰和教育等活动。其他合适成年人实际承担着"代理人"的责任。这一职责要求合适成年人在诉讼中应起到缓解未成年人紧张情绪，关心未成年人身心及生活情况，帮助未成年人理解诉讼行为的意义以及其语言、行为的后果，监督司法程序合法等作用。合适成年人是保障未成年人诉讼权益不受侵犯、诉讼权利有效行使的协助人。合适成年人在场对保护未成

---

① 叶国平、顾晓军、朱小玲：《对外来未成年犯罪嫌疑人要推行合适成年人参与制度》，载《青少年犯罪问题》2004年第3期。

② 徐美君：《警察讯问和羁押期间未成年人待遇状况调查报告》，载《青少年犯罪问题》2004年第1期。

年人权益具有重要的作用。①

为了贯彻 2012 年刑事诉讼法关于"合适成年人到场"的规定，首先，侦查机关应当切实履行通知义务，讯问时通知未成年犯罪嫌疑人的法定代理人到场；无法通知、法定代理人不能到场或者法定代理人是共犯的，应当通知未成年犯罪嫌疑人的其他成年亲属，所在学校、单位、居住地基层组织或者未成年人保护组织的代表到场。为保证法律实施，还应进一步明确侦查机关在没有正当理由时，不通知合适成年人到场所导致的法律后果，如将该次讯问视为违法，排除由此取得的口供；对侦查人员要实施纪律制裁和惩戒等。

其次，应当完善并保障明确合适成年人参与侦查讯问的权利和义务。2012 年《刑事诉讼法》第 270 条第 1 款和第 2 款虽有合适成年人权利的规定，但过于简单，应当通过相关解释予以进一步完善。本书认为，合适成年人应享有以下权利：有权在讯问开始前与未成年犯罪嫌疑人充分协商沟通；有权在未成年犯罪嫌疑人出现惊恐等激烈情绪变动时，要求暂停讯问，并给予抚慰；有权在未成年犯罪嫌疑人出现饥渴、疲劳等问题时，要求暂停讯问；有权在讯问人员使用威胁、引诱、欺骗等非法手段时，提出纠正意见；如果讯问人员不纠正其违法行为，有权退出讯问，并拒绝在笔录上签名，或注明不当、不法的情况。合适成年人的主要义务有：不得为未成年犯罪嫌疑人通风报信、串供，引诱其改变真实供述，无正当理由不得干预合法讯问正常进行，对讯问情况和案情予以保密等。

最后，看守所应当为合适成年人到场提供便利。在进入看守所时，只要出具侦查机关的"适当成年人介入讯问通知书"并附有合法身份证件，看守所即应允许进入参与讯问。同时，应尽量提供专门的、人性化的讯问场所，按照未成年人的生理、心理特点，不要用栏杆将讯问人员、合适成年人和未成年犯罪嫌疑人完全隔开，以影响未成年犯罪嫌疑人和合适成年人的协商沟通。合适成年人的位置应安排在和未成年犯罪嫌疑人相邻、相近的地方，不要像讯问人员的位置那样和未成年犯罪嫌疑人相向而坐。

三、未成年犯罪嫌疑人的讯问时间

为保证犯罪嫌疑人供述的自愿性，并使侦查讯问以人道、公正的方式进行，现代法治国家普遍对讯问时间有所限制。

首先，不少国家对夜间讯问进行了限制。例如，日本《犯罪侦查规范》

---

① 宋英辉：《未成年人刑事司法的模式原则与制度构建》，载《人民检察》2011 年第 12 期。

第 165 条规定,除非存在不得已的情况,否则避免在深夜对犯罪嫌疑人进行讯问。俄罗斯《刑事诉讼法典》第 164 条第 3 款也规定,除了刻不容缓的情况外,不许在夜间进行侦查行为。我国台湾地区"刑事诉讼法"第 100 - 3 条也规定,除存在被讯问人明示同意、经检察官或法官许可、情势紧迫等情形外,"司法警察官或司法警察询问犯罪嫌疑人,不得于夜间行之"。

其次,对于单次讯问的持续时间及两次讯问之间的间隔,甚至一天之内能够讯问的总时间,作出明确限制,以防长时间地讯问犯罪嫌疑人,保证供述的自愿性。例如,英国《1984 年警察和刑事证据法》规定:在任何 24 小时内,必须保证在押嫌疑人连续 8 小时的休息,不受讯问、转移或来自警察的打扰,而且除非被拘留者本人或者其适当的成年人或法律代理人要求,或者符合法律规定的特殊理由外,休息时间应在夜间,不得干扰或被迟延。原则上每隔 2 个小时应当有短暂的休息,并保证普通的进餐时间。

我国刑事诉讼法对讯问时间没有限制,2012 年《刑事诉讼法》仅在第 117 条规定:"传唤、拘传持续的时间不得超过 12 小时;案情特别重大、复杂,需要采取拘留、逮捕措施的,传唤、拘传持续的时间不得超过 24 小时。不得以连续传唤、拘传的形式变相拘禁犯罪嫌疑人。"即对被传唤、拘传的犯罪嫌疑人,讯问不得超过 12 小时;对案情特别重大、复杂,需要采取拘留、逮捕措施的,传唤、拘传持续的时间不得超过 24 小时;并不得连续传唤、拘传。但对两次传唤、拘传之间的时间间隔,则无具体规定。对被羁押的犯罪嫌疑人,其讯问时间更无任何限制。导致侦查实践中,一些侦查机关把延长讯问时间作为折磨犯罪嫌疑人、获取口供的手段,严重影响了供述的自愿性,也造成了一些冤假错案。因而,学者们普遍呼吁,应借鉴法治先进国家的做法,对讯问时间作出限制。

在我国目前严重依赖口供的侦查模式下,要完全禁止夜间讯问、限制讯问时间,面临着较大压力和困难。但根据现实的条件,首先对讯问未成年犯罪嫌疑人作出一定限制,则是可行的。根据未成年人身心发育未成熟的特点,为了防止较长时间的讯问给未成年人带来焦躁、紧张或身体上的不适,对未成年人讯问的时间应比成年人要短一些。例如,有学者建议,对未成年人持续讯问的时间不能超过 4 小时,一天内讯问总时间不能超过 8 小时,两次讯问的时间间隔不得少于 1 小时。这一限制,既适用于传唤、拘传时的讯问,也适用于羁押期间对未成年犯罪嫌疑人的讯问。①

---

① 陈光中、汪海燕:《〈刑事诉讼法〉再修改与未成年人诉讼权利的保障》,载《中国司法》2007 年第 1 期。

四、未成年犯罪嫌疑人的讯问地点

在 2012 年《刑事诉讼法》修改之前，传唤、拘传时的讯问地点为"犯罪嫌疑人所在市、县内的指定地点或其住处"，羁押时的讯问地点一般为看守所。但 1998 年的《公安机关办理刑事案件程序规定》第 176 条规定："提讯在押的犯罪嫌疑人，应当填写《提讯证》，在看守所或者公安机关的工作场所进行讯问。"据此，讯问被羁押的犯罪嫌疑人，既可以在看守所进行，也可以在侦查机关的办公场所进行。从实践看，由于在办公场所讯问十分封闭、缺乏监督，刑讯逼供、诱供、指供等违法行为多有发生。因而，应对讯问地点有所限制。

2012 年《刑事诉讼法》第 116 条第 2 款规定："犯罪嫌疑人被送交看守所羁押以后，侦查人员对其进行讯问，应当在看守所内进行。"把被羁押的犯罪嫌疑人的讯问地点限定在看守所内，可以从空间上避免侦查人员对犯罪嫌疑人的绝对控制，也可以进一步发挥看守所管理制度对不当讯问的制约作用，有利于防止讯问中出现刑讯逼供、体罚、虐待、侮辱等违法行为，可以更好地保障被羁押者的合法权利。同时，在看守所内讯问，简化了提押犯罪嫌疑人的过程，可以降低犯罪嫌疑人脱逃的风险。

此外，虽然《公安部未成年人规定》第 12 条规定："对违法犯罪未成年人的讯问可以在公安机关进行，也可以到未成年人的住所、单位或者学校进行。"但 2012 年《刑事诉讼法》第 117 条规定："对不需要逮捕、拘留的犯罪嫌疑人，可以传唤到犯罪嫌疑人所在市、县内的指定地点或者到他的住处进行讯问，但是应当出示人民检察院或者公安机关的证明文件。"2013 年 1 月 1 日起施行的《公安机关办理刑事案件程序规定》第 193 条规定："公安机关对于不需要拘留、逮捕的犯罪嫌疑人，经办案部门负责人批准，可以传唤到犯罪嫌疑人所在的市、县内的指定地点或者到他的住处进行讯问。"据此，对犯罪未成年人的讯问不得再在公安机关进行。

综上，对未被羁押的未成年犯罪嫌疑人，讯问地点应尽量选取较为宽松、舒适的环境，可以在未成年犯罪嫌疑人的住处或其所在市、县内的指定地点，例如单位、学校或者其他适宜的地点进行。对已被羁押的未成年犯罪嫌疑人，讯问地点应严格限制为看守所，不得以任何理由提押到任何封闭性的、缺乏监督的环境进行。

五、未成年犯罪嫌疑人的讯问方式

侦查人员采取什么样的态度，运用什么样的方法是关系讯问能否成功、是否有效的关键。对未成年犯罪嫌疑人的讯问方式应当有别于对成年犯罪嫌疑人的讯问方式。《公安机关办理刑事案件程序规定》第 313 条规定："讯问未成年犯罪嫌疑人应当采取适合未成年人的方式，耐心细致地听取其供述或者辩解，认真审核、查证与案件有关的证据和线索，并针对其思想顾虑、恐惧心理、抵触情绪进行疏导和教育。"《公安部未成年人规定》第 10 条规定："对违法犯罪未成年人的讯问应当采取不同于成年人的方式。"第 13 条规定："讯问违法犯罪的未成年人时，应当耐心细致地听取其陈述或者辩解，认真审核、查证与案件有关的证据和线索，并针对其思想顾虑、畏惧心理、抵触情绪进行疏导和教育。"上述要求可概括为两个方面：

一是营造良好的讯问氛围，讯问的语气要尽量和缓，避免过于严厉的问话方式。讯问应以谈话的方式进行。不能大声训斥或者挖苦、讽刺，即使对那些抵触情绪较强的未成年犯罪嫌疑人，也应耐心启发诱导、循循善诱，从感情上接近他们，变抵触为信任，使他们打消思想顾虑，交代犯罪事实。未成年人犯罪侦查的方法问题以犯罪主体的精神生理特点和年龄特点为前提条件。① 因此，讯问中要掌握原则、注意分寸，对不同年龄、不同生活经历、不同性格特征、不同恶习的未成年人采取不同的方法。②

二是在讯问用语上要使用通俗易懂的语言，使未成年犯罪嫌疑人能够听明白并完全理解问话的意思，对法律条文和有关政策要深入浅出地进行解释。应当使用文明的语言进行讯问，而不应使用不文明的，甚至是漫骂的语言进行讯问；应当避免采取威胁、恐吓的方式讯问未成年人，更应当严禁刑讯逼供；当未成年人有放肆的行为时，应当及时提出批判、警告，并说明他在讯问中应持的态度。在讯问时不能随意许诺，更不能对未成年犯罪嫌疑人作出违背法律和原则的许诺，如"只要你如实讲，我就可以对你从轻处罚""可以放你回家""你的问题不严重，顶多判一二年"等。否则，往往使其在侦查阶段供认，而在审查起诉阶段和审判阶段翻供；应当允许未成年人进行充分的辩解，而不应将此视为"态度不老实"，也不能剥夺其进行辩护的权利；在讯问时，要突出法制、道德、前途、理想的教育。

除以上两个方面的要求外，在对未成年犯罪嫌疑人进行讯问时，还应注意以下两点：

---

① ［苏］Л·Л·卡涅夫斯基：《未成年人犯罪的侦查和预防》，冯树樑译，群众出版社 1988 年版，第 52 页。

② 温小洁：《我国未成年人犯罪案件诉讼程序研究》，中国人民公安大学出版社 2003 年版，第 161 页。

首先是第一次讯问的重要性。对未成年犯罪嫌疑人的第一次讯问是非常重要的，因为第一次讯问常常是基本的和决定性的。第一次讯问是指对犯罪嫌疑人在被拘留、逮捕的24小时内必须进行的讯问。一方面，它有助于审查拘留和逮捕是否有错；另一方面，对确实有罪的被讯问人，可以利用其刚刚被拘留、逮捕时的紧张心理和尚未来得及充分考虑如何对付讯问而促其如实地供述罪行。在第一次讯问时，应当问明未成年犯罪嫌疑人的生活和教育条件，熟悉的同事、同学，兴趣和嗜好，怎样消磨时光。开始讯问时，未成年犯罪嫌疑人认为这些问题同犯罪没有什么关系，会愿意讲述自己和自己的朋友。之后，未成年犯罪嫌疑人的立场常常会发生变化。因此，必须通过第一次讯问获得客观的、充分的口供。

其次是讯问过程中应注意的事项。讯问开始时，侦查人员应当问明未成年犯罪嫌疑人，他是否承认自己犯有涉嫌的罪行。不应立即将未成年犯罪嫌疑人的回答记录下来，因为他可能对案件的实际情况作出错误的估计。未成年人的陈述通常是不连贯的和不具体的，应当注意倾听，不要打断他的话，也不要向他提出任何问题。即使未成年人谈的情况乍看起来同案件没有什么关系，也不要打断他，因为这些情况同被侦查事件的联系可能不会马上被发现。参加讯问的人员应特别注意遵从向未成年人提问题的规则，不允许当着未成年人的面进行争论和表示不同意见，这样做，对于教育、改造未成年人的进程会产生不良影响。在讯问过程中，不主张立即将未成年犯罪嫌疑人的供述记入笔录，因为这会吸引未成年犯罪嫌疑人的注意力，干扰侦查人员集中精力实施讯问计划。在讯问过程中记一个口供草稿是较为适宜的，这不易被未成年犯罪嫌疑人注意，也不妨碍侦查人员同未成年犯罪嫌疑人交谈。此外，还可以采用录音录像的方式记录口供。

六、未成年犯罪嫌疑人的讯问内容

讯问未成年犯罪嫌疑人的目的，不仅仅是获取口供、查明案情，还应通过讯问深入了解未成年人的生活背景，查清导致其犯罪的主客观原因，并"寓教于讯"，不失时机地开展教育、感化和挽救。这就要求在讯问内容上必须更加全面细致，不仅要了解有关犯罪案件的事实，还应广泛了解犯罪嫌疑人的家庭情况、生活环境、生活经历、身心状况、交往对象和范围、受教育情况、职业状况等内容，以便有针对性地对他们进行教育。为此，讯问时应做到两点要求：

一是讯问前侦查人员应作认真准备。例如，《公安部未成年人规定》第10条规定："讯问前，除掌握案件情况和证据材料外，还应当了解其生活、学习环境、成长经历、性格特点、心理状态及社会交往等情况，有针对性地制作讯问提纲。"按照该规定，在准备讯问未成年犯罪嫌疑人时，必须先获得关于未成年犯罪嫌疑人个性特征的信息。也就是说，要掌握未成年犯罪嫌疑人的基本情况，以便针对不同情况的未成年犯罪嫌疑人，采取不同的讯问方法。另外，侦查人员在讯问前应当制定书面讯问计划或者讯问提纲。

二是讯问时应足够耐心和细致。对该问的内容，要尽量面面俱到，避免遗漏。对未成年犯罪嫌疑人的诉说，要耐心倾听，不要轻易打断。讯问时，要先让未成年犯罪嫌疑人全面陈述有关案情和个人情况，而后再提出具体问题，做到既全面又细致，最大限度地获取更多信息。

七、关于未成年犯罪嫌疑人沉默权的讨论

在现代法治国家，沉默权是犯罪嫌疑人、被告人享有的一项基本人权，也是其对抗司法机关讯问权的一项利器。这一权利，不仅为法治国家的国内法广泛确认，而且被一系列国际法律文件所认可，成为最低限度的国际司法准则之一。例如，《公民权利和政治权利国际公约》第14条将"不被强迫作不利于他自己的证言或强迫承认犯罪"列为犯罪嫌疑人、被告人应享有的最低限度的保证之一。《儿童权利公约》第40条将"不得被迫作口供或认罪"列为所有被指称或指控触犯刑法的儿童至少应得到的保证之一。《北京规则》第7.1条也明确规定："在诉讼的各个阶段，应保证基本程序方面的保障措施，诸如假定无罪、指控罪状通知本人的权利、保持沉默的权利、请律师的权利、要求父亲或母亲或监护人在场的权利、与证人对质的权利和向上级机关上诉的权利。"

可见，犯罪嫌疑人、被告人享有沉默权，是法治国家的普遍做法，也是联合国刑事司法准则的基本要求。沉默权的理论根据是"反对自我归罪"的原则，它植根于这样一种观念：个人尊严是一项与人性共存的自然权利，是个人作为人而生存不可缺少的基本权利。按照这种理念，刑事诉讼是被追诉的个人同作为控诉方的国家之间的抗争，由于国家拥有强大的权力，当事人显然居于弱势，因而根据民主宪法制度的精神，必须约束政府的权力、保障个人的权利。从这个意义上讲，沉默权是维持政府与个人之间利益平衡的客观需要。[①]沉默权还是无罪推定原则的必然要求，因为根据无罪推定原则，证明犯罪嫌疑

[①] 崔敏：《沉默权论纲——关于沉默权与警察讯问权的考察与反思》，载陈光中、崔敏主编：《沉默权问题研究——兼论如何遏制刑讯逼供》，中国人民公安大学出版社2002年版，第8页。

人、被告人有罪的责任由控诉方承担，被追诉人既不承担证明自己有罪的义务，也不承担证明自己无罪的义务，因而有权保持沉默。

1996年《刑事诉讼法》第93条规定："犯罪嫌疑人对侦查人员的提问，应当如实回答。"据此，绝大多数学者认为，在我国刑事诉讼中，犯罪嫌疑人不享有沉默权，相反，却负有如实供述的义务。2007年的《最高检未成年人规定》第10条也规定："讯问未成年犯罪嫌疑人，应当告知其依法享有的诉讼权利，告知其如实供述案件事实的法律规定和意义。"可见，1996年《刑事诉讼法》第93条的上述规定，同样适用于未成年犯罪嫌疑人。这与前述《公民权利和政治权利国际公约》《儿童权利公约》《北京规则》所规定的"不得被迫作口供或认罪""保持沉默的权利"等，有着明显冲突。

在2012年《刑事诉讼法》修改前，针对这一问题，理论界和实务界进行了广泛研讨，达成了一定共识，但争议依然存在。基本的共识是：鉴于我国已经签署《公民权利和政治权利国际公约》，且已于1985年、1991年分别批准了《北京规则》《儿童权利公约》，因而，上述公约所确立的一些原则和要求应在我国《刑事诉讼法》中予以体现。但对具体的立法方式，仍存有争议：一些学者主张不宜规定"米兰达规则"式的明示沉默权，而应以"不得强迫自证其罪"的表述方式确立默示沉默权；① 也有学者主张，应以"犯罪嫌疑人、被告人在刑事诉讼法中有权保持沉默"的方式规定明示沉默权。②

2012年《刑事诉讼法》第50条增加规定了"不得强迫任何人证实自己有罪"的规定，这是一项非常重大的进步，但该规定与"不得强迫自证其罪"的表述仍然有所差距。同时，2012年《刑事诉讼法》第118条仍保留了1996年《刑事诉讼法》第93条"应当如实回答"的规定。据此，2012年《刑事诉讼法》并没有确立明示沉默权。2013年的《最高检未成年人规定》第17条也保留了2007年《最高检未成年人规定》第10条的规定。

虽然2012年《刑事诉讼法》没有确立明示沉默权，但对未成年犯罪嫌疑人、被告人而言，根据《儿童权利公约》和《北京规则》之规定以及国际法优于国内法的原则，我国应当用立法或者相关解释确立明示的沉默权，即"未成年犯罪嫌疑人、被告人在刑事诉讼中享有保持沉默的权利"。这既是贯

---

① 崔敏：《沉默权论纲——关于沉默权与警察讯问权的考察与反思》，载陈光中、崔敏主编：《沉默权问题研究——兼论如何遏制刑讯逼供》，中国人民公安大学出版社2002年版，第34—35页。

② 胡健泼：《试论建立我国的沉默权制度》，载陈光中、崔敏主编：《沉默权问题研究——兼论如何遏制刑讯逼供》，中国人民公安大学出版社2002年版，第218页。

彻落实《儿童权利公约》和《北京规则》的要求，也是对未成年犯罪嫌疑人、被告人实施特殊保护的需要。

为保障未成年犯罪嫌疑人在侦查程序中切实享有沉默权，应当建立相应的配套制度和工作机制，主要包括：（1）明确侦查人员的告知义务。即侦查人员在讯问时，必须首先告知未成年犯罪嫌疑人享有沉默权，且保持沉默不会导致对其不利的法律后果。告知时，应让未成年犯罪嫌疑人在《权利告知书》上签字，或者记入讯问笔录。（2）准许合适成年人及律师介入讯问。即在讯问时，允许未成年犯罪嫌疑人的法定代理人、监护人、教师或其他合适成年人，及其辩护律师在场，帮助其正确行使沉默权，以保证讯问的合法性和供述的任意性。（3）确立自白任意性规则及非法言词证据排除规则。犯罪嫌疑人的供述，必须是在自愿、明知而有理智地放弃沉默权后作出的才有效。对侵犯犯罪嫌疑人沉默权，以威胁、引诱、欺骗等非法方式获取的供述，应当排除，不得作为认定犯罪事实的根据。

当然，沉默权也并非一项绝对的权利，在一些特定情况下，可以有所限制。例如，对涉嫌恐怖犯罪、有组织犯罪、黑社会性质犯罪、毒品犯罪和严重暴力犯罪的未成年犯罪嫌疑人，可以仍然沿袭目前的"应当如实回答"规定，其不得援引沉默权对抗侦查人员的讯问。

八、关于讯问未成年犯罪嫌疑人时律师在场权的讨论

讯问时律师在场，是一些西方国家赋予犯罪嫌疑人的一项诉讼权利，也是体现程序正义的一项诉讼制度。讯问时律师在场权有双重含义：一是在侦查人员讯问嫌疑人时律师有权在场；二是嫌疑人接受侦查人员讯问时有权让律师始终在场。[①] 讯问时律师在场权可以把讯问活动置于现场监督制约之下，从制度层面遏制刑讯逼供等讯问中的违法活动，使侦查讯问活动合法、文明的进行，加强对犯罪嫌疑人在讯问中合法权益的保障，同时还可以使律师获取有效辩护信息。

2012年《刑事诉讼法》第33条第1款规定："犯罪嫌疑人自被侦查机关第一次讯问或者采取强制措施之日起，有权委托辩护人；在侦查期间，只能委托律师作为辩护人。被告人有权随时委托辩护人。"但2012年《刑事诉讼法》没有规定讯问时律师可以在场。在2012年《刑事诉讼法》修改之前，我国理论界和实务界对是否应当允许讯问时律师在场曾有过讨论。许多学者积极主张

[①] 朱奎彬：《比较与实证：律师讯问在场权透视》，载《四川大学学报（哲学社会科学版）》2008年第3期。

在我国确立讯问时律师在场制度，以打破侦查讯问的封闭状态，有效遏制刑讯逼供，保障犯罪嫌疑人权利。但侦查实务部门对此持反对态度，其主要理由是：当前我国犯罪形势较为严峻，侦查能力较低，侦查工作对讯问犯罪嫌疑人的依赖性还相当大，而且也缺乏足够的律师。①

从国际刑事司法准则和其他国家的立法例来看，律师的讯问在场权是被追诉人不可剥夺的基本权利，这一权利适用于所有的犯罪嫌疑人。鉴于我国的现实国情，目前在所有案件中都推行这一制度时机尚不成熟，来自司法实践部门的阻力也很大，但如果在未成年人犯罪案件中进行初步尝试，并对其适用效果进行客观评估，也许对今后全面建立这一制度大有裨益。②

讯问未成年犯罪嫌疑人时律师在场制度，具有必要性和可行性。从必要性来看，讯问时律师在场，有助于及时为未成年犯罪嫌疑人提供法律帮助，监督讯问的合法性。在此问题上，有学者认为，既然已有法定代理人、监护人或其他合适成年人介入，就不必再增加律师在场，或者认为既然有律师在场，就不必再要求其他合适成年人介入。然而，讯问时律师在场制度和合适成年人参与制度虽然初衷相似，但其在服务的价值上有不同的侧重点。律师介入的目的是提供法律帮助，而合适成年人介入的目的是监督警察讯问和协助未成年人与警察沟通，二者功能并不相同。由于合适成年人未必熟悉相关法律，不知道什么样的讯问是被允许的，也无法给未成年犯罪嫌疑人提出法律建议，因而仅合适成年人在场并不足以充分保护未成年犯罪嫌疑人的合法利益。而律师熟悉相关法律规定，有充足的办案经验，能够有效帮助未成年犯罪嫌疑人行使法定权利，其作用不可替代。从可行性来分析，既然已经允许法定代理人、监护人或其他合适成年人在场，即意味着侦查讯问已由封闭变为开放，此时允许律师在场对侦查活动并无障碍。而且，在我国一些地方，已开始试行讯问未成年犯罪嫌疑人时律师在场制度，并取得了良好效果。例如，江苏省海门市人民检察院自2008年5月起，开始实行讯问未成年犯罪嫌疑人时律师到场制度，由海门市司法局和律师协会精心选择道德品质好、业务水平高、熟悉未成年人特点、热心社会公益事业的二十多名资深律师组成"阳光律师团"，无偿为未成年犯罪嫌疑人提供法律帮助，参与检察机关审查起诉阶段的讯问活动。律师除了享有在场旁听权外，还被赋予了案件情况的知情权、讯问行为的监督权、不当行

---

① 王斗斗：《刑事诉讼法再修改逼近侦查程序改革深水区，"律师在场权"向左走向右走》，载《法制日报》2007年8月22日。

② 汪建成：《论未成年人犯罪诉讼程序的建立和完善》，载《法学家》2012年第1期。

为的要求纠正权、讯问笔录的核对签字权、案件处理的建议权等。实施至2008年10月，已有12名未成年犯罪嫌疑人获得了律师的法律帮助，实现了法律效果和社会效果的有机统一。①

综上，在讯问未成年犯罪嫌疑人时，不仅应有未成年人的法定代理人、监护人或其他合适成年人介入，而且应允许其聘请的律师或被法律援助机构指派的律师在场，以及时提供法律帮助，共同监督讯问进程，有效维护未成年人合法权益。律师在场时，应有权了解基本案情、为犯罪嫌疑人提供法律咨询、对讯问中的不当行为提出纠正意见、核对讯问笔录等，以发挥实际作用。

第四节 未成年人犯罪案件强制措施的适用

刑事诉讼中的强制措施，是指公安机关、人民检察院和人民法院为保障刑事诉讼的顺利进行，依法对犯罪嫌疑人、被告人所采取的在一定期限内暂时限制或剥夺其人身自由的法定强制方法。我国刑事诉讼法规定的强制措施包括拘传、取保候审、监视居住、拘留和逮捕。基于未成年人自身的特点以及未成年人犯罪案件的特点，对未成年犯罪嫌疑人使用强制措施时，应当区别于成年的犯罪嫌疑人。具体来说，就是要慎用强制措施，即对未成年人采取强制措施时，要慎重对待，尽量不采用或者少采用强制措施；不得已需要采取强制措施时，应当尽量采用非羁押性的强制措施；采用羁押性强制措施，应当对未成年人分押分管。刑事诉讼法及相关解释对慎重采取强制措施有所体现。例如，《刑事诉讼法》第269条规定："对未成年犯罪嫌疑人、被告人应当严格限制适用逮捕措施……对被拘留、逮捕和执行刑罚的未成年人与成年人应当分别关押、分别管理、分别教育。"《公安部未成年人规定》第15条规定："办理未成年人违法犯罪案件，应当严格限制和尽量减少使用强制措施。"《公安机关办理刑事案件程序规定》第316条第1款规定："对未成年犯罪嫌疑人应当严格限制和尽量减少使用逮捕措施。"第317条规定："对被羁押的未成年人应当与成年人分别关押、分别管理、分别教育，并根据其生理和心理特点在生活和学习方面给予照顾。"

一、严格适用羁押性强制措施

我国刑事诉讼法规定的五种强制措施中，拘留、逮捕自然引起羁押，羁押

---

① 陈东、倪超：《江苏海门：实施讯问犯罪嫌疑人律师在场制度》，载http://news.jcrb.com/jiancha/jcdt/200810/t20081008_78867.html，2013年1月4日浏览。

是拘留、逮捕的必然结果。因而，拘传、取保候审、监视居住系非羁押性强制措施，而拘留、逮捕则是羁押性强制措施。对未成年犯罪嫌疑人适用强制措施，应当坚持严格适用羁押性强制措施的原则。具体来说，就是对未成年人一般应采用取保候审等非羁押性强制措施，只有当采取其他方法不能奏效时，才能使用拘留或者逮捕等剥夺自由的羁押性的强制措施。并且，拘留和逮捕等羁押性强制措施的期限应当尽量短，当没有必要继续羁押时，应当尽快解除强制措施或者变更为取保候审等对人身自由影响较小的强制措施。

严格限制适用甚至不适用逮捕等羁押性强制措施是联合国刑事司法准则的要求。《儿童权利公约》第 37 条（b）项规定："不得非法或任意剥夺任何儿童的自由。对儿童的逮捕、拘留或监禁应符合法律规定并仅应作为最后手段，期限应为最短的适当时间。"《北京规则》第 13.1 条规定："审前拘留应仅作为万不得已的手段使用，而且时间应尽可能短"；第 13.2 条规定："如有可能，应采取其他替代办法，诸如密切监视、加强看管或安置在一个家庭或一个教育机构或环境内。"

在我国，因为拘留的羁押期限较短，因此，严格适用羁押性强制措施更多地表现为要严格适用逮捕措施。逮捕是我国刑事强制措施体系中最为严厉、剥夺被追诉者人身自由时间最长的措施，其适用本身就具有必要性、相当性和最后性的特征。对于未成年人而言，逮捕所导致的长时间的羁押使得未成年人与其监护人、亲友以及整个社会隔离，在其社会化尚未完成和身心发育尚未健全的情况下，羁押将导致其正常社会化过程的中断，并给未成年人的身心健康带来巨大的危害，影响其今后的成长和发展。此外，长期羁押也会带来交叉感染，导致未成年人向惯犯、累犯转化。因此，严格适用逮捕措施、尽量减少对未成年人的长期羁押，是实现对未成年人的特殊保护，促使其再社会化的重要要求。

我国 1979 年《刑事诉讼法》和 1996 年《刑事诉讼法》均未对未成年人逮捕措施的适用作出特殊规定。司法实践中，未成年犯罪嫌疑人、被告人审前羁押率居高不下，导致了重新犯罪率高等一系列弊端。进入 21 世纪以后，尽量减少对未成年人的审前羁押的重要性逐步引起理论界和实务界的重视。2007 年《最高检未成年人规定》第 12 条规定："人民检察院审查批准逮捕未成年犯罪嫌疑人，应当根据未成年犯罪嫌疑人涉嫌犯罪的事实、主观恶性、有无监护与社会帮教条件等，综合衡量其社会危险性，确定是否有逮捕必要，慎用逮捕措施，可捕可不捕的不捕。" 2010 年六部门《配套意见》规定："公安机关办理未成年人刑事案件，对未成年人应优先考虑适用非羁押性强制措施，加强有效监管；羁押性强制措施应依法慎用，比照成年人严格适用条件。办理未成年人刑事案件不以拘留率、逮捕率或起诉率作为工作考核指标。"据统计，2007年至2011年，全国检察机关不批准逮捕未成年犯罪嫌疑人626747人，不捕率从2007年的12.55%提高到2011年的17.7%。①

2012年《刑事诉讼法》第269条第1款对严格适用逮捕措施作了原则性的规定，即"对未成年犯罪嫌疑人、被告人应当严格限制适用逮捕措施"。同时，第269条第1款还从程序的角度要求人民检察院审查批准逮捕和人民法院决定逮捕，应当讯问未成年犯罪嫌疑人、被告人，听取辩护律师的意见，希望通过引入辩方意见以及要求办案人员直接接触未成年人来限制逮捕措施的适用。

除上述内容外，严格适用羁押性强制措施的要求，在适用拘留或逮捕等羁押性强制措施时，被羁押的未成年犯罪嫌疑人应当受到人道待遇，其固有的人格尊严应当受到尊重，并应以考虑到其年龄之需要的方式加以对待。《公安部未成年人规定》第23条对此有所规定："看守所应当充分保障被关押的未成年人与其近亲属通信、会见的权利。对患病的应当及时给予治疗，并通知其家长或者监护人。"看守所应当选派经验丰富、责任心强的管教人员对未成年犯罪嫌疑人进行道德教育、法制教育、理想教育、前途教育和科学文化知识方面的教育，增强其遵纪守法观念，提高其知识文化水平。值得注意的是，未成年犯罪嫌疑人应当得到和保留一些消遣和娱乐的玩具、书籍和广播电视等；除特殊情况外，未成年人有权通过信件和探访同家人保持联系。此外，还应当定时把家庭情况、父母的身体健康状况，学校和工作单位对于决定未成年人命运的立场通知其本人。

二、羁押的分押分管

羁押的分押分管是未成年人刑事司法的分别处理原则在未成年人犯罪案件强制措施适用中的具体要求和体现。2012年《刑事诉讼法》第269条第2款规定，对被拘留、逮捕未成年人与成年人应当分别关押、分别管理、分别教育。

具体来说，羁押的分押分管是指当适用拘留或逮捕的强制措施时，应当将未成年犯罪嫌疑人与成年犯罪嫌疑人分别关押、分别管理、分别教育。有条件的话，应当分块分片地设立集中式的未成年人看守所或者拘留所，专门关押未成年人。就目前而言，应尽可能地将看守所中环境较好的监舍，专门用于关押

---

① 《全国未成年人刑检工作建设不断加强独立机构达298个》，载《检察日报》2012年5月24日。

未成年犯罪嫌疑人。这么做的原因有三点：一是未成年犯罪嫌疑人很容易受到成年犯罪嫌疑人的欺侮和伤害。对此，美国学者贝利·菲尔德曾指出："简言之，地位低下的犯人在看守所的小号里，生活非常艰苦……直接的人身虐待是大量的经常的，外伤显而易见。"① 二是未成年犯罪嫌疑人很容易受到成年犯罪嫌疑人的不良影响，会越陷越深，以至不可救药；三是一些罪恶较深的成年犯罪嫌疑人会将其腐朽思想、作案方法直接传授给未成年犯罪嫌疑人，成为未成年人出去以后再次犯罪的教唆者。司法实践表明，将未成年犯罪嫌疑人与成年犯罪嫌疑人分押分管，避免了成年犯罪嫌疑人对未成年犯罪嫌疑人进行教唆、恐吓、传授犯罪方法，降低了未成年人犯罪的再犯率，有利于对犯罪未成年人的教育和挽救，同时也有利于未成年人犯罪案件侦查工作的顺利进行。

此外，在条件允许的情况下，还应当将未成年犯罪嫌疑人与已判罪的未成年犯分隔开来，将涉嫌不同类型犯罪的未成年人分隔开来，将未成年初犯、偶犯与屡教不改的未成年惯犯、累犯和恶习较深的未成年犯罪嫌疑人以及共同犯罪或者集团犯罪中的未成年首犯、主犯分隔开来，以将交叉感染的可能性降到最低。

三、取保候审的适用

慎重采取强制措施、严格适用羁押性强制措施，要求在未成年人犯罪案件中，扩大适用取保候审的强制措施。然而，取保候审毕竟是一种强制措施，适用取保候审的主要目的是保证犯罪嫌疑人、被告人在讯问、审判时及时到案，同时也防止其在诉讼中干扰证人作证或串供等。司法实践中，公安司法机关决定是否对未成年犯罪嫌疑人、被告人适用取保候审时，考虑的往往是侦查的需要以及不逃避、不妨碍刑事诉讼的顺利进行，而不是考虑未成年人合法权益的保护问题。基于"重打击，轻保护"，尤其是"可能判处实刑的人很可能逃跑""外地人取保候审必然逃跑"等观念上的偏差，导致在司法实践中，公安司法机关对一些符合取保候审条件的未成年人也基本不适用取保候审。②

从世界各国强制措施适用的发展历史来看，扩大未成年人犯罪嫌疑人、被告人取保候审的适用、降低羁押率已经成为未成年人刑事司法制度的发展趋势。在未成年人刑事司法活动中，应当扩大取保候审的适用范围，对于人身危

---

① ［美］贝利·菲尔德：《少年法院与审判原则——少年法院审判活动中的变革》，载烟台大学法学所编：《中美学者论青少年犯罪》，群众出版社1989年版，第185页。
② 林维、唐仲江：《未成年人取保候审适用问题研究》，载《青少年犯罪问题》2008年第2期。

险性不大，犯罪情节较轻，初犯、偶犯等没有逮捕必要的未成年人应当优先适用取保候审的强制措施。

在具体适用取保候审时，对未成年人应当尽量采用"人保"的保证方式。这不仅是未成年人犯罪案件中的要求，也是整个取保候审制度改革的需要。许多实证研究显示，取保候审的适用率极低，其中一个重要原因是司法机关偏重"财保"，并且虽然各地对保证金的划分标准不一，但通常在该地域都属于较高的数额。因此，取保候审的适用潜在地成为了有钱人才能享受的"福利"，如果经济条件不好，犯罪嫌疑人、被告人很难取保候审而通常被直接收押。未成年犯罪嫌疑人、被告人一般都无固定的工作和收入，难以支付高额的保证金从而导致无法适用取保候审措施。另外，由于缺乏对保证人不履行监管义务的制裁措施，导致被保证人脱逃严重却无法追究责任的现象也是"人保"适用率较低的原因。在未成年人犯罪案件中，保证人通常为其父母或其他亲属，可能会因为亲情使然而纵容犯罪人违规甚至协助其脱逃。但是，如果完善对保证人的归责制度，对于未成年人而言，一般来说，情感的联系大于金钱的影响，即以高额保证金取保可能不会对未成年人造成影响和约束，但如果因自己的错误而使保证人遭受责难则通常是未成年人所不能接受的。因此，在未成年人犯罪案件中，应当在完善保证人制度的基础上尽量对未成年人适用保证人保证。

第五节 未成年人犯罪案件侦查的其他制度与程序

一、社会调查

（一）社会调查概述

2012年《刑事诉讼法》第268条规定了社会调查制度。社会调查是指对涉嫌犯罪的未成年人的家庭情况、性格特征、社会交往、成长经历、在校情况以及实施被指控的犯罪前后的表现，通过社会有关方面进行调查，全面、客观、公正地反映未成年犯罪嫌疑人、被告人的成长经历、生活环境，深入细致地分析未成年犯罪嫌疑人、被告人犯罪的主、客观原因，并制作出书面的社会调查报告。实际上，社会调查制度也是未成年人犯罪案件全面调查原则的要求。

社会调查的主要内容是反映未成年犯罪嫌疑人或被告人的成长经历和接受帮教的条件，而不是直接反映案件本身的事实。社会调查报告将会成为对未成年犯罪嫌疑人、被告人教育、感化和挽救的基础以及在刑事和解、取保候审、逮捕、不起诉、量刑、社区矫正等程序中对未成年犯罪嫌疑人、被告人作出决定或判决的重要依据。该制度顺应了国际少年司法制度发展的一般趋势，体现了我国对未成年人犯罪的"教育、感化、挽救"的方针和"教育挽救为主，惩罚为辅"的基本原则。

根据刑事诉讼法及相关解释的规定，社会调查报告的适用贯穿于未成年人刑事司法程序的各个阶段。在不同的阶段，呈现出不同的适用结果：侦查阶段，公安机关应当认真审查社会调查报告，综合案情，作出是否提请批捕、移送审查起诉的决定；审查起诉阶段，人民检察院应当认真全面审查社会调查报告，掌握案情和未成年人的身心特点，作为教育和办案的参考，并决定是否提起公诉；审判阶段，人民法院应当全面审查社会调查报告，将之作为教育和量刑的参考；执行阶段，执行机关应当根据社会调查报告执行刑罚，对未成年犯进行个别化教育矫治。

未成年人犯罪案件的社会调查主要应在侦查阶段进行。这是在侦查阶段对未成年人刑事案件个案化处理的表现，也是教育、挽救失足未成年人的必然要求。至于由谁承担社会调查工作，本书认为，为了调查的客观公正，应当参考云南省昆明市盘龙区和北京市海淀区的做法，委托给专门的社工组织来承担，并由专业社工制作社会调查报告，随案移送。

（二）社会调查的内容

我国刑事诉讼法及相关解释对社会调查内容的规定不尽一致。根据《公安部未成年人规定》第10条的规定，社会调查的内容应包括生活、学习环境、成长经历、性格特点、心理状态及社会交往等。根据六部门《配套意见》的规定，社会调查的内容包括性格特点、家庭情况、社会交往、成长经历、是否具备有效监护条件或者社会帮教措施，以及涉嫌犯罪前后表现等。

在社会调查的实践中，各地的情况也有所不同。在北京，未成年人犯罪案件社会调查的内容包括：（1）犯罪嫌疑人、被告人的性格特点、家庭情况、社会交往、成长经历、是否具备有效监护条件或者社会帮教条件；（2）犯罪嫌疑人、被告人涉嫌犯罪前后的表现；（3）犯罪嫌疑人、被告人在案件审理期间的表现；（4）有关单位、人员对犯罪嫌疑人、被告人涉嫌犯罪的处理意见；（5）条件具备的，可以对犯罪嫌疑人、被告人进行心理评估及逮捕必要性、社会危险性评估；并可以就社区矫正的可行性和适用非监禁刑及拟禁止事项提出评估建议，一并写入社会调查报告。在云南，由救助儿童会倡导和推动的未成年人司法分流项目中，社会调查的内容包括：（1）未成年犯罪嫌疑人、被告人的个人情况，包括年龄、性格、兴趣爱好、学习生活等方面；（2）未成年犯罪嫌疑人、被告人所处家庭、社会环境，包括家庭结构、家庭教育、经济状况、周边环境、学校生活、朋友交往等方面；(3) 犯罪情况，包括犯罪动机、手段、后果、悔罪表现等方面；(4) 社会支持体系对司法分流的支持程度，包括社区、学校、家长、亲友对未成年犯罪嫌疑人、被告人的评价、对司法分流的意见、请求、保证，司法分流期间的监管措施及安全保障条件等方面。

结合我国刑事诉讼法及相关解释，总结我国各地社会调查的实践，本书认为，社会调查至少应当包括如下内容：(1) 犯罪嫌疑人、被告人的个人基本情况，尤其是犯罪嫌疑人、被告人的实际年龄，这关系到对未成年犯罪嫌疑人、被告人是否需要追究刑事责任；(2) 犯罪嫌疑人、被告人的成长经历；(3) 犯罪嫌疑人、被告人的身心状况，即生理发育是否有缺陷，是否有病史，特别是是否有精神病史以及现时健康状况等；(4) 犯罪嫌疑人、被告人的兴趣爱好；(5) 犯罪嫌疑人、被告人的交往对象、交往范围；(6) 犯罪嫌疑人、被告人的受教育状况，就学时间、学习成绩、道德品质及师生关系等；(7) 如果犯罪嫌疑人、被告人已经就业，犯罪嫌疑人、被告人的职业状况，包括犯罪嫌疑人、被告人的就业时间、就业原因、就业经历、就业表现等；(8) 犯罪嫌疑人、被告人的家庭环境，包括犯罪嫌疑人、被告人的家庭结构是否健全、家庭关系是否融洽、家庭教育是否全面、家庭管理是否科学以及家庭经济状况等；(9) 犯罪嫌疑人、被告人的社区环境，包括犯罪嫌疑人、被告人在社区中与有关邻里的关系、交往、表现情况等；(10) 犯罪嫌疑人、被告人在犯罪后的思想状况，羁押表现和目前的态度；(11) 被害人是否有过错；(12) 犯罪嫌疑人、被告人的家长、监护人或者有关人员的人格、素质、经历和环境；等等。

(三) 社会调查报告

进行社会调查后应当制作社会调查报告。社会调查报告的内容以社会调查的内容为基础。一般来讲，社会调查报告应当由以下三部分构成：(1) 调查综述。该部分是社会调查报告的事实部分，至少应该包括以下项目：犯罪嫌疑人、被告人的基本情况、家庭情况、社会环境、成长经历、社会活动、教育或职业状况、兴趣爱好、性格特点、人格品行、涉案前后的表现情况等。(2) 综合评估。该部分是社会调查报告的意见和建议部分，应当在调查综述的基础上对犯罪嫌疑人、被告人的犯罪原因、回归社会的有利因素和不利因素、再犯风险等进行分析和评估。(3) 附录。调查综述和综合评估是社会调查报告的正文部分，社会调查报告除正文外还应有书面的证明材料，例如所访人员的签名、所访单位开具的证明、相关凭证的复印件等。

社会调查报告可以表格的形式体现，也可完全以文字的形式体现，具体内容亦可根据各地和个案的情况有所不同。但社会调查报告的制作应当遵循如下标准：（1）全面真实。社会调查报告内容应从尽可能多的方面全面反映犯罪嫌疑人、被告人的个人情况，尽量使用通过直接接触、实地考察等方式得来的第一手资料。（2）规范科学。作为一种重要的法律文件，社会调查报告无论在形式上还是在用词和表述上都必须规范科学。（3）客观公正。社会调查报告无论在材料取舍上还是在作出结论时都不能凭社会调查员个人的兴趣爱好，只能实事求是。①

公安机关应当认真审查社会调查报告，将其作为是否提请批准逮捕、移送审查起诉的参考。公安机关提请人民检察院审查批捕或移送审查起诉的未成年人犯罪案件，应当将社会调查报告随案移送。

二、律师辩护

（一）侦查阶段的律师辩护

保障犯罪嫌疑人和被告人的辩护权，是刑事诉讼法的一项基本原则。具体到未成年人犯罪案件，由于犯罪嫌疑人、被告人自身的特殊性，辩护制度要有特殊的规定和要求，以切实保障未成年犯罪嫌疑人、被告人的辩护权得以实现。2012年《刑事诉讼法》除在第266条第2款强调"保障未成年人得到法律帮助"外，第267条规定："未成年犯罪嫌疑人、被告人没有委托辩护人的，人民法院、人民检察院、公安机关应当通知法律援助机构指派律师为其提供辩护。"这也就是理论界和实务界常说的指定辩护和强制辩护制度。本书认为，应当进一步细化2012年刑事诉讼法的规定，以保障未成年犯罪嫌疑人充分得到律师的法律帮助。

首先，侦查阶段的律师辩护。根据1996年刑事诉讼法的规定，犯罪嫌疑人从被侦查机关第一次讯问或采取强制措施之日起，虽然可以聘请律师提供法律帮助，但侦查阶段律师的诉讼地位不是辩护人，不能行使辩护的职能，只能向犯罪嫌疑人提供有限的法律帮助。且不说1996年刑事诉讼法这么规定合不合理，将该规定具体运用到未成年人犯罪案件的侦查中，是不太合适的。由于未成年人具有心理上不成熟、辨认能力差、易受恐吓、利诱、轻信他人等特点，如果未成年人在被侦查机关第一次讯问或采取强制措施后，不能得到律师的有力帮助，那么未成年人可能处于极其不利的地位。侦查人员可能利用未成年人多方面不成熟的弱点套供、诱供、骗供。未成年人与成年人相比，更需要

---

① 盛长富、郝银钟：《论我国未成年人刑事司法社会调查制度》，载《社会科学家》2012年第2期。

律师的帮助。2012年刑事诉讼法赋予侦查阶段律师辩护人的身份，第33条规定："犯罪嫌疑人自被侦查机关第一次讯问或者采取强制措施之日起，有权委托辩护人；在侦查期间，只能委托律师作为辩护人。侦查机关在第一次讯问犯罪嫌疑人或者对犯罪嫌疑人采取强制措施的时候，应当告知犯罪嫌疑人有权委托辩护人……"这是一个很大的进步。

其次，侦查阶段的指定辩护和强制辩护。1996年刑事诉讼法所规定的未成年被告人的指定辩护制度对于保护未成年人的合法权益、弥补其诉讼能力不足的缺陷是非常必要的。2012年刑事诉讼法既然规定犯罪嫌疑人在侦查阶段有权委托律师提供辩护，则必然也会存在犯罪嫌疑人没有委托辩护律师的情况。因此，2012年《刑事诉讼法》第267条将未成年人的指定辩护制度扩展到审判前的侦查阶段和审查起诉阶段。

再次，按照中华全国律师协会2017年9月20日发布的《律师办理刑事案件规范》（律发通〔2017〕51号）的规定①，犯罪嫌疑人或者被告人在诉讼的不同阶段都应当办理委托律师辩护的手续。也就是说，犯罪嫌疑人或者被告人可能在侦查阶段委托一位律师，在审查起诉阶段委托另一位律师，在审判阶段委托第三位律师。当然，犯罪嫌疑人或者被告人也可以在整个诉讼过程中都聘请同一位律师。就未成年人而言，本书认为，除有特殊情况外，应当在侦查阶段、审查起诉阶段和审判阶段都由同一名律师辩护。对此，前苏联学者卡涅夫斯基在论著中指出："在预审和审判阶段，由一个律师承担未成年违法者的辩护人是很重要的。更换律师，照例会破坏同青少年的心理解除，削弱对未成年人的教育作用。"②

最后，在未成年人犯罪案件中提供法律帮助的律师，最好懂得少年心理学的基本知识，懂得对未成年违法犯罪人员进行教育的方法，熟悉各项侦查活动的策略特点。随着我国律师从业人数的增多和律师业的进一步规范、发展，律师所从事的业务也必将向专业化方向发展。因此，笔者设想，未成年人犯罪案件可由专门从事未成年人刑事业务的律师办理，也应当由熟悉未成年人刑事业务的律师办理。这也是与从事未成年人犯罪案件侦查的机构和人员以及其他司法机关和人员的专门化相适应的。据悉，2003年，中华全国律师协会成立了

---

① 《律师办理刑事案件规范》第10条规定："律师接受委托办理刑事案件，可以在侦查、审查起诉、一审、二审、死刑复核、申诉再审等各诉讼阶段由律师事务所分别办理委托手续；也可以一次性办理。"

② ［苏］Л·Л·卡涅夫斯基：《未成年人犯罪的侦查和预防》，冯树樑译，群众出版社1988年版，第27页。

未成年人保护专业委员会。截至2009年9月，全国28个省级和87个地市级律协成立了未成年人保护专业委员会。而截至目前，全国已有超过8000名律师加入了"中国律师未成年人保护志愿协作网"，这是一个非常好的趋势。

（二）辩护律师在侦查阶段的具体工作

在未成年犯罪嫌疑人逮捕前，其法定代理人要求取保候审的，尽量以其法定代理人名义代书取保候审申请书，在其签名后，代为转交侦查机关。

侦查阶段，律师按照下列顺序开展工作：（1）尽快与侦查机关联系，在与侦查机关预约的时间和地点递交相关手续材料，向其核实或者了解犯罪嫌疑人的罪名；（2）了解对未成年犯罪嫌疑人开展社会调查的情况；（3）会见；会见笔录应当由未成年犯罪嫌疑人逐页签字；（4）申请取保候审；（5）解答法律咨询；（6）代理申诉、控告；（7）争取刑事和解。

律师与侦查机关无法预先约定提交手续时间的，应当尽快亲自前往侦查机关，沟通上述各项事宜。联系不到侦查机关或者出现律师不能正常履行职责的情况时，律师应当及时向律师事务所反映。律师会见未成年犯罪嫌疑人后认为符合取保候审条件的，应当尽快向侦查机关申请。律师发现有超期羁押情形的，应及时书面向侦查机关提出变更或解除对未成年犯罪嫌疑人的强制措施。

律师认为未成年犯罪嫌疑人可能无罪，确有对案件进行申诉的必要的，应征得未成年犯罪嫌疑人及其法定代理人的同意进行申诉，并获得律师事务所的支持。律师认为侦查人员在办案中违反法律规定，侵犯未成年犯罪嫌疑人的人身权利、诉讼权利或其他合法权益，或者认为侦查机关管辖不当的，律师应征得未成年犯罪嫌疑人及其法定代理人的同意，提起控告，并获得律师事务所支持。律师代为申诉、控告应当依照下列程序开展工作：在会见时由未成年犯罪嫌疑人提出申诉、控告的要求，并委托律师代为申诉、控告，律师制作会见笔录；律师根据笔录，出具律师意见，向侦查机关提出，并将会见笔录作为律师意见的附件。

侦查机关讯问未成年犯罪嫌疑人，通知律师到场的，律师应当到场。联系不到法定代理人时，律师可以向侦查机关请求讯问未成年犯罪嫌疑人时在场。

三、隐私保护与犯罪记录封存

隐私是一种与公共利益、群体利益无关，当事人不愿他人知道或他人不便知道的个人信息，当事人不愿他人干涉或他人不便干涉的个人私事，以及当事人不愿他人侵入或他人不便侵入的个人领域。① 未成年人犯罪的事实以及涉案未成年人的有关情况当然属于未成年人不愿他人知道或者不便他人知道的隐私。

未成年人年龄尚小，从司法实践来看，大部分犯罪未成年人经过审理被判处缓刑、管制、拘役或短期刑罚，会很快回到学校、单位，回到社会上去。这一时期的罪错特别容易影响他们的人格和名誉，对他们的一生都会产生影响。为了维护他们的名誉，尊重他们的人格，保护他们的自尊心，防止由于涉嫌犯罪事实的广为暴露而给他们造成不必要的精神创伤，便于他们接受教育、感化和改造，同时也便于他们在社会上重新做人，有一个生存、发展的良好空间，确立未成年犯罪嫌疑人和被告人隐私保护制度是非常重要的。

联合国未成年人司法准则确立了未成年人的隐私保护原则。例如，《北京规则》第8条规定："应在各个阶段尊重少年犯享有隐私的权利，以避免由于不适当的宣传或加以点名而对其造成伤害。原则上不应公布可能会导致使人认出某一少年犯的资料。"第21条规定："对少年罪犯的档案应严格保密，不得让第三方利用。应仅限于与处理手头上的案件直接有关的人员或其他经正式授权的人员才可以接触这些档案。少年罪犯的档案不得在其后的成人诉讼案中加以引用。"

2012年《刑事诉讼法》第275条规定的犯罪记录封存制度即是重要的隐私保护措施，该条规定："犯罪的时候不满十八周岁，被判处五年有期徒刑以下刑罚的，应当对相关犯罪记录予以封存。犯罪记录被封存的，不得向任何单位和个人提供，但司法机关为办案需要或者有关单位根据国家规定进行查询的除外。依法进行查询的单位，应当对被封存的犯罪记录的情况予以保密。"不过，《刑事诉讼法》除规定未成年人犯罪记录封存制度外，并没有对未成年人隐私保护原则的其他内容进行规定。《未成年人保护法》和《预防未成年人犯罪法》则对未成年人的隐私保护进行了相对全面的规定。刑事诉讼法的相关解释亦对未成年人的隐私保护进行了规定。例如，《公安机关办理刑事案件程序规定》第307条规定："公安机关办理未成年人刑事案件，应当保障未成年人行使其诉讼权利并得到法律帮助，依法保护未成年人的名誉和隐私，尊重其人格尊严。"

对于2012年刑事诉讼法规定的犯罪记录封存制度，是指有关机关对轻罪未成年人的犯罪记录予以密封保存，除法律明确规定外，任何单位和个人不得查询的制度。根据最高人民法院、最高人民检察院、公安部、国家安全部、司

---

① http://baike.baidu.com/view/350273.htm，2013年1月7日浏览。

法部 2012 年 5 月 10 日印发的《关于建立犯罪人员犯罪记录制度的意见》规定，犯罪记录是国家专门机关对犯罪人员情况的客观记载。犯罪记录封存制度有助于保障有犯罪记录的未成年人的合法权利，帮助其顺利回归社会。

根据相关解释的规定，公安机关应当在收到人民法院生效判决后或者人民检察院的相对不起诉决定后，对犯罪记录予以封存。公安机关应当将拟封存的未成年人犯罪记录、卷宗等相关材料装订成册，加密保存，不予公开，并建立专门的未成年人犯罪档案库，执行严格的保管制度。此外，本书认为，被封存的犯罪记录，即便有关单位查询，也仅限于处理手头上的案件直接有关的人员或其他经正常授权的人员。

为了更好地保护未成年犯罪嫌疑人的隐私，本书认为，侦查机关和侦查人员除要切实执行犯罪记录封存制度外，还应努力做到以下两个方面：

一是侦查工作一般不要公开。未成年犯罪嫌疑人的人生道路还很漫长，如果在其世界观、性格形成的重要阶段，把他们的一点劣迹暴露在公众面前，势必在其心灵上造成极大的伤害和压力，不利于教育改造。在侦查工作中，讯问犯罪嫌疑人和进行调查时，侦查人员应当尽量不穿制服，不要造成不必要的大声势，不宜公开拘留逮捕等。因此，对于《公安部未成年人规定》第 12 条所规定的"对违法犯罪未成年人的讯问可以在公安机关进行，也可以到未成年人的住所、单位或者学校进行"，本书认为在单位或者学校进行讯问不适当，容易让学校的老师、同学或者单位的领导、同事以及居住地的邻居知晓未成年人涉嫌犯罪，不利于未成年人的教育、感化和挽救。

二是不得宣传报道。在这方面，《未成年人保护法》第 58 条规定："对未成年人犯罪案件，新闻报道、影视节目、公开出版物、网络等不得披露该未成年人的姓名、住所、照片、图像以及可能推断出该未成年人的资料。"《预防未成年人犯罪法》第 45 条第 3 款规定："对未成年人犯罪案件，新闻报道、影视节目、公开出版物不得披露该未成年人的姓名、住所、照片及可能推断出该未成年人的资料。"本书认为，除各种媒体外，侦查机关和侦查人员也不应向外披露未成年犯罪嫌疑人涉嫌犯罪的情况以及涉罪未成年人的个人情况。对此，《公安部未成年人规定》第 5 条对此也有所规定，该条规定："办理未成年人违法犯罪案件，应当保护未成年人的名誉，不得公开披露涉案未成年人的姓名、住所和影像。"

第十六章 投放危险物质案件侦查

2007年5月30日，某大学学生牛某、石某和李某等3人在该校北苑餐厅就餐后出现呼吸困难、下肢疼痛等症状。后该3人分别被家长接回原籍治疗，其中牛某中毒情况最为严重，从下肢疼痛已发展到行走困难、精神恍惚。经多方诊治和咨询，最终由北京市疾控中心检测认定系铊中毒。2007年6月10日，接到国家、省、市疾控中心层层通报后，该大学保卫处立即向所在地公安机关报警。市公安局迅速调集了刑侦、治安、文保、网监等部门警力，全面开展现场勘查（针对宿舍和餐厅等有可能污染的场所）、物证调查（针对铊的属性、来源等）、该大学组织调查（确定污染范围、中毒人数及其他异常情况）、网络调查（在互联网上检索有关信息）及走访被害人等工作。6月12日，经省疾控中心对送检的检材进行检测，在被害人牛某和石某的茶杯中发现了金属铊的成分。侦查人员首先对犯罪嫌疑人进行刻画，认为投毒者具备接近受害学生的宿舍及其茶杯的条件，能分辨3名受害学生所使用的茶杯；具备接触铊物质的条件；与被害人有一定的矛盾关系；案发后行为反常等。据此，划定侦查范围为3名被害人所在的两个班级及其老乡、朋友等相关人员，其中3名被害人所在的两个宿舍为重点。

在案情分析的基础上，专案组采取了以下工作措施：一是围绕被害人所住的两个宿舍，全面细致地勘查现场并提取相关物证及时送检；二是围绕3名被害人排查矛盾关系，包括恋爱关系、宿舍生活和学习方面的矛盾关系等；三是对被害人及其周围相关人员5月份以来的活动情况，及其"五一"长假期间所接触的人员情况进行全面摸底；四是围绕咨询或购买铊物质的情况，收集相关人员的手机、QQ号信息，并检索网上信息，开展技侦和网侦工作。

经深入排查专案组发现，被害人室友常某与3名被害人有一定的矛盾关系。通过技侦工作，专案组又在常某的手机和QQ信息中发现了购买铊的信息以及"忍无可忍""提前动手"之类的反常言语。6月12日下午，专案组将常某抓获，并根据其供述起获了其藏匿的剩余200余克硝酸铊。根据常某交待，其自2006年下半年入学后，换住了两个宿舍都被宿舍同学孤立，常某认为多数同学是受牛某等3名被害人挑拨，因此对牛某等人十分怨恨。常某先于

2006年12月用其他同学的身份证从石家庄购买了注射器，准备采取向加害对象床上注射汞的方式进行报复。后通过互联网了解到铊的化合物可以致人中毒，于是上网搜索有关铊及铊化合物的相关信息，并在"阿里巴巴"网站上浏览到7家相关公司的资料。经逐一联系，最终以500元价格向陈某购买了250克硝酸铊。2007年5月29日下午，常某将两勺硝酸铊放入矿泉水中稀释，用注射器将稀释过的矿泉水抽出，后趁同学上课宿舍无人之机，窜至被害人宿舍，向3名被害人的茶杯中各注入2毫升，致3名学生饮用后中毒。根据常某的交待，专案组及时查获了剩余的硝酸铊以及作案用的注射器等。此后，专案组根据常某交待，通过外围摸排和调取电信资料，查明并抓获了在网上发布和销售硝酸铊的陈某、赵某和戚某。

第一节 投放危险物质案件概述

一、投放危险物质案件的界定

投放危险物质案件是指行为人以投放危险物质为手段实施的损害社会公共法益或特定人法益的案件类型。

投放危险物质案件与定性为投放危险物质罪的刑事案件既有联系，也有区别。投放危险物质罪，是指行为人故意投放毒害性、放射性、传染病病原体等物质，危害公共安全的行为。[1] 投放危险物质罪是一种危害公共安全的犯罪行为，实施上述危害公共安全的犯罪行为的案件即定性为投放危险物质罪的刑事案件，属于投放危险物质案件的一种。投放危险物质案件作为一种案件类型，是实施该类犯罪行为的刑事案件集合体，其中除了定性为投放危险物质罪的刑事案件外，还包括以危险物质为作案手段侵害特定法益的案件类型，例如以投放危险物质为手段实施的故意伤害、故意杀人、破坏生产经营、故意毁坏公私财物等类案件。之所以将此类案件归入投放危险物质案件之中，首先，该类案件以投放危险物质作为其作案手段；其次，此类案件具有投放危险物质案件的共同特点，归入投放危险物质案件，更便于该类案件的侦查。也就是说，由于这些案件的作案手段、实施犯罪的方法有共同性或者类似性，在侦查实践中采用的侦查措施和方法也基本相似，因此在侦查学中一般归入同类案件侦查。[2] 据此，投放危险物质案件与定性为投放危险物质罪的刑事案件是一种属种关

---

[1] 陈兴良主编：《刑法学》，复旦大学出版社2009版，第428页。
[2] 王传道主编：《刑事侦查学》，中国政法大学出版社2008年版，第195页。

系。定性为投放危险物质罪的刑事案件都属于投放危险物质案件,而投放危险物质案件还包括针对特定法益的故意伤害、故意杀人、破坏生产经营、故意毁坏公私财物等类案件。

投放危险物质案件中的危险物质包括毒害性物质、放射性物质和传染病病原体等物质。本章所阐述的投放危险物质案件,是指行为人以危险物质为作案工具和媒介,进行违法犯罪活动,损害社会公共法益或特定法益的案件类型。需要说明的是,利用放射性物质和传染病病原体等物质作为作案工具的投放危险物质案件,由于其作案工具的特殊性和处理问题的高度专业性,实践中的案件事实部分一般由防化、卫生防疫等部门为主进行调查,公安机关侦查部门的主要工作是审核、转化这些部门提交的证据和案件材料。换言之,这两种案件的事实查证工作主要是由其他专业部门完成,这些工作比较独特,专业化程度比投放毒害性物质案件更高。基于以上考虑,并为了使论述更为集中,本章不专门讨论利用放射性和传染病病原体等危险物质作为作案工具和媒介的投放危险物质案件,而是以《公安机关侦破投毒案件工作规范》为指引,重点探讨投放毒害性危险物质案件(即通常所说的"投毒案件")的分类、特点和侦查方法。

二、投放危险物质案件的分类

(一)以作案目的为依据的分类

作案目的是行为人实施涉嫌违法犯罪行为所希望达到的结果。依作案目的进行分类,投放危险物质案件可分为以危害公共安全为目的的投放危险物质案件和以侵害特定法益为目的的投放危险物质案件。前者就是我们前文提到的定性为投放危险物质罪的刑事案件类型,后者即除了定性为投放危险物质罪的投放危险物质案件之外的投放危险物质案件,其犯罪目的主要包括针对特定法益的故意伤害、故意杀人、破坏生产经营、故意毁坏公私财物等。

(二)以作案动机为依据的分类

动机是推动或促使行为人实施违法犯罪行为的内心起因。[①] 依作案人动机进行分类,投放危险物质案件可分为报复型的投放危险物质案件、图财型的投放危险物质案件、愚昧迷信型的投放危险物质案件以及其他动机的投放危险物质案件。

报复型的投放危险物质案件根据其报复动机和目的指向,又可以大致分为

---

① 任惠华主编:《刑事案件侦查》,法律出版社2000年版,第20页。

报复社会型和私仇报复型。前一类案件的作案人以报复社会、破坏社会秩序为内心动力因素，后者则是作案人为了清除私人生活领域的障碍而实施的投放危险物质行为，比如因奸情败露或者奸情一方不愿继续奸情关系而产生投毒杀人动机。

（三）以投放的危险物质是否真实为依据的分类

依投放的危险物质是否真实进行分类，投放危险物质案件可以分为投放真实的危险物质妨害社会公共法益或特定法益的案件和投放虚假的危险物质制造社会恐怖的案件。前者较易理解，对于后者，之所以将投放虚假的危险物质制造社会恐怖的案件归结为投放危险物质案件，是因为该类案件行为人以危险物质作为其作案手段，利用危险物质的危险属性故意制造社会恐怖，损害了社会安宁，造成社会不安和恐慌，而且在侦查方法上与前类案件基本相同。

（四）以作案对象为依据的分类

作案对象是行为人作案后所指向的具体的人或物。依作案对象进行分类，值得关注的是以特定或不特定人、动物为对象的投放危险物质案件和以珍贵、濒危动植物或其他为作案对象的投放危险物质案件。前者是最为常见的投放危险物质案件。后者虽然数量较少，一般发生在各类动植物保护区，但对珍贵、濒危动植物保护所造成的危害极大。

三、投放危险物质案件的特点

（一）作案手段简单、隐蔽，破案难度大

投放危险物质案件的作案人在作案前很少有预兆，往往能够轻易得手。作案人大多在受害者毫无戒备的情况下，将危险物质投放于食物或者水源、饮用水中，造成人员伤亡或者其他损失。此类案件作案现场不够明显，且案件主体现场遗留痕迹、物证较少，同时作案人作案手段较隐蔽，所以投放危险物质案件的侦查难度较大。

（二）案件因果关系一般较为明显，但动机复杂多样

投放危险物质案件中，作案人与被害人之间大多都有比较明显的因果关系。作案人的犯罪动机是引致案件的内心起因。引起投放危险物质案件的原因主要分为以下几类：一是在生产生活中引发的矛盾纠纷，比如农村普遍存在的土地纠纷、承包纠纷、邻里纠纷、用水用电纠纷、历史上遗留的宗族矛盾纠纷等。二是家庭矛盾引发，如儿媳与公婆之间、子女与父母之间、夫妻之间等。三是奸情关系引发。四是图财引发。如投放危险物质敲诈勒索，投放危险物质盗取牲畜、鱼虾等。五是变态心理，如封建迷信、邪教、精神病等。六是

生意竞争引发。七是因对现实不满，为报复社会引发。相应的，作案人的犯罪动机主要表现为报复、图财、愚昧迷信以及其他犯罪动机。

（三）多数案件危害性大，影响恶劣

许多投放危险物质案件以公共安全为侵害目标，危害性大，影响恶劣。比如有些案件作案人在公共餐饮场所实施投放危险物质，因多人食用有毒有害食品，往往会造成多人中毒甚至死亡，形成群死群伤事件，严重影响社会安定，给社会秩序和个人权益造成极大危害。

（四）危险物质来源广泛

危险物质来源广泛包括危险物质种类多样和危险物质来源渠道多样。随着科学技术的发展，放射性、毒害性以及传染病病原体等危险物质越来越多。同时，随着网络技术的进步和普及，危险物质的获取渠道呈现出网上和网下两个渠道，进一步方便了危险物质的获取。就毒害性危险物质而言，实践中最为常见的是容易获得的农药和鼠药。

（五）事件性质难以迅速确定

投放危险物质案件往往与疾病感染、意外中毒事件，如误食毒物、误吸毒气（常见于日常生活中的不慎煤气中毒等）以及自杀、环境污染事件混杂在一起，事件性质往往难以迅速确定，延缓了立破案的时间。

（六）女性及老年、幼年作案主体所占比例较高

同其他严重刑事案件相比，女性及老年、幼年作案主体所占比例较高。呈现出这种特点的原因在于，这些作案主体在日常生活中多属于弱势群体，基本上不具备实施其他犯罪尤其是严重暴力案件的条件，或者实施其他严重暴力案件的难度较大，但是他们追求的作案目的和结果却与其他严重暴力行为相当，因而极易转向采取作案方法隐蔽、作案过程迅速、不需要使用暴力的投放危险物质进行作案。

（七）农村地区发案较多

农村中农药、鼠药较多，又缺少严格的管理，便于作案人获取这些危险物质用于作案。农村大量的露天水源、池塘、水井、水库、牛羊圈等，缺乏必要的防范设施，行为人容易得手。有些农村院落进出较为便利，也给行为人以可乘之机。

第二节　投放危险物质案件的侦查方法

投放危险物质案件的侦查方法，是各种侦查技术、侦查措施和侦查方法的

集合体，其目的在于寻找案件线索，确定案件侦查方向，固定犯罪证据，最终确定犯罪嫌疑人。投放危险物质案件作案相对隐蔽，现场易遭破坏，取证较为困难，嫌疑人翻供现象常见，导致实践中大量投放危险物质案件在抓获嫌疑人后因证据不足而无法移送起诉、提起公诉或被判无罪，这都对公安机关的办案水平和质量提出了更高要求。

一、甄别和发现投放危险物质案件

对于已经发生的投放危险物质案件，侦查机关要在初步掌握各种信息的基础上，迅速作出案件性质的判断，做好投放危险物质案件性质的甄别和发现。一般情况下，有下列迹象的应考虑为投毒：一是案件现场未能找到所涉毒物和装用毒物的器具；二是被害人生前精神正常，未流露出悲观厌世情绪的；三是受害者的尸体上有暴力侵犯的特征或者现场发现有移尸痕迹的；四是被害人家里存放的粮食、食品、饮用水等中检测出有毒物，不能说明其来源的；五是案件现场所留的伪造的死者"遗书"，系死者以外的他人书写的；六是死者家属报称死者急病暴死，并急于埋葬火化尸体，行为表现反常，群众怀疑的；七是牲畜家禽及喂养的鱼类大量死亡，但又不是污染原因造成的；八是有不明原因的"瘟疫"发生，但集中于特定人、特定户或特定群体；九是中毒案件中有多名被害人，但他们的中毒程度存在较大差别，应考虑案件行为人进行伪装的可能。[1]

二、扎实做好投放危险物质案件的前期处置

根据《公安机关侦破投毒案件工作规范》，对于投放毒害性物质的案件，公安机关接到投毒案件报警后，应当根据案件情况组织警力立即赶赴现场，并视情通知卫生行政部门、医疗机构等单位共同开展有关处置工作。

先期到达现场的民警应当做好以下处置工作：检查现场安全状态，注意发现险情，排除隐患，确保现场群众和民警自身的人身安全。怀疑是有毒气体造成中毒的，应当注意检查现场通风情况，视情采取防护措施。必要时，应当通知消防部门和有关单位共同进行现场处置；组织抢救伤员；防止继续造成危害；防止（或者）危害结果扩大；保护现场，根据案件具体情况划定保护范围，设置警戒线和告示牌，维护现场及周边秩序，禁止无关人员进入现场，记录抢救前中毒人员所处位置和状态，保护现场痕迹、物证；及时登记在场人员

---

[1] 王国民、李双其主编：《侦查学》，中国人民公安大学出版社2011年版，第361页。

姓名、住址和联系方式，初步询问现场目击证人和其他有关人员。

现场发现中毒人员的，应当立即通知医疗机构并视情采取必要的处置措施。中毒人员需要送往医疗机构救治的，公安机关应当同时派员前往，全面了解、掌握中毒情况及救治情况，及时收集中毒人员呕吐物、尿液、血液、第一次洗胃液、衣物等物品并移交给现场勘验、检查人员，在紧急情况下对中毒人员进行询问或者采取控制措施。暂时无法派员前往的，应当告知医务人员在积极抢救的同时注意收集、保存上述物品。

现场处置过程中发现案发前后可能还有其他被害人的，应当通知、走访相关地区的医疗机构，注意发现、报告中毒人员情况。接到医疗机构报告的中毒人员情况后，应当立即进行调查核实，以确定是否与本案有关。

现场处置过程中发现危险物质或者被投放危险物质的食物、饮料、饮用水等已经流向公众或者正在流向公众，可能危害人民群众生命财产安全的，应当立即采取紧急措施。必要时应当报告当地政府，组织有关职能部门采取措施防止危害结果进一步扩大。

三、及时开展细致的现场勘验工作

对于任何现场来说，勘查越及时，侦查机关获得的案件信息就越翔实，越接近客观真实。公安机关对于具备勘验、检查条件的投放危险物质案件现场，应当依法及时进行勘验、检查。对于由卫生、环保等部门先期处置过的现场，公安机关仍然应当认真进行勘验、检查，尽可能发现、提取与案件有关的痕迹、物品，并及时与先期处置现场的有关部门进行沟通协调，了解现场处置经过，还原现场原始状态，收集、调取先期处置、检验过程中形成的有关材料和剩余检材。

对于投放毒害性物质的案件现场，现场勘验、检查的重点包括以下几个方面：（1）勘验、提取中毒人员食用后剩余的食物、饮用水、药物以及有关的饮食原料和器皿、工具等；（2）勘验、提取中毒人员的呕吐物、排泄物等；（3）对中毒人员或者尸体进行检查，并提取相关检材；（4）搜索、勘验作案人在作案过程中及作案前、作案后遗留的痕迹、物品等；（5）搜索、勘验作案人遗留或者隐藏的毒物、盛装物及其他器皿、工具等；（6）收集、调取与案件有关的视频资料和电磁痕迹信息，对现场计算机、存储介质等进行勘验、检查。

现场勘验、检查一般以投放危险物质行为发生地或危险物质所在地为中心展开，根据案情也可以被害人所在地为中心展开。对于中毒人员食用后剩余的食物、饮用水、药物以及有关的粮食、蔬菜、调料、水源等饮食原料和盛装器皿、加工工具等，应当全面进行勘验、提取并送检，为查明被投毒物品及有关案情提供依据。勘验的重点是中毒人员中毒前的最后一次饮食及相关物品，同时应当根据案件情况和中毒症状，对中毒人员之前的饮食及相关物品提取备检。对于现场发现的中毒人员呕吐物、排泄物，应当逐处进行勘验、固定，并分别提取、包装。对于现场发现的具有中毒征象或者已经死亡的禽畜，应当进行勘验、检查，并提取相关检材。

值得注意的是，对于案情比较简单、犯罪嫌疑人已经供述或者被投毒物品比较明确的案件现场，也应当全面进行勘验，并提取相关物品备检，防止因现场勘验不全面造成证据灭失。

由于投放危险物质案件往往涉及中毒人员的救治问题，现场勘验、检查人员应当注意了解中毒人员在医疗机构的救治情况，在积极救治的同时，及时对中毒人员进行人身检查，收集、提取下列证据材料：（1）中毒人员的呕吐物、尿液、血液、第一次洗胃液等；（2）中毒人员双手等部位的微量物证检材；（3）中毒人员衣物、随身物品等；（4）中毒人员检验结果、诊疗记录等治疗过程中形成的有关材料。

对于有人员死亡的投放危险物质案件，应当按照中华人民共和国公共安全行业标准（GA/T167-1997）《中毒尸体检验规范》对尸体进行检查。检查中毒尸体，应当以法医为主进行，必要时毒物化验专业人员也应当参加。

勘验、检查投放危险物质案件现场，应当认真进行现场外围搜索。根据案件情况和现场周边环境，适当扩大现场搜索范围。现场搜索可以根据搜索范围和地形特点，采取分片分段或者由中心向外围等方式进行。搜索的重点包括作案人来去路线以及现场附近的垃圾堆、厕所、下水道、沟渠等部位，注意发现作案人丢弃或者隐藏的危险物质、盛装物等物品以及作案人遗留的足迹、车辆痕迹、生物检材等。具备使用警犬追踪或者鉴别条件的，在不破坏现场痕迹、物证的前提下，可以使用警犬搜索和追踪有关人员和物品。

勘验过程中，如遇紧急情况，为迅速确定被投放危险物质的物品和危险物质扩散范围，可以进行动物实验。

勘验结束后，在查清作案地点、作案对象、作案方式、危险物品种类等案件重要情节之前，应当保留现场和尸体。因现场位于公共场所或者其他原因致使现场无法长期保留的，应当及时对现场进行全面细致的勘验、记录，并全面提取现场有关痕迹、物品以进行进一步的勘验、检查。对不需要保留的现场，应当及时通知有关单位和人员进行处理。对于现场遗留危险物质的，应当告知有关单位和人员，并视情况采取必要措施，防止继续造成危害。

四、认真组织现场访问

投放危险物质案件的现场访问范围较广,以投放毒害性物质案件为例,访问对象一般包括以下人员:(1)案件的发现人、报案人、现场保护人员;(2)受害单位人员、中毒人员及中毒人员亲属;(3)现场目击者和知情人;(4)有毒食物制作、加工、流转等各环节的相关人员;(5)抢救人员及相关医护人员;(6)现场周边毒物销售人员;(7)其他有关人员。

投放毒害性物质案件现场访问的内容主要包括:(1)案件发现经过及报案情况,包括案件发现人、发现时间、发现地点、报案时间、现场状态和现场保护情况等;(2)中毒人员情况,包括中毒人员基本情况、家庭关系、社会关系、矛盾关系、健康状况、用药情况、有无自杀倾向等;(3)中毒发生经过及中毒症状,包括中毒人员出现症状的时间、症状表现、持续时间、行为言语、尸体状态、中毒前活动情况、之前有无类似症状等;(4)中毒前饮食情况,包括中毒前饮食的时间、地点、同餐人员、食物品种、各人食用品种、食物来源、剩余食物去向、盛装器皿、制作过程、制作原料、制作人员、加工工具等,重点是中毒前最后一次饮食的情况,同时应当根据案件情况和中毒症状,对之前的饮食情况进行询问;(5)案发前后的可疑情况,包括现场出现的可疑人员、物品及其特征,与案件有关的可疑言行等;(6)中毒人员救治情况,包括救治人员、检验诊断、救治措施、救治结果等;(7)危害结果情况,包括中毒死伤人数和损伤情况,中毒禽畜的种类、数量和损失,被毒物污染物品的范围和损失等;(8)怀疑对象及依据,包括中毒人员或者其他人员提出的怀疑对象,怀疑对象有无作案动机、获取毒物的条件、作案时间等;(9)其他与案件有关的情况,包括本地常见毒物及其销售使用情况,现场周边毒物有无缺失,现场周边是否发生过类似案件,现场周边禽畜有无不明原因死亡等。

在询问前,应当了解被询问人的身份及其与中毒人员之间的关系,确定询问的任务和方法。询问过程中,不得向被询问人泄露案情或者表示对案件的看法。

现场访问应当根据中毒人员的身体状况抓住时机进行询问,一般按照先重伤员后轻伤员的顺序进行。在对重要伤员进行紧急询问时,有条件的应当录音录像。

五、细化矛盾排查

引起投放危险物质案件的矛盾纠纷主要集中在家庭矛盾、婚恋矛盾和邻里矛盾。调查矛盾纠纷应当细致、全面，不仅应当注意直接、近期、激烈的矛盾纠纷，也应当注意间接、久远、相对温和的矛盾纠纷。

在投放危险物质案件的矛盾排查中，要重点突出，节约警力资源。根据不同的投放危险物质案件类型，矛盾排查具有不同的重点，要从作案人的犯罪目的、投放危险物质的地点以及案件的发案时间等角度来把握矛盾排查的重点。在确定矛盾排查重点的同时，也不能忽视矛盾排查的全面性。

（一）依作案目的确定矛盾排查重点

对于作案人来说，投放危险物质案件的作案目的主要有致害、图财和追求社会影响三个方面。

1. 以致害为目的的矛盾排查重点

以致害为目的的投放危险物质案件，依据图谋致害目标的不同属性，也应区分不同的矛盾排查重点。目标身份上具有公共属性的矛盾排查重点是具有敌视社会或者心理变态倾向的人员。目标身份上具有特定私属性的矛盾排查重点是同被害人具有明显矛盾纠纷的人员。

2. 以图财为目的的矛盾排查重点

以图财为目的的投放危险物质案件主要包括以投放危险物质或者虚假的危险物质为手段，意图敲诈勒索的案件。该类投放危险物质案件犯罪嫌疑人通常在较短的时间内针对相同或相类似的目标进行投毒敲诈勒索，所以对于此类投放危险物质案件来说，首先，应该在一定地区一定时间范围内，从投放危险物质地点、时间、敲诈勒索对象等诸要素中发现是否有其他相同或类似的投放危险物质案件发生，以期并案侦查；其次，因矛盾纠纷引起的以图财为目的的投放危险物质案件的排查重点应从行业竞争、个人矛盾、债务纠纷、劳资纠纷等矛盾纠纷中筛选嫌疑对象，发现案件线索。[1]

3. 以追求社会影响为目的的矛盾排查重点

此类案件中，许多作案人是以投放虚假的危险物质为手段，以期达到扰乱社会、追求社会影响的违法目的。其心理状态上具有敌视社会或者具有心理变态的特点，案件的侦查重点是具有敌视社会或者具有心理变态倾向的人员。

（二）依投放危险物质的地点确定矛盾排查重点

在公共场合投放危险物质，表明案件行为人具有报复社会的作案目的，应重点从具有仇视社会、报复社会倾向的人员中排查嫌疑对象；在室内投放危险

---

[1] 毕惜茜：《以"爆炸"、"投放危险物质"相威胁进行敲诈勒索案件的处置与侦查》，载《中国人民公安大学学报》2005年第4期。

物质,该类案件应重点考虑具有进出室内犯罪现场便利条件的矛盾关系人,例如夫妻、邻里等;在院内、门前等处投放危险物质,也表明行为人作案动机强烈、侵害对象明确,但案件行为人同事主关系已经恶化或本来就不十分密切,不具备进入被害人室内的便利条件,此类案件的矛盾纠纷类型一般表现为邻里矛盾纠纷、经济矛盾纠纷等。

(三)依特殊作案时间确定矛盾排查重点

要特别注意投放危险物质案件发案时间的特殊性,如婚庆、生日、忌日等。从发案时间可以判定引致投放危险物质案件的矛盾纠纷类型。对于在婚庆、生日、忌日等时间实施投放危险物质案件的,要着重从与事主具有私人矛盾纠纷的人员中排查,较为常见的为婚恋、家庭、邻里、经济纠纷;对于在春节、中秋、国庆等公共节日实施投放危险物质案件犯罪的,除了犯罪对象明显具有特定性的情形以外,要从具有报复社会倾向或者具有心理变态倾向的人员中排查。此外,还要考虑案发地的风俗习惯、封建迷信、邪教异端等因素引致投放危险物质案件的可能性。

侦查人员一旦在重点矛盾纠纷排查中难有进展的时候,应将排查重点转移到矛盾纠纷的全面排查,可以从经济、工作、感情、爱好等维度来加以考察,也可以从家庭、同事、同学等维度来考察。

六、强化危险物质来源调查和物证检验

生活中可以作为投放危险物质案件中的危险物质是多样的,且随着科学技术的发展,将来会有更多的危险物质可供作案人利用。对于常规的危险物质来说,公安机关已经归入常规危险物质表中,并且熟悉其毒理性质和投放规律。但是对于非常规的危险物质,公安机关就要采用其他方法予以检验鉴定。实践中,求助科研院所是对非常规危险物质进行检验鉴定的重要渠道。由于投放危险物质案件的调查时效性强,公安机关也应当探索快速检验识别危险物质的方法。

要侦破投放危险物质案件,要做好投放危险物质案件中危险物质证据的提取和固定工作,防止现场提取过程中的再次污染,细化危险物质的物证提取和检验工作,防止物证提取和检验工作中的失误。

七、重视对重点嫌疑人的调查和讯问

投放危险物质案件的侦查途径主要包括:从矛盾纠纷等因果关系入手开展侦查;从现场痕迹、物品、视频资料和电磁痕迹信息等入手开展侦查;从作案人必须具备的时空条件入手开展侦查;从对被害人和现场具备知情条件的人员

入手开展侦查；从毒物来源和了解毒物使用知识的人员入手开展侦查；从案发前后有反常表现的人员入手开展侦查。在排查犯罪嫌疑人的过程中，应当根据调查访问情况、中毒人员人身检查情况、中毒人员微量物证检验鉴定情况等，综合分析现场中毒人员有无可疑情况，注意发现隐藏在中毒人员中的犯罪嫌疑人。

对于确定的犯罪嫌疑人，应当根据案情和犯罪嫌疑人情况制定专门的侦查方案。一般可以通过以下途径收集证据、进行侦查：讯问犯罪嫌疑人；对犯罪嫌疑人进行人身检查；对犯罪嫌疑人住处、工作场所和其他与案件有关的地方进行搜查；围绕犯罪嫌疑人准备作案、实施作案、作案后等各阶段的活动情况进行全面调查。

就搜查而言，在对犯罪嫌疑人住处、工作场所或者其他有关地方进行搜查时，应当注意搜索、发现与案件有关的以下物品和部位，同时提取相关检材：（1）怀疑是危险物质的物质及其盛装物、加工工具等；（2）犯罪嫌疑人作案时穿着的衣物及随身物品；（3）毛巾、脸盆、水池、马桶、抹布、扫帚、垃圾桶等可能残留危险物质成分的物品和部位；（4）怀疑是作案实验致死的禽畜；（5）与案件有关的书籍、信件、日记等文件；（6）通讯工具、计算机、存储介质等。

无论从任何方面进行侦查取证破获案件，最后都要落实于犯罪嫌疑人的嫌疑证明上。控制犯罪嫌疑人以后，必然要求对犯罪嫌疑人进行讯问。投放危险物质案件的作案人反侦查意识一般比较强，作案比较隐蔽，有些投放危险物质案件的现场还伴有抢救被害人或受害财物等的活动，有些案件更是因为发现较晚，尸体腐败严重，缺少案件定性的证据。所有这些因素，都不利于案件证据的搜集，有的甚至因为没有找到足够的证据致使案件"送不出，诉不了"。在掌握一定的线索以后，正确运用合适的讯问方法，掌握一定的讯问技巧，有助于发现证据，形成案件证据链。

讯问投放危险物质案件的犯罪嫌疑人，侦查人员应当熟悉案件情况和犯罪嫌疑人情况，制定讯问计划，列出讯问提纲，重点问清以下内容：（1）作案动机、目的，主要包括作案动机的产生过程、针对的侵害目标、预期的危害结果等；（2）预谋准备过程，主要包括选择作案方法、选择作案时机、准备作案工具、作案前进行的实验、了解危险物质性能等；（3）作案时间、地点，主要包括作案开始时间和完成时间、现场周围环境情况、中心现场具体情况等；（4）作案实施过程，主要包括作案来去路线、出入现场的方式、在现场的全部活动、危险物质携带方式、投放方式、投放剂量、投放对象及其特征、掩盖危险物质的方式、接触和遗留物品情况、对有关物品和场所的清理等；

（5）作案后的表现，主要包括作案后的反常表现、掩饰犯罪的言行等；（6）危险物质情况，主要包括来源、获取方式、名称、数量、包装方式、颜色性状、存放部位、作案前后使用情况、剩余物质的去向等；（7）危害结果，主要包括人员伤亡和财产损失情况，是否预见到危害结果等；（8）与案件有关的其他情况。

犯罪嫌疑人供认犯罪的，应当及时对其供述进行固定、审查、核实，收集、提取证实犯罪嫌疑人供述的各种证据。对于根据犯罪嫌疑人供述、指认发现的隐蔽性很强、侦查人员之前并不掌握的痕迹、物证，应当对供述、指认情况和发现、提取过程认真做好记录，并全程录音录像。

另外，此类案件的侦破还应该注意以下几个方面：

第一，强化证据意识，提高收集与固定证据能力。一是坚持以证据为本的原则。侦查人员在办案过程中，应从客观存在的证据出发去认定案件事实，不能凭主观推断。二是不搞刑讯逼供、诱供，严格按照法律规定的要求和标准收集、固定能够充分证明案件事实的各类证据，不断提高侦查能力与水平。根据投毒犯罪的特点，应强化办案人员三个方面的能力：一是在犯罪嫌疑人被采取强制措施时要及时提审，收集供述。收集供述要合法，从侦查人员主体资格、人数、有无法律手续到提审讯问程序都要合法。二是现场勘验要规范操作。无论什么案件，对一切可能与案件有关的痕迹、物品、文书等均要提取、收集。提取现场物品，应会同见证人和物品持有人查点清楚。现场勘验要有专业人员参加，以便及时分析死因，提出下一步工作意见。三是不断积累经验，强化工作责任心。从投毒案件看，一方面投毒方式在变化，犯罪案件中的智力因素在增加，被告人的反侦查能力越来越强。另一方面刑事诉讼对获取的证据要求也越来越高，仅凭经验和直觉破案已成过去。侦查工作要适应这种变化，更加客观、细致与科学。其实，大多数投毒案件发生以后，都会留下蛛丝马迹，或犯罪嫌疑人表现反常，故作镇静，借口离开现场；或因送医及时，被发觉有中毒的可能。

第二，要正确认识和运用被告人供述。应当在排除非法取证的前提下，强化并善用被告人的口供。

第三，充分利用间接证据的证明力。对于间接证据，要抓住三个环节，充实补强证据。一是查明危险物质来源。投毒案件的毒物来源应当查清。明确毒物从何处得到、存放在何处、存放处的环境、是何种类型毒物及颜色等与毒物相关的基本信息。这些情况不但要获取言词证据，还要制作照片、录像。二是确定投放危险物质的地点和剂量。投放点一般为可移动或固定的器具，要依法予以指认、辨认。如为可移动器具，犯罪嫌疑人往往加以毁弃，必要时可通过侦查实验来印证。在有些投毒案件中,被告人所使用的器具的外型、材质、色彩具有特殊性,要尽量让其回忆,补做辨认笔录。如被抛弃到江河中,如条件具备,还要重做侦查实验。此外,对作案时间、毒物来源的辩解,要下大力气去查证。三是做好中毒检验报告。尸检报告、活体检验报告的鉴定结论是死亡、中毒原因的凭据。检材充分,尸检及时,能为破案提供正确的方向,避免侦查走弯路,并稳定被告人的供述。还要重视指纹、字迹的鉴定。重视被告人的自述,以增强认定证据上的惟一性和排他性。

第四,提高案件的科技含量,善于对危险物质作定量及毒理分析。

第五,客观看待投放危险物质罪案件诸多合理的怀疑。

需要注意的是,对于这类案件,不但要着眼于具体案件侦破,就事论事,还应有维护社会稳定大局意识,并努力查清毒源,扩大战果。在侦查过程中及破案后,公安机关应贯彻"服务"和"预防"理念,主导或协助案发地开展犯罪预防工作。此外,为提高该类案件侦查效率,公安机关还应强化对剧毒化学品等危险物质的管控力度,规范其生产、储存、运输、销售等各个环节,并重视互联网购买危险品物质的行为,从源头上堵住利用剧毒化学品作案的漏洞。同时,为了减轻舆论导致的办案压力,专案组还应重视合理引导互联网舆论宣传。

第十七章　恐怖犯罪案件侦查

2013年10月28日中午一辆吉普车由北京市南池子南口闯入长安街便道，由东向西行驶撞向天安门金水桥护栏后起火，行驶过程中造成多名游客及执勤民警受伤。警方在现场立即开展工作并组织施救，火被迅速扑灭。2013年10月30日，北京警方初步认定这是一起经过严密策划，有组织、有预谋的暴力恐怖袭击案件。

经现场勘查，警方查明肇事车辆为一悬挂新疆牌照吉普车，警方在车内发现汽油及盛装汽油的装置、两把砍刀、铁棍，车上还发现印有极端宗教内容的旗帜。深入侦查后查明：2013年10月28日12时许，乌斯曼·艾山、其母库完汗·热依木及其妻古力克孜·艾尼3人驾乘吉普车闯入长安街便道，沿途快速行驶故意冲撞游人群众，造成2人死亡，42人受伤。嫌疑人驾车撞向金水桥护栏，点燃车内汽油致车辆起火燃烧，车内的乌斯曼·艾山等3人当场死亡。在新疆等地公安机关配合下，北京警方先后将玉江山·吾许尔、古丽娜尔·托乎提尼亚孜、玉素甫·吾买尔、尼亚孜、布坚买提·阿不都卡迪尔、玉素甫·艾合麦提等5名同伙抓获。

第一节　恐怖犯罪案件概述

一、恐怖

恐怖，释义由于生命受到威胁或看到暴力、血腥的场面而引起的恐惧；亦可理解为恐惧、惊恐、惊惧、可怕。

其一，因可怕而畏惧。《六韬·略地》："城人恐怖，期将必降。"《后汉书·董卓传》："帝见卓将兵卒至，恐怖涕泣。"张师正《括异恐怖类图片志·蔡侍禁》："蔡氏举族大恐怖，虽白昼不敢正视。"蒲松龄《聊斋志异·王六郎》："许初闻甚骇，然亲狎既久，不复恐怖。"闻一多《最后一次的讲演》："所以他们制造恐怖，其实是他们自己在恐怖啊！"

其二，令人畏惧。郭小川《茫茫大海中的一个小岛》诗："这个岛呵！三分恐怖，七分神秘。"李二和《祖籍》："这并不是最后的恐怖。最后的恐怖是人们对黑夜的习惯，那时候他们会丧失对光明的需求！"

其三，威胁、恐吓。《公羊传·庄公三十一年》"威我也"何休："以威恐怖鲁也。"司马光《涑水记闻》卷一："大丈夫临大事，可否当自决胸怀，乃来家间恐怖妇女为何耶？"纪昀《阅微草堂笔记·姑妄听之四》："鬼无所栖，乃来与我争屋，时时现恶状，恐怖小儿女。"鲁迅《且介亭杂文二集·叶紫作〈丰收〉序》："这一世界中人，会轻蔑，憎恶，压迫，恐怖，杀戮别一世界中人。"

二、恐怖主义

"恐怖主义"一词最早出现于18世纪末法国大革命时期。当时，法国革命者雅各宾派为了巩固革命政权，采取了极其残酷的措施镇压了反革命的封建权贵，史称"红色恐怖"。罗伯斯庇尔曾直言不讳地说到："如果说在和平时期政府的贡献是道德，那么在革命时期则是道德和恐怖的共同体。没有恐怖的美德必将毁灭，而失去美德的恐怖则一定苍白无力。恐怖不是别的，而是合法性、及时性、激烈和灵活性的化身，是道德的起源。"革命者以"恐怖主义者"或"恐怖分子"自居。可见当时"恐怖主义"是积极用词，是褒义词。不久后，资产阶级右翼集团发动"热月政变"，热月党人疯狂镇压人民革命运动，大肆残杀人民，法国笼罩在白色恐怖统治之中。

于是，"恐怖主义者""恐怖分子"成了一个滥杀无辜、残暴统治的代名词，是贬义词。不难发现，"恐怖主义"一词此时在词性色彩上已经发生了明显变化，但不管是"革命恐怖"还是"白色恐怖"，都有武力、暴力镇压的含义，是指执政者的高压恐怖统治。

三、暴力恐怖犯罪

我国在刑法层面并未对暴力恐怖犯罪给出明确的定义，在1997年新刑法颁布前，我国对暴力恐怖犯罪也比较陌生。此类犯罪曾归入危害国家安全罪或者严重暴力犯罪（如爆炸、杀人、投毒等）。随着国际恐怖主义活动的日趋频繁，特别是2001年美国"9·11"恐怖袭击发生之后，国内对暴力恐怖犯罪活动的关注也逐步加强。

近年来，我国暴力恐怖犯罪活动越来越频繁，社会秩序和人民生命财产安全受到巨大的威胁，对暴力恐怖犯罪的预防和打击也已成为公安机关的常态工作之一。从全球范围来看，暴力恐怖犯罪活动由来已久，世界各国对恐怖主义的关注程度也越来越高。

在犯罪学上，学者将暴力恐怖犯罪定义为：以暴力或暴力威胁侵害不确定的受害者，制造社会心理的恐怖感，给国家、社会和公民造成严重损失的犯罪行为。需要注意的是，犯罪学上的恐怖犯罪更侧重于行为造成的后果。在犯罪学中，只要是行为人实施了制造恐慌气氛的行为都可以纳入到其研究的范围之中。

暴力恐怖犯罪分子（恐怖分子）采用武装袭击、爆炸、砍杀、驾驶车辆冲撞、暗杀、劫机等多种暴力犯罪手段进行恐怖活动，其袭击的主要目标包括群众聚集的公共场所（如火车站、集市、旅游景点等）、党政机关驻地（政府驻地、公安派出所所在地等）、公共交通工具（如公共汽车、民航客机等）。暴力恐怖犯罪活动的多发，对社会秩序和人民生命财产造成了巨大的损害，全国公安机关已经将防范暴力恐怖犯罪活动提高到了常态化工作模式，在全国全面开展武装巡逻勤务活动，以期快速应对处置突发性的暴力恐怖犯罪活动，力图最大限度地降低暴力恐怖犯罪活动造成的灾难性后果。

犯罪学中的暴力恐怖犯罪与刑法学中的恐怖活动犯罪是存在一定区别的。首先，犯罪学研究的暴力恐怖犯罪是一种单纯引起社会心理震荡的犯罪情况，它既不是一个具体罪名，也不是一类罪，而是从犯罪学的角度，按照受害人的心理所划分的一种犯罪现象。无论哪种犯罪主体实施的恐怖犯罪都是犯罪学上的研究对象，包括一般意义上的能产生恐怖气氛的刑事犯罪。其次，刑法上的恐怖活动犯罪的目的是区分恐怖活动犯罪与其他犯罪的重要标准，而犯罪学上的恐怖犯罪的目的则可能是多方面的，可以是政治的、经济的，甚至纯粹出于个人的报复心理等。

四、网络恐怖主义犯罪

随着全球网络的迅猛发展，网络环境的复杂性及信息系统的脆弱性，为网络恐怖主义的产生提供了温床，网络恐怖主义作为一种新的恐怖主义形式已登上历史舞台。

与传统的恐怖活动相比，网络恐怖主义是一种非传统恐怖主义，是恐怖主义向信息技术领域扩张的产物，它并不会造成直接的人员伤亡，它的攻击目标是一国或数国的计算机与信息网络系统，其手段和方式是使用针对计算机操作系统的"漏洞"和网络软件的"缺陷"开发出来的黑客程序软件，与传统的恐怖活动相比它所使用的科技手段更为高明、隐蔽。它通过威胁、攻击以及破坏和瘫痪某国的民用或军事基础设施，制造心理恐慌，造成财富损失，从而达到某种政治目的。

网络恐怖主义就是非政府组织或个人有预谋地利用网络并以网络为攻击目标，以破坏目标所属国的政治稳定、经济安全，扰乱社会秩序，制造轰动效应为目的的恐怖活动,是恐怖主义向信息技术领域扩张的产物。具有成本低廉、破坏广泛、技术性高、隐蔽性好等特点。

1997年,美国加州情报与安全研究所资深研究员柏林·科林首先提出"网络恐怖主义"一词,认为它是"网络与恐怖主义相结合的产物"。此后,对网络恐怖主义又出现了各种各样的定义。美国联邦调查局(FBI)将网络恐怖主义定义为"一些非政府组织或秘密组织对信息、计算机系统、计算机程序和数据所进行的有预谋、含有政治动机的攻击,以造成严重的暴力侵害"。美国国防部(DOD)给网络恐怖主义下的定义是:利用计算机和电信能力实施的犯罪行为,以造成暴力和对公共设施的毁灭或破坏来制造恐慌和社会不稳定,旨在影响政府或社会实现其特定的政治、宗教或意识形态目标。

诸如此类的定义还有很多,本书认为,网络恐怖主义在逻辑上仍属于恐怖主义范畴,是指故意以互联网为主要手段或活动空间,开展恐怖主义活动或者发展恐怖主义组织,应当承担刑事责任的不法行为。

随着全球信息网络化的发展,破坏力惊人的网络恐怖主义正在成为世界的新威胁。借助网络,恐怖分子不仅将信息技术用作武器来进行破坏或扰乱,而且还利用信息技术在网上招兵买马,并且通过网络来实现管理、指挥和联络。为此,在反恐斗争中,防范网络恐怖主义已成为维护国家安全的重要课题。

第二节 恐怖犯罪案件的本质与特征

一、恐怖主义的本质

"9·11"后,恐怖主义在国际社会的严厉打击下仍很猖獗,个中原因很多,但主要有两个方面:从内部看,恐怖主义的产生具有深刻复杂的历史社会根源,当今社会存在着滋生恐怖主义的土壤;从外部看,国际社会对恐怖主义的认识依然有待统一,特别是对恐怖主义的界定、反恐双重标准等问题。因此,反恐斗争也应从多方面着手,靠单一手段、单一国家很难彻底铲除恐怖主义。

(一)恐怖主义披上的种种掩护外衣

恐怖主义使用恐怖暴力作为自己的旗帜,其理论基础之一就是"武装宣传"。纵观世界上形形色色的恐怖组织,成立之初也只是由几个、十几个极端分子所组成。他们的极端主义思想与理论很难为现实社会所接受,更不为那些受"利益驱动"的媒体所关注。为了引起人们对他们主张的重视,为了"强迫"政府接受他们的"政见",恐怖分子找到了这条让世界不安宁的极端之路——恐怖主义。恐怖主义虽然以民众的生命为代价进行"武装宣传",但他们并不承认自己是恐怖主义。他们往往找到许多貌似正义的理论伪装自己:把屠杀民众称之为"暴力革命";把分裂活动冠名为"争取民族解放";把宗教矛盾大写为"宗教压迫";把极端民族主义谎称为"争取民族独立",如此等等。以此,他们蛊惑了一些人;以此,他们煽动了一些人;以此,他们吸收了一些人;以此,他们也迎合了某些别有用心的"第三势力"的需要。

(二) 恐怖主义为自身发展制造的怪圈

恐怖主义沾满民众鲜血的"血路"之所以能够走下去,原因之一就在于他们制造的一个怪圈。因许多客观原因而形成的贫困、贫富差异,成为被他们利用的工具;而他们的恐怖暴力活动又大大阻碍了社会进步与经济发展;这种落后状况转而再次成为他们所谓"正确主张"的有利"注脚"。这是一个既简单又复杂的恐怖怪圈。在世界上恐怖活动的高发区,我们都可以看到这种现象:从英国的北爱尔兰、西班牙的巴斯克、法国的科西嘉,到斯里兰卡的泰米尔、菲律宾的棉兰佬岛,从非洲到美洲,大都如此。原因之二在于,恐怖活动不仅引起当地人民与政府的关注,更是引起国际社会,特别是别有用心的"第三势力"的介入。这也使得恐怖组织有了跨国活动的余地与资本,于是这块"乌云"越来越大。针对恐怖主义这种状况,发展经济、不断提高人民的物质与精神生活水平是打破这种怪圈的关键。

(三)"恐怖主义"定义问题仍是一个关键分歧

虽然国际社会认识到恐怖主义的威胁越来越大,但迄今为止对于什么是"恐怖主义"这个问题仍未得到解决。世界各国政府,包括专家学者给"恐怖主义"所下定义已达150多个,这实质上也凸显国际社会在这个问题上的矛盾状态。之所以出现这种状况,原因很多,主要有以下几个方面:一是各国面临的恐怖主义威胁来源不一,需对付的目标不同;二是恐怖主义跨国活动的"一地策划,异地实施"的特点,导致一些"势力"把恐怖主义作为一张"牌";三是一些国家在恐怖主义问题上实行"双重标准",只打击对本国利益构成威胁的恐怖主义,有时甚至支持纵容对他国构成威胁的恐怖主义。

当然,国际社会反恐也有一些可喜的现象:在恐怖主义定义方面,许多国家都认识到,只要是针对平民的恐怖暴力活动就是恐怖主义;与此同时,也有越来越多的国家签署联合国通过的12项反恐国际公约;联合国在国际反恐中的地位与作用正在不断加强。

二、恐怖主义犯罪的特征

与20世纪相比,21世纪世界恐怖主义既有一些新变化,也有很多类似之处。从根源上来看,宗教极端主义仍然是国际社会面临的主要恐怖主义威胁来源;从策略和手段上来看,爆炸尤其是自杀式爆炸仍然是当代恐怖主义的主要手段;从恐怖组织和恐怖分子的组织形式与联络渠道来看,国际化与当地化是当前世界恐怖主义对立统一的重要特征。

(一)宗教极端主义仍然是主要的恐怖主义威胁来源

自从20世纪70年代末80年代初以来,宗教极端主义在世界恐怖主义运动中的地位逐渐上升,在一些地区和国家甚至成为主导性恐怖主义根源。① 进入21世纪以后,以"9·11"事件为代表的国际恐怖主义浪潮更吸引了国际社会的主要目光。在1968年到2007年间,MIPT数据库共记录了2770起宗教极端主义型恐怖事件,占世界恐怖活动总数的22.6%;但这些恐怖事件却造成了13705人死亡,占同期世界恐怖活动死亡总数的50.7%。②

近年来,发生在中东和南亚的恐怖事件占世界总数的70%左右,其中大部分与宗教极端主义有关。2009年,单是基地网络、高加索酋长国(Caucasus Emirate)和其他伊斯兰极端组织就在伊拉克、俄罗斯、沙特、索马里、巴基斯坦和阿富汗等制造的9起重大恐怖事件中,就造成了642人死亡、2900人受伤。与此同时,其他宗教背景的恐怖组织也在积极从事活动。2009年1月17日,上帝抵抗军(Lord's Resistance Army)在刚果(金)东方省(Orientale)特拉(Tora)地区从事了一系列的袭击活动,造成大约400人死亡。③

这种状况到2010年并没有发生大的变化,各种打着宗教旗号或有宗教思想背景的恐怖组织和恐怖主义运动,仍然在世界各地肆虐。尤其是在中东和南亚,宗教极端主义势力的影响更加显著。2010年,单单是在巴基斯坦就发生56起宗教派别之间的恐怖事件,造成504人死亡、1167人受伤。据另外一个数据库的统计,自2001年"9·11"事件以来,世界各国共记录了14800多起与伊斯兰极端主义相关联的恐怖暴力事件,导致88000多人死亡、约14.4万人受伤。④

---

① 胡志勇:《宗教视角下的南亚恐怖主义特征与反恐的若干思考》,载《世界宗教文化》2015年第5期。

② 张家栋:《世界恐怖主义的主要特征与发展趋势》,载《国际观察》2011年第5期。

③ US Office of the Coordinator for Counterterrorism, Country Reports on Terrorism 2009, August 5, 2010, pp. 294 - 295. 载 http://www.state.gov/ct/rls/crt/2009/140902.htm.

④ Islam: Religion of Peace,载 http://www.thereligionofpeace.com/.

（二）自杀式爆炸是当代重要的恐怖活动手段

冷战后世界恐怖主义的一个重要特征就是各种爆炸案件层出不穷，成为恐怖活动的主要特征。恐怖爆炸事件不仅数量多，造成的伤亡数量大，手段也不断翻新。目前，有"穷人的轰炸机"之称的汽车炸弹、有"穷人的导弹"之称的人体炸弹继续肆虐，路边炸弹、马车炸弹、自行车炸弹、毛驴炸弹、独轮车炸弹等也前赴后继，在阿富汗等地还出现了用废弃的注射针头和刀片等制造的艾滋病病毒"脏弹"和用欺诈手段实施的儿童炸弹等。并且，恐怖爆炸事件具有很强的渗透性，西欧发达国家也难以独善其身。2004年3月11日的西班牙马德里火车连环爆炸案和2005年7月7日英国伦敦地铁连环爆炸案，就分别造成2241人和1052人死伤。

在恐怖爆炸事件中，以自杀式恐怖爆炸活动更为剧烈，心理和政治影响也更大。根据美国"芝加哥安全和恐怖主义研究项目"（Chicago Project on Security and Terrorism，CPOST）的统计，从2001年到2008年全世界共发生1563起自杀式恐怖事件（基本都是爆炸事件），造成22801人死亡、48223人受伤。根据美国国务院的统计数据，虽然自杀式恐怖事件从2007年的525起、2008年的405起下降到2009年的299起，特别是伊拉克自杀式恐怖事件有了大幅度的下降，但是在巴基斯坦和阿富汗等国，自杀式恐怖事件仍然十分盛行。据统计，2009年，巴基斯坦发生76起自杀式恐怖事件，造成949人死亡；2010年，自杀恐怖事件虽然下降到49起，但造成的死亡数量却增加到1167人。①

不仅如此，恐怖组织还根据反恐机制和相关措施的漏洞而不断发展出新的恐怖爆炸手段。2009年12月25日发生在荷兰阿姆斯特丹飞至美国底特律航班上的圣诞节炸机阴谋，恐怖嫌疑犯就使用了少量的固体炸药和一种伪装成药品的小剂量液体为引爆剂，以避开当时的机场安检设施。2010年10月底，"基地在阿拉伯半岛"（AQAP）分子就掌握了有关国家机场关于邮寄墨盒的相关规定，掌握了打印墨粉与固体炸药在放射性检测中有类似反应的技术细节，成功地将爆炸品送上了飞机。

（三）国际化与当地化趋势对立统一

在全球化背景下，世界恐怖主义自然也会出现国际化趋势，尤其是在恐怖主义的根源、动机、活动策略等方面尤其明显。但随着"9·11"事件以来国际社会反恐怖措施的不断强化，恐怖主义的当地化趋势反而日益明显。即使是一些被公众认定的国际恐怖事件，事实上也是本国人所为。例如，西班牙马德

---

① 参见 http://www.satp.org/satporgtp/countries/pakistan/database/Fidayeenattack.htm.

里火车连环爆炸案,其实是由被国际恐怖组织招募的本国贩毒组织成员利用自有资金在西班牙当地购买恐怖活动材料实施的;英国伦敦的地铁连环爆炸案的主要成员,也是在英国本土出生、受到国际恐怖主义思想影响或受到国际海外恐怖活动技能培训的本国公民所为。最近一段时间以来,在英国、德国、丹麦和挪威等发生或被破获的恐怖活动阴谋,也基本上是由本国公民从事的。即使是"基地在伊拉克"(AQI)这样国际化程度很高的恐怖组织,也仅仅有10%的成员是外国战士(foreign fighters)。[1]

三、标本兼治全面防范打击恐怖主义

恐怖主义的发生发展有着十分复杂的社会历史根源,反恐斗争不是一朝一夕所能成就的。反恐应从两个方面着手:一是严厉打击现存的恐怖主义;二是防止潜在恐怖主义的产生。正如党的十六大报告所指出的:"我们主张反对一切形式的恐怖主义。要加强国际合作,标本兼治,防范和打击恐怖活动,努力消除产生恐怖主义的根源。"

(一)不断拓宽国际反恐斗争合作领域,使恐怖分子无处藏身

我们看到跨国活动是恐怖主义的主要活动方式之一,"一地策划,异地实施"的恐怖活动迫使国际社会必须进行反恐斗争合作。从当前的实际情况看,国际反恐斗争合作的基础仍是双边合作。面对共同的恐怖主义威胁,从维护国家安全的角度出发,采用双边合作方式较有成效。国际反恐斗争的多边合作正在蓬勃发展,这主要体现在一些地区性组织的反恐斗争合作上。基于一定的地缘与共同的利益,合作趋势良好。但这两种层面上的反恐合作仍有一定的局限性,因为恐怖主义不会受这种合作区域的限制。因此,全球性反恐斗争合作仍亟待在国际公约的基础上建立、完善并机制化。

国际反恐斗争合作的一个重要方面,就是要用具体的措施来充实完善各种反恐协议、协定与公约,国际反恐斗争合作的领域也应随之不断扩大。由于恐怖主义问题涉及方方面面,因此反恐合作既要有道义上的支持,也要有司法合作;既有情报交流,也有技术合作;既有经济制裁,也有联合军事打击;既有国家领导人的会面,也有具体执行部门相互协助,从而达到从各个方面最大限度地限制恐怖分子的活动空间,切断恐怖组织的资金来源,使恐怖分子无论躲到哪里,都难以逃脱法律的制裁。

---

[1] Iraq: 10 Percent of Al Qaeda In Iraq Foreign – Report. 载 http://www.stratfor.com/sitrep/20101227 – iraq – 10 – percent – al – qaeda – iraq – foreign – report.

(二) 从挖掘恐怖主义的根源着手加强综合治理

恐怖主义之所以还很猖獗,还得到一些人的同情与支持,其中一个最主要的原因是他们还披着形形色色的伪装:民族的、宗教的、意识形态的,如此等等。如果将恐怖主义的这些外衣剥去,看清实质,其为达到一定政治目标而进行残忍屠杀的本质就会完全暴露。

同时,我们也应看到,恐怖主义在各种措施的严厉打击下仍在泛滥,还有其根源问题。贫困、贫富差距、国际关系中的不公正现象以及社会动荡不安、种族部族冲突等,在一定条件下成为恐怖主义滋生的土壤,当前经济全球化的一些副作用还在加深加重这些问题。要彻底铲除恐怖主义,就必须采取综合治理。在打击各种现存恐怖主义的同时,更应注重解决经济发展、社会进步的不平衡,缓解国际社会矛盾,减少冲突,防止潜在恐怖主义的出现。

(三) 加强联合国在国际反恐怖斗争中的主导作用

综上所述,反恐斗争既是一项长期的任务,也是一项复杂的工程,这需要国际社会的共同努力才能完成。为了解决当前反恐斗争中存在的问题,使国际反恐合作朝着健康的方向发展,联合国不仅要发挥更大作用,而且要起主导作用。因为,联合国是二战以来经过近50年发展涵盖国家最为广泛的国际政治机构,作用非常广泛,而且联合国已有12项反恐国际公约,这已经为联合国在今后国际反恐斗争中的主导作用奠定了良好的基础。因此,以联合国为框架,建立和完善全球性的反恐斗争合作机构,是彻底解决恐怖主义问题的根本出路。

第三节 恐怖犯罪案件侦查方法

一、反恐专门侦查机构

针对我国当前面临的恐怖威胁情况以及目前中国警方开展反恐工作的情况,构建和谐社会、坚持民族宗教政策、加强反恐立法工作等措施为打击恐怖活动提供了有力保证。

(一) 国内专门反恐侦查机构

反恐怖工作是关系到中国人民群众生命财产安全和社会稳定、经济发展、国家安全的一件大事。国家对反恐怖工作十分重视,"9·11"事件后,国家在公安部设立了反恐怖局,专门负责研究、规划、指导、协调、推动全国的反恐怖工作。各地特别是大城市,也都相应加强了反恐怖专业机构和力量的建设，为促进和推动中国的反恐怖工作发挥了基础性的作用。目前，随着中央和地方反恐怖专门机构和力量的加强，各项反恐怖工作正有序、深入地展开。许多执法部门和相关政府部门制定了处置预案，完善了反恐指挥体系，加强反恐演练。

在打击各种形式的恐怖活动的同时，警方还将加强对群众的反恐宣传教育。在日常工作中发动依靠群众，提高群众防范和打击恐怖活动的意识。

中国目前有四支部队是打击恐怖活动的骨干力量。

1. 武警部队。它是目前中国反恐部队中最成熟的一支，已初步形成覆盖全国的反恐力量体系。目前，驻首都和重点省会城市的反恐怖、反劫机分队均配备了较为先进的反恐怖装备，初步具备了向全国实施机动、进行较大规模反恐作战任务的能力。其中，武警上海总队反恐中队更是赫赫有名，在2001年亚太经合组织（APEC）峰会期间，上海市实行陆海空交通管制，并借调这支干警力量，建立起点线面的立体防卫体系。所有这些举措让外国记者打趣说，峰会期间，"蚊子都飞不进上海"。另外，各地的武警部队还纷纷训练了反恐特警。

2. 空军反恐部队。这支最神秘的反恐部队很少进入公众的视野。据报道，该部队各团都建立了战法创新室，并大胆突破了以往担负主攻、佯攻的战斗员固定不变的做法，提出在必要时二者角色随时可以互换，以提高战时的主动性和灵活性。

3. 海军陆战队"蛙人"。他们又叫"水鬼"。在深不可测的水世界里像幽灵一样来去无影，最犀利的武器是匕首。"蛙人"部队原本没有反恐任务，近几年来，随着中国军队不断加强反恐怖训练，"蛙人"也加强了在海上和水中进行反恐怖斗争的针对性研究和训练。他们的匕首能够防锈防磁，即便遇到水底爆炸装置的电磁引信，也不会引发爆炸。此外，他们还有很多精良的装备，适合在特殊作战环境中使用，如水陆两用的两栖冲锋枪。

4. 反核生化恐怖袭击第一团。

（二）世界知名反恐组织

目前，世界上已经有超过60%的国家成立了反恐部队。这些部队担负的主要任务是对付特殊情况下的暴力事件，如劫持人质、飞机等恐怖暴力事件。下面，是世界十大精锐反恐怖部队的简要介绍。

1. "三角洲"——美国反恐怖部队。该部队组建于20世纪70年代，其主要任务是对付全球范围内一切威胁美国利益的恐怖活动。该部队编有两个中队，中队下辖小队，每小队通常有16名特战队员。他们训练严格，组织严密，装备精良。

2. "黑兵"——俄罗斯阿尔法反恐怖部队。该部队的"阿尔法"别动队，成立于 1974 年 7 月，俄罗斯独立后，特别是车臣战争爆发以来，该部队的"阿尔法"行动小组逐步走到反恐斗争的前台，成为其特种部队的中坚力量。2002 年 10 月，该部队参与并成功处置了莫斯科轴承厂剧院劫持人质事件。

3. "魔鬼"——英国皇家反恐怖部队。20 世纪 70 年代，该部队正式改编组建了反骚乱突击队，旨在发生恐怖事件时能够提供一支技术高超、经验丰富、训练有素的快速反应部队。目前，该突击队有 900 名特战队员。

4. "黑小子"——法国反恐怖部队。该部队成立于 1974 年，作为法国国家宪兵干预队，直接隶属于法国国防部管辖。其编制只有 80 人，四个突击队，却已经执行 600 多次任务，解救了 450 多名人质，抓获了 550 多名恐怖分子。该部队最辉煌的战绩是 1976 年营救"布提"人质事件和 1994 年的"空中客车营救行动"。

5. "德意志捷豹"——德国反恐怖部队。德国反恐部队的主要力量是边防警察第九大队。该部队有 300 多名特战队员。编制为四个突击小分队，行动时的基本作战单元是特别行动小组，通常每组五人。

6. "黑头套"——意大利反恐怖部队。该国反恐部队的主要力量是空军特别行动勤务组。他们现有 200 名特战队员，下设两个突击队，其中各有一个狙击侦搜队，是该部队最精锐战斗单元。他们装备精良，个个都是擒拿格斗和多种技能的高手。该部队已经执行过 1300 多次作战任务。

7. "雷霆"——波兰反恐怖部队。该国反恐部队的主要力量是机动反应特战群。这支部队的组建得到了美国、英国、德国等国特战指挥部的大力援助。在部队规模上与美国"三角洲"部队类似，采取大编制，但以小组为主体进行战斗的形式，每小组四人。与其他国家不同之处是，该部队有女性。由于波兰境内港湾、河道甚多，为防止恐怖分子对水上目标进行破坏，因此船只、油井及商船的反劫持渗透突击，也是该部队训练科目之一。

8. "雄鹰"——日本反恐部队。该部队始建于 1977 年底，是模仿美国、当时的联邦德国、英国等国家特种部队建立的。最初筹建的特种部队有两个分队，一支属于东京警视厅的第六机动队，另一支属于大阪府警察本部。"雄鹰"特种反恐怖部队就是在这两支部队的基础上进行改组和强化的。

9. "中东飞虎"——以色列反恐怖部队。在这支部队服役的官兵年龄都不超过 30 岁，超龄者则调到其他部队继续服役。官兵通常头戴红色贝雷帽，胸前佩带银色徽章，脚上穿着闪闪发光的长筒靴。执行任务时，军官携带 AK-47 式冲锋枪，士兵携带 M16 式步枪。以色列的特种作战部队作为一个特殊的兵种，是一般任务部队的加强和补充，它在应对突发事件、敌后侦察、实施心理战和反恐等方面都发挥着重大的作用。

10. "黑猫"——印度反恐怖部队。该部队隶属于印度政府内阁秘书处研究与分析室，业务上由总理亲自指导，其主要任务是进行反空中劫持、边境挑衅、武装干涉活动、特种袭击等方面的训练，并随时准备实战。该部队的特战队员平时身穿黑色粗布制服、头戴印度伞兵的栗色贝雷帽。队员们每天早晨4点起床，训练快速拍摄、徒手格斗、驾车护卫和空降跳伞等专项技能。

二、反恐侦查人员基本素质要求

反恐侦查人员的基本要求主要涉及政治条件、学历条件和身体条件。

（一）政治条件

忠于中国共产党，忠于祖国，忠于人民，忠于法律；服从命令，听从指挥；严守纪律，保守秘密；秉公执法，清正廉洁；恪尽职守，不怕牺牲；全心全意为人民服务；秉公执法，办事公道；模范遵守社会公德；礼貌待人，文明执勤；尊重人民群众的风俗习惯。

（二）学历条件

一般要求大专及以上学历和公安警察学校毕业生，专业上的要求有：公安管理、公安法制、公安情报、刑事科学技术、治安、警务指挥战术、侦查、网络安全与执法、安全防范工程、交通管理、涉外警务、犯罪学、警犬等专业，具体可参照招警要求；要求从业者了解法律法规、公安业务知识、公安应用写作、警事技能、公安科技常识；在射击、格斗、盘查、缉捕、堵截、解救人质和处理突发事件、群体事件方面有一定经验。要通过公安专业知识考试以及体能、心里素质测评及考核。工作认真负责、吃苦耐劳，有较强的心理压力承受能力和自我控制能力。

（三）身体条件

要求身体健康，体形端正，非特体，面部无明显特征、缺陷，无残疾，无口吃，无重听，无色觉异常，无纹身，无重度平跖足；裸眼视力均在4.8以上，或裸眼视力均在4.6以上且矫正视力均在5.0以上；男性身高不低于1.70米、体重不低于50公斤，女性身高不低于1.60米、体重不低于45公斤。

三、反恐情报工作

恐怖主义给世界和平与稳定带来了巨大的威胁，为此，人类展开了与恐怖主义的斗争。在反恐战争中，中国一直是恐怖主义的受害者，其威胁主要来源于"东突"恐怖主义①,该组织 2002 年被列为世界恐怖组织的名单之中。自 20 世纪 90 年代以来,该组织发动了 200 多次恐怖袭击,造成了大量的人员伤亡和财产损失。面对恐怖主义的威胁,各国都高度重视反恐情报工作,特别是美国,走在了世界的前列,经过多次的修改与完善,具有立体的反恐情报体系,为美国打击世界恐怖组织提供了强有力的情报保障。

(一) 反恐情报的关键性环节

一切的反恐行动都离不开及时、高效、准确的情报。在反恐作战行动中,情报是反恐行动的"灵魂",情报保障是取得反恐胜利的关键,涉及多个环节。

1. 反恐预警环节。恐怖分子要组织一次一定规模的恐怖袭击活动,需要对资金、信息、武器、行动过程进行周密的部署,且整个活动具有较强的隐蔽性。尽管如此,在其策划过程中,或多或少会暴露出一些蛛丝马迹。因此,在恐怖分子的策划准备阶段,也就是危机前,反恐部门如果能积极行动,对恐怖组织正在准备的活动进行监测和预警,侦测恐怖分子袭击前的行动,尽早对恐怖袭击活动进行风险评估,发出早期预警信号,并进行积极应对,就有可能有效地阻止恐怖袭击活动,减少袭击风险,将伤亡和损失降至最低。

2. 反恐决策环节。恐怖组织的隐蔽性决定了情报人员很难打入其组织内部,但是决策部门要制定更加科学合理的反恐预案,组织反恐行动,以应对真正的恐怖袭击,必须有可靠的情报作为支撑。在作出决策之前,就必须掌握恐怖事件的发生发展规律,全面掌握或部分了解恐怖组织的动态情况等一系列相关情报。如果在决策过程中,得到的情报不准确,决策部门的决策必然会出现失误。当然,当情报部门面对决策部门的压力时,有可能提供虚假的情报信息,也会造成决策失误,从而贻误反恐战机。

3. 反恐行动组织环节。当反恐行动预案制定后,必须对反恐的相关资源按照最优的原则进行配置,以提高反恐作战部队的效能,从而有效制止恐怖主义的袭击活动。资源配置的过程中,就需要根据反恐部门掌握的情报,列出被袭击对象的可能性,查找可能遭受恐怖袭击的薄弱环节,评估恐怖活动的风险级别,制定科学的应急预案。

4. 反恐侦查与预测环节。为了有效预防恐怖袭击活动,反恐情报部门

---

① "东突组织"是东突厥斯坦维吾尔族民族分裂恐怖分子的总称,其包括:东突厥斯坦伊斯兰运动、东突厥斯坦解放组织、世界维吾尔青年代表大会、东突厥斯坦新闻信息中心等多个组织。突厥斯坦伊斯兰党,为恐怖组织,是一个真实存在的"圣战"组织。在境外建立基地、培训暴力恐怖分子,不断派人潜入中国境内,策划、指挥恐怖破坏活动。

必须对数据、信息进行收集，然后进行分析评估，为评估提供依据，为反恐部门提供侦查情报。当恐怖分子被捕后，所获取的情报为制裁恐怖分子的犯罪行为提供审判依据；更为重要的是，通过审查被捕的恐怖分子可以印证先前得到的情报信息的真实性，调整情报搜集的方向及手段，为下一步深入了解恐怖组织的内幕打下基础，更为预测恐怖主义的下一次袭击活动提供线索与证据。

（二）反恐情报体系建设中的关键要素

针对日益猖獗的恐怖主义，我国已初步建立了适合本国国情与警情的反恐情报体系，在一系列重大活动中经受了考验，如在奥运安保、新中国成立60周年安保、上海世博会安保等重大活动中，我国的反恐情报体系都发挥了至关重要的作用。但是从2013年10月28日的天安门事件和"3·01"昆明暴恐事件来看，我国的反恐形势不容乐观，东突恐怖主义活动有向内地蔓延的趋势，我国原有的反恐情报体系面临着许多新的挑战。

1. 立体有序的组织构架。反恐情报的主要功能为预防恐怖主义的活动，发出早期预警信号，以减缓与制止恐怖组织的早期行动。在反恐行动中，反恐情报的收集与处理是一个系统工程，需要各部门密切合作、协同作战、无缝对接，实现情报信息的快速共享与有效融合。从世界范围来看，许多国家都建立了专业的反恐情报部门，以应对恐怖主义活动，维护本国安全与社会稳定。

2. 专业的联合反恐数据系统。数据是情报分析的基础，数据的可靠性直接影响到反恐情报的精准性。高效的反恐情报来源于高质量的数据，故高质量的数据是获取情报的关键因素。在获取的数据基础上，必须建立相应的数据库，将离散无序的数据整合成完整的数据链、形成有序的数据集，才能有效地进行情报分析。

3. 先进的数据处理技术和情报分析工具。情报的收集主要通过人工与技术两大手段来完成。从世界各国反恐的经验来看，技术层面的情报是情报的主要来源，辅之一定的人工情报，以获取更加准确的情报。并且技术情报投入的人力、物力相对较少，风险较小，环境制约因素较少，获取的信息更多，但对处理信息的技术方法要求较高。特别是对恐怖主义传输信息的特殊文字、音频、视频、图像信息的处理技术要求很高。如何从这些海量数据中提取真正有用的反恐信息，必须借助和利用现代情报处理技术来完成。

4. 专业的反恐情报分析人员。反恐情报的分析是情报流程中最为重要的环节之一，高质量的情报出自高质量的情报分析，反恐情报是否有效，很大程度上依赖于情报分析的质量，其质量高低对整个反恐行动具有决定性影响。如果反恐情报分析失误，其后果将不堪设想。

面对反恐形势，我们应该首先加强情报信息网络建设，强化信息研判力度和情报收集，建立网上情报信息平台，提升公安反恐的预警能力；我们需要加强反恐专业队伍的建设，优化反恐实战指挥机制，在专职机构的组织协调下，对各种恐怖事件预案进行认真分析训练，不断完善更新反恐工作预案，使预案具有实际可操作性，能够准确快速有序处置突发的恐怖事件；完善应急保障后勤建设，保障反恐武器装备、反恐经费充足，提升保障能力；针对我国国内的反恐形势，我们要将反恐工作措施全程落实到涉及民生的工作中，及时防范打击破坏民生的各类涉恐犯罪活动，及时掌握社情民意、不稳定因素动态，协助党政部门争取社会力量，超前做好相关工作，最大限度地避免引起涉恐问题；建立长效的机制，多参加国际反恐演练及合作，同时提升国内反恐各部门协同工作能力，强化反恐的联动机制，更有效地打击恐怖活动；加强反恐专业人才的培养和训练，定期对反恐人员进行训练，提升实战能力，同时建立人才库，掌握特殊技能的反恐人才，提升反恐的有效处置能力。

（三）反恐怖活动犯罪情报的收集

收集恐怖主义信息就是根据计划和指令，利用人力和技术手段从不同渠道收集各种相关的原始信息。

1. 恐怖主义信息来源的广泛性。恐怖主义信息有两大主要来源：一是内部来源，即来自于公安、安全机关和军队等部门的信息；二是外部来源，即来自于公安、安全机关和军队等部门之外的其他组织、个人的信息。在第一类中，公安部门的信息来源主要包括：110报警电话、社区民警的报告、讯问笔录、技侦资料、线人报告、巡逻民警报告等。第二类恐怖主义信息来源主要有：银行、税务部门记录；股票交易记录；电信部门电话记录；航空公司、旅行社保存的旅客信息（包括出行时间、地点、路线等）；医疗、保险、图书馆、俱乐部、网站等服务机构保存的客户信息；身份证、驾照信息。所有这些渠道都可以用来收集恐怖主义信息。由此可见，恐怖主义信息来源十分广泛。

2. 收集恐怖主义信息的手段主要有人力手段和技术手段。利用人力手段，派遣情报人员渗透进入恐怖组织内部或者到恐怖组织活动的地区去收集情报，对于了解恐怖组织领导人及其成员的行动意图、计划和作战能力十分重要。由于利用人力手段获得的信息具有技术手段不可替代的优势，因此，"9·11"事件之后，美国等一些国家加大了利用人力手段收集恐怖主义信息的力度。美国中央情报局、联邦调查局等机构在"9·11"事件之后招募了大量的外国裔美国人。这些新招募的外国裔美国人一般能使用英语之外的第二语言工作。美国情报机构在对这些人进行培训之后，或者把他们派遣到美国国外一些热点地区收集情报信息，或者让他们留在国内从事监听、翻译、解密等工作。当然，利用人力手段收集恐怖组织信息并非没有弊端。相比较利用技术手段收集信息而言，利用人力手段收集信息需要花费大量的时间和人力去培训情报人员，帮助他们掌握语言以及其他技能；完成对他们的培训之后，还需要设法帮助他们接近恐怖组织并最终打入其内部。由于恐怖组织大多为小型的、封闭性的组织，渗透进入这样的组织难度极高。在这一过程中，情报人员的生命安危面临的风险也很高；另外，招募其他族裔作为情报人员，要保证其忠诚度也是一个难题。

尽管如此，在实际工作中，一些警察或者安全部门的人员还是存在一种片面的看法：利用人力手段获取秘密情报是最佳办法。这种看法之所以存在片面性，主要在于一是没有正确认识到在获取反恐信息与情报过程中，人力手段存在的上述不足；二是没有正确认识到与内部渠道相比，公开渠道得到的反恐信息也具有特别重要的价值，即使在利用内部渠道获取反恐信息与情报方面，利用警察常规的工作方法（这些方法不是利用卧底的方式），而是巡逻、盘查、社区联防的方式获得的信息也具有十分重要的作用。

3. 恐怖活动犯罪情报获取的途径。反恐情报部门可以采取"立体滚动扩大"的拓展式情报收集方法，即在遵守相关法律的前提下，由现有的某一点线索（如绰号、手机号等）出发，透过社会各个行业、部门、企业甚至是公民个人的数据中心，全方位收集网络空间、现实空间中的有价值数据，通过预设的数据模型，从中过滤筛查出反映涉恐思想动态、案件线索、恐怖组织及其成员行为轨迹的各方面数据，最终将这些数据纳入一个超越部门的反恐大数据平台中。

如以人们平时使用身份证购票为例，反恐情报部门可分步骤实施：（1）由一点到多点。在获得涉恐对象姓名、身份证号、出发地、目的地、出发终到时刻、检票刷证信息数据的基础上，继续收集与订票相关的订票电话号码、语音信息、支付宝账号、关联银行账号、注册电子邮箱账号等数据。（2）多点搜索与挖掘。以上述数据为关联线索，使用搜索引擎和挖掘工具，在网络上寻找发现反映涉恐对象网络社交、联络通话、电子邮件、聊天记录等网络行为轨迹的数据。（3）打造反恐大数据平台。进一步整合涉恐对象日常现实生活中产生的购物、刷卡、快递、保险、医疗、出行航班等社会资源数据，打造一个内容丰富的基础数据平台，实现对涉恐对象长期、全方位、不间断的监控，为掌控其行为轨迹、挖掘其行为模式奠定基础。

目前，公安 DQB 体系的建立，已经为反恐情报收集和反恐大数据平台的建立创造了一个良好的基础平台，但反恐情报具有不同于公安情报和普通刑事犯罪情报的特征。我国反恐情报工作要取得新的突破，就应当在完善相关立法的前提下，打破传统思维模式和部门利益的局限，广泛收集、高度整合各方面数据，打造符合中国国情的反恐基础数据平台，运用大数据技术汇集、过滤、筛选涉恐信息，从中发现涉恐对象、涉恐线索，提高情报工作效率。

四、恐怖预谋犯罪案件侦查要点

从世界范围来看，恐怖活动犯罪的防控是一项系统而又复杂的工程，既没有一蹴而就的捷径可选，也没有一劳永逸的模式可供借鉴。我国长期以来作为一个发展中的大国，具有不同于他国的特殊国情，尤其是当下正处于社会转型期，社会矛盾正在集中凸显。因此，当下我国恐怖活动犯罪的防控，必须从我国的实际国情出发，既需要制度设计和实践摸索同步进行，也需要宏观防控与微观防控相互配合。具体而言，一方面，需要从完善反恐法律制度体系、整合社会化反恐资源、注重源头性涉恐矛盾化解等宏观层面加强制度设计；另一方面，需要从加强涉恐人员的心理疏导、涉恐财产科学处置，以及反恐国际合作等微观层面进行实践探索。

（一）完善反恐法律制度体系

长期以来，"应急性强而机制性弱、政策色彩浓而制度色彩淡"是我国反恐立法中存在的主要问题，不仅制约着反恐法律制度体系的系统化建构，而且影响着反恐实践的科学推进。当前，"面对恐怖活动的高发性、复杂性、国际性和危害严重性等特征，传统法律框架难以对其进行有效的防范和惩治，难以满足反恐怖工作的实际需要"。因此，不论从世界各国的反恐经验来看，还是从我国的反恐实践需求来看，制定一套完善的反恐法律制度体系，是坚持制度反恐和法治反恐的必然选择。2015年8月29日第十六次会议审议通过的《刑法修正案（九）》以及2016年1月1日开始实施的《反恐怖主义法》，标志着我国反恐立法专门化时代的到来。其中，《刑法修正案（九）》对组织、领导、参加恐怖组织罪增加规定财产刑，使我国对组织、领导、参加恐怖组织的行为人在财产上进行制裁有法可依。同时，《刑法修正案（九）》将资助恐怖活动组织、实施恐怖活动的个人的，或者资助恐怖活动培训的，以及为恐怖活动组织、实施恐怖活动或者恐怖活动培训招募、运送人员的行为；为实施恐怖活动而准备凶器或危险品，组织或者积极参加恐怖活动培训，与境外恐怖活动组织、人员联系，以及为实施恐怖活动进行策划或者其他准备的行为；以制作资料、散发资料、发布信息、当面讲授等方式或者通过音频视频、信息网络等宣扬恐怖主义、极端主义，或者煽动实施恐怖暴力活动的行为；利用极端主义煽动、胁迫群众破坏国家法律确立的婚姻、司法、教育、社会管理等制度的行为；持有宣扬恐怖主义、极端主义的物品、图书、音频视频资料的行为；拒不提供恐怖、极端主义犯罪证据的行为；以暴力、胁迫等方式强制他人在公共场所穿着、佩戴宣扬恐怖主义、极端主义服饰、标志的行为增加规定为犯罪，使我国打击恐怖活动犯罪的刑事法网更加严密。

(二) 整合社会化的反恐资源

从我国近年来的反恐实践来看，一方面，恐怖活动犯罪的隐蔽性特征更加凸显，恐怖活动犯罪组织和个人往往打着"宗教""社交""生意"等看似合法的幌子，从事与恐怖活动犯罪相关的行为，导致恐怖活动犯罪本身的侦破难度进一步加大；另一方面，受制于人力、财力、物力等多方面的限制，国家的专业化反恐资源已难以满足恐怖活动犯罪日趋高发的态势，导致国家层面的反恐工作越显被动。因此，整合社会化的反恐资源，成为了当前我国反恐实践中应对资源困局的必然选择。事实上，整合社会化的反恐资源，坚持的是一种"群防群治、群策群力"的理念，其不仅在国外的反恐实践中已经取得了成效，而且与我国长期以来践行的群众路线思想相契合。具体而言，整合社会化反恐资源，就是在反恐实践中充分调动民众的积极性和主动性，鼓励和引导民众参与到反恐实践中，收集恐怖活动犯罪线索，揭发恐怖活动犯罪组织和人员，与恐怖活动犯罪行为做斗争，进而逐渐形成政府、军队、警察、民众四位一体的立体化反恐网络体系，从根本上压缩恐怖活动犯罪组织和人员的生存空间。值得注意的是，在整合社会化反恐资源的过程中，要注意避免民众参与的盲目性，要加强对民众的引导。一方面，需要通过反恐宣传和教育，使民众对恐怖活动犯罪的本质具有清晰的认识，尤其是要让民众认识到那些经伪装的恐怖活动犯罪行为的危害性；另一方面，需要引导民众掌握反恐常识和反恐技能，在学会自我保护的前提下，机智、理性地参与到反恐实践中。

(三) 注重源头性涉恐矛盾化解

恐怖活动犯罪的发生，具有政治、历史、文化、宗教等多方面的原因，是多方面因素共同作用的结果。在一定程度上讲，恐怖活动犯罪也是社会矛盾集中凸显的一种极端形式。因此，对恐怖活动犯罪的防控，在坚持严厉打击已经发生的恐怖活动犯罪行为的同时，更应当注重源头性涉恐矛盾的化解，只有将二者有机地结合在一起，才能实现有的放矢、标本兼治的防控预期。从我国近年来发生的恐怖活动犯罪案件来看，涉及政治、宗教、就业、社会保障等多方面的矛盾。例如，境外"三股势力"在政治上一直对我国政府怀敌对态度，以新疆"7·5"事件为代表的多起恐怖活动犯罪都是其一手策划实施的；再如，从参与恐怖活动犯罪的人员来看，大多数属于无业青年，他们不仅在思想上偏激，而且容易被别有用心的人利用，这在一定程度上折射出了社会就业保障方面存在的问题。另外，近年来一些妇女和未成年人也参与到了恐怖活动犯罪之中，他们对恐怖活动犯罪行为缺乏理性认知，容易受到蛊惑和利用，这也在一定程度上折射出了教育和社会抚养方面存在的问题。因此，我国恐怖活动犯罪的防控，同样需要从源头上化解相应的社会矛盾，着力解决宗教、就业、教育、社会保障等领域存在的突出问题。

（四）加强涉恐财产的科学处置

资金和财产是恐怖活动犯罪得以发生的物质基础，不管是恐怖活动组织还是实施恐怖犯罪的个人，都必须具备一定物质基础。切断恐怖组织及实施恐怖活动犯罪的个人的资金链条，使其在经济上缺乏基本保障，能够达到遏制恐怖组织发展的作用。2014年1月10日，根据《反洗钱法》《全国人大常委会关于加强反恐怖工作有关问题的决定》等法律法规，中国人民银行、公安部、国家安全部联合发布了《涉及恐怖活动资产冻结管理办法》，并从发布之日起开始生效。该《办法》的出台为我国打击资助恐怖活动犯罪，切断恐怖活动组织的资金来源提供了执法依据。从世界范围来看，切断恐怖活动资金链条主要有行政性手段和司法性手段。在我国的反恐实践中，不能片面地追求打击恐怖活动犯罪，而忽略了涉恐财产处置上的法律要求和程序支撑，"应当将行政性查控和司法性查控手段有效衔接，既要充分发挥行政性查控的主动性优势，也要坚持涉恐资金查控的程序秉性，坚持程序理性与行政执法效能的统一。"只有将行政性查控与司法性查控相结合，坚持合法、合理的基本要求，遵守处置的法律程序，才能在涉恐财产的处置上体现惩处犯罪与保障人权的法律价值。

（五）加强"反恐"国际合作

在全球化的背景下，世界不再是模块化的孤立格局，国与国之间的联系更加紧密，许多重大事务需要国与国之间的密切配合才能得到妥善解决。随着网络信息的进一步发展，恐怖活动犯罪的国际化趋势更加明显，多区域、跨区域恐怖袭击事件也时有发生，不同地区恐怖活动组织和人员之间的联系也更加紧密。整体来看，恐怖活动犯罪已经成为一种国际性犯罪，各国在不同程度上都饱受着恐怖活动犯罪的侵袭。显然，在此背景下对恐怖活动犯罪进行预防和打击，仅凭一国之力是很难完成的，必须通过国际反恐合作，集各国之力来实现恐怖活动犯罪行为的共同打击。就我国而言，我国的反恐斗争是全球反恐斗争中的组成部分，我国的反恐斗争也离不开相关的国际反恐合作。具体而言，我国要加强与周边国家的反恐合作，依托"上合组织"推动区域反恐协作，促进反恐交流，积极磋商反恐合作相关事宜，认真履行《打击恐怖主义、分裂主义和极端主义上海公约》中的反恐义务，而且针对跨国、跨境恐怖活动犯罪的新特点、新动向，及时联络各方商讨应对之策。

第十八章　文物犯罪案件侦查

2015年5月28日，辽宁省朝阳市公安局历时9个月破获了一起新中国成立以来最大的涉文物案。共打掉10个盗墓团伙，抓获犯罪嫌疑人175人，收缴玉猪龙、勾云形玉佩、马蹄形玉箍、方形玉璧……涵盖了新石器时代直至清代的1168件（套）文物，其中大量为国家一、二、三级珍贵文物，经专家估算，价值逾5亿元。无论是抓捕人数还是追缴文物数量，都创下新中国成立以来数量之最，堪称"共和国涉文物第一大案"。2014年6月22日，民警巡逻发现牛河梁遗址外围有探挖痕迹。辽宁省朝阳市公安局初步断定古文化遗址、古墓葬的外围区域被盗掘后，组织文物保卫分局相关警种等19名骨干民警成立专案组，展开秘密布控侦查。经过近一个月调查走访，专案组发现了一个活动于辽宁省朝阳及周边省市的盗掘古墓团伙的踪迹，专案组对这个团伙进行了严密布控。警方凭借多种高科技手段和技术力量，先期掌握了以嫌疑人姚某、冯某、王某等人为首的9个盗墓团伙共80多人的作案轨迹，摸清了他们盗掘红山文化遗址、古墓葬、倒卖文物的犯罪脉络、团伙架构及相关证据。经过进一步缜密侦查，一个庞大的作案网络轮廓更加清晰——10个团伙既相对独立又紧密联系，活动呈专业化、链条化，盗墓、转运、收藏、倒卖一条龙，涉及7个省份10多个地市。至此，一个全国最大的盗墓团伙浮出水面。[①]

文物犯罪的日益猖獗，不仅给国家造成巨大的经济和文化损失，而且也导致了世界文化遗产的大量流失和毁灭。随着文物犯罪的加剧，世界各国和全球范围内惩治文物犯罪和保护文物的措施也在不断发展。可以说，针对文物的犯罪和文物犯罪的惩治与防范不断处于矛与盾的较量之中。

第一节　文物犯罪案件概述

一、文物

研究文物犯罪离不开对文物的静态考察和动态理解，文物的内涵是不断变

[①] 参见2017年5月27日搜狐网、南方报网的相关报道。

化的。"文物"一词源自《左传》。《左传·桓公二年》："夫德，简而有度，登降有数，文物以记之，声明以发之；以临百官，百官于是乎戒惧而不敢以法律。"之后，《后汉书·南匈奴传》有："制衣裳，备文物。"以上所说的"文物"原是指当时的礼乐典章制度，与现代所指文物的涵义不同。到唐代，骆宾王诗："文物俄迁谢，英灵有盛衰"，杜牧诗："六朝文物草连天，天淡云闲今古同。"这里所指的"文物"，其涵义已接近于现代所指文物的涵义，所指已是前代遗物了。北宋中叶（11 世纪），以青铜器、石刻为主要研究对象的金石学兴起，朱剑心在《金石学》所说的："案金石之学，实为研究中国三代以下的古器物文字之学，盛于两宋……"便是证明。金石学主要研究古铜器、石刻，兼及钱币、玺印、镜鉴、砖瓦等物，尤其偏重有文字的古器物研究。以后又逐渐扩大到研究其他各种古代器物，把这些器物统称为"古器物"或"古物"。在明代和清初比较普遍使用的名称是"古董"或"骨董"。到清乾隆年间（18 世纪）又开始使用"古玩"一词。这些不同的名称，涵义基本相同，但在很多场合，古董、骨董和古玩，是指书画、碑帖以外的古器物。

民国时期，"古物"的内涵得到了充实和扩展。依照当时颁布的《古物保存法》第 1 条之规定，"本法所称古物是指与考古学、历史学、古生物学及其他文化有关的一切古物而言。"其把古生物学纳入至古物学中，可以体现出古物学的内涵的发展和当时人们对古生物与古人类关系的相互联系。20 世纪 30 年代，"文物"一词被重新启用，"文物"一词又开始使用，所指对象也扩大到古建筑、古器物、古物以至整个历史文化遗存。1939 年，陕甘宁边区政府"为调查古物、文献及古迹事"，发给各分区行政专员、各县县长的训令中使用了"文物"一词。1947 年，胶东文物管理委员会成立，它是山东民主政府成立的第一个文物保护管理机构。1948 年，东北行政委员会根据《中国土地法大纲》，在哈尔滨成立了东北文物管理委员会，同时颁布了《东北解放区文物古迹保管办法》和《文物奖励规则》法令。至此，"文物"一词的概念和涵义与现在已完全相同。1949 年，中国人民解放军即将南下进军时，华北人民政府高等教育委员会印发了《全国重要文物建筑简目》，提供给部队，要求注意保护。中华人民共和国建立后，继续使用"文物"一词称谓历史文化遗存，并用法律形式固定下来。[①] 新中国成立后，文物概念不断扩大，"小文物"概念也逐渐变成了"大文物"概念。中国社会科学院语言研究所编辑的《现代汉语词典》中，称文物是："历史遗留下来的在文化发展史上有价值的东西，如建筑、碑刻、工具、武器、生活器皿和各种艺术品。"《辞海》中对文物的

[①] 李晓东：《文物与法律研究》，河北人民出版社 2006 年版，第 82 页。

解释是:"遗存在社会上或埋藏在地下的历史文化遗物,一般包括:(1)与重大历史事件、革命运动和重要人物有关的、具有纪念意义和历史价值的建筑物、遗址、纪念物等;(2)具有历史、艺术、科学价值的古文化遗址、古墓群、古建筑、石窟寺、石刻等;(3)各时代有价值的艺术品、工艺美术品;(4)革命文献资料以及具有历史、艺术和科学价值的古旧图书资料;(5)反映各时代社会制度、社会生产、社会生活的代表性实物。

对于我国所称的"文物",国外也有不同的称谓。希腊、印度、巴基斯坦等国也称作"文物",而日本、法国、加拿大、奥地利等国则称作"文化遗产"。而联合国教科文组织相关文件则使用"文化遗产""自然遗产",也使用过"文化财产""自然财产"。有形文化遗产即传统意义上的"文化遗产",根据《保护世界文化和自然遗产公约》,包括历史文物、历史建筑、人类文化遗址。物质文化遗产包括古遗址、古墓葬、古建筑、石窟寺、石刻、壁画、近代现代重要史迹及代表性建筑等不可移动文物,历史上各时代的重要实物、艺术品、文献、手稿、图书资料等可移动文物;以及在建筑式样、分布均匀或与环境景色结合方面具有突出普遍价值的历史文化名城(街区、村镇)。文化遗产不仅包括有形遗产,也包括无形遗产。根据联合国教科文组织《保护非物质文化遗产公约》的定义,无形文化遗产是指"被各群体、团体、有时为个人视为其文化遗产的各种实践、表演、表现形式、知识和技能及其有关的工具、实物、工艺品和文化场所。"非物质文化遗产"指被各群体、团体或有时为个人视为其文化遗产的各种实践、表演、表现形式、知识和技能及有关的工具、实物、工艺品和文化场所。非物质文化遗产包括:口头传说和表述,包括作为非物质文化遗产媒介的语言;表演艺术;社会风俗、礼仪、节庆;有关自然界和宇宙的知识及实践;传统的手工艺技能。非物质文化遗产指各族人民世代相承的、与群众生活密切相关的各种传统文化表现形式(如民间文学、民俗活动、表演艺术、传统知识和技能,以及与之相关的器具、实物、手工制品等)和文化空间(即定期举行传统文化活动或集中展现传统文化表现形式的场所,如歌圩、庙会、传统节日庆典等)。

二、文物犯罪

文物犯罪是一个学理罪名,系指以文物为对象的犯罪总体,即将具有某种外在统一性和内在独立性的有关文物的犯罪统称为文物犯罪。[①] 1979年,新中

[①] 薛瑞麟:《关于文物犯罪几个问题的思考》,载《杭州师范大学学报(社会科学版)》2005年第2期。

国第一部刑法典设立了两个专门规制文物犯罪的罪名：盗运珍贵文物出口罪和故意破坏珍贵文物、名胜古迹罪。1997年，《刑法》采用集中与分散相结合的方式来规范有关文物的犯罪。集中，是指《刑法》分则第六章妨害社会管理秩序罪的第四节妨害文物管理罪，用6个条文规定了10个与文物相关的犯罪，即故意损毁文物罪，故意损毁名胜古迹罪，过失损毁文物罪，非法向外国人出售、赠送珍贵文物罪，倒卖文物罪，非法出售、私赠文物藏品罪，盗掘古文化遗址、古墓葬罪，盗掘古人类化石、古脊椎动物化石罪，抢夺、窃取国有档案罪及擅自出卖、转让国有档案罪。分散，是指《刑法》分则第三章破坏社会主义市场经济秩序罪的第二节走私罪还规定了走私文物罪，以及第九章渎职罪里还规定了失职造成珍贵文物损毁、流失罪。

随着文物犯罪形势的发展，1979年刑法规定日渐滞后于实际需要，在立法尚不能及时调整完善的情况下，最高人民法院、最高人民检察院于1987年出台了《关于办理盗窃、盗掘、非法经营和走私文物的案件具体应用法律的若干问题的解释》（以下简称1987年《解释》），对文物犯罪及有关问题作出了全面补充和规定，1987年《解释》成为这一时期打击和审判文物犯罪的重要依据，具有重要里程碑意义。实施以来，我国有关文物犯罪的法律规定发生了较大变化。1997刑法除在分则第六章第四节"妨害文物管理罪"作了集中规定外，走私文物罪，盗窃罪，掩饰、隐瞒犯罪所得罪，失职造成珍贵文物损毁、流失罪等也是办理文物犯罪案件可能适用的罪名。相较于1979年刑法，1997年刑法对不少文物犯罪的构成要件和定罪量刑标准作了修改，故1987年《解释》对有关犯罪定罪量刑具体认定标准的规定需要作相应调整。特别是，根据2005年全国人大常委会《关于司法鉴定管理问题的决定》，1987年《解释》所规定的由文物鉴定委员会对涉案文物出具的意见已不属于鉴定意见，在证据资格方面存在瑕疵，而当前具有资质的文物司法鉴定机构又非常欠缺，文物犯罪专门性问题的认定时常困扰办案实践，亟须研究解决。此外，当前文物犯罪活动仍较为猖獗，亟须加大对文物犯罪的打击。基于以上情况，最高人民法院会同最高人民检察院在深入调研的基础上，于2015年12月30日联合发布了《关于办理妨害文物管理等刑事案件适用法律若干问题的解释》，明确了走私文物罪，盗窃文物犯罪，损毁文物犯罪，失职造成珍贵文物损毁、流失罪的定罪量刑标准；明确了非法转让文物犯罪，盗掘古文化遗址、古墓葬罪的有关问题；规定了文物犯罪专门性问题的认定；还对文物犯罪的其他问题作了明确。

采用现行立法的分类，意味着将文物犯罪分为①：

1. 走私文物的犯罪，包括走私文物罪。
2. 侵犯文物所有权的犯罪，包括盗窃（文物）罪。
3. 妨害文物管理罪，包括"妨害文物管理罪"中的故意毁坏文物罪，故意毁坏名胜古迹罪，故意损毁名胜古迹罪，过失损毁文物罪，非法向外国人出售、赠送珍贵文物罪，倒卖文物罪，非法出售、私赠文物藏品罪，盗掘古文化遗址、古墓葬罪。这里我们只研究不包括档案犯罪的文物犯罪。
4. 文物渎职犯罪，包括失职造成珍贵文物损毁、流失罪。

三、文物犯罪案件的特点

（一）犯罪的"市场"化

根据我国法律规定，文物只能在一定的范围内分类出售。如国家一级和二级文物不得由个人或单位出售，只能通过特定程序转让使用权。然而，受经济利益的驱使，一些犯罪分子通过地下黑市进行文物交易，形成规模庞大的地下经济链。

（二）纯粹的文物犯罪，没有刑事被害人

比如盗墓作案现场都在人烟稀少的荒郊野外，作案时间都在深夜，因为没有被害人，这类犯罪很难被人发现，很少有报案线索。此外，嫌疑人还通过各种手段来掩饰犯罪痕迹。侦查人员在查证犯罪事实时往往会遇到困难，同时在证据获得上也存在障碍。因而，纯粹的文物犯罪无刑事被害人，这给侦查工作带来了难度。

（三）犯罪现场分散

文物案件发生后，犯罪现场一般留有痕迹及遗留物，这为侦查人员分析判断犯罪嫌疑人的体貌特征、习惯特点提供了较好的原始基础。然而由于文物犯罪活动具有形态多的特点，文物犯罪现场一般包括：盗窃现场、交易现场、交接货现场、查获现场、截获现场、藏匿现场，因而较为分散。

（四）犯罪手段多样化和不断升级

犯罪分子往往携带先进的勘查工具，能够快速准确发现地下文物的位置，并事先安排好逃逸路线。犯罪时，以有效的工具如爆破等手段，在尽可能短的时间内获取文物，利用先进的运输手段在事后逃离犯罪现场。犯罪分子甚至能

---

① 薛瑞麟：《文物犯罪研究》，中国政法大学出版社2002年版，第86页。

够使用计算机、高科技爆炸装置在报警系统发觉前把目标文物偷走。此外，网络技术的发展使得文物非法交易变得更加快捷和隐蔽。

（五）文物犯罪呈国际化趋势

为将我国文物转到境外销售，境内外犯罪分子互相勾结，分工负责，盗运销走私"一条龙"，形成了文物犯罪组织和网络。犯罪分子通过一系列手段，将我国文物运往国外进行销售，以获取高额非法经济利润。

（六）文物犯罪主体多元性

文物犯罪主体有文物偷窃人、文物非法交易人、文物走私人、文物损毁人、鉴定人等。在这里，我们应特别注意文物犯罪主体中的"鉴定人"。"鉴定人"受雇于文物犯罪主犯，在犯罪过程中充当文物质量的检验人，这样提高了文物犯罪的准确率和成功率[1]。

第二节 文物犯罪案件侦查

一、文物犯罪案件侦查的基本原则

（一）文物安全第一原则

文物是重要的文化遗产，是人类创造力和智慧的见证，是国家和民族历史发展的见证，具有极高的经济价值和历史价值。文物一旦被损坏，将造成难以弥补的损失。文物犯罪侦查活动应以文物的安全为导向，如果特定的侦查活动会对文物安全造成损害，就不能实施此侦查行为，而应采取其他有效侦查手段和方法，以求控制文物，保全文物。

（二）顺向侦查和逆向侦查相结合的原则

文物犯罪的特殊性在于，文物犯罪涉及许多罪名，是逐步推进的过程，最终文物有被偷运出境的危险。因此，侦查人员可以文物"出口"为突破口，按照犯罪发生的时序逆向侦查；同时进行顺向侦查（从发案地着手进行侦查），两者结合起来，拓宽侦查途径，提高文物案件侦查活动成效。

（三）分类对待原则

文物犯罪是类罪名，由多个罪名组成。不同罪名具有不同特点，应区分不同的文物犯罪，采取有针对性的侦查措施和手段，以达到事半功倍的效果。比

---

[1] 尹军、安立平：《试论文物案件特点及侦查思路》，载《河北公安警察职业学院学报》2004年第4期。

如对文物盗窃犯罪，侦查人员应当将重点放在现场勘查，及时提取、固定现场的痕迹物证，为全案侦破打下坚实基础；对于文物非法交易活动，应在文物非法交易场所物色、安置特情，及时收集分析文物非法交易及其他有价值的信息。

（四）联合侦破原则

由于文物犯罪具有跨境、跨国、跨区域的特点，文物犯罪分子在国内跨区域实施犯罪活动时，途经各地的侦查部门应积极进行协作活动；文物被走私出境后，我国文物侦查部门可以与国际刑警组织合作，请求其他国家协国侦查部门对之进行侦查，追索文物。因此，在整体上，文物犯罪侦查应遵循联合侦破原则。

二、文物犯罪案件的侦查思路

盗窃、运输、倒卖、走私出境"一条龙"运作方式是当前文物犯罪的重大特点，基于此，这里主要介绍盗掘古文化遗址与古墓葬、倒卖文物、走私文物三类案件的侦查思路。

（一）盗掘古文化遗址、古墓葬案件

相对于秘密的盗掘，侦破公然盗掘行为是比较容易的。对于秘密盗掘行为，侦破方法有：（1）勘查盗掘现场。古文化遗址、古墓葬现场不同于一般的犯罪现场，侦查人员应及时组织文物考古专家进行联合勘查，分工负责，相互配合，既要全面细致提取痕迹物证，又要保护好文物。（2）详细询问古文化遗址、古墓葬的管护单位及其工作人员。除询问案情外，要了解附近有无视频监控系统以及监控镜头的分布情况。（3）走访周边群众。有些古墓葬属于田野古墓葬，缺少基本保护措施，应将走访群众作为寻找案件线索的重要措施。（4）根据案情分析，对可疑人群进行摸底排查。近年来盗墓团伙的专业化水平越来越高，甚至有考古人员参与作案，因此确定摸排对象时要根据案情合理划定范围。（5）综合运用技术侦查措施。（6）确定和逮捕犯罪嫌疑人。（7）要加强对文物黑市的控制，严格控制赃物流通，及时发现赃物的出现。（8）采取秘密措施恢复文物。

（二）倒卖文物犯罪案件[①]

倒卖文物犯罪案件的侦查，尤其需要侦查人员掌握和了解国家文物等级和

---

① 尹军、安立平：《试论文物案件特点及侦查思路》，载《河北公安警察职业学院学报》2004年第4期。

鉴别的一般方法和常识，熟悉《中华人民共和国文物保护法》《文物藏品定级标准》《文物出口鉴定参考标准》《文物出境鉴定管理办法》和我国近些年加入的《关于禁止和防止非法进出口文化财产和非法转让其所有权的方法的公约》等规定的相关内容，防止犯罪人在暴露后毁灭证据而将文物毁损，确保文物完好。侦查倒卖文物案件的基本措施、方法有多种，涉及多个有关部门。

1. 从控制文物交易市场入手，发现文物犯罪线索。文物倒卖人经常通过交易市场开展文物非法买卖。这些市场不仅是文物倒卖人交流信息、行情的场所，也是他们和其他犯罪分子经常聚集的场所。一般来说，对非法的交易场所和经营门面要依法取缔、关停，以压缩文物犯罪活动空间。同时，对抓获的违法犯罪嫌疑人及时进行讯问，发现倒卖文物的线索，适时开展侦查。对文物非法交易比较集中，且能有效进行控制的场所、窝点，可以通过秘密的监视控制，发现并监控重大的倒卖文物犯罪嫌疑人，顺线侦查，以发现更多的犯罪线索。对一些关系复杂的非法交易市场、窝点，可设法派遣秘密力量或精干的侦查人员打入其内部，以摸清基本情况，寻机以公开的方式予以彻底摧毁，然后根据所获得的线索侦查，扩大战果。需要注意的是，文物出手的速度快，而且往往短时间内就被多次转手，因此发现案件线索后，要及时布控，适时侦查，切不可贻误战机。

2. 发现倒卖文物犯罪线索。对于文物经营单位倒卖文物的，有相当一部分是打着改革开放、搞活经济的幌子，行倒卖文物之实。有的博物馆开办"古玩"易所，有的出境开办文物发展公司，经营范围涵盖文物购销；有的是无权从事文物经营活动的单位，有的虽有文物经营权却经营国家不允许自由买卖包括拍卖的文物。在侦查中，应当对其是否有文物经营权进行核实，必要时与国家文物局或省、自治区、直辖市人民政府有关文物行政管理部门及工商行政管理部门取得联系，审查其是否办理登记手续和经营范围，从无证经营或超范围经营中，发现倒卖文物犯罪线索。为了使侦查进展顺利，在对文物经营单位的侦查中，应当确实掌握其倒卖的有关文物及相关凭证、票据。需要注意的是，文物行政主管部门、工商行政管理机关应与侦查机关做好文物行政执法与刑事司法的衔接工作，进一步扩大侦查线索来源，形成打击合力。

3. 从其他妨害文物管理犯罪入手获取倒卖文物线索。由于文物倒卖人往往犯有多种罪行，并且与从事妨害文物管理的犯罪人之间平时也有往来，相互间了解对方的一些基本情况。在这些犯罪人被抓获以后，常常能够提供倒卖文物犯罪活动的其他犯罪人的情况，如姓名、绰号、居住地、年龄、身高、口音、倒卖的文物、价格及其去向等。根据这些情况，应当及时开展侦查，防止犯罪人远逃，文物流出国（境）外。在其他刑事案件中，如走私文物、盗掘古文化遗址等，可以根据查获的文物及犯罪人多次实施多种妨害文物管理犯罪的特点，深入侦查，扩大战果，发现犯罪嫌疑人或倒卖文物案件线索。

4. 监控有重大倒卖文物的犯罪嫌疑人。倒卖文物案件没有通常意义的犯罪现场，案件的侦查也常常是根据一些线索开展。对于已经掌握的有重大倒卖文物犯罪的犯罪嫌疑人，可以使用秘密力量予以贴靠，了解其活动内容、动向和接触关系人，在掌握其确有文物，并准备进行倒卖或在倒卖文物过程中将其抓获。

5. 搜查证据。由于涉文物犯罪的特殊性，实施抓捕后应立即收缴文物。如果不能在控制嫌疑人的第一时间搜查赃物，文物很可能被犯罪嫌疑人转移甚至倒卖出境。一旦被转卖，不仅意味着重要证据丢失，也会造成国家珍贵文物的流失。倒卖文物犯罪人的身上或其住址可能藏有尚未"处理"完的文物、有关文物鉴赏书籍、有关倒卖文物的记录、倒卖文物所获取的资金等。在搜查中，应当充分注意那些不引入注意的地点，如枯井中、马桶水箱里、墙壁的暗格、炕洞、废杂物、杂物、下水道等。

6. 鉴定。在倒卖文物案件中，文物等级与是否构成犯罪以及犯罪情节是否严重有关。在调查中，应查明所采集的文物。在文物鉴定的情况下，省、自治区、直辖市文物主管部门或者由其指定的地方和省级主管部门指定的主管文物主管部门，应当组织具有相应专门知识的人员参加；需要评定文物价格的，也照此处理。办理文物的鉴定，或者文物价格的评定，必须有法定人经文物主管部门指派、经司法机关聘请的文物鉴定人参加，鉴定人应写出鉴定书或者评定书。

（三）走私文物案件

1. 充分收集情报，以情报引导侦查。为了控制走私文物犯罪分子及走私文物的动态，提高侦查工作的精确度和主动性，要加强收集境内外走私情报，对走私犯罪组织进行内线侦查，同时发动群众，广辟情报来源。对获取的情报进行研判，在相应的边境、口岸、机场、车站、港口等出入境场所进行布控，对可疑的人、行李、货物等进行重点检查，发现问题立即扣留嫌疑人及其行李、物品。走私文物最常见的手法是将文物藏于其他货物、物品、行李、邮包中夹带出境，在例行检查时往往很难发现，所以，根据有关部门掌握的信息、线索进行有针对性的布控检查是侦破走私文物罪的有效途径。

2. 全面、依法、规范取证。办案中要注意收集和审查证明其行为方式的证据，又要收集证明其犯罪意图的证据。运输文物的，要注意审查运送工具；携带文物的，要查明其携带方式；邮寄文物的，要注意审查邮包和邮政单据。

在文物还没有出境的情况下，获取证明犯罪意图的证据非常重要。犯罪意图的证据不仅仅是口供，还要注意收集有关书信、微信、短信、QQ等通讯软件记录、汇款、便条等书证材料。要坚持重物证、不轻信口供的原则，查明行为人对行为对象（文物）的认识和将文物进行转移的动机。

3. 对涉案文物进行技术鉴定。文物是走私文物犯罪案件的中心证据，要注意物证的保全和文物的鉴定。鉴定书必须载明文物的性质、真伪、等级，尤其是可能判处无期徒刑、死刑的案件，其文物鉴定书一定要经过国家文物管理部门组织专家复核，以免出现错误。对文物的鉴定，不仅要对其真伪作出鉴定，对其价值也要作出鉴定。文物的价值包括其经济价值和历史、文化价值。文物价值是定罪量刑的重要因素。

4. 确定、控制、讯问犯罪嫌疑人，询问证人。在查获的出境货物、物品中有藏匿、夹带文物的情况下，有时候难以确定真正的走私人，需要侦查人员对发货人、收货人、运输人等相关人员进行留置盘问，从而确定犯罪嫌疑人并及时对其采取刑事强制措施。目前，走私文物犯罪呈现团伙化特征，分工明确，国内购货、走私通关、国外销售等环节形成一个较为固定的渠道和链条，所以，在讯问犯罪嫌疑人时，要特别注意掌握主谋者及同案犯的线索。

后 记

2002年，我们编写出版了《侦查学》（群众出版社2002年版）一书，对当时的侦查学教科书从观念、体系和技术等方面作了一些更新，并得到了较好的社会反响。时隔7年，当我们重新审视这本教科书时，发觉对很多问题都有了新的认识。为此，我们重新组织人员对该书进行修订，根据篇幅和对侦查学学科体系的理解将其分成《侦查学总论》（中国检察出版社2009年版）和《刑事案件侦查实务》两部出版。与原书相比，新的教材在体例上作出了不同的安排，在撰稿时力求反映近些年来侦查学研究的最新成果，更加注重学术探讨和案例演示，兼顾教材的学术性和实用性。

《刑事案件侦查实务》的作者均为公安或政法院校从事侦查学教学研究的教师或学识、经验俱佳的实践部门同志。《刑事案件侦查实务》的写作分工（以撰写章节为序）如下：

杨宗辉（中南财经政法大学刑事司法学院教授、博士生导师，白俄罗斯国立格罗德诺大学法学博士）：第一章；

刘为军（中国人民公安大学侦查系副教授、硕士生导师，法学博士）：第一章；

郭冰（国家检察官学院讲师，法学博士）：第二、十章；

赵孟韬（北京市公安局刑侦总队民警，法学硕士）：第二章；

史贵帅（河南财经政法大学司法管理系讲师，法学硕士）：第三、八章；

付凤（中南财经政法大学刑事司法学院讲师，博士研究生）：第四、十五章；

张敬（中南财经政法大学刑事司法学院讲师，法学硕士）：第五、六、七章；

刘品（中国政法大学刑事司法学院讲师，法学硕士）：第九章；

杜春鹏（中国政法大学刑事司法学院讲师，博士研究生）：第十一章；

禄源（腾讯科技（深圳）有限公司政策发展部职员，法学硕士）：第十二章；

刘燕（中国政法大学刑事司法学院讲师，法学博士）：第十三章；

丁小巍（广东警官学院法律系讲师，法学硕士）：第十四章；

廖明（北京师范大学刑事法律科学研究院讲师、硕士生导师，法学博士）：第十六章。

本书在写作中，还得到了许多实践部门同志的支持和帮助，根据他们所熟悉的业务，分别审阅了本书的对应稿件。他们是：魏伟（湖北省公安厅刑侦总队总队长）、童勇（公安部经侦局调研员，法学博士）、秦小兵（北京市人民检察院反贪污贿赂局副处长，法律硕士）、唐海娟（北京市西城区人民检察院检察官，法学硕士）、张树云（苏州市公安局指挥中心民警，法学硕士）、罗明海（湖北省阳新县公安局副局长，博士研究生）、郭辉（深圳市公安局刑警支队技术处民警，法学硕士）。在此深表谢意！

全书由杨宗辉、刘为军统一修改定稿。付凤、张敬在书稿校对等方面也做了大量工作。

主　编
2011 年 3 月

修订版后记

2010年，我们编写出版了《刑事案件侦查实务》一书，对当时的侦查学教科书从观念、体系和技术等方面作了一些更新，并得到了较好的社会反响。如今，当我们重新审视这本教科书时，发觉对很多问题都有了新的认识，同时一些法律、法规也进行了修订。为此，我们重新组织人员对该书进行修订。

《刑事案件侦查实务》（第2版）的作者均为公安政法院校从事侦查学教学研究的教师或学识、经验俱佳的实践部门同志。《刑事案件侦查实务》的写作分工（以撰写章节为序）如下：

杨宗辉（中南财经政法大学刑事司法学院教授、博士生导师，白俄罗斯国立格罗德诺大学法学博士）：第一章；

刘为军（中国人民公安大学侦查与反恐怖学院、博士生导师，法学博士）：第一、十六、十七章；

郭冰（最高人民检察院副处长，法学博士）：第二章；

赵孟韬（德恒律师事务所律师，法学硕士）：第二章；

史贵帅（河南财经政法大学刑事司法学院讲师，法学硕士）：第三、八章；

付凤（中南财经政法大学刑事司法学院副教授，侦查学博士）：第四、十四章；

张敬（中南财经政法大学刑事司法学院副教授，法学硕士）：第五、六、七、十六、十七章；

刘品（中国政法大学刑事司法学院副教授，法学硕士）：第九章；

杜春鹏（中国政法大学刑事司法学院副教授，法学博士）：第十章；

禄源（财付通支付科技有限公司风险管理部高级风险分析师）、郭辉（深圳市公安局刑事警察支队一级警员、工程师、电子物证检验鉴定师）：第十一章；

刘燕（中国政法大学刑事司法学院副教授，法学博士）：第十二章；

丁小巍（广东警官学院法学研究所副所长，法律系副教授，法学硕士）：第十三章；

廖明（北京师范大学刑事法律科学研究院副教授、硕士生导师，法学博士）：第十五章；

栾兴良（中南财经政法大学刑事司法学院讲师，侦查学博士）：第十八章）。

本书在修订过程中，还得到了许多实践部门同志的支持和帮助，在此深表谢意！

全书由张敬统稿。

主　编

2017 年 6 月

图书在版编目（CIP）数据

刑事案件侦查实务/杨宗辉主编. —2版. —北京：中国检察出版社，2018.1
ISBN 978-7-5102-2033-3

Ⅰ.①刑… Ⅱ.①杨… Ⅲ.①刑事侦查 Ⅳ.①D918

中国版本图书馆 CIP 数据核字（2017）第 330684 号

刑事案件侦查实务（第2版）

杨宗辉　主编　刘为军　张　敬　副主编

出版发行：	中国检察出版社
社　　址：	北京市石景山区香山南路109号（100144）
网　　址：	中国检察出版社（www.zgjccbs.com）
编辑电话：	（010）86423708
发行电话：	（010）86423726　86423727　86423728
	（010）86423730　68650016
经　　销：	新华书店
印　　刷：	唐山玺诚印务有限公司
开　　本：	710 mm × 960 mm　16 开
印　　张：	29
字　　数：	528 千字
版　　次：	2018 年 1 月第二版　2025 年 8 月第六次印刷
书　　号：	ISBN 978-7-5102-2033-3
定　　价：	78.00 元

检察版图书，版权所有，侵权必究
如遇图书印装质量问题本社负责调换